GERT PROKOP

Die unglaublichen Kriminalfälle des Timothy Truckle

WER STIEHLT SCHON UNTERSCHENKEL?
DER SAMENBANKRAUB

DAS NEUE BERLIN

Band1: Wer stiehlt schon Unterschenkel?:
Erstveröffentlichung 1977

Band 2: Der Samenbankraub:
Erstveröffentlichung 1983

Inhalt

Timothy Truckle

Sagen Sie ruhig: Alles gelogen. Wahrscheinlich würde ich es auch nicht glauben, wäre ich nicht selbst in der Alten Welt gewesen und hätte Timothy Truckle dort kennengelernt.

Ich saß in der »Stardust«-Bar im 1112. Stockwerk des »Nebraska«, einem der sechs Skyscraper von Chicago, und genoss den zweigefärbten Himmel. Wenn ich mich nach links drehte, sah ich hinter der Panoramascheibe den sternübersäten Nachthimmel, über den die TELEXOM-Satelliten ihre Bahnen zogen. Der Mond zeigte nur eine schmale Sichel, so dass der rote Fleck im Meer der Tränen, wo vor zehn Jahren LUNIK 571 explodiert war, im Schatten lag und der Trabant wie der gute alte Silbermond aussah, von dem jahrtausendelang die Backfische geschwärmt und Generationen von Dichtern gezehrt haben. Drehte ich mich aber nach rechts, konnte ich die Abendsonne beobachten.

Ich habe mich in diese Stunde zwischen Tag und Nacht verliebt, und ich muss gestehen, dass ich mich oft nach der »Stardust«-Bar zurücksehne, ja, dass ich wieder in die Staaten fahren würde, nur um diesen Augenblick noch einmal zu erleben. Wo kann man heute Sonne und Mond zugleich erblicken, seit Flugzeuge und Raumgleiter keine Fenster mehr haben? Die Tage, an denen die Wolkendecke aufreißt und man vom Erdboden aus wenigstens einen der beiden sehen kann, sind selten genug, und wer einmal den zweifarbenen Himmel gesehen hat, empfindet mit Wehmut, wie unvollkommen das Video trotz aller technischen Perfektion bleibt.

Ich weiß natürlich, warum wir keine Hochhäuser bauen, die über die Wolken ragen, ich akzeptiere die Gründe, sie sind logisch und unanfechtbar, und doch habe ich Sehnsucht nach dieser Stunde, in der Sonne und Mond sich begegnen – ich bin halt ein unverbesserlicher Lyromantiker. Aber hätte ich sonst die Einreise in die USA bekommen? So seltsam es anmuten mag, ein Band Lyrik ist eine der wenigen Chancen, in die Alte Welt zu gelangen, seit Gedichte dort die einzige geduldete Literatur darstellen. Keiner meiner Romane, nicht einmal die Reportagen vom Saturn hätten mir ein Visum verschaffen können, doch das schmale Bändchen »Liebesgedichte aus dem Kosmos« bescherte mir eine Einladung von der Chicagoer Akademie, die sich als »Heimstätte der Weltlyrik« versteht.

So reiste ich in die UNITED STATES oder, wie man sie dort zumeist nennt, die NIGHTED STATES, eine mir bis dahin unbekannte Ableitung von night – Nacht, die man wohl am treffendsten mit umnachtet übersetzt. Wie diese Verballhornung entstanden ist, habe ich nicht herausfinden können. Die einen sagten, sie sei nach dem Abfall der südlichen Staaten aufgekommen, als Spötter meinten, nun könne man nicht mehr von Vereinigten Staaten sprechen, und das U von United wegließen; andere erklärten es so, dass die Gegensätze im Land derart groß geworden seien, dass nichts sie mehr vereinen könne; sehr einleuchtend erscheint mir die Version, dass der Ursprung des Wortspiels in der Gleichsetzung der USA mit der übermächtigen Geheimpolizei NSA, der National Security Agency, liegt.

Dem Programm nach hätte ich jenen Abend eigentlich auf einem Kolloquium über die Geschichte des Automobils verbringen sollen, doch die Einladung war – wie so viele andere auch – kurzfristig und ohne Angabe von Gründen zurückgezogen worden. Da ich keine Lust hatte, schon wieder ins Lichttheater zu gehen oder in meinem Appartement vor dem Videomat zu hocken, war ich in die Bar hinaufgefahren und hoffte, es würde sich vielleicht ein Gesprächspartner finden.

Der Barkeeper merkte natürlich sofort, dass ich kein Staatler war, und zeigte sich weder an einem Gespräch über Lyrik noch an Informationen aus der Welt interessiert; wahrscheinlich hatte er Angst, dass man ihn vor das »Komitee für unpatriotisches Verhalten« zitieren und er am Ende seine Arbeit verlieren würde.

Er mixte mir einen Drink und stellte sich demonstrativ an das andere Ende des langen Tresens und putzte Gläser; er putzte sie tatsächlich mit der Hand, eine der Besonderheiten der »Stardust«-Bar.

Je näher der Augenblick des Sonnenuntergangs rückte, desto mehr füllte sich die Bar, bald waren alle Hocker am Tresen besetzt, nur die Plätze neben meinem Sitz blieben leer. Der Barkeeper zog jedesmal die Augenbrauen in die Höhe, wenn jemand sich nichtsahnend neben mich setzen wollte. Ich überlegte gerade, ob ich die Hoffnung auf ein Gespräch begraben und nur den Sonnenuntergang abwarten oder ob ich mir noch einen zweiten Drink leisten sollte – die Preise in der »Stardust«-Bar sind ihrer exquisiten Höhenlage angepasst, und ich hatte ohnehin Schwierigkeiten, mit meinen Dollars auszukommen, denn ein paar Wochen sind viel zu wenig, sich an Geld zu gewöhnen –, da kam Timothy Truckle.

Ein Raunen ging durch den Raum, es galt einer langbeinigen Schönheit, dem Star einer Videoshow, die damals das Tagesgespräch von Chicago war. Das Mädchen interessierte mich nicht, ich hatte sie bereits auf dem Bildschirm erlebt und alles von ihr gesehen, was es an einem Mädchen zu sehen gibt. Ich fand, dass sie, wie die meisten Frauen, angezogen hübscher aussah. Ich beobachtete Tom, den schwarzen Liftboy, einen Hünen von mindestens zwei Meter vierzig, auch eine der Sehenswürdigkeiten der Bar, nicht weil er so ein Riese, sondern weil er ein Neger war und, wie man mir versicherte, der einzige Farbige in der Stadt, der einen derartigen Posten bekleidete. In den anderen Lifts zur Bar arbeiteten lupenreine Weiße, engagementslose Schauspieler, die von Berufs wegen die Manieren der alten Zeit kennen, denn es war Mode, sich nach dem Geschmack des 19. Jahrhunderts einzurichten. Der Lift, den Tom bediente, sollte sogar ein Original aus dem Edison-Museum sein, und er sah wirklich echt aus: mausgraue Seidentapeten mit rosa und gold gestickten Mustern, Papageien und Kolibris in kunstvoll verschlungenen Blätterranken, dazu geschliffene gläserne Spiegel und Messingleisten; ja, Sie haben richtig gelesen, Messing.

Ich hätte gern ein Interview mit dem schwarzen Riesen gemacht, aber ich wusste, es war zwecklos, das zu versuchen. Niemand würde sich auf ein Interview mit einem Nichtstaatler einlassen, schon gar nicht ein Farbiger, der nachts in einem weißen Distrikt arbeiten durfte. Tom hielt die Tür des Lifts auf, als warte er, dass jemand einsteige, dann aber stieg noch jemand aus, ging, nein, schritt auf den Bartresen zu, jeder Zentimeter ein König, ein winziger, er maß höchstens anderthalb Meter.

»Hallo, Melvin«, begrüßte er den Barkeeper.

»Hallo, Mister Tiny«, erwiderte der flüsternd und hob warnend seine Augenbrauen.

Tiny reagierte nicht. Er legte beide Hände auf den Hocker neben mir und verlangte gebieterisch: »Countdown!« Der Barkeeper gab seine Grimassen auf, drückte einen Knopf und ließ den Sitz zu Boden gleiten.

Tiny setzte sich in Positur und begann zu zählen. »Zehn, neun, acht …«, seine Stimme war überraschend tief, »… zwei, eins, zero«. Der Hocker schob sich in die Höhe, bis Tiny beide Ellenbogen auf den Tresen legen konnte. Er bestellte Whisky, dann sah er mich an.

»Ich bin Timothy Truckle, aber alle sagen Tiny* zu mir. Und Sie sind – lassen Sie mich überlegen –, Sie sind einer von DRAUSSEN.«

Er benutzte nicht das übliche »Outlar«, das von Amts wegen eingeführt war, wohl um an »Outlaws«, an Geächtete, an Verbrecher zu erinnern, sondern sagte »Outdoors«, was nicht nur mit DRAUSSEN, sondern auch mit »im Freien« übersetzt werden kann.

»Sie sind der Mann, der über die Saturn-Expedition geschrieben hat, stimmt's?«

»Stimmt.« Ich stellte mich vor.

»Angenehm.« Er schmunzelte.

»Sie sind mutig«, sagte ich. »Bisher hat sich noch niemand getraut, mit mir zu sprechen, es sei denn, er hatte einen offiziellen Auftrag dazu.«

Seine Antwort war ein Wortspiel mit der Doppeldeutigkeit seines Namens: »I'm just a truckle, but I don't like to truckle. – Ich bin nur ein Rädchen, aber ich mag nicht zu Kreuz kriechen.«

Er sah mich aufmerksam an, ob ich es verstanden hätte,

* tiny = winzig

und ich antwortete mit einem Wortspiel: »Die Geschichte ist voller kleiner Männer, die große Männer waren – Hannibal, Napoleon, van Meeren, Ulubi.«

»Vor allem Napoleon!« Er kicherte. »Melvin, geben Sie dem Mann einen Whisky. Auf meine Rechnung.« Er sah mir in die Augen. »Ich liebe Whisky. Und den Sonnenuntergang. Ich bin überaus konservativ. Privat. In meinem Job benutze ich die modernste Technik.«

Während er den Sonnenuntergang beobachtete, überlegte ich, was für einen Job Timothy Truckle haben könnte.

»Sie erraten es doch nicht«, sagte er plötzlich. »Ich bin Detektiv, wenn Sie wissen, was das ist.« Er amüsierte sich über meine Verblüffung und bestellte noch ein zweites Mal Whisky für uns.

So begann meine Bekanntschaft mit Timothy Truckle, bei einem halben Dutzend Whiskys in der Bar und zwei weiteren Dutzend in seinem Appartement, zwischendurch servierte er Mokka und rabenschwarzen Tee; ich glaube, Timothy hatte Angst, dass ich mich betrinken und dann Unsinn verzapfen könnte. Ich musste unentwegt erzählen, dafür versprach er mir einen zweiten Abend, an dem ich ihn ausquetschen könne. Die Saturn-Expedition interessierte ihn nicht sonderlich, er fragte nach hunderttausend zum Teil alltäglichen, ja banalen Kleinigkeiten des Lebens bei uns.

Wir trafen uns tatsächlich am nächsten Abend und danach jeden Tag, und ich war nicht böse, dass sich meine Abreise verschob, weil die Juni-Maschine sich verspätete. (Ich wurde allerdings unruhig, als es hieß, sie fiele vielleicht ganz aus, und ich befürchten musste, bis zum September in der Alten Welt bleiben zu müssen, den ganzen, entsetzlichen Staatensommer hindurch mit seinen Smogwochen, Orkanen und Staubregen.) Ich schützte eine Stirnhöhlenreizung vor, um mich von allen Abendterminen drücken zu können, und ich bin sicher, meine Programmgestalter waren nicht traurig darüber.

Während der abendlichen »rush-hour«, der Stunde des größten Verkehrsandrangs, in der es selbst in einem so exklusiven Haus wie dem »Nebraska« zu chaotischen Zuständen kommt, begab ich mich in Timothys Appartement und blieb bis zum Morgenansturm; ein Glück, dass ich im Kosmostraining gelernt hatte, mit Mikroschlaf zu leben.

Timothy bewohnte ein Appartement der Preisstufe Super in der 827. Etage, die zwar noch unter den Wolken, aber über dem Smog lag und sogar ein Außenfenster besaß. Die für dortige Verhältnisse riesige Wohnung war mit niedrigen, Timothys Größe angepassten Möbeln eingerichtet, einer interessanten Mischung aus modernstem Komfort und alten, mit Sicherheit echten, größtenteils hölzernen Möbeln; schon an der Wohnungstür hing neben dem Communicator-Taps eine alte Klingel, ein Löwenkopf aus Messing.

Der größte Raum war das Arbeitszimmer, trotzdem wirkte es klein, denn es wurde fast ganz von Timothys Computer Napoleon eingenommen, ein recht veraltet anmutendes Gerät, das mir von Tag zu Tag mehr den Eindruck machte, als sei sein schmuckloses, schon stumpf gewordenes und verschrammtes Chassis eine Potemkinsche Fassade, hinter der sich ein ungewöhnlich leistungsfähiges Elektronengehirn verbarg. Einmal versprach sich Timothy und nannte Napoleon »frisiert«; ich erinnerte mich an einen Videostreifen, in dem ich diesen Ausdruck schon einmal gehört hatte, es ging dort um einen Fanclub, dessen Mitglieder Automobile nachgebaut, aber mit Hubjet ausgerüstet hatten.

Das Bad war auch für unsere Verhältnisse verschwenderisch groß und perfekt eingerichtet. Außerdem leistete sich Timothy statt des sonst üblichen Restaumaten den Luxus einer Küche, und wenn sie auch nicht so gut ausgerüstet war wie die unserer Gourmetows, so will ich doch gerne glauben, dass Timothy Truckle, von einigen Bigbossen abgesehen, die beste Küche von Chicago besaß. Seine Sammlung von Kochbüchern aus allen Zeiten und Nationen war sehenswert, und das Essen, das er in diesen Tagen bereitete, hätte jedem Champion zur Ehre gereicht. Das Prunkstück des Appartements aber war ohne Zweifel ein kleiner, schmuckloser Raum, den Timothy Mausoleum nannte, ein schalltotes, abhörsicheres Gemach, in dem wir die meiste Zeit zubrachten.

Ich habe nur wenige Wohnungen in den Staaten betreten dürfen, aber es ist offenkundig, dass Timothys Appartement einen Luxus darstellte, wie ihn sich nur die »oberen Zehntausend« leisten können. Das soll eine alte Redewendung sein, kann aber jetzt, da es zum allgemeinen Wunschtraum und Statussymbol geworden ist, oberhalb der Smogschicht zu leben, wörtlich genommen werden.

Timothy bestritt, dass er zur Upperclass zähle, er müsse sich durch Arbeit ernähren, wenn auch durch gutbezahlte; er war der teuerste Detektiv der Staaten, wie ich von anderen erfuhr.

Ich fragte ihn, wie er darauf gekommen sei, Detektiv zu werden.

»Das war Daddys Idee«, antwortete er. Ich bin nicht sicher, ob er wirklich seinen Vater meinte, denn als ich ihn fragend ansah, grinste er.

»Ich war sofort begeistert«, erklärte er, »ich erinnerte mich an den Helden eines Comic strips aus meiner Kindheit, einen Detektiv, der so klein war, dass er nie auffiel. Aber was glauben Sie, wie sehr man auffällt, wenn man so klein ist wie ich! Als Junge träumte ich davon, Astronaut zu werden, und weil schon damals abzusehen war, dass ich winzig bleiben würde, rechnete ich mir große Chancen aus. Doch bevor ich soweit war, setzte die Isolation ein, und wir hatten keine Raumfahrt mehr. Dann wurden die Gesetze über die Annullierung minderwertigen Nachwuchses verabschiedet. Niemand wollte noch jemanden einstellen, der nach den neuen Gesetzen gar nicht hätte am Leben bleiben dürfen. Da saß ich nun mit vier Diplomen und zwei Doktorhüten. Sollte ich Spike-Jockey werden oder mich als Abnormität im Zirkus zur Schau stellen? So wurde ich Detektiv. Aber, wer weiß, ohne die verschwundenen Eisberge …«

Wir hier DRAUSSEN vergessen zu leicht, welch ein Problem Trinkwasser ist. Ohne die Zuteilung von Eisbergen wären die USA nicht in der Lage, auch nur ihren dringendsten Bedarf an Wasser zu decken.

Man kann sich die Aufregung vorstellen, als plötzlich Eisberge auf ihrem Weg zwischen Atlantikküste und Eriesee verschwanden, obwohl der eigens zu diesem Zweck angelegte Kanal von keinem Schiff befahren werden darf und Kilometer für Kilometer mit Elektronenaugen gesichert ist.

Auch dass man die Eisberge von Flugzeugen begleiten ließ und alle paar Minuten fotografisch kontrollierte, half nichts – immer wieder verschwand ein Eisberg spurlos, als hätte er sich in Sekundenschnelle in Luft aufgelöst.

Die Erklärung, die Timothy Truckle dafür fand, war so simpel, dass die eine Hälfte Amerikas über die Unfähigkeit von NSA und FBI, Polizei und Militär lachte, während die andere zutiefst bestürzt war; Timothy hatte das Vertrauen in die Allmacht der Technik in den Grundfesten erschüttert.

Er hatte etwas getan, was jeder andere für total verrückt gehalten hätte: Er war selbst an den Eisbergkanal gefahren und hatte sich an Ort und Stelle durch Augenschein überzeugt, was los war, hatte in lebensgefährlichen, halsbrecherischen Scooterfahrten zwei Eisberge begleitet und war selbst vor den Müll- und Schlammwüsten nicht zurückgeschreckt. Plötzlich sah er, wie der Eisberg in einen Felshangar gelotst wurde; hier wurden die Berge aufgetaut und per Pipeline abtransportiert, von wem, wurde nie veröffentlicht. Für die elektronische Überwachung hatten die Wasserdiebe einen fliegenden Videoschirm eingesetzt, der den Eisberg scheinbar noch ein paar hundert Kilometer weiterschwimmen ließ, wo dann natürlich keine Spuren entdeckt werden konnten.

Diese Fahrt kostete Timothy fast das Leben. Sein Skaphander hatte nicht annähernd gehalten, was in der Garantieerklärung versprochen worden war, ein drittes Mal hätte Timothy die Strahlungen der Müllwüsten nicht überlebt; er lag fast ein halbes Jahr im Krankenhaus und musste sich ein Dutzend Geschwülste aus Armen und Beinen schneiden lassen.

Sein Erfolg machte ihn mit einem Schlag berühmt und wohlhabend: Außer einem lebenslangen Abonnement für alle Wassersorten der Staaten erhielt Timothy eine Erfolgsprämie, von der er das Appartement im »Nebraska« erwerben und Napoleon anzahlen konnte. Noch wichtiger für ihn aber war die Genehmigung für das Mausoleum, das ihm erst die Voraussetzung bot, zum gefragten Detektiv der Upperclass aufsteigen zu können; welcher Bigboss will sich schon einem Privatdetektiv anvertrauen, wenn er nicht absolut sicher ist, dass wirklich kein Dritter zuhören kann!

So konnte die staatliche Überwachung auch nicht hören, was Timothy mir berichtete. Manchmal wunderte ich mich, wie offen er mit mir sprach; er verließ sich wohl auf seine Menschenkenntnis, die schließlich eines der Geheimnisse seines Erfolges ist. Ich schätze mich glücklich, dass Timothy Vertrauen zu mir fasste. Sonst hätte ich ihn, den ich für einen der bemerkenswertesten Charaktere der Erde halte, nie kennengelernt und hätte wohl nie von seinen, in diesem Buch zum ersten Mal veröffentlichten Kriminalfällen erfahren, die Sie, liebe Leser, so unglaublich sie Ihnen auch erscheinen mögen, getrost glauben dürfen, denn Timothy Truckle verabscheut nichts mehr als Lügen. Höchstens noch gepanschten Whisky.

Wer stiehlt schon Unterschenkel?

1.

Der Communicator leuchtete, als Timothy aus dem Bad kam.

Timothy zögerte, er hatte die Haare bereits entfärbt und den Abendmantel übergeworfen, einen graublauen Seidenmantel, dessen zarte Stickereien ihn als ein Tschengli-Original auswiesen. Er kuppelte den Bildgeber aus und gab den Communicator frei.

»Hallo, Tiny, sind Sie da? Ich kann nichts sehen!« Paddingtons unverwechselbare Stimme quäkte aus dem Lautsprecher; der Professor hatte als junger Mann seinen Kehlkopf bei einem Selbstversuch für ein Krebsmittel eingebüßt.

»Hallo, Edward! Mein Bildgeber scheint wieder mal zu streiken. Ich sehe Sie gut.«

Timothy kannte den Professor nur als einen kühlen, von unerbittlicher Logik kontrollierten Denker, den nichts aus der Ruhe bringen konnte. Jetzt schwitzte Paddington. Das nervös zuckende Gesicht und eine in die Stirn pendelnde Haarsträhne standen in krassem Gegensatz zu der steifen Eleganz des hohen Kragens und der perlengeschmückten elisabethanischen Schleife, die Paddington trug, um seinen künstlichen Kehlkopf zu verbergen.

»Kommen Sie so schnell wie möglich«, bat er. »Sie müssen mir helfen.«

»Es ist fast Mitternacht, Edward!«

»In der Klinik ist eingebrochen worden, bereits zum dritten Mal.«

Timothy schluckte die aufwallende Wut hinunter. Es gelang ihm, nur verwundert zu tun. »Da rufen Sie mich?«

»Es ist kein gewöhnlicher Einbruch, Tiny, im Gegenteil, etwas für Sie. Hier in der Klinik –«

»Hören Sie, Edward«, unterbrach Timothy, »ich verlasse das ›Nebraska‹ seit Jahren kaum noch – und schon gar nicht nachts.«

»Bitte!« Paddington sah so verloren aus, dass Timothy ihn trösten musste.

»Gut, erzählen Sie.«

»Nicht am Apparat. Ich habe Angst. Es ist unheimlich.«

Timothy überlegte. »Erinnern Sie sich, dass Sie mir vor einem Jahr Material über die Periodation durchgaben? Glauben Sie, dass Sie die Frequenz noch irgendwo haben?«

Paddington nickte eifrig. »Ich spreche gleich das Wichtigste auf Kristall.«

Timothy fuhr einen Sessel vor den Communicator und stellte die Frequenz ein. Kurz darauf zeigte ein bläuliches Glühen, dass der Professor sendete.

Timothy konnte sich zwar nicht vorstellen, was an einem Einbruch in eine Klinik der PUBLIC HEALTHFARE geheimnisvoll sein sollte, aber was es auch war, diese Frequenz konnte niemand entziffern, außer dem Zentralcomputer der Regierung natürlich, der diese Codefrequenz genehmigt hatte. Selbst die Spezialisten der Konzerne hätten eine Weile zu knabbern, ehe sie herausbekämen, welche Phasenverschiebung Timothy benutzte. Falls sie überhaupt auf die Idee kamen, dass jemand im Zeitalter der Superkurzwellen noch nach dem guten alten Prinzip des Herrn Morse arbeitete.

Natürlich verfügte Timothy auch über einen modernen Frequenzmodulator; ja, wenn jemand das Handwaschbecken im Mausoleum auseinandernehmen würde, das selbst ein Fachmann kaum von einem original Meißner Porzellanbecken aus dem 19. Jahrhundert unterscheiden konnte, er hätte in den isolierenden Porzellanschichten eigenartig verschlungene Muster einer elektronischen Schaltung gefunden und im Knie des Abflussrohres einen Quaserkopf – vorausgesetzt, der eingebaute Nihilator hätte versagt und nicht die ganze Anlage in die Luft gesprengt.

Doch davon wussten nur Timothy und der Große Bruder, selbst die NSA hatte keine Ahnung, dass es gelungen war, über den Quaserschwingquarz Gespräche zu übertragen.

Ein leiser Gongschlag meldete das Ende der Übertragung. Der Professor erschien auf dem Bildschirm.

»Ich höre es mir jetzt an«, sagte Timothy, »und melde mich dann wieder.«

»Ich möchte lieber warten.«

»Wo sind Ihre Gedanken, Edward?« Timothy schüttelte den Kopf. »Wenn ich mir die Aufzeichnungen vor eingeschaltetem Apparat anhöre, hätten Sie es mir gleich unverschlüsselt mitteilen können.«

Paddington wurde rot wie ein Mädchen bei seinem ersten Pornotrip. »Natürlich! Entschuldigen Sie, ich bin völlig durcheinander.«

Timothy schaltete sich aus und ließ seinen Sessel in das Mausoleum gleiten.

»Es ist jetzt schon der dritte Fall«, hörte er Paddingtons Stimme. »Der erste Diebstahl geschah am vorigen Sonnabend, und es war purer Zufall, dass ich ihn entdeckte, der zweite am Montag, der dritte heute. Es gibt keine Spuren für einen Einbruch, und die Polizei hält es für einen Studentenulk, aber ich weiß, was ich sage: Es ist Diebstahl. Was wäre das für ein Ulk, den man erst nach Wochen entdeckt! Andererseits, wer stiehlt schon Unterschenkel?

Das Verrückteste an der Sache: Das am Sonnabend verschwundene Exemplar war am Montag wieder da, dafür verschwand ein anderer Schenkel. Der befand sich heute früh wieder an seinem Platz, nun fehlt ein dritter. Und gerade den wollten wir übermorgen transplantieren. Bei Lionell McCall. Sie haben wahrscheinlich von seinem Unfall gehört. Wir waren so glücklich, dass der Zufall uns McCall als Patienten bescherte. Es könnte uns sehr helfen, wenn er zufrieden ist. Wo soll ich so schnell ein neues Bein hernehmen? Männerschenkel dieser Größe sind denkbar knapp. Bitte, kommen Sie und sehen sich alles an. Morgen früh ist die Klinik voller Leute.«

Timothy fuhr in den Arbeitsraum zurück. Der Professor hockte ungeduldig vor seinem Gerät.

»Nun, was ist, Tiny?«

»Ich komme jetzt auf keinen Fall. Aber die Sache interessiert mich. Keine Spuren, sagten Sie? Wer hat untersucht?«

»Inspektor Hopkins.«

»Hopkins ist gut. Wenn er nichts findet, dann gibt es auch keine Spuren. Rufen Sie ihn an, und lassen Sie ihn weiter untersuchen. Und besuchen Sie mich morgen. Gute Nacht.«

2.

Timothy bat den Professor in den Arbeitsraum.

»Im Wohnzimmer wäre es gemütlicher«, sagte er, »aber ich habe noch nicht aufgeräumt. Es ist einfach zu früh.«

Paddington überhörte den Vorwurf. Er musterte die Einrichtung. »Ich hatte es mir viel größer vorgestellt«, sagte er. »Ihr berühmter Napoleon befindet sich woanders, ja?«

»Sie stehen direkt vor ihm. Darf ich vorstellen: Napoleon – Professor Paddington.«

Paddington betrachtete verwirrt Napoleons stumpfgrauen Bauch, trat einen Schritt zurück, ging zur Seite, um Napoleons Tiefe zu begutachten, dann blickte er Timothy misstrauisch an. »Er sieht nicht gerade sehr leistungsfähig aus.«

Timothy schmunzelte vergnügt. »Sie sind nicht der Erste, der darauf hereinfällt, Edward. Die meisten lasse ich in ihrem Irrtum, aber Ihnen will ich die Wahrheit verraten. Napoleon ist ziemlich betagt, aber erstaunlich leistungsfähig; er bringt siebzehn Megadat.«

»Siebzehn? Dieser Zwerg? Unser Computer hat vier Megadat und nimmt fast einen Saal ein!«

»Der gute alte Napoleon stammt noch aus der Zeit der Minimisierung«, erklärte Timothy. »Er repräsentiert nicht einmal das kleinste Modell seiner Leistungsgruppe. Es soll Computer mit über zwanzig Megadat gegeben haben, die noch nicht einmal halb so groß waren. Überrascht? Sie fragen sich jetzt, warum man heute nicht mehr so niedliche Computer baut, nicht wahr? Weil das Metall knapp geworden ist.«

»Das ist doch absurd, Tiny. Gerade weil das Metall immer knapper wird, muss man bestrebt sein, so wenig wie möglich davon zu verbrauchen.«

»Im Gegenteil, Edward! Gerade weil Metall immer knapper, also immer teurer wird, ist man bestrebt, immer mehr davon zu verwenden. So absurd ist die Welt, zumindest unsere. Wie schwer ist Ihr Computer etwa, dreißig Tonnen? Nehmen wir einmal an, er hätte nur fünfundzwanzig Tonnen Übergewicht, das ergäbe allein durch den Metallpreis einen Profit von – nun, Napoleon?«

Napoleons Geber spuckte einen kurzen Streifen aus: + + ca. 4750,00 % + n. + + +

»Ich wollte es in Dollar wissen«, maulte Timothy.

»Und wir können nur einen Bruchteil der möglichen Untersuchungen durchführen, weil wir uns keinen größeren Computer leisten können«, stöhnte Paddington. »Aber sprechen kann Ihr Napoleon noch nicht.«

»Im Prinzip schon«, erwiderte Timothy. »Darf ich Ihnen etwas zu trinken anbieten?«

»Einen Schluck Wasser vielleicht?«

»Arktis, Missouri, Delaware, Chippewa …?«

»Es scheint Ihnen ja blendend zu gehen, Tiny!«

»Im Moment kann ich nicht klagen. Das Wasser bekomme ich allerdings umsonst.«

Paddington blickte misstrauisch, doch Timothy gab keine weitere Erklärung. Er holte eine Dose Arktis-Wasser, riss den Verschluss auf und stellte dem Professor ein Glas hin; mit dem Eingießen musste er warten. Paddington drehte das Glas zwischen den Fingerspitzen und betrachtete das eingeschliffene Muster.

»Richtiges Glas! Tiny, Sie sind ein Snob.«

»Warum sind Sie eigentlich sicher, dass es sich um Diebstähle und nicht um dumme Streiche handelt?« fragte Timothy. »Vielleicht ist auch das dritte Bein wieder da, wenn Sie nachher in die Klinik kommen.«

»So ein Transplantat ist ein äußerst kompliziertes Ding«, erläuterte Paddington. »Es wird einem Gefrierschock ausgesetzt, dann lagern wir es bei minus achtzig Grad. Wenn es aus dem Freezer genommen wird, muss es sofort an ein transportables System angeschlossen werden, sonst treten Gewebeveränderungen auf, vor allem in den Nervenbahnen, und machen es wertlos. Ich war heute Nacht nicht untätig, Tiny. Ich habe die beiden zurückgebrachten Transplantate noch einmal gründlich untersucht: Wer auch immer sie sich ausgeborgt hatte, er hat sie ordnungsgemäß behandelt.«

»Vielleicht hatten Ihre Eisbeine die Klinik nicht verlassen, sondern wurden nur an einem anderen Ort aufbewahrt?«

»Nein. Wir kühlen immer noch mit Ammoniaklösungen. Wir sind ein öffentliches Institut und haben nicht die Mittel, uns die neuesten Apparaturen zu leisten. Die Transplantate sind in der Zwischenzeit aber mit Labinol gekühlt worden.«

»Und wer benutzt Labinol?«

»Die Regierungskrankenhäuser und einige der Trustkliniken. Doch warum sollten die Unterschenkel stehlen lassen? Sie brauchten uns nur anzurufen.«

»Und dann würden Sie das gesuchte Ersatzteil abgeben?«

»Selbstverständlich. Einmal fühlen wir uns durch den ärztlichen Eid verpflichtet, jedermann zu helfen; zum anderen gibt es ein Gesetz, nach dem wir die kommerziellen Kliniken beliefern müssen. Bei uns fällt doch unvergleichlich mehr Material an. Welcher Reiche käme schon auf die Idee, seinen Leichnam für die Entnahme von Ersatzteilen herzugeben? Bei uns aber sterben arme Leute, und viele versuchen, ihren Familien noch etwas zukommen zu lassen, indem sie ihren Körper für Transplantate zur Verfügung stellen.« Professor Paddington seufzte. »Wenn Sie wüssten, wie viele, Tiny! Und nicht nur Sterbende.«

»Wurde etwas an den Unterschenkeln verändert?«

»Nichts. Wir haben sie so zurückbekommen, wie sie gestohlen wurden.«

»Ich meine, ob Sie etwas änderten, wodurch die Transplantate vielleicht an Wert gewannen. Sind es außergewöhnliche oder seltene Typen?«

»Nicht außergewöhnlich und auch nicht gerade selten. Der erste Unterschenkel war sogar vom häufigsten Typ, mM-1-35, der zweite und der dritte sind in ihrer Art schon ein wenig seltener, mG-1-52 beziehungsweise r.«

»Würden Sie das freundlicherweise für einen gewöhnlichen Sterblichen übersetzen?«

»Entschuldigen Sie, Tiny, das kleine m bedeutet männlich, das große M heißt Mittel, das G groß, l heißt links, r rechts; die Zahl gibt die Länge in Zentimetern an. Das heißt, es wurde zuerst ein mittelgroßer Typ gestohlen, danach ein sehr großer, schließlich nahm man statt eines linken einen rechten Unterschenkel.«

»Vom gleichen Spender?«

Paddington sah überrascht auf. »Daran habe ich noch gar nicht gedacht.« Er holte eine Brieftasche hervor, entnahm ihr drei Formulare und studierte sie. »Das sind die Pässe«, erklärte er.

»Was ich Ihnen eben nannte, ist natürlich nur die Grobklassifikation – Sie haben recht, Tiny. Beide Unterschenkel stammen vom gleichen Spender, sind also immunbiologisch identisch.«

»Scheint kein rechter Sinn dahinterzustecken, was? Man müsste doch vorher wissen, ob man ein rechtes oder ein linkes Bein braucht.«

Paddington zuckte mit den Schultern.

»Wie schwer ist es, bei Ihnen einzubrechen?«

Paddington erklärte es umständlich. »Bestimmt kein Problem für einen geübten Einbrecher«, schloss er, »aber der Dieb muss sich in der Freezertechnik auskennen, soviel ist sicher.« Paddington goss sich den Rest aus der Dose ein. »Werden Sie den Fall übernehmen?«

»Glauben Sie, dass die PUBLIC HEALTHFARE mich bezahlen kann?«

Der Professor druckste. »Ich weiß, Sie sind teuer, Tiny, doch das ist noch das Wenigste. Der Aufsichtsrat müsste das Geld bewilligen, und der soll nach Möglichkeit nicht von den Diebstählen erfahren.«

»Warum nicht?« Timothys Frage kam wie eine gestochene Linke. Paddington zuckte zusammen.

»Sie wissen doch, wie sehr wir von der öffentlichen Meinung abhängig sind. In vierzehn Tagen ist die Konferenz, auf der unsere Mittel für das nächste Quartal bewilligt werden.« Er schnaufte. »Sie kennen die Kampagne gegen die öffentlichen Institute. Es gibt einen starken Druck, auch noch die letzten Kliniken zu privatisieren. Wenn jetzt bekannt wird, dass es bei uns zu Unregelmäßigkeiten gekommen ist, befürchte ich das Schlimmste.«

»Ja, glauben Sie, es bleibt geheim, wenn die Polizei daran arbeitet?«

»Inspektor Hopkins hat es mir versprochen. Er hat die Untersuchungen nur nachts vorgenommen und will die Unterlagen erst weitergeben, wenn der Fall geklärt ist. Er fühlt sich mir verpflichtet, Tiny. Wir haben seiner Frau einen neuen Arm eingepflanzt, den sie sich privat nie hätte leisten können. Und wegen des Geldes – ich denke, meine Ersparnisse werden reichen, Sie für ein paar Tage zu engagieren.«

»Warum wollen Sie Ihr Geld opfern, Edward?«

»Warum bin ich Arzt geworden, Tiny?« Paddington nestelte an seiner Schleife.

»Kann es sein, dass die ganze Angelegenheit ein Manöver der Trustkliniken ist, um die PUBLIC HEALTHFARE zu diskreditieren?«

»Warum hätte man dann die Transplantate zurückbringen sollen?«

»Was ist mit Lionell McCall? Wie kommt ausgerechnet der Bigboss der GENERAL MOTORS & SKYDRIVERS zu Ihnen?«

»Er stürzte in der Nähe unserer Klinik ab. Dann war er ein paar Tage transportunfähig, und inzwischen fand er es wohl ganz amüsant, sich von der PUBLIC ein neues Bein geben zu lassen. Sein Geiz ist doch sprichwörtlich.«

»War es ein Unfall, Edward?«

»Sie denken an seinen Neffen?«

Timothy nickte. Die Querelen zwischen Lionel McCall und seinem Neffen waren Stadtgespräch. King Code, wie man Humphrey McCall nannte, weil er sich schon vor dem Aufstehen eine Ladung Codepermin in die Adern schoss, war eine der größten Skandalnudeln von Chicago, hatte aber trotz seiner verrückten, zynischen und dekadenten Geschichten die Sympathien auf seiner Seite, weil es ihm immer wieder gelang, seinen allgemein verhassten, mit Menschenleben skrupellos spielenden Onkel reinzulegen. Und weil er ein erstklassiger Trompeter war, einer der wenigen, die noch ein altes Instrument vollendet beherrschten.

»Einen Augenblick habe ich auch daran gedacht«, gestand Paddington, »und dass die ersten Diebstähle nur davon ablenken sollten, aber das Ergebnis ist ja nur, dass McCall ein paar Tage länger warten muss. Ich glaube, King Code hätte sich etwas anderes einfallen lassen, zum Beispiel das Operationsteam zu bestechen, seinem Onkel ein zu kurzes Bein anzusetzen.«

»Ich werde ihn mir trotzdem mal vorknöpfen«, sagte Timothy. »Außerdem werde ich mich erkundigen, was es für die GENERAL bedeutet, wenn der Bigboss länger im Krankenhaus liegen muss. Sie beschaffen mir schnell eine Liste aller Kliniken und Spezialisten, die sich mit Transplantationen befassen, und aller Institute, die mit Labinol-Kühlung arbeiten. Und schalten Sie heute nacht eine Verbindung zwischen Ihrem Riesendummkopf von Computer und meinem Napoleon, ich brauche die Personal- und Sicherheitsdaten.«

»Aber Tiny, wenn das herauskommt!«

»Etwas müssen Sie schon riskieren, wenn Sie wollen, dass der teuerste Detektiv der Staaten umsonst für Sie arbeitet.«

»Sagten Sie umsonst?«

»Meinen Sie, ich lasse mich von einem Armenarzt und einem Polizisten beschämen? Außerdem soll man sich gut mit den Medizinmännern stellen. Vielleicht brauche ich einmal Ihre diskrete Hilfe. Haben Sie nicht ein paar Tabletten gegen Übelkeit? Mir ist ziemlich oft zum Kotzen.«

»Mir auch«, sagte Paddington und streichelte Napoleons Bauch.

3.

Timothy programmierte Napoleon, dann rief er seinen Freund Josuah Trevers an, der nicht nur aus Neigung, sondern auch von Berufs wegen zu den bestinformierten Leuten von Chicago zählte; Joe war Hauptarchivar der ICC*. Timothy bestellte bei ihm alles über Lionell McCall und King Code, über Transplantationskliniken und den Streit um die PUBLIC HEALTHFARE, über Diebstähle von Transplantaten und Verbrechen, in denen Transplantate eine Rolle gespielt hatten. Joe fragte nicht wozu. Er hatte es sich längst abgewöhnt, Fragen zu stellen. Timothy versprach ihm ein chinesisches Abendessen und einen ausführlichen Bericht, sobald der Fall abgeschlossen wäre.

Während Napoleon noch den Zentralcomputer nach die-

* ICC = Information & Communication Company – eine der beiden großen Fernseh- und Nachrichtengesellschaften der Staaten.

sen Themen abfragte, beauftragte Timothy den Communicator, eine Verbindung zu Smiley Hepburn herzustellen. Es dauerte keine zehn Minuten, Smiley saß gerade in seinem Büro, das den hochtrabenden Titel eines »first class allsuper detective and investigations staff« trug, in Wirklichkeit aber nur aus ihm und einem Communicator bestand. Nichtsdestoweniger war Smiley einer der Besten in seinem Metier, und er hatte für alle Arten von Jobs erstklassige Leute an der Hand.

»Wenn du deine Nase noch nicht total versoffen hast«, sagte Timothy, »solltest du sie mal wieder für mich schnuppern lassen.« Er erzählte alles, was er wusste; er konnte sich auf Smileys Verschwiegenheit verlassen. »Ich habe so ein Gefühl, als könnte etwas Großes dahinterstecken«, schloss er. »Vielleicht findest du jemand, der ein neues Bein braucht. Kannst du nicht verbreiten, du hättest jemand an der Hand, der jedes Transplantat besorgen kann?«

Paddington stand schon am späten Nachmittag wieder vor der Tür des Appartements und winkte mit einer Weinflasche.

»Beaujolais«, erklärte er. »Ein Patient hat ihn mir verehrt. Ich wollte ihn nicht alleine trinken, und ein guter Wein verlangt Gläser.« Er lächelte verlegen. »Haben Sie schon etwas –?«, Timothy legte den Zeigefinger an die Lippen. Er stellte zwei Römer auf den Tisch, nahm behutsam die Flasche und studierte das Etikett. Dann entfernte er mit zeremonieller Sorgfalt die Stanniolkapsel, zog den Korken mit einem altertümlichen Zieher, schnupperte an dem Kork, nickte zufrieden, goss eine Probe ein, begutachtete die Farbe, sog das Aroma tief ein, kostete schmatzend und schenkte endlich die Gläser voll.

»Auf Ihr Wohl, Edward.«

»Auf das Ihre, Tiny.«

Sie tranken sich zu wie zwei Verschwörer.

»Kaum zu glauben, dass es Leute gibt, die alle Tage so etwas haben«, stöhnte Paddington.

»Und ohne einen Cent dafür zu zahlen«, ergänzte Timothy, »während unsereins, falls er überhaupt eine Flasche Naturwein bekommt, Unsummen ausgeben muss.«

»Sie meinen die DRAUSSEN?« Paddington blickte sich verstört um. »Werden Sie nicht überhört?«

»Doch!« Timothy zeigte über die Schulter zu einem Kristallkäfig, der an der Decke klebte. »Natürlich werde ich überhört; ich weiß nur nicht, von wem alles.« Er kicherte. »Ich kenne außer Polizei und FBI, der NSA und dem Komitee für moralische Aufrüstung noch eine ganze Reihe von Leuten, die sich für mich interessieren dürften. Ich hoffe jedoch, dass ich nur den amtlichen Zuhörer habe, und vor dem habe ich nichts zu verheimlichen. Sie etwa?«

»Natürlich nicht!«, beteuerte Paddington.

Als sie die Gläser geleert hatten, winkte Timothy dem Professor. Sie ließen ihre Sessel in das Mausoleum rollen.

»Gibt es einen schwarzen Markt für Transplantate?«, begann Timothy.

»Nein, wozu auch? Von Ausnahmen abgesehen, gibt es genügend Transplantate, ich meine, im Verhältnis zu den wenigen Möglichkeiten für solche Operationen. Wir haben zu wenige Spezialisten und viel zu wenig dafür geeignete OP-Säle. In der Regel müssen die Patienten Monate warten, bis sie an die Reihe kommen; in der Zwischenzeit hat sich allemal ein passendes Ersatzteil gefunden. Obwohl wir nicht sehr viel zahlen können.«

»Und in den Trustkliniken?«

»Auch dort gibt es lange Wartezeiten. Schon um die Preise hochzuhalten. Aber wenn denen ein Teil fehlt, bekommen sie es von uns. Zum Selbstkostenpreis.« Paddington lachte bitter. »Wenn Sie wüssten, Tiny, was für Preise die ihren Patienten berechnen! – Sie dachten, jemand hätte die Schenkel genommen, um sie unter der Hand zu verkaufen?«

»Wäre das ausgeschlossen?«

»Warum hätte man dann die ersten beiden zurückgebracht?«

»Weil man sie nicht los wurde. Und weil so die Chance größer war, dass der Diebstahl lange Zeit unentdeckt blieb. Es war ja nur ein Zufall, dass Sie den ersten bemerkten und daraufhin jeden Abend den Bestand überprüften, nicht wahr?«

»Das stimmt. Wenn wir nur wüssten, wer der Dieb ist!«

»Das weiß ich.«

Ein Strahlen ging über das Gesicht des Professors. »Sie haben den Fall gelöst?«

»Ich fürchte, so einfach ist die Sache nicht. Ich habe noch keine Ahnung, warum die Unterschenkel gestohlen wurden. Warum drei so verschiedene Exemplare? Napoleon sagt, weil das erste und das zweite Bein nicht passten. Das erste sei zu groß gewesen, das zweite habe die richtige Größe gehabt, sei aber ein linkes gewesen, während ein rechtes gebraucht wurde. Das befriedigt mich nicht. Die Bezeichnung auf dem Cooler ist so einfach, dass nicht einmal ein Dummkopf sich vergreifen konnte, geschweige denn einer Ihrer Mitarbeiter. Was Sie mir eben erzählt haben, bestärkt mich in meiner Ansicht, dass die Unterschenkel auf Bestellung gestohlen wurden; sollte man da nicht vorher gewusst haben, was man braucht? Sollte man das erst nach dem Diebstahl festgestellt haben, etwa durch eine Art Anprobe? Klingt ziemlich absurd, nicht wahr?«

»Fragen Sie doch den Halunken! Wer ist es?«

»Ich habe Napoleon die Daten Ihrer Mitarbeiter durchrechnen lassen. Es kann nur jemand sein, der mit den Freezern umzugehen und einen Cooler sachgemäß anzuschließen versteht, er muss außerdem die Möglichkeit haben, mit einem Gepäckstück von der Größe eines Transportcoolers ein und aus gehen zu können, und er muss zu allen drei Tatzeiten in der Klinik gewesen sein – also Carruthers oder Truman.«

»Carruthers!«, rief Paddington. »Carruthers ist heute nicht zum Dienst erschienen. Wir müssen ihn uns gleich vorknöpfen. Er soll gestehen, wo der Unterschenkel geblieben ist.«

»Das wird er selbst nicht wissen. Wenn hinter dieser Geschichte, wie ich vermute, eine große Sache steckt, dann wurden zwischen Dieb und Endverbraucher mehrere Stationen geschaltet, um die Spur zu verwischen.« Timothy trommelte mit den Fingerspitzen. »Warum drei so verschiedene Beine?«

»Fragen wir Carruthers!«

»Wenn man ihn noch findet. Inspektor Hopkins kümmert sich um ihn. Wir können ja mal hören, was er erreicht hat.«

Sie fuhren zurück in den Arbeitsraum. Timothy ließ sich mit dem Polizeipräsidium verbinden. Hopkins war gerade zurückgekommen.

»Carruthers ist tot«, sagte er. »Wir haben ihn in seiner Wohnung gefunden. Es sieht aus wie ein Raubüberfall.«

»Irgendetwas Außergewöhnliches?«, erkundigte sich Timothy.

»Ja, vielleicht. Auf dem Fußboden lag eine zertretene Tube mit Talkum.«

»Talkum? Wozu, um Himmels willen, braucht man Talkum?« Auch Paddington blickte ratlos.

»Fragen Sie doch Ihren neunmalklugen Napoleon«, schlug Hopkins vor.

Napoleon wusste nicht einmal, was Talkum war. Timothy raunzte ihn an, er solle gefälligst seine Bildungslücken schließen.

»Ende der Spur«, sagte er dann. »Ich hatte es mir gedacht.« Paddington stand enttäuscht auf. »Wenn ich nach Hause will, wird es jetzt höchste Zeit. Oder kann ich Ihnen noch helfen, Tiny?«

»Setzen Sie sich an den Communicator, und finden Sie heraus, ob irgendwo eine Unterschenkeltransplantation ins Haus steht. Rufen Sie mich, sobald Sie fertig sind. Ich bin im Schlafzimmer.«

»Wollen Sie etwa zu Bett gehen?«

»Ja, das will ich.« Timothy schmunzelte. »Ich kann auch von dort aus mit Napoleon arbeiten. Hier stören wir uns nur gegenseitig.«

4.

Es dauerte lange, bis Paddington sich meldete. Er öffnete die Tür nur einen Spaltbreit und hustete. Timothy winkte ihn herein.

Zwei Drittel des Schlafzimmers wurden von einem großen, von Wand zu Wand reichenden Bett eingenommen, über dessen Kopfende sich ein Schaltpult hinzog, das an den Kommandostand einer Fabrik oder eines Kraftwerks erinnerte. Die vierte Wand war ein riesiger Videoschirm, auf dem gerade Blitz, Donner und Sturm tobten; plötzlich prasselte schwerer Regen hernieder, der dunkle Himmel teilte sich zu Wolken, zwischen denen ein strahlender Sonnenball aufging und ein tosendes Meer mit berghohen Wellen in allen Schattierungen von Blau und Grün aufleuchten ließ.

»Setzen Sie sich!« Timothy wies auf das Fußende des Bettes. »Was halten Sie von einem Kaffee?« Er wartete die Antwort nicht ab, sondern zauberte gleich eine Mokkamaschine aus seinem Bettbord, kurz darauf zog Kaffeearoma durch den Raum.

»Sie leben«, sagte Paddington.

»Ja, es hat Vorteile, ein begehrter und hochbezahlter Dienstmann der Bigbosse zu sein. Haben Sie etwas gefunden?«

Paddington schüttelte den Kopf. »In keiner Chicagoer Klinik liegt jemand, der auf einen Unterschenkel dieser Größe wartet. Eine G 52 – das bedeutet ja einen Mann von mindestens zwei Metern. Ich konnte mir ohnehin nicht vorstellen, dass einer meiner Kollegen ein Transplantat ohne Pass verarbeitet, und der liegt immer noch in unserem Safe.«

»Aber möglich wäre es?«

»Wenn man das Teil neu bestimmt.« Er nahm einen Schluck Kaffee. »Andererseits sind alle in Frage kommenden OP-Säle ausgebucht. Zumindest in den nächsten vier Wochen ist eine Operation mit unserem Unterschenkel nicht möglich.«

»Wenn man Sie nicht beschwindelt hat.«

»Warum sollte man?«

»Weil einer Ihrer lieben Kollegen einen Haufen Dollar dafür bekommt, wenn er die Operation heimlich ausführt.«

»Erstens«, sagte Paddington mit Nachdruck, »habe ich nicht nur mit Kollegen gesprochen, sondern auch noch mit Leuten aus ihren Teams, auf die ich mich verlassen kann« – er betonte das »ich« –, »zweitens kosten solche OP-Säle Millionen und werden im Vierschichtsystem, also ohne Pause, genutzt, um den höchstmöglichen Profit herauszuarbeiten, da kann man nichts verheimlichen, und drittens kenne ich alle Chirurgen in Chicago, die solch eine Transplantation durchführen könnten; niemand von ihnen würde eine kriminelle Operation riskieren.«

»Kann man Ihr Eisbein ausgeflogen haben?«

»Kaum. Es gibt noch keine Transportcooler, in denen man Transplantate dieser Größe länger als eine halbe Stunde frisch halten kann. Was glauben Sie, was wir schon für Probleme haben, sie von einer Klinik in die andere zu schaffen, ohne Hubschrauber wäre das unmöglich. Aber selbst wenn man von einem Landeplatz in der Nähe unserer Klinik gestartet wäre –«, er schüttelte den Kopf, »es gibt keine Klinik außerhalb der Stadt, die näher als eine Flugstunde liegt.«

»Muss es unbedingt eine Klinik sein? Könnte man nicht einen Operationssaal improvisieren?«

»Improvisieren! Man braucht eine Herz-Lungen-Leber-Maschine, eine künstliche Niere, einen Neuronentestator, Superspeed-Nähmaschinen – das ganze Arsenal der modernen Medizintechnik. Und ein eingespieltes Team!«

Timothy sah ihn fragend an.

»Neben dem Chefoperateur noch drei, besser vier Assistenten, zwei Anästhesisten – also mindestens einer. Und vier Schwestern. Das ist das Minimum. Je weniger Leute es sind, desto besser müssen sie aufeinander eingespielt sein.«

»Wie lange dauert die Vorbereitung?«

»Zwischen zwei und vierzehn Tagen, kommt darauf an, wie groß die Unverträglichkeitsspanne ist.«

»Der Patient muss also einige Tage vorher in der Klinik sein?«

»Nicht unbedingt. Wenn man seine Werte hat, genügt es, wenn er einen Tag vor der Operation kommt; angepasst wird nicht der Patient, sondern das Transplantat.« Paddington blickte sich um, wohin er die leere Tasse stellen könnte. Timothy nahm sie ihm ab. »Aber es gibt anscheinend in ganz Chicago auch keinen Patienten, der auf einen zweiundfünfziger Unterschenkel wartet. Zumindest steht niemand auf den Wartelisten der offiziellen Kliniken und der registrierten Ärzte. Vielleicht bei den CAPOs*, sollten die keine eigenen Kliniken haben?«

»Die CAPOs!« Timothy lachte, dass ihm fast die Tasse aus der Hand gefallen wäre. »Was sind Sie doch für ein braver Bürger, Edward! Sie glauben wohl alles, was über Ihr Video flimmert? Die CAPOs sind nichts als eine Erfindung cleverer Journalisten und Public-Relations-Manager.«

»Wollen Sie behaupten, der ganze Kampf gegen die CAPOs sei nur –«

»Ein Märchen«, ergänzte Timothy, »eine hübsche Geschichte für naive Gemüter, damit die etwas zum Gruseln haben und nicht so viel über andere Dinge nachdenken.«

»Und die COSA NOSTRA, die MAFIA?«

»Das war einmal. Im vorigen Jahrhundert. Glauben Sie mir, Edward, es gibt längst keine Unterscheidung mehr zwischen sauberen und schmutzigen Unternehmen. Zumal die Ausnutzung der heutigen Gesetze in der Regel mehr Geld einbringt als ihre Verletzung. Die alten Verbrechersyndikate haben schon im vorigen Jahrhundert damit begonnen, ihr Geld in ganz normale Firmen zu stecken, und seit ihre Haupteinnahmequellen, Glücksspiel, Rauschgift und Prostitution, vor sechzig Jahren legalisiert und damit allen Kapitalgruppen öffentlich zugänglich wurden, haben sich auch die sogenannten seriösen Konzerne darauf gestürzt. Da geht es nur noch darum, wer welche Märkte beherrscht. Und wenn es darauf ankommt, greifen sie allesamt zum Verbrechen.«

Paddington sah ihn ungläubig an.

»Schon gut, lassen wir das.« Timothy blickte gedankenverloren zur Videowand, wo sich jetzt feine Wolkenschleier über einer fast spiegelglatten See bildeten. »Den Unterschenkel auszufliegen hat also keinen Sinn. Und in ganz Chicago gibt es weder eine Klinik für unseren Fall noch einen Arzt, noch einen Patienten. Warum, zum Teufel, hat man dann Ihr Eisbein gestohlen? Und auch noch zweimal umgetauscht. Warum wurde Carruthers ermordet?«

Paddington zuckte hilflos mit den Schultern. Timothy

---

* CAPO = Spitzname für Verbrecherorganisation, abgeleitet von Al Capone, dem Gangsterkönig Chicagos im 20. Jahrhundert.

ließ den Kopf sinken. Es dauerte lange, bis er wieder den Professor ansah.

»Vergessen Sie alles«, sagte er mit Nachdruck. »Ich möchte, dass Sie zu niemandem darüber sprechen. Bitten Sie Hopkins, dass er seine Untersuchungen einstellt. Sagen Sie ihm, mit Carruthers' Tod sei die Sache für Sie erledigt. Es wird auch kaum noch einen weiteren Diebstahl geben. Wer auch immer den Unterschenkel braucht, er scheint jetzt den richtigen zu haben. Und verraten Sie niemandem, dass Sie deshalb bei mir waren. Verlassen Sie morgen früh das ›Nebraska‹ so unauffällig wie möglich, und kommen Sie vorläufig nicht wieder her. Rufen Sie auch nicht an. Ein Toter ist genug.«

Timothy griff an das Schaltpult, kurz darauf füllte Musik den Raum, eine altertümliche Sinfonie aus dem 18. oder 19. Jahrhundert; Paddington hatte sie noch nie gehört. Er hockte auf dem Bettrand und traute sich nicht, Timothy in seinen Gedanken zu stören. Schließlich räusperte er sich; als das nichts half, stieß er Timothy an. Der drehte sich nur auf die Seite und begann zu schnarchen. Paddington ging ins Arbeitszimmer und legte sich auf einen der Sessel.

5.

Den nächsten Tag verbrachte Timothy mit fieberhafter Arbeit. Kaum dass er Professor Paddington verabschiedet hatte, bombardierte er alle möglichen Leute mit Anfragen, ließ sich immer neue Daten überspielen und diskutierte stundenlang mit Napoleon, bis ihm der Schädel brummte. Er sah auf die Uhr. »Okay«, murmelte er, »ist ohnehin Zeit für den Sonnenuntergang.«

Es dauerte nicht lange, bis er sich für den Frack entschieden hatte, um so länger stand er vor dem Colorator; das Rubinrot, das er sich schließlich ausgesucht hatte, gefiel ihm dann doch nicht, er ließ den Stoff löschen und orange färben, für das Hemd wählte er ein sattes Lila. Dann saß er lange vor dem Spiegel und kämmte sorgfältig sein dichtes

Haar, bis es die richtig abgestimmte mattlila Tönung angenommen hatte, am Schluss färbte Timothy eine Strähne über der Stirn orange. Er war sehr mit sich zufrieden, als er in den Spiegel blickte.

Tom begrüßte ihn mit einem breiten Lachen, verbeugte sich tief, doch sein Kopf reichte trotzdem nicht zu Timothy hinunter.

»Oh, Massa Tiny«, sagte er in dem Negersklavenslang, der ebenso wie die mit Goldschnüren verzierte Uniform zu seiner Rolle als Liftboy der »Stardust«-Bar gehörte, »warum ich nicht wissen, Sie heute in Orange kommen, ich sonst ziehen blau an.«

Timothy blinzelte ihm zu. Als sie den 1112. Stock erreicht hatten, riss Tom die Lifttür mit solch einem Krach auf, dass alle Köpfe in der Bar herumflogen. Er nahm Haltung an, als brächte er den Präsidenten der Staaten. Timothy ließ sich viel Zeit auf seinem Weg zum Tresen, blickte aufmerksam nach links und rechts, hin und wieder schenkte er einem der Gäste ein Lächeln. Er schien das Staunen und die Bewunderung, die er erregte, zu genießen.

Der Barkeeper hatte den Stuhl schon heruntergefahren. Timothy winkte ihm wohlwollend zu. »Hallo, Melvin?«

»Hallo, Mister Tiny!«

Timothy zählte seinen Countdown, und sobald er beide Ellenbogen auf die Platte des Tresens legen konnte, bestellte er Old Finch, vierstöckig und ohne Eis.

»Für mich auch«, sagte jemand hinter ihm, »aber mit Eis.« Es war Smiley Hepburn, und er trug einen Smoking! Timothy musterte ihn belustigt.

»Guck mich nicht so an!«, brummte Smiley. »Alles deinetwegen. Ich war bei einem Empfang der Medizinischen Akademie. Die Einladungskarte kostet dich hundert Dollar. Da ich nun schon so piekfein angezogen war, wollte ich gleich mal deine stinkvornehme Bar beglücken und auf dein Wohl trinken – und auf deine Rechnung. Dachte mir, dass du dir den Sonnenuntergang angucken wirst; wenn nicht, wäre ich nachher runtergekommen. Prost.«

»Prost.« Timothy deutete zur Westfront, wo die Sonne sich anschickte, in die Wolken zu tauchen.

Smiley hatte nicht viel erreicht, das Wichtigste war eine Namensliste von Chirurgen, die wegen krimineller Operationen aus der Ärztekammer ausgestoßen worden waren. Timothy verschwand für einen Augenblick hinter der Bar und gab sie Napoleon durch. Und einem Bekannten bei der Flugüberwachung.

Gegen Mitternacht hatten sie alle Whiskysorten gekostet und nahmen den Kognak in Angriff.

»Mann«, sagte Smiley mit schwerer Zunge, »das wird 'ne Rechnung, so hoch wie deine Bar hier. Wer zahlt 'n das? Wer ist dein Klient?«

»Ich bin mein eigener Klient. Ich kann es nun mal nicht vertragen, wenn ich etwas nicht verstehe.«

»Du bist gut.« Smiley kicherte. »Als ob diese Welt noch zu verstehen wäre! Verstehst du etwa, warum es schon seit drei Wochen kein frisches Brot mehr gibt? Oder warum der alte Foreman sich alle halbe Jahre 'ne neue Frau nimmt, wo der doch gar nicht mehr kann, oder warum die UNIVERSAL sich 'ne Herde Taucher ausbildet, wo's doch gar kein richtiges Wasser mehr gibt, oder warum wir 'ne Weltraumbehörde haben, wo wir doch nicht mal mehr 'n klitzekleinen Sputnik starten dürfen? Verstehst du das?«

Er schlug Timothy auf die Schulter, dass der fast vom Barhocker gefallen wäre.

Der Barkeeper beugte sich zu Timothy. »Es ist nicht meinetwegen«, flüsterte er, »aber für Ihr Image wäre es sicher besser, Tiny …«

»Halt's Maul!«, lallte Smiley. »Tiny braucht kein Image. Tiny ist der Größte, und wenn einer von den Lackaffen hier das bestreiten will, dann hau ich ihm in die Fresse.«

Er versuchte sich umzudrehen und rutschte dabei vom Hocker. Tom stand im Nu neben Smiley und lotste ihn zum Fahrstuhl.

»Dein Image«, stänkerte Smiley, als sie den Lift verließen, »'n richtiger Affenfatzke bist du geworden, Tiny. Apfelsinenfrack und blaue Haare! Countdown an der Bar!«

Timothy boxte ihm in den Bauch. »Halt die Luft an, Smiley. Was denkst du, warum ich diesen Zirkus mache? Ein Zwerg, das ist nur komisch – bestenfalls. Aber ein eitler, arroganter, versnobter Zwerg, das ist schon wieder etwas – eine Attraktion!«

Napoleon begrüßte sie mit einem Räuspern. Timothy nahm den Streifen aus dem Geber, hielt ihn Smiley hin. »Kannst du das lesen? Ich nicht. Die Buchstaben tanzen ja. Die tanzen einfach!«

»Du bist blau«, erklärte Smiley, »das ist alles. Du brauchst einen Schnaps. Wo steht dein Whisky?«

Timothy nestelte an Napoleon herum. »Ich will dir ausnahmsweise erlauben, mit mir zu reden. Was willst du?«

»Sir«, tönte Napoleon, »Sie hatten mich gebeten, meine Kenntnisse in Bezug auf Talkum zu vervollständigen. Talkum ist ein monoklin kristallisierendes, blättrige Aggregate bildendes Mineral, das sich fettig anfühlt, ein wasserhaltiges Magnesiumsilikat der Formel $3\ MgO\ 4\ SiO_2 \bullet H_2O$. In gemahlenem Zustand wurde Talkum früher als absorbierender Grundstoff in Pudern, Pasten und Tabletten verwendet, auch als Gleitmittel für Gummi und Plast, zum Beispiel bei Operationshandschuhen und Taucheranzügen. Gestatten Sie, Sir, dass ich mir dazu eine Bemerkung erlaube?«

»Ich gestatte nicht«, knurrte Timothy. Er ließ den Servicewagen heranrollen.

Smiley begutachtete die Flaschen. »Da haben wir ja alles, was das Herz begehrt«, sagte er. »Ich verstehe nicht, warum du in diese teure Bar gehst. Wegen des Sonnenuntergangs?«

»Und weil da meine Kundschaft sitzt. Heute Abend waren mindestens zehn Milliarden Dollar dort versammelt.«

»Du bist zu ehrgeizig, Tiny. Wenigstens beim Whisky soll man nicht an Arbeit denken. Wozu auch? Du hast doch alles: ein Appartement im ›Nebraska‹, sogar über dem Smog, einen eigenen Computer, ein Mausoleum, Aufträge, so viel du willst, Erfolg, Geld.«

»Nur das Wichtigste«, sagte Timothy leise, »das habe ich nicht: Liebe.«

»Wer Geld hat, hat auch Liebe, wenn er nur will.«

»Du meinst Sex, Smiley. Liebe kann man nicht kaufen.«

Smiley legte die Hand auf Timothys Arm. »Entschuldige, Tiny. Komm, wir trinken noch einen. Was ist eigentlich los mit diesem Unterschenkel?«

»Wenn ich das nur wüsste.« Timothy rieb sich die Nasenspitze. »Warum lässt einer einen Unterschenkel stehlen, wenn er ihn fast umsonst von der PUBLIC HEALTHFARE bekommen könnte? Das hat nur einen Sinn, wenn die Operation illegal ist. Warum illegal? Einen Unterschenkel kann man sich ganz öffentlich ersetzen lassen. Ja, wenn es eine Gesichtsveränderung wäre! Warum tauscht man das Bein zweimal um? Warum lässt man nicht gleich das richtige stehlen? Obendrein scheint es überhaupt niemanden zu geben, der ein Bein dieser Größe braucht!«

Napoleon räusperte sich.

»Was willst du?«, fragte Timothy.

»Wenn niemand einen Unterschenkel dieser Klassifikation benötigt«, tönte Napoleon, »dann ist das Transplantat wahrscheinlich jemandem zugedacht, der es erst benötigen wird.«

»Vielleicht 'ne Selbstverstümmelung, was? Zuerst wollte der Mann sein kurzes Bein nehmen, dann lieber eins seiner großen und schließlich nicht das linke, sondern das rechte.«

»Lass doch den ollen Napoleon«, grölte Smiley, »der ist ja besoffen.«

6.

Der Notruf holte Timothy aus dem Bett. Paddington war am Apparat.

»Entschuldigen Sie, Tiny, kann ich für einen Augenblick herunterkommen? Ich rufe aus der Halle an. Es ist sehr wichtig.«

»Dann müssen Sie warten, Edward. Ich brauche mindestens eine halbe Stunde.«

Timothy schaffte es in zwanzig Minuten, Smiley wachzurütteln und hinauszuwerfen, sich zu duschen, anzuziehen und die Wohnung halbwegs aufzuräumen. Als der Professor kam, stand schon der Tee auf dem Tisch.

»Ich weiß nicht, ob es Sie noch interessiert«, sagte Paddington, »aber es gibt doch eine Möglichkeit für eine Transplantation. Ich habe mir gleich ein Aerotaxi bestellt, als ich es erfuhr.« Er machte eine beruhigende Handbewegung. »Ich habe gut aufgepasst. Niemand ist mir gefolgt.«

»Sehr gut«, lobte Timothy.

»Der OP-Saal der UNIVERSAL-Klinik in der Dreiundachtzigsten Straße wurde für übermorgen in der Frühschicht gesperrt, angeblich wegen einer Reparatur. Die vorgesehene Operation wurde abgesetzt, das Team hat außerplanmäßigen Urlaub bekommen.« Paddington sah Timothy triumphierend an. »Dieser OP-Saal war schon am vorigen Freitag aus dem gleichen Grund gesperrt. Es wurde aber nichts repariert!«

»Einen Moment«, sagte Timothy. »Mittwochabend wurde zum ersten Mal ein Unterschenkel bei Ihnen gestohlen, nicht wahr?«

»Und Donnerstag früh wiedergebracht.«

»Warum hat Carruthers nicht schon am Donnerstag den zweiten Unterschenkel gestohlen? Dann hätte die Operation am Freitag früh noch stattfinden können.«

»Die Zeit hätte nicht ausgereicht, das Transplantat anzupassen.«

Timothy schüttelte nachdenklich den Kopf. »Da muss noch etwas anderes sein, Edward. Glauben Sie, dass Carruthers sich in der Beinlänge geirrt haben kann?«

Timothy ging zum Communicator und ließ sich die eingegangenen Communics geben. Plötzlich stieß er einen Pfiff aus. »Vorige Woche Dienstag ist ein gewisser Doktor Benito Ramirez in Chicago eingetroffen.«

»Meinen Sie den Ramirez, der damals versucht hat, einen Affen mit Menschenarmen auszustatten?«

Timothy antwortete nicht. Er überflog fieberhaft die Communics. »Und er ist nicht allein gekommen, da waren noch zwei Chirurgen auf der Passagierliste, die ebenfalls aus der Ärztekammer ausgeschlossen sind. Ich möchte wetten, sie hatten auch Anästhesisten und Schwestern bei sich.«

Timothy fischte ein weiteres Communic heraus. »Sonnabend Nacht ist Ramirez wieder abgeflogen.« Er nippte gedankenversunken an seinem Tee. »Napoleon hat heute Nacht etwas gesagt«, murmelte er plötzlich. »Napoleon, wiederhole deine Vermutung über die Unterschenkel!«

»Wenn niemand einen Unterschenkel der Sorte mG-r-52 benötigt, dann ist das Transplantat wahrscheinlich jemandem zugedacht, der es erst benötigen wird. – Sie bemerkten darauf, Sir, ob es etwa ein Unfall sein solle, der erst stattfinden würde, oder gar eine Selbstverstümmelung, und –«

»Stopp!« Timothy schaltete Napoleons Snarr ab. »Das könnte es sein: ein Mann, der sein Bein verlieren wird, bei einem – nennen wir es vorläufig Unfall. Die Operation wird vorbereitet. Aber der Mann springt ab. Das Bein wird zurückgebracht und, als ein neuer Mann gefunden wurde, das zweite Bein gestohlen. Ramirez überprüft noch, ob das Transplantat geeignet und wie es anzupassen ist, dann reist er ab.«

»Warum dann später noch einmal der Umtausch in ein rechtes Bein?«

»Vielleicht, weil es für den ›Unfall‹ egal ist, welches Bein der Mann verliert, nicht aber für ihn.« Timothy sprang auf und tigerte durch den Raum. »Wir haben jetzt eine Klinik, einen Operationstermin und einen Chirurgen. Wir müssen also nur noch einen Zweimetermann finden, der lieber rechts als links ein neues Bein haben will. Wollen wir wetten, dass Ramirez spätestens morgen abend wieder nach Chicago kommt?« Timothy blickte zur Uhr. »Bleiben mir maximal zweiunddreißig Stunden.«

»Wollen Sie nicht lieber die Finger von der Sache lassen oder wenigstens die Polizei einschalten? Ich meine, wenn wirklich die UNIVERSAL dahintersteckt. – Ich habe ein schlechtes Gewissen, Tiny. Schließlich habe ich Sie da hineingezogen.«

»Beruhigen Sie sich, Edward. Das hat nichts mit Ihnen zu tun, aber alles mit meiner Neugier. Ich kann es nicht ertragen, wenn ich mit der Nase in einen Misthaufen falle und nicht herausbekomme, was da so stinkt. Und die Polizei? Die UNIVERSAL hat genügend Polizisten auf ihren Bakschischlisten, um es sofort zu erfahren. Damit würde ich uns wirklich in Gefahr bringen, und bestenfalls würde das Unternehmen verschoben. Aber wir wissen ja nicht einmal, was und wo es steigen soll. Wir haben nur Vermutungen; darauf würde nicht mal Hopkins anspringen.«

»Man könnte die Operation verhindern.«

»Wozu?« Timothy stellte sich vor Paddington hin. »Wissen Sie, Edward, die Operation interessiert mich nicht, Ihren Unterschenkel bekommen Sie ohnehin nicht wieder. Oder können Sie beweisen, dass er bei Ihnen gestohlen wurde?«

»Natürlich. Anhand des Passes.«

»Und wenn es längst einen gefälschten Pass gibt?«

»Dann nicht.« Paddington saß da wie ein Häufchen Elend. »Selbst wenn man einen Durchsuchungsbefehl erwirken könnte, glauben Sie, man dürfte während der Operation dort eindringen? Können wir nachweisen, dass es sich um eine illegale Transplantation handelt? Es verstößt gegen kein Gesetz, wenn die UNIVERSAL Ramirez beschäftigt. Was wir verhindern müssen, ist nicht die Transplantation, sondern dieser … ›Unfall‹. Gehen Sie jetzt, Edward. Ich muss nachdenken. In einer meiner Gehirnwindungen geistert eine Idee herum, die muss ich packen.«

So schwer war Timothy schon lange nichts mehr gefallen. Immer wieder gab er Napoleon Freispielzeit und versuchte inzwischen auf alle mögliche Weise, sich zu konzentrieren. Er stieg in die Wanne, legte sich ins Bett, ließ sich in willkürlicher Reihenfolge Gemälde vorführen, drückte blind die Tastatur des Musikspeichers und hörte nacheinander Fugen von Bach und banale Schlager, ließ die unterschiedlichsten Streifen über den Videoschirm laufen, darunter einen Gleitflug über den Ozean, Scooterrennen durch den Grand Cañon, Drachensteigen über der Wüste und das Puppenspiel von Don Quichote – nichts wollte helfen. Schließlich ging er in die Küche und begutachtete seine Vorräte. Er beschloss, einen schwedischen Hefekranz zu backen.

Timothy schluckte zwei Lilaperlen, um für eine Stunde ganz abzuschalten. Dann war er nur noch damit beschäftigt, Butter zu Sahne zu rühren, Hefe in Milch einzuweichen, Teig zu kneten; er wartete geduldig, dass der in eine Serviette gewickelte Teigklumpen sich vom Grund des Eimers mit kaltem Wasser lösen und aufsteigen sollte, knetete dann Zucker unter, rollte den Teig aus, streute Mandeln, Rosinen und Sukkade darauf und formte eine lange Teigrolle. Wenn jemand Timothy beobachtet hätte, er wäre nie auf die Idee gekommen, dass der sich mit einem der schwierigsten Fälle seiner Praxis herumschlug. Während Timothy den Zuckerguss vorbereitete, stellte sich die Erinnerung ein. Nicht aber die Lösung. Timothy fluchte lauthals auf die verdammte Sauferei und auf Smiley, der nie genug bekommen konnte – mitten in einem hundsgemeinen arabischen Fluch verstummte er, rannte zum Communicator und ließ sich mit Smiley Hepburn verbinden.

»Du musst dich erinnern«, überfiel er ihn. »Du hast gestern eine Brandrede gehalten, wie wenig du die Welt noch verstehst. Wiederhole bitte alles, was dir einfällt. Jedes Wort!« Timothy lauschte mit geschlossenen Augen. Plötzlich hellte sich sein Gesicht auf. »Danke, das war's!«

Bevor Smiley noch etwas sagen konnte, hatte Timothy schon die Verbindung unterbrochen und rannte ins Mausoleum. Im Vorbeihuschen streichelte er Napoleon und rief ihm zu: »Und du bist doch der Größte!«

Er setzte sich vor das Handwaschbecken, schraubte den Wasserhahn ab, zog eine dünne Glasfaserlitze aus dem Rohr, klappte das Ende auseinander, holte zwei Kapseln aus dem Hahn und stöpselte sie auf die beiden Litzenenden, steckte die eine Kapsel ins Ohr, die andere in den Mundwinkel. Dann drehte er an einer Schraube der Warmwasserleitung und setzte so den Schwingquarz in Betrieb. Er musste fünf lange Minuten warten, bis sich der Große Bruder meldete. Die Stimme klang blechern, kaum menschlich.

»Du musst mir wieder mal helfen«, sagte Timothy. »Ich suche einen Betrieb oder ein Institut mit direktem Zugang zum Wasser.

»Das ist Geheimhaltungsstufe zwei«, erwiderte der Große Bruder. »Darüber verfügt nur der Regierungscomputer.«

»Brauchte ich sonst deine Hilfe? Morgen Nacht wird irgendwo in Chicago eine große Schweinerei inszeniert. Frag mich nicht, was; ich weiß es selbst noch nicht.«

»Wenn es schiefgeht, fliegen wir beide auf.«

»Was soll schiefgehen! Verlass dich auf mich. Niemand wird erfahren, dass du den Regierungscomputer anzapfen kannst. Bitte!«

»Nun gut, ich versuch's. Aber vor morgen früh wird es nichts.«

»Okay. Morgen früh reicht. Ich fühle mich ohnehin nicht stark genug, mir die Nacht um die Ohren zu schlagen.«

»Bist du krank?«, erkundigte sich der Große Bruder besorgt.

»Nur verkatert.«

»Du sollst doch nicht so viel trinken, Tiny.«

»Hast ja recht. Aber ab und zu muss ich mich mal besaufen, sonst werde ich verrückt an dieser schönen Welt.«

7.

»Müssen wir wirklich in das Mausoleum?«, stöhnte Paddington. »Ich hasse schalltote Räume.«

Timothy schob ihn durch die Tür. »Jetzt auch noch?« Er zeigte zu dem Tisch, auf dem eine Flasche Moselwein und venezianische Gläser standen. »Ich denke, Sie wollen die Lösung unseres Falles erfahren? Es gibt da ein paar Dinge, die niemand wissen darf. Es ist schon leichtsinnig, dass ich es Ihnen erzähle. Ich verlasse mich darauf, dass Sie schweigen.«

»Natürlich. Aber wenn es Sie in Schwierigkeiten bringt –«

»Wissen Sie, Edward, es wird mir guttun, darüber zu sprechen. Und mit wem, wenn nicht mit Ihnen? Mein Herz ist schon so voll, dass ich dauernd Angst haben muss, dass mir mal der Mund übergeht, wie das Sprichwort sagt.«

Timothy öffnete die Flasche und goss ein. Paddington kostete bedächtig. Ein Strahlen zog über sein Gesicht.

»Etwas spukte in meinem Kopf herum«, erklärte Timothy. »Schließlich fiel es mir wieder ein. Beim Kuchenbacken.«

»Wobei?«

Timothy überhörte die Frage. »Jemand hatte mir erzählt, dass die UNIVERSAL Taucher ausgebildet hatte. Ja, Taucher! Obwohl es doch so gut wie keinen öffentlichen Zugang zu Wasser mehr gibt; in Chicago und Umgebung schon gar nicht. Außerdem – erinnern Sie sich? –, bei dem toten Carruthers fand die Polizei eine zertretene Tube mit Talkum. Napoleon hat herausbekommen, dass man Talkum früher als Gleitmittel beim Anlegen von Kleidung aus Gummi oder Plast benutzte. Natürlich dachte ich zuerst an Gummihandschuhe und Operation und legte es ad acta. Doch welcher Chirurg benutzt heute noch Gummihandschuhe? Aber Taucher brauchen Talkum, um ihre Anzüge anzuziehen. Jetzt musste ich nur noch die einzelnen Fakten in den richtigen Zusammenhang bringen.«

Timothy nahm einen großen Schluck. Paddington trank ihm zu.

»Carruthers stiehlt einen Unterschenkel, Carruthers wird ermordet. Man findet bei Carruthers Talkum. Taucher brauchen Talkum. Die UNIVERSAL hat Taucher ausgebildet. Die UNIVERSAL hat auch einen OP-Saal für Transplantationen. Ramirez war in Chicago. Und er ist gestern wiedergekommen. Was ich suchen musste, war also eine Stelle, die etwas mit Tauchern zu tun haben und an der ein Mann sein Bein verlieren konnte.« Timothy trank sein Glas aus und goss nach. »Die meisten Wasserzugänge in Chicago sind so abgesichert, dass ein Mensch sie unmöglich passieren kann. Was blieb, waren ein paar Dutzend Zugänge aus Betrieben und Instituten, die radioaktiven und sonstwie giftigen Müll direkt in Unterwasserfrachter schicken. Nur in einem einzigen von ihnen waren die Sicherheitseinrichtungen derart, dass ein Mann, der sie passieren wollte, nur ein Bein riskieren musste, und selbst das hätten wir fast nicht gefunden.«

Timothy stand auf und lief durch den Raum, während er weitersprach. »Wenn die Sache nicht so verrückt angefangen hätte, wäre ich wahrscheinlich nie auf die Lösung gekommen, doch in diesem Fall schien das Absurde geradezu normal zu sein.« Er blieb vor Paddington stehen. »Es ist das Kernforschungsinstitut des MONOLINE-Konzerns. Der Schacht, durch den sie dort den zu Packs gepressten Müll in die Unterwasserfrachter schicken, ist groß genug, dass ein Zweimetermann ihn bequem passieren kann. Doch alles, was durch den Schacht wandert, muss durch ein Bündel verschiedenartiger Strahlen, die auch die stabilsten Moleküle knacken. Deshalb hatte ich das Institut zuerst aussortiert. Aber die Strahlenkanone ist teuer. Also hat man Biosensoren davorgeschaltet und mit einem Ultraschallwerfer gekoppelt, sicher nicht nur, um den Schacht vor Eindringlingen zu schützen, sondern auch, damit nicht Ratten oder Schlammbarsche die teure Strahlenfalle auslösen.«

»Also eine doppelte Todesfalle«, sagte Paddington.

»Ja. Aber die beiden Fallen sind miteinander gekoppelt. Wenn die Biosensoren ansprechen und den Ultraschallstoß auslösen, wird die Strahlenkanone für ein paar Sekunden blockiert, damit beispielsweise eine Ratte nicht noch die Kanone auslöst, bevor sie krepiert. Wenn nun aber jemand, so haben Napoleon und ich ausgerechnet, einen schallsicheren Skaphander trägt und nur, sagen wir, einen Fuß hinhält? Dann wird nur der zerschallt, und er kann die blockierte Strahlenkanone ungehindert passieren.«

»Warum sollte er dann nicht einfach eine Ratte oder einen Fisch vor sich her treiben?«

»Ja, warum? An diesem Punkt war ich nahe daran, zu verzweifeln. Aber dann stellte Napoleon eine Frage: Vielleicht will man nicht hinein-, sondern herausdringen?«

Timothy setzte sich wieder. Er blinzelte Paddington vergnügt zu. »Das war es! Ich habe mich sofort erkundigt. Die Strahlenkanone ist tatsächlich von beiden Seiten mit Biosensoren gekoppelt. Und nun bekam die so absurd erscheinende Angelegenheit Hand und Fuß, denn das MONOLINE-Institut ist so abgesichert, dass niemand etwas Lebendes hineinschmuggeln kann. Die Mitarbeiter müssen sogar nackt durch eine Schleuse. Also musste Mister X selbst ran. Wahrscheinlich ist es nicht allzu schwer, durch ein IMAGO vorzutäuschen, dass er nach Hause gegangen sei. Er lässt sich also einschließen, kann in Ruhe stehlen, steigt dann in einen Container oder was weiß ich und lässt sich in den Schacht sinken.

An den Biosensoren steckt er den Fuß heraus, löst den Ultraschall aus und blockiert so die Strahlenfalle. Inzwischen haben die Taucher den Unterwasserfrachter beiseite geräumt und nehmen Mister X in Empfang. Er wird in die Klinik gebracht, wo Doktor Ramirez schon darauf wartet, ihm ein neues Bein anzusetzen.«

Paddington nickte begeistert. »Klingt sehr logisch, Tiny. Nur, entschuldigen Sie, Ihre Ausgangspunkte sind nicht gerade seriös. Ich meine, dass man bei Carruthers Talkum gefunden hat und dass Taucher Talkum benötigen –«

Paddington brach mitten im Satz ab. Er starrte verwirrt auf den kichernden Timothy.

»Der Witz ist«, sagte Timothy, »dass auch Taucher heute kein Talkum mehr verwenden. Na, Hauptsache, es hat uns zur richtigen Lösung gebracht.«

»Ihre Kombinationen waren also richtig?«

»Frings, der Sicherheitschef der MONOLINE, war vor zwei Stunden hier, um sich bei mir zu bedanken. Ich habe ihm gestattet, das Ganze als sein Verdienst hinzustellen, und mir so, wie er sagte, ›einen Freund fürs Leben‹ gewonnen.«

»Und die Feindschaft der UNIVERSAL.«

»Hat irgendjemand von der UNIVERSAL gesprochen? Ich nicht. Zu niemandem, Edward, verstehen Sie?«

Paddington nickte eifrig.

»Ich habe Frings nur gesagt, dass ich von einem Einbruchsversuch erfahren hätte und wie er wahrscheinlich durchgeführt werden sollte.«

»Und die haben Mister X gefasst? Wer war es?«

»Ich habe Frings nicht gefragt.« Timothy machte eine lange Pause. Er lag still in seinem Sessel, seine Lippen waren zu schmalen Strichen zusammengepresst. »Er ist tot«, sagte er schließlich. »Sie hätten ihn bequem abfangen und festnehmen können. Aber sie haben sich einen Spaß daraus gemacht, ihn in die eigene Falle zu jagen. Sie haben den Safe mit einer zusätzlichen Sicherung versehen. Als die anzeigte, dass Mister X sich an ihm zu schaffen machte, sind sie mit lautem Krach eingedrungen, so dass Mister X in Panik geriet und fliehen wollte. Aber Frings hatte die Koppelung der Sperren aufgehoben. Es nutzte Mister X nichts, dass er sein Bein herausstreckte und zerschallen ließ, Sekunden später wurde er von der Strahlenkanone erfasst.«

»Trotzdem ist es ein Erfolg«, sagte Paddington. »Sie wollten diesen ›Unfall‹ verhindern, Tiny, und das haben Sie geschafft, obwohl Sie praktisch nichts in Händen hatten. Nur durch brillante Kombination ...«

»Hören Sie doch auf!«, unterbrach Timothy wütend. »Erfolg! Ich wollte einen Einbruch verhindern und habe einen Mord begünstigt!«

»Dafür können Sie nichts, Tiny!«

Timothy antwortete nicht. Er starrte zur Decke.

»Nun werden wir nie erfahren, warum der linke Unterschenkel noch gegen einen rechten umgetauscht wurde«, sagte Paddington.

»Ich bin sicher, dass Ramirez bei der ersten Untersuchung festgestellt hat, dass Mister X das rechte Bein ohnehin bald verlieren müsste. Vielleicht hatte er Krebs? Ich nehme weiter an, dass Mister X daraufhin die Bedingung gestellt hat, gleich das rechte Bein auszutauschen.«

»Hat Ihnen Frings verraten, was man bei der MONOLINE stehlen wollte?«

»Wissen Sie, was schweres Wasser ist?«

»Natürlich, Deuteriumoxyd, ein Ausgangsprodukt für die Kernverschmelzung.«

»Wissen Sie auch, was schweres Gold ist?«

Paddington sah ihn entgeistert an.

»Ein Transuran. Die Wissenschaftler vermuten, dass es irgendwo hinter der Ordnungszahl 126 wieder Elemente mit stabilen Atomkernen gibt, künstliche Stoffe, die nicht sofort wieder zerfallen. Man verspricht sich von diesen Transuranen völlig neue Werkstoffe mit noch unbekannten oder bislang unerreichbar erscheinenden Eigenschaften. Irgendjemand hat mir erzählt, dass die MONOLINE seit längerem daran arbeitet, sogenanntes schweres Gold zu gewinnen.«

»Das würde allerdings den ganzen Aufwand erklären!« Paddington seufzte. »Mir würden schon ein paar Unzen normales Gold genügen.«

»Damit kann ich Ihnen nicht dienen«, sagte Timothy. »Aber was halten Sie von einer Tasse Kaffee und frischem schwedischem Hefekranzkuchen?«

»Sagten Sie Hefe?«

»Ja, sagte ich. Wissen Sie nicht, was Hefe ist?«

»Doch, wir haben bei uns in der Klinik Hefepilzkulturen für die Bakteriologie. Ich wundere mich nur, was Hefe mit Kuchen zu tun haben sollte.«

Der Tod der Unsterblichen

1.

Brooker war gut informiert. Natürlich, wer sonst. Er kam Timothy nicht mit Geld.

»Man hat mir gesagt«, so teilte er in seinem Hologramm mit, »dass ich Sie für kein Geld überreden kann, mich aufzusuchen. Andererseits verlasse ich selbst Harlington so gut wie nie, und auf keinen Fall würde ich zur Zeit nach Chicago kommen. Aber ich muss Sie sprechen. Das ist mein Angebot: eine Kiste 1982er Château Neuf du Pape. Ich brauche Ihnen nicht zu sagen, welche Überwindung mich dieses Angebot kostet. Also, wann kommen Sie? Geben Sie Patton Bescheid. Mein Helikopter holt Sie ab.«

Timothy verglich die Kontrollfrequenz, die unter der Nachricht lag, mit den Werten, die Brookers Sekretär ihm angekündigt hatte.

Die Nachricht war echt.

Was, zum Henker, mochte Brooker von ihm wollen? Die UNITED CHEMICAL hatte ihre eigene Polizeitruppe und eine ganze Kompanie von Detektiven, und wenn Brooker nur mit dem kleinen Finger winkte, stand nicht nur die Polizei von ganz Indiana, sondern auch das FBI stramm.

Timothy stand auf, tigerte durch das Zimmer. Er überlegte, ob einer seiner Fälle Brookers Interesse erregt haben könnte, aber ihm fiel nichts ein, und dann hätte Brooker wohl nur einen Beauftragten geschickt. Timothy ließ das Hologramm noch einmal abtasten, aber es enthielt keine weiteren Informationen. Er rief Josuah Trevers an.

»Samuel S. Brooker will mich sehen«, sagte Timothy, »und er lässt es sich etwas kosten, eine ganze Kiste Château Neuf du Pape, Neunzehnhundertzweiundachtziger.«

»Ich werde dir beim Trinken helfen, Tiny.«

»Okay. Was gibt es Neues bei der UNITED?«

»Der Präsident hat Brooker vorige Woche besucht –«

»Interessiert mich nicht. Was kann dem Bigboss Kummer bereiten?«

»Keine Ahnung; ihr Problem mit den Syndikaten hat die UNITED gelöst, und sonst –«

»Was war das?« Timothy hatte sich aufgerichtet und hockte mit untergeschlagenen Beinen auf seinem Sessel, die Hände auf die Oberschenkel gestützt.

»Du kannst dich ruhig wieder langlegen, Tiny«, sagte Trevers. »Du hockst doch schon wieder im Schneidersitz, oder?«

»Ach, Unsinn«, knurrte Timothy und legte sich hin. »Warum eigentlich Schneidersitz?«

»Soll ich es recherchieren? Vielleicht hieß der Mann, der ihn erfunden hat, Schneider. Sicher ein Deutscher. Was die alles erfunden haben. Aber du weißt doch sonst alles.«

»Napoleon«, korrigierte Timothy, »Napoleon muss alles wissen. Also, was ist mit den Syndikaten?«

»Erledigt. Sie hatten den Chemietrusts neue Transporttarife diktiert, und die wollten sie nicht akzeptieren. Gestern haben sie akzeptiert – nachdem ein halbes Dutzend Transporte in die Luft geflogen sind.«

»Was sonst?«

»Brookers Partner, Weaverly, ist vor kurzem gestorben. Sauerstoffnihilation. Blutkrebs.«

»Daran sterben Tausende. Was ist mit Brookers Privatleben?«

»Zum fünften Mal verheiratet, mit der vorjährigen Schönheitskönigin, ein Sohn aus erster Ehe, Charles Benedict, der Kronprinz, und zwei Mädchen aus der dritten, Zwillinge, ein Schloss bei Harlington –«

»Ein richtiges Schloss?«

»Sogar ein Original. Sein Großvater hat es aus Schottland kommen lassen, noch kurz vor der Isolation. Du solltest ihn besuchen, das Schloss ist sehenswert.«

»Es bleibt mir wohl nichts anderes übrig«, stöhnte Timothy. »Du weißt jetzt, wo man mich suchen muss, falls ich verschwunden sein sollte. Seid nett zu Napoleon. Er hat es verdient.«

Trevers lachte.

»Deine Angst, aus deinem Bau herauszukriechen, ist grotesk. Wenn dir wirklich einer ans Leben will, nutzt es dir auch nichts, dass du dich in deinem Wolkenkratzer vergräbst. Fahr nach Harlington. Brooker soll eines der besten Klimas der Staaten haben.«

2.

Das Schloss war wirklich sehenswert. Timothy setzte sich auf, als der Helikopter die milchige Halbkugel der Klimasphäre durchstieß, die Brookers Landsitz überspannte. In der klaren Luft bildete das Altrot der Ziegel einen wie von Künstlerhand abgestimmten Kontrast zu dem satten Grün des Rasens und der Bäume; ein riesiger englischer Park umgab das Schloss bis zu dem kreisförmigen Wall, der nur schwach durch das Grau schimmerte, das sich immer an den Berührungszonen zwischen der Klimasphäre und dem Boden bildet. Timothy bat Brookers Sekretär, er möge den Helikopter eine Runde um das Schloss drehen lassen. »Wer weiß, ob ich noch jemals Gelegenheit habe, so etwas zu sehen.«

Patton programmierte den Autopiloten, und der Helikopter schwenkte in eine Kreisbahn ein. Patton verzog keine Miene. Er hatte die ganze Zeit kein Wort gesagt außer »Guten Tag«, als er Timothy auf dem Landeplatz des »Nebraska« in Empfang nahm. Er hatte sich nicht einmal Timothys Identicat geben lassen. Wozu auch, einen Timothy Truckle konnte man nicht nachahmen. Der Helikopter vollendete seinen dritten Kreis um das Schloss und setzte zur Landung an. Direkt vor dem Haus war ein Stück Rasen frei gelassen, das groß genug dafür sein musste. Timothy dachte, jeden Moment müsse ein Butler in historischem Kostüm vor das Portal treten, doch kein Mensch ließ sich blicken. Das Gelände lag wie ausgestorben, nur aus einem der Schornsteine stieg ein schmaler Rauchfaden. Der Helikopter beschleunigte noch einmal und flog geradenwegs auf das oberste Stockwerk zu. Timothy klammerte sich unwillkürlich an seinen Sitz, da merkte er, wie Patton ihn belustigt von der Seite ansah, und er entspannte sich wieder. Der sollte ihn nicht ängstlich sehen. Die Wand schob sich samt Fenstern und Stuckverzierung zur Seite, verschwand hinter den mächtigen Mauern des Eckturms und gab den Einflug in einen großen Hangar frei, in dem noch ein Helikopter und zwei Turbos standen. Auch hier ließ sich kein Mensch blicken.

Ein Automat rollte auf den Helikopter zu, streckte vier Krakenarme aus und öffnete die Luken am Bug.

Original schottisch, dachte Timothy und musste lachen. Der Roboter war bestimmt das Modernste, was das 21. Jahrhundert zu bieten hatte. Er hätte sich gerne ein wenig umgesehen, aber Patton führte ihn sofort zum Lift, und der war auch nicht aus dem vergangenen Jahrhundert. Ein Spiegel nahm die Rückseite ein, so dass man auf den ersten Blick sehen konnte, ob sich in den toten Winkeln jemand verbarg. Also hatte Brooker selbst hier Angst, dachte Timothy belustigt.

Der Raum, in den Patton ihn führte, eine Riesenhalle, war wieder ganz im schottischen Stil eingerichtet, sogar echtes Holzfeuer brannte im Kamin. Timothy ließ sich in einen der Sessel fallen und studierte die Einrichtung, aber er hatte noch nicht einmal die Wand abgesehen, als Brooker erschien. Er kam mit weit geöffneten Armen auf Timothy zu, als wolle er ihn umarmen. Timothy drückte sich fest in seinen Sessel und streckte ihm nur die Hand entgegen.

»Ich freue mich, dass Sie gekommen sind, Mister Truckle«, sagte Brooker. Timothy machte ein Gesicht, als wäre es sein tägliches Frühstück, von einem der mächtigsten Leute der Staaten empfangen zu werden. Hinter Brooker hatte ein Diener den Raum betreten, und der trug tatsächlich eine altertümliche Uniform, sie war genau auf Brookers Jagdkostüm abgestimmt. Timothy tippte auf frühes 18. Jahrhundert. Brooker korrigierte ihn.

»Zweite Hälfte«, sagte er. »Eigentlich gehören ja noch meine Greyhounds dazu, aber ich habe sie lieber draußen gelassen. Ich weiß, dass Sie Hunde nicht lieben. Dafür dürfte der Whisky Ihren Geschmack treffen.«

Der Diener fuhr einen Wagen heran, und Timothy musste zugeben, dass er noch nie eine vollkommenere Auswahl erlesener Whiskys gesehen hatte.

»Sie haben sicher nichts dagegen, wenn wir uns selbst bedienen«, meinte Brooker. »Ich möchte mit Ihnen unter vier Augen sprechen.«

Timothy kicherte. »Vier Augen ist gut. Fernsehaugen zählen für Sie nicht?« Er winkte mit dem Kopf zur Wand, wo gut ein Dutzend Mikrofone und Kameras hinter den alten Waffen, Wappenschildern und Geweihen versteckt sein konnten.

Brooker lachte. »Wenn ich sage vier Augen, dann meine ich das auch. Hier bestimme ich. Da hat nicht einmal die Regierung zuzuhören.«

Timothy nickte. Natürlich. Und wenn sich trotzdem jemand erdreistete, würde Brooker ihn kurzerhand ablösen lassen. Vielleicht hatten die Bigbosse sogar ein Abkommen, ihre Privatsitze gegenseitig zu respektieren. Timothy wählte lange, bis er sich für einen dreißig Jahre alten »Black & White« entschied.

»Ich habe ein Problem, Mister Truckle«, sagte Brooker.

»Und einen vorzüglichen Whisky. Hier möchte ich mal Urlaub machen«, sagte Timothy versonnen. »Ein bequemer Sessel draußen auf dem Rasen, dieses reizende Gefährt an meiner Seite, über mir das Rauschen alter Bäume; schade, dass wir keinen blauen Himmel mehr haben, man könnte sich wie auf einem Gemälde von Turner fühlen. Haben Sie auch zuweilen Sehnsucht nach der alten Zeit?«

Brooker prostete ihm zu. »Den Urlaub können Sie haben. Und den blauen Himmel dazu. Airlamcol.« Und da er sah, dass Timothy nichts mit dem Wort anfangen konnte, erklärte er es. »Eine neue Erfindung, die es gestattet, die Grenzschicht zwischen Klimasphäre und der öffentlichen Luft einzufärben. Vom strahlendsten Sonnenblau bis zum feinsten Herbstregengrau.«

»Und regnen lassen können Sie es unter Ihrem künstlichen Himmel auch, sooft Sie wollen?«

Brooker schüttelte den Kopf. »Nein, regnen nie.«

»Ich möchte nicht unter einem regenlosen Himmel leben«, sagte Timothy. »Ich liebe Regen. Er gibt uns noch einen Hauch von Natur.«

Brooker lachte. »Wenn Sie sich einmal einen Regentropfen unter dem Mikroskop ansähen, würden Sie nicht mehr so sprechen. Das ist doch Illusion. Aber es gibt ja sogar Leute, die davon sprechen, sie gingen an die frische Luft. Wenn Sie einmal frische Luft haben wollen, Mister Truckle, dann nehmen Sie mein Angebot an und machen Urlaub auf Harlington. Unter blauem Himmel, der, nebenbei gesagt, noch den unschätzbaren Vorteil hat, mein Gebiet von ungebetenen Gästen frei zu halten.«

»Aber Sie haben trotzdem einen Spiegel im Lift.« Timothy grinste. »Was ist der Preis für den Märchenurlaub?«

Brooker wurde ernst. »Finden Sie meinen Mörder.«

»Und natürlich, bevor er Sie ermordet hat«, sagte Timothy nachdenklich. »Hat man schon versucht, Sie umzubringen?«

Brooker nickte. »Ein paar Dutzend Mal. Aber das ist es nicht, was mich beunruhigt. Ich bin es gewohnt, so zu leben. Das ist der Preis der Macht. Es gibt zu viele, die unsereins nicht mögen. Der ganze Pöbel, die Farbigen, die Guerillas vom UNDERGROUND–«

»Die liebe Konkurrenz nicht zu vergessen«, warf Timothy ein.

»Vor acht Wochen ist einer meiner Partner gestorben.«

»Ja, ich weiß. Weaverly. An Blutkrebs.«

Brooker grunzte. »Vorgestern ist mein zweiter Partner gestorben: John P. Lloyd.«

Timothy sah überrascht auf.

»Wir haben es noch geheimgehalten. Die Kriminalisten meinten, sie könnten so leichter untersuchen. Aber ich fürchte, sie finden nichts.«

»Wie ist er gestorben?«

»Offiziell wird Blutkrebs als Todesursache genannt werden. Es ist nicht gut, wenn Leute unseres Schlages ermordet werden können. Aber sie haben keinen Krebs gehabt. Sie sind ermordet worden. Doch wie? Alle sind ratlos: meine Leute, das Staatskriminalamt, sogar die Experten vom FBI. Und ich muss mich fragen, wann ich dran bin. Sie müssen mir helfen!«

»Warum glauben Sie, dass gerade ich Ihnen helfen kann?«

»Weil Sie, wie man mir gesagt hat, einer der besten, wenn nicht sogar der beste Detektiv der Staaten sind. Und weil Sie unabhängig sind. Das ist mehr, als die meisten Menschen von sich behaupten können.«

»Und mehr als wahr ist«, sagte Timothy.

»Haben Sie jetzt auch einen festen Job angenommen?«

»Nein, meine Abhängigkeit ist anderer Art. Napoleon und –. Aber das hat hier nichts zu sagen.«

Brooker fragte nicht. »Wo«, sagte er, »gibt es noch Sicherheit, wenn es möglich war, Weaverly und Lloyd zu ermorden. Bei Weaverly konnte man mir noch einreden, es sei vielleicht doch Blutkrebs gewesen. Aber jetzt? Lloyd und ich haben inzwischen unsere Sicherheitssysteme überprüfen und verstärken lassen. Und doch ist Lloyd tot. Im eigenen Haus ermordet. Ermordet sage ich Ihnen. In seinem eigenen Inneren Reich! Kein Mensch kann sich uns nähern, ohne dass wir dem zustimmen, keiner von uns isst oder trinkt etwas, ohne dass es nicht zuvor von einem anderen gekostet würde, von den automatischen Kontrollen und der ständigen Überwachung aller, die auch nur irgendwie mit uns zu tun haben, ganz zu schweigen. Es müsste unmöglich sein, jemanden von uns umzubringen, aber Weaverly und Lloyd sind tot. Keine Spur von den Tätern. Nicht einmal eine Ahnung, wie es geschehen ist.« Er lehnte sich erschöpft zurück und tupfte Schweiß von der Stirn.

»Von wem bekomme ich die Informationen?«, fragte Timothy.

»Von Patton. Sie werden mit niemandem sonst Kontakt aufnehmen. Patton ist auch der Einzige, der von Ihrem Auftrag weiß. Er wird alle notwendigen Informationen beschaffen. Offiziell fordert er sie für mich an, es wird also keine Schwierigkeiten geben. Sie können über ihn auch den Zentralcomputer und sämtliche Regierungsstellen benutzen. Alles steht zu Ihrer Verfügung. Retten Sie mich!«

Timothy sah Brooker in die Augen. Er hat tatsächlich Angst, dachte er, Todesangst. Er fragte sich, warum er eigentlich Brooker retten sollte. Gab es einen Grund, ihn der Menschheit zu erhalten? Er genoss einen Augenblick den

Gedanken, dass er es vielleicht in der Hand hatte, den da zum Tode zu verurteilen. Aber dann sagte er sich, dass dadurch nichts geändert wäre. Brookers Sohn würde dessen Stelle einnehmen, ein paar Sessel ihre Besitzer wechseln, und sonst würde alles beim alten bleiben.

»Patton steht Ihnen zur Verfügung«, sagte Brooker. »Vereinbaren Sie alles mit ihm. Auch Ihr Honorar. Wenn es Ihnen gelingt, können Sie alles verlangen, was Sie wollen.«

»Eine Frage, Sir Henry«, sagte Timothy. »Warum eigentlich vertrauen Sie Patton?«

»Er ist der Einzige, der nur gewinnt, wenn ich lebe. Er hängt geradezu an meinem Leben.«

»Noch eine Frage: Warum sind Sie sicher, dass Weaverly und Lloyd ermordet wurden, wenn, wie Sie sagen, die Polizei auf Sauerstoffnihilation durch Blutkrebs erkannte und es keine Spuren gibt, die auf ein Verbrechen hinweisen?«

»So ist es nun wieder nicht. Die Polizei –. Ach was, Patton soll Ihnen das erklären. Kann ich mich darauf verlassen, dass alles, was Sie erfahren, vertraulich bleibt?«

»Sie sind mein Klient«, sagte Timothy, »und damit meiner Diskretion sicher. Gegen jedermann. Und wenn ich jedermann sage, dann meine ich es auch so.«

Brooker rief Patton herein und gab ihm die Erlaubnis, über alles offen mit Timothy zu sprechen. Dann begleitete er ihn noch bis zur Tür. »Ich wünsche Ihnen viel Erfolg, Mister Truckle.«

3.

Patton gab nur wenig von seiner Zurückhaltung auf. Er beantwortete Timothys Fragen, aber auch nicht mehr. Dafür schleppte er Unmengen von Unterlagen in Timothys Appartement. Timothy sah sie nicht an. Er fragte Patton: »Nun erklären Sie mir erst einmal, warum, zum Henker, sollten die beiden alten Herren nicht eines natürlichen Todes gestorben sein? Sie entschuldigen, wenn ich Krebs in diesem Alter als natürlich ansehe. Alt genug waren sie doch.«

Patton nickte. »Lloyd zweiundachtzig und Weaverly sechsundachtzig.«

»Alt genug. Wie hat man sie gefunden?«

»In ihren Arbeitszimmern, erstickt, mit Krebsviren im Blut.«

»Na also, bei Blutkrebs erstickt man eines Tages. Das kann jedem von uns passieren. Von heute auf morgen. Bei manchem dauert es nicht einmal eine Woche zwischen Ansteckung und Tod.«

»Weaverly und Lloyd sind nicht an Blutkrebs gestorben. Trotz der Viren, die man in ihrem Blut gefunden hat. Weder Weaverly noch Lloyd konnten an Krebs sterben.«

Timothy sah ihn mit großen Kinderaugen an.

»Sie gehören zum Club der Unsterblichen«, sagte Patton.

»Wozu, zum Teufel?«

»Zum Club der Unsterblichen.« Jetzt grinste Patton unverschämt breit. »Ja, so nennen sie sich. Ich habe auch nur durch einen Zufall davon erfahren, aber Brooker hat gesagt, ich kann offen mit Ihnen sprechen.«

Timothy legte sich bequem zurecht und faltete die Hände über dem Bauch. »Na, dann schießen Sie mal los, junger Mann.«

»Es ist natürlich eine Übertreibung«, begann Patton, »selbstverständlich sind sie nicht unsterblich. Aber sie haben sich vorgenommen, so alt wie nur irgend möglich zu werden. Nun ja, wer, wenn nicht sie. Vielleicht wissen Sie, dass sich seit dem großen Krach kurz nach der Jahrhundertwende die Chemiebosse einmal im Jahr treffen, wie hart sie sich das ganze Jahr auch bekämpfen mögen. Auf einer dieser Tagungen haben sie beschlossen, ihre eigenen Personen herauszuhalten. Finley von der INTERCHEM hatte die Idee. Er war wohl an Lungenkrebs erkrankt und wusste, dass die UNITED ein Serum entwickelt hatte, es aber zurückhielt. Es ist ja kein Geheimnis, dass über drei Viertel aller Entdeckungen und Erfindungen erst einmal in den Panzerschränken verschwinden, vieles auf Nimmerwiedersehen, und diese Leute wissen es besser als irgendwer sonst. Finley schlug vor, dass sie sich selbst nichts vorenthalten sollten. Er hatte ein Medikament gegen Arterienverkalkung anzubieten. So haben sie den Club gegründet. Weaverly und Lloyd waren Mitglieder. Deshalb können sie nicht an Blutkrebs gestorben sein.«

»Sagen Sie bloß, es gibt schon ein Mittel dagegen.«

Patton zuckte nur mit den Schultern.

Timothy musste an die Kliniken denken, die in den letzten Jahren überall aus dem Boden geschossen waren und in denen Zehntausende, wenn nicht Hunderttausende die letzten ein oder zwei Jahre ihres Lebens verbrachten, in der Hoffnung, doch gesund wieder nach Hause zu kommen. Es musste ein Bombengeschäft sein, sonst hätte es nie diese Kliniken gegeben. Ihm war speiübel. Er brauchte einen dreistöckigen Whisky.

»Ich glaube nicht, dass ich Brooker helfen kann«, sagte er dann.

Patton sah ihn entsetzt an. »Ich kann mir denken, was jetzt in Ihrem Kopf vorgeht«, sagte er traurig, »aber ich bitte Sie, versuchen Sie es trotzdem.«

»Tut mir leid. Es gibt nichts, wo ich ansetzen könnte.«

»Aber Sie haben sich doch noch nicht einmal die Unterlagen angesehen.«

»Bestellen Sie Ihrem famosen Mister Brooker einen Gruß von mir, es täte mir leid, aber –«

»Bitte«, sagte Patton noch einmal und legte Timothy eine Schachtel Kristalle auf den Tisch. »Sehen Sie wenigstens das durch. Vielleicht können Sie mir einen Tipp für die Polizei geben.«

»Was, zum Teufel, haben Sie davon?«, knurrte Timothy.

»Alles«, sagte Patton leise. »Bitte.«

»Nun reden Sie schon.«

Patton schüttelte den Kopf. Er sah Timothy nicht an. Er starrte zu Napoleon hinüber, auf dessen Bauch das Bereitschaftslicht glimmte. Timothy beobachtete ihn. Als Patton es merkte, ließ er seinen Sessel um neunzig Grad schwenken, so dass er Timothy nur noch sein Profil bot, und schloss die Augen.

»Ich flehe Sie an, Mister Truckle«, sagte er fast unhörbar, »tun Sie alles, was in Ihrer Macht steht. Vielleicht kann ich Sie –«

»Nun gut«, brummte Timothy. »Ich schau mal rein. Aber nur wegen Ihrer traurigen blauen Augen. Und sagen Sie nicht immer Mister Truckle zu mir. Für Sie bin ich Tiny.«

Patton ergriff impulsiv Timothys Hand und drückte sie. »Ich heiße Harold.«

»Okay, Harold, was haben wir denn als Erstes?«

4.

Patton kam jeden Morgen kurz nach neun, und er brachte nicht nur Unterlagen und Antworten auf Timothys Fragen mit, sondern auch regelmäßig einen Korb voller Flaschen, und Timothy konnte sich ausrechnen, dass er bald einen zweiten Raum als Weinkeller einrichten müsste, wenn er sich noch lange an dem Fall aufhielt. Er trank in diesen Tagen kaum etwas.

Der Smog drückte auf Chicago. Timothys Wohnung lag zwar über der schmutziggelben Dunstschicht, die selbst am Nachmittag selten über das 750. Stockwerk anquoll, aber sie reflektierte die Sonnenhitze, ließ sie an den Wänden des Wolkenkratzers hochbranden, und obwohl Timothy Unsummen für eine zusätzliche Klimaanlage ausgegeben hatte, stieg die Temperatur in seinem Appartement auf über dreißig Grad. Timothy dachte voller Wehmut und Neid an den gekühlten Park unter Brookers Privathimmel, aber er war zufrieden, dass es ihm wenigstens erspart blieb, jetzt in einer der unteren Etagen oder gar auf den kochenden Straßen sein zu müssen.

Sie gingen alle halbe Stunde unter die Luftdusche. Timothy hatte Angst, dass Napoleon durchbrennen könnte, und ließ alle umfangreichen Berechnungen über den Zentralcomputer abwickeln. Als Napoleon bei einer Nebenrechnung auf einen Fehler des Zentralcomputers stieß, ließ Timothy ihn zu jeder Untersuchung eine Kontrolle rechnen.

Doch so hart Timothy auch Napoleon, Patton, die Regierungskybernetiker und das FBI für sich arbeiten ließ und sich selbst nicht schonte, er kam zu keinem vernünftigen

Schluss. Am Nachmittag des fünften Tages zog er mit Patton das Resümee. Das Ergebnis war niederschmetternd. Patton saß da, als hätte er sein Todesurteil erfahren. Wenn sie den Untersuchungen glauben wollten, konnten die Morde gar nicht geschehen sein.

Weaverly und Lloyd waren erstickt aufgefunden worden, ihre Lungen hatten keinen Sauerstoff mehr aufgenommen, aber warum?

Timothy musste gestehen, dass er noch nie derart penible Obduktionsbefunde in der Hand gehabt hatte. Sie schlossen mit absoluter Gewissheit aus, dass Lloyd und Weaverly an irgendeiner Krankheit gelitten hatten. Man hatte Krebsviren in ihrem Blut gefunden. Aber die Bundespolizei hatte auf Brookers Anweisung genaue Untersuchungen bei Lloyd vorgenommen und dabei festgestellt, dass die Viren erst nach dessen Tod injiziert worden waren. Nachdem er erstickt war. Gift oder Drogeneinwirkung mussten ausgeschlossen werden, ganz abgesehen davon, dass weder Lloyd noch Weaverly etwas zu sich genommen hätten, ohne dass es vorher peinlich kontrolliert und eine Probe entnommen worden wäre, die achtundvierzig Stunden in einem Tresor aufbewahrt werden musste. Man behauptete sogar, Weaverlys Frau hätte ihre Lippen immer erst auf eine Folie drücken müssen, bevor sie ihren Mann küssen durfte. Die Untersuchungen schlossen auch aus, dass ihre Herzen oder Lungen plötzlich versagt oder das Blut sich geweigert hätte, Sauerstoff in die Körperzellen zu transportieren. Und sie hatten auch nicht statt des gewohnten Luftgemisches ein anderes, sauerstofffreies Gas eingeatmet. Die Klimaanlagen hatten einwandfrei funktioniert. Kaum etwas war jemals so sorgfältig geprüft worden. Die Ärzte, die die Obduktionen durchgeführt hatten, waren bereit zu schwören, dass sowohl Weaverly als auch Lloyd in den letzten vierundzwanzig Stunden vor ihrem Tod nichts anderes geatmet haben konnten als die beste Luft, die für Geld zu haben war. Das FBI hatte die Räume, in denen die beiden gestorben waren, trotzdem buchstäblich auseinandergenommen und nicht die geringste Spur von einem fremden Gas gefunden.

Alles in allem: Weaverly und Lloyd müssten eigentlich noch leben.

Dabei gab es genügend Leute, die ein hinreichendes Motiv für die Morde gehabt hätten; die Bigbosse der UNITED CHEMICAL zählten schließlich zu den meistgehassten Menschen der Staaten. Aber Timothy versuchte gar nicht erst, sich einen Überblick über alle zu verschaffen, die ein Motiv gehabt haben konnten, denn wer auch immer Lloyd und Weaverly getötet hatte, er musste Gelegenheit gefunden haben, an die Ermordeten heranzukommen. Aber wie? Beide waren in ihren Arbeitszimmern gestorben. Mitten in ihren Inneren Reichen, abgeschirmt und beschützt von Dutzenden hochbezahlter Leute und von den besten Sicherheitssystemen der Welt. Sie waren in ihren letzten Stunden allein gewesen. Sie hatten sich zurückgezogen und wollten nicht gestört werden, und wenn sie das sagten, dann war es Gesetz. Und es schien tatsächlich niemand in den fraglichen Stunden bei ihnen gewesen zu sein.

Wer in das Innere Reich wollte, musste sich in der Schleuse vor den Bildschirm stellen und wurde optisch registriert, auch wenn er die Genehmigung zum Eintritt nicht erhielt. Doch niemand hatte sich um Eintritt beworben. Wenn man nicht jeden Glauben an die Zuverlässigkeit technischer Präzision aufgeben wollte, hatte niemand außer den Toten sich im Inneren Reich aufgehalten. Die Familien waren außerhalb, die Junioren in der Stadt gewesen. Ihre Alibis waren einwandfrei. Sie selbst hatten bei ihrer Rückkehr ihre toten Väter gefunden, weil keiner der Bediensteten sich getraut hätte, ohne Aufforderung in das Innere Reich einzudringen.

Timothy fragte Patton, wie lange die Juniorchefs gebraucht hätten, bis sie den Tod ihrer Väter festgestellt und bekanntgegeben hätten, aber Patton lachte nur.

»Fehlanzeige. Darauf sind andere auch gekommen. Selbst wenn die jungen Leute, die übrigens auch schon gesetzte Herren sind, über magische Kräfte verfügten, mit deren Hilfe sie ihre Väter am Luftholen gehindert hätten, sie sind an diesen Tagen nicht allein nach Hause gekommen, und es waren jedesmal Zeugen dabei, Dienstboten, aber auch angesehene Leute, Freunde aus dem Club, und sowohl Lloyd als auch Weaverly waren schon mindestens eine Stunde tot, als man sie fand.«

»Dann«, sagte Timothy, »haben wir eine historische Stunde erlebt. Den unmöglichen Mord.« Er goss sich einen dreistöckigen »Johnny Walker« ein. »Tut mir leid, Harold, ich gebe auf.«

5.

Am nächsten Morgen sortierte Timothy Napoleons Arbeiten aus dem Wust von Berichten, Aussagen, Berechnungen und Kontrollrechnungen heraus, bevor er die Folien und Kristalle in das Maul des Manipulators fallen ließ, der sie in handliche Container packte. Was für eine Menge Zeugs Patton angeschleppt hatte. Und er hatte alles umsonst durchgearbeitet. Nicht umsonst, aber ohne Ergebnis, und das kränkte ihn mindestens ebenso wie der Verlust seiner Sonderprämie, die er sich in Gedanken schon zusammengestellt hatte. Patton wusste auch über Brookers Weinkeller gut Bescheid.

Timothys einziges Vergnügen in dieser Morgenstunde war es, noch einmal Napoleons Schlussfragen zu lesen, eine Ansammlung absurder Gedanken, wie sie eben nur einem elektronischen Gehirn entspringen können, das sich in seinem bornierten Drang nach Vollständigkeit keinen Gedanken versagte.

Napoleon musste halt auch bei den eindeutigsten und unzweifelhaftesten Ergebnissen das letzte Wort haben und noch eine Frage hinterherschicken. Zuweilen ärgerte sich Timothy darüber, meistens lachte er, ja, er sammelte Napoleons »letzte Worte« und hatte sogar schon daran gedacht, sie eines Tages als Beispiele absurden Humors zu veröffentlichen. Diesmal jedoch hatte Napoleon in seiner sturen Nach-Denklichkeit eine Frage gestellt, die Timothy aufmerken ließ. Napoleon hatte die automatischen Aufzeichnungen von Lloyds Klimaanlage kontrolliert und bestätigt, dass die ganze Zeit ausreichend Luft in das Arbeitszimmer gepumpt worden war, die Abweichung von der Norm hatte nie mehr als 0,15 Prozent des zugelassenen Limits betragen. Napoleon fragte nun: Wie viel ist 0,15 Prozent?

Timothy wartete ungeduldig, bis Patton erschien. »Setzen Sie sich gar nicht erst, Harold«, empfing er ihn, »Napoleon und ich haben eine Frage.«

Patton war froh, gleich wieder starten zu können. »Solange Sie Fragen haben, Tiny, muss ich die Hoffnung noch nicht aufgeben.«

Er kam schon nach zwei Stunden wieder zurück. Timothy fragte ihn, wie und woher er selbst die internsten Details aus Lloyds und Weaverlys Privatsphäre in so verblüffend kurzer Zeit bekäme. Patton grinste nur. Aber als Timothy sich schon mit den neuen Unterlagen beschäftigte, hörte er Patton summen. Timothy hatte ein ausgezeichnetes Gehör. Patton summte einen eigenen Text nach der Melodie des »City-Swamps«: »Da fragte Lu-fu den Peng-tao, lalala, lalala –«

Timothy schmunzelte. Lu-fu und Peng-tao waren die Privatsekretäre zweier rivalisierender chinesischer Potentaten im ersten Jahrtausend gewesen, sie hatten insgeheim zusammengearbeitet, einmal der einen, dann wieder der anderen Seite einen Sieg oder einen Vorteil zugebilligt und so ihre Herrscher bei Laune gehalten.

»Aber ich bin nicht Liu Mao-tschu«, sagte Timothy laut. Patton sah ihn verblüfft an und wurde rot wie ein kleiner Junge.

»Können Sie etwas entdecken?«, fragte er.

Timothy schüttelte den Kopf. »Aber ich habe so ein Kribbeln in der Nasenspitze. Am besten, Sie lassen mich jetzt allein.«

Patton ging nur widerwillig. Am nächsten Tag ließ Timothy ihn gar nicht erst ein. Er meldete sich auch nicht am Communicator. Timothy schmunzelte, als er spätabends den Speicher abrief und die immer verzweifelter klingenden Anfragen vorgespielt bekam. Patton hatte alle Stunde versucht, ihn zu erreichen. Timothy gab ihm Nachricht, dass er ihn am nächsten Vormittag erwarte.

6.

»Nun?«, fragte Patton aufgeregt. »Spannen Sie mich nicht auf die Folter, Tiny. Haben Sie es?«

»Vielleicht. Ich muss erst noch einiges wissen, bevor ich Ihre Frage beantworten kann.« Er führte Patton in das Mausoleum. »Setzen Sie sich.«

Patton sah Timothy erwartungsvoll an.

»Als Erstes möchte ich wissen, warum Brooker Ihnen so bedingungslos vertraut.«

»Das hat mit diesem Fall nichts zu tun. Glauben Sie mir!«

»Ich will wissen, nicht glauben.«

Patton zögerte. »Ich möchte lieber nicht darüber sprechen.«

Timothy legte sich lang und verschränkte die Hände unter dem Nacken. »Keine Ausflüchte.«

»Das ist eine lange Geschichte, Tiny.«

»Gut, geben Sie eine Kurzfassung.«

»Als ich vierundzwanzig war«, begann Patton, »erkrankte ich an Drüsenephemie. Es war aussichtslos für mich. Meine Eltern hätten nie das Geld für die Behandlung aufbringen können, ich war damals noch Student. Da kam ein Mann von der UNITED zu mir. Sie würden mir helfen und die Behandlungskosten übernehmen, wenn ich mich für ihren Sicherheitsdienst verpflichtete. Eine Ablehnung wäre Selbstmord gewesen. Ich wurde in die Klinik der UNITED gebracht, und nach ein paar Monaten war ich geheilt.« Patton lachte bitter. »Von der Drüsenephemie. Dann ging ich zur UNITED. Mister Flower empfing mich. Kannten Sie Flower?«

Timothy verneinte.

»Der Sicherheitschef der UNITED. Er war ein Vieh. Flower sagte mir, er freue sich, dass es mir so gut ginge und so weiter, und dann eröffnete er mir, man habe ein neues Medikament angewandt, das leider eine nicht vorhergesehene Nebenwirkung gezeigt hätte, eine Art Antibluterkrankheit; wissen Sie, das Blut gerinnt sofort, selbst in meinen Adern, wenn ich nicht einen bestimmten Wirkstoff einnehme.«

»Und den hat die UNITED natürlich?«

»Ja, es sei eine Zufallsentdeckung, sagte Flower, ich könne von Glück reden, dass ich nicht bei der Konkurrenz gelandet sei, die hätte mir nicht helfen können. Er könne es. Und er würde es auch tun. Solange ich ihn nicht enttäusche. Es gibt tatsächlich kein anderes Präparat, Tiny.«

Timothy goss ihm einen Whisky ein und reichte ihn hinüber. »Wir waren zehn, und man hatte uns sorgfältig ausgesucht. Wir hatten alle ausgezeichnete Ergebnisse an der Universität. Keiner einen Intelligenzquotienten unter 195, und wir brauchten nicht lange, um zu wissen, dass wir nicht Opfer eines fehlgeschlagenen medizinischen Versuchs, sondern eines wohlberechneten Anschlags geworden waren und dass wir nicht zufällig erkrankten. Jetzt waren wir von dem Medikament abhängig und mussten machen, was Flower von uns verlangte. Die Flowerboys.«

Er schwieg lange.

»Aber es muss doch möglich sein, herauszubekommen, wie sich das Zeug zusammensetzt«, sagte Timothy.

»Wir haben alles versucht, um aus Flowers Gewalt auszubrechen, sechs von uns haben es mit dem Leben bezahlt. Sehen Sie, Tiny, wir haben immer nur eine Tagesration bekommen und sie gleich schlucken müssen. Einer von uns – das Los hatte ursprünglich mich getroffen, aber ich konnte dann nicht unbemerkt fort – hat sich eine Woche lang jeden Tag für ein paar Stunden in eine Klinik der PUBLIC HEALTHFARE geschlichen und untersuchen lassen, wir anderen haben ihn solange abgeschirmt, aber die HEALTHFARE-Leute konnten nicht herausbekommen, was wir brauchten, dazu hätte einer mindestens ein paar Wochen stationär in der Klinik liegen müssen. Als Flower dahinterkam, hat er John die Ration nicht gegeben.«

»Flower ist tot?«

»Ja, er ist vor fünf Jahren gestorben, und bis man an seinen Safe kam … Ich bin der Einzige, der es überlebt hat, und das auch nur knapp.«

»Von wem bekommen Sie Ihre Ration jetzt? Von Brooker?«

»Ja, jeden Morgen. Und an solchen Tagen wie heute, an denen ich viel außerhalb zu tun habe, geteilte Ration, morgens und abends. Als ich damals wiederhergestellt war, ließ er mich zu sich rufen. Er habe es erst jetzt erfahren, und er hätte es nie zugelassen, wenn er es gewusst hätte, aber er bäte mich, trotzdem weiter für die UNITED zu arbeiten, als sein persönlicher Sekretär, und er hat mir anständige Bedingungen versprochen. Und gehalten.«

»Nur das Medikament hat er Ihnen nicht gegeben, oder?« Patton schüttelte den Kopf.

»Ein wahrer Menschenfreund.«

»Er sagte, so würde er mir nie misstrauen. Er wüsste, er hätte wenigstens einen Menschen, auf den er sich wirklich verlassen könnte. Was sollte ich tun?«

»Wo hat Brooker das Zeug?«

»In seinem Safe im Arbeitszimmer. Ein Identicat-Safe. Er reagiert nur auf Brookers Körperwellen. Und wenn ich versuchte, den Safe mit Gewalt zu öffnen, würde ich nichts mehr darin vorfinden. Er ist mit einer Selbstvernichtungsanlage versehen. Und wenn Brooker eines Tages stirbt … Nach drei Tagen erlischt die Sperre, und der Safe kann von jedermann geöffnet werden. Aber ich habe nur einen Tag Zeit. Brookers Tod wird auch mein Tod sein.«

»Noch eine Frage, Harold. Irgendwann muss das Zeug doch produziert werden, selbst wenn Brooker noch einen Vorrat hat.«

»Er hat noch für Jahre genug in seinem Safe. Er hat mir einmal die Flasche mit den blauen Kügelchen gezeigt. Genug für ein langes Leben, sagte er. Und an ihm solle es nicht liegen. Hoffentlich wird er uralt.«

»Wie alt ist er jetzt?«

»Achtundsiebzig.«

»Und Sie?«

»Zweiunddreißig.«

Timothy legte seine Hand auf Pattons Arm. »Ich werde alles tun, was in meiner Macht steht«, sagte er, »das verspreche ich Ihnen.«

7.

»Was wollen Sie noch wissen?«, fragte Patton.

»Was geschieht, wenn Sie mit zwei großen Taschen in das Schloss wollen?«

»Ich muss sie vom Sicherheitsdienst prüfen lassen und im Zweifelsfall begründen können, wozu ich es brauche.«

»Gibt es Ausnahmen?«

»Natürlich. Brooker kann jede Sperre aufheben.«

»Und wenn Sie etwas ohne Genehmigung in das Innere Reich bringen wollen?«

»Das ist unmöglich, Tiny.«

»Und trotzdem ist es schon gelungen. Bei Lloyd ebenso wie bei Weaverly, und die hatten im Prinzip die gleichen Sicherheitssysteme. Jemand hat zwei große Taschen oder einen Container oder so etwas hinein- und auch wieder herausgebracht.«

»Und was sollte darin gewesen sein?«

»Nichts.« Timothy kicherte. »Absolut nichts.«

Patton kniff die Augen zusammen und sah Timothy misstrauisch an. »Ein Container, sagen Sie?«

»Wahrscheinlich doch zwei Taschen«, meinte Timothy. »Eine für das Gerät und eine für das Stromaggregat.«

»Schlagen Sie sich das aus dem Kopf. So etwas ist unmöglich. Ich weiß nicht, was Sie gefunden haben wollen –«

»Nur die Lösung«, sagte Timothy mit einem verschmitzten Lächeln, »wie und woran Lloyd und Weaverly gestorben sind. Und es war nicht einmal so schwer.« Er hockte sich in seinen Sessel. »Wissen Sie, Harold, warum man diese Art zu sitzen Schneidersitz nennt?«

»Keine Ahnung, was hat das hiermit zu tun?«

»Nichts. Ich dachte, Sie wüssten es vielleicht. Ja, Harold, es brauchte nur ein wenig Denkarbeit. Ich meine wirkliches Denken. Das haben all die hochbezahlten Detektive bis rauf zum FBI verlernt. Die verlassen sich auf ihre Computer, aber das sind eben doch nur hochgezüchtete Idioten. Napoleon natürlich ausgeschlossen. Aber verraten Sie es ihm nicht.« Timothy erhob sein Glas in Richtung Tür. »Sehen Sie,

Harold, die Aufzeichnungen der Klimaanlagen sind nur von den Computern geprüft worden, und die haben auftragsgemäß festgestellt, dass die Abweichungen noch nicht einmal den Toleranzwert erreichten, der Alarm ausgelöst hätte. Damit war für alle der Fall erledigt.«

Patton nickte.

»Die höchste Abweichung bei Lloyd betrug null Komma siebzehn Prozent, bei Weaverly null Komma vierundzwanzig. Wenn man sich das einmal ausrechnet, kommt man auf die bemerkenswerte Feststellung, dass es sich in beiden Fällen um fast auf den Kubikzentimeter genau die gleiche Luftmenge handelt: knapp zweieinhalb Kubikmeter. Ein Zufall? Und ist es auch ein Zufall, dass die Abweichung in beiden Fällen fast auf die Sekunde genau vier Minuten beträgt? Und noch etwas: Sowohl Lloyd als auch Weaverly sind in riesigen Räumen erstickt. Kommt Ihnen das nicht komisch vor?«

»Ja«, räumte Patton ein, »jetzt, wo Sie mich fragen.«

»Es kommt immer darauf an, richtig zu fragen. Man sollte doch denken, dass es gerade umgekehrt ist, dass einer eher in einem winzigen Zimmer erstickt als in einer Riesenhalle. Ich will Ihnen etwas verraten, Harold, in einem kleineren Raum hätten die beiden nicht ersticken können.« Timothy weidete sich an Pattons verständnislosem Blick. »Wenn in einem kleineren Raum plötzlich ein paar Kubikmeter Luft weniger geblasen werden, würde sofort die Alarmanlage ansprechen. Ich habe mich gefragt, ob es ein Zufall sein könnte, dass die Klimaanlagen weniger Luft eingaben. Sie werden durch einen Automaten gesteuert, der in den Räumen des Inneren Reiches die Luftdichte misst. Also wurde weniger Luft gebraucht. Aber niemand hat in dieser Zeit das Innere Reich betreten. Vielleicht ein kleiner Defekt? Genau vier Minuten lang? Und dann hätte die Luftkonzentration abnehmen müssen. Aber sie ist konstant geblieben.« Timothy machte eine lange Pause und sah triumphierend zu Patton hinüber. »Es wurde vier Minuten lang weniger Luft in den Raum geblasen, aber die ganzen vier Minuten war die Konzentration gleich, die Luftentnahme weist keine Schwankungen auf, nicht einmal zweieinhalb Kubikmeter.«

»Ich verstehe überhaupt nichts«, sagte Patton.

»Ich habe auch lange gebraucht, um es zu verstehen. Es ist weniger Luft und zugleich nicht. Es gibt nur eine Lösung, und die ist so simpel, dass es schon einiger Genialität bedarf, um darauf zu kommen: ein Vakuum!«

Es war Patton anzusehen, dass er Timothy noch nicht folgen konnte.

»Mann, Harold, das erklärt doch alles! Die beiden sind erstickt. In riesigen Räumen voller einwandfreier Luft. Ohne Anwendung von Gewalt. Sie waren organisch gesund. Sie haben nichts Giftiges eingeatmet. Sie sind an nichts gestorben. Das ist es. In einem Vakuum. Ich habe mich erkundigt. Es gibt seit kurzem transportable Geräte zur Erzeugung eines Vakuums in beliebigen Räumen, eine Miniaturausgabe von dem künstlichen Himmel, der sich über Brookers Schloss wölbt.«

»Und wer sollte nach Ihrer Ansicht ein solches Aggregat in Lloyds Arbeitszimmer geschmuggelt und ihn dazu gebracht haben, ungerührt zuzusehen, wie es in Gang gesetzt wird?«

»Sie haben vorhin gesagt, nur Lloyd oder Weaverly selbst könnten es sein, die Juniorchefs auch?«

Patton nickte. »Und die Herren Söhne könnten gewiss auch ihre misstrauischen Väter unter irgendeinem Vorwand übertölpeln.«

»Aber warum? Sie haben alles, was sie brauchen.«

»Weil sie selbst endlich Chef sein wollen und nicht warten, bis sie hundert Jahre alt werden oder noch länger. Weil ihre Väter Mitglieder in diesem famosen Club der Unsterblichen sind.«

»Ja«, sagte Patton, »das wäre ein Motiv. Aber die Junioren haben einwandfreie Alibis.«

Timothy grunzte verächtlich. »Dafür gebe ich keinen roten Cent. Ein Junior deckt den anderen. Wer sind denn die Alibizeugen? Allesamt Leute in der gleichen Situation. Eine Art Club zur Bekämpfung der Unsterblichen. Nein, was mir Kopfzerbrechen macht, ist die nun mal nicht zu bestreitende Tatsache, dass selbst die Junioren nicht unbemerkt in ihre Räume im Inneren Reich kommen konnten. Das macht meine schönen Gedanken zunichte. Ja, Harold, wir sind wieder mal am Ende. Wenn man schon keine Beweise hat, muss man wenigstens eine lückenlose Theorie zur Hand haben.«

Es dauerte lange, bis Timothy die Augen wieder aufschlug. Dann diktierte er Patton eine ganze Reihe von Wünschen.

»Wollen Sie nicht doch schon mit Brooker sprechen?«, fragte Patton. »Ich zittere wirklich um sein Leben. Und wenn es die Söhne sind – Brooker junior und ich sind zur Zeit die Einzigen, die der Boss noch an sich rankommen lässt.«

»Ihr Chef würde mir doch nicht glauben«, sagte Timothy. »Und ich hoffe, der Junior ist nicht so leichtsinnig, etwas zu unternehmen, solange ich an dem Fall arbeite.«

»Aber davon weiß er nichts.«

»Dann sollten Sie sich schleunigst mal versprechen.«

8.

Als Patton die bestellten Unterlagen brachte, fertigte Timothy ihn an der Tür ab. Er müsse allein sein. Für Montag früh ließ Timothy sich bei Brooker anmelden. Patton kam eine halbe Stunde zu früh, um ihn abzuholen. »Nun, haben Sie das Rätsel gelöst, Tiny?«, fragte er, noch bevor sie sich begrüßt hatten.

Timothy verzog keine Miene. »Haben Sie etwa daran gezweifelt?« Er holte eine Flasche »Haighs«. »Ja«, sagte er dann und blickte versonnen in sein Glas, »heute Nacht. Dabei war die Antwort so einfach. Man muss wirklich nur die richtigen Fragen stellen, Harold. Wir haben immer gefragt, wie jemand unbemerkt in das Innere Reich kommen konnte. Die Frage lautet: Wie konnte jemand unbemerkt herauskommen?«

Timothy lachte über Pattons verdutztes Gesicht.

»Ja, Harold, so einfach ist es. Passen Sie auf. Zu den Domizilen der Bigbosse gibt es ja auch noch die Landzugänge. Wer sie benutzt, muss die Außenschleuse betreten, sich vor dem Televisor anmelden und wird registriert, bevor er eingelassen wird beziehungsweise bevor er hinausgeht.«

Patton nickte.

»Wenn Sie sich erinnern wollen: Weaverly junior hat sich am Mordtag von Charles Benedict Brooker abholen lassen. Der Junior brauchte keine Genehmigung, um die Schleuse passieren zu können, und er kann durch den direkten Zugang zur Schleuse kommen, ohne gesehen zu werden. Er geht also in die Schleuse, lässt sich registrieren, geht aber nicht hinaus, sondern wieder zurück; sein Freund Brooker fährt alleine ab. Dann sucht der Junior seinen alten Herrn unter irgendeinem Vorwand auf und führt ihm sein Gerät vor. Wer weiß, was er angekündigt hat. Der Alte erstickt in seinem Vakuum, Sohnemann injiziert ihm noch die Krebsviren, bringt das Gerät wieder in seine Gemächer und wartet die vereinbarte Zeit ab, geht dann wieder in die Schleuse, wird registriert, lässt Brooker und die anderen herein. Dann gehen sie nicht durch den direkten Zugang ins Innere Reich, sondern erst in den allgemeinen Trakt und nehmen auch noch Dienstboten als Zeugen mit. Ein paar Wochen später dasselbe bei Lloyd. Und irgendeines Tages bei unserem gemeinsamen Freund Brooker. Eine fast perfekte Methode. Von dem transportablen Vakuum wissen erst ganz wenige. Niemand außer den Chefs könnte so ein Ding hineinschmuggeln, und selbst wenn jemand auf die richtige Idee käme, die Täter haben ein Alibi, und welcher Polizist würde es wagen, einem Weaverly oder Brooker vorzuwerfen, er habe gelogen. Für die Polizei ist es da schon besser, festzustellen, dass die Toten an Blutkrebs gestorben sind.«

Patton war bleich bis unter die Haut.

»Kommen Sie, Harold, es wird Zeit. Obwohl es für mich gleichgültig ist, welcher Brooker Seniorchef ist, das heißt, nicht ganz. Haben Sie die Aufstellung gemacht?«

Patton holte sie aus seiner Tasche und gab sie Timothy.

9.

Brooker wartete schon in seinem Arbeitszimmer, und auch der Whiskywagen stand bereit. Timothy entschied sich für einen »House of Lords«.

Brooker war sichtlich nervös. »Nun, können Sie mir helfen?«

»Ich kann Ihnen verraten, wer Ihre Partner umgebracht hat und wer Sie ermorden will, aber ob Sie mir glauben? Es ist nur eine Hypothese, die zwar alles logisch erklärt, doch ich kann Ihnen keine ausreichenden Beweise liefern, um den Mörder vor Gericht stellen zu können.«

»Das ist mir gleichgültig«, sagte Brooker. »Hauptsache, ich kann mich vor ihm schützen.«

»Für diesmal bestimmt, wenn man es bei Ihnen überhaupt mit der gleichen Methode versuchen würde, was ich bezweifle. Ich hoffe doch, Ihr Mörder nimmt mich ernst.«

»Schießen Sie los, wer ist es?«

»Wenn Sie gestatten, sprechen wir zuvor noch über das Honorar.«

»Machen Sie das mit Patton ab, er hat Vollmacht.«

»Es geht nicht um das übliche Honorar und die Spesen. Sie hatten mir eine Erfolgsprämie in Aussicht gestellt.«

Es war nicht zu übersehen, dass Brooker Mühe hatte, ruhig zu bleiben. »Sie sollten wissen, dass ich es auf den Tod nicht leiden kann, wenn man mich erpressen will«, sagte er.

»Ja«, stimmte Timothy zu, »da bin ich ganz Ihrer Meinung. Es gibt nichts Erbärmlicheres als einen Erpresser.«

»Also, wie viel? Drei, vier fünf ...?«

»Was?«, fragte Timothy mit der unschuldigsten Miene.

»Millionen, was sonst?«

»Kein Geld.«

»Was dann?«

»Flaschen«, sagte Timothy sanft und reichte Brooker seine Liste. »Tausend Flaschen.«

Brooker überflog sie nur. »Okay. Obwohl ich mich von dem dreiundzwanziger Tokajer äußerst ungern trenne. Sie wissen, er ist für kein Geld mehr zu bekommen.«

Timothy unterdrückte sein Lachen. Er wusste es. Aber auch, dass Brooker noch zweiundzwanzig Flaschen davon im Keller hatte, und er dachte, dass es großzügig von ihm wäre, nur zehn zu verlangen. »Vielleicht lassen Sie Patton kommen und sagen ihm, dass er inzwischen schon mein Honorar in den Helikopter bringen lässt?«

Brooker verzog den Mund, aber er drückte auf den Knopf, der Patton herbeizitierte, und gab ihm die Liste. Patton musste vor dem Eingang gewartet haben, so schnell war er da.

»Halten Sie sich bitte bereit«, sagte Timothy. »Ich werde bald zurückfliegen.« Brooker nickte, und Patton verschwand.

»Nun, wer ist es?«, fragte Brooker.

»Ich würde es vorziehen, die Geschichte auf meine Weise zu erzählen. Schließlich ist die lückenlose Logik diesmal mein einziger Beweis.«

Brooker ließ sich resigniert in seinen Sessel fallen.

»Natürlich gibt es genügend Leute«, begann Timothy, »denen man ein Motiv unterstellen könnte, nicht nur Sie und Lloyd und Weaverly, sondern noch ein paar Dutzend Großer mehr ins Jenseits zu befördern, aber die Art der Verbrechen lässt nur einen winzigen Kreis von Verdächtigen zu. Nachdem ich wusste, womit die Morde verübt wurden –«

»Sie haben es herausbekommen?«, unterbrach Brooker. »Man hat also nicht übertrieben. Sie stecken das ganze FBI in die Tasche.«

Timothy machte eine Handbewegung, die man mit einigem Wohlwollen als Bescheidenheit hätte deuten können. »Weaverly und Lloyd sind erstickt.«

»Ja«, sagte Brooker, schon wieder an der Grenze zur Wut, »so schlau war ich auch ohne Sie. Aber woran?«

»Buchstäblich an nichts.« Timothy erklärte ihm den Trick mit dem transportablen Vakuum in allen Einzelheiten. »Ich musste also nur noch herausfinden, wer in der Lage war, eine solche Apparatur unkontrolliert zu Weaverly und Lloyd hineinzubringen und sie in umittelbarer Nähe seines Opfers in Betrieb zu setzen.«

Brooker war ganz entspannt. Er lächelte sogar. »Ich glaube Ihnen, Mister Truckle. Und ich weiß jetzt auch, dass man mich nicht ermorden kann. Ich lasse niemanden so nahe an mich herankommen, und ich werde die Sicherheitsbestimmungen noch verschärfen lassen.«

»Sie würden nicht so gelassen sein, wenn Sie wüssten, wer Ihre Partner umgebracht hat.«

»Wer ist es? Wer?«

Timothy goss sich einen »White Horse« ein und schlürfte ihn in aller Ruhe, bevor er weitersprach.

»Ich muss Sie darauf aufmerksam machen, dass Sie meine Liste vorhin etwas flüchtig gelesen haben, sonst wäre Ihnen gewiss aufgefallen, dass sie nur neunhundertneunundneunzig Flaschen enthält. Ich denke, jetzt ist es an der Zeit, über die tausendste zu sprechen.«

Brooker sah ihn mit großen Augen an, und als Timothy ihm seinen Wunsch erläuterte, wurde er krebsrot, die Adern auf seiner Stirn schwollen an, dass Timothy schon befürchtete, der Unsterbliche würde einem Schlaganfall erliegen, bevor er erfuhr, wer sein Mörder war.

»Bitte seien Sie so freundlich«, sagte Timothy lächelnd. »Ich denke, Sie können die Flasche entbehren. Notfalls würde ich Ihnen fünf Flaschen von dem Tokajer erlassen.«

Brooker holte die Flasche und stellte sie in Reichweite vor sich auf den Tisch.

»Was würden Sie tun«, fuhr Timothy fort, »wenn Ihr Sohn zu Ihnen käme, er habe eine sensationelle Erfindung aufgetrieben und wolle sie Ihnen zeigen, unter vier Augen, kein Mensch dürfe einstweilen davon erfahren? Wären Sie misstrauisch, oder würden Sie ihm interessiert zuschauen, wenn er das Gerät –. Ist Ihnen nicht gut, Mister Brooker?«

Brooker war kreidebleich.

»Ach so«, sagte Timothy, »was hat er Ihnen denn angekündigt?«

»Ein Gerät, mit dem man Gedankenfrequenzen entziffern kann«, hauchte Brooker. Timothy konnte ihn kaum verstehen.

»Und wann wollte Ihr Sprössling dem lieben Papa seinen Gedankenleser vorführen?«

»Heute Abend«, stöhnte Brooker und starrte mit aufgerissenen Augen ins Leere.

»Dann würde ich an Ihrer Stelle doch mal nachsehen. Sicher hat er das hübsche Ding schon irgendwo in seinen Zimmern.« Brooker rührte sich nicht. Timothy stand leise auf, nahm die Flasche vom Tisch, hüllte sie in ein Bernhardinerfell, das er ungeniert von der Wand nahm, und drückte auf den Knopf, der Patton herbeirief. Dann ging er auf Zehenspitzen zur Tür. Als Patton öffnete, legte Timothy einen Finger auf seine Lippen und schlich sich hinaus. »Schnell weg, bevor er es sich noch anders überlegt«, sagte er, und er entspannte sich erst, als der Helikopter die Klimasphäre durchstoßen hatte und Brookers Schloss unter der milchigen Halbkugel verschwunden war. Er seufzte. »Ade, Urlaub unter alten Bäumen und blauem Himmel.«

Patton knetete seine Finger.

»Wann haben Sie Geburtstag?«, fragte Timothy ihn unvermittelt.

»Am dritten Januar.«

»Dann nehmen Sie es, wie Sie wollen, als verspätetes oder als verfrühtes Geburtstagsgeschenk«, sagte Timothy und schlug das Fell auseinander. »Es ist doch die richtige?«

Patton brachte kein Wort heraus. Er starrte nur auf die Flasche mit den kleinen blauen Kugeln.

»Oder nehmen Sie es als ein Abschiedsgeschenk Ihres bisherigen Chefs. Aber verlangen Sie nicht noch Ihr letztes Gehalt«, sagte Timothy kichernd. »Wenn es irgendetwas gibt, das er auf den Tod nicht ausstehen kann, so sagte Brooker mir vorhin, dann sind es Erpresser.«

Schneewittchen und der Mann aus dem 20. Jahrhundert

1.

Timothy zögerte. Einen Augenblick dachte er daran, zu fliehen, sich einfach umzudrehen und auszureißen, dann gab er sich einen Ruck, drückte die Brust heraus und ging hinein. Nicht nur, weil er Daniel versprochen hatte, zur Eröffnung seiner Ausstellung herunterzukommen; die über die Grenzen Chicagos berühmten Kunstpremieren im »Nebraska« waren ausgezeichnete Gelegenheiten, Informationen zu sammeln. Wo sonst konnte man so viele interessante, berühmte und auch bedeutende Leute auf einmal treffen, wo sonst gaben sie sich so ungehemmt, locker und klatschsüchtig? Kunst schien selbst die kaltblütigsten Rechner und die verschlossensten Beamten zu berauschen. Timothy wusste, dass es in Wirklichkeit nicht die Gemälde oder Plastiken waren, sondern die ungezwungene Atmosphäre und die raffinierten Mixturen aus Drogen und Alkohol, die jeder Aussteller freigebig herumreichen ließ, um die Wirkung seiner Werke zu erhöhen.

Der Saal, der fast ein Viertel des 13. Stockwerks einnahm, erschien heute riesig; die Zwischenwände waren herausgenommen, nur kleine, schallschluckende Wandschirme unterteilten den Raum in Kojen, in denen sich Daniels Plastiken voneinander ungestört entfalten konnten. Wie viele mochten es sein? Zehn, zwanzig? Nicht mehr.

Daniel konnte zufrieden sein. Timothy stellte auf den ersten Blick fest, dass über ein Dutzend Bigbosse gekommen waren, auch der Gouverneur von Illinois, der Oberbürgermeister von Chicago und wenigstens drei seiner Stellvertreter, der Chef der NSA, Bloomsfield, und Mommsen Maroon, der Polizeipräsident, ein paar Dutzend Wissenschaftler, die besten und bestbezahlten, versteht sich, nur sie waren würdig, eingeladen zu werden – und möglicherweise Käufer. Journalisten wurden nie zugelassen, dafür war der ganze Klüngel der üblichen Premierenbesucher vertreten, Kritiker, Snobs, Playies, Kollegen, darunter so berühmte wie Jennifer Aap, die die sprechenden Gemälde kreiert hatte, und Brian Joyce, der Erfinder der tautologischen Epen, Abraham Icks, der Maler des Unsichtbaren, Mercury LaGrande, der Barde oder vielleicht besser die Prophetin des Geschlechtertausches, Pete Goodhard, der Viereinhalbtöner, dann der berühmte Couturier Walter W. Macka, der die Bauchbinde eingeführt, und Gerard Shyman, der die Doppelschlingenfrage in den Rang einer Kunst erhoben hatte und immer noch durch das Showbusiness geisterte.

Timothy stürzte sich nicht gleich in die Arbeit, er wollte erst einmal sehen, was Daniel diesmal ausstellte. Es war eine Sensation, dass er ein zweites Mal ins »Nebraska« eingeladen worden war, zumal er schon beim ersten Mal ungewöhnlich lange im Licht der Öffentlichkeit gestanden hatte, fast zwei Monate, länger als nahezu alle anderen Kunstmoden der letzten Jahrzehnte, so dass McPerson damals in seinem sonntäglichen »Kunsteintopf« gesagt hatte: »Gott sei Dank, der Danny-Kult ist endlich tot.«

Aber nun war Daniel Shopenhower wieder da. Und wie er da war! Timothy wurde bereits von der ersten Plastik so eingefangen, dass er seine Umwelt vergaß. Zum Glück war die dichte Traube der Premierengäste weit entfernt, so dass er ganz allein der Sonic gegenüberstand. Daniel brachte nichts völlig Neues, er hatte nur seine Erfindung weiterentwickelt; auch diese Sonics tönten; sie klangen, gongten, wisperten, schnarrten, läuteten, schrien, dröhnten, jauchzten, weinten, je nachdem, wer und wie er sich der Plastik näherte, sich vor ihr bewegte. Das war nicht neu, neu waren die an Filigran, an Federn, Sonnenstrahlen, japanische Gräser, an indischen Tüll, Kaschmirseide, an Flamingos und Kolibris, an alle Zartheiten der Natur und der menschlichen Kunstfertigkeit erinnernden Gebilde, die unaufhörlich mit ihren Klängen auch ihre Formen und Farben veränderten und Timothy sofort an Klee und Kandinsky denken ließen.

Und an Karpolenkow natürlich. Und an Musik. Timothy mühte sich, ein Motiv an die Oberfläche seines Bewusstseins zu zwingen, das irgendwo in seinem Gehirn angeklungen war, etwas Klassisches, ein Menuett? Da verlor die Plastik ihr zartes, porzellanglockenähnliches Klingen und schrie. Sie dröhnte, ächzte und schrie. McPerson, dachte Timothy und drehte sich um. Es war Deborrah Johnson.

Sie hatte das Zeichen ihrer Macht angelegt, natürlich nicht das amtliche Blech, sondern ihren privaten, mit Saphiren besetzten Platinstern, der sie aber nichtdestoweniger als Detektivchef von Chicago auswies. Als ob sie es nötig hätte! Als ob nicht jeder diese fetten Hängebäckchen, die kleine, knubblige Nase und die zu hohe Stirn kannte, diesen massigen Körper und die trippelnden Schritte, die ihr den Spitznamen Bachstelze eingebracht hatten. Wenn auf jemand das Wort publicitygeil zutraf, dann auf sie; kaum ein Tag verging, an dem ihr Bild nicht in den Nachrichten oder einer anderen Sendung erschien.

»Hallo, Tiny«, sagte sie in einem Ton, der Timothy einen Schauer über den Rücken jagte und der Plastik ein frostiges Klirren entlockte. »Scheußlich, nicht wahr?« Sie schüttelte den Kopf. »Dass so etwas als Kunst gilt! Das sind doch bestenfalls notdürftig aufgemutzte Psychoschocker. Kunst soll, so finde ich, wenn sie schon nicht unterhält, wenigstens angenehm sein.«

Arme Deborrah! dachte Timothy. Er stellte überrascht fest, dass er so etwas wie Mitleid mit der Bachstelze empfinden konnte. Ja, das war sicher der Preis für eine Karriere in den schmutzigen Gefilden dieser Staatsmacht, der Preis für ihre Härte, für all die Scheußlichkeiten, die man über die Praxis der Detektiv-Division erzählte und von denen min destens das Doppelte stimmte, der Preis für die absurden und menschenverachtenden Gedanken, die hinter dieser hohen Stirn nisten mussten, dass sie niemals in ihrem Leben den unbeschreibbaren, unsagbar schönen Ansturm der Gefühle erleben würde, die Daniels Plastiken auslösten, wenn ihr Betrachter sie richtig zum Tönen bringen konnte.

Immerhin, sie brachte sie wenigstens zum Schreien. Wie viele schafften nicht einmal das, sondern konnten den Sonics nur ein armseliges Grunzen entlocken, wurden nie von den eigenartigen Melodien und sonderbaren Assoziationen beglückt, die zu erleben sie natürlich alle vorgaben, auch wenn sie nichts anderes empfanden als das Gefühl der eigenen Dummheit und Wertlosigkeit.

Das war letztlich auch der Grund gewesen, warum Daniels Plastiken wieder aus der Öffentlichkeit verschwanden, statt wenigstens in ihren gelungensten Exemplaren in die Museen einzuziehen und damit als wertbeständiger Teil der Kultur ausgewiesen zu sein. Aber die Sonics waren teuer, zu teuer für ein Museum, und die Leute, die sich eine leisten konnten, waren selbst in diesem von Heuchelei und Lüge zerfressenen Land nicht bereit, auf Dauer sich selbst und anderen für ihr gutes Geld noch etwas vormachen zu müssen.

»Ich hatte mich schon gewundert, dass ich Sie nicht sah, Debby«, sagte Timothy, »wo Sie doch sonst keine Premiere auslassen. Interessieren Sie sich eigentlich für die Kunst oder für die Besucher?«

»Für Kunst schon, wenn auch nicht für so was. Sie wissen wohl nicht, dass ich eine eigene Galerie besitze, Zwerg Allwissend?« Sie lachte dröhnend, die Plastik flatterte erschrocken auf und stieß einen spitzen Schrei aus. Deborrah zog Timothy am Ärmel aus der Reichweite der Sonic.

»Ich war neugierig, ob Daniel Shopenhower eine Auferstehung schaffen würde.« Sie schüttelte den Kopf. »Auch er nicht. Nicht mit solchen Scheußlichkeiten. Sie sollten mich mal besuchen kommen, Tiny. Ich besitze eine erstklassige Kollektion von Gemälden des zwanzigsten Jahrhunderts. Ich liebe das gute alte zwanzigste Jahrhundert.« Sie kicherte. »Und ich nicht allein. Haben Sie schon gehört, Tiny …« Sie blickte sich um, als müsse sie Angst haben, dass jemand sie belauschen könne und sie, ausgerechnet die Bachstelze, beim FBI oder der NSA anzeigen würde. »Haben Sie schon von den Einbrüchen in der Nationalbibliothek und im Zentralarchiv gehört? Ich sage Ihnen, Tiny, wir bekommen eine neue Mode; die Leute, die sie lancieren wollen, decken sich ein. Aber ausgerechnet Zeitungen aus dem vorigen Jahrhundert? Ein Glück, dass das nicht in mein Ressort fällt.

Können Sie sich vorstellen, dass Zeitungen einen Boom abgeben? Gut, sie sind selten, seltener als Rubine oder flämische Meister. Aber niemand könnte sie ausstellen, sie kaum den besten Freunden zeigen, ohne Kopf und Kragen zu riskieren. Vielleicht ist es gerade das: der Kitzel der Gefahr. Was glauben Sie?« Sie sah Timothy lauernd an.

»Ich weiß nie«, antwortete Timothy, »was Sie damit bezwecken, Debby, wenn Sie mir Top-Secret-Informationen zustecken. Wollen Sie sich bei mir einkratzen? Warum? Oder wollen Sie mich reinlegen?«

»Aber, Tiny! Sie reinlegen? Warum wohl – und wie denn?«

»Tun Sie nicht so scheinheilig. Sie könnten zum Beispiel darauf warten, dass ich es weitererzähle; schon dürften Sie mich wegen Verbreitung staatsgefährdender Nachrichten einsperren lassen. Wie viel gäbe es dafür?«

Die Bachstelze grinste selbstgefällig. »Nach den zwölften, verschärften Durchführungsbestimmungen des Gesetzes zur Nationalen Sicherheit und dem Gesetz zum Schutz der Freiheit mindestens zehn Jahre. Oder Bewusstseinslöschung.« Sie legte mit gönnerhafter Miene zwei Finger auf Timothys Schulter und lächelte ihn von oben herab an. »Aber Sie haben ja einflussreiche Freunde, die ihre Hände schützend über Sie legen, nicht wahr? Also vergessen Sie es. Bis später mal.« Damit rauschte sie davon.

Es gelang Timothy, im Schatten der dichten Gruppe um Daniel noch zwei Plastiken zu genießen, ohne dass ihn jemand störte. Als er versunken vor einer pulsierenden Goldfadenkugel stand, die nach seinen Handbewegungen sphärische Musik aussandte, löste Daniel Shopenhower sich von dem Schwarm und kam zu Timothy.

»Du bist also gekommen!«, rief er schon von weitem. »Was hältst du von meinen Sonics?«

»Es ist das Schönste, was ich seit Jahren gesehen habe. Vielleicht überhaupt in meinem Leben. Die Töne sind reifer, und die Formen – Bitte, lache nicht, Daniel, aber deine Sonics erinnern mich an Märchen.«

Daniel drückte ihm impulsiv die Hände. »Du bist der Erste, der es erkannt hat. Es sind Märchen. Seit zwei Jahren lebe ich nur noch mit Märchen. Nicht mit den modernen, den Phantastik-, Crime- und Horrormärchen, nein, mit den alten Volksmärchen.« Er breitete seine Arme. »Da sind sie: Rotkäppchen, Schneewittchen, Aschenputtel, Frau Holle, die sieben Geißlein –«

»Aber du hast sie nicht so benannt.« Timothy bückte sich, um die Inschrift am Sockel zu lesen. »Interstellar Supersonic Golden Six.«

»Natürlich nicht. Wer hätte sie sich dann überhaupt angesehen?«

»Welches Märchen ist dies hier?« Timothy wies mit dem Kopf zu der pulsierenden Goldfadenkugel.

»So kannst du es nicht sehen. Ich meine nicht, dass jede Sonic ein bestimmtes Märchen darstellt; aber sie alle haben den Geist der Märchen, ihre Poesie. Und ihre Menschlichkeit.«

»Ich würde sie Schneewittchen nennen«, sagte Timothy versonnen. »Ich glaube, sie ist die Schönste von allen. Schade, dass ich sie mir nicht leisten kann. Oder bist du inzwischen billiger geworden?«

Daniel sah ihn mit traurigen Augen an. »Du weißt, ich würde sie dir am liebsten schenken. Aber was glaubst du, wie teuer es ist, so etwas zu machen!«

»Schon gut, Daniel.«

»Wenn ich zwei der Plastiken verkaufen kann, sollst du sie haben, Tiny. Ach, wenn ich wenigstens eine verkaufen könnte! Ich stecke bis über beide Ohren in Schulden. Wenn ich hier nichts loswerde, bin ich am Ende. Entschuldige mich bitte, aber ich muss mich wieder um die Gäste kümmern.«

Timothy gesellte sich zu der Gruppe um Bloomsfield und Maroon; nach zehn Minuten schlenderte er weiter, das Gespräch drehte sich um Frauen und Sex. Plötzlich stand John Modesty Dulles neben ihm. »Mister Truckle, nicht wahr?«

Timothy nickte verwundert. Dass Dulles ihn kannte, mehr noch, ihn ansprach! Dulles tat, als wolle er mit Timothy über eine der Plastiken sprechen, und zog ihn zu einer leeren Koje.

»Man sagte mir, Sie würden hiersein. Ich brauche Sie. Für maximal zehn Tage. Was kostet das?«

»Ich habe keinen festen Tagespreis«, sagte Timothy freundlich, aber bestimmt. »Und ich übernehme nur Fälle, die mich interessieren. Niemals nur wegen Geld.«

»Nonsens. Jeder Mensch ist käuflich. Wie hoch ist Ihr Preis? Sagen Sie es hinterher, ich akzeptiere blanko. Okay?«

Einen Augenblick schien es, als wolle Timothy explodieren. Sein Kinn reckte sich. Ihm wurde warm an den Ohren. Dann fiel ihm ein, dass er heute ein smaragdgrünes Wams und entsprechend getönte Haare trug und wie albern blutrot leuchtende Ohren davon abstechen würden. Er entspannte. Er lächelte. Er begann zu grinsen.

»Gut«, sagte er. »Unter der Voraussetzung, dass Ihr Fall nicht gegen meine Prinzipien verstößt. Mein Preis sind zwei Plastiken. Eine für Sie, und diese hier«, er zeigte auf die goldene Kugel, »diese für mich.«

Dulles sah Timothy belustigt an, dann nickte er.

»Ich schlage vor, Sie setzen sich unauffällig ab. Ich komme in zehn Minuten in Ihr Appartement. Niemand soll wissen, dass wir miteinander zu tun haben.«

Timothy ging zu Daniel und winkte ihn beiseite. »Reserviere die teuerste Sonic für Mister Dulles.«

»Meinst du John Modesty Dulles?« fragte Daniel ungläubig. »Ja. Und Schneewittchen reservierst du für mich. Mister Dulles ist ein großer Mäzen.«

2.

Timothy fragte nicht, er führte seinen Gast sofort in das Mausoleum und servierte ihm eine Tasse Pfefferminztee, auf der eine Hanfblüte schwamm.

»Zwölf Tropfen Pernot«, sagte er, »so ist es doch richtig?« Dulles nickte beeindruckt. »Sie scheinen meine intimsten Gewohnheiten zu kennen.«

Timothy machte eine Handbewegung, die sowohl Bescheidenheit wie Selbstverständlichkeit ausdrücken konnte.

»Wissen Sie am Ende auch schon, was ich von Ihnen will?«

»Mein Beruf zwingt mich, immer gut informiert, nicht aber telepathisch begabt zu sein. Es muss jedoch wichtig sein, wenn Sie selbst –«

»Ich hielt es für das Beste. Zumal die Ausstellung mir einen Vorwand gab, ins ›Nebraska‹ zu kommen. Wenn ich Sie zu mir gebeten hätte, wären sonstwas für Gerüchte entstanden.«

»Ich wäre auch nicht gekommen«, sagte Timothy.

Dulles überhörte es. »Und da Sie das Privileg eines abhörsicheren Raumes genießen, sind wir hier mindestens so ungestört wie bei mir zu Hause.«

»So ein Raum ist ein wahrer Segen.« Timothy ließ den Sessel in Liegestellung fahren und legte die Hände unter den Kopf. »Ich höre, Mister Dulles.«

»Ich will erst Ihr Wort, dass niemand von unserer Unterredung erfährt und dass Sie sich keine Aufzeichnung machen.«

»Sie sind mein Klient«, antwortete Timothy, als verstünde sich damit alles von selbst.

»Bin ich das wirklich?«, polterte Dulles. »Ich denke, Sie wollen erst prüpfen, ob mein Fall nicht gegen Ihre Prinzipien verstößt. Prinzipien! Hätte nicht gedacht, dass ein Privatdetektiv sich Prinzipien leisten kann!«

»Wären Sie sonst zu mir gekommen? Verschwiegenheit, zum Beispiel, ist eines meiner Prinzipien.«

»Also gut.« Dulles nahm einen Schluck, dann legte auch er sich hin.

»Wie Sie sicher wissen, befasst sich unser Konzern unter anderem auch mit Futurefreezing. Wir und die SOLIDAD. Ich will nicht behaupten, dass es der wichtigste Zweig des Unternehmens ist – so viele Leute lassen sich leider nicht einfrieren, um eines schönen Tages wieder geweckt zu werden und ein paar Jahre in einer besseren Zukunft zu leben –, aber immerhin bringt unsere GOLDEN FUTURE wiederum nicht so wenig, dass es uns egal sein kann, was die Konkurrenz macht. Die Leute von der SOLIDAD sind dabei, eine Riesenschweinerei zu starten. Deshalb bin ich hier.«

»Weil die SOLIDAD eine Schweinerei begehen will?«,

fragte Timothy belustigt. »Sagen Sie nur, Sie gehen hochmoralisch vor bei Ihren Geschäften.«

»Nonsens! Aber die SOLIDAD ist drauf und dran, den Markt zu monopolisieren. In meiner ersten Wut wollte ich schon den Direktor und die ganze Führungsmannschaft der GOLDEN FUTURE hinauswerfen, aber das nutzt leider auch nichts. Die Sache muss unterbunden werden, und Sie sollen herausbekommen, wie das möglich ist. Okay?«

»Für Schneewittchen tue ich fast alles«, murmelte Timothy.

»Was sagten Sie?«

»Nichts. Bitte weiter. Möchten Sie noch einen Tee?« Timothy ließ den Servicewagen heranfahren und griff nach der Flasche »Old Smuggler«. »Oder lieber auch einen Whisky?«

»Verträgt mein Magen leider nicht mehr.«

Timothy wollte ihm schon vorschlagen, sich doch selbst einfrieren zu lassen, bis man den künstlichen Magen erfunden oder auch Magentransplantationen in den Griff bekommen haben würde, verkniff es sich aber lieber. Dulles war, wie die meisten Mächtigen, absolut humorlos.

»Jedes Jahr«, erklärte Dulles, »lassen wir von den Meinungsforschern untersuchen, wie die Bereitschaft zur Futurefreezing ist. Der Prozentsatz der im Prinzip Gefrierwilligen steigt von Jahr zu Jahr.« Dulles lachte. »Wen wundert es? Wer würde nicht allzu gerne der Gegenwart entfliehen, die so oder so für die meisten Menschen einem Jammertal gleicht, und sich einen Platz in einer paradiesischen Zukunft sichern? Trotzdem werden es von Jahr zu Jahr weniger, die sich tatsächlich einfrieren lassen. Die Sache ist zu teuer. Wenn es aber nicht zu einer Massen-, sagen wir ruhig, -produktion kommt, kann es auch nicht billiger werden. Aber jetzt hat die SOLIDAD den Dreh gefunden.«

Dulles nahm einen Schluck Pfefferminztee. »Ich habe die Werbepläne gesehen, Mister Truckle – mein Nachrichtendienst ist zum Glück nicht so vertrottelt wie die Leute von der GOLDEN FUTURE –, wirklich klug durchdacht. Und: volkstümliche Preise! Jedermann soll die Chance haben, die bessere Zukunft zu erleben. Ich sage Ihnen, das wird einen Run geben. Das ganz große Geschäft! Für die SOLIDAD. Wenn Sie es nicht verhindern, Mister Truckle.«

»Ich würde mich nicht so beunruhigen«, sagte Timothy. »Selbst wenn sich jeder für ein Butterbrot einfrieren lassen könnte, wer würde es tatsächlich tun? Die Angst ist zu groß, dass man nicht wieder aufwacht, dass man sein bisschen Leben verspielen könnte. Wie jämmerlich es auch sein mag, es ist das einzige Leben. Diese Angst kann man mit keiner noch so raffinierten Werbung abbauen. Das ist die Barriere, die das Futurefreezing nie überspringen wird.«

»Wenn man den Leuten aber die Gewissheit gibt, dass es funktioniert? Hundertprozentige Gewissheit.«

»Dann«, sagte Timothy nachdenklich, »dann könnte es anders aussehen, nur, wie wollen Sie das schaffen?«

»Nicht wir, leider. Die SOLIDAD. Sie wollen einen Mann, der sich im vorigen Jahrhundert hat einfrieren lassen, auftauen und der Öffentlichkeit präsentieren.«

Timothy stieß einen Pfiff aus. »Donnerwetter, ja! Natürlich, das ist die Idee, einfach und überzeugend wie alles Geniale.« Vielleicht wäre es wirklich eine Lösung, dachte er, sich einfrieren zu lassen. Alle, die die Schnauze voll haben. Massenweise. Nur, wer sollte dann die bessere Zukunft herbeiführen? Und wer garantierte, dass man nicht einfach eines Tages die Hähne des Überlebenssystems schließen würde? Weil niemand mehr die horrenden Kosten bezahlen wollte, zum Beispiel.

»Warum machen Sie nicht einfach das gleiche und tauen auch jemand auf?«

»Weil das leider nicht geht.«

»Warum nicht?«

»Das Ganze ist nur ein Bluff.«

3.

»Es hat nie funktioniert«, erklärte Dulles, »und es wird nie funktionieren. Seit Jahren wissen wir, dass es auch theoretisch unmöglich ist. Zumindest hier auf der Erde, unter den Bedingungen der Schwerkraft. In den Gehirnzellen spielen sich irreversible Prozesse ab. Man kann wohl den Körper am Leben erhalten, wahrscheinlich unbegrenzt, nicht aber das Gehirn. Möchten Sie mit einem gefriergetrockneten Gehirn aufwachen? Das ist der Haken beim Futurefreezing.«

»Aber Sie verkaufen es!«

»Natürlich. Wir verkaufen alles. Das ist nun einmal das Ideal unserer Art zu leben: die absolute Freiheit.«

»Obwohl Sie wissen, dass einer, der sich einfrieren lässt, praktisch Selbstmord begeht.«

»Beihilfe zum Selbstmord ist schon seit fast hundert Jahren nicht mehr strafbar. Die Leute sind doch freiwillig bereit, auf ihre Gegenwart zu verzichten. Gehen Sie mal in einen Kryronik-Club*, lauter Narren! Als ob die Zukunft besser wäre! Nein, Mister Truckle, die Sache ist rechtlich unanfechtbar.«

»Und moralisch?«

»Versuchen Sie nicht, mir ein schlechtes Gewissen einzureden. Die moralische Seite habe ich längst mit meinem Beichtvater abgemacht. Ist es nicht viel besser, wenn einer mit dem Gedanken an die vor ihm liegende glückliche Zeit friedlich hinübergeht, als wenn er noch ein paar Jahre in diesem irdischen Jammertal umherkriecht und dann elend an irgendeinem Krebs krepiert? Besuchen Sie mal einen ›Goodbye-Palast‹ der GOLDEN FUTURE und sehen sich an, wie glücklich die Kryroniker bei den Abschiedszeremonien sind! Wir haben die besten Leute darangesetzt, das Ritual auszuarbeiten.«

»Es funktioniert nicht«, sagte Timothy leise. »Und Sie wissen, dass es nicht funktioniert!«

»Nicht einmal zwei Dutzend Leute wissen davon, und ich hoffe, dass es durch Sie nicht mehr werden. Denken Sie daran, ich bin mächtig genug, Sie zwischen zwei Fingern zu zerdrücken, wenn ich will.«

»Ja«, sagte Timothy, goss sich einen Whisky ein und trank ihn in winzigen Schlucken zwischen den Sätzen. »Sie und noch ein paar Dutzend Leute. Und Sie lassen keine Woche

---

* Kryronik = Kryros (griech.) Eis. Die ersten Kryronik-Clubs entstanden im 20. Jahrhundert, nachdem sich 1967 der amerikanische Professor der Psychologie James Beford einfrieren ließ; er war an Leukämie erkrankt und hoffte, später aufgetaut und geheilt zu werden.

verstreichen, ohne es mir zu sagen. Ich weiß, für Sie bin ich nur eine Laus, die in Ihrem Pelz sitzt und sich von Ihrem Blut ernährt. Dabei brauchen Sie mich. Sie oder ein anderer. Immer wieder muss ich mal diesem, mal jenem aus der Klemme helfen. Und mit jedem Klienten gewinne ich einen dankbaren Freund, der mich am liebsten unter der Erde sähe, weil ich Einblick in seine Intimsphäre bekommen habe. Oder in seine Geschäftssphäre, was zuweilen als noch schlimmer empfunden wird. Und einer wird mich vielleicht tatsächlich einmal unter die Erde stopfen lassen. Wenn er so großzügig ist, mir den Luxus eines Friedhofsplatzes zu gönnen. Das ist mein Berufsrisiko. Mein Diensteifer und meine Verschwiegenheit dagegen sind meine Lebensversicherung.«

»Sie müssen mich verstehen.« Dulles bemühte sich um einen versöhnlichen Ton. »Ich will keinen Skandal. Natürlich nicht. Ich will mir doch nicht das Geschäft verderben. Aber ich will auch nicht, dass die Konkurrenz das Rennen allein macht. Und Sie, Mister Truckle, werden das verhindern.«

»Warum gerade ich?«

Dulles lachte. »Verbreiten Sie nicht überall, Sie seien der Größte?«

»Ich bin es«, sagte Timothy ernst. Ablehnen, dachte er, du kannst es noch ablehnen. Sag ihm, du hättest einen anderen Auftrag. Das stimmt sogar. Was geht es dich an, ob die GOLDEN FUTURE bankrott geht!

Dann dachte er daran, welche Explosion es geben, welche Dimensionen das Geschäft mit dem Futurefreezing annehmen würde. Wie viele nur zu bereit wären, dafür ihr ganzes Vermögen zusammenzuklauben. Und zu rauben! Die Kriminalität würde einen weiteren Sprung nach oben machen, weil viele in die Versuchung kämen, sich durch einen Gewaltstreich die Fahrkarte in die Zukunft zu verschaffen. In der sie dann nicht einmal dafür bestraft werden könnten! Die Auswirkungen waren unvorstellbar. Und gerade junge Leute würden bereit sein, ihr Leben wegzuwerfen, um möglichst viele Jahre in der besseren Zukunft verbringen zu können, wenn erst einmal die Barriere der Angst gesprengt war. In der Tat, ein genialer, ein teuflischer Einfall. Und ein Milliardengeschäft, weitaus größer als das mit den Krebskliniken.

Man muss es verhindern, dachte er. Die ganze Wahrheit aufdecken. Aber wie! Nur mit Worten? Man würde ihn als einen verschrobenen Narren hinstellen: Was denn, dieser komische Zwerg, der von Glück reden konnte, dass er als Säugling nicht annulliert worden war, wollte den Weg in die Zukunft madig machen? Aber vielleicht konnte er dem Rummel ein Ende bereiten. Oder wenigstens den gegenwärtigen Status erhalten.

»Gut«, sagte er, »ich übernehme den Fall.«

»Ich wusste es.« Dulles lachte zufrieden.

»Was für Material kann ich bekommen? Wer ist der Mann, woher kommt er, an wessen Stelle tritt er, wann soll das Ganze stattfinden, wo, wie?«

»Langsam, langsam! Wenn wir das wüssten, brauchten wir Sie nicht mehr, Mister Truckle. Über diesen Mann werden weder wir noch Sie etwas herausbekommen. Seine Identität dürfte im Augenblick das bestgehütete Geheimnis der Staaten sein. Wir wissen leider nicht einmal, wo er sich jetzt befindet und auf seine Rolle vorbereitet wird. Man kann schließlich nicht nur behaupten: Hier, dies ist ein Mann aus dem vorigen Jahrhundert, wir haben ihn soeben aufgetaut. Man muss es auch beweisen können. Und sie müssen einen erstklassigen Kandidaten an der Hand haben, sonst hätten sie doch wohl versucht, sich mit uns zu einigen.«

Dulles hielt Timothy die Tasse hin. Er zählte die Pernot Tropfen mit.

»Mein erster Gedanke war natürlich, einen eigenen Kandidaten zu präsentieren. Das Geschäft wird groß genug sein; da können sich sowohl die SOLIDAD als auch wir gesund dran stoßen. Aber das ist leider gar nicht so einfach. Man muss zuerst einmal jemanden finden, der sich hat einfrieren lassen und dessen Körper noch heute in einem so guten Zustand ist, dass man den Freezer öffnen und den Mann öffentlich präsentieren kann, andererseits muss er schon so lange eingefrostet sein, dass keine Zeitgenossen mehr leben. Einerseits muss es zwar genügend Fakten über seine vergangene Existenz geben, Fotos, Zeugnisse und so weiter, damit niemand daran zweifeln kann, dass er aus dem vorigen Jahrhundert stammt, andererseits dürfen es wiederum nicht zu viele Fakten sein, denn jedes Detail vergrößert die Gefahr der Entdeckung. Dann müssen Sie jemanden auftreiben, der genauso alt ist wie das Original zum Zeitpunkt des Freezing und der genauso aussieht. Das ist das allerwichtigste. Noch nie zuvor musste ein Mensch sich selbst so ähnlich sein wie hier die Kopie dem Original. Sonst wird das Publikum misstrauisch. Wer will schon verändert aussehen, wenn er eines Tages wieder aufwacht? Und wenn es überhaupt Veränderungen gibt, wo sind dann die Grenzen? Und die Gesundheit! Natürlich muss er gesund sein, also auch nicht zu alt. Jede Krankheit erhöht die Identifikationsmöglichkeiten. Er darf keinen Zahn mehr oder weniger haben als das Original.«

Dulles sah zu Timothy hinüber. In seinem Gesicht spiegelte sich nicht nur Ärger, sondern auch Hochachtung, dass es gelungen war, all diese Hindernisse zu überwinden.

»Und intelligent muss er sein. In jeder Minute das Spiel spielen können. Er muss trainiert werden. Ich schätze, es hat Jahre gedauert, das Double fit zu machen. Er muss ja praktisch sein ganzes bisheriges Leben vergessen und dafür alles wissen, was der andere gewusst haben kann. Was glauben Sie, wie man diesen Mann durch die Mangel drehen wird, wie oft man ihn interviewen wird, wie oft er auftreten muss! Dutzende von Wissenschaftlern werden ihn untersuchen wollen, und einigen muss man es gestatten, damit der Schwindel nicht auffliegt; vielleicht wird ihn sogar die NSA testen wollen.«

»Es wird also ganz einfach sein, das Unternehmen platzen zu lassen«, sagte Timothy. »Die Leute von der SOLIDAD haben bei ihren jahrelangen Vorbereitungen ganz bestimmt etwas übersehen, und das werde ich heute Nachmittag oder morgen beim Frühstück entdecken.«

»Das habe ich nie behauptet! Im Gegenteil, ich glaube selbst kaum, dass wir noch den Fuß in die Tür bekommen, aber sollen wir es nicht wenigstens versuchen? Nur wer aufgibt, ist verloren. Vielleicht finden Sie wirklich etwas? Was riskiere ich denn? Einen Mitwisser mehr.«

»Und als Mäzen in mein Gedächtnis einzugehen und für immer meiner Dankbarkeit sicher zu sein. Haben Sie sich schon für eine Sonic entschieden? Für welche?«

»Lassen Sie mich doch mit dem Zeug zufrieden! Machen Sie sich lieber an die Arbeit. Wir haben nur noch ein paar Tage Zeit. In einer Woche will die SOLIDAD die Werbekampagne starten. Bis dahin muss Ihnen etwas einfallen. Ich zahle Ihnen außer den verdammten Plastiken für jeden Tag tausend Dollar, und wenn Sie Erfolg haben, zehntausend pro Tag.«

»Ich werde sofort anfangen, darüber nachzudenken, und Napoleon auch.«

Dulles fuhr hoch. »Ich habe gesagt: keine weiteren Mitwisser. Wenn nur das Geringste an die Öffentlichkeit durchsickert und es auch nur den kleinsten Verdacht gibt, dass Sie damit zu tun haben –«

»Beruhigen Sie sich, Mister Dulles. Der gute alte Napoleon ist mein Computer.«

»Ach so.« Dulles nestelte an der Westentasche seines Anzugs, aber er suchte nicht eine Taschenuhr, die hing wahrscheinlich an der goldenen Kette auf der anderen Seite, er brachte ein metallenes Pillendöschen hervor, dessen weißsilber und goldschwarz changierende Oberfläche Titan verriet, was nun gar nicht zu einem Anzug aus den preußischen Gründerjahren passte. Dulles entsiegelte das Identicatschloss mit seinem Daumenabdruck, öffnete die Dose und entnahm ihr einen Kristall, den er Timothy reichte.

»Hier haben Sie alles, was über den Eingefrorenen zu erfahren war. Ich gebe zu, es ist nicht viel. Der Mann heißt Blacksmith. Arribert Blacksmith. Zweiunddreißig Jahre alt. Vor achtzig Jahren eingefrostet. Keine Nachkommen. Seine Familie ist ausgestorben. Niemand lebt mehr, der sich an ihn erinnern könnte. Es gibt kaum noch Daten über ihn. Ein paar Bogen Papier, das ist alles. Er kann also erzählen, was er will, natürlich, seine Zeit muss er beherrschen, sonst zerreißen ihn die Historiker.«

»Schlimmstenfalls kann er sagen, er habe es vergessen.«

»Kaum.« Dulles grinste. »Da sehe ich eine Chance für uns, denn gerade das kann er nicht. Er muss ein unanständig gutes Gedächtnis haben, besser als jeder lebende Mensch. Die meisten haben doch Illusionen darüber, wie viel sie wissen, ein albernes Vorurteil, gewiss, aber Blacksmith soll nicht die Wissenschaftler überzeugen, sondern potentielle Kunden. Er muss alles wissen, von dem die Leute heute annehmen, dass sie selbst es wüssten, und das ist mindestens viermal so viel wie in Wirklichkeit. Kennen Sie zum Beispiel die Augenfarbe Ihrer Mutter, Mister Truckle?«

Timothy überlegte eine Weile, dann schüttelte er den Kopf. »Sehen Sie, so etwas kann Blacksmith sich nicht leisten. Jemand könnte Angst bekommen, dass er sein Gedächtnis im Freezer verliert.«

Dulles wollte offensichtlich gehen, doch Timothy lag mit geschlossenen Augen und schien nicht zu merken, wie sein Gast sich erhob, eine Weile unentschlossen vor Timothys Stuhl stand und dann begann, sich die Einrichtung des Mausoleums anzusehen. Schließlich öffnete Timothy die Augen.

»Ich habe eine Idee«, sagte er, »ich weiß aber nicht, ob sie etwas taugt. Können Sie nicht den eingefrorenen Original-Arribert verschwinden lassen?«

Man konnte Dulles die Enttäuschung deutlich ansehen. »Wenn es so einfach wäre!«, rief er. »Wir haben versucht, ihn zu stehlen. Dann hätten wir die SOLIDAD zu einem Kompromiss zwingen können. Als das fehllief, haben wir das Depot sprengen lassen, aber Blacksmith lag schon nicht mehr in diesem Bunker. Es wird gemunkelt, die SOLIDAD hätte ihn mitsamt einem Versorgungssystem in den Safes der Nationalbank untergebracht, und die sind leider noch sicherer als alle Regierungsbunker.«

»Und wo Blacksmith zwo sich befindet, konnten Sie auch nicht herausbekommen?«

»Leider nicht. Wenn ich wüsste, wo und wie die SOLIDAD ihren Kandidaten trainiert, hätte ich nicht zu Ihnen kommen müssen.«

»Wo, weiß ich nicht«, sagte Timothy, »aber ich glaube, ich weiß, wie sie es machen.«

»Erzählen Sie«, stieß Dulles aus, »erzählen Sie!«

»Später. Und nur, wenn es stimmt. Auch ein Detektiv hat seinen Stolz.«

4.

Arribert Blacksmith schien ein äußerst farbloser Mensch gewesen zu sein: weiß, evangelisch-methodistisch, Sohn eines Elektrikers, in Palmsprings Fields, einem kleinen Nest in Ohio, geboren; als er zehn Jahre alt war, verzog die Familie nach Chicago; in der Schule durchschnittliche Leistungen und durch nichts hervorgetan, ebenso in der Lehre als Elektriker, bei der Armee und im College, das er anschließend besuchte, in der Lehrerbildungsanstalt und in den sechs Jahren an einer öffentlichen Schule. Mit zwanzig, während des Armeedienstes, hatte er geheiratet, mit vierundzwanzig sich scheiden lassen. Keine Kinder. Keine Krankheiten, nur als Junge eine Blinddarmoperation. Einen Backenzahn gezogen. Keine überlebenden Verwandten ersten bis sechsten Grades. Ein knappes Dutzend Fotos, offensichtlich Kopien, davon nur vier Aufnahmen des erwachsenen Arribert: das Passfoto, ein Armeebild, das Hochzeitsfoto und eins auf irgendeiner Ausstellung mit Weltraumtechnik, das andere waren Kinderfotos: das unvermeidliche auf dem Eisbärenfell, dann auf Mutters Arm, auf Vaters Arm, die Einschulung, ein Foto beim Baden, Arribert, gerade aus dem Wasser kommend, triefnass, in weißen Bermudashorts.

Die meisten Angaben stammten aus der Akte, die für jeden Gefreezten angelegt wurde, konnten also ebensogut manipuliert sein. Dann die üblichen Papiere, Zeugnisse, Führerschein, Militärpass und die Eintragungen im Grundstückskataster über Kauf und Verkauf eines kleinen Häuschens. Blacksmith hatte es kurz vor dem Einfrosten verkauft, sicherlich um die Kosten zahlen zu können.

Dulles' Agenten hatten auch nachgeforscht, wer seinerzeit mit Blacksmith befreundet gewesen sein und Aufzeichnungen, Briefe oder Tagebuchnotizen hinterlassen haben konnte, waren aber immer nur auf die Spuren der SOLIDAD-Leute getroffen, die jahrelang alles abgegrast hatten.

Timothy gab Napoleon den Kristall zu fressen. »Vielleicht fällt dir etwas ein.« Er selbst fuhr in die »Stardust«-Bar.

Napoleon spuckte nur Banalitäten aus, als Timothy wiederkam. Er schaltete ihn auf Disput und diskutierte vier Stunden lang Fakt für Fakt mit ihm. Ohne Ergebnis. Schließlich ließ sich Timothy von Napoleon die Stundenfrequenz des Großen Bruders geben, ging ins Mausoleum, schickte den Ruf hinaus und wartete, bis sich der Große Bruder meldete, mit den üblichen Verzögerungen und der blechernen Stimme.

»Wo brennt's denn schon wieder, Tiny?«

Timothy erklärte es. »Ich vermute«, schloss er, »dass die Zeitungsdiebstähle damit zusammenhängen. Weißt du, welche Jahrgänge gestohlen wurden?«

»Das also steckt dahinter. Woher weißt du davon? Es ist ziemlich geheim.«

»Die Bachstelze hat es mir geflüstert, weiß der Himmel, warum.«

»Vielleicht liebt sie dich und will dir so ihre Zuneigung beweisen.

»Davor behüte mich der liebe Gott und mein Großer Bruder.«

»Ich werde mein Bestes versuchen.«

»Die Bachstelze vermutete eine neue Mode.«

»Das FBI tippte zuerst auf einen Sammler, der so vernarrt in Zeitungen ist, dass er alle Strafandrohungen ignoriert. Doch dann brachten sie es mit einem früheren Doppling im Zentralarchiv in Verbindung. Da hatte jemand – wer, weiß man bis heute nicht – Film- und Fernsehaufnahmen aus dem vorigen Jahrhundert gedoppelt.«

»Wann war das?«

»Vor knapp drei Jahren. Und es betraf den gleichen Zeitraum wie jetzt die Zeitungsdiebstähle. Man ist damals nur durch einen Zufall dahintergekommen: In einem Geber war ein Stück Abendschausendung hängengeblieben; daraufhin wurde die ganze Journaldatei überprüft, was man sonst nie oder irgendwann mal getan hätte. An jeder Box ist doch ein elektronischer Zählinduktor installiert, der die asynchrone –«

»Sei lieb, verschone mich damit«, unterbrach Timothy. »Du weißt, ich verstehe nichts von Technik. Sag mir lieber, was das FBI unternimmt.«

»Keine Ahnung. Ich weiß nur, dass sie den UNDERGROUND verdächtigen.«

»Warum sollten die sich für alte Zeitungen interessieren?«

»Aus dem gleichen Grund, aus dem die Zeitungen und die Aufnahmen im Sperrarchiv gelandet sind. In diesen Jahrgängen sind Berichte über die großen Aufstände zu finden, denk nur an die Kommune von New Orleans! Für das FBI ist der Gedanke also gar nicht so abwegig.«

»Vielleicht hat die SOLIDAD es auch dem FBI geflüstert, um von sich abzulenken«, sagte Timothy. »Also, Großer Bruder, ich brauche alles, was gestohlen und gedoppelt wurde.«

»Bist du wahnsinnig? Tiny, das ist Geheimhaltungsstufe eins, da ist so kaum heranzukommen, schon gar nicht seit den Diebstählen und überhaupt nicht in diesen Mengen.«

»Denk dir was aus«, bat Timothy. »Wir müssen den Futurefreezing-Schwindel platzen lassen. Unbedingt! Stell dir vor, was passiert, wenn wir es nicht tun!«

»Es ist unvorstellbar, das gebe ich ja zu. Aber was willst du mit dem ganzen Material, Tiny?«

»Ich weiß es nicht. Ich weiß überhaupt nicht, wie ich an diesen Fall herangehen soll. Ich hoffe nur, dass ich vielleicht eine Idee bekomme, wenn ich alles durcharbeite, was die gestohlen haben. Vielleicht kann ich ein Loch finden, das die andere Seite übersehen hat.«

»Lass dir etwas anderes einfallen. Was du verlangst, ist unmöglich.«

»Und was?«, fragte Timothy verzweifelt.

5.

Der Große Bruder meldete sich am nächsten Vormittag. Er gab Frequenzdaten durch, die so unsinnig erschienen, dass Timothy verwundert zurückfragte.

»Wollt ihr Napoleon an den Zentralcomputer anschließen? Habt ihr nicht genügend Elektronengehirne, dass ihr meinen guten alten Napoleon zwangsverpflichten müsst?«

»Tiny, halt die Luft an und blockiere Napoleon für die nächsten zehn Stunden«, forderte der Große Bruder, und trotz der Quaserverzerrung erschien es Timothy, als klänge die Stimme vergnügt. »Ja, ich schließe Napoleon an den Zentralcomputer an. Ich habe jemand beim FBI überzeugt, dass sie wissen müssten, welche Informationen sich der UNDERGROUND mit den Zeitungsdiebstählen verschafft habe. Sie lassen die verschwundenen Jahrgänge doppeln. In einundzwanzig Minuten beginnt die Übertragung, und du bekommst eine Induktionsschaltung. Ende.«

In den nächsten Minuten bastelte Timothy fieberhaft an Napoleon herum. Er nahm ihm die Deckplatte ab, ließ eine Relaiswand herausfahren, holte aus einem Wandschrank, den man sicher nicht einmal mit der Elix-Lupe erkennen konnte (auch Timothy suchte erst eine Weile, bis er die Stelle gefunden hatte, an der er die Hand auflegen musste, um den Schrank zu öffnen), eine Folie mit aufgedampfter Schaltung, tauschte sie gegen eine der Standardschaltungen aus und strafte so seine Worte Lügen, dass er nichts von Technik verstünde. Dann nahm er aus dem Geheimschrank eine breite Rolle goldschimmerndes, superfeines Drahtnetz, das er locker über Napoleon ausbreitete. Anschließend klemmte er Zerhacker zwischen alle nach außen führenden Leitungen, sogar an die Wasserleitung und die Luftzufuhr. Dann setzte er den Communicator mit Ausnahme des Rufempfängers außer Betrieb, der nun nur noch stereotyp antwortete, dass Mister Truckle heute und morgen nicht zu sprechen sei.

Timothy schuftete, dass ihm der Schweiß über die Stirn lief, aber er schaffte es. Eine Minute vor Beginn der Sendung war seine Wohnung bis auf die Quaserschaltung ein großes schwarzes Loch.

Timothy pfiff vergnügt. Während Napoleon leise summte, bereitete er sich eine süßsaure Meerrettichsuppe mit Kalbsaugen und Algenklößchen. Nach dem Essen goss er sich einen »Seagrams de Luxe« ein, gab Napoleon den Auftrag, ihn am Ende der Übertragung zu wecken, und legte sich schlafen.

Napoleon weckte ihn mitten in der Nacht.

Timothy machte sich mit einem Kaffee munter. Er genehmigte sich einen Naturalkaffee, zählte dreißig Bohnen ab und mahlte sie in der Kaffemühle zu staubfeinem Pulver. Als das Aroma durch die Wohnung zog, atmete er tief und mit geschlossenen Augen, sein Gesicht bekam einen verklärten Ausdruck.

Er setzte sich zu Napoleon. Sie untersuchten, verglichen, prüften, summierten, integrierten und extrahierten, fragten, antworteten, schieden aus, klammerten ein, entwarfen lange Kausal- und Quasikausalperioden – die ganze Nacht und den nächsten Tag und den übernächsten und den folgenden. Timothy gönnte sich nur kurze Pausen im Bad und war jedesmal für eine halbe Stunde unleidlich, wenn Napoleon ihn wieder in die Wirklichkeit zurückholte.

Dulles drängte nicht. Jeden Abend präzise um achtzehn Uhr drei, wie sie es verabredet hatten, ließ er nachfragen, ob Mister Truckle ihn einmal besuchen könne, und jedesmal bekam er die Antwort, Mister Truckle sei heute und morgen nicht zu erreichen.

Timothy legte sich ins Bett und ließ sich die Zeitungsfotos auf die Videowand projizieren, Zehntausende, Hunderttausende. Bis ihm die Augen schmerzten und sein Schädel zu zerplatzen drohte.

Dann gab er auf.

Er schlief nahezu vierundzwanzig Stunden. Als er aufwachte und an die zurückliegenden Tage dachte, schüttelte er den Kopf und erklärte sich lauthals für verrückt. Ein Glück, dass der Große Bruder ihm nicht auch noch die Film- und Fernsehaufnahmen beschafft hatte. Wie sollte er nachholen können, wofür Blacksmith und die SOLIDAD-Leute drei Jahre Zeit gehabt hatten, wie sollte er das alles verarbeiten: zweiundzwanzig Jahrgänge von sieben Tageszeitungen, von über zwanzig Magazinen und Illustrierten, die die Zeit von Blacksmith' Übersiedlung nach Chicago bis zu seinem Einfrosten dokumentierten, Seiten über Seiten voller Worte und Begriffe, von denen Timothy viele nie zuvor gehört hatte, bei manchen hatte sogar Napoleon Schwierigkeiten, und der war – illegal, versteht sich – auch auf die Sprache der vorigen Jahrhunderte eingestellt worden. In die Elektrozeitschriften und Lehrerzeitungen hatte Timothy bisher nicht einmal hineingesehen und kaum in die OHIO NEWS, von der man zwölf Jahrgänge gestohlen hatte, zwei Jahre vor Arriberts Geburt beginnend. Sein Geburtsort war offensichtlich so klein gewesen, dass es dort keine eigene Zeitung gegeben hatte, und in der OHIO NEWS waren Nachrichten über Palmsprings Fields dünn gesät.

Das Einzige, was diese Tage ihm eingebracht hatten, waren Kopfschmerzen und Hochachtung vor der Leistung von Blacksmith zwo, wer immer das sein mochte.

Timothy ging zu Napoleon und rief: »Feierabend. Arribert Blacksmith weiß doch alles besser als wir.«

Napoleon spuckte einen Streifen aus: + + wer? + arribert blacksmith 1 oder arribert blacksmith 2? + n. + + +

»Von mir aus beide«, erwiderte Timothy ärgerlich.

+ + unsinn + erstens: keiner von beiden kann alles wissen + alles ist die gesamtheit aller bekannten und unbekannten fakten + zweitens: arribert blacksmith 2 kann nicht wissen, was arribert blacksmith 1 wusste + er kann nur wissen, was in den informationen stand + + n. + + +

»Und was, du neunmalkluger Klugscheißer«, sagte Timothy, »müsste Arribert Blacksmith zwei wissen, wenn er wirklich Arribert Blacksmith eins wäre, was nicht in den Akten steht?«

+ + die human personality facts, die einmaligen, unverwechselbaren eindrücke und erlebnisse von arribert blacksmith + n. + + +

»Dummkopf, so schlau bin ich selbst«, brummte Timothy. »Das hilft uns nur nicht weiter, denn davon haben wir auch keine Ahnung. Die Frage lautet: Was könnte er gewusst haben, was nicht seine persönlichsten Fakten betrifft und doch nicht in den Berichten steht?«

+ + was jeder weiß, doch niemand wissen darf + n. + + +

Timothy sprang auf und drückte einen Kuss auf Napoleons Bauch. »Weißt du zufällig auch noch, was das ist?«

+ + nein + n. + + +

Als Timothy schon im Mausoleum verschwinden wollte, räusperte sich Napoleon. Im Geber lag noch ein Streifen.

+ + aus der anleitung für die bedienung von electronicgehirnen + 12 c 3 merke: dein computer ist nicht allwissend + n. + + +

6.

Der Große Bruder verstand nicht sofort, worauf Timothy hinauswollte.

»Hör zu«, erklärte Timothy, »wir brauchen einen Skandal aus jener Zeit, der so groß war und so zum Himmel stank, dass jedermann davon wusste, der aber gleichzeitig so brisant war, dass sich kaum jemand getraute, darüber öffentlich zu reden, zumindest nicht die großen Zeitungen oder die Rundfunk- und Fernsehstationen. Aber es gab damals wohl noch ein paar kleine kritische Blätter, und die haben die Leute von der SOLIDAD, wenn ich mich nicht irre, nicht gestohlen.«

»Ich glaube nicht, dass wir da etwas finden. Die Blätter, die du meinst, waren wirtschaftlich so schwach und mussten so lavieren, dass sie sich einen derart brisanten Fall auch nicht vornehmen konnten, sie wären daran gestorben.«

»Versuch es«, bat Timothy. »Wir haben nur noch heute und morgen Zeit, dann beginnt die Werbekampagne. Oder ist dir etwas Besseres eingefallen?«

»Leider nicht. Verlange mehr Material von Dulles. Es muss andere Quellen geben, Ärzte, Wissenschaftler.«

»Dulles wird mir nichts geben, was das Futurefreezing in Frage stellt.«

»Was machst du eigentlich, wenn du tatsächlich Möglichkeiten zum Eingreifen entdeckst, Dulles sie dann aber nicht benutzt, um die Sache zu unterbinden, sondern um Teilhaber zu werden?«

»Das kommt auf das Material an. Vorläufig habe ich überhaupt noch nichts in der Hand.«

Keine fünf Stunden später hatte Timothy etwas; noch eine halbe Stunde später saß Dulles bei ihm im Mausoleum.

»Es ist nur eine winzige Chance«, sagte Timothy, »aber es ist eine Chance.«

Dulles rieb sich die Hände. »Her damit!«

»Es gibt da noch ein kleines Problem«, sagte Timothy, »ich weiß gar nicht so recht, wie ich es Ihnen erklären soll –« Er goss Dulles Pfefferminztee und sich einen Whisky ein. »Vielleicht so: Sie haben mich engagiert, damit ich es der SOLIDAD unmöglich mache, mit einem gefälschten Arribert Blacksmith eine große Show aufzuziehen.«

Dulles nickte.

»Sie haben mich andererseits verpflichtet, so diskret vorzugehen, dass niemand von dem geplanten Schwindel erfährt und nicht das ganze Futurefreezing gefährdet wird.«

Dulles nickte wieder.

»Unsere Absprache ist klar und eindeutig. Sie sind mein Klient, also darf ich nicht gegen Ihre Interessen handeln. Ich möchte aber Ihr Versprechen, dass auch Sie sich daran halten.«

Dulles sah ihn verständnislos an.

»Ich möchte eine Garantie, dass Sie meine Arbeit nur dazu benutzen, den Rummel um Arribert Blacksmith zu unterbinden, nicht etwa, um ihn als Teilhaber mitzumachen.«

Dulles sprang auf. »Was fällt Ihnen ein! Was denken Sie, wer Sie sind? Glauben Sie, ich lasse mir von Ihnen Bedingungen diktieren?«

»In diesem Geschäft sind wir Partner«, antwortete Timothy ruhig, »ich habe Ihre Bedingungen akzeptiert, akzeptieren Sie nun auch meine.«

»Bedenken Sie, dass ich der Einzige bin, der Interesse an Ihrer Ware hat.«

»Da irren Sie sich. Ich könnte mir zum Beispiel vorstellen, dass die SOLIDAD am Ergebnis meiner Arbeit interessiert sein könnte und gut dafür zahlen würde, dass es nicht genutzt wird.«

»Sie sind also auch nur ein Erpresser«, stöhnte Dulles. »Ich hätte es mir denken sollen. Privatdetektiv!« Er spuckte aus. »Wie viel wollen Sie?«

»Kein Geld. Ich will eine Verpflichtung von Ihnen. Mit Stimmidenticat.«

Dulles wurde bleich. Er ließ seinen Sessel in die Horizontale gleiten. Er atmete schwer. Timothy befürchtete, dass Dulles einen Herzanfall bekommen könnte, aber der erholte sich schnell.

»Gut«, sagte er. »Sie haben mich in der Hand, und ich muss auf Ihre Bedingungen eingehen, obwohl ich sie nicht verstehe.«

»Nehmen Sie an, dass ich einmal im Jahr eine gute Tat tun möchte, und in diesem Jahr hat es unglücklicherweise Sie getroffen, mir dabei zu helfen. Nehmen Sie an, ich will ein paar Narren davor bewahren, Selbstmord zu begehen, um mein schlechtes Gewissen zu beruhigen.« Timothy reichte ihm ein Blatt Papier. »Ich habe einen Text vorbereitet.«

Dulles lachte, nachdem er den Text gelesen hatte. »Sie sind ein Fuchs, das muss ich einräumen. Wollen Sie nicht zu uns kommen? Ich kaufe Sie mit Haut und Haaren. Wirklich geschickt gemacht.«

Er gab seine Identicat-Nummer, sprach die Standardworte für die Stimmidentifikation und begann laut und deutlich zu lesen: »Ich, John Modesty Dulles, erkläre hiermit frei und ohne Zwang, dass ich die Arbeit, die Timothy Truckle in meinem Auftrag in Bezug auf Arribert Blacksmith erledigte, nur benutzen werde, um das Auftreten von Arribert Blacksmith zu verhindern. Andernfalls entbinde ich Timothy Truckle von seiner Schweigepflicht.«

Den Zettel mit dem Text steckte er ein. »Bitte, Mister Truckle.«

»Die Antwort«, sagte Timothy, »ist so einfach und genial wie die Idee mit dem famosen Doppelgänger: Was jeder weiß, doch niemand wissen darf.«

Dulles sah ihn misstrauisch an. »Soll das die Lösung sein?«

»In gewissem Sinne, ja. Ich habe als Erstes ausgeschlossen, dass an Arribert Blacksmith' körperlicher Verfassung etwas auszusetzen sein könnte.«

»Worauf Sie Gift nehmen können! Die haben ihm sogar den Blinddarm mit einer altertümlichen Operationsnarbe herausholen lassen, darauf halte ich jede Wette.«

»Bleiben die psychische und die geistige Verfassung. Über die psychische können wir ebensowenig wissen wie die SOLIDAD. Was also, lautete die Frage, könnte ich herausbekommen, was Arribert Blacksmith trotz all seiner Berater und trotz jahrelangem Training nicht weiß, was er aber wissen müsste? Die Antwort: Was jeder weiß, doch niemand wissen darf. Sehen Sie, Mister Dulles, jede Zeit hat ihre Skandale, große und kleine, öffentliche und heimliche. Und hin und wieder gibt es einen Fall, der sowohl heimlich als auch öffentlich ist, ein Skandal von solchen Ausmaßen, dass jedermann ihn kennt, andererseits so brisant, dass bei seiner öffentlichen Erörterung die ganze Gesellschaft explodieren könnte. Haben Sie einmal vom Emerson-Skandal gehört?«

Dulles schüttelte den Kopf. Timothy goss Tee und Whisky nach. »Kurz bevor der richtige Arribert Blacksmith sich einfrosten ließ, kannte jedes Kind den Emerson-Skandal. Trotzdem werden Sie in keiner Zeitung und keinem Filmbericht ein Wort davon finden.« Timothy kicherte. »Nicht mal in denen, die die SOLIDAD nicht hat stehlen lassen. Präsident Emerson hatte eine grandiose Idee: Er gründete ein Präsidium der Nationalen Sicherheit, das alle Geheimdienste kontrollieren sollte. In dieses Präsidium durfte jeder der MULTIs, wie man damals die großen Konzerne nannte, einen Vertreter im Rang eines Vizepräsidenten senden, der dann kostenlos und prompt von sämtlichen Geheimdienstberichten aus dem In- und Ausland eine Kopie erhielt. Der Eintrittspreis für diesen exklusiven Club war, gemessen an dem Wert der Informationen und den Summen, die die Konzerne bislang ausgeben mussten, um nur einen Teil davon zu erhalten, sensationell niedrig: zehn Millionen Dollar. Auf das Privatkonto des Präsidenten. Darüber ist nie etwas gesagt oder geschrieben worden, nicht einmal im Kongress oder in einem kleinen Blatt. Hier waren sich alle einig, Regierung, Parteien, Geheimdienste, Konzerne, und sie spielten ihre Macht unbarmherzig aus.«

»Und wie«, sagte Dulles, »wie beweisen Sie, dass Blacksmith es gewusst haben muss?«

»Es gibt in der Zentraldatei einen Polizeibericht über die Unruhen an den Schulen und Universitäten im Zusammenhang mit dem Emerson-Skandal. Es ist zu Straßenschlachten, Verhaftungen und Schießereien gekommen. Es hat Tote gegeben. Auch an der Schule, in der Blacksmith unterrichtete. Dieser Polizeibericht ist natürlich nicht öffentlich zugängig.« Timothy lachte verschmitzt. »Er ist auch in den letzten fünfzig Jahren nicht eingesehen worden. Deshalb bin ich sicher, dass die SOLIDAD nichts davon weiß. Hier ist die Registriernummer.« Er gab Dulles eine Folie. »Sie würden jederzeit die Freigabe des Dokumentes für ein Gerichtsverfahren bekommen. Sie können es der SOLIDAD androhen. Außerdem können Sie bluffen, können andeuten, dass wir noch mehr Trümpfe in der Hinterhand haben. Wenn wir noch mehr Zeit hätten, könnten wir vielleicht den Namen von Blacksmith in die Akte schmuggeln, zum Beispiel auf einer Liste mit Lehrern, die der Beteiligung an den Unruhen verdächtigt wurden.«

»Eine blendende Idee.« Dulles erhob sich. »Sie sind wirklich der Größte.«

7.

Die folgenden Stunden wollten und wollten nicht vergehen. Timothy stellte sogar den Videomat an und versuchte, einem der Programme Geschmack abzugewinnen. Er bereitete Kartoffelklöße, vergaß sie aber, so dass sie zu einem unansehnlichen Brei verkochten. Timothy kamen die Tränen, als er es entdeckte. Wer weiß, wann es ihm wieder gelingen würde, Kartoffeln aufzutreiben. Nicht einmal der Whisky wollte ihm schmecken. Zweimal rief er bei Dulles an, bekam aber nur die Auskunft, der sei unterwegs. Am Abend kam Nachricht von Dulles, er habe sich mit Walton, dem Präsidenten der SOLIDAD, für den nächsten Tag zum Mittagessen verabredet. Timothy beauftragte Napoleon, ihn am nächsten Tag um zwölf zu wecken, dann schluckte er ein halbes Dutzend Rosaperlen und kroch ins Bett.

Pünktlich um zwölf weckte Napoleon ihn, um dreizehn Uhr hatte Timothy sein Frühstück beendet, kurz vor vierzehn Uhr meldete sich Dulles über die normale Leitung. Ein gebrochener Dulles, das Gesicht zerknittert, der Mund verkniffen; unaufhörlich kaute er auf der Unterlippe, kratzte sich die Wange oder rieb die Nasenspitze.

»Vorbei«, sagte er müde, »es ist alles vorbei, Timothy« – es war das erste Mal, dass er sich zu einer solchen Geste der Vertraulichkeit herabließ –, »man hat uns schmählich verraten. Mein eigener Privatsekretär! Als ich eben beim Essen den Hund von der Leine lassen wollte, bedankte sich Walton für den guten Tip. Er bedankte sich tatsächlich bei mir! Freundlich lächelnd! Ja, sie hätten den Emerson-Skandal bisher sträflich vernachlässigt, doch gestern hätten sie einen Hinweis bekommen und sich die Unterlagen beschafft.« Dulles wischte sich Schweiß von der Stirn. »Dann hat er mir die Registriernummer genannt, Sie wissen schon, welche. Er wusste sie auswendig!«

Timothy musste sich einen Augenblick entschuldigen und etwas zu trinken holen, so würgte es ihm im Hals. Da er in der Aufregung keinen Saft fand, trank er Wasser.

»Ich habe Walton die GOLDEN FUTURE zum Kauf angeboten«, sagte Dulles kraftlos. »Er hat sich Bedenkzeit ausgebeten. Noch vorgestern hätte er sie mit Kusshand genommen!«

»Es muss noch eine andere Möglichkeit geben«, sagte Timothy. »Wenn Sie mir helfen –«

»Für mich ist der Fall erledigt. Und für Sie auch. Vergessen Sie ihn.«

»Wir können die Sache doch nicht einfach laufenlassen«, stöhnte Timothy. »Befreien Sie mich wenigstens von meiner Schweigepflicht.«

»Wozu? Soll ich mir zu allem auch noch meinen guten Ruf untergraben und die GOLDEN FUTURE als Schwindelunternehmen hinstellen lassen? Das würde nur auf die anderen

Firmen des Konzerns abfärben. Nein, Mister Truckle, das Spiel ist aus. Wir haben gespielt, so gut wir konnten, und wir haben verloren. Selbstverständlich bekommen Sie Ihr volles Honorar und die Plastik dazu. Es war schließlich meine Schuld! Wie konnte ich einem Menschen vertrauen!«

»Ich verliere ungern, aber –« Timothy zwang sich zu einem Lachen. »Ich bekomme meine Plastik und siebenmal zehntausend Dollar, das ist schließlich Lohn genug für eine Woche Arbeit.«

»Siebenmal tausend«, korrigierte Dulles. »Ich denke, das ist ein angemessenes Honorar.«

»Und die andere Sonic, die Sie meinem Freund abkaufen wollten?«

Dulles lachte böse. »Glauben Sie im Ernst, ich hätte Vergnügen daran? Suchen Sie eine aus, und schicken Sie sie irgendeinem Museum, Sie können ja eine Tafel anbringen lassen, dass ich sie getiftet habe.«

Timothy schickte ihm ein dankbares Lächeln. »Dann bin ich schon glücklich und zufrieden. Wenn ich nicht dazu beitragen konnte, ein paar Dummköpfe vor dem Selbstmord zu bewahren, so doch dazu, die Bleibenden ein Stück echte Kunst erleben zu lassen.«

»Sie sind gut dran, dass Sie es so sehen können«, sagte Dulles bissig. »Auf Wiedersehen, Mister Truckle.«

Timothy schaltete sich schnell aus, damit Dulles nicht seine Flüche hörte.

8.

Noch an diesem Abend und nicht erst am nächsten Morgen, wie ursprünglich vorgesehen, startete die SOLIDAD ihre Werbekampagne. Es begann mit der Meldung, dass man demnächst einen Mann aus dem vorigen Jahrhundert auftauen würde. Den Namen gaben sie zwei Tage später bekannt.

Zu dieser Zeit dämmerte Timothy immer noch in dem wohltuenden Nichts des hypnopädischen Schlafes, in den er sich nach Dulles' Anruf versenkt hatte. Als er aufwachte, beherrschte Arribert Blacksmith die Staaten; sein Bild leuchtete von Millionen Reklamewänden und wurde immer wieder über die Videoschirme gejagt. Erste Arribert-Blacksmith-Fan-Clubs bildeten sich. Jetzt stand auch schon der Termin seiner Wiederauferstehung fest und dass er sich zwei Tage später, nachdem die Ärzte ihn gründlich untersucht haben würden und er sich wenigstens provisorisch auf das Leben im 21. Jahrhundert einstellen konnte, der Öffentlichkeit stellen sollte.

Timothy war durch einen Notruf geweckt worden, vom Großen Bruder, der ihm bittere Vorwürfe machte. »Ich musste erst dahinterkommen, dass du dich eingeschläfert hast«, sagte er, »und dann Napoleon beauftragen, dich wieder zurückzuholen. Du hast dich nicht einmal abgemeldet.«

»Aber ich hatte dir Nachricht gegeben, wie es ausgegangen ist«, verteidigte sich Timothy. »Habe ich nicht das Recht, mich auszuschlafen?«

»Das hast du. Doch woher nimmst du das Recht aufzugeben? Und woher das Recht, dich gehenzulassen?«

Timothy hatte Lust abzuschalten. Aber er wusste, dass er den Notruf für höchstens dreißig Minuten blockieren konnte, dann hätte er den Großen Bruder wieder am Hals.

»Was soll ich denn noch tun?«, fragte er mutlos.

»Ich weiß es nicht. Aber wir haben noch fast vierzehn Tage Zeit. Ausreichend für eine echte Chance. Also, mach dich munter und gehe an die Arbeit. Sei vorsichtig. Du wirst überwacht. Von Privatdetektiven. Ich kann dir aber noch nicht sagen, wer sie auf dich angesetzt hat.«

Timothy brühte Kaffee, dann ging er zu Napoleon und sagte: »Also, mein Lieber, noch einmal von vorne.«

Aber er setzte Napoleon nicht in Betrieb. Er legte sich hin und starrte an die Decke. Irgendwann schlief er wieder ein. Irgendwann wachte er auf. Er spürte Hunger, aber er fand nicht genug Energie, sich etwas zu kochen. Er kaute Zwieback! Dann dröhnte wieder der Notruf. Timothy meldete sich erst, als die Frequenz unerträgliche Höhen erreicht hatte. Es war nicht der Große Bruder, es war Daniel Shopenhower.

»Entweder«, sagte er, »du lässt mich in zehn Minuten in deine Wohnung, oder ich gebe Schneewittchen einem anderen.«

Innerhalb von fünf Minuten hatte Timothy einen Platz für die Sonic frei gemacht. Er lud Daniel nicht ein zu bleiben, er bot ihm nicht einmal einen Schluck an.

»Kann ich dir helfen?«, fragte Daniel besorgt.

Timothy verneinte.

»Jemand anderes?«

Timothy schüttelte wieder nur den Kopf.

»Dann gehe ich jetzt also –«

»Ja. Ich melde mich.«

Daniel stand noch einen Augenblick unentschlossen, bevor er ging. Dann stellte sich Timothy vor die Plastik, näherte sich ihr bedächtig, umkreiste sie, zog ihre Konturen mit den Fingerspitzen nach, zart, als streichle er jemanden, ließ seine Hände im Takt ihres Pulsierens vor- und zurückgleiten, lernte, die Sonic zu dirigieren, die Töne zu lenken, sie nach Wunsch klingen und singen, donnern und hauchen, klagen und schluchzen, jubeln und dröhnen zu lassen. Schließlich legte er sich mit dem Kopf unter die Goldfadenkugel, und sie schien auf seine Gedanken zu reagieren, ließ ein zartes Tongespinst erklingen, das in Timothy die Vorstellung von einem unendlichen Raum weckte, in dem er von einer Ewigkeit zur anderen schwebte.

Als er zu sich kam, entdeckte er überrascht, dass nur eine Stunde vergangen war. Er fühlte sich frisch und munter. Tatendurstig. Und hungrig. Er verdrückte ein immenses Frühstück, dann legte er sich in seinen Sessel und schmiedete Pläne. Er zog seinen mausgrauen Anzug an und färbte sein Haar gelbbraun, mit einem leichten Schimmer Grün. Sein Gesicht sah grau und schlaff aus, trotzdem vertiefte er die Augenschatten. So fuhr er hinauf in die »Stardust«-Bar. Der Mixer sah ihm besorgt entgegen, als er die kurze Strecke bis zum Tresen kaum zu schaffen schien, und hielt die Hände schützend zu Timothys Seiten, während der Barhocker hinauffuhr.

Timothy ging schon nach zehn Minuten. Er rief einen befreundeten Arzt an und verabredete, dass der ihn zweimal täglich besuchen solle und jedermann die Auskunft erteilen, Timothy sei sehr krank. Gleiche Nachricht gab er dem Communicator ein. Man möge von Anrufen und Besuchen absehen. Danach machte er sich an die Arbeit.

Er fragte Napoleon ab: Welche Informationen haben wir nur einmal durchgesehen? Welche Informationen wurden im ersten Durchgang als unwesentlich ausgesondert? Welche Informationen wurden als axiomatisch abgelegt? Welche wurden nur statistisch erfasst? Er ließ sich noch ein paar Mal die wenigen Fakten über Arribert Blacksmith vorspielen, diskutierte sie unter den verrücktesten Aspekten mit Napoleon. Ohne Ergebnis.

Vielleicht, dachte er, wenn ich selbst auf die Suche hätte gehen können, vielleicht hätte ich etwas entdeckt, was ein anderer übersehen musste, zumal die Rechercheure nicht genau wussten, worum es ging. Er überlegte sogar, ob er Smiley Hepburn heranziehen sollte, verwarf den Gedanken aber wieder. Die SOLIDAD hatte sicher alles abgegrast. Immer wieder diskutierte er mit Napoleon, wo in dem Dunkel zwischen den wenigen Dats aus Blacksmith' Leben der Punkt gefunden werden könnte, von dem aus sie ihn und die SOLIDAD und den ganzen Feinfrostschwindel aus den Angeln heben könnten. Und immer wieder dachte Timothy darüber nach, was eigentlich ihn selbst ausmachte, den unverwechselbaren Timothy Truckle, was nur er und niemand anderes wissen konnte, und wenn schon jemand, wer? Aber auch so kam er der Lösung nicht näher. Gewiss, es musste Millionen von Erinnerungen, Gefühlen und Gedanken geben, die nur der echte Blacksmith haben konnte, doch er hatte sie alle mit in sein eisiges Grab genommen, und auch das, was er jemals seiner Mutter oder seinem Vater oder seinen Freunden und Frauen anvertraut haben mochte, war verloren. Niemand von denen lebte mehr, und offensichtlich hatte niemand Aufzeichnungen über Arribert Blacksmith hinterlassen.

Wenn ich nur einen Zipfel von Arribert eins erwischen könnte, dachte Timothy verzweifelt, ein Stück seiner Seele. Er musste kichern. Wie der Teufel hinter der Seele, dachte er. Ihm fiel ein Märchen ein, in dem der Teufel sich in Zwergengestalt gezeigt hatte.

Plötzlich sprang er auf. Er ließ sich von Napoleon die Frequenz geben, unter der er zu dieser Stunde den Großen Bruder erreichen konnte, und lief in das Mausoleum.

»Vielleicht«, sagte Timothy, »vielleicht erwischen wir ihn doch noch, genau kann ich es dir erst sagen, wenn ich mit ein paar Leuten gesprochen habe. Werde ich noch überwacht?«

»Ja. Sag mir, was du brauchst, ich werde es beschaffen lassen. Du bleibst schön in deinem Bau und nimmst mit niemandem Kontakt auf, bis die Sache zu Ende ist. Ich hätte gerne, dass du noch eine Weile am Leben bleibst, Tiny.«

»Heute Abend«, erwiderte Timothy, »werde ich mir vorstellen, du seist eine wunderschöne Frau, und werde mich in die verlieben.« Dann gab er seine Wünsche durch, und der Große Bruder tat, als wundere er sich nicht, weder als Timothy etliche Dutzend Märchen in der Fassung des vorigen Jahrhunderts verlangte, noch als er aus dem ethnologischen Institut Daten über die Volksgruppenzugehörigkeit der Bewohner der einzelnen Gebiete Ohios anforderte, noch bei seinen Anforderungen an die Fakultät für Religionsgeschichte; erst als Timothy Hunderte von Kindersendungen überspielt bekommen wollte, lehnte der Große Bruder ab.

»Ich verstehe, worauf du hinauswillst«, sagte er. »Du suchst einen Anhaltspunkt in der kindlichen Psyche. Aber wir haben nur noch drei Tage Zeit. So schnell kann ich nicht an die elektronischen Aufzeichnungen, da sitzt immer noch das FBI.«

»Schade«, erwiderte Timothy, »aber vielleicht kommen wir auf einem der anderen Wege ans Ziel.«

In den nächsten zwei Tagen blieb Timothy und mit ihm Napoleon ganz in die Kinderwelt versunken. Schneewittchen schwebte jetzt unmittelbar über ihnen und tönte unentwegt. Sie erwogen Hunderte von Möglichkeiten, fanden gut zwei Dutzend Chancen, dem falschen Arribert eine Falle zu stellen, und verwarfen sie doch alle wieder, weil sie ihnen noch nicht gut genug erschienen. Timothy hatte sich die Kinderfotos von Arribert an die Wände projiziert, um ihn immer wieder anschauen zu können, als läge dort die Lösung. Und dort lag sie auch.

Timothy wollte es zuerst nicht glauben. Er dachte: Nein, so einfach kann es nicht sein. Das werden die Leute von der SOLIDAD kaum übersehen haben! Er ließ Napoleon noch einmal alle Informationen vortragen, die die SOLIDAD über Blacksmith herausgegeben, und alles, was er von Dulles erfahren hatte. Er blieb lange still sitzen, goss sich dann, zum ersten Mal seit Tagen, einen Whisky ein, einen achtzigjährigen »Queen Elizabeth«. Er lehnte sich zurück und summte. »Übermorgen wird's was geben, übermorgen kommt der Weihnachtsmann.« Schneewittchen begleitete ihn. Schließlich rief Timothy den Großen Bruder an.

»Ich schätze, wir haben ihn!«, sagte er. »Jetzt brauchen wir nur noch einen Journalisten, der auf der Pressekonferenz für uns die Fragen stellt. Kannst du mir nicht ein zufälliges Zusammentreffen mit Donald Hunter arrangieren? Er rechnet sich zu meinen Freunden; soll er mal was für mich tun!«

»Ganz im Gegenteil«, sagte der Große Bruder. »Samuel Flatcher soll es tun, dein Todfeind von der CHICAGO NEWS CORPORATION. Damit der liebe John Modesty Dulles nicht auf falsche Gedanken kommt.«

»Mir soll es recht sein«, antwortete Timothy vergnügt, goss sich noch einen »Queen Elizabeth« ein und ließ sich die Nachrichten vorspielen. CNC meldete, dass vor einer Stunde Arribert Blacksmith bei offensichtlich bester Gesundheit aus seinem Gefrierschlaf geholt worden war.

9.

Timothy schaltete den Spectomaten schon vor Beginn der Direktübertragung aus dem Apollo-Saal an. Er wollte keine Minute verpassen. Während das Werbe- und Nachrichten-Mix lief, warf er noch einmal einen Blick in den Spiegel. Er war zufrieden mit sich.

Dann verfolgte er mit Spannung und bissigen Kommentaren den Auftritt von Arribert Blacksmith. Dulles hatte recht gehabt. Nie war wohl ein Mensch seinen Bildern so ähnlich gewesen wie dieser Mann aus den inzwischen sattsam bekannten Fotos aus dem vorigen Jahrhundert. Die Kamera schnitt immer wieder von den Bildern auf das lebendige Gesicht um. Nach einer kurzen Vorstellung des Wiederauferstandenen, die von langen Ovationen unterbrochen wurde, verlasen Mediziner und Techniker ihre Gutachten, die natürlich einwandfrei bewiesen, dass es sich hier um den unbestreitbar echten, den unverwechselbaren, vor allem aber um den an Leib und Seele unbeschädigten Arribert Blacksmith handelte. Alter, je nach Auffassung, zweiunddreißig oder einhundertsiebzehn Jahre, wie der Präsident der SOLIDAD sagte, darüber müssten sich jetzt die Juristen die Köpfe zerbrechen. Walton war in Hochform. Er sprühte von Witz und warf mit brillanten Formulierungen nur so um sich. Kunststück. Aber auch Dulles sah recht zufrieden aus. Timothy entdeckte ihn bei einem Kameraschwenk unter den Zuschauern. Also hatte er doch sein Schäfchen ins Trockene gebracht. Oder der Verrat des Sekretärs war nur vorgespielt gewesen. Timothy lachte böse. Umsonst, mein Lieber.

Blacksmith wurde den Journalisten ausgeliefert. Die üblichen, mehr oder weniger geistreichen Fragen, vor allem, wie es ihm im 21. Jahrhundert gefiele. Timothy setzte sich erst auf, als Samuel Flatcher von der CNC ans Mikrofon gelassen wurde.

»Mich interessiert besonders Ihre Jugend, Arribert«, begann Flatcher. »Zur Abrundung meiner Story über Ihr außergewöhnliches Schicksal. Können Sie noch ein bisschen über Ihre Jugend erzählen? Oder gibt es da Erinnerungslücken?«

Ein geschickter Hund, dachte Timothy. Er verbaut Blacksmith erst einmal den Rückzug. Und sich selbst baut er eine goldene Brücke. Wenn es schiefgeht, hat er eben wirklich nur nach Blacksmith' Jugend gefragt. Aber wer weiß, wie viel Flatcher überhaupt erfahren hatte.

»Bitte fragen Sie nur«, sagte Blacksmith, und einer der betreuenden Ärzte erklärte, Arribert Blacksmith sei auch in Bezug auf sein Gedächtnis ein absolut durchschnittlicher Mensch, der natürlich auch das eine oder andere vergessen habe. »Wer wollte leben, ohne vergessen zu können, vor allem die eigenen Fehler«, schloss er, »Sie etwa, meine Damen und Herren Journalisten?« Lachen im Saal.

»Sie sind evangelisch getauft, nicht wahr«, fragte Flatcher, »auch so erzogen?«

»Ja, methodistisch. Die Zehn Gebote kann ich heute noch samt allen Erklärungen. Soll ich sie aufsagen?«

»Erinnern Sie sich an Ihre Taufe?«

»Natürlich nicht! Sie?« Blacksmith lachte, und alle im Saal lachten mit.

»Aber an Ihre Konfirmation erinnern Sie sich gewiss?«

»Und ob! Das war schließlich ein prima Fest. Das ganze Dorf kam feiern. Und Pa schenkte mir mein erstes Motorrad; ach so, Sie wissen ja wahrscheinlich nicht, was ein Motorrad ist –«

»Ich weiß es«, unterbrach Flatcher. »Bei den Fotos aus Ihrer Jugend befindet sich ein Bild, wie Sie vom Baden kommen; hat das etwas Besonderes auf sich?«

Blacksmith sah zu seinen Betreuern, dann zuckte er mit den Schultern. »Nein, warum?«

»Wissen Sie noch, wo und wann es aufgenommen wurde?«

»Nein. Kann sein in Florida, als wir da Urlaub machten.«

»Was war Ihr Lieblingsgetränk als Junge? Haben Sie tatsächlich richtige Milch getrunken? Wie schmeckt sie?«

»Hervorragend! Ich habe gerne Milch getrunken, und wir hatten ja auch Kühe zu Hause, wir hatten jeden Tag frische Milch. Ich würde ganz gerne mal wieder 'nen Schluck trinken.«

»Da musst du in den Zoo gehen«, rief jemand aus dem Saal.

»Hatten Sie noch andere Tiere zu Hause?«

»Klar, 'ne Masse. Pferde, Kühe, einen Hund, ein paar Katzen, Hühner, Gänse, Truthähne –«

»Erinnern Sie sich an Truthahnbraten?«

»Den gab's zu Weihnachten.«

»Wie mochten Sie ihn lieber, mit Preiselbeeren oder mit Chicorée?«

»Mit Preiselbeeren.« Blacksmith leckte sich die Lippen.

»Sie sind ein Lügner«, sagte Flatcher. Er sprach es ohne besondere Betonung aus, und es dauerte lange, bis der Saal begriffen hatte, was er da gesagt hatte. Die Köpfe flogen zu ihm herum, und Tumult setzte ein. Flatcher hob beruhigend die Hände. Er wartete, bis es still geworden war.

»Ich behaupte, dass Sie ein Schwindler sind. Und ich werde es beweisen. Im Namen der Wahrheit. Und im Auftrag meiner Firma, der CHICAGO NEWS CORPORATION, der bestinformierten der Stadt, wenn nicht der Staaten.«

»Tun Sie es, tun Sie es!«, schrie Walton vom Präsidiumstisch herunter. »Am besten gleich, wenn Sie sich trauen. Und wenn Sie es können!« Seine Stimme war blanker Hohn.

»Gerne«, erwiderte Flatcher. »Wenn Sie zwei Expertenaussagen erlauben, es dauert nicht lange.«

»Bitte!« rief Walton. »Es ist ja Ihre Blamage.«

»Dann rufe ich als Ersten Professor Mintz auf, er ist Neurologe an der hiesigen Universität.« Flatcher winkte in den Saal, dann setzte er sich und kreuzte die Arme über der Brust. Geschickt, dachte Timothy, durch sein Gehabe gibt er dem Ganzen jetzt die Atmosphäre einer Gerichtsverhandlung.

Mintz, ein zäher Mittfünfziger, schlängelte sich durch die Reporter, die auf ihn einstürmten, zum Mikrofon vor, nahm einen kleinen Zettel aus der Tasche und las vor: »Nach den gesicherten Erkenntnissen der Wissenschaft ist es möglich, dass ein Mensch Erinnerungen verliert, dass er sie verdrängt, emotional einfärbt oder auch umdeutet, nicht aber, dass sich Erinnerungen in ihr Gegenteil verkehren.«

Er steckte den Zettel ein und verschwand wieder, bevor die Zuhörer sich von ihrer Verblüffung erholt hatten. Walton grinste über das ganze Gesicht. Blacksmith saß da, als amüsiere er sich in seiner naiven, unbekümmerten Art über den Rummel, der um ihn gemacht wurde. Timothy musste sich gestehen, dass Blacksmith ungeheuer echt wirkte.

»Als Nächster«, kündigte Flatcher mit großer Geste an, »Professor Spellham, Religionsphilosoph und Historiker, Bischof von Washington.«

Spellham sah aus, wie man sich gemeinhin einen Bischof vorstellte, rund, gutmütig und mit rosigen Wangen.

»Wir haben alle den Geburtsschein von Mister Blacksmith gesehen«, begann er. »Wurde dieses Dokument manipuliert?«

»Nein, natürlich nicht!«, erwiderte Walton empört.

Spellham nickte. »In der Sparte ›Religion‹ finden wir die Bezeichnung klein geschrieben: method Punkt Bindestrich ev, was offensichtlich und sicher allgemein als methodistisch und evangelisch gedeutet wurde. Dementsprechend waren auch die Auskünfte, die Mister Blacksmith uns soeben gegeben hat, nur –«, er machte eine Kunstpause, in der er sich umdrehte und die Menge im Saal betrachtete, »methodistisch, als eine Form des evangelischen Glaubens, wurde damals im Staate Ohio mit ev Punkt, in Klammern method, bezeichnet. Die Formulierung, die uns hier vorliegt, bezeichnet eine Sekte, die sich die ›Methodisten des wahren Evangeliums‹ nannten. Vielleicht ein Fehler des ausfüllenden Beamten, könnte man einwenden. Wiederum muss ich sagen, nein. Ferrymore Brinkman, der die Urkunde ausgefertigt hat, war nach den im Theologischen Zentralinstitut lagernden Unterlagen der Vorsitzende der Kirchengemeinde. Die ›Methodisten des wahren Evangeliums‹ aber waren konsequente Vegetarier. Sie aßen keinerlei Fleisch, schon gar nicht Truthahn zu Weihnachten! Zu Weihnachten fasteten sie drei Tage. Sie tranken nicht einmal Kuhmilch. Es mag sein, dass Familie Blacksmith Vieh auf dem Hof hielt, dann aber nur, um es zu verkaufen, nicht, um davon zu essen. Außerdem feierten die ›Methodisten des wahren Evangeliums‹ die Konfirmation erst im achtzehnten Lebensjahr. Wie konnte das ganze Dorf zusammenkommen, wo doch Mister Blacksmith mit achtzehn schon in Chicago lebte? Wie konnte er da sein erstes Motorrad bekommen, wo er doch schon mit vierzehn Jahren den Führerschein ausgestellt bekam und, wie aus den Unterlagen ebenso hervorgeht, mit achtzehn schon ein Automobil besaß?«

»Scharlatan!«, schrie Walton. »Beweise!«

Blacksmith grinste still vor sich hin und wälzte ungeniert seinen Kaugummi von der einen in die andere Wange. Dann erhob er sich. Seine Handbewegung brachte den Saal zum Schweigen. »Ich verstehe gar nicht die Aufregung«, sagte er. »Seid ihr immer so? Mann, ist das eine Hektik in eurem Jahrhundert. Ich werde mir mal überlegen, ob ich nicht noch mal hundert Jahre schlafe. Und was meinen Glauben anbetrifft, ich bin gut evangelisch erzogen, und was der Mister da über Vegetarier und Erwachsenenkonfirmation redet, ist Unsinn. Ich muss es doch wissen.«

Flatcher reichte dem Mann am Mischpult ein Foto und ließ es an die Wand strahlen.

»Sie können sich nicht erinnern, wann dieses Foto aufgenommen wurde?«

»Nein, sagte ich doch. Ist das schlimm?«

»Die ›Methodisten des wahren Evangeliums‹«, erklärte Spellham, »lehnten die Säuglingstaufe ab. Sie tauften im Alter von acht Jahren. In einem fließenden Gewässer. Die Täuflinge trugen weiße Kleidung, die Mädchen Röcke, die Jungen Shorts. Auf ihnen war in Gold eingestickt: M, drei, elf. Das bedeutet einen Vers aus dem Matthäus-Evangelium, Vers elf des dritten Kapitels. ›Ich taufe euch mit Wasser zur Buße; der aber nach mir kommt, ist stärker denn ich; dem ich auch nicht genugsam bin, seine Schuhe zu tragen, der wird euch mit dem Heiligen Geist und mit Feuer taufen.‹ Das sind die Worte Johannes des Täufers, bevor er Jesus Christus taufte.«

Flatcher hatte inzwischen mit dem Mann am Mischpult getuschelt, der ließ jetzt das rechte Hosenbein vergrößern, und dann sahen es alle: drei Zeichen, wenn auch verschwommen, so doch deutlich genug: ein M, eine Drei und eine Elf.

»Wie«, donnerte Flatcher in den Saal, »wie ist es möglich, dass dieser angebliche Arribert Blacksmith seine Taufe vergaß, sich nicht einmal angesichts des Tauffotos und der eindeutig zielenden Fragen daran erinnern kann, zumal die Taufe am ersten März im eiskalten Wasser des Palmspring-Rivers stattfand?«

Timothy wartete noch, bis Walton und Blacksmith samt Ärzten und Betreuern fluchtartig das Podium verließen, dann löschte er das Bild und ging zum Communicator. Er blickte in den Spiegel: Ein zerknittertes, mürrisches Gesicht blickte ihn an. Timothy musste nicht lange warten, bis Dulles anrief, dunkelrot vor Wut, er schnaufte wie eine alte Lokomotive. »Nun, sind Sie jetzt zufrieden?«, brüllte er.

»Womit?«, fragte Timothy müde zurück.

»Mit dem Spektakel! Sagen Sie bloß nicht, Sie hätten es sich nicht angesehen!«

»Die Vorstellung im Apollo-Saal?« Timothy schüttelte matt den Kopf. »Ich bin kein Masochist, Mister Dulles. Ich liebe es gar nicht, mit meinen Niederlagen konfrontiert zu werden. Außerdem bin ich seit Tagen schwer krank. Sie haben Glück, dass Sie mich erreichen. Ich erwarte meinen Arzt, sonst hätte ich mich nicht gemeldet. Was ist denn geschehen?«

Dulles sah ihn prüfend an. »Zumindest sehen Sie nicht wie ein Sieger aus«, knurrte er. »Sie hätten es sich ansehen sollen. Um zu erleben, was für ein Stümper Sie sind! Der größte Detektiv? Dass ich nicht lache! Die größte Null!«

Timothy zuckte nur lasch mit den Schultern.

»Wenn ich nicht wüsste, dass Sie tatsächlich krank sind, und wenn es nicht ausgerechnet Flatcher gewesen wäre«, sagte Dulles, »hätte ich angenommen, dass Sie dahinterstecken. Wehe, wenn ich eines Tages herausbekomme, dass Sie doch damit zu tun haben!«

»Machen Sie, was Sie wollen«, krächzte Timothy, »nur lassen Sie mich bitte jetzt in Ruhe!«

Er löschte die Verbindung. Sah noch einmal in den Spiegel. Betrachtete sein sorgenvolles, graues Gesicht. Dann begann er zu lachen. Und wie er lachte! Er goss sich einen dreistöckigen »Johnny Walker« ein und summte vergnügt vor sich hin: »Ach wie gut, dass niemand weiß, dass ich Rumpelstilzchen heiß'.«

Tote stehlen nicht, oder?

1.

Zum ersten Mal seit langem hatte Timothy Lust, das »Nebraska« zu verlassen und einen Tatort zu inspizieren: »Dayton Cottage« war nicht nur seiner baulichen Besonderheiten wegen berühmt, sondern auch wegen seiner wahrscheinlich einmaligen Orchideensammlung, die unter anderem alle siebzehn Schattierungen der Nero-Woolfe-Orchidee enthielt. Doch ausgerechnet jetzt lag Timothy mit Fieber im Bett. Die Beine versagten ihm den Dienst, die Adern brannten, das Gesicht war verquollen, die Augen konnten sich kaum noch Ausblick verschaffen, die Lippen wölbten sich wie bei einem Negermädchen, und die Nase ragte spitz und bleich aus dem hervor, was Timothy als sein Gesicht anzuerkennen ablehnte und als einen »besoffenen rotläufigen Vollmond« deklarierte.

Diesmal hatte er wirklich Grund, sein Bild vom Communicator zu schalten.

Vom Wandschirm des Schlafzimmers redete Armstrong auf ihn ein, Jeremias N. Armstrong; das N. stand für Nobel, was Armstrong vergeblich zu unterschlagen suchte. Böswillige behaupteten, weil er ein Menschenkenner sei. Timothys Neigungen und Leidenschaften schien er tatsächlich zu kennen.

»Mister Truckle«, sagte er gerade, »das darf nicht wahr sein! Dieser Fall schreit nach dem besten Detektiv der Staaten, und das sind Sie!«

»Nur mein Bett schreit nach mir«, erwiderte Timothy unwillig. Er war nahe daran, Armstrong einen Blick auf sein Gesicht zu gestatten, damit der endlich Ruhe gab.

»Sie können nicht so krank sein, dass ein derart ungewöhnlicher, einmaliger Fall Sie gleichgültig lassen könnte!«

»Pah! Alle Leute wollen mir ihre Fälle als einmalig und ungewöhnlich aufschwatzen!«

»Dieser ist es, Mister Truckle. Allein der Umstand –«

»Ich bin krank«, fauchte Timothy. Seine Stimme überschlug sich. »Vielleicht sterbenskrank. Diese verdammten Kurpfuscher, die sich lieber Medizinmänner als Mediziner nennen sollten, behaupten, sie könnten nicht einmal herausbekommen, was mir fehlt; sie müssten wohl meinetwegen eine neue Krankheit erfinden.«

»Ich schicke Ihnen gerne unsere Ärzte. Auf Kosten der LIFELONG, versteht sich.«

»Danke. Doktor Pike drangsaliert mich schon genug.«

»Wirklich schade, dass Sie so krank sind«, sagte Armstrong lauernd.

Sein Tonfall ließ Timothy aufhorchen. Es war eindeutig, Armstrong hatte noch einen Trumpf in der Hinterhand. Sollte er ihn ausspielen. Gut, dass er nicht sehen konnte, wie Timothy sich aufgerichtet hatte und ihn beobachtete. Die meisten Leute vergaßen, sobald sie ihren Gesprächspartner nicht sehen konnten, dass sie selbst trotzdem gesehen wurden, und gaben sich ungezwungen.

Armstrong lauerte wie ein Kojote, der darauf wartete, dass ein Kaninchen in seine Fänge stolperte. Timothy tat ihm den Gefallen.

»Ich bedauere es ja selbst«, sagte er zögernd.

»So krank, dass ein Platz auf der Kundenliste von CHALLENGERS Sie nicht interessieren könnte?«

Das also war Armstrongs Trumpf. Ein Ass. CHALLENGERS konnte jederzeit frisches Fleisch liefern, und das Wurstangebot wurde kaum von »Haxenselcher« übertroffen.

»Als Erfolgsprämie?«, erkundigte sich Timothy.

»Als Prämie. Wenn Sie sich mit dem Fall befassen. Ich vertraue Ihnen uneingeschränkt, Mister Truckle. Sie werden alles tun, was nur getan werden kann. Sie würden mich nicht reinlegen.«

»Es wäre nicht mein Stil«, antwortete Timothy. Unter anderen Umständen hätte es vielleicht arrogant geklungen, jetzt wirkte es nur komisch, weil die geschwollenen Schleimhäute Timothys Stimme kicksen ließen. Armstrong gelang es, sich das Lachen zu verbeißen.

»Schießen Sie los.« Timothy griff nach dem Inhalator und nebelte sich den Kopf mit Minzspray ein.

»Der private Safe von Abel Dayton wurde ausgeräumt, und es gibt nur einen inzigen, der ihn öffnen konnte: der selige Dayton senior selbst. Ich nehme an, Sie haben von Daytons Unfall gehört.«

Timothy erinnerte sich. Der alte Dayton war vor drei Tagen früh in seinem Helikopter kurz nach dem Start von der Plattform des »Union« mit einem im Sturzflug torkelnden Skydriver zusammengeprallt und auf die Landebahn zurückgeschleudert worden. Alle Welt hatte ein Attentat vermutet. Die Polizei ließ nichts verlauten, aber es kursierte das Gerücht, der Pilot des Skydrivers sei kein Attentäter, sondern ein bis über die Stirnhöhle voll Pervertin gedropter Playboy gewesen, dessen Identität geheimgehalten würde.

»Dayton ist eine Stunde später in seinem Bett gestorben«, berichtete Armstrong. »Er wurde in seinem Arbeitszimmer aufgebahrt und der Raum verschlossen. Kennen Sie ›Dayton Cottage‹?«

Armstrong nahm Timothys Schweigen für ein Nein. Er beschrieb ausführlich das Penthouse auf dem südlichen Sockel des »Union«, das trotz seiner Lage in rund tausendfünfhundert Meter Höhe durch eine Spezial-Klimasphäre von Gewittern und Stürmen verschont blieb, so dass man wie auf einem natürlichen Gipfel über den Wolken liegen konnte. Armstrong hielt sich lange mit der Beschreibung der Inneneinrichtung auf, die offensichtlich von allen Stilarten französischer Kultur geprägt war, er schwärmte von Rokoko und Empire, Louis-quatorze und Louis-quinze und Louis-seize, von Möbeln, Gobelins und Bildern, einem Renoir und einem garantiert echten Picasso aus der blauen Periode. Von der Orchideensammlung erwähnte er nur, dass sie einige Millionen wert sein müsste. Dann beschrieb er mit umständlicher Akribie das Arbeitszimmer und den LIFELONG-Identicat-Safe, der als absolut einbruchssicher galt, weil er nur durch die Kombination der Fingerabdrücke, des Hauttonus und der Körperstrahlung des Inhabers zu öffnen sei.

»Abraham Dayton, der Junior, hatte um einen Experten

gebeten. In dem Safe lagen wichtige Dokumente, ohne die der Firma ein Milliardenverlust drohte. Ich bin selbst hingefahren. Der Safe war ordnungsgemäß geschlossen. Ich habe lange gebraucht, dem Junior beizubringen, dass niemand vor Ablauf der dreitägigen Sperrfrist den Safe öffnen kann, nicht einmal mit Gewalt, denn er ist natürlich mit einer Selbstvernichtungsanlage für den Fall unsachgemäßen Öffnens ausgestattet; aber Dayton hat mir wohl doch nicht geglaubt. Er hat den Raum versiegelt und die Bewachung der Tür durch Beamte der Dayton-Polizei angeordnet, weil er für zwei Tage verreisen musste.«

Armstrong hüstelte verlegen. »Ich glaube, er misstraut seiner Stiefmutter. Sie ist zwanzig Jahre jünger als er. Und sehr schön.« Armstrong blickte einen Augenblick geistesabwesend, seine Lippen zuckten. »Sie können sich vorstellen, was Abraham Dayton mir vorhin erzählt hat, nachdem er den Safe geöffnet und ausgeräumt vorgefunden hatte.«

Armstrong wischte sich mit einem spitzenbesetzten Tüchlein Schweiß von der Nasenwurzel.

»Der Einzige jedoch, der im Arbeitszimmer war, und der einzige auch, der den Safe überhaupt öffnen konnte, war der Tote. Nicht auszudenken, wenn dieses Mysterium unaufgeklärt bliebe. LIFELONG wäre ruiniert! Und was ist noch sicher in dieser Welt, wenn nicht eine Identicat-Sicherung?«

»Das ist nur zu wahr«, sagte Timothy. »Ich bin auch Kunde der LIFELONG, Mister Armstrong.«

2.

Was Timothy von Armstrong nicht erfahren hatte, berichtete ihm wenige Minuten später Sniders, der Chef der Dayton-Polizei.

Sniders rief an, um Timothy für den Fall zu gewinnen. »Sie müssen mir helfen, Tiny«, sagte er. »Und schnell. Hier spielen alle verrückt. Daisy Dayton beschuldigt mich, ich hätte meine Aufsichtspflicht verletzt, oder, noch schlimmer, ich selbst hätte den Safe für ihren Stiefsohn geknackt. Sie droht, sie würde mich für den Schaden haftbar machen, und das kann sie nach meinem Vertrag. Abraham Dayton wiederum beschuldigt mich, ich hätte mit seiner Stiefmutter gemeinsame Sache gemacht, während er außer Haus war. Im Vertrauen, Tiny, ich würde ganz gerne diese oder jene Sache gemeinsam mit ihr machen, aber sie kann mich nicht leiden.«

»Ich kann Ihnen nicht helfen«, piepste Timothy. »Nicht nur, weil ich sterbenskrank bin und überhaupt nicht arbeiten darf, ich habe schon einen Klienten.«

»Lassen Sie ihn sausen, Tiny. Es gibt keinen Fall, der interessanter und wichtiger sein könnte als dieser.«

»Vielleicht. Aber mein Klient hat mir einen Platz auf der Kundenliste von CHALLENGERS versprochen, wenn Sie wissen, was das bedeutet.«

»O ja«, sagte Sniders, »ich koche hin und wieder selbst. Aber hören Sie zu, Tiny. Mein Bruder ist im Vorstand der ›WILDCAT Illinois and Missouri Game‹. Ich verspreche Ihnen bevorzugte Lieferung, wenn Sie sich dieses Falls annehmen. Oder machen Sie sich nichts aus Wild?«

»Doch, doch«, antwortete Timothy. »Sie stürzen mich da in einen tiefen Konflikt.«

Die WILDCAT verfügte über die größten Wildfarmen der Staaten und züchtete nicht nur Hirsche, Rehe, Elche und Wildschweine, sondern auch Wildenten, Schnepfen, Fasanen und Tauben. Und Bären! WILDCAT-Grizzlyspeck und Bärentatzen waren berühmt.

»Hören Sie«, sagte Timothy nach langem Überlegen. »Ihnen ist es sicher egal, ob Sie mein Klient sind oder ein anderer, Hauptsache, ich löse den Fall, oder? Ich mache Ihnen ein Angebot, Sniders. Sie brauchen keinen Cent zu zahlen, lediglich eine Erfolgsprämie, den Platz auf der WILDCAT-Liste.«

»Einverstanden. Wer ist denn Ihr Klient? Daisy Dayton?«

»Nein, Armstrong. Er zittert um die Zukunft der LIFELONG.«

»Zu Recht, Tiny, zu Recht. Wenn sich das herumspricht, sind Identicat-Sicherungen keinen Pfifferling mehr wert.«

»Erzählen Sie, was ist geschehen?«

»Wenn ich das wüsste! Tatsache ist, dass niemand den Raum betreten haben kann. Auf die Wachen an der Tür kann ich mich verlassen, außerdem waren die Siegel unverletzt und –«, Sniders grinste breit, »meine privaten Siegel auch; ich hatte das gute alte Hausmittel angewandt, ein paar Haare. Niemand konnte in den Raum. Abel Dayton der Erste hat seinerzeit das Arbeitszimmer wie einen Banktresor anlegen lassen, sogar kernwaffensicher. Zuerst wurde dieser Raum gebaut und dann das Cottage drum herum, es gibt also keine Fenster, Lüftung nur durch millimeterbreite Schlitze, keinen anderen Zugang als die Tür und den Fahrstuhl. –«

»Was für einen Fahrstuhl?«

»Der private Lift des Chefs. Er führt direkt aus der Halle des ›Union‹ in das Arbeitszimmer, aber er ist ebenso wie der Safe mit Identicat-Sicherungen versehen. Niemand als Abraham Dayton konnte die Türen öffnen, nicht einmal sein Sohn oder seine Frau.«

»Und es hat auch niemand den Lift benutzt?«

»Wie sollte er? Die Sicherungen sind unverletzt. Die LIFELONG-Techniker versuchen schon seit zwei Tagen, den Lift zu öffnen. Trotzdem stand der Safe offen!«

»Was fehlt?«

»Bargeld. Nicht viel, ein paar Tausendc. Aber die Juwelensammlung. Kein Mensch weiß, wie viel die heute wert ist. Allein nach dem ›Tiffany‹-Katalog nicht unter dreihundert Millionen, und der ist schon über zwanzig Jahre alt. Dann das Testament. Die Aktien, Schecks, Permits und die Privatakten wurden nicht angerührt. Es scheint nur eine Erklärung zu geben: Der Tote ist von seiner Bahre aufgestanden und hat selbst den Safe ausgeräumt. Aber Tote stehlen doch nicht, oder?«

Sniders hatte sich kaum ausgeschaltet, da erschien Abraham Dayton auf dem Bildschirm in Timothys Schlafzimmer.

Die Grimasse, die Dayton schnitt, als Timothy bei seinem Anblick in ein zwischen Dröhnen und Schrillen hin- und hergerissenes Lachen ausbrach, hätte Dayton in jedem All-star-Wettbewerb den ersten Platz für das dümmste Gesicht eingebracht. Timothy gab sich Mühe, ihn zu besänftigen.

»Sie sind nun schon der dritte, der mich für diesen Fall interessieren will«, erklärte er. »Ich habe noch nie so viele Klienten für ein und denselben Fall zur Auswahl gehabt. Und noch nie so lukrative Angebote.«

»Arbeiten Sie für mich. Ich werde alle anderen überbieten.« Abraham Daytons Stimme klang so lieblich wie das Bellen eines Foxterriers.

»Das wird nicht einfach sein«, erwiderte Timothy. »Der eine meiner möglichen Klienten bietet einen Platz auf der Kundenliste von CHALLENGERS, der andere bei WILDCAT.«

»Wenn Ihnen daran liegt«, sagte Dayton, »besorge ich Ihnen einen Platz bei BRIAND.«

»Nicht schlecht. Das würde die Käse-Frage lösen, von den Salaten, Artischocken und von Spargel gar nicht zu reden.«

»Sie nehmen also an?«

»Ja, als Prämie. Ich habe soeben beschlossen, in diesem Fall mein eigener Klient zu sein und von anderen nur Prämien zu kassieren, zumal die Spesen von der LIFELONG übernommen werden.«

»Hauptsache, Sie vertreten meine Interessen.«

»Und die wären?«

»Ich will das Testament haben. Natürlich auch die Juwelen. Aber ohne das Testament erbt meine sogenannte Stiefmutter die Hälfte des Dayton-Vermögens. Vater hat mir versichert, dass ich alles erben sollte; er hatte auch schon ein derartiges Testament in seinem Safe deponiert. Verstehen Sie jetzt, warum ich sicher bin, dass Daisy dahintersteckt?«

Daisy Dayton war die vierte im Bunde. Sie meldete sich kurz vor Mittag und beschuldigte ihren Stiefsohn, mit Sniders Hilfe den Safe ausgeräumt zu haben.

»Warum«, so sagte sie, »konnte Abel seine Reise nicht verschieben, wo doch sein Vater gerade gestorben war? Weil er sich ein Alibi verschaffen wollte. Er, als Abels Sohn, kann doch sicher am ehesten den Safe öffnen, oder? Abel hatte mir erst vor kurzem wieder gesagt, dass er Abraham enterben und alles mir hinterlassen wollte. Sie müssen mir helfen, Mister Truckle! Sie übernehmen den Auftrag, ja?«

Ihr Lächeln und die rehbraunen Mandelaugen, die überlebensgroß von der Videowand strahlten, wären allein schon Grund genug gewesen, sich mit dem Geheimnis des Dayton-Safes zu beschäftigen. Timothy konnte sich nicht erinnern, wann ihn eine Frau so angesehen hatte, dazu eine so schöne Frau. Er war derart in ihren Anblick versunken, dass er nicht darauf achtete, wie die Ziffern der Uhr weitersprangen.

»Sind Sie noch da, Mister Truckle?«

Timothy zuckte zusammen. »Ja, entschuldigen Sie bitte, ich war in Gedanken verloren –«

»Ich gebe ja zu, es ist ein verzwickter Fall«, sagte sie leise, sie gab ihrer Stimme einen hilflosen, werbenden Ton, »aber wer, wenn nicht Sie, sollte ihn lösen?«

»Es war nicht der Fall, der mich verwirrte«, gestand Timothy, »sondern Ihr Anblick.«

Daisy Dayton legte den Kopf ein wenig schief und benetzte die Lippen mit der Zungenspitze. »Sie werden mir helfen, ich wusste es!«

»Das ist nicht so einfach –«

»Bedürfte es sonst Ihrer Intelligenz?«

Timothy fühlte sich wohl, sauwohl. Klar, das war alles nur wohlberechnete Schmeichelei, aber es tat gut, so umworben zu werden. Er stöhnte. Ebenso wohlberechnet. »Ich bin krank, Mistress Dayton. An mein Bett gefesselt.«

Sie blickte voller Mitgefühl von der Videowand. »Und nichts könnte Sie bewegen, sich doch mit dieser Sache zu befassen, wirklich nichts? Nennen Sie mir Ihre Forderung. Soll ich Sie am Ergebnis beteiligen? Sagen wir, fünf Prozent?«

»Alle Welt will mich für den Dayton-Fall gewinnen, und noch nie habe ich so verlockende Angebote bekommen –« Timothy seufzte mitleiderregend.

»Schlagen Sie alles andere aus, Mister Truckle! Ich erhöhe auf zehn Prozent.«

»Ich darf nicht auf Beteiligung arbeiten. Ich würde meine Lizenz verlieren.«

Sie rückte noch näher an ihren Communicator, so dass das Bild ihrer Augen und Lippen die Wand füllte. »Ich habe ein Haus an der See, das heißt, wenn Sie das Testament wieder herbeischaffen. Ich lade Sie ein, dort eine Woche auszuspannen. Gemeinsam mit mir.«

Das kann nicht wahr sein, dachte Timothy. Ich träume. Ich habe Fieberphantasien.

»Sie wissen sicher nicht, wie ich aussehe«, sagte er bitter. »Ich bin ein Zwerg, ein –«

»Ich weiß«, unterbrach sie ihn. »Aber wenn Sie mir helfen, sind Sie für mich der größte und schönste Mann der Staaten.« Einen Mann, den sie liebte, hätte sie nicht zärtlicher anblicken können. »Sie werden mir doch nicht einen Korb geben?«

»Wie könnte ich! Aber –« Timothy hatte Mühe, die richtigen Worte zu finden.

»Sollte Ihnen ein Urlaub mit mir so wenig bedeuten? Ich würde Sie sehr verwöhnen.«

Timothy war kurz davor, das Angebot anzunehmen und dafür alle Genüsse von CHALLENGERS, WILDCAT und BRIAND schießen zu lassen, dann rief er sich zur Ordnung. Selbst wenn sie ihr Wort hielte, er würde keine Minute vergessen können, dass sie es nur tat, weil er ihr zu ihren Millionen verholfen hatte, nicht seinetwegen. Und wenn er es vergessen könnte, wäre es nur um so schlimmer. Danach.

»Ich will Sie nicht belügen«, sagte er. »Ich kann Sie nicht als Klientin annehmen, weil ich bereits an dem Fall arbeite. Aber ich verspreche Ihnen, dass ich alles tun werde, was in meinen Kräften steht.«

»Darf ich wenigstens eine Erfolgsprämie aussetzen? Haben Sie einen Wunsch?«

»Vielleicht könnten Sie mir einen Platz auf der Kundenliste von OLD NEPTUN'S TREASURY verschaffen? Ich esse leidenschaftlich gern Fisch. Nein – tun Sie mir lieber den Gefallen und rufen mich jeden Tag an, damit ich Ihnen berichten kann, wie ich vorankomme. Ihr Lächeln wird mir guttun.«

»Sie sollen beides haben. Den Fisch und mein Lächeln.«

3.

Der Dayton-Fall schien sich in dem atemberaubenden Tempo, in dem er für Timothy begonnen hatte, weiterzuentwickeln. Timothy war es recht; es lenkte ihn von seiner Krankheit ab.

Sofort nach dem von Doktor Pike unerbittlich geforderten Mittagsschlaf bekam er eine Spezialübertragung aus dem »Union« in sein Appartement geschaltet. Zuerst Abraham Dayton, dann Sniders führten ihn elektronisch durch die Räume von »Dayton Cottage«, wobei Dayton die für den Fall uninteressanten, wohl aber für sein Selbstwertgefühl wichtigen Kostbarkeiten der Inneneinrichtung verbellte wie ein Hund seine Stammbäume. Sniders gab auf angenehm bündige Art die den Fall betreffenden Fakten, Blickwinkel und Hinweise. Die Leute von der LIFELONG mühten sich immer noch, die Lift-Sicherungen auszubauen. Timothy sah eine Weile zu und ließ sich ausführlich erklären, warum es so schwierig war.

Ebenfalls noch am Nachmittag absolvierte Timothy ein Kolloquium mit den Ärzten, die Abel Dayton zu seinen Lebzeiten behandelt und die auch seinen Totenschein ausgestellt hatten. Sie ließen keinen Zweifel daran, dass Dayton so tot war, wie einer nur sein konnte. Sie waren auf Timothys Befragen und nach einer eingehenden Betrachtung des Toten in einer schnell arrangierten Übertragung bereit zu schwören, dass der Leichnam noch genauso dalag, wie sie ihn vor drei Tagen verlassen hatten.

Armstrong erklärte Timothy umständlich, aber überzeugend, warum es unmöglich war, dass der Safe sich früher als vorgesehen von allein geöffnet haben konnte. Versuche, über die »Bachstelze« oder Josuah Trevers herauszubekommen, wer der Pilot des Skydrivers gewesen war, scheiterten.

Als Timothy aufstehen wollte, um eine erste Diskussion mit Napoleon zu führen, versagten seine Beine den Dienst. Sie knickten einfach zusammen. Timothy brauchte eine Weile, bis er sich von seiner Überraschung erholt hatte, und dann viel Kraft und Willensstärke, wieder ins Bett zu klettern. Auch Napoleon zu füttern kostete ihn ungewohnt viel Zeit und Mühe. Nachdem er seine Fragen diktiert hatte, musste Timothy sich ausruhen, bevor er wenigstens die beiden wichtigsten Gespräche führen konnte, das erste mit Armstrong.

Timothy bestellte eine vollständige Liste aller Wissenschaftler und Hilfskräfte, die an der Entwicklung der Identicat-Sicherung gearbeitet hatten, dazu Protokolle aller Versuche und Vorversuche einschließlich der missglückten, weiterhin eine detaillierte Beschreibung aller Tests, die ein LIFELONG-Identicat-Safe bestehen musste, bevor er das Werk verließ, und eine Beschreibung, wie ein Safe auf seinen Besitzer geprägt wurde. Armstrong versprach, alle Unterlagen noch in der Nacht überspielen zu lassen. Er berichtete außerdem von Versuchen, die man im Werk mit einem Duplikat des Dayton-Safes gerade unternahm, die aber nichts anderes zu erbringen schienen als die Bestätigung, dass ein Identicat-Safe nicht zu knacken war.

Der zweite Anruf ging an den Großen Bruder. Der zeigte sich zutiefst erschrocken über Timothys Stimme, die durch die Quaserverzerrung noch wunderlicher klingen musste als so schon. Er beschwerte sich, dass Timothy ihn nicht unverzüglich von seiner Krankheit informiert habe, und versprach, jetzt jeden Tag anzurufen. Timothy beruhigte ihn, er sei bereits auf dem Weg der Besserung, und der verriet ihm auch die Heilmittel: WILDCAT, CHALLENGERS, BRIAND und OLD NEPTUN. Daisy Daytons Lächeln verschwieg er. Er bat den Großen Bruder, herauszubekommen, wer den Skydriver geflogen hatte.

»Kurier dich lieber«, mahnte der Große Bruder. »Und wenn du mal etwas Zeit findest, denk darüber nach, wie wir zu Geld kommen, zu viel Geld. Wir sind fast pleite.«

»Ich Idiot!«, stöhnte Timothy. »Ich habe gerade auf Honorar verzichtet.«

4.

Am nächsten Morgen fühlte Timothy sich noch miserabler, obwohl das Fieber auf 39,5 Grad gesunken war. Aber er konnte jetzt kaum aus den Augen blicken und nur durch den Mund atmen, so sehr waren Nasenschleimhäute und Augenlider geschwollen. Selbst das abgedunkelte Licht blendete ihn unerräglich. Timothy beschloss, nun tatsächlich krank zu sein und sich damit abzufinden, den zugesicherten Gaumenfreuden abschwören zu müssen. Ein anderer würde den Fall lösen und ihn um seine Prämien bringen. Er ließ sich Wagner vorspielen. Danach fühlte er sich so elend, dass er nicht einmal mehr Musik ertragen konnte. Vielleicht würde er völlig erblinden. Oder die Mundschleimhäute würden auch noch aufquellen, und er müsste ersticken. Er hatte genügend Phantasie, sich sein Ende in allen Einzelheiten auszumalen. Und die Trauerfeier. Der Gedanke, dass sein gegenwärtiges Vermögen nicht ausreichte, um sich beerdigen zu lassen, auf einem richtigen Friedhof in richtiger Erde, machte ihn wieder munter. Und Daisy Dayton, die anrief, um sich nach seinem Befinden und ersten Ergebnissen zu erkundigen. In dieser Reihenfolge.

Timothy hievte sich in den Sessel und fuhr zu Napoleon. Nach etlichen tiefen Seufzern machte er sich daran, die Sicherung in Napoleons Snarr einzubauen und ihm so die Stimme wiederzugeben. Doch bevor er sich auf ein Gespräch mit Napoleon einließ, holte er sich eine Flasche »Haighs« und nahm einen kräftigen Schluck, um sich für die kommende Stunde zu wappnen. Wie er diese verdammte, hochnäsige Stimme hasste. Wie konnte man nur einen Automaten reinstes Oxford-Englisch sprechen lassen! Nicht nur in der Aussprache, auch in Wortwahl und Rhythmus. Timothy überfielen schon Aggressionen, wenn er nur an das verdammte Dadadum-Dadada dachte. Er überwand sich, indem er die Augen schloss und sich einen Tisch vorstellte, der über und über mit den köstlichsten Speisen und Vorspeisen bedeckt war.

»Ihre Fragen betreffend«, begann Napoleon, »wäre zu bemerken, dass sie nur zum Teil als sinnvoll anzusehen sind. Und es ist mir versagt, auf eine unsinnige Frage eine sinnvolle Antwort zu geben, so auf Frage eins: ›Kann ein Toter dazu benutzt werden, eine auf ihn geprägte Identicat-Sicherung zu öffnen, wenn ja, wie lange nach seinem Tod?‹ Schon ein geringes Nachsinnen hätte den Fragesteller darauf verweisen können, dass die Antwort nur Nein heißen kann. Wohl wären die Papillaren in gewissen, kurz zu bemessenden Zeiten noch als akzeptabel zu bezeichnen, nicht aber der Hauttonus und niemals die körpereigenen Wellen.

Zu Frage zwei: In der einschlägigen Literatur wird darüber nichts vermerkt, mir ist aber bekannt, dass es nichtsdestotrotz Versuche gegeben hat, sowohl in einzelnen Teilen unterschiedlichster Art als auch in Gesamtstrukturen verstorbener Körper Pseudoleben zu erzeugen – es muss richtiger heißen: zu erregen. Falls meiner Aufmerksamkeit nichts diesbezügliches entgangen sein sollte, ist dazu zu sagen, dass alle Quellen übereinstimmend darüber berichten, dass derartiges nur bei Temperaturen kurz über dem Gefrierpunkt des Wassers möglich erscheint, was wiederum den Hauttonus rapide verändert und die Papillaren gefrieren lässt.

Deshalb ist auch die dritte Frage, die mehr den Charakter einer übergreifenden denn einer selbständigen Frage besitzt, eindeutig mit Nein zu beantworten. Ein IMAGO ist lediglich für Körperstrahlung denkbar, und dies auch nur bei besonders günstigen Voraussetzungen, relativ großen Toleranzen des Kontrollmechanismus und dazu unter einem immensen Aufwand.

Als das größte Problem jedoch erscheinen mir die Papillaren, da die Identicat-Sicherung die Fingerabdrücke nicht von einem zweidimensionalen, sondern nur von einem dreidimensionalen, plastischen Medium abnimmt, das von ihr selbst abgetastet wird und alle Eigenschaften einer lebenden Hand aufweisen muss. Man hätte also eine originalgetreue Nachbildung des Verblichenen, dazu mit dem richtigen Hauttonus, schaffen müssen. Dies ist aber nach dem derzeitigen Stand der Wissenschaften platterdings unmöglich. Insgesamt ist zu bemerken: Allein die Annahme, jemand könne unbefugt eine Identicat-Sicherung öffnen, ist zumindest gegenwärtig unsinnig. Diese Einschränkung deshalb, weil man ohne zwingende Beweise kein Unmöglich postulieren soll. Die unberechtigte Öffnung einer Identicat-Sicherung setzt ein biologisches Double voraus. Die Vorstellung aber, es könne ein biologisches Double eines Menschen existieren, ist derart absurd, dass es sich erübrigt, darüber auch nur ein Wort zu verlieren.«

»Halt's Maul, du elender Klugscheißer!«, knurrte Timothy. »Was weißt du vom Absurden. Was weißt du von diesem Tollhaus, in dem das Verrückte als normal und das Normale als pervers anerkannt wird! Ich glaube an das Absurde in dieser Welt, und ich weiß, warum!«

»Was sagten Sie bitte?«

Timothy schaltete Napoleon aus, kippte noch einen »Haighs«, quetschte einen Fluch zwischen den verquollenen Lippen hervor und füllte sein Glas erneut. Er lag eine Weile schweratmend da, bevor er sich stark genug fühlte, Napoleon weiter anzuhören.

»Ich habe die diversen Unterlagen gesichtet und gespeichert. Wünschen Sie einen vollständigen oder einen auszugsweisen Bericht, und wenn auszugsweise, nach welchen Gesichtspunkten, bitte schön?«

»Irgendwelche Hinweise auf Fakten, die zu abweichenden Schlussfolgerungen führen könnten?«

»Meines Wissens, nein.«

»Irgendwelche Namen, die uns bekannt sind? Wenn ja, in welchem Zusammenhang?«

»Das habe ich nicht überprüft.«

»Würdest du das dann, dreimal verdammt, jetzt tun!« schrie Timothy.

»Verzeihung, ich habe nicht recht verstanden.«

»Würdest du bitte so freundlich sein und die Namen überprüfen?«

»Ja, gerne. Sofort.«

Timothy brauchte zwei Whisky, um seine Aggressionen hinunterzuspülen. Dann sagte er sich, dass er es nicht länger fertigbringen würde, Napoleon zuzuhören. Er schaltete den Snarr wieder ab.

Napoleon revanchierte sich, indem er lange Bänder ausdruckte. Timothy hatte im Nu den Schoß voll und bald das ganze Bett, aber das war für ihn das kleinere Übel, zumal seine Augen sich offensichtlich besserten.

Mitten in seinem Studium meldete sich Doktor Pike. Timothy ließ ihn eine Weile vor der Tür stehen und schaffte erst einmal Ordnung. Er hatte keine Lust auf Vorwürfe. Die Whiskyflasche hatte er vergessen. Pike entdeckte sie sofort und schüttelte missbilligend den Kopf.

»Schimpfen Sie nicht, Doc«, sagte Timothy. »Das ist die einzige Medizin, die mir zu helfen scheint. Oder haben Sie mir etwas mitgebracht, das mich wieder auf die Beine stellen könnte?«

»Leider nicht. Brennt der Whisky nicht teuflisch in der Kehle?«

»Nicht ein bisschen.«

»Merkwürdig, sehr merkwürdig.«

Während Timothy auf dem Bauch lag, damit Doktor Pike das Sprela-Kardiogramm und das Enziogramm und dann noch das Phallogramm abnehmen konnte, angelte er sich ein paar von Napoleons Streifen hervor und ließ sie durch die Finger gleiten.

»Sie arbeiten doch nicht etwa?«, fragte Pike.

»Altes Zeug. Sagen Sie, Doc, haben Sie mal was von Peter Dryer gehört oder von John Fergusson? Oder sagen Ihnen die Namen Spignow Andronelli, Albert Ping Me, Herbert Boone etwas?«

»Halt!«, sagte Pike. »Boone? Wie ist sein zweiter Vorname, Ebenazer?«

»Hier steht nur ein E. Doktor Herbert E. Boone.«

»Ebenazer«, sagte Pike grübelnd. »Tatsächlich, ich hatte ihn schon völlig vergessen. Was ist mit ihm?«

»Keine Ahnung. Deshalb frage ich Sie.«

»Was mag aus ihm geworden sein? Wir haben zusammen studiert. Das heißt, er war ein paar Semester über mir, aber wir spielten beide in dem gleichen Basic-Ball-Team. Wenn es der ist, den Sie meinen. Ebenazer hatte dann einen Job bei der Regierung, an irgendeinem geheimen Institut. Danach war er eine Zeitlang Assistent bei Professor Hayfield.

Erinnern Sie sich an Hayfield, den Wunderdoktor mit der Superspeed-Verjüngungsmethode, die sich wie alle anderen als Bluff und Geldschneiderei entpuppte?«

Timothy konnte sich nicht erinnern.

»Nun ja«, sagte Pike, »das ist bald zwanzig Jahre her. Und Sie hatten bestimmt nicht genug Geld, um sich bei Hayfield verarzten zu lassen. Seitdem habe ich von Ebenazer nichts mehr gehört. Warum fragen Sie?«

»Namen in alten Unterlagen faszinieren mich immer wieder.«

Kaum hatte Pike ihn verlassen, da entwickelte Timothy eine geradzu hektische Aktivität. Bei Josuah Trevers bestellte er Unterlagen über Modeärzte und Spezialkliniken; Napoleon bekam den Auftrag, die kompletten Zulassungslisten für alle Ärzte der gesamten Staaten aus den vergangenen zwanzig Jahren und darüber hinaus die zentrale Einwohnerdatei nach Hayfields und Boones zu überprüfen, außerdem Unterlagen über medizinische, biologische und zoologische Institute zu beschaffen, die sich mit Körperstrahlungen und Transplantationen und verwandten oder angrenzenden Gebieten befassten.

»Wenn man keine Ahnung hat, wo der Hase im Pfeffer liegt«, brummte Timothy vor sich hin, »muss man halt mit Schrot in die Dunkelheit schießen.«

Dann rief er den Großen Bruder an und bat ihn herauszufinden, bei welchem Unternehmen und an welchem Thema Boone seinerzeit gearbeitet hatte, was daraus geworden und warum er von dort fortgegangen war.

»Warum interessierst du dich für ihn?«, fragte der Große Bruder.

»Es könnte sein, er hat mit dem Dayton-Fall zu tun. Ein Boone gehörte zu dem Team, das seinerzeit die Identicat-Sicherung entwickelte.«

»Bist du sicher, dass es dieser war?«

»Ich bin nicht einmal sicher, ob überhaupt ein Boone mit meinem Fall zu tun hat. Es ist nur eine Intuition.«

»Bleib lieber im Bett und kurier dich aus.«

Als er sich endlich zur Ruhe legte, war der Tag herum und die Flasche leer, und Timothy stellte zu seiner größten

Verblüffung fest, dass er nicht einmal angeheitert war. Er dachte schon daran, sich eine zweite Flasche zu holen, um diesem Phänomen auf den Grund zu gehen, verwarf den Gedanken aber wieder. Glatte Verschwendung, sagte er sich.

Der nächste Tag begann früh für Timothy. Der Große Bruder holte ihn um sechs aus dem Schlaf; kurz vor sieben, als Timothy gerade wieder eingeschlafen war, meldete sich Josuah Trevers. Timothy entschloss sich, nun auch gleich noch Napoleon abzufragen. Schriftlich. Nachdem er zwei Stunden mit ihm diskutiert hatte, begannen seine Augen derart zu brennen, dass ihm nichts anderes übrigblieb, als den Snarr wieder einzubauen und Napoleons arrogante Reden über sich ergehen zu lassen.

Nach dem Mittag bestellte er Smiley Hepburn zu sich. Er kochte einen extrastarken türkischen Mokka, den Smiley mit sichtlichem Wohlbehagen schlürfte. Timothy beteuerte ein paar Mal, dass er ihn für den besten Rechercheur der Staaten halte und für den verschwiegensten dazu und für den teuersten leider auch. Er erreichte, dass Smiley versprach, sofort alles andere stehen und liegenzulassen und für Timothy zu arbeiten, und das sogar zu einem Freundschaftspreis.

»Nur soweit es meine eigene Börse betrifft«, sagte Timothy dankbar. »Ich werde versuchen, so viel wie möglich auf die LIFELONG zu buchen. Bring ein paar frisierte Rechnungen mit, die Versicherungen leben schließlich auch nur von Betrug.«

Smiley legte die Liste, die Timothy ihm gegeben hatte, auf das Bett. »Bei wem soll ich beginnen?«

»Ich weiß es nicht, jeder könnte es sein. Ich verlasse mich ganz auf deine Nase.«

»Und wenn keiner der gesuchte Boone ist?«

Timothy antwortete nicht. Er lag mit geschlossenen Augen, die Hände wie zum Gebet gefaltet. Smiley störte ihn nicht. Da die Mokkakanne leer war, bediente er sich von der »Medizinflasche«. Timothy testete gerade »King's Label«.

»Weißt du, Smiley«, sagte Timothy schließlich, »ich vertraue einfach darauf, dass einer der Richtige ist und dass er mit dem Dayton-Fall zu tun hat. Die ganze Sache ist derart verrückt, dass nur eine völlig absurde Lösung denkbar bleibt.«

»Und die hast du gefunden?«

»Vielleicht. Die Chancen stehen eins zu tausend.«

Die nächsten Tage widmete Timothy ganz seiner Gesundheit. Er faulenzte, hörte Musik, ließ sich auf keine Gespräche mit Dayton, Armstrong oder Sniders ein, sondern bestätigte nur, dass er intensiv an dem Fall arbeitete, und fragte, ob seine Prämien eingeleitet seien – sie waren es.

Für Daisy Dayton hatte er Zeit. Sie rief jeden Mittag an und hinterließ jedesmal einen glücklichen, versonnen lächelnden Timothy, der mit zusammengepressten Lidern versuchte, ihr Bild so lange wie möglich festzuhalten. Timothy ließ sich viel vorlesen, ein langes Stück aus den »Pickwickiern«, seine Lieblingsstellen aus »Gullivers Reisen« und den gesamten »Tom Sawyer«. Er freute sich wieder einmal diebisch, dass es ihm gelungen war, sich die Aufzeichnungen dieser Bücher zu verschaffen und den Communicator als Vorleser einrüsten zu lassen.

Doktor Pike war sehr zufrieden mit Timothy. Und mit sich. Es war ihm gelungen, das Virus zu isolieren, und nun, so versicherte er, würde sich auch bald eine Therapie finden.

»So lange werde ich die Versuche mit meinen Hausmitteln fortsetzen«, sagte Timothy und bot Pike einen Schluck seiner Medizin an. Prophylaktisch. Falls der Doktor sich bei ihm angesteckt hätte.

Da es ihm von Tag zu Tag besser ging, schlug Timothy dem Großen Bruder vor, sie wollten sich wieder nur noch im Bedarfsfall anrufen.

»Da müsste ich mich jede Stunde melden«, antwortete der Große Bruder. »Oder hast du schon vergessen, wie bedürftig wir sind?«

»Ganz im Gegenteil. Ich habe sogar schon eine Idee, wie wir zu Geld kommen können, zu sehr viel Geld.«

5.

Smiley meldete sich verblüffend schnell zurück. »Der in Süd-Kentucky ist es«, berichtete er. »Ein Glück, dass ich gleich bei ihm angefangen habe.« Er deutete dabei auf seine beeindruckend spitze und lange Nase. »In der Nähe von Southwark. Kennst du Southwark, Tiny? Ich hoffe, nicht. Ein Drecknest. Nur Bergbau, Titan- und Molybdänerze. Sie kratzen sie fast noch mit der Hand raus. Wie zu Urgroßvaters Zeiten. Das kommt sie billiger, hat mir der Chefingenieur erzählt, Leute gäbe es genug, Nigger und Digger – das ist da ihr Slogan –, weiße und schwarze Nigger, das Erz macht ihre Haut grünschwarz und faltig, dass man kaum den einen vom anderen unterscheiden kann. Und das Nest selbst – so muss das berüchtigte Klondike im Goldrausch ausgesehen haben, aber vielleicht haben sie es auch absichtlich so hingebaut, Saloons, Spielsäle –« Er sah Timothy erstaunt an.

»Klondike ist gut«, kicherte der. »Sehr gut sogar.«

Smiley schickte ihm einen verständnislosen Blick ins Bett. »Bitte weiter«, forderte Timothy ihn auf.

»Dreißig Kilometer südlich liegt Boonesburg. Aufgemacht wie ein Westernfort –. Sag mal, Tiny, ist er etwa ein Nachkomme jenes legendären Daniel Boone, der mal Kentucky entdeckt hat?«

»Keine Ahnung.«

»Na, er tut zumindest so. Wachen in Trapperkleidung am Tor, Blockhäuser, Wachtturm, Palisadenzaun – 'ne richtige Festung. War gar nicht so leicht, da hineinzukommen.«

»Du lässt dich doch sonst nicht von einem Zaun abschrecken.«

»Die Palisaden sind wohl nur Show – oder dass die Kranken nicht abhauen. Das Gelände ist elektronisch gesichert, und nachts laufen Streifen mit Hunden draußen um den Zaun herum. Aber ich hatte schnell raus, dass der Turm nie besetzt war. Ich habe mich in der Dunkelheit aus 'nem Gleitjet auf den Turm abgeseilt. Und so auch wieder abholen lassen. Von da oben hatte ich ganz Boonesburg wie auf 'nem Tablett. Ich weiß ja nicht, was du suchst, Tiny, aber nach dem, was ich gesehen habe, ist es ein Crimematorium* wie andere auch, keine reine Sterbeklinik, dazu waren zu wenig Alte da, aber eine Menge Süchtige, die er in aller Stille zu heilen versucht oder denen er sterben hilft; dann hat er einen Trakt, den ich für 'ne Überlebenslangstrecke halte. Du weißt, was ich meine? Leute, die eigentlich schon tot sind, deren Körper aber künstlich am Leben erhalten werden, weil da irgendwelche Erbfragen eine Rolle spielen.«

Timothy nickte.

»Dann gibt es ein langes Blockhaus, in dem er offensichtlich Kretins hält, weiß der Teufel, wozu. Vielleicht – erinnerst du dich an den Fergusson-Fall?«

Timothy erinnerte sich gut. Fergussons Frau hatte den Körper ihres Mannes in einer Klinik am Leben erhalten lassen. Automaten hatten das Blut durch den Körper gepumpt und ihn künstlich ernährt, so dass das Herz nicht zum Stehen kam. Auf diese Weise wurde verhindert, dass der Sohn das Erbe antreten konnte. Als das nicht mehr länger möglich war, hatte sie einen Idioten beigebracht, der nicht annulliert, sondern in einer Privatklinik großgezogen worden war, und ein Attest, dass dies ihr und Fergussons Sohn sei, so dass sie wenigstens zwei Drittel des Vermögens bekommen hatte. Abzüglich der Spesen, versteht sich.

»Hilft dir das?« fragte Smiley.

»Vielleicht. Hast du die Idioten gesehen?«

»Nur einen, und der war tot. Vielleicht hatten sie ihn auch sterben lassen, weil sie nicht länger Honorar für ihn kassieren konnten. Sie haben ihn jedenfalls ohne Formalitäten hinter dem Blockhaus eingescharrt.« Smiley grinste. »Ich habe mir gestattet, vorher ein paar Fotos zu machen. Ich dachte, vielleicht sei es das, wonach du suchst.«

»Könnte sein«, rief Timothy vergnügt.

»Ich habe auch die Fingerabdrücke abgenommen, doch damit ist nicht viel Staat zu machen. Noch eins, Boone scheint sich für Edelsteine zu interessieren. Von meinem Turm aus konnte ich mit 'nem Fernglas direkt in seine Fens-

---

* Crimematorium = Wortspiel aus Sanatorium, Krematorium und Crime (engl.) – Verbrechen.

ter blicken. Ich habe beobachtet, wie er seine Steine sortierte. Eine erstaunliche Sammlung.«

»Könnte man sie, äh, sicherstellen? Ich meine, wenn jemand alle Deckung und genügend Mittel hat?«

»Kleinigkeit. Soll ich sie holen? Boone hat nur einen alten ›Smith & Wesson‹-Tresor. Wann?«

»Passt es dir übermorgen nacht? Boone wird nicht zu Hause sein.«

Als Smiley gegangen war, schickte Timothy ein Hologramm an Doktor Herbert E. Boone, Boonesburg bei Southwark, Kentucky.

6.

»Ich bitte um Entschuldigung, dass ich Sie zu mir gebeten habe«, sagte Timothy, »aber Sie sehen ja, ich bin krank.«

»Soll ich Sie behandeln?« fragte Boone belustigt.

»Sagen wir, Sie könnten mir helfen.« Timothy bot ihm den Sessel vor dem Bett an. Und zu trinken. Boone wollte Meskalinbrandy.

»Kommen wir zur Sache«, sagte er. »Sie haben mir ein interessantes Geschäft angedeutet, bei dem es um Millionen geht.«

»Wenn nicht sogar um Milliarden.«

»Ich höre.«

»Am besten«, schlug Timothy vor, »ich erzähle Ihnen eine kleine Geschichte. Sie fängt wie so viele gute Geschichten mit ›Es war einmal‹ an, ist aber dennoch kein Märchen. Also: Es war einmal ein junger Mann, der war begeistert, ja geradezu besessen von einer Idee. Er studierte, um sie verwirklichen zu können, schrieb eine Dissertation über dieses Thema, und da es eine gescheite Arbeit war und da sich gerade einige staatliche Stellen für dieses Gebiet interessierten, bekam er einen erstklassigen Job in einem erstklassigen Institut, und man stellte ihm alle Mittel zur Verfügung, seine Idee in die Wirklichkeit umzusetzen. Eine verlockende Idee. Nicht ganz neu, sie hatte vor allem die Zoologen schon im vorigen Jahrhundert beschäftigt, aber immer ohne Erfolg, so dass man sie schließlich als undurchführbar beiseite legte. Es ging um die sogenannten Klons: Lebewesen, die man aus Körperzellen züchtet, so dass man, zum Beispiel, von einem besonders gut gelungenen Zuchtexemplar unendlich viele genetisch völlig gleiche Duplikate herstellen kann.«

Boone saß mit verkniffenem Gesicht da.

»Unser junger Mann hatte sich eine vielversprechende Methode ausgedacht, er wollte den Kern einer Eizelle gegen den Kern einer Körperzelle austauschen und dann die Frucht normal austragen lassen; nach seinen Überlegungen mussten Leberzellen für solch einen Austausch geeignet sein. Es funktionierte. Er erhielt genetische Duplikate des Spenders, und doch blieben die Ergebnisse niederschmetternd: Die Klons waren samt und sonders Missgeburten, verunstaltet und Idioten, höchstens als Material für Transplantationen zu gebrauchen. Aber zu dieser Zeit war es schon gelungen, die Eiweißunverträglichkeit in den Griff zu bekommen. Die Versuche wurden eingestellt. Langweile ich Sie, Mister Boone?«

»Ganz im Gegenteil. Sie sind einer der besten Märchenerzähler, die ich je hörte.«

Timothy bedankte sich mit einem Kopfnicken.

»Unser junger Mann war völlig aus der Bahn geworfen. Eine Zeitlang ließ er sich gehen, dropte sich mit allen möglichen Drogen voll, versuchte sogar einmal, sich das Leben zu nehmen. Dann fand er eine Stellung bei der LIFELONG, die seine Kenntnisse für die Entwicklung der Identicat-Sicherung nutzte. Und da hatte er wieder eine Idee. Die Identicat-Sicherung, das erkannte er schnell, würde ein Schlager werden. Alle Reichen würden sie sich zulegen, denn nur ein biologischer Doppelgänger konnte einen derartigen Safe knacken, solche Doppelgänger aber gab es nicht. Noch nicht. Und das war seine Idee: menschliche Klons zu züchten, biologische Einbruchswerkzeuge. Sie würden genetisch identisch mit ihren Zellkernspendern sein, sie würden dieselben Papillarmuster und Körperwellen und den gleichen Hauttonus besitzen wie ihre – soll man sagen: unfreiwilligen Väter?«

Boone machte ein Gesicht, als sei er der Letzte, der etwas dazu zu sagen hätte.

»Ursprünglich hatte LIFELONG vor, auch noch die Sprache einzubeziehen, das aber wurde auf Vorschlag eines Wissenschaftlers als zu aufwändig verworfen. Warum haben Sie das vorgeschlagen, Mister Boone?«

Boone nippte an seinem Meskalinbrandy.

»Sie wussten, dass Ihre Klons nie sprechen lernen würden, deshalb.«

Boone schien gerade Timothys Kragenweite abzuschätzen. »Dann gingen Sie als Assistent zu Professor Hayfield. Sie hatten wesentlich bessere Angebote, aber bei diesem Scharlatan konnten Sie an das kommen, was Sie wirklich interessierte: Leberzellen reicher Leute. Ich habe es geprüft, Sie haben damals über sechzig Leberpunktionen durchgeführt, die meisten waren unnötig. Ich meine, vom Standpunkt der Medizin. Ein Großteil Ihrer damaligen Patienten lebt noch, besitzt einen Identicat-Safe und bewahrt darin bestimmt genügend Werte auf, um uns beide reich machen zu können.«

»Uns beide?«, fragte Boone belustigt.

»So dachte ich es mir. Da ich nun einmal Mitwisser bin.«

»Wovon?«

»Von dem Blockhaus voller Kretins in Boonesburg. Von den Missgeburten, die Sie so sorgsam hüten und die alle äußerst interessante Fingerabdrücke haben, von Hauttonus und Körperstrahlung gar nicht zu reden. Stellen Sie sich vor, jemand käme auf die Idee, die Fingerabdrücke dieser armen Wesen oder gar ihre Gene mit denen der vornehmsten und reichsten Männer der Staaten zu vergleichen! Oder jemand grübe den Leichnam hinter der Blockhütte aus und stellte fest, dass seine Fingerabdrücke mit denen des verstorbenen Abel Dayton identisch sind, dessen Safe gerade auf geheimnisvolle Weise ausgeräumt wurde und dessen Edelsteinsammlung sich ganz zufällig in Ihrem Besitz befindet, will sagen, befand. Sie hätten sich wirklich einen Identicat-Safe leisten sollen.«

Boone blickte Timothy entgeistert an. Seine Finger zuckten, als wollte er Timothy sogleich erwürgen.

Timothy holte seinen Rayvolver unter der Bettdecke hervor und richtete ihn auf Boone.

»Keine Dummheiten«, warnte er. »Sie können sich doch wohl vorstellen, dass ich Vorkehrungen treffe, wenn ich ein Gespräch wie dieses führe. Mein Tod würde die Untersuchung sofort ins Rollen bringen. Ein Vertrauter von mir überwacht Boonesburg. Kommt ihm etwas verdächtig vor, fragt er bei mir zurück. Melde ich mich nicht, ruft er die örtliche Polizei zu Hilfe und wartet, bis das FBI eintrifft. Einer meiner Freunde hat alle Unterlagen. Wenn ich mich nicht zu den festgesetzten Zeiten melde, übergibt er sie Deborrah Johnson, der Kriminalchefin von Chicago. Dazu ein paar Zeilen von mir, dass sie meinen Tod rächen soll. Sie wird es tun. Sie mag mich nämlich.«

Boone lehnte sich langsam zurück. Timothy nickte zufrieden.

»Zu den Beweismitteln, über die ich verfüge«, sagte er, »gehören Aufnahmen des Dayton-Doubles, eindeutig in Boonesburg aufgenommen, Fingerabdrücke und Zellproben. Ebenso von den anderen Kretins. Ausreichend Material, um Sie auf den elektrischen Stuhl zu bringen. Oder zu LIFELONG und den Versicherungskonzernen zu gehen und eine fette Prämie zu kassieren.«

»Warum tun Sie es nicht?«

»Ich brauche viel Geld. Sehr viel. Ich ziehe es vor, mit Ihnen halbe-halbe zu machen.«

»Sie sind verrückt! Bedenken Sie meine Ausgaben.«

»Nach Abzug Ihrer Unkosten, versteht sich.«

»Zehn Prozent, allerhöchstens.«

»Fünfzig. Zehn kann ich mir ohne Risiko bei Ihren zukünftigen Opfern holen.« Timothy legte den Rayvolver auf Boone an. »Sie werden dieses Zimmer nur als mein Partner oder als Leiche verlassen. Ich glaube nämlich, dass dies die Chance meines Lebens ist. Meinen Sie, ich habe Lust, auf ewig die Dreckarbeit für andere Leute zu besorgen?«

»Zwanzig Prozent.«

Timothy schüttelte den Kopf.

»Dann bekommen Sie gar nichts.«

»Sie irren. Und glauben Sie nicht, dass ich Hemmungen

hätte, Sie abzuknallen. Was riskiere ich schon? Ich bin Ihnen auf die Schliche gekommen, Sie haben mich überfallen, um mich umzubringen. Es war reine Notwehr. Jeder Polizist würde das akzeptieren. Und die unfreiwilligen Väter Ihrer Idioten würden mir allesamt eine saftige Prämie spendieren. Aber ich will mehr.«

Boone atmete tief, würgte, starrte Timothy an, zuckte schließlich mit den Schultern. »Okay. Ich habe wohl keine Wahl. Aber dafür werden Sie mitarbeiten müssen.«

»In meinem eigenen Interesse«, erwiderte Timothy. »Ziemlich stümperhaft, wie Sie bei Dayton eingestiegen sind.«

»Ich habe keine Fehler gemacht«, brauste Boone auf. »Ich habe nicht eine einzige Spur hinterlassen!«

»Eben. Das war der eine Fehler. Sie hätten sich sagen müssen, dass ein derart geheimnisvoller Fall die besten Kriminalisten auf den Plan ruft. Sie hätten ein paar Spuren hinterlassen müssen, Köder für die Polizei, an denen die sich festbeißen konnte, um dann eines Tages doch kleinlaut aufzugeben. Sie hätten den Dayton-Safe überhaupt sausen lassen sollen. Sie hatten viel zu wenig Zeit, den Coup richtig vorzubereiten.«

»Sausen lassen, sausen lassen!«, schnaufte Boone. »Mein lieber Mister Truckle, seit fünfzehn Jahren warte ich auf diesen Tag. Meinen Sie, es macht mir Vergnügen, mich in die Einsamkeit von Boonesburg zu verkriechen, Süchtige zu behandeln und Alte zu Tode zu pflegen, um ungestört diese Missgeburten und Idioten aufziehen zu können?«

»Warum haben Sie es dann nicht schon früher versucht?«

»Warum, warum! Weil die Finger erst zur Mannesgröße auswachsen mussten. Und weil sich die Körperstrahlung noch während der Pubertät verändert. Dann diese Gelegenheit – der Fahrstuhl wurde nicht überwacht, in Daytons Zimmer musste ich nicht mit Überrumpelung rechnen. Dann die Dayton-Juwelensammlung. Das sollte ich alles sausen lassen? Den Kretin umsonst hochgepäppelt? Fünfzehn Jahre lang? Es hätte übermenschlicher Größe bedurft, darauf zu verzichten.«

Timothy goss ihm einen neuen Meskalinbrandy ein.

»Ich hätte sie aufgebracht«, sagte er leise. »Aber das ist der Fehler der meisten Amateure; um eines Cents willen vergeben sie die Chance auf zehn Dollar. Ihr zweiter Fehler, Boone: Sie hätten konsequent vorgehen müssen, den Safe wieder schließen, so dass man annehmen musste, der alte Dayton hätte seine Juwelen irgendwo anders deponiert, und wenn Sie schon das Testament mitnehmen, dann auch noch die Tür sprengen, so dass es aussieht, als wollte jemand seine Spuren verwischen.«

»Was reden Sie da für einen Unsinn«, sagte Boone unwillig. »Ich habe kein Testament mitgehen lassen. Haben Sie noch mehr solcher ›Fehler‹?«,

»Einen. Sie hätten mit mir rechnen müssen.«

»O ja! Wenn ich geahnt hätte, dass ich Sie als Partner einhandle, hätte ich es mir tatsächlich verkniffen!«

»Sie sollten zufrieden sein, dass wir uns gefunden haben. Wie, zum Beispiel, wollen Sie die Juwelen unterbringen? Wie wollen Sie eine einmal angelaufene Untersuchung so verwirren, dass die Spur nicht zu Ihnen führt?«

Boone sah Timothy mit großen Augen an.

»Ich lasse mir etwas einfallen«, beruhigte Timothy ihn. »Sobald ich wieder auf den Beinen bin, komme ich nach Boonesburg, und wir besprechen die Einzelheiten. Eines jedoch möchte ich jetzt noch wissen: Zu wem gehören die anderen Kretins in Ihrem Blockhaus?«

»Das könnte Ihnen so passen!« Boone sprang auf. Timothy hielt ihm den Rayvolver entgegen, Boone griff aber nur nach der Flasche. »Sie glauben doch wohl nicht, dass ich so verrückt bin, Ihnen das zu verraten!«

»Doch, das glaube ich. Aber wenn Sie nicht wollen – ich besitze die Fingerabdrücke aller Ihrer Zöglinge, und ich bin außerordentlich neugierig. Ich könnte nicht mehr ruhig schlafen, bevor ich es wüsste. Es dürfte nicht so schwer sein, die unfreiwilligen Väter zu finden. Allerdings, ich müsste dann auf Ihre Partnerschaft verzichten; dafür könnte ich die Herkunft des Geldes jederzeit nachweisen –«

»Okay, okay.« Boone stürzte das scharfe grüne Zeug in einem Zug hinunter, dann diktierte er Timothy dreiundzwanzig Namen, keiner von ihnen fehlte auf der Liste der hundert reichsten Leute der USA, die »Lady's Journal« vor kurzem veröffentlicht hatte. Timothy las die Namen ein paar Mal, memorierte sie dann mit halbgeschlossenen Augen und gab Boone den Zettel. Der ließ sich beschreiben, wo er die Säure finden konnte, löste aber nicht den Zettel auf, sondern verbrannte ihn, zerrieb die Asche zwischen den Fingern und schüttete erst sie in das Säurebad.

»Gründlich sind Sie«, lobte Timothy. »Ich glaube, wir werden gute Partner sein.«

Boone stand auf.

»Vielleicht«, sagte er grimmig, »vielleicht gewöhne ich mich noch an Sie, im Augenblick möchte ich Ihnen am liebsten den Hals umdrehen.«

»Ich verlange nicht, dass Sie mich lieben«, entgegnete Timothy freundlich. »Hauptsache, Sie stehlen und zahlen fleißig.«

7.

»Haben Sie den Fall gelöst?«, fragte Armstrong, als Timothy ihn anrief. »Sie haben ihn gelöst, ich sehe es Ihnen an!«

»Langsam, langsam, Mister Armstrong«, stoppte Timothy dessen Redefluss. »Ich habe eine Idee, eine Ahnung, nicht mehr, und –«

»Das genügt«, unterbrach Armstrong ihn begeistert. »Nicht wahr, das genügt?«

»– und ich habe ein Problem«, beendete Timothy seinen Satz.

»Ein Problem, mit dem Timothy Truckle nicht fertig wird? Gibt es das?«

Er hat den Instinkt eines Stichlings, der seine Brut verteidigt, dachte Timothy. Er ahnt, dass ich ihm ans Geld will. »Das Problem«, sagte er, »mit dem ich nicht allein fertig werden kann, ist meine Gutmütigkeit. Und meine Gesundheit.«

Armstrong blickte verblüfft.

»Auf der einen Seite habe ich in meiner Gutmütigkeit auf ein Honorar verzichtet –«

»Gutmütigkeit?« Armstrong lachte auf. »Sagten Sie Gutmütigkeit? Sie wollten alle Prämien, aber dabei nicht Ihre Lizenz riskieren, und das hätten Sie, wenn Sie mehr als einen und in ihren Interessen widersprechende Klienten vertreten.« Timothy hob die Hände, um seine Hilflosigkeit anzudeuten. »Ich sagte Gutmütigkeit, und ich meine es so. Ich brachte es nicht über das Herz, auch nur einen von Ihnen zurückzustoßen, und Sie werden zugeben, dass Sie noch nie so billig bedient wurden wie dieses Mal, das heißt, wenn ich den Fall kläre.«

»Da will ich erst mal Ihre Spesenabrechnung sehen«, knurrte Armstrong.

»Jetzt«, sagte Timothy, »stehe ich vor dem Problem, dass ich plötzlich Geld brauche. Der Gedanke, eine so gute Chance, viel Geld zu verdienen, vertan zu haben, macht mich ganz krank.«

»Ja, das kann ein arges Problem sein«, bestätigte Armstrong. Seine Stimme troff von Mitgefühl.

»Es macht mich so krank«, sagte Timothy, »dass ich mich zu schwach fühle, auch nur ein Viertelstündchen zu arbeiten.«

»Wollen Sie durch die Hintertür doch noch Honorar fordern?«

»Was denken Sie von mir! Mein Wort gilt. Immer. Obwohl ich finde, dass der LIFELONG die Lösung dieses Falles, zumal mit dieser Diskretion, mehr als nur die Spesen und ein Platz bei CHALLENGERS wert sein sollte.«

Armstrong war völlig damit beschäftigt, etwas in seinem Schreibtisch zu suchen.

»Ich will das Geld nicht für mich«, fuhr Timothy fort. »Diese schwere Krankheit hat mich daran erinnert, wie schnell und überraschend ein Leben beendet sein kann. Ich möchte, bevor es zu spät ist, noch einigen Bedürftigen in meinem Umkreis helfen. Leider übersteigen die Erfordernisse meine Möglichkeiten.«

Wenn Armstrong einen Brieföffner gesucht hatte, dann hatte er ihn jetzt gefunden. Es war ein ausnehmend scheußliches Stück. »Sie haben doch so viele einflussreiche und wohlhabende Bekannte«, sagte er, »Freunde und Gönner, ehemalige und potentielle Klienten, warum bitten Sie die nicht, Ihnen zu helfen? Warum gründen Sie nicht einen Hilfsfonds?«

»Die Idee ist nicht schlecht«, lobte Timothy. »Wirklich, sie könnte von mir sein.«

Armstrong lächelte bescheiden.

»Wie viel, glauben Sie, würde die LIFELONG wohl dem Timothy-Truckle-Fonds spenden?«

»Die LIFELONG?« Armstrong tat so entsetzt, als habe man ihm zugemutet, zu Fuß durch die Stadt zu gehen.

Timothy überhörte es.

»Leider«, sagte er mit leiser, matter Stimme, »leider fühle ich mich zu schwach. Es war ein Fehler, mich über die Anordnung der Ärzte hinwegzusetzen und mich mit dem Dayton-Fall zu befassen, obwohl ich sterbenskrank bin. Nun, zum Glück habe ich keinen Klienten, dem ich verpflichtet bin.«

»So kommen Sie mir nicht raus!«, brüllte Armstrong. »Daraus wird nichts, Mister Truckle! Ich verlange, dass Sie den Fall so schnell wie nur möglich klären. Wir haben keine Stunde zu verlieren. Es tauchen schon die ersten Gerüchte auf.«

»Sie sehen doch, ich bin krank. Die Ärzte können nicht einmal herausbekommen, was mir fehlt.«

»Sie sehen aber schon wieder recht gesund aus.«

»Wenn Sie wüssten, wie schwach ich mich fühle, mein Lieber! Ich würde Ihnen ja gerne helfen. Der Fall interessiert mich, zumal es jetzt so aussieht, als wären noch zwei Dutzend gleicher Verbrechen in Vorbereitung –«

»Was sagten Sie da?« Armstrong schrie so laut auf, dass Timothy den Lautsprecher drosseln musste. »Zwei Dutzend? Wann? Bei wem? Wer ist der Täter?«

Timothy stöhnte erbärmlich. »Gut, Mister Armstrong, ich mache weiter. Ich kann nicht mit ansehen, wie Sie leiden. Ich melde mich, sobald ich mich besser fühle. Morgen. Oder übermorgen.«

»Halt!« Armstrong hatte wohl Angst, Timothy würde

sich ausschalten. Er kramte erneut in seinem Schreibtisch. »Würde es Ihr Wohlbefinden steigern, wenn ich Ihnen so etwas sende?«

Er brachte eine zusammengefaltete Folie zum Vorschein, die Timothy unschwer als Hunderttausender-Zertifikat der Bundesbank erkennen konnte.

»Ich hoffe, Sie wollen mich nicht bestechen, einen Fall früher abzuschließen, als ich es verantworten kann.«

Armstrong bekam einen roten Kopf. »Ich dachte, für Ihren Hilfsfonds«, stotterte er.

»Ich freue mich natürlich, wenn LIFELONG sich an meinem Fonds beteiligt. Und Freude soll ja der Gesundheit förderlich sein, nicht wahr? Wie viel, sagten Sie, fünf Weiße Riesen?«

»Einer, Mister Truckle, einer.«

»Ich wusste es«, sagte Timothy sanft, fast salbungsvoll, »die LIFELONG fühlt sich noch den guten alten Werten von Moral und Sitte verpflichtet. Die Barmherzigkeit geht ihr noch über ihren untadeligen Ruf. Die Gewissheit, dass niemand mehr einen Identicat-Safe öffnen wird, wenn ich den richtigen Mann erwische, hat sie derart in Freude und Dankbarkeit versetzt, dass sie sich entschlossen hat, fünf Weiße Riesen für die Armen und Bedürftigen zu spenden. Klingt gut, nicht wahr?«

»Mit Garantie?«, fragte Armstrong.

»Mit Garantie.«

»Nun gut.« Viel Resignation klang in Armstrongs Stimme.

»Bitte nicht überweisen«, bat Timothy. »Seien Sie so freundlich, mir das Geld ins Haus zu schicken, ja?«

»So krank sind Sie nicht, was? Aber nun raus mit der Sprache.«

»Morgen. Arrangieren Sie doch bitte eine Konferenzschaltung, zu der Sie diese Herren einladen.« Timothy diktierte ihm die Namen. »Und die Versicherungsgesellschaften, versteht sich. Ich dachte, dass ich die Gelegenheit benutze, Ihre Idee mit dem Timothy-Truckle-Fonds vorzutragen und um Unterstützung zu bitten. Ich darf doch auf Ihre Fürsprache hoffen, nicht wahr?«

»Und ob! Denken Sie, ich will der Einzige sein, der von Ihnen zur Ader gelassen wird, damit Sie sich einen Namen als Wohltäter machen können?«

8.

Sniders interessierte sich nur für die kriminalistische Seite des Falles. Timothy versprach, ihm demnächst alles haarklein zu berichten und sich sofort bei den Daytons für seine Unschuld zu verbürgen.

Daisy und Abraham Dayton lud Timothy zugleich zum Gespräch.

»Ich werde in Kürze soweit sein«, sagte er, »Hergang und Aufklärung des Dayton-Falles öffentlich, vielmehr vor einem ausgewählten Kreis, darzulegen. Ich wollte nur nicht versäumen, Ihnen schon jetzt eine erste Nachricht zukommen zu lassen. Es war niemand von Ihnen und auch nicht Sniders, sondern ein Außenstehender. Wenn Sie einverstanden sind, werde ich versuchen, die Juwelensammlung, nun, sagen wir, sicherstellen zu lassen. Es ist vielleicht nicht ganz legal, aber sehr praktisch. Wer weiß, ob wir sie über die Polizei jemals oder vollständig zurückbekommen könnten. Nur, das kostet ein wenig.«

Daisy Dayton schickte Timothy ein zustimmendes und vielversprechendes Lächeln, ihr Stiefsohn knurrte nur: »Wie viel?«

»Ich habe meinen Leuten ein Erfolgshonorar von zweihunderttausend plus Spesen zugesichert. Ich halte es für einen fairen, ja günstigen Preis, zumal Sie das Geld sicher unschwer von der Versicherung wiederbekommen können.«

»Und wie viel bekommen Sie?«

»Nichts. Sie wissen, ich habe auf ein Honorar verzichtet.«

Timothy erntete einen Augenaufschlag von Daisy Dayton, den er mit hunderttausend nicht für überbezahlt gefunden hätte. Von Abraham Daytons Gesicht war unschwer abzulesen, dass er Timothy für einen Trottel hielt.

»Was ist mit dem Testament?«, bellte er.

»Ja, das Testament. Es erscheint mir als glaubhaft, dass kein Testament entwendet wurde. Warum auch. Für den Täter war es ein Papier wie alle anderen, unverwertbar. Das liegt an dem Charakter dieses Verbrechens. Und an dem Charakter des Verbrechers. Da wir annehmen dürfen, dass der teure Verstorbene ein wenig misstrauisch war, würde ich unterstellen, dass er auch eifersüchtig gewesen sein könnte. Sollte er vielleicht nur zu jedem von Ihnen von seinem Testament gesprochen haben, um Sie beide voneinander fernzuhalten? Wie auch immer, ich möchte Ihnen vorschlagen, sich gütlich zu einigen und jeder mit der Hälfte des Erbes zufrieden zu sein, was in Anbetracht der Hinterlassenschaft jeweils ein, wie ich annehme, durchaus akzeptables und ansehnliches Vermögen darstellen dürfte. Und falls Sie anlässlich Ihres Erbantrittes eine wohltätige Geste tun möchten, wie in alten Zeiten die Fürsten und Könige bei Übernahme des Thrones und der Regierungsgeschäfte, so empfehle ich Ihnen eine mildtätige und barmherzige Spende an den Timothy-Truckle-Fonds.«

»Was ist das?«, fragten die beiden Daytons wie aus einem Mund.

Timothy erklärte es ihnen gern.

Nach dem Gespräch ging er zu Napoleon und baute die Snarr-Sicherung wieder ein.

»Nun«, fragte er, »du hast die Generalprobe mit angehört, bist du zufrieden mit meiner Redeweise?«

»Nicht schlecht, nicht schlecht«, antwortete Napoleon. »Eine gewisse Bemühtheit und auch ein erster Erfolg sind durchaus zu bemerken, ja, im Großen und Ganzen kann man sowohl Wortwahl als auch Syntax als schon verbessert gegenüber Ihrem sonstigen Sprachgebrauch anerkennen, wenn es auch noch weit von wirklicher Beherrschung der Sprache entfernt ist. Und die Aussprache, mein Lieber, die Aussprache! Wenn Sie bitte einmal auf den Rhythmus achten wollen: Dadadumdadada, dadadum-dadada.«

Timothy drehte lachend die Sicherung wieder heraus.

9.

Timothy hatte sich gut auf die Konferenz vorbereitet. Als seine Gesprächspartner auf der Bildwand des Schlafzimmers erschienen, saß er schon – oder richtiger: thronte er in seinem Bett. Er trug einen dunkelroten, mit goldenen Drachenmustern verzierten Morgenmantel aus Chinaseide; auch die Decke aus goldgelber Kaschmirseide, die er über sein Bett gebreitet hatte, war ein Original aus dem frühen 20. Jahrhundert. Er fühlte sich wie ein Großfürst beim Lever.

Timothy entschuldigte sich mit seiner Krankheit, und er sah tatsächlich angegriffen aus. Die Schwellungen waren zwar zurückgegangen, dafür lagen dunkle Schatten unter seinen Augen, und tiefe Falten hatten sich eingegraben. Das gedämpfte Licht vertuschte, wie sehr Timothy nachgeholfen hatte. Die ungetönten, leblos fahlen Haare vervollständigten das Bild eines Schwerkranken.

»Ich habe Mister Armstrong gebeten, diese Konferenzschaltung einzuberufen«, begann er, »weil Sie alle an der Aufklärung des geheimnisvollen Einbruchs in den Safe des kürzlich verstorbenen Abel Dayton interessiert sind. Ich weiß, einige von Ihnen werden jetzt überrascht sein, doch ich bitte Sie nur um ein wenig Geduld, dann werden Sie unschwer feststellen, wie sehr dieser Fall auch Sie betrifft. Jeden Einzelnen von Ihnen.«

Timothy ließ seinen Blick über die fast drei Dutzend Gesichter streifen. Die meisten kannte er persönlich, etliche waren schon seine Klienten gewesen, nur zwei waren ihm völlig fremd, das mussten die Vertreter der Versicherungskonzerne sein. Huxley von der GLOBE INSURANCE lächelte ein wenig säuerlich, Daisy Dayton lachte bezaubernd. Offensichtlich hatten die Daytons sich geeinigt, sie ließen sich zusammen übertragen. Weaverly und der junge Brooker – Timothy hatte ausdrücklich den Junior einladen lassen – sahen sehr besorgt aus, sie quälten sich ein Lächeln ab, als Timothy sie anblickte. »Ich weiß«, fuhr er fort, »wie kostbar Ihre Zeit ist, und werde bemüht sein, mich so kurz wie nur irgend möglich zu fassen. Der Dayton-Fall ist gelöst.«

Timothy speiste das Bild des toten Doubles ein. Daisy Dayton zuckte angeekelt zusammen, auch die anderen machten nicht gerade begeisterte Gesichter.

»Dieses arme Wesen«, erklärte Timothy, »missgestaltet, verkrüppelt, nahezu ohne Gehirn, ein Wesen, das Mensch zu nennen sich Verstand und Zunge weigern, ist niemand Geringeres als derjenige, der den Dayton-Safe öffnete. Mühelos, muss dazu gesagt werden. Denn dieses Wesen ist ein genetisches Duplikat von Abel Dayton, ein Klon. Ich nehme an, Sie alle wissen, was darunter zu verstehen ist.«

Als Timothy merkte, dass die Gesichter sich wieder ihm zuwandten, ließ er die Bombe los.

»Meine Herren, mit Ausnahme von Mistress und Mister Dayton, Mister Armstrong und den Vertretern der Versicherungsgesellschaften existiert von jedem Einzelnen von Ihnen ein derartiges genetisches Duplikat, ein Klon, Fleisch von Ihrem Fleische, wie es in der Bibel heißt, und wie es wörtlicher und entsetzlicher noch nie eingetroffen war, hilflose Kretins, nur zu dem einen Zweck gezeugt und gezüchtet, eines Tages als biologisches Einbruchswerkzeug missbraucht zu werden.«

Timothy ließ ihnen Zeit, sich von dem Schock zu erholen, dann gab er einen kurzen Überblick über seine Ermittlungen und wie er die richtige Spur gefunden hatte.

»Ich hatte also eine logische Erklärung und einen möglichen Tathergang gefunden, nur, wie sollte ich zu Beweisen kommen, die, wennschon nicht ein Gericht, so doch wenigstens die Betroffenen, Sie, meine Dame und meine Herren, überzeugen konnten? Unter unendlichen Mühen und unter Einsatz seines Lebens gelang es einem meiner Mitarbeiter, in das schwerbewachte Boonesburg einzudringen und im Schutze der Nacht das Dayton-Double auszugraben und aufzunehmen. Doch schon die Fingerabdrücke waren nicht mehr zu verwerten und würden von keinem Gericht als Beweis anerkannt werden. Ich besaß also nichts als diese Aufnahme, die Sie soeben gesehen haben, und eine Information, die meine Mitarbeiter mir brachten, dass sich in einem der Blockhäuser möglicherweise geistig Behinderte, Debile oder Idioten befinden könnten. Es blieb mir nichts anderes übrig, als va banque zu spielen und das Wenige, das ich hatte, auf eine Karte zu setzen.«

Gebanntes, atemloses Schweigen. Timothy konnte mit seinem Publikum zufrieden sein. Obwohl, ein kleiner Szenenapplaus hätte ihm wohlgetan.

»Die Beweise, von denen sogleich in einem Gespräch zwischen mir und Doktor Herbert Ebenazer Boone die Rede sein wird, existieren also in Wirklichkeit nicht; sie waren nur Mittel, um Boone in eine Zwangssituation zu treiben, ihn zu verwirren und zu einem Geständnis zu zwingen.«

Timothy lächelte, er gab sich Mühe, es bescheiden wirken zu lassen.

»Aus diesem Grund musste ich selbst eine bestimmte Rolle übernehmen. Ich weiß, Sie werden Verständnis dafür finden. Ich möchte dennoch darauf verweisen, dass dies nicht zu meinen üblichen Methoden zählt und dass mein Verhalten in dem nun folgenden Gespräch weder zu meinem Charakter noch zu meinem Stil gehört.«

Dann ließ er die Aufzeichnung des Gesprächs mit Boone abfahren. Als es beendet war, schwiegen alle. Sie schwiegen lange, sehr lange. Schließlich ergriff Weaverly das Wort. Er wirkte sichtlich erleichtert. Vielleicht hatte er befürchtet, Timothy würde auch über den Tod seines Vaters sprechen.

»Wir alle«, so sagte er, »sind wohl Mister Truckle zu großem Dank verpflichtet, zumal er diese hervorragende kriminalistische Leistung vom Krankenbett aus vollbrachte. Ein sehr bemerkenswerter Vorgang. Besonders schulden wir ihm Dank wegen seiner Diskretion, und wir sollten uns nicht scheuen, Mister Truckle unsere Dankbarkeit zu bezeigen.«

»Nichts leichter als das«, sagte Armstrong. »Mister Truckle hat einen Fonds zur Unterstützung Bedürftiger gegründet, der seinen Namen trägt. Zu Recht, möchte ich sagen. Die LIFELONG wird sich mit einer, wie ich denke, großzügigen Spende daran beteiligen, mit fünf sogenannten Weißen Riesen.«

Timothy verbeugte sich in seine Richtung.

»Ich bin der LIFELONG und Ihnen, Mister Armstrong, sehr für die barmherzige Hilfsbereitschaft verbunden, die Sie durch diese Spende unter Beweis stellen. Es ist wohltuend, immer wieder feststellen zu können, dass es noch Großzügigkeit und Edelmut gibt. Und da ich weiß, dass so mancher, obwohl von Haus aus begütert und in Sicherheit aufgewachsen, dennoch die Wohltat barmherziger Hilfe zu schätzen gelernt hat, bin ich der guten Hoffnung, dass sich noch mehr edle Spender finden werden, so dass der Hilfsfonds, dem meinen Namen zu geben Mister Armstrong vorschlug, wachsen und gedeihen möge.«

Er hatte die ganze Zeit über abwechselnd Weaverly und Brooker angesehen. Die beiden eröffneten auch schnell die Spendenliste, jeweils mit einem Weißen Riesen, und die anderen, sei es nun, weil sie nicht nachstehen wollten, sei es, weil das Foto sie tatsächlich einmal erschüttert hatte, eiferten ihnen nach. Als Huxley auch nur einen Schein spendieren wollte, setzten sie ihm so lange zu, bis er und nach ihm die anderen Versicherungen als die Hauptnutznießer jeweils fünf Weiße Riesen spendeten.

Armstrong hielt ein Schlusswort. »Es geht ja nicht nur um den materiellen Verlust, der abgewendet wurde und der, soweit es sich überhaupt mit Geld ersetzen lässt, von den Versicherungen hätte getragen werden müssen; es geht darum, dass wir einen Sieg der Gerechtigkeit erleben durften und die Verteidigung der Persönlichkeit gegen einen dreisten und unerhörten Angriff. Denn was bleibt da noch, was bleibt von uns, wenn, wenn …« Er suchte nach Worten. Niemand kam ihm zu Hilfe. »Ich schlage vor«, schloss er, »dass wir die endgültige Lösung des Problems im engen Kreis besprechen.«

Timothy verstand den Hinweis. Bevor er sich ausschaltete, bedankte er sich noch einmal und bat, ihm das Geld nicht zu überweisen, sondern ins Haus zu schicken.

»Ich möchte vermeiden, dass ich der Finanzbehörde Rechenschaft geben muss«, erklärte er. Es war den Spendern anzusehen, dass sie nicht sehr fest an den Hilfsfonds glaubten. Timothy war es egal. »Nicht nur wegen der Steuer«, fuhr er fort, »obwohl die dem edlen Gedanken schon unberechtigte Einbuße zufügen würde, aber wahre Hilfe ist diskret. Sie kränkt den Bedürftigen nicht durch öffentliche Bloßstellung.«

Jetzt nickten alle zustimmend.

10.

Niemand hätte in dem quicklebendigen Timothy, der in den nächsten Stunden einen Besucher nach dem anderen empfing, den schwerkranken Mister Truckle vom Vormittag wiedererkannt. Bis zum Abend waren fast zwei Drittel der Spenden eingetroffen, der Rest ging am nächsten Vormittag ein. Timothy hatte Mühe, alles unauffällig zu verstauen, denn die Spender hatten es vermieden, allzu große Scheine zu nehmen. Zu Timothys Überraschung hatte auch Daisy Dayton zweihunderttausend Dollar gesandt. Und eine Rose.

Als der Große Bruder anrief, um sich nach Timothys Gesundheit zu erkundigen, bat der um Hilfe.

»Ich ersticke«, stöhnte er, »ich ersticke in Geld. Hoffentlich lässt du es bald abholen!«

Der Große Bruder brauchte ungewöhnlich lange, bis er die Sprache wiederfand.

»Wo hast du Geld her, Tiny? Ich denke, du liegst schwerkrank im Bett.«

»Tue ich. Aber wie heißt es doch: Den Seinen gibt's der Herr im Schlaf. Ich habe den Timothy-Truckle-Fonds zur Unterstützung Hilfsbedürftiger ins Leben gerufen, und die ersten Spenden sind gerade eingetroffen.«

»Wie viel?«, fragte der Große Bruder aufgeregt.

»Siebenundvierzig.«

»Tausend?«

»Weiße Riesen.« Timothy weidete sich an dem erschrockenen Aufschrei. »Siebenundvierzig Weiße Riesen oder vier Komma sieben Millionen. In kleinen Scheinen. Und wenn auch nicht aus den saubersten, so doch aus den wohl am saubersten gewaschenen Händen, die es in den Staaten gibt. Etwas davon muss ich aber wirklich für den Fonds behalten, ich will auf alle Fälle die Fiktion einer karitativen Stiftung schaffen. Ich dachte an zehn- oder zwanzigtausend, die ich so dezent unter die Leute bringe, dass alle Welt davon spricht.«

»So viel du willst«, sagte der Große Bruder. »Wie hast du das nur fertiggebracht, Tiny?«

»Das erkläre ich dir später.«

Timothy unterbrach schnell die Verbindung, denn es klingelte, und der Bildschirm des Communicators zeigte an, dass Doktor Pike vor der Tür stand.

Pike fand, dass Timothy nun gesund sei und wieder arbeiten dürfte. »Genug gefaulenzt«, sagte er, »zumal ich jetzt weiß, dass es sich nur um eine zwar unangenehme, aber absolut harmlose Abart des Schnupfenvirus handelt. Ein merkwürdiges Virus allerdings –« Pike schwieg verlegen. »Es scheint so, als ob das einzige Mittel, mit dem man ihm beikommen kann, tatsächlich Whisky ist.«

Sie lachten laut und lange. Timothy spendierte einen 1998er »Hundred Pipers« zur Feier des Tages.

»Übrigens«, sagte Pike, »ich wollte es Ihnen gestern schon sagen, Sie hatten mich doch nach Ebenazer Boone gefragt. Er soll eine Privatklinik in Kentucky haben, Boonesburg bei Southwark.«

»Er hatte«, berichtigte Timothy. »Vor einer Stunde wurde es in den Nachrichten gebracht. Durch ein technisches Versagen hat sich bei einem Luftmanöver über Süd-Kentucky eine Nihilationsbombe zu früh ausgeklinkt und Boonesburg mit Mann und Maus vernichtet.«

Pike blickte nachdenklich in sein Glas. »Zufälle gibt es«, sagte er dann kopfschüttelnd.

»Ja«, antwortete Timothy. »Das dachte ich auch, als ich es hörte.«

Ein Freundesdienst

1.

Timothy starrte auf seine rechte Hand. Er neigte den Kopf bis zur Schulter und rieb das Ohrläppchen an dem weichen, nachtblauen Stoff des Anzugs. Die vorgestülpte Unterlippe konnte ebensogut Staunen wie Belustigung oder Ärger ausdrücken.

»Ich sage Ihnen doch, es geht nicht«, flüsterte der Barkeeper. Timothy ließ seinen Hocker herumschnellen, doch hinter ihm stand niemand, die »Stardust«-Bar war nahezu leer. Nur an einem der nördlichen Fenstertische saß ein Pärchen, es hätte auch in eine Kellerbar gehen können; die jungen Leute schenkten dem Ausblick, der als Begründung für die schwindelerregend hohen Preise diente, keine Beachtung. Statt das Farben- und Formenspiel des dunstigen Wattemeers über Chicago zu bewundern, aus dem die Skyscraper wie metallene Stalagmiten herausragten, blickten sie sich in die Augen.

»Dass ich immer wieder darauf hereinfalle«, sagte Timothy ärgerlich. »Warum flüstern Sie, Melvin?« Er sprach so laut, dass die Liebesleute hochschreckten.

Der Barkeeper hob die Schultern. »Berufskrankheit. Die meisten Gäste mögen es nicht, wenn man laut spricht.« Er sagte es um eine Nuance kräftiger, verfiel aber gleich wieder in die alte Stimmlage.

So gab es ein seltsames Zwiegespräch: auf der einen Seite des breiten Tresen ein Mann mit den Schultern eines Karate-Champions, der kaum hörbar krächzte, auf der anderen Seite der schmächtige, winzige Timothy, der seinen Bass dröhnen ließ. Wäre es ein Video gewesen, man hätte angenommen, dass einer jener avantgardistischen Regisseure seine Darsteller mit vertauschten Stimmen synchronisiert hätte.

Timothy legte erneut Zeigefinger, Mittelfinger und Ringfinger der rechten Hand auf die Platte, winkelte den kleinen

Finger ab und drückte ihn fest gegen die Kante, dann ließ er den Zeigefinger hochwippen, den Mittelfinger, der Ringfinger rührte sich nicht.

»Es ist ein alter Trick«, flüsterte Melvin, »ich habe ihn von meinem Vater und der von Großvater – seit Generationen wird das bei uns von einem zum anderen weitergegeben, immer am zehnten Geburtstag.«

»Warum?«

»Keine Ahnung. Wer weiß, was das früher im alten Europa zu bedeuten hatte. Vielleicht so eine Parabel, wie die Geschichte von den Stäben, die man einzeln zerbrechen kann, nicht aber gebündelt? Dass man nie frei ist, wenn man sich gegen etwas stemmt?«

»Nanu, Melvin, philosophische Ambitionen?«

»Ich habe oft darüber nachgedacht. Früher hat es einen Spruch dazu gegeben, aber schon mein Vater kannte ihn nicht mehr.«

Timothy ließ noch einmal die Finger wippen: eins, zwei, nichts.

»Seien Sie nicht halsstarrig, Tiny. Ich weiß nicht, warum, aber niemand schafft es.«

»Weil man den musculus extensor indicis proprius, den Strecker des Ringfingers, blockiert, wenn man den kleinen Finger gegen die Kante drückt.«

Der Barkeeper sah Timothy mit offenem Mund an. »Warum, zum Teufel, versuchen Sie es immer wieder, wenn Sie das so genau wissen?«

»Und niemand erinnert sich an den Spruch?«

»Niemand.« Der Barkeeper lehnte sich über den Tresen. »Sie sind doch ein bedeutender Mann, Tiny. Können Sie uns nicht eine Lizenz beschaffen? Mary und ich möchten so gerne ein Kind.«

»Aber Melvin, wie sollte ich Ihnen da helfen?«

»Warum, verdammt noch mal«, krächzte der Barkeeper, »dürfen wir nicht ein Kind haben, wenn wir es wollen? Warum dürfen Sie kein Kind haben, Tiny, ein Mann von Ihrer Intelligenz!«

»Ich?« Timothy schüttelte sich vor Lachen. Die goldenen Spitzen seiner exakt auf die Farbe des Anzuges abgestimmten blauen Haare sprühten wie ein Funkenregen. Das Liebespärchen starrte wütend zur Bar.

»Wer sollte einem Zwerg eine Lizenz geben! Ich muss ja froh sein, dass ich das Licht unserer schönen, braven Welt schon vor fünfzig Jahren erblickte; heutzutage hätte man mich doch gleich nach der Geburt annulliert. Ich weiche weit mehr als zehn Prozent von der Norm ab.« Er kicherte. »Und wie ich von der Norm abweiche!«

»Ich weiß es«, sagte der Barkeeper ernst. »Und ich weiß es zu schätzen.« Er holte die Flasche »Old Finch« aus dem Kühlfach und goss ein. »Ihr Whisky«, sagte er, dann wies er zur Westfront, »und Ihr Sonnenuntergang.«

Timothy nahm das Glas in beide Hände und schlürfte genießerisch den »Old Finch«, während er zusah, wie die Sonne als tiefrote Scheibe in die ockerfarbenen Wolken tauchte und mit ihrem Schein die Skyscraper in blutige Nadeln verwandelte.

Erst als der letzte Lichtschimmer erlosch, drehte er sich wieder zum Tresen um.

»Ein erstaunlich ruhiger Abend«, sagte er. »Gibt wohl was Besonderes im Video?«

»Die Präsidentenwahl.« Der Barkeeper hielt ihm einen Telefonhörer hin. »Für Sie, Mister Tiny. Napoleon.«

»Maggy Stahlheimer hat angerufen«, tönte Napoleons Stimme so laut, dass Timothy den Hörer ein Stück vom Ohr abhalten musste und der Barkeeper bequem mithören konnte. »Um achtzehn Uhr fünf. Sie bittet dringend um Hilfe. Ich soll bestellen: John hat den Verstand verloren.«

»Warum hast du nicht weiterverbunden?«, fragte Timothy ärgerlich.

»Ich wollte nicht den Sonnenuntergang stören. Ich fragte sie, ob es noch eine halbe Stunde Zeit hätte, da sagte sie ja.«

»Ruf an und sage, ich komme.«

»Ich habe mir gestattet, schon ein Aerotaxi zu bestellen und sie im ›Texas‹ zu avisieren. Ich nahm an, Sie würden bei John F. Stahlheimer eine Ausnahme machen.«

»Okay, Ende«, brummte Timothy und reichte den Telefonhörer zurück.

»Es steht mir sicher nicht zu«, meinte der Barkeeper,

»aber manchmal denke ich, dass Sie Ihrem Napoleon zu viel Freiheit einräumen.«

Timothy legte eine Münze auf den Tisch. »Ja, manchmal denke ich das auch.«

2.

Ein Riese in der Uniform der Safemen baute sich vor Timothy auf, als er aus dem Lift stieg, der ihn von der Haltestelle des »Texas« in die Empfangshalle im 800. Stock heruntergebracht hatte. Er legte die linke Hand grüßend an den Helm, die rechte lag auf dem Kolben seines Rayvolvers.

»Mister Truckle? Colonel Hanks erwartet Sie. Dort, bitte.« Er zeigte auf eine erhöht stehende gläserne Box.

Der Chef-Safeman des »Texas« wirkte neben seinem Untergebenen wie ein Halbwüchsiger. »Freue mich, Sie kennenzulernen«, schnarrte er. »Habe schon viel von Ihnen gehört, Mister Truckle. Nun ja, Sie sind schließlich einer der Größten in unserem Metier, wenn ich mal so sagen darf.«

»Sie dürfen.« Timothy sah sich um. Trotz der späten Stunde standen vor allen Schaltern Leute, um sich anzumelden; hinter den schuss- und strahlensicheren Scheiben des Innenraumes warteten zwei Dutzend Besucher darauf, dass man sie abholte. Neben jede der Türen waren zwei baumlange Safemen postiert, andere patrouillierten durch die Halle, obwohl der Raum elektronisch überwacht wurde.

»Sie treiben entschieden mehr Aufwand als bei uns im ›Nebraska‹, sagte Timothy.

»Wir sind hier ja auch in Texas.« Hanks lachte polternd. »Im Ernst, Mister Truckle, hier wohnen nur VIPs*, Wissenschaftler und Staatsbeamte, da sind außerordentliche Maßnahmen schon angebracht. Ich würde mich glücklich schätzen, wenn ich Ihnen unser Sicherheitssystem vorführen dürfte; es ist das beste von allen Skyscrapern. Ich wette

* VIP = Very Important Person, eine im 20. Jahrhundert zuerst von Luftfahrtgesellschaften eingeführte Bezeichnung für bevorzugt zu behandelnde Personen.

tausend Dollar gegen einen alten Hut, dass auch Sie keine Lücke finden werden.«

»Einverstanden«, sagte Timothy. »Aber lassen Sie mich zuerst zu den Stahlheimers bringen. Vielleicht von dem da?« Er zeigte mit dem Daumen über die Schulter. »Er scheint mit der größte zu sein.«

»Der zweitgrößte, wir haben noch einen von zwei Meter vierzig.« Hanks winkte zu seiner Box, vor der ein Safeman wartete, offensichtlich der kleinste von allen. »Ich hatte eher an Riston gedacht.«

»Ich bedanke mich für Ihre Aufmerksamkeit«, sagte Timothy, »aber wennschon, dennschon.«

Timothy registrierte schmunzelnd, wie der Goliath ein paar Schritte zurückblieb, wieder aufholte, erneut zurückfiel, während sie durch die Halle und einen langen Flur gingen; plötzlich blieb er stehen. »Es tut mir leid, dass ich Ihnen so viel Mühe mache, Safeman.«

»Das ist mein Job«, antwortete der.

»Ja, aber ich bringe Sie in Schwierigkeiten, nicht wahr? Wenn Sie den vorgeschriebenen Abstand einhalten, können Sie entweder zu mir herunterblicken oder die Umgebung im Auge behalten, wenn Sie aber beides zugleich sehen wollen, müssen Sie so weit hinter mir bleiben, dass es gegen die Dienstvorschrift verstößt.«

»So ist es.«

»Zuweilen hat es auch Nachteile, so groß zu sein, was?«

»Vor allem in den Fahrstühlen. Und in den Aerobussen natürlich.«

»Und bei den Frauen?«

»Nee, da nicht. Frauen gibt's genug, die was Imposantes mögen.« Er entblößte ein lückenloses Valladiumgebiss. »Für Sie auch, Mister?«

Timothy hob die Hände.

Der Goliath schüttelte mitleidig den Kopf. »Sie haben's bestimmt schwerer als unsereins. Hätt' gar nicht gedacht, dass es noch so kleine Leute gibt.« Er dirigierte Timothy zu einer Nische und hielt seine Hand vor das Relaisauge; die Tür glitt zur Seite und gab einen kleinen, kahlen Raum frei. Timothy trat unaufgefordert ein.

»Dies ist eine vorsorgliche Untersuchung«, sagte eine freundliche Frauenstimme. »Bitte wenden Sie sich zur roten Wand, einen Moment bitte, danke. Und nun zur blauen Wand, einen Moment bitte –«

Auch die Fahrstuhltür wurde durch Handauflegen geöffnet. »Sind die Türen auf Körperwellen programmiert, oder benutzen Sie einen Documenter?«, erkundigte sich Timothy.

Der Safeman zeigte das Plastplättchen, das in seiner Innenhand klebte. »Haben nur wir. Selbst die Mieter kommen nicht ohne uns rein oder raus.«

Maggy Stahlheimer wartete im Vorraum ihres Appartements. »Oh, Tiny«, sagte sie überglücklich, »dass du gekommen bist! Ich weiß doch, wie du –«

»Bei einem Freund muss man auch mal eine Ausnahme machen«, brummte Timothy. Er drehte sich zu dem Safeman um. »Danke schön, Sie können gehen.«

»Die Quittung«, erinnerte der. »Nummer siebenhundertdreiundvierzig.«

Maggy Stahlheimer drückte die Taste des Communicators. »Nummer siebenvierdrei hat den Besucher abgeliefert.«

»Zwanzig Uhr dreizehn, siebenundzwanzig«, ergänzte die Stimme der automatischen Zeitansage. Der Safeman legte die Hand an den Helm und verschwand.

3.

John F. Stahlheimer schien zu schlafen. Er atmete ruhig und gleichmäßig. Die Kontrolltafel am Kopfende des Krankensessels zeigte eine nahezu perfekte Übereinstimmung zwischen den berechneten Idealkurven und den realen Werten. Aus dem Mundwinkel kroch ein dünner Speichelfaden. Maggy Stahlheimer bat die Pflegerin, sie allein zu lassen. Sie nahm ein Tuch aus dem Korb an der Armlehne und wischte den Speichel fort.

»Schluck, John«, sagte sie leise, und der Kranke schluckte. »Leg deinen Kopf gerade. Öffne die Augen. Wir haben Besuch. Erkennst du ihn?«

»Ja, ich erkenne ihn«, antwortete Stahlheimer laut und deutlich.

»Wer ist es, John?«

Keine Antwort. Timothy beugte sich zu ihm hinunter. »Erkennst du mich, Johnny? Ich bin es, Timothy.«

»Ja, du bist es.«

Timothy trat einen Schritt zur Seite. Stahlheimers Blick folgte ihm nicht. »Johnny!«, schrie Timothy und ließ seine Hände vorschnellen, bis die Fingerkuppen nur noch wenige Millimeter vor Stahlheimers Augen waren. Die Lider schlossen sich nicht.

Stahlheimer hatte nicht für den Bruchteil einer Sekunde gezuckt oder den Kopf bewegt. Timothy zog Maggy hinaus.

»Die Ärzte wissen nicht, was es ist«, erklärte sie. »Er sitzt da, stiert vor sich hin, rührt keinen Finger, sagt kein Wort. Wenn man ihn fragt, antwortet er, und wenn man ihm etwas sagt, tut er es. Aber nichts von selbst. Nichts!«

»Seit wann?«

»Seit acht Wochen. Er wurde von den besten Ärzten untersucht. Heute habe ich ihn aus der ›Mayo-Klinik‹ geholt. Einer der Ärzte meinte, es gäbe vielleicht eine Chance, eine winzige, wenn man herausbekommen könne, was John getan hat, bevor dieser Schock einsetzte.«

»Hat er das Gedächtnis verloren?«

»Nein. Kollegen aus seinem Institut haben ihn getestet, er kann die kompliziertesten Fragen beantworten. Er weiß alles. Aber er reagiert nur noch, wenn man es ihm sagt. – Einmal habe ich ihm drei Tage lang nichts zu essen geben dürfen. Die Ärzte hofften, das würde vielleicht den Schock lösen; der Körper würde sich gegen die Blockade zur Wehr setzen.« Sie schluchzte. »Er wäre verhungert, Tiny! Du weißt doch, wie gerne er Heidelbeertorte isst. Sie hat vor ihm auf dem Tisch gestanden, aber er hat sie nicht angerührt. Erst als ich ihn fragte, ob er nicht Hunger habe, sagte er ja. Dann musste ich ihm jeden Bissen in den Mund befehlen. Mach den Mund auf, John. Kau, John. Schluck, John. Er ist wie ein kleines Kind, nein, er macht sich nicht einmal in die Hose, wenn man vergisst, ihn zur Toilette zu bringen. Er ist wie – wie ein Automat!«

Timothy nahm ihre Hand und streichelte sie.

»Nebenan wartet Professor Lexington, Johns Chef im Institut. Ich dachte, du würdest ihn sprechen wollen.«

»Und ob«, knurrte Timothy, »und ob!«

»Hallo«, sagte Lexington, als hätten sie sich erst gestern gesehen. »Scheußlich, nicht wahr?«

»Sehr scheußlich.« Timothy sah ihm fest in die Augen. »Ist das bei Ihnen passiert, Professor?«

»Nein, nicht bei uns.«

»Ich würde es herausbekommen.«

Lexington nickte. »Ich erinnere mich an Ihre Hartnäckigkeit, Mister Truckle. Doch in diesem Fall sind wir Verbündete. Sie sollen alle Hilfe bekommen, jede Information; soweit es diese Untersuchung betrifft, natürlich. Sie wissen, ich bin an die Sicherheitsbestimmungen gebunden, wir arbeiten schließlich in einem staatlichen Forschungsinstitut. Aber das hat hiermit gar nichts zu tun.«

»Davon müssen Sie mich erst überzeugen.«

»Stahlheimers letzte Arbeiten sind allesamt öffentlich zugänglich.«

»Vielleicht geht es nicht um vergangene, sondern um künftige Forschungen?«

»Sein Ausfall bedeutet nichts für uns, absolut nichts.«

»Wie das?«

Maggy antwortete für Lexington. »John sollte in den Ruhestand, er hatte nur noch seine Unterlagen auszuschlüsseln. Und er war froh darüber. Seit Wochen hat er nur noch davon gesprochen, wie glücklich er sei, sich endlich ganz seinem Hobby widmen zu können.«

»Immer noch die alten Indianer?«

»Er hat eine Lizenz für Ausgrabungen im ehemaligen Navajo-Gebiet bekommen.«

»Woran hat er zuletzt gearbeitet?«, fragte Timothy den Professor.

»Das war nicht mal ein Unternehmen der Vertraulichkeitsstufe: die Verbesserung seiner Anästhesie-Methode. John war auf eine Möglichkeit gestoßen, seine alte Erfindung auszubauen. Wir haben ihm in Anbetracht seiner Verdienste, und da er ohnehin bald ausscheiden sollte, gestattet, sich ganz dieser Aufgabe zu widmen. Ich habe dafür gesorgt, Mister Truckle, ich war sein Freund.«

»War?«

»Ich bin es natürlich immer noch«, korrigierte sich Lexington. »Ja, Sie haben recht, wir dürfen von ihm nicht wie von einem Toten sprechen. Aber Sie wissen doch, in unserem Institut liegen Dutzende lebender Leichname, Körper, die nur durch Maschinen am Leben erhalten werden, Leute, die ihr Bewusstsein längst verloren haben –«

»Ich weiß«, unterbrach Timothy böse, »und Sie wissen, was ich davon halte.«

»Wir werden uns da nie einigen können. Ich wollte nur erklären, warum ich die Vergangenheitsform wählte. Eine Angewohnheit aus dem Institut, denn diese Körper sind doch keine Lebenden mehr, nur Objekte, Experimentiermaterial, und John –«

»Johnny auch?«, fragte Timothy.

»Ich weise den Verdacht, der in Ihrem Tonfall liegt, auf das Entschiedenste zurück!« Lexingtons Gesicht lief rot an. »Wir haben nicht mit ihm experimentiert. Ich selbst habe John an jenem Abend an der Carnegie-Hall abgesetzt, da war er völlig in Ordnung. Außerdem war er anschließend bei diesem Doktor Selbrik. Es ist nicht bei uns im Institut passiert.«

»Okay«, sagte Timothy, »ich will Ihnen glauben. Aber Sie werden nicht behaupten wollen, dass Ihr Institut das einzige staatliche Unternehmen ist, in dem es nicht vorkommt, dass ausscheidenden Mitarbeitern das Gehirn gewaschen wird.«

»Das sähe anders aus. John besitzt ja sein Gedächtnis. Außerdem hat er seit zwei Jahren an keinem Geheimprojekt mehr gearbeitet. Eine Löschung wäre also völlig sinnlos.«

»Es gibt so viel Sinnloses auf dieser Welt«, murmelte Timothy. Er hatte die Finger auf die Lehne seines Sessels gelegt und ließ sie wippen. Maggy und der Professor sahen ihm verwundert zu.

»Offensichtlich ist es auch keine Krankheit«, fuhr Lexington fort. »Wir haben nicht nur die Unterlagen aus den Staaten durchforscht – wir dürfen mit DRAUSSEN in Verbindung treten; wenn der Antrag genehmigt wird, versteht sich, aber es gab keine Schwierigkeiten.«

Timothy blickte erstaunt auf. »Solch ein Aufwand für einen alten Mitarbeiter, der Ihnen nichts mehr bedeutet?«

»Wir hatten es schießlich mit einer völlig neuen Erscheinung im Gehirn zu tun. Das konnte im Staatsinteresse sein. Wir haben also in den medizinischen Zentralstellen von denen da angefragt, doch weder in Paris oder Moskau, Conakry und Santiago kannte man einen derartigen Fall.« Lexington trommelte nervös mit den Fingern. »John ist sofort nach dem, sagen wir, Unfall untersucht worden. Bis auf seine angegriffene Leber waren alle Organe ohne Befund. Blut und Kreislauf, Mageninhalt und Stoffwechsel okay. Gehirnströme unverändert. Keinerlei Mikroorganismen. Keine Rückstände irgendwelcher Chemikalien, keine Drogenwirkung, keine Anzeichen von Gewaltanwendung.«

»Strahlen?«, fragte Timothy.

»Das wäre eine Erklärung. Doch was für Strahlen? Nichts Bekanntes, das steht fest. Wir dachten, er sei vielleicht auf dem Nachhauseweg irgendwo von einem außer Kontrolle geratenen Strahlenbündel getroffen worden, aber die Strecke ist ein paar Mal abgesucht worden. – Wir sind jeder Möglichkeit nachgegangen und haben nichts entdeckt.«

»Sie haben an jenem Abend noch mit ihm gesprochen?«

»Ich musste für eine Woche nach Washington und wollte mich von ihm verabschieden. Ich wollte ihm mitteilen, dass er aus der staatlichen Überwachung entlassen sei, und fragen, ob er Unterlagen aus dem Institut mitnehmen wollte; ich hätte das genehmigen müssen.«

»Wollte er?«

»Nein. Den Rest seines Lebens, so sagte John, wolle er nichts mehr mit Gehirnen zu tun haben. Er erzählte begeistert von seinen archäologischen Plänen, und er bedankte sich noch einmal, dass ich es ihm ermöglicht hatte, seine Anästhesie-Methode zu vervollkommnen. So habe er sein Lebenswerk krönen können.«

»Berichten Sie mir von seiner letzten Arbeit.«

»Das ist mit ein paar Worten geschehen. Sie wissen sicher, dass man durch die Stahlheimer-Methode eine ganze Reihe von Operationen durchführen kann, ohne die Patienten mit Drogen zu betäuben. Man schaltet die betreffenden Schmerzzentren durch Elektrohypnosie aus. Das Problem ist, auf das My genau zu wissen, wo die einzelnen Schmerzzentren lokalisiert sind. John hat die letzten Jahre nur noch daran gearbeitet, die weißen Flecke von den Karten des menschlichen Gehirns zu tilgen.«

»Ist es ihm gelungen?«

»Soweit es die Schmerzzentren betrifft, ja. Aber es bleiben noch genügend Ecken, in die wir nicht einmal hineinschauen können.«

»Gott sei Dank!«, entfuhr es Timothy.

»Deshalb wurde sofort ein Untersuchungsstab gebildet«, fuhr Lexington fort. »Denn was John zustieß, war außergewöhnlich und für die Wissenschaft hochinteressant. Sehen Sie, Mister Truckle, es handelt sich nicht um einen lokalisierbaren Defekt. Es betrifft alle Teile des Gehirns, zugleich aber auch nicht, denn es gibt dabei keinen Bereich, der wirklich ausgefallen wäre. Es ist einerseits eine teilweise, andererseits eine totale Blockade – nach unserem bisherigen Wissen etwas Unmögliches. Deshalb der Aufwand. Leider vergeblich.« Lexington hob resignierend die Schultern.

»Das Institut hat John aufgegeben«, sagte Maggy bitter.

»Nur einstweilen«, erwiderte Lexington. »Vielleicht, dass später einmal – man kann nie wissen.« Lexington drehte sich wieder Timothy zu. »Ich wünschte wirklich, Sie hätten Erfolg, aber ich glaube nicht, dass Sie ihm helfen können. Wir haben alle Möglichkeiten ausgeschöpft.«

»Dann muss ich es eben mit dem Unmöglichen versuchen«, sagte Timothy.

4.

»Wir fanden ihn kurz nach Mitternacht«, berichtete Colonel Hanks. »Da kam eine Korona junger Leute, high wie der Mount Everest, wahrscheinlich hatten sie ›Speeddream‹ geschluckt; wir konnten sie kaum unter Kontrolle halten.«

»Hausbewohner?«

»Nein, sie gehörten ins ›Washington‹. Ich war froh, als wir sie endlich abgeschoben hatten.«

»Aber Sie haben die Namen?«

»Sinnlos, die zu befragen. Die würden sich nicht mal erinnern, wenn sie ihre eigenen Mütter erwürgt und am Spieß geröstet hätten.«

»Könnte Stahlheimer mit denen gekommen sein?«

»Nein, das wurde schon festgestellt. Der Pilot von dem Aerotaxi konnte sich genau erinnern. Es waren neunzehn, und sie wollten nicht warten, bis noch ein Taxi kam; schließlich hat er einem für ein Trinkgeld erlaubt, sich in den Gang zu setzen. Außerdem gibt's Zeugen am Square, dass nur diese bedropte Bande dort eingestiegen ist.«

»Stahlheimer saß hier im Sessel?«

»Dort.« Hanks zeigte auf einen fledermausfarbenen Sitz neben den Lifts. »Als die Gesellschaft hier raus war, entdeckte ihn einer meiner Leute. In der fraglichen Zeit hatte kein anderes Aerotaxi das ›Texas‹ angeflogen. Er muss also mit dem planmäßigen Aerobus gekommen sein.« Hanks lächelte selbstzufrieden. »Bei uns werden die Straßenzugänge bei Einbruch der Dunkelheit geschlossen und die Metrozugänge auch. Wer im ›Texas‹ wohnt, ist wohlhabend genug, sich den Aerobus oder ein Taxi leisten zu können. Die Automaten haben einwandfrei funktioniert.«

Timothy ließ sich in der Kommandobox das Sicherheitssystem erläutern. Das »Texas« war mit den neuesten Apparaturen ausgerüstet und durch raffinierte Redundanzschaltung zusätzlich gesichert.

»Nun, habe ich zu viel versprochen?«, fragte Hanks triumphierend.

»Sie sollen meinen alten Hut haben.«

»Ich werde ihn in unser Museum tun«, erklärte Hanks bierernst, »der Hut von Mister Truckle –«

»Ein Museum?«, unterbrach ihn Timothy.

»Ich lasse alles sammeln, was irgendwie mit dem Sicherheitsdienst unseres Hauses zusammenhängt.«

Es war eine monströse Sammlung: Schuß- und Strahlenwaffen aller Art und Kaliber, Sprengsätze, von einer Glasaugenimitation bis zur transportablen Atombombe, chemische und biologische Waffen, hochkompliziertes Diebeswerkzeug, aber auch ein Blasrohr mit vergifteten Pfeilen, eine Flasche, die aussah, als enthielte sie nur klares Wasser, die aber, wie Hanks versicherte, beim Öffnen eine Gaswolke ausstoßen würde, mit der man drei Etagen ausräuchern könnte – sieben lange Reihen gläserner Vitrinen, und die achte war bereits angefangen. Timothy ließ sich Zeit beim Studium der Exponate, las sorgfältig die Beschriftungen und nickte immer wieder; Hanks folgte ihm mit stolzgeschwellter Brust.

»Nun?«, fragte er, als sie den Rundgang beendet hatten.

»Beachtlich, sehr beachtlich«, lobte Timothy. »Doch was soll dieses merkwürdige Sammelsurium?« Er trat an eine Vitrine in der Ecke.

Da lagen Gebisse neben einem Infrarotauge und zwei Bällen aus Iridium, ein mit Brillantsplittern besetztes Nachtsichtgerät von »Tiffany« neben einem »Ohrwurm«, einem der billigen Sprechfunkgeräte, wie sie in den Warenhäusern verramscht wurden, goldene Ringe neben Spielzeugpistolen, ein Hufeisen, eine Armprothese, Smogmasken aller Art, Materialproben, Konserven, verbogene Münzen –

»Das ist unsere Ramschvitrine«, erklärte Hanks. »Es sind eigentlich nur Fundsachen, doch solche, die uns auf die eine oder andere Art Mühe gemacht haben oder die unter merkwürdigen Umständen gefunden wurden. Diese Münze zum Beispiel –«

Timothy bedankte sich schnell für die Führung durch das »Texas«-Museum und bat Hanks, den Safeman zu rufen, der Stahlheimer gefunden hatte.

»Zuerst dachte ich, er sei mit den Bedropten gekommen«, berichtete der. »Er machte genau den Eindruck von einem, der irgend so 'n Zeug geschluckt hat. Ich hab'n durchsucht, da fand ich seinen Documenter. Na, hab ich in der Zentrale nach 'm Namen und der Wohnungsnummer gefragt und hab durchrufen lassen; seine Frau hat schon geschlafen.«

»Laut automatischer Registratur wurde die Appartementtür an jenem Tag nur zweimal geöffnet«, schaltete sich Hanks ein, »einmal, als Stahlheimer früh ging, das zweite Mal, als Lebensmittel gebracht wurden.« Er winkte seinem Mann zu.

»Na, ich hab gefragt, ob ich den Alten runterbringen soll oder ob sie 'n sich selbst holt. Nee, ich soll 'n bringen. Aber er hat sich nicht gerührt, nicht mal die Augen aufgemacht. Da hab ich 'n mir über die Schulter legen lassen und hab 'n nach unten gebracht; bis in sein Bett. Mehr weiß ich nicht.«

»Haben Sie mit ihm gesprochen?«

»Mit dem? Das hätt' doch keinen Sinn gehabt, das konnte man ja auf den ersten Blick sehen.«

5.

Smiley Hepburn meldete sich, als Timothy gerade frühstückte. »Du führst ein Leben«, knurrte er, »bis Mittag im Bett, und in was für einem, während unsereiner sich die Hacken schieflaufen muss. Was ist los? Brauchst du wieder mal Hilfe? Hoffentlich nicht sofort, ich habe gerade –«

»Vergiss es«, fiel Timothy ihm ins Wort. »Ich habe dich bereits bei Professor Lexington und der Polizei avisiert. Putz deine berühmte Nase, noch nie hatte ich sie so nötig wie diesmal. Ich will einem Freund helfen, aber ich habe keine Ahnung, wonach wir suchen müssen.«

Nach dem Frühstück rief Timothy bei Doktor Selbrik an. Selbrik erwies sich als ein korpulenter Mittvierziger. Eitelkeit schien nicht seine Schwäche zu sein; er trug einen Pullover in verwaschenem Grau und zeigte ungeniert seine Halbglatze.

»Sie sind der Letzte, der vor dem Unfall mit John F. Stahlheimer gesprochen hat«, begann Timothy, »und Sie haben am nächsten Tag bei ihm angerufen und sich nach seinem Befinden erkundigt. Warum? Hatten Sie Grund zu der Annahme, dass es ihm nicht gut gehen könnte?«

»Ich will nicht drum rumreden«, antwortete Selbrik. »Ich hatte ein schlechtes Gewissen; jetzt natürlich noch mehr. Ich hätte ihn nicht gehen lassen sollen.«

»Wieso, war er im Rausch?«

»Stahlheimer nicht, ich.« Selbrik machte den linken Unterarm frei und zeigte den goldfarbenen Streifen, der sich über der Vene hinzog. »Ich bin ein ›Hollylove‹-Fixer, vielmehr, ich war es. Seit ich weiß, was Stahlheimer zugestoßen ist, mache ich eine Entziehungskur, und ich werde das Zeug nie wieder anrühren.« Er schluckte. »Wenn ich an jenem Abend nicht so voll gewesen wäre, hätte ich darauf bestanden, dass Stahlheimer sich ein Taxi nahm, und nie zugelassen, dass er zu Fuß ging.«

»Zu Fuß?«, fragte Timothy, als wüsste er es nicht längst.

»Es war Wahnsinn. Aber Stahlheimer sagte, er mache jeden Abend einen Spaziergang, er kenne die Gegend wie seine Westentasche. Und schließlich habe er seinen Schatten, der könne ruhig mal zu tun bekommen.«

»War er völlig okay, als er Sie verließ?«

»Ich glaube, schon. Genau kann ich es natürlich nicht sagen, Sie verstehen?« Selbrik wies auf seinen Arm. »Der Wachmann unseres Viertels hat gesagt, Stahlheimer habe einen völlig normalen Eindruck gemacht, als ich ihn zum Tor brachte.«

»Warum hat der Wachmann nicht protestiert, als Stahlheimer zu Fuß gehen wollte?«

»Er hat, glaube ich, doch Stahlheimer hielt ihm seinen Dienstausweis unter die Nase. Schließlich ist er IQ.«

»Woher kennen Sie Stahlheimer?«

»Aus der ›Carnegie-Hall‹. Stahlheimer spielte dort jeden zweiten Mittwoch.«

»Ja, ich weiß, Cello. Sie auch?«

Selbrik lachte auf. »Ich könnte kaum Spaß daran finden, mit diesen alten Dingern Geräusche zu machen; ich interessiere mich für Kompositionsautomaten. Unsere Bekanntschaft begann mit einem Streit. Stahlheimer behauptete, Computer würden nie richtig Musik komponieren können; es fehle ihnen das Wichtigste, die Seele. Ich widersprach natürlich, schließlich bin ich Intellektroniker. Ich erzählte ihm von meinen Arbeiten, und er begann sich dafür zu interessieren. Wir haben uns dann ein paar Mal getroffen. An jenem Mittwoch habe ich ihn an der ›Carnegie-Hall‹ abgeholt, wir sind zu mir gefahren. Ich habe ein kleines Labor in meinem Haus, nichts Bedeutendes, doch es erlaubt mir Versuche mit Communicationskreisen. Ich wollte Stahlheimers

Meinung hören, aber er wirkte wie abwesend; als beschäftigte er sich mit einem Problem.«

»Sagte er, mit welchem?«

»Nein. Wir haben Musik gehört, er trank ein Tonic, ich nahm meine Dosis ›Hollylove. Dann ist er gegangen.« Selbrik kniff die Lippen zusammen. »Ich mache mir solche Vorwürfe. Werden Sie ihm helfen können?«

»Die Chancen sind nicht sehr groß«, sagte Timothy.

Sie standen noch weitaus schlechter, als Timothy befürchtet hatte.

Der Dirigent des Oldtime-Orchesters in der ›Carnegie-Hall‹ beteuerte, dass Stahlheimer zur Zeit des Konzerts völlig in Ordnung gewesen sein musste.

»Gerade beim Cello«, sagte er, »würde man es sofort bemerken; die Stimmung des Musikers überträgt sich auf seine Art zu spielen.«

Lexington bestätigte, dass Stahlheimer oft zu Fuß nach Hause gegangen war. »Natürlich nur bei Tageslicht und auf den gesicherten Straßen. Aber wer weiß, was ihn an diesem Tag beschäftigt hat, es war ja so gut wie der Abschiedstag nach fast vierzig Jahren Arbeit.«

»Und Sie hatten ihm gesagt, dass er keinen Schatten mehr besaß?«

»Vielleicht war er schon so in seine Navajo-Pläne vertieft, dass er nicht richtig zugehört hat.«

Smiley brauchte eine Woche, bis er seine Recherchen abschloss. Ohne den Funken eines Ergebnisses.

»Der Wachmann bei Selbrik bleibt dabei, dass Stahlheimer bei vollem Verstand und allein weggegangen ist, und ich glaube ihm.« Smiley grinste. »Er blieb auch bei hundert Dollar in die Hand und der Aussicht auf weitere tausend Dollar für einen Hinweis dabei. Ich habe die beiden Stewardessen des Aerobus aufgetrieben. Ein hilfloser alter Mann hätte ihnen auffallen müssen, sie können sich aber an nichts dergleichen erinnern. Außerdem hat Stahlheimer mit seiner Kreditkarte bezahlt. In dem Zustand, in dem er sich jetzt befindet, könnte er das nie und nimmer. Die Safemen, die in dieser

Nacht Dienst auf dem Halteplatz des ›Texas‹ hatten, haben außer der bedropten Gesellschaft nichts Ungewöhnliches bemerkt. Die Automatik hat in der fraglichen Zeit nur drei Fahrten zur Halle registriert, in den Fahrstühlen zehn und elf die Rauschbrüder; in Lift vier fuhr kurz danach ein einzelner Passagier. Das muss Stahlheimer gewesen sein. Neben der Tür dieses Lifts wurde er gefunden. Auf einem Stuhl.«

Timothy schüttelte verzweifelt den Kopf. »Heute könnte er sich nicht einmal allein hinsetzen. Er müsste also gesund aus dem Lift gekommen sein und sich –, warum sollte er sich in den Sessel setzen, wenn er sich wohl fühlte? Hast du den Lift untersucht, Smiley?«

»Wir haben ihn buchstäblich auseinandergenommen. Colonel Hanks hat mir ein paar von seinen Riesenbabys zur Verfügung gestellt. Er scheint übrigens einen Narren an dir gefressen zu haben. Weiter: Ich habe mir die Untersuchungsakte genau angesehen und die Angaben noch mal überprüft: Man hat wirklich alle Institute und Betriebe recherchiert, die in einem möglichen Winkel zu Stahlheimers Weg liegen, es gab offensichtlich keine wild gewordenen Strahlen, es sei denn, sie wären vom Himmel gefallen. Was nun, Tiny?«

»Wenn ich das nur wüsste! Ich würde meine Seele dem Teufel verpfänden, um Johnny zu helfen; aber leider gibt es in unserem aufgeklärten Zeitalter keine Teufel und keine Seelen mehr.«

6.

»Können Sie sofort in die dreizehnte Staatsklinik kommen?«, fragte Lexington, er schien völlig durcheinander zu sein. »Ich will mit der ganzen Sache nichts mehr zu tun haben. Habe ich ja auch nicht. Und es dürfte tatsächlich ein Fall für Sie sein, Mister Truckle. Sieht so aus, als habe jemand versucht, Stahlheimer umzubringen.«

Timothy musste einige Geduld aufbieten, bis er von Lexington erfahren hatte, was in der Klinik geschehen war.

Maggy Stahlheimer hatte ihren Mann zur wöchentlichen Leberspülung gebracht. Sie war nur für ein paar Minuten aus dem Zimmer gegangen. Als sie zurückkam, sah sie, wie sich das Gesicht ihres Mannes blau verfärbte. Wenige Minuten später, und es wäre zu spät gewesen. Jemand hatte die Anschlüsse des Geräts miteinander vertauscht.

»Ich habe schon die Polizei verständigt«, schloss Lexington. »Ein Inspektor Hopkins ist bereits unterwegs.«

»Ein Wunder von einem Polizisten«, erwiderte Timothy, »gründlich und unbestechlich. Was ist mit Stahlheimer, darf er nach Hause, oder muss er in der Klinik bleiben?«

»In ein, zwei Stunden ist er bestimmt transportfähig, aber glauben Sie, er wäre zu Hause sicherer aufgehoben?«

»Wie in Abrahams Schoß. Ich fahre sofort ins ›Texas‹ und spreche mit Colonel Hanks. Und dann mit Johnny.«

Es wurde ein seltsames Gespräch. Seltsam und anstrengend.

Timothy verbrauchte eine halbe Flasche Bourbon, um den Anblick des Häufchens Elend in dem Krankensessel zu ertragen und sich trotzdem konzentrieren zu können.

»Ist jemand ins Zimmer gekommen, Johnny?«

»Es ist jemand ins Zimmer gekommen.«

»Hattest du die Augen offen?«

»Ich hatte die Augen nicht offen.«

»Hast du Schritte gehört?«

»Ich habe Schritte gehört.«

»Die Schritte der Krankenschwester?«

»Ja, die Schritte der Krankenschwester.«

»Auch noch andere Schritte?«

»Auch andere Schritte.«

»Männerschritte?«

»Ja, Männerschritte.«

»Weißt du, wer der Mann war?«

»Ich weiß nicht, wer der Mann war.«

Nach einer halben Stunde gab Timothy es auf, ging ins Zimmer nebenan, legte sich hin und starrte stumm an die Decke. Dann befragte er Stahlheimer noch einmal nach dem Unfalltag.

»Du warst im Konzert, Johnny?«

»Ich war im Konzert.«

»Danach bist du zu Selbrik gegangen?«

»Danach bin ich zu Selbrik gegangen.«

»Hat er dich eingeladen, oder war das deine Idee?«

Keine Antwort.

»Du darfst ihm nur einpolige Fragen stellen«, sagte Maggy.

»John, hatte Selbrik dich eingeladen?«

»Selbrik hatte mich eingeladen.«

»Habt ihr über seine Arbeit gesprochen?«

»Wir haben über seine Arbeit gesprochen.«

»Und über deine auch?«

»Über meine auch.«

»Über die Anästhesie?«

»Nein, nicht über Anästhesie.«

Als Timothy das Gespräch abbrach, war er auch nicht schlauer als zuvor. »Wir wissen nicht, was wir fragen müssen«, stöhnte er, als er sich verabschiedete, »und wenn wir nicht die richtigen Fragen stellen, kann Johnny uns nicht sagen, was wir wissen müssen. Trotzdem bin ich zuversichtlich. Jetzt kann ich es dir ja gestehen, Maggy: Ich hatte nicht mehr geglaubt, dass ich ihm helfen könnte, nun aber sieht die Sache anders aus. Derjenige, der heute versucht hat, ihn umzubringen, ist auch an seinem Zustand schuld. Und ich werde ihn finden, das verspreche ich dir!«

Timothy Truckle kam schon am nächsten Tag wieder ins »Texas«.

»Wir haben einen Augenzeugen aufgetrieben, Maggy, jemand, der Johnny in jener Nacht gesehen hat.«

»Wer?«, fragte Maggy Stahlheimer aufgeregt.

»Ich habe versprochen, es nicht zu verraten. Ein Gangster. Er hat Johnny kurz hinter Selbriks Viertel entdeckt und ihn bis zur Haltestelle des Aerobus verfolgt. Doch er hat sich nicht getraut, ihn um sein Geld zu erleichtern, obwohl die Gegend menschenleer war. Er fürchtete, Johnny könne ein Polizeispitzel sein, ein Lockvogel, und als Johnny an der Haltestelle mit jemandem gesprochen hat –«

»Mit wem?« unterbrach sie ihn. »Weißt du das auch schon?«

»Deshalb bin ich gekommen. Unser Mann hat nicht hingesehen, aber er hat Johnny sprechen hören. Fragen wir ihn selbst, mit wem.«

Das Ergebnis war äußerst verwirrend.

»Hast du jemand an der Haltestelle getroffen?«

»Nein.«

»War niemand außer dir an der Haltestelle?«

»Niemand außer mir.«

»Hast du mit jemandem gesprochen?«

»Ich habe mit jemandem gesprochen.«

»Mit wem hast du gesprochen, Johnny?«

»Ja, mit wem habe ich gesprochen?«

»Es ist zum Heulen«, stöhnte Timothy. »Wenn wir nur die richtigen Fragen wüssten! Nicht wahr, Johnny, du könntest uns alles sagen.«

»Ja, ich könnte euch alles sagen.«

Bevor Timothy das »Texas« verließ, besuchte er Hanks und bat, noch einmal das Museum besichtigen zu dürfen.

»Irgendetwas spukt in meinem Gehirnkasten herum«, sagte er. »Ich kann es nicht packen, aber ich habe eine dunkle Ahnung, dass es mit Ihrer Sammlung zusammenhängen könnte. Vielleicht finde ich es, wenn ich es sehe.«

Er ging wie geistesabwesend an den Vitrinen entlang, Hanks immer einen Schritt hinter ihm. Schließlich stand Timothy lange vor der Vitrine mit den Fundsachen.

»Haben Sie entdeckt, was Sie suchten?«, fragte Hanks.

»Vielleicht.« Timothy zeigte auf den »Ohrwurm«.

»Aber das Ding liegt schon seit drei Jahren hier«, sagte Hanks erstaunt.

»Schon möglich.« Timothy legte die drei Finger auf die Platte der Vitrine und ließ Zeigefinger und Mittelfinger hochwippen.

»Und was hat das zu bedeuten?«, erkundigte sich Hanks.

»Ich weiß es nicht. Niemand scheint es zu wissen.«

Zu Hause holte Timothy sein Lieblingsglas hervor und putzte es sorgfältig, dann goss er sich einen großen, garantiert schottischen »Half and half« ein und setzte sich zu Napoleon. »Mir sitzt ein Floh im Ohr«, sagte er. »Nun wollen wir doch mal sehen, was du in deinem Gehirnbauch hast.« Er drückte auf die Frei-Spiel-Taste. Das Rubinauge begann zu glühen, in Napoleon summte und brummte es. Timothy lehnte sich zurück, schlug die Beine übereinander und wartete geduldig drei Glas lang, bis Napoleon sich räusperte.

+ + 1. + warum sollte stahlheimer zu selbrik gesagt haben: sein schatten könne ruhig mal was für ihn tun + wenn stahlheimer überhaupt über seinen schatten gesprochen hätte, dann doch wohl, dass er keinen mehr hatte + n. + + +

»Nonsens«, knurrte Timothy. »Wenn Johnny mitbekommen hätte, dass er nicht mehr überwacht wurde, wäre er nie nachts zu Fuß gegangen. Er war nicht leichtsinnig. Hast du noch was?«

+ + 2. + warum hat selbrik widersprochen, als stahlheimer behauptete, computer würden nie richtig komponieren können, weil sie keine seele hätten? + siehe dazu Veröffentlichung zentralregister XII/17 aszu-brv/ccc/ nor. 5. 398. 330 + hier beklagt selbrik selbst, dass es unmöglich sei, computern eine seele zu geben + n. + + +

»Das ist eine interessante Frage«, sagte Timothy anerkennend. »Hast du noch was gefunden?«

+ + 3. + warum ging stahlheimer nachts spazieren, obwohl er nachtblind war? + n. + + +

Timothy griff sich an die Stirn. »Natürlich!«, schrie er. »Dass ich daran nicht gedacht habe!«

Er ließ sich in den Sessel fallen, sprang wieder auf, tigerte durch den Raum, nahm den Streifen in die Hand und trug ihn wie eine Prozessionskerze vor sich her, lief wie im Traum in die Küche, ins Bad, wieder zurück in das Arbeitszimmer; plötzlich strahlte er über das ganze Gesicht und boxte mit der Faust gegen Napoleons Bauch. Dabei hatte er die Wiederholungstaste ausgelöst. Napoleon spuckte sogleich einen neuen Streifen aus.

+ + 3. + warum ging stahlheimer nachts spazieren, obwohl er nachtblind war? + n. + + +

»Ja«, rief Timothy, »das soll Selbrik mir mal erklären!«

7.

Selbrik führte Timothy in ein geräumiges, auf den ersten Blick gemütlich wirkendes Zimmer, das mit Möbeln aus dem 19. Jahrhundert eingerichtet war, mit Imitationen, wie Timothy auf den zweiten Blick feststellte, und nicht einmal besonders guten.

»Ein Wässerchen?« fragte Selbrik. Während Timothy zusah, wie Selbrik die Flasche entsiegelte und eingoss, legte er die Finger auf die Tischplatte und ließ sie wippen. Selbrik murmelte etwas.

»Wie bitte?«, fragte Timothy.

»Ach, nichts. Mir fiel nur ein Kinderreim ein.«

»Hierzu? Das interessiert mich.«

Selbrik lächelte verlegen. »Ein alter, dummer Spruch: ›Streck dich, Bäumchen; krümm dich, Wurm; wehr dich, Söhnchen, doch bedenke – das erste Mal geht's, das zweite Mal schwer, das dritte Mal nimmermehr.‹ Oder so ähnlich. Aber Sie sind gewiss nicht gekommen, um Kinderreime zu hören.«

Timothy schob die Hände unter die Schenkel, er rutschte unruhig auf dem altmodischen, harten Stuhl hin und her, der nicht zu verstellen war, so dass Timothy den Boden nicht einmal berühren konnte, wenn er die Füße streckte.

»Sie hatten keine Ahnung, dass Stahlheimer nachtblind ist?«

»Nein. Warum?«

»Ich dachte es mir.« Timothy kostete von dem Wasser. »Ja, es ist nichts so fein gesponnen, es kommt doch ans Licht der Sonnen. Auch ein alter Reim. Aus der Zeit, als man die Sonne noch jeden Tag sehen konnte.«

»Ich verstehe nicht«, sagte Selbrik. »Was wollen Sie von mir?«

»O doch, Sie verstehen mich sehr gut. Ich will wissen, warum Sie Stahlheimer umbringen wollten.«

Selbrik lehnte sich zurück und lachte. »Warum sollte ich Stahlheimer umbringen?«

»Vielleicht verraten Sie es mir?«

Selbrik schüttelte mitleidig den Kopf. Er holte ein goldenes Döschen hervor, nahm eine pfauenblaue Pille heraus und schluckte sie. »Ich bin gespannt, wie Sie zu dieser absurden Verdächtigung kommen. Ich denke, es ist ein Unfall gewesen?«

»Das dachte ich ursprünglich auch. Ich suchte nichts anderes als einen Anhaltspunkt, der den Ärzten weiterhelfen könnte. Dann kam der Mordanschlag in der Klinik. Ihr Übereifer hat mich stutzig gemacht.« Timothy versuchte sich zurückzulehnen und wäre beinahe hintenübergefallen. Er registrierte wütend, wie Selbrik sich über seine unbequeme Lage amüsierte.

»Wer, so sagte ich mir, kann ein Interesse daran haben, einen alten, halbirren Mann umzubringen? Die Antwort ist einfach: Jemand, der sich durch Existenz dieses alten halbirren Mannes bedroht fühlt. Stahlheimer ist der lebende Beweis für ein Verbrechen. Für welches, Mister Selbrik?«

Selbrik sah ihn belustigt an. »Napoleon hat mich dann auf die richtige Spur gebracht.«

»Napoleon?«

»Mein Computer.«

»Ach so. Ihr Computer. Und der hat Ihnen sicher auch gesagt, dass ich Stahlheimer umbringen wollte, was?«

»Nein, das ist meine Idee.«

Selbrik lächelte.

»Napoleon ist auf die Frage gekommen, warum Stahlheimer nachts spazierenging, obwohl er nachtblind ist.«

»Was weiß ich? Stahlheimer ist spazieren gegangen, nicht ich. Und er hat unser Viertel allein und gesund verlassen. Fragen Sie doch die Beamten vom Staatlichen Überwachungsdienst.«

»Hat Stahlheimer Ihnen wirklich nicht verraten, dass er keinen Schatten mehr hatte? Ich glaube vielmehr, Sie wussten genau, dass er zum ersten Mal seit Jahren unbewacht herumlief; sonst hätten Sie nicht versucht, ihn auf diese Art umzubringen.«

»Sie sind phantastisch! Haben Sie sich schon mal als Kriminalschriftsteller versucht? Die Krimis im Video sind geradezu fade gegen Ihre Phantasie.«

»Gegen Ihre, Mister Selbrik, gegen Ihre.«

»Stahlheimer ist allein von hier weggegangen, dafür gibt es einen Zeugen, den Safeman.«

»Falls Sie noch einen Zeugen brauchen sollten, kann ich Ihnen helfen. Es hat sich jemand gefunden, der Stahlheimer bis zur Aerobus-Haltestelle gefolgt ist.«

Selbrik machte nicht gerade ein glückliches Gesicht.

»Kein idealer Zeuge, das muss ich einräumen, ein Berufsverbrecher. Er hielt Stahlheimer für einen Polizeispitzel, rührend, nicht wahr? Als ob unsere Polizisten scharf darauf wären, sich nachts auf den Straßen herumzutreiben.«

»Ich finde diese Idee gar nicht so unsinnig«, sagte Selbrik. »Immerhin ist es ungewöhnlich, wenn jemand –« Er biss sich auf die Lippen.

»Sprechen Sie ruhig weiter. Wenn jemand nachts allein spazieren geht? Ja, das ist nicht nur ungewöhnlich, es ist geradezu verrückt. Dazu am Regentspark vorbei! Aber Stahlheimer war doch, wie Sie behaupten, noch bei Verstand, als er Sie verließ, nicht wahr?«

Selbrik zuckte mit den Schultern.

»Ich denke mir, Sie haben schon auf dem Weg zum Tor gemerkt, dass er nachtblind ist, aber Sie mussten ihn loswerden.«

»Warum hätte ich ihn dann nicht hier umgebracht und eliminiert?«

»Weil sein Besuch registriert war. Er sollte so weit wie möglich von Ihrem Haus entfernt sterben. Und so natürlich wie möglich. Am besten war da ein Unfall. Vielleicht im Regentspark? Wie leicht kann dort ein alter Mann in den See fallen oder von einer der Klippen stürzen.«

»Und wie«, unterbrach Selbrik, »wie sollte ich Stahlheimer dazu bringen, in den Regentspark zu gehen, auf die Klippen zu steigen oder zum See zu laufen, ohne selbst das Haus zu verlassen?«

»Ja, wie?« Timothy machte ein Gesicht, als sei er ratlos. »Aus dem Haus musste er. Sie konnten keine Untersuchung riskieren. Man hätte herausfinden können, wie er in diesen Zustand geraten ist.«

»Wollen Sie behaupten, das sei bei mir passiert?«

»Ja, natürlich.«

Selbrik lehnte sich zurück und kreuzte die Arme über der Brust. »So was Komisches wie Sie, Mister Truckle, ist mir schon lange nicht mehr begegnet. Wie sollte Stahlheimer in diesem Zustand allein von hier fortgekommen sein?«

Timothy legte die Hände auf die Knie und ließ die Beine baumeln. »Das ist die entscheidende Frage. Und die Lösung. Das war ein geradezu genialer Einfall von Ihnen.«

»Sie wollten sicher sagen, von Ihnen, Mister Truckle.«

»Das auch. Ja, ich bin sehr zufrieden mit mir.« Timothy lächelte versonnen. »Dieser Gangster behauptet doch tatsächlich, Stahlheimer hätte an der Haltestelle mit jemandem gesprochen. Er habe den anderen nicht sehen können, weil er sich nicht so nahe herantraute, aber gehört – gehört will er es haben. Stahlheimer wiederum sagt, er habe niemanden getroffen. Er sei die ganze Zeit allein geblieben.«

Selbrik grinste. »Ja, wem wollen Sie nun glauben, dem Gangster oder dem Geistesgestörten?«

»Ich habe Stahlheimer daraufhin gefragt, ob er mit jemandem gesprochen habe, und er sagte ja. Mit wem wohl?«

»Vielleicht mit mir?«

»Genau. Und ich weiß auch wie. Stahlheimer hat auf dem ganzen Weg gesprochen. Das hat diesen Gangster auf die Idee gebracht, Johnny könne ein Spitzel sein, der sich über ein Sprechfunkgerät mit anderen Polizisten unterhielt.«

Timothy griff in die Tasche und holte einen »Ohrwurm« heraus. Selbrik streckte die Hand aus.

»Nehmen Sie es ruhig, es ist nur ein Duplikat. Das Beweisstück liegt im Museum.«

»Im Museum?«

»Ja, im ›Texas‹. Colonel Hanks, der Chef der dortigen Safemen, hat sich ein kleines Museum zu seinem Ruhm eingerichtet. Und zu Ihrem Pech.«

»Was soll dieser Unsinn?«

»Ich finde, das ergibt durchaus einen Sinn. Sie haben – warum und wie, lassen wir vorerst außer acht – Stahlheimer um den Verstand gebracht. Sie müssen ihn loswerden, aber Sie können ihn nicht einfach hier verschwinden lassen. Da haben Sie eine geradezu teuflische Idee. Sie wissen ja, in welchem Zustand Stahlheimer sich befindet, dass er aufs Wort gehorcht. Also setzen Sie ihm den ›Ohrwurm‹ ein und schicken ihn los. Es ist bekannt, dass er oft spazieren geht. Dass es diesmal schon Nacht ist, wird man als Spleen eines alten Mannes auslegen. Sie haben eine Erklärung, warum Sie ihn nicht daran hindern, Ihr angeblicher ›Hollylove-Rausch‹. Unterwegs wollen Sie ihn ferngesteuert verunglücken lassen. Was Sie aber nicht wissen: Er ist nachtblind. Er kann Ihnen nicht ausreichend Informationen geben. Er stolpert, stößt gegen eine Wand. Sie bekommen Angst, dass man ihn zu nahe an Ihrem Haus findet und die Spur doch noch zu Ihnen führt. Sie beschließen, ihn die ausgeleuchtete Straße entlang zu schicken, dirigieren ihn zur Haltestelle und dann nach Hause. Bei Ihnen, so beruhigen Sie sich, ist er gesund fortgegangen, dafür haben Sie einen Zeugen. Was immer ihm zugestoßen ist, man wird annehmen, es sei unterwegs geschehen. So gewinnen Sie Zeit. Sie brauchen nicht zu befürchten, dass er unterwegs redet; er spricht ja nur, wenn man ihn fragt. Und wer kümmert sich schon um einen alten Mann? Am ›Texas‹ lassen Sie ihn aussteigen. Haben Sie es eigentlich ständig wiederholt, oder hat ein Kommando genügt?«

Timothy sah Selbrik in die Augen, aber der verzog keine Miene.

»Nun gut. Sie dirigieren ihn in einen leeren Fahrstuhl. Wenn der Lift sich öffnet, so befehlen Sie ihm, soll er den ›Ohrwurm‹ herausnehmen, wegwerfen und sich in den nächsten Sessel setzen. Stahlheimer führt alles gehorsam aus. Und wenn Colonel Hanks nicht seinen Tick mit dem Museum hätte, wäre das kleine, billige Ding im Müll gelandet. Nun aber liegt es wohlbehütet im ›Texas‹. Mit Ihren und Stahlheimers Fingerabdrücken. Pech, Mister Selbrik!«

Selbriks Lächeln wirkte recht gequält. »Warum erzählen Sie das eigentlich mir? Warum gehen Sie nicht zur Polizei, wenn Sie sich Ihrer Sache so sicher sind?«

»Ich habe nicht die Absicht, zur Polizei zu gehen. Ich dachte an das Video. Das ist doch eine Bombenstory: ›Wissenschaftler macht Kollegen zum Roboter – Der Mann, der nachts spazieren ging – Doktor Selbrik, Genie oder Wahnsinn?‹ und so weiter. Stahlheimer ist populär, Tausende sind nach seiner Methode operiert worden. Man könnte eine Konferenz abhalten, auf der Stahlheimer vorgeführt wird. Oh, Mister Selbrik, mir wird noch allerhand einfallen, das verspreche ich Ihnen. Es sei denn –«

»Es sei denn, was?«, presste Selbrik heraus.

»Es sei denn, Sie sagen jetzt die Wahrheit. Ich will wissen, was geschehen ist. Das ist das Einzige, was mich interessiert.« Selbrik stützte den Kopf in die Hände. Timothy ließ ihm Zeit.

»Gut«, sagte Selbrik schließlich. »Sie sollen die ganze Wahrheit erfahren.« Er holte seine goldene Dose heraus und nahm eine Pille.

»Was schlucken Sie eigentlich andauernd?«, fragte Timothy. »Ein Entwöhnungsmittel gegen ›Hollylove‹.« Selbrik griff zur Wasserflasche. »Möchten Sie noch einen Schluck?«

»Nein, danke. Aber wenn Sie einen Whisky hätten. Und einen anderen Stuhl.«

8.

Sie gingen in das Nebenzimmer. Timothy ließ sich erleichtert auf einen Liegesessel fallen und stellte die Automatik ein; als der Sessel die Ideallage einnahm, grunzte Timothy zufrieden. »Manchmal«, sagte er, »liebe ich unser Jahrhundert richtig. Kaum auszudenken, wie man früher ein ganzes Leben auf so unbequemen Sitzgelegenheiten zugebracht hat.«

Selbrik brachte drei Flaschen zur Auswahl, Whisky war nicht dabei. Timothy entschied sich für Gin. Die Flasche war noch versiegelt, Timothy öffnete sie selbst und bestand darauf, dass Selbrik wenigstens einen kleinen Schluck nahm.

»Sie haben ziemlich genau erraten, wie es war«, begann Selbrik, »nur, ich wollte Stahlheimer nicht umbringen. Glauben Sie mir, ich wollte ihn von Anfang an nach Hause lotsen; ich wusste, die besten Ärzte der Staaten würden sich seiner annehmen.«

»Warum haben Sie ihn nicht hier abholen lassen?«

»Um die Spur zu verwischen! Ich brauchte eine Zeitspanne, in der das mit ihm geschehen sein konnte; aber es war ein Unfall, Mister Truckle, kein Verbrechen! Und was hätte es ihm genützt, wenn man mein Haus durchsucht hätte? Nichts. Es hätte jedoch sein Lebenswerk vernichtet.« Selbrik sah Timothy beschwörend an.

»Unsere Arbeit wäre nicht länger zu verheimlichen gewesen. Es ist Stahlheimers Idee, und ich habe nicht das Recht, die Entdeckung seines Lebens leichtfertig zu veröffentlichen; wir haben ja noch nicht einmal die Vorpatente angemeldet. Nein, ich musste die Spur verwischen, deshalb der Spaziergang.«

»Auf dem er zufällig umkommen konnte.«

»Ich hatte Stahlheimer die ganze Zeit unter Kontrolle. Im Notfall hätte ich eingegriffen.«

»Wie denn?«, erkundigte sich Timothy. »Von hier aus, den Leib voller ›Hollylove‹?«,

Selbrik winkte unwillig ab. »Die Spritze habe ich erst genommen, als Stahlheimer im ›Texas‹ war. Ich hätte ihm im Notfall den Auftrag erteilt, das Sprechfunkgerät einem anderen zu geben, mit dem hätte ich mich dann verständigen können.«

»Klingt ganz plausibel.«

Selbrik sah Timothy erleichtert an. »Nicht wahr, Sie glauben mir?«

»Was ist das für eine Entdeckung? Hängt sie mit Johnnys Anästhesiemethode zusammen?«

»Nein, Mister Truckle, etwas Neues, etwas absolut Neues, eine der sensationellsten Entdeckungen unserer Zeit, ach, was sage ich, aller Zeiten! Deshalb muss ich es geheimhalten, bis Stahlheimer wieder gesund ist oder bis ich unsere Arbeit allein abgeschlossen habe.«

»Was ist es?«, fragte Timothy unnachgiebig.

»Sie wissen, was ich riskiert habe, damit niemand es erfährt.«

»Wenn es nicht nötig ist, wird es niemand von mir erfahren, das verspreche ich Ihnen. Mich interessiert nur, wie Stahlheimer zu helfen ist.«

Selbrik sprang auf und tigerte durch den Raum. Schließlich stellte er sich vor Timothy, kreuzte die Arme über der Brust und sah ihn triumphierend an.

»Wir haben die Seele entdeckt.«

»Wie bitte?« Timothy war hochgeschnellt.

»Sie haben richtig gehört, die Seele! Keine Angst, das hat nichts mit Religion zu tun, im Gegenteil, es handelt sich um eine wissenschaftlich erfaßbare, sich materiell konstituierende Erscheinung.«

Selbrik dozierte mit halbgeschlossenen Augen in einem Tonfall, als stünde er vor der ›National Bord of Science‹.

»Sie wissen, dass noch lange nicht alle Bereiche und Prozesse des menschlichen Gehirns erforscht sind. Stahlheimer ist nun auf ein Phänomen gestoßen, auf eine hochfrequente singuläre Permutation, die von den bisherigen Apparaturen nur gelegentlich erfasst und bislang als Störfrequenz gewertet wurde. Wir konnten sie identifizieren und lokalisieren: Es handelt sich um einen in sich geschlossenen Kreis im Zwischenhirn.« Er lächelte Timothy an. »Ja, Mister Truckle, die Seele ist nichts als ein Wellenbündel, wenn auch ein sehr kompliziertes, ein Schwingkreis, der selbst nur eine geringe Feldstärke besitzt, der sich aber wie ein Rhythmus auf alle intellektronischen Vorgänge des Gehirns legt und ihnen eine individuelle Modulation aufprägt.« Er spreizte ein paar Mal die Finger. »Es ist nicht so einfach, das einem Laien zu erklären.«

»Wenn ich Sie richtig verstanden habe«, sagte Timothy, »handelt es sich um eine Art Grundmuster für die ganz persönlichen Strukturen des Denkens, Fühlens und Verhaltens.«

»Ja, so könnte man sagen, ein individuelles Muster, das sich über alle Prozesse des Bewusstseins und Unterbewusstseins lagert. Offensichtlich wird es im Laufe des Lebens erworben und ständig angereichert. Ich habe Messungen an Kleinkindern vorgenommen, da ist die Seele noch kaum ausgeprägt. Ich bin sicher, dass sie um so komplizierter wird, je intelligenter, gefühlsreicher und erfahrener jemand ist.«

Er unterbrach seinen Vortrag, um eine Pille zu schlucken.

»Man hat ja immer wieder versucht, etwas Derartiges zu

finden. Schließlich muss sich alles materiell konstituieren, auch die Individualität. Die verbreitetste Theorie zielt auf ein komplexes Zusammenspiel mannigfacher Gehirnprozesse, aber die Versuche, der Individualität mit der Kybernetik beizukommen, sind längst in einer Sackgasse gelandet. Man ist heute bei Formeln angelangt, die nicht mehr handhabbar sind, selbst wenn man die größten Elektronengehirne von DRAUSSEN zuschalten könnte. – Haben Sie eine Ahnung, was es bedeutet, wenn man die Individualität technisch handhabbar machen könnte?«

»Ich glaube, schon. Ich habe mich in den letzten Tagen auch ein wenig um die Probleme der Hirnforschung und der Intellektronik gekümmert, dabei bin ich auf eine interessante Abhandlung gestoßen.« Timothy schmunzelte. »Vielmehr mein guter, alter Napoleon; ich habe mir nur referieren lassen. Der Autor klagt darüber, dass selbst den kompliziertesten Automaten, obwohl sie in vieler Hinsicht dem Menschen weit überlegen seien, das Entscheidende fehle, um die Grenzen der Programmierung überschreiten zu können: Es fehle ihnen die unverwechselbare Individualität, aus der heraus erst Eigenschöpferisches erwachsen könne. So war es doch?«

»Etwas simpel formuliert, aber im Prinzip stimmt es.«

»Es war die Abhandlung eines Fachmanns«, sagte Timothy, »eines gewissen Doktor Selbrik.«

Selbrik nickte anerkennend. »Verstehen Sie jetzt, wie ich aufhorchte, als Stahlheimer mir anvertraute, er glaube, der Seele auf der Spur zu sein? Seine Seele und meine Automaten – das bedeutet eine Revolution der Technik!«

»Und Sie haben sie tatsächlich gefunden?«

»Wir sahen zwei Wege: einmal eine Seele zu analysieren und dann eine künstliche Seele nach diesem Modell zu schaffen, doch dazu scheint die gegenwärtige Wissenschaft noch nicht auszureichen; der zweite Weg: durch einen induktionsartigen Prozess ein identisches Außenfeld zu modulieren, ein Duplikat herzustellen. Leider erwies sich auch das als unmöglich.«

»Es wird also nichts mit der künstlichen Seele?«

»Nein.« Selbrik lächelte selbstzufrieden. »Dafür haben

wir etwas noch Größeres entdeckt. Man kann das Seelenmodul, wie Stahlheimer es nannte, abschöpfen.«

Timothy stellte sein Glas mit hartem Knall auf den Tisch. »Meinen Sie, einem Menschen die Seele abnehmen?«

»Es mag sich brutal anhören; es erinnert an die alten Märchen, nicht wahr? Aber es ist eine der grandiosesten Erfindungen aller Zeiten, die Erfüllung eines uralten Menschheitstraumes: die unsterbliche Seele! Wovon Tausende von Generationen träumten, worauf sich Weltreligionen und Weltreiche gründeten, ich habe es möglich gemacht. Nicht in einem imaginären Jenseits, an das Dummköpfe glauben mögen, sondern hier auf Erden. Der Mensch muss nicht mehr mit seiner sterblichen Hülle ins Nichts versinken. Er kann sein Ureigenstes, seine Individualität, weitergeben. An einen Automaten, eine Maschine, gewiss, aber wer weiß – wir stehen erst am Beginn einer neuen Epoche, die mit dieser Entdeckung eingeleitet wird –, vielleicht wird man einmal das kurze biologische Leben als ein, wie es die Religionen nannten, Durchgangsstadium zur Unsterblichkeit betrachten.« Selbrik hatte die Hände zur Decke gestreckt, als wolle er der Welt den Segen erteilen.

»Und wie«, fragte Timothy, »wollen Sie so eine Seele aufbewahren? Ich stelle mir das äußerst kompliziert vor.«

»Das ist relativ einfach.« Selbrik öffnete einen Wandsafe und entnahm ihm einen wie Titan schimmernden Zylinder. Er balancierte ihn auf der Hand wie die Zeusstatue in Washington die Erdkugel. »Das ist ein stabiler Frequentator, in dem sich das eingespeiste Seelenmodul unbegrenzt halten lässt.«

»Sieht eher wie eine gewöhnliche Konservendose aus«, murmelte Timothy. »In so was soll man nun seine Seele einsperren lassen?« Er tippte mit dem Finger gegen das kühle Metall. »Das Grab einer Seele.«

»Nicht das Grab«, protestierte Selbrik pathetisch, »die Unsterblichkeit!« Er stellte den Zylinder zurück in den Safe.

»Und Stahlheimer?« Timothy ließ den Namen wie etwas Verlorenes ausklingen.

»Ein Opfer der Wissenschaft, und ein besonders tragisches dazu; nicht weil es so mit ihm gekommen ist, sondern weil er sein Werk nicht vollenden konnte. Er wusste, dass sein Körper eines Tages eine seelenlose Hülle sein würde. Er wollte es. Sein Modul sollte die erste unsterbliche Seele sein. Er war zum Größten bereit, dessen ein Wissenschaftler fähig sein kann, zum Selbstversuch.«

»Und wo ist sein Vermächtnis?«

Selbrik lachte bitter. »Es gibt keins. Weil er das Opfer eines dummen, sinnlosen Zufalls wurde. In ein paar Monaten erst wären wir soweit gewesen. Er freute sich darauf, dass er unbelastet von den Mühen seines Jobs hier arbeiten könnte.«

»Ich dachte, er wollte ins Navajo-Gebiet.«

»Das war nur ein Vorwand. Hier –«, Selbrik öffnete die Tür zu einem großen, mit Apparaturen verstellten Raum, »hier wollte er arbeiten.«

Timothy ließ ihm den Vortritt. Selbrik zeigte auf einen Laborsessel inmitten eines Gewirrs von Geräten und Leitungen. »Dort ist es passiert. Stahlheimer wollte einen verbesserten Cephalographenhelm ausprobieren, dabei muss er den Defraktor ausgelöst haben. Ich fand ihn so, wie Sie ihn jetzt kennen. Es war ein Unfall, verstehen Sie?«

»Ja, ich verstehe«, sagte Timothy leise. Dann schrie er unvermittelt: »Selbrik!«

Selbrik fuhr herum und starrte auf den Rayvolver in Timothys Hand.

»Hände in den Nacken! Setzen!« Timothy wies auf den Laborsessel. »Keine Bewegung!« Timothy ließ die stählernen Halterungen der Sessellehnen über Selbriks Armen einschnappen.

»Ja, ich habe gut verstanden, Mister Selbrik. Sie sind nicht nur ein begabter Intellektroniker und messerscharfer Denker, sondern auch ein skrupelloser Phantast und ein unverschämter Lügner.«

9.

Timothy ließ sich einen Stuhl vor den Laborsessel fahren, an den er Selbrik gefesselt hatte. Als er die Hand der Pulttastatur näherte, schrie Selbrik auf. »Nichts anfassen!«

»Ich will einmal glauben, dass Stahlheimer die Seele entdeckt hat, obwohl sich alles in mir gegen diesen Gedanken sträubt, aber hätte er Ihnen seine Entdeckung ausgeliefert? Wäre er bereit gewesen, mit Ihnen daran zu arbeiten, die Seele handhabbar zu machen? – Johnny ist ein unverbesserlicher Menschenfreund, ein altmodischer Mann, der Spaziergänge schätzt und Käse aus richtiger Milch, der sich nicht scheut, auf einem Cello Musik zu machen, der sich tatsächlich darauf freute, im Navajo-Gebiet die Überreste eines von unseren Vorfahren ausgerotteten Volkes zu bergen, ein Mensch, der noch etwas von Würde und Verantwortung hält, der alles Lebende achtet. – Ich habe einmal gesehen, wie er eine Raupe von der Fahrbahn nahm und ins Gras setzte. Er musste den Superhighway überqueren, um das Gras zu erreichen, aber er tat es. Wenn Johnny irgendetwas auf dieser Welt verabscheut hätte, dann das – einem Menschen die Seele zu nehmen.«

»Was verstehen Sie schon von der Mentalität eines Wissenschaftlers«, keuchte Selbrik. »Wer so etwas entdeckt, der muss seinen Weg bis zum Ende gehen, und sei es ein bitteres.«

»Was verstehen Sie von der Verantwortung eines Wissenschaftlers«, erwiderte Timothy. »Die unsterbliche Seele – ich gestehe, das ist ein verlockender Gedanke; doch Johnny hätte weitergedacht und sofort die Folgen seiner Entdeckung gesehen, die Jagd nach Seelen, weil Hunderttausende von Automaten ausgerüstet werden sollen …«

»Millionen«, stieß Selbrik hervor. »Überall auf der Erde, zuerst in den Staaten, und dann – Mister Truckle, wir stehen am Beginn einer neuen Epoche. Machen Sie mit. Vollenden Sie mit mir Stahlheimers Werk, unser Werk.«

»Haben Sie schon mit jemand anderem darüber gesprochen?«

»Niemand weiß davon. Ich habe nicht einmal meine Stelle gekündigt. Wir müssen in aller Heimlichkeit vorgehen, wir müssen uns Zeit lassen, nichts überstürzen; wenn wir es richtig machen, werden wir die Herren der Welt. Sie und ich. Ich bin bereit, Sie zu beteiligen.«

»Sie Narr«, entgegnete Timothy verächtlich. »Ich bin ebensowenig bereit, da mitzumachen, wie Johnny es gewesen ist. Unsterblichkeit? Ja, vielleicht eines Tages, aber nicht hier und heute. Ich weiß nicht, wie Sie an sein Geheimnis gekommen sind, aber es war bestimmt nicht Johnnys Idee, Seelen in solche Konservendosen zu sperren und in Computern arbeiten zu lassen. Er hätte sofort an die Hunderttausende von entseelten Körpern gedacht und an die Möglichkeit, ein Heer menschlicher Roboter heranzubilden, die jedem aufs Wort gehorchen, der das Befehlsgerät besitzt. Ich bin sicher, dass Sie Ihre Apparatur gebaut haben, ohne ihn zu informieren. Warum haben Sie sie ihm gezeigt? Sind Sie nicht weitergekommen, brauchten Sie seine Hilfe? Wollten Sie seine Zustimmung? Hatten Sie Angst, man würde doch dahinterkommen, dass es nicht Ihre Entdeckung war?«

Selbrik war kreidebleich. Schweißtropfen sammelten sich auf seiner Stirn.

»Geben Sie mir eine von den Pillen«, stöhnte er. »Bitte! Ich flehe Sie an.«

Timothy holte die Dose aus Selbriks Tasche und steckte ihm eine Pille in den Mund, dann wischte er sich die Finger ab. »Aber Sie mussten erkennen, dass Stahlheimer alles andere wollte, als dass seine Entdeckung publik würde, und deshalb mussten Sie ihn zum Schweigen bringen. Also probierten Sie Ihre Apparatur an ihm aus, so konnten Sie drei Fliegen mit einer Klappe schlagen: Sie konnten das Gerät erproben, Sie hatten ein ideales Versuchskaninchen, eine Seele, wie Sie sie sich nicht besser wünschen konnten, gebildet, schöpferisch, musisch, mit einer reichen Lebenserfahrung, und zugleich schafften Sie sich Stahlheimer vom Hals und konnten die Entdeckung für sich allein beanspruchen. War es so?«

Selbrik saß mit versteinertem Gesicht da.

Timothy richtete den Rayvolver auf Selbriks Oberschenkel. »Wo ist seine Seele? Reden Sie, oder ich zerstrahle Sie stückweise.«

»Das werden Sie nicht.« Selbrik versuchte, seiner Stimme einen überlegenen, ja höhnischen Klang zu geben, aber sein Gesicht verriet Angst. »Sie können nicht brutal sein, Mister Truckle, Sie nicht. Sie haben sich selbst verraten. Mit Ihrem Plädoyer für Menschenwürde.«

»Zum letzten Mal, wo ist seine Seele?«

»Darüber können wir sprechen, wenn Sie Ihre Kanone wegstecken.«

»Eins, zwei, drei –«

Selbrik lachte auf. »Ich wusste doch, Sie würden es nicht fertigbringen. Hören Sie auf mit dem Unsinn, und lassen Sie mich los.«

Timothy drückte ab. Der Hosenstoff verdampfte auf einem fingerbreiten Streifen. »Das nächste Mal geht es tiefer.«

Selbrik schüttelte lächelnd den Kopf.

Timothy presste die Lippen zusammen. Er zielte ein Stück höher und drückte zum zweitenmal ab. Diesmal roch es nicht nur nach geschmolzenem Terlon, sondern auch nach versengten Haaren. Selbrik heulte auf.

»Wo?«, brüllte Timothy.

»Im Safe«, schrie Selbrik. »Der Zylinder mit der roten Markierung.«

Timothy holte ihn. Er trug ihn wie etwas unendlich Kostbares und setzte ihn behutsam auf den Tisch.

»Ich biete Ihnen ein Geschäft an«, sagte er dann, »obwohl es mir in der – obwohl es mir zuwider ist. Ich biete Ihr Leben gegen Johnnys Seele.«

»Nehmen Sie sie doch«, brüllte Selbrik, »ich kann Sie nicht daran hindern, Sie Ignorant.«

»Wenn es Ihnen gelingt, den Versuch umzukehren und die Seele wieder in Stahlheimers Kopf zu bringen, werden Sie am Leben bleiben. Unter der Bedingung natürlich, dass Sie sich verpflichten, niemals wieder diese Forschung aufzunehmen und gegen jedermann zu schweigen.«

»Damit Sie es für sich nehmen!«

»Sie sind ein widerliches Schwein«, sagte Timothy. »Aber seien Sie beruhigt, weder Stahlheimer noch ich sind daran interessiert, auf solche Weise zu Ruhm und Reichtum zu gelangen. Also, was ist?«

»Ich weiß nicht, ob es geht. Vielleicht ist es ein irreversibler Vorgang. Ich müsste es durchrechnen, ausprobieren, Apparaturen entwickeln –«

»Lassen Sie sich schnell etwas einfallen. Sie werden dieses Haus nicht mehr lebend verlassen, es sei denn, Stahlheimer ist wieder okay. Wie ist Ihr Arbeitsrhythmus, haben Sie Selbstprogramm, oder arbeiten Sie Schicht, jeden zweiten oder jeden dritten Tag?«

»Rollende Schicht«, erklärte Selbrik. »Vier Tage Arbeit, vier Tage frei. Heute war mein erster Frei-Tag.«

»Dann bleiben Ihnen also drei Tage. Nutzen Sie sie gut, es könnten Ihre letzten sein. Was brauchen Sie?«

»Vorerst nur mein Labor und eine Verbindung zum Zentralarchiv.«

»Das schlagen Sie sich aus dem Kopf. Sie müssen mit dem auskommen, was Sie im Haus haben oder was ich Ihnen ohne Aufsehen verschaffen kann.«

»Wie denken Sie sich das?«

»Sie sind jetzt dran mit Denken.« Timothy löste Selbriks Arme, dirigierte ihn ins Bad, befahl ihm, sich auszuziehen und in die Wanne zu steigen, und schloss seine linke Hand mit einer Handschelle an ein armdickes Rohr, so dass Selbrik sich unmöglich befreien konnte.

»Was soll ich hier«, jammerte Selbrik. »Hier kann ich nicht arbeiten.«

»Denken kann man überall«, antwortete Timothy. »Und hier können Sie mich am wenigsten stören. Ich habe noch ein paar Vorbereitungen zu treffen.«

Als erstes blockierte Timothy alle Außenverbindungen mit Ausnahme der automatischen Rufanlage, der er die Nachricht eingab, Selbrik sei in die Berge gefahren. Dann inspizierte er die Vorräte, notierte sich eine lange Liste des zu Besorgenden und bestellte ein Aerotaxi zum »Nebraska«.

»Ich möchte nachher noch mal wiederkommen«, sagte Timothy zu dem Wachmann, »aber ohne registriert zu werden. Ich habe da gerade eine tolle Puppe kennengelernt.«

Er lächelte versonnen.

»Evelyn?« Der Wachmann blickte ihn verwundert an. »Mann, Sie müssen Kies haben! Evelyn ist ziemlich wählerisch.«

»Es soll niemand wissen. Mögen Sie Adler?« Timothy drückte dem Wachmann eine Zoo-Dollar-Münze in die Hand. »Okay«, sagte der. »Aber kommen Sie vor achtzehn Uhr, danach kann ich die automatische Registrierung nicht mehr ausschalten.«

Zu Hause studierte Timothy seinen Terminkalender und die eingegangenen Communics und sagte alle Verabredungen ab.

Napoleon informierte er, dass er für ein paar Tage nicht zu Hause sei.

Napoleon fragte sofort zurück.

+ + bitte um bestätigung + tatsächlich: ein paar tage? + n. + + +

»Tatsächlich«, knurrte Timothy. »Hast du was dagegen?«

+ + ich finde es nur außergewöhnlich + und beunruhigend + n. + + +

»Ich auch«, antwortete Timothy. »Ende.«

+ + darf ich erfahren, wie Sie zu erreichen sind? + n. +++

»Das geht niemand etwas an. Wenn jemand nachfragt, sage, ich sei in Urlaub gefahren.«

Dann rief er den Großen Bruder an und vereinbarte mit ihm eine Notruffrequenz, unter der er ihn erreichen könnte.

»Was ist los?«, fragte der Große Bruder besorgt.

»Das erzähle ich dir später einmal. Es geht um eine Riesenschweinerei.«

»Kann ich dir helfen?«

»Leider nicht. Ich muss allein damit fertig werden.«

Er rief Colonel Hanks an, er könne die Sonderbewachung des Stahlheimerschen Appartements wieder einstellen, der Vorfall in der Klinik habe sich als Nachlässigkeit herausgestellt. Als Letztes sprach er mit Maggy Stahlheimer.

»Die Gefahr ist vorüber«, sagte er. »Du solltest jeden Tag mit John spazieren gehen.«

»Gerne, nur zu gerne!«, rief sie. »Aber …«

»Besorg dir zwei ›Ohrwürmer‹, einen für dich und einen

für Johnny, da könnt ihr euch unterhalten, ohne laut miteinander zu sprechen. Ich glaube, es wird gut sein, wenn du bei Gelegenheit einmal den Weg mit ihm gehst, den er in jener Nacht zurückgelegt hat, den ganzen Weg, verstehst du?«

Sie nickte.

»Ich gebe dir Bescheid, wann.« Timothy nahm sein Gepäck und ging zur Tür. Dann blickte er auf die Uhr und stellte die Taschen ab. Er fuhr hinauf in die Bar.

»Sie sind heute spät dran, Massa Tiny«, sagte Tom. Timothy nickte nur.

Dann hockte er stumm auf seinem Hocker und starrte in den Nachthimmel. Der Barkeeper sprach ihn erst an, als Timothy die Finger an die Platte presste und wippen ließ.

»Noch immer?«, flüsterte er.

»Wie gefällt Ihnen das, Melvin: Streck dich, Bäumchen; krümm dich, Wurm; wehr dich, Söhnchen, doch bedenke – das erste Mal geht's, das zweite Mal schwer, das dritte Mal nimmermehr.«

»Ich verstehe nicht –«

»Das ist Ihr verlorener Spruch.« Timothy wiederholte ihn und ließ dabei die Finger wippen, den Zeigefinger, den Mittelfinger – und den Ringfinger! Der Barkeeper starrte ihn mit offenem Mund an.

»Sie können es, Tiny! Sie können es!«

Timothy zeigte ihm, dass er den kleinen Finger nicht an der Wurzel, sondern am Mittelgelenk gegen die Platte gepresst hatte.

»Sie mogeln«, rief Melvin enttäuscht.

Timothy schüttelte den Kopf. »Ich habe mir nur gestattet, eine Korrektur vorzunehmen.« Er schob sein Glas hinüber. »Geben Sie mir noch einen, Melvin.«

»Sie sollten sich schlafen legen, Tiny«, antwortete der besorgt. »Sie sehen müde aus. Sie haben wohl wieder einen großen Fall?«

»Ich versuche nur, einem Freund einen Dienst zu erweisen.« Er blickte dem Keeper in die Augen. »Sind Sie religiös? Glauben Sie an die unsterbliche Seele?«

Der Barkeeper nickte.

»Dann beten Sie heut Nacht für mich und meinen Freund.«

10.

Am Morgen des dritten Tages rief Selbrik nach Timothy. Sein Gesicht war grau und eingefallen. »Ich glaube, ich habe es«, sagte er, seine Stimme klang müde, aber erleichtert.

»Hoffentlich«, murmelte Timothy. »Was brauchen Sie?«

»Nichts. Ich muss nur die Apparatur anders schalten.«

Timothy ließ ihn keinen Augenblick aus den Augen; als er die Handschellen lösen musste, mit denen er Selbriks Füße an den Sessel gefesselt hatte, behielt er den Rayvolver schussbereit in der Hand.

»Bei dem geringsten Versuch, mich zu übertölpeln, sind Sie ein toter Mann.«

»Sie vielleicht auch.«

»Das ist mein Risiko. Aber ich schätze, Sie hängen mehr am Leben als ich.«

Als Selbrik fertig war, schloss Timothy ihn wieder in das Bad ein. Er rief Maggy Stahlheimer an und sagte, er habe gerade Lust und Zeit zu einem Spaziergang, ob sie sich nicht treffen wollten. Maggy versprach, sich sofort auf den Weg zu machen, sie betonte »Weg«.

Der Wachmann grinste, als Timothy ihn aufsuchte. »Donnerwetter«, sagte er anerkennend, »drei Tage? Das hätte ich Ihnen gar nicht zugetraut.«

Timothy lächelte bescheiden. »Ich habe einen alten Herrn, der möchte Evelyn auch gerne kennenlernen. Er ist ziemlich wohlhabend.«

»Geht in Ordnung, Mister. Geben Sie mir rechtzeitig Bescheid.«

»Sie sind ein feiner Kerl«, sagte Timothy. »Ich möchte Ihnen gerne etwas zum Geburtstag schenken, aber was? Ich muss irgendwo noch ein paar Vögel haben, wäre das was?«

»Ich liebe Adler«, antwortete der Wachmann. »Wann kommt Ihr Bekannter?«

»In ein paar Minuten.«

»Dann verschwinde ich mal. Können Sie mich einen Augenblick vertreten?«

Es war nicht auszumachen, wer aufgeregter war, Timothy, Maggy oder Selbrik. Stahlheimer blieb unberührt von dem Treiben. Timothy sprach mit ihm, während Selbrik ihn an das Gerät anschloss.

»Weißt du, wo du bist, Johnny?« – »Ja.« – »Hast du schon einmal in diesem Stuhl gesessen?« – »Ja.« – »Hast du dich freiwillig auf ihn gesetzt?« – »Ja.« – »Weißt du, was für ein Apparat dies ist?« – »Ja.« – »Wusstest du das auch, als du dich das erste Mal in diesen Stuhl setztest?« – »Nein.« – »Warst du angeschnallt, Johnny?« – »Ja.«

Timothy sah Selbrik mit verkniffenem Gesicht an.

»Wir sollten jetzt anfangen«, sagte der. »Wer weiß, wie lange ich die nötige Spannung halten kann. Ich möchte nichts riskieren.«

»Ich auch nicht«, erwiderte Timothy. »Gut, fangen wir an. Vergessen Sie nicht, dass Ihr Leben davon abhängt, ob es gelingt.«

Selbrik überprüfte noch einmal die Leitungen des Cephalographenhelms. Timothy setzte sich zu Maggy.

»Ich verstehe das Ganze nicht«, flüsterte sie, »was geht hier vor?«

»An diesem Gerät hat Johnny den Verstand verloren. Selbrik versucht nun, den Versuch umzukehren.«

Die Felder des Armaturenpults begannen aufzuleuchten. Summen füllte den Raum, es roch nach Hallogenazon. Stahlheimer saß still in seinem Sitz. Selbrik hatte darauf bestanden, dass er trotz seiner Unbeweglichkeit angeschnallt wurde. Plötzlich änderte sich die Frequenz des Summens. Selbrik sprang auf. Timothy stellte sich sofort hinter ihn und drückte ihm den Rayvolver in die Seite.

»Sehen Sie«, flüsterte Selbrik, »sehen Sie doch, es geht!«

Stahlheimer schloss die Augen, presste die Lider zusammen, riss sie wieder auf, unnatürlich weit, wie jemand, der gerade aus tiefem Schlaf gerissen wird.

»John!«, rief Maggy. Sie schob Timothy und Selbrik beiseite und beugte sich über den Sessel. Stahlheimer lächelte. Mühselig langsam bewegte er die Lippen. Er lallte etwas Unverständliches. Dann zuckte er zusammen, begann zu schreien, an den Halterungen zu zerren, bäumte sich auf, soweit die Stahlklammern es erlaubten. Maggy nahm seinen Kopf in die Hände. Stahlheimer bäumte sich noch einmal auf, dann fiel er in sich zusammen, ein dünner Blutfaden sickerte aus dem Mundwinkel.

»Er stirbt«, schrie Maggy. »Wir brauchen einen Arzt. Wo ist der Communicator?«

Timothy hielt sie zurück. Er deutete auf das Welfarometer über Stahlheimers Kopf. Alle Zeiger standen auf Null. Timothy nahm ihm den Helm ah und drückte ihm die Augen zu. »Er ist tot, Maggy.«

»Aber es hat funktioniert«, keuchte Selbrik. »Es hat funktioniert! Ich habe meinen Teil erfüllt, Mister Truckle. Er hat seine Seele wieder. Sie müssen mich freilassen. Nicht wahr, Sie lassen mich frei?«

Timothy drängte ihn zur Wand und schloss ihn an die Türverankerung.

»Sie dürfen mich nicht töten!« schrie Selbrik. »Das können Sie nicht tun!«

Timothy antwortete nicht. Er half Maggy, den Toten aus dem Laborstuhl zu befreien, ihn auf einen Sessel zu legen und nach nebenan zu fahren. Dann verwüstete er das Labor. Er riss alle Kabel heraus, schob die Geräte durcheinander und schloss sie willkürlich zusammen, zerschlug die Bildschirme, löschte die Informationsspeicher und füllte sie mit Programmen aus dem Video, öffnete alle Schränke und Behälter, ließ Kristalle, Folien und Bänder vom Eliminator löschen, durchsuchte das ganze Haus und kam mit zwei Säcken voller Kristalle und Folien wieder, die er ebenfalls eliminieren ließ.

Selbrik hatte anfangs geschrien und geflucht, dann gebettelt und geweint, schließlich war er still geworden. Als Timothy jetzt die Reste aus dem Eliminator in die Stube kippte, lachte er hysterisch. »Glauben Sie wirklich, dass Sie so eine Erfindung vernichten können? Selbst wenn Sie alle Kristalle der Welt löschten, Sie könnten den Fortschritt nicht aufhalten; da müssten Sie schon alle Gehirne –« Er brach mitten im Satz ab und starrte Timothy an. Seine Augen weiteten sich vor Angst. Timothy legte eine Injektionsspritze bereit und holte eine Viererampulle »Hollylove« aus der Tasche.

»Das können Sie nicht tun«, jammerte Selbrik, als Timothy die Ampulle köpfte und Selbrik den Arm frei machte. »Ich hab doch die Pillen geschluckt. Ich würde nie wieder aufwachen!«

»Hören Sie auf zu jammern«, fuhr Timothy ihn an. »Sie genießen den Vorzug, in einem farbenprächtigen Traum sterben zu dürfen. Sie müssen nur noch bestimmen, ob er ein paar Stunden oder ein paar Jahre dauern soll. Wie groß soll ich die Dosis machen?«

»Sie Schwein«, brüllte Selbrik, »Sie fieser, dreckiger, hinterhältiger Zwerg!«

»Dann muss ich eben kalifornisch Roulett mit Ihnen spielen.« Timothy drückte den Kolben herunter, schloss die Augen und ließ die goldgelbe Flüssigkeit in die Spritze klettern. Selbrik schrie auf, als Timothy ihm die Nadel in den Arm stach. Kurz darauf verklärte sich sein Gesicht. Er begann zu lachen, zu singen. Timothy reinigte die Spritze mit einem Tuch und drückte sie Selbrik in die Finger. Der besah sie wie etwas seltsam Fremdes, kicherte und warf sie zu Boden. Timothy löste die Handschellen. Selbrik beachtete ihn nicht. Er begann zu tanzen. Er breitete die Arme aus und drehte sich durch den Raum, unter seinen Schuhsohlen knirschten die zersplitterten Kristalle.

11.

»Was hast du da?« Maggy zeigte auf die Titanzylinder, die Timothy in den Armen hielt.

»Leere Konservendosen. Hoffentlich leere.« Er steckte sie in einen Plastiksack. Dann trug er seine Sachen zusammen und verstaute alles in seinen Taschen, zum Schluss zog er die Handschuhfolien von seinen Fingern. Er sah unendlich müde aus, das Kinn stach spitz hervor, tiefe Falten hatten sich neben den Nasenflügeln eingegraben.

»Jetzt müssen wir Johnny nach Hause bringen.« Er legte die Hand auf Maggys Arm. »Ich glaube, es ist besser so für ihn. Was war das noch für ein Leben.«

»Aber solange er lebte, gab es eine Chance, dass er eines Tages wieder gesund werden könnte.«

»Glaubst du, der Teufel gibt eine Seele wieder heraus, die er schon in den Klauen hat?«

Maggy sah ihn verständnislos an. Sie bekam keine Erklärung.

»Hier rauszukommen ist kein Problem«, murmelte Timothy. »Am besten, wir bringen ihn bis zum Park und rufen von dort die Ambulanz. Wir sagen, der Tod habe ihn während des Spazierganges überrascht, das ist letztlich die Wahrheit.«

»Und was wird mit dem da?« Maggy nickte zur Tür.

»Irgendwann wird man ihn finden und feststellen, dass er sich eine Überdosis ›Hollylove‹ injiziert und in seinem Rausch das Labor verwüstet hat, dann wird man ihn in ein Irrenhaus bringen. Oder in die Anatomie.«

Maggy blickte entsetzt.

»Starr mich nicht so an!«, brach es aus Timothy heraus. Er hielt ihr die Hände vor die Augen, sie zuckte zurück.

»Ich weiß, was du jetzt denkst!«, brüllte Timothy. »Meinst du, es ist mir leichtgefallen, einen Menschen zu vernichten?«

Er rannte durch den Raum, blieb schließlich vor ihr stehen. »Du solltest nicht vor diesen Händen erschaudern, Maggy, sondern vor einer Welt, die einen gutmütigen, alten, müden Mann zwingt zu töten, wenn er nicht an Hunderttausenden von Unschuldigen schuldig werden will. Manchmal bekommt man die Verantwortung in die Hände gespielt und kann sich nicht drücken, nicht, wenn man noch ein Fünkchen Gewissen in sich hat.«

Er goss ein großes Glas voll Gin und stürzte es in einem Zug hinunter.

»Entseelt – seit Jahrtausenden haben die Menschen dieses Wort gebraucht, aber sie hatten keine Ahnung, wie schrecklich es sein würde, wenn diese Metapher eines Tages Wirklichkeit wird.«

»Was meinst du, Tiny?«

»Johnny hat wahrscheinlich eine gewaltige Entdeckung gemacht, die – nein, ich werde es dir nicht sagen. Es soll hier in meinem Kopf begraben bleiben. Niemand soll es erfahren. Niemand!«

»Glaubst du, dass du eine Entdeckung ungeschehen machen kannst? Irgendwann wird ein anderer darauf stoßen.«

»Manchmal bedeuten ein paar Jahre unendlich viel. Ein Jahr oder zwei, das kann das Leben von Millionen Menschen bedeuten, ja unseres ganzen Planeten.«

12.

Timothy badete lange. Er schwamm zwischen rosa Korallenriffen, über denen zartblaue Quallen im Sog wedelten. Danach wählte er lange, bis er sich für einen kardinalsroten Anzug und ein mattgoldenes Hemd entschied. Er ging in die Küche und blickte in die Vorratskammer. »Nein«, murmelte er, »heute kann ich nichts aus Dosen ertragen.« Er kochte sich zwei Eier.

Während er sein Haar rotgold kämmte, ließ er Napoleon die in seiner Abwesenheit eingegangenen Communics vorspielen. Plötzlich lachte er laut auf. Auf dem Bildschirm stand:

+ + vorfall in klinik war kein attentat, sondern fahrlässigkeit des personals + pfleger hat gestanden + lexington +++

»Weißt du, Napoleon«, sagte Timothy vergnügt, »es verblüfft mich immer wieder, wie man von einem falschen Ausgangspunkt ausgehen und doch an das richtige Ziel kommen kann.« Bevor er sein Appartement verließ, fragte er Napoleon: »Leidest du darunter, dass du keine Seele hast?«

Es dauerte nicht lange, bis Napoleon sich räusperte. Timothy drückte die Gebertaste.

+ + was ist eine seele? + keine information in speicher + soll ich recherchieren? + + n. + + +

»Lieber nicht«, sagte Timothy.

Samuel, das Monster

1.

Timothy spürte seine Sinne schwinden. Das Gefühl von Nässe, das ihn noch von seiner Umwelt getrennt hatte, löste sich auf; alles Gefühl kroch aus der Haut, den Muskeln; die Nerven verstummten. Er schwebte schwerelos, körperlos. Die letzten Spuren des herben Aromas von Tang und Meer verflüchtigten sich. Eine unbeschreibbare Leichtigkeit durchflutete ihn. Dann setzte die große Stille ein, löschte das Rauschen eines fernen Gestades, löschte Wellen und Brandung, und zugleich starb das Licht. Die Farben verkrochen sich. Das Blau wallte in Grünblau, Violettblau, Schwarzblau, Blauschwarz und schließlich in ein farbloses Dunkel, aus dem ferne Lichtpunkte flohen.

Als er erwachte, wusste er nichts.

Er versuchte sich zu erinnern. Er hatte keine Vorstellung, wo er sich befinden mochte, nur das unbestimmbare Empfinden einer im Dunkeln lauernden Gefahr. Timothy fragte sich, ob er sich fürchtete. Es schien ihm unendlich lange zu dauern, bis er die Frage formuliert und bis er sie beantwortet hatte. Nein. Dann wurde ihm bewusst, dass er seinen Körper nicht fühlte. Er versuchte, die Finger zu bewegen. Er konnte nicht feststellen, ob es ihm gelang. Ein Gedanke an Tod huschte durch sein Gehirn: körperlose Seele. Timothy wehrte sich gegen den Gedanken. Ich denke, also bin ich. Er versuchte, die Zehen zu krümmen, die Hände zu bewegen, die Füße. Nichts. Als er seinem Kopf den Befehl gab, sich zu drehen, glaubte er, ein kaum wahrnehmbares Ziehen gespürt zu haben, so, als habe jemand ein Haar gegen den Strich gebürstet.

Er wollte mit der Hand an den Nacken greifen, aber er merkte nicht, ob die Hand sich bewegte, und nicht, ob die Finger etwas berührten. Er schloss die Augen. Kein Anzeichen verriet ihm, ob wenigstens das gelungen war. Warum?

Er war erschöpft. Er machte eine lange Pause, bis er sich kräftig genug für eine neue Anstrengung wähnte. Er öffnete die Lider.

Licht kreiste vor seinen Augen, so dicht, dass er erschrak. Er war froh, dass er erschrecken konnte. Und dass es ein Licht gab. 11.17.

Als Timothy erfasste, dass es Zahlen waren, setzte auch sein Erinnerungsvermögen wieder ein. Elf Uhr siebzehn. Das Bad. Vainity. Die Lichtzeichen pendelten. Es war sein Kopf, der pendelte. Er konzentrierte sich und brachte die Zahlen zum Stehen. 11.18. Um zehn hatte er sich hingelegt. Bis zum Abend. 11.19. Was war geschehen?

Das Dunkel begann sich zu lichten, bis ein mildes Blaugrau ihn umhüllte. Töne tropften in die Stille, vereinten sich zu Klängen. Timothy sah, wie sich vor seinen Augen ein Umriss formte, Fläche, dann Gestalt annahm, und er wusste, dass es seine Füße, seine Beine waren, die dort schlingerten. Die Klänge flossen zu einer Melodie zusammen, die ihn freundlich stimmte. Er war glücklich. Er bemühte sich, gegen dieses Gefühl anzukämpfen. 11.24. Das Alarmprogramm! Wer hatte das Alarmprogramm eingeschaltet? So also sah aus, was er sonst nur im Unterbewusstsein wahrnahm, wenn er aus der Vainity zurückkehrte. Das Licht hatte sich in einem hellen Stahlgrau stabilisiert, das er kannte. Gleich würden die Farben an den Seiten wachsen. Blumen. Fische. Der kleine weiße Delfin würde sich über ihm tummeln.

Die Farben flammten auf. Er schwamm zwischen Blumen und Fischen. Wo blieb der kleine weiße Delfin? Das Grau wurde heller, blendete.

»Guten Morgen, Tiny«, sagte eine Stimme hinter ihm. »Entschuldigen Sie bitte, dass ich Sie auf die Erde zurückgeholt habe.«

2.

Er kannte die Stimme, aber er konnte sie nirgends einordnen. Eine Frau. Timothy versuchte sich umzudrehen, doch er hatte nicht genug Kraft. Eine Frau mit einem Bass. Aber jetzt wusste er wenigstens, wo er war. Er lag in seinem Bad, und gläserne Wände trennten ihn von den Fischen, Korallen und Blumen, und wenn der kleine weiße Delfin nicht gekommen war, dann, weil die Projektion sich nicht eingeschaltet hatte, die die Illusion vervollständigte, man schwebe inmitten eines weiten, friedlichen Ozeans.

»Ich glaube, jetzt kann ich Sie ohne Gefahr herausholen«, sagte die Stimme. Ein Schatten tauchte neben seinem Kopf auf, den er als Deborrah Johnsons Gesicht identifizierte. Die Bachstelze! Sie griff unter Timothys Schulter, in die langsam wieder Gefühl einzog, löste mit der anderen Hand seinen Kopf aus der Halterung, griff unter seine Knie und hievte ihn aus dem Bassin. Sie legte ihn auf den Sessel, deckte ihn zu und ließ den Sessel in den Tagesraum hinüberfahren.

»Einen Whisky?«

Timothy blinzelte mit den Augen. Die Bachstelze flößte ihm Whisky mit einem Löffel ein, holte dann den Massator und ließ Timothy durchkneten.

»Machen Sie so etwas um Himmels willen nie wieder, Debby«, sagte Timothy. »Es ist lebensgefährlich, wenn man jemanden unsachgemäß aus dem Unbewusstsein holt.«

Die Bachstelze lachte. »Ich habe Napoleon gefragt, wie man Sie wieder auf die Erde zurückbringen kann.«

»Und er hat es Ihnen verraten?«

»Natürlich. Wie sollte er sich weigern. Ich habe ihm meine Frequenz unter den Identificator gehalten.«

Timothy nahm sich vor, dieses Problem bald zu lösen. »Eine entsetzliche Welt«, sagte er, »in der eine Polizeifrequenz ausreicht, um aus einem Vertrauten einen Verräter zu machen!«

»Seien Sie ihm nicht zu böse, Tiny. Ich hätte Ihren Computer in der Zwischenzeit gern ein wenig abgefragt, doch er blieb stumm wie einer Ihrer Goldfische. Ich weiß gar nicht, wie Sie das angestellt haben.« Sie sah Timothy lauernd an, aber er reagierte nicht. »Er hat mir nur verraten, wo Sie sind und wie ich das Alarmprogramm einstellen kann. Dass Sie diesen Unsinn mitmachen! Nicht genug, dass Sie sich diese krächzende Plastik angeschafft haben!«

»Es ist kein Unsinn, Debby. Es ist phantastisch, wirklich. Sie sollten es einmal versuchen. Es regeneriert das Gehirn, macht aufnahmefähiger, gefühlsreicher –«

»Ich habe so schon mehr Gefühle, als ich mir leisten kann«, erwiderte sie grob.

Timothy musste sich zusammennehmen, damit er nicht auflachte. Die Bachstelze und Gefühle!

»Ich frage mich«, sagte sie, »wie Sie sich solch einen Luxus erlauben können. Raub oder Erpressung?«

»Nehmen wir an, ich hätte jemandem geholfen, ein kleines Problem zu lösen, Mister Brooker zum Beispiel. Steht das noch nicht in Ihren Unterlagen?«

»Ich denke, dem haben Sie den Weinkeller ausgeräumt.«

»Das war die Prämie«, antwortete Timothy. »Nur vom Vergnügen kann ich nicht leben. Sie sind nicht gut informiert, Debby.« Er schüttelte den Kopf. »Die Polizei ist auch nicht mehr das, was sie einst war. Aber davon lebe ich schließlich. Und nicht schlecht, wie Sie sehen. Warum machen Sie sich eigentlich nicht selbständig?«

»Warum sollte ich! Ich bin gerade befördert worden. Steht das noch nicht in Ihren Unterlagen?«

»Meinen Glückwunsch. Was machen Sie denn jetzt? FBI?«

»Sie sehen den Detektivchef von Illinois vor sich.«

Sie setzte sich steif auf, drückte das Kreuz durch und kniff die Augen zusammen; mit ihren Hängebäckchen und der knubbligen Nase sah sie jedoch noch immer wie eine Matrone aus, zumal sie heute ein fast schmuckloses schwarzes Satinkleid im Stil des 19. Jahrhunderts trug. Timothy wusste, wie sehr ihr Äußeres täuschte, wie brutal sie sein konnte. Deborrah Johnson hatte sich nicht zufällig über zehn Jahre als Kriminalchef von Chicago halten können.

»Was hat Sie zu mir geführt, Debby?«, fragte Timothy. »Sicher nicht nur der Wunsch, mich einmal wiederzusehen.«

Sie rieb nervös die Hände. »Ich brauche Ihre Hilfe, Tiny.«

»Sie? Das ist gut.«

»Nicht ich persönlich«, sagte sie zögernd, »ich –«

»Möchten Sie, dass wir in mein Mausoleum gehen?« Timothy verkniff es sich, auch nur eine Andeutung von Spott in diese Frage zu legen.

»Ja, gerne.« Es klang erleichtert. Timothy fuhr im Sessel hinüber.

»Das also ist Ihre berüchtigte Höhle.« Deborrah Johnson ließ ungeniert ihren Blick kreisen. »Ich wundere mich immer wieder, dass Sie die Genehmigung haben.«

»Sie würden sich nicht wundern, wenn Sie wüssten, was für Probleme die Großen unserer Welt zuweilen haben.« Timothy löschte das Licht bis auf die kleine Lampe an ihrem Sessel.

»Ich wollte mich gerade ein wenig umsehen«, sagte die Bachstelze enttäuscht. »Sie haben doch nichts dagegen?«

»Erzählen Sie lieber, wo Sie der Schuh drückt.«

»Da muss ich Sie erst verpflichten, Tiny.«

Sie holte einen Recorder aus der Handtasche, legte einen neuen Kristall ein und ließ Timothy die vorgeschriebene Stimmprobe und seine Identicat-Chiffre sprechen.

»Sie, Timothy Truckle«, sagte die Bachstelze dann in feierlichem Ton, »werden hiermit für die Vereinigten Staaten von Amerika dienstverpflichtet. Sie erklären, sich ganz und rückhaltlos zum Wohle der USA einzusetzen, das Amtsgeheimnis zu wahren und allen Anordnungen zu folgen.«

Sie hielt Timothy den Recorder hin, der jedoch winkte mit verkniffenen Lippen ab. Die Bachstelze stellte das Gerät ab.

»Nicht so«, sagte Timothy, »doch nicht diese Gummiformel, nach der Sie mir befehlen könnten, meine eigene Mutter umzubringen. Ich will mich verpflichten, Ihre Geheimnisse zu wahren, mehr nicht.«

»Ich muss Sie dienstverpflichten, Tiny. Es geht um die höchste Geheimhaltungsstufe.«

»Und wenn ich mich weigere?«

»Verlieren Sie Ihre Lizenz.«

»O tempora, o mores.«

»Was sagten Sie?«

»Ein alter lateinischer Spruch, etwa: Welch lausige Zeiten, welch miese Sitten.«

Die Bachstelze grinste und hielt ihm noch einmal den Recorder hin.

»Ich verpflichte mich«, sagte Timothy. Während Deborrah Johnson den Recorder verstaute, goss er sich einen »Queen Anne« ein und kippte ihn gleich hinunter. Es war ganz gut, dass die Bachstelze sein Gesicht nicht gesehen hatte.

»Und Sie dürfen unser Gespräch nicht mitschneiden«, sagte sie.

»Wozu diese Geheimniskrämerei, wenn ich doch für die Regierung arbeite? Wollen Sie etwa andeuten, dass mich noch jemand anderes bespitzeln könnte?«

Die Bachstelze überhörte die Frage. Sie legte sich bequem hin, schob die Hände unter den Kopf und schloss die Augen. »Tiny, Sie wissen, ich mag Sie.«

»Ich kann es nicht übersehen, wenn ich auch nicht begreife, warum. Warum, Debby?«

»Ist das wichtig? Vielleicht weiß ich es selbst nicht.«

Wer soll dir das glauben, dachte Timothy. Als ob die Bachstelze irgendetwas ohne Berechnung täte! Anfangs hatte er geglaubt, dass sie ihm gegenüber einen Mutterkomplex entwickelt hätte, dass ihre weiblichen Instinkte sie bewegten, ihn, den Zwerg, den Außenseiter, zu beschützen, aber er war schnell dahintergekommen, dass ihre unübersehbare Mütterlichkeit nur Show war – und die Bachstelze fand fast täglich eine Gelegenheit, sich irgendwo in der Öffentlichkeit zu zeigen. Sie arbeitete unaufhörlich an ihrem Image einer zwar tatkräftigen und, wenn es not tat, auch hart zupackenden, letztlich aber doch warmherzigen Frau von mittelwestlicher Biederkeit. Mit Erfolg. Sie wehrte nicht nur alle Konkurrenten ab, sondern kletterte alle paar Jahre eine Sprosse höher auf der Leiter der Macht, und es hieß, sie träume insgeheim von einem Platz im Gouverneurspalast, wenn nicht gar im Weißen Haus. Und du als ihr Hofzwerg! Timothy hatte Mühe, ein Kichern zu unterdrücken. Er musterte sie. Vielleicht leistete sie sich ihm gegenüber tatsächlich so etwas wie Gefühle als Ausgleich für die Eiseskälte und Grausamkeit ihres Jobs und den unbarmherzigen Machtkampf gegen alle Rivalen? Nein. Wahrscheinlich überschätzte sie nur seine Beziehungen zu den Bigbossen.

Sie schlug die Augen auf. »Hören Sie gut zu, Tiny. Wenn irgendetwas von diesem Fall an die Öffentlichkeit dringt und auch nur der geringste Verdacht besteht, dass Sie damit zu tun haben, kann ich Sie nicht mehr schützen. Niemand kann das, auch keiner Ihrer einflussreichen Freunde und Kunden, verstanden? Das oberste Gebot ist absolute Verschwiegenheit. Das geht hier noch vor den Erfolg.«

»Sie, Debby, und die Vereinigten Staaten von Amerika sind meine Klienten und können damit auch meiner Diskretion gewiss sein. Wer zahlt eigentlich das Honorar?«

»Sie lassen kein Gerät mitlaufen – versprochen?«

»Versprochen.«

»Sie müssen mir helfen, einen Mann zu finden, der seit drei Tagen verschwunden ist: Samuel Baxter.«

»Warum ich? Haben Sie und die Staatspolizei und die Bundespolizei und das FBI und die NSA nicht Leute und Spitzel genug, diesen Samuel Baxter zu suchen?«

»Die suchen ihn, alle. Baxters Steckbrief hängt in jeder Amtsstube; die Sicherheitsbeamten der Verkehrsmittel, die Haus- und Privatpolizeien, die Verbindungsleute in den Vergnügungszentren, die Straßen- und Hauskontrolleure, alle kennen sein Gesicht, und auf seine Ergreifung ist eine hohe Belohnung ausgesetzt.«

»Und nun soll ich auch noch herumlaufen und mich zum Gespött der Passanten machen?«

»Natürlich nicht. Sie sollen nur nachdenken, und es hat mich verdammt viel Mühe gekostet, den Krisenstab davon zu überzeugen, dass wir Sie einschalten müssen. Denn damit Sie uns helfen können, müssen Sie Einzelheiten erfahren, die außer wenigen ausgesuchten Leuten niemand erfahren wird. Sie sehen, welch ein Vertrauen ich zu Ihnen habe, Tiny.«

»Das ehrt mich«, sagte Timothy. »Kommen Sie zur Sache. Warum ein Krisenstab? Was ist so Besonderes an Samuel Baxter?«

»Er ist ein Monster.«

3.

Timothy richtete sich auf und sah die Bachstelze ungläubig an. Sie blinzelte nur. Timothy goss sich noch einen »Queen Anne« ein.

»Ich weiß, was Sie jetzt sagen wollen«, fuhr Deborrah Johnson fort. »Dass wir die Konvention der neuen Menschenrechte unterschrieben haben und die Konventionen zum Verbot genetischer Manipulationen an Menschen und noch ein paar Konventionen dieser Art. Ja, das haben wir. Und wenn wir es nicht einhalten, drohen uns Sanktionen: die Sperrung der Wasserlieferungen aus der Arktis und der Rohstoffzuteilungen von DRAUSSEN und was nicht noch alles. Deshalb darf ja niemand davon erfahren. Niemand, Tiny!«

»Aber Sie setzen Hunderttausende von Leuten auf Baxter an«, gab Timothy bissig zurück. »Einer wird ihn finden, und es ist anzunehmen, dass er dabei nicht allein ist. Was wollen Sie mit den Zeugen machen, umbringen?«

»Notfalls ja. Aber wir wollen ihn finden, bevor er unter die Leute kommt. Außerdem, das Einzige, was Samuel Baxter sichtbar von einem normalen Menschen unterscheidet, ist, dass er vier Arme hat.«

»Vier Arme?«

»Ja, eine Doppelschulter.«

Sie ließ ihm Zeit, sich das vorzustellen und sich von dem Gedanken zu erholen.

»Damit es nicht auffällt, trägt er Spezialkleidung, in der er das zweite Paar Arme verbergen kann. Außerdem haben wir Mister Super-X.«

»Mister Super-X?«

»Sagen Sie nicht, dass Sie noch nicht von ihm gehört haben! Er ist das Gespräch des Tages!«

»Keine Silbe. Aber ich habe in den letzten Tagen wie verrückt gearbeitet und mich dann gleich in die Vainity geflüchtet. Die Nachrichten hatte ich mir für danach aufgehoben. Wer ist dieser Mister Super-X?«

»Ein Reklamegag. Ein Mann mit vier Armen, der von

einem anderen Stern gekommen ist, um die Erde für die neuen SuperX-Cornflakes zu erobern. Wir haben ein paar Dutzend Leute mit einem zweiten Paar Arme ausgestattet und als Werbetrommler auf die Straßen geschickt. Gut, was?«

»Sehr klug.« Timothy genehmigte sich einen dritten Whisky. Die Bachstelze wollte immer noch keinen.

»Erzählen Sie«, forderte Timothy. »Alles. Von Anfang an.«

»Der Ausgangspunkt«, begann sie, »ist Fort Baxter. Es liegt auf halber Strecke zwischen Chicago und Saint Louis am einstigen Illinois-River. Sie werden die Ecke nicht kennen, Tiny. Eine lausige Gegend! Das Lausigste, was es in ganz Illinois, wenn nicht in den Staaten überhaupt, gibt. Fort Baxter liegt in dem verlassenen Streifen zwischen den Muddies, den Müllwüsten von Chicago im Norden und denen von Saint Louis im Süden. In dieser Einöde, in die sich unter Garantie nie eine Menschenseele verirrt, geschweige denn freiwillig begeben würde, abgeschirmt durch die nahezu undurchdringlichen Muddies, liegt Fort Baxter, inmitten einer Zone dieser entsetzlichen, unbeschreibbar stinkenden, dreckigen Smog- und Mudd-Stürme. Die Versuchsstation selbst soll eine Oase sein, in der es sich herrlich leben lässt. Selbstverständlich ist sie durch eine Klimasphäre gegen die Stürme abgeschirmt. Und gegen unerwünschte Besucher.«

»Wie ist Baxter denn herausgekommen?«

»Ganz offiziell. Es war ein Experiment. Er sollte versuchen, die Müllwüsten zu durchqueren, ein Test seiner Intelligenz. Er wurde zusammen mit einem Begleitkommando etwa fünfzig Kilometer nördlich von Fort Baxter abgesetzt. Der Versuch begann normal. Baxter bekam die letzten Instruktionen, schulterte seine Ausrüstung und machte sich auf den Weg. Bis zum Abend hatte er bereits zwölf Kilometer zurückgelegt und bekam die Erlaubnis, sein Nachtlager aufzuschlagen.«

»War jemand bei ihm?«

»Nein, er war nur durch Funk mit der ›Bodenstation‹, wie sie es nannten, verbunden. Er sollte ganz auf sich gestellt sein; wie ein Astronaut auf einem anderen Stern, und, Tiny, es sieht dort verdammt mehr nach einem fremden Stern aus als nach unserer Erde. Ich habe Aufnahmen gesehen.«

»Ich kann es mir vorstellen«, sagte Timothy, »ich war vor Jahren einmal in den Muddies von Cleveland und am Eriesee.«

»Stimmt ja! Baxter hat den Countdown vor dem Schlafen richtig durchgegeben. In der Nacht ist die Verbindung abgerissen. Man hat gleich versucht, sie wiederherzustellen, aber vergeblich. Und die Hubschrauber des Suchtrupps mussten umdrehen, weil sie in einen Müllsturm gerieten.«

»Vielleicht ist Baxter darin umgekommen?«

»Das befürchtete man zuerst. Doch man fand keine Überreste, keine Leiche, nichts von seiner Ausrüstung. Vorgestern hat man nun eine Spur entdeckt: Konservenreste, die einwandfrei identifiziert werden konnten. Sie befanden sich etwa zwanzig Kilometer nördlich in Richtung Chicago. Daraufhin wurde ein Krisenstab gebildet. Als man trotz Großeinsatz von elektronisch bestückten Hubschraubern und Flugzeugen nichts finden konnte, wurden alle Zufahrtswege nach Chicago doppelt gesichert, der Steckbrief herausgegeben und Mister Super-X ins Leben gerufen. Baxter ist sehr intelligent. Es ist zu befürchten, dass er bis nach Chicago kommt. Stellen Sie sich vor, er geriete mit dem UNDERGROUND in Berührung! Nicht auszudenken! Sie werden es vielleicht nicht für möglich halten, Tiny, aber diese Banditen finden immer wieder eine Möglichkeit, die Sperren zu durchbrechen und jemand nach DRAUSSEN zu schmuggeln. Stellen Sie sich den Skandal vor, wenn Baxter DRAUSSEN auftauchen würde! Wir müssen ihn finden. Ich setzte große Hoffnungen in Sie, Tiny, fast möchte ich sagen: alle meine Hoffnungen. Sie sind Spezialist für außerordentliche Fälle, und dies ist einer. Und was Ihr Honorar betrifft, setzen Sie es selbst fest, sobald Sie Baxter gefunden haben. Außer den üblichen Tagesspesen, versteht sich. Wir haben alle Vollmachten. Alle.«

»Ich werde darüber nachdenken, was ich mir wünschen könnte. Aber sagen Sie mir eins, Debby, warum diese Versuche? Warum dieses Risiko? Was, zum Teufel, können uns Monster nützen, und wenn sie sechs Arme und hundert Beine hätten? Ist diese Welt nicht schon schrecklich genug?«

»Sind Sie wirklich so weltfremd? Gibt Ihnen Ihr berühmtes Gehirn nicht selbst die Antwort? Baxter und Co. werden eines Tages unsere Geheimwaffe sein, um mit denen DRAUSSEN fertig zu werden.«

4.

Timothy prustete laut los. Es dauerte lange, bis er sich wieder beruhigte. Die Bachstelze sah ihn mit unbewegtem Gesicht an. »Entschuldigen Sie«, sagte Timothy, »aber der Witz war zu gut. Mit DRAUSSEN fertig werden, wir! Das können Sie einem Klippschüler erzählen, aber nicht mir.«

»Es ist bitterer Ernst«, erwiderte die Bachstelze. »Natürlich denke ich nicht an Krieg oder ähnliches. Es sieht leider nicht so aus, als ob noch irgendetwas rückgängig zu machen wäre, zumindest nicht zur Zeit. Aber den Status quo, Tiny, den müssen wir erhalten. Mit allen Mitteln. Warum lassen die DRAUSSEN uns denn in Ruhe, obwohl sie so viel stärker sind? Sie haben das größere Potential, Menschen und Material, sie beherrschen das Wasser und die Atmosphäre, sie besitzen die Bodenschätze fast der ganzen Erde und des Mondes, und eines Tages werden sie auch noch den Mars und die Venus in Besitz nehmen. Und eines Tages werden sie in der Lage sein, unsere Isolation aufzubrechen, ohne Furcht vor den Vergeltungswaffen, den Nihilations-, Virus- und Nervenfraßbomben haben zu müssen. Im Vertrauen, Tiny, unsere Wissenschaft und Wirtschaft stagnieren nahezu seit Jahren. Doch es gibt ein Gebiet, auf dem wir denen DRAUSSEN überlegen sein können, und das kann sich eines Tages als das alles entscheidende Gebiet erweisen: der Mensch! Sie selbst haben sich mit den Konventionen den Weg verbaut, diese Waffe zu nutzen. Wenn es uns gelingt, einen Menschen mit doppelter Gehirnmasse und vervielfachter Leistung zu züchten, dann haben wir wieder eine Chance.« Die Bachstelze nickte Timothy zu, dass ihre Hängebäckchen zitterten. »Vielleicht sogar eine größere Chance, als nur die Freiheit zu verteidigen. Deshalb diese Versuche, Tiny, und Baxter ist nur ein erstes, aber vielversprechendes Ergebnis.«

Sie angelte nach ihrer Tasche und holte ein paar Folien hervor.

»Gehirnmasse sieben Prozent plus«, las sie vor, »bezogen auf den menschlichen Durchschnitt. Die Denkgeschwindigkeiten liegen bei hundertzehn Prozent, die Effizienz sogar bei einhundertundvierundzwanzig, die Gehirnspeicherkapazität konnte noch nicht ermittelt werden; man hat bisher noch nichts entdecken können, was er vergessen hätte.«

»Armer Bursche«, entfuhr es Timothy.

»Wieso arm?«

»Ist es nicht eine der schönsten Eigenschaften, dass man vergessen kann? Wie soll man ohne die barmherzige Gabe des Vergessenkönnens leben? Ist es ein Wunder, wenn dieser Baxter durchdrehte? Er wird den Verstand verloren haben. Wie wollte man eigentlich kontrollieren, ob er nicht doch etwas vergessen hat?«

»Alle Informationen, die er bekam, sind in einem Computer gespeichert worden. Bedenken Sie, Baxter ist im Fort, in einer absolut kontrollierbaren Umgebung, aufgewachsen. Dies war sein erster Ausflug.«

Timothy goss sich den vierten Whisky ein, stellte ihn dann aber beiseite.

»Ein weiterer Vorzug sind seine vier Arme. Er ist ausgebildet worden, zwei Programme gleichzeitig und unabhängig voneinander abzuwickeln. Hier, das ist er.«

Sie reichte ein Foto hinüber.

»Himmel, das ist ja noch ein Kind!«, rief Timothy.

»Was heißt Kind! Er ist sechzehn, aber so intelligent wie wir beide nicht. Und er kennt keine Gefühle! Nicht einmal sich selbst gegenüber, er reagiert rein logisch!« Die Bachstelze hatte sich in Begeisterung geredet, ihre Wangen glühten.

»Sind Sie sicher? Ein Mensch ohne Gefühle?«

»Ja, phantastisch, nicht wahr? Ohne Gefühle, ohne Ablenkungen, ohne Zeitverschwendung.«

»Ich muss mehr über ihn erfahren, viel mehr.«

»Dies hier ist alles.« Die Bachstelze reichte ihm die Folien. »Sie hätten nicht einmal so viel erfahren, wenn ich nicht für Sie gebürgt hätte. Trotzdem steht vor der Tür ein schwerbewaffnetes Begleitkommando, das dafür sorgen soll, dass die Unterlagen sicher und vollständig wieder zurückkommen.«

Timothy überflog die Folien. Es war erbärmlich wenig, vor allem die grundlegenden Denkstrukturen und eine Übersicht über die Informationsblöcke, mit denen Baxter gefüttert worden war, dazu ein paar Anhaltspunkte über Verhaltensweisen und eine Beschreibung des Ortes, an dem die Verbindung zu Baxter abgerissen war. Kein Hinweis auf seine Herkunft und Aufzucht. Timothy sah noch einmal nach, tatsächlich, nicht einmal, dass Baxter vierarmig war, stand da.

»Keine Notizen?«, fragte Timothy.

»Keine Notizen.«

Timothy prägte sich den Inhalt der Folien ein. Für eine halbe Stunde konnte er sich auf sein nahezu fotografisches Mittelkurz-Gedächtnis verlassen. Bis dahin musste er die Bachstelze losgeworden sein. Sie stand von allein auf und nahm die Folien an sich.

»Das Foto können Sie behalten.«

»Diese Informationen reichen nicht, das ist Ihnen doch klar, Debby? Ich muss einen seiner – wie sagt man? – Erfinder sprechen.«

»Unmöglich. Sie unterschätzen noch immer, was es mich gekostet hat, Ihnen überhaupt so viel Informationen geben zu dürfen.«

»Dann kann ich Ihnen nicht helfen.«

»Sie haben sich verpflichtet.«

»Alle meine Kräfte einzusetzen, ja. Doch meine Kräfte sind gefesselt. Es ist auch in Ihrem Interesse, denke ich.«

Deborrah Johnson nickte zustimmend. »Ja«, sagte sie, »ich möchte mich nicht gleich zu Anfang meines neuen Jobs blamieren. Aber es ist unmöglich, bestimmt.«

Timothy dachte nach. Die Bachstelze blieb geduldig neben seinem Sessel stehen.

»Was ist mit seinen Betreuern?«, fragte Timothy. »Er muss doch Betreuer haben, einen Haufen Personal, das ihn umsorgt, ihn großgezogen hat. Vielleicht gibt es jemand, der nichts von den eigentlichen Versuchen verraten könnte, mir aber Informationen über Baxters alltägliches Verhalten geben kann?«

»Ich habe wenig Hoffnung, aber ich will mich umsehen. Lassen Sie mich hinaus?«

Da Timothy wusste, wie genau die Bachstelze ihn jetzt beobachten würde, machte er eine Reihe überflüssiger Handgriffe; er schaltete die Luftversorgung herauf, ließ im Wohnzimmer die Fensterjalousien schließen und das Licht aufflammen, ließ die Goldfische füttern, das Kaffeewasser anheizen und Badewasser einlaufen, dabei ruhte seine linke Hand etwa zehn Sekunden lang auf dem Tast-Identificator der Armlehne. Kurz darauf öffnete sich die Tür des Mausoleums. Deborrah Johnson stürmte hinaus, Timothy hatte Mühe, ihr zu folgen. An der Wohnungstür drehte sie sich um.

»Ich rechne fest mit Ihnen, Tiny. Sie müssen es schaffen. Es wird Ihr Schade nicht sein.«

Timothy verriegelte die Tür hinter ihr. Dann holte er seinen Whisky und setzte sich zu Napoleon.

»Ach, alter Junge«, stöhnte er. »Wenn du wüsstest, wie schmutzig die Welt ist, du würdest dir die Sicherungen aus dem Leib reißen.«

Er diktierte Napoleon Wort für Wort und Ziffer für Ziffer den Inhalt der geheimen Folien; auf eine Code-Frequenz, versteht sich. Dann instruierte er den Communicator. »Ich gehe baden und dann ins Bett und bin für niemanden zu sprechen außer für Deborrah Johnson.«

»Zum Teufel mit ihr«, fügte er noch hinzu, doch erst, nachdem er die Empfangsdiode geschlossen hatte.

5.

Timothy fühlte sich frisch, als er erwachte. Er frühstückte ausgiebig, obwohl es mitten in der Nacht war, bereitete sich einen Bohnenkaffee und setzte sich zu »Schneewittchen«. Die Sonic tönte leicht und beschwingt. Fast eine Stunde saß er bei ihr, wippte im Schaukelstuhl und gab sich den zarten Tongespinsten hin, die »Schneewittchen« über ihn ausströmen ließ.

Dann gab er Baxters Foto in den Spectomaten, stellte das Bild auf Lebensgröße und dirigierte es so auf die Bildwand, dass er Samuel Baxter gerade in die Augen sehen konnte. Große, klarblaue Augen. Ein Dutzendgesicht. Ein junger Bursche, wie es sie zu Tausenden gab, blond, weißhäutig, leicht abstehende Ohren, das sah man trotz der dichten, schulterlangen Haare, Sommersprossen, eine noch nicht voll ausgebildete Nase, ein Grübchen am Kinn. Er schien ein wenig traurig dreinzuschauen, doch das konnte täuschen. Timothy vergrößerte das Bild auf Wandhöhe und ließ den Eindruck auf sich wirken. Baxter sah tatsächlich traurig aus. Keine Gefühle? Bah! Als ob es das geben konnte: ein Mensch ohne Gefühle. Und ein Mensch war es wohl trotz allem, oder?

Timothy ließ Napoleon aufsagen, was er ihm über Baxter eingegeben hatte. Verdammt wenig. Ohne zusätzliche Fakten lohnte es sich kaum anzufangen. Er holte die Landkarte von Illinois und den Stadtplan von Chicago aus dem Geheimschrank. Wenn die Bachstelze wüsste, dass ich so was besitze, dachte er vergnügt, sogar Messtischblätter – und die neuesten dazu!

Um sieben Uhr rief er Josuah Trevers an und ließ sich über Mister Super-X informieren; wozu hat man den Hauptarchivar der größten Nachrichtengesellschaft zum Freund? Timothy entschuldigte sich nicht, dass er ihn schon beim Frühstück überfiel, und Joe beklagte sich nicht; er hatte sich längst Klagen an Timothys Adresse abgewöhnt. Und neugierige Fragen. Es musste ein gigantischer Rummel sein, Joe fluchte Stein und Bein über Mister Super-X.

»So ein Aufwand wegen Cornflakes!«, schloss er. »Als ob es nicht völlig egal ist, welche Sorte man in sich hineinschlingt, der ganze Fraß stammt doch ohnehin aus ein und derselben chemischen Fabrik.«

Timothy lud ihn zum Essen ein. Er versprach Joe Fisch, einen frischen Hecht. Sobald er ihn beschaffen konnte. In echter Butter. Von Baxter hatte Joe selbstverständlich gehört. Die ICC würde nichts von der Großfahndung bringen, keine der Nachrichtengesellschaften.

»Die Polizei ist komischerweise nicht daran interessiert«, sagte Trevers. »Hast du eine Ahnung, warum?«

»Nein«, entgegnete Timothy, »wie sollte ich!«

»Mir egal«, brummte Joe. »Es wird nach so vielen Leuten gefahndet. Ob Baxter oder ein anderer, eines Tages landen sie alle bei mir im Archiv. Als zerschossene oder zerstückelte oder gehenkte und geachtteilte Leiche. Das heißt, wenn sie es wert waren, die Aufmerksamkeit der Öffentlichkeit zu beanspruchen.«

Kurz nach acht kam Deborrah Johnson. Sie ließ sich nicht anmelden, sie klingelte gleich an der Wohnungstür. Timothy versteckte schnell die Messtischblätter. Sie wollte nicht einmal eintreten.

»Keine Zeit, Tiny. Ich wollte Ihnen nur etwas bringen.«

Sie winkte, und drei bewaffnete Polizisten führten einen Mann herbei.

»Das ist alles, was ich auftreiben konnte«, sagte die Bachstelze. »Dieser Mann steht Ihnen genau eine Stunde zur Verfügung.«

Bevor Timothy sich von seinem Staunen erholt hatte, war sie schon wieder verschwunden. Die Polizisten postierten sich vor Timothys Appartement. Der Sergeant blickte stur auf die Tür, die beiden anderen sicherten nach den Seiten. Timothy zog den Mann in die Wohnung; er war etwa sechzig, mittelgroß, hatte eine Kolbennase, wässrige Augen und sehr lange Ohrläppchen. Er trug einen Yllicord-Anzug, der an Ellenbogen und Knien abgewetzt war. In den breiten, rissigen Händen drehte er eine Schirmmütze.

Besonders intelligent sieht er ja nicht gerade aus, dachte Timothy. Er hielt ihm die Hand hin. »Ich bin Timothy Truckle.«

»Pat –« Der andere brach mitten im Wort ab und grinste verlegen.

»Darf ich Ihnen ja gar nicht sagen.« Er sprach stockend und mit dem Akzent der Upperslums.

»Macht nichts«, sagte Timothy. »Was kann ich Ihnen anbieten? Kaffee, Tee, Schnaps, Bier, Meskalino –«

»Tee«, sagte der andere, »ich trink immer Tee.«

»Welche Sorte? Ich kann Ihnen echten russischen oder chinesischen Tee anbieten.«

Der andere blickte verständnislos. »Na, Tee!«

Timothy dirigierte ihn in den Tagesraum, forderte ihn auf, sich irgendwo hinzusetzen, eilte in die Küche und brühte einen starken, schwarzen grusinischen Tee. Als er mit dem Servicewagen in das Zimmer kam, saß sein Besucher im Schaukelstuhl vor Baxters Bild und zog die Mütze wie einen Rosenkranz durch die Finger. Aus seinen Augenwinkeln lösten sich Tränen und glitten über die faltigen Wangen. Timothy fuhr den Servicewagen neben den Schaukelstuhl und ließ seinen Sessel danebengleiten.

»Entschuldigen Sie.« Der Alte schnaufte. »Ich hoff ja immer noch, dass Sammy nischt passiert is, trotzdem.«

Timothy goss ihm Tee ein. Der Alte nahm bedächtig einen Schluck, sah Timothy mit großen Augen an, nahm einen zweiten Schluck und schlürfte dann hastig die Tasse leer, als habe er Angst, man könne sie ihm wieder wegnehmen.

Timothy goss gleich nach.

»So 'n guten Tee hab ich mein Lebtag nicht getrunken«, sagte der Alte und maß die Kanne mit einem Blick.

»Wenn Sie nett zu mir sind«, antwortete Timothy, »schenke ich Ihnen ein Päckchen davon.«

»Bin ich«, erwiderte der andere eifrig. »Die Chefin hat gesagt, zu Ihnen darf ich offen sprechen. Also fragen Sie nur.«

»Sie können Vertrauen zu mir haben«, sagte Timothy sanft, »absolutes Vertrauen. Ich werde niemandem verraten, worüber wir gesprochen haben. Und ich habe für alles Verständnis.«

Der andere musterte ihn, dann nickte er. »Ja, glaub ich, wo Sie doch selbst fast so was wie 'n –« Er hielt erschrocken die Hand vor den Mund.

»Wie ein Monster?«, ergänzte Timothy freundlich lächelnd.

»Nee, 'n Muta.«

»Ein Muta?«

»So nennen wir sie, die Mutierten, wenn Sie wissen, was eine Mutation ist, Mister.«

»Weiß ich. Woher kennen Sie Samuel Baxter?«

»Ich war doch sein Nurse!«

»Nurse?« Timothy musste unwillkürlich kichern, als er sich den ungeschlachten Kerl in der Tracht einer Krankenschwester vorstellte. Er wurde schnell wieder ernst. »Heißt das so in Fort Baxter?«

»Ja, und alle nennen mich auch so.«

»Gut, Nurse, erzählen Sie mir von Samuel. Sie hängen sehr an ihm, was?«

»Tu ich. Immer noch. Obwohl ich ihn ja schon ein paar Jahre nicht mehr hab. War mir der Liebste von allen. Hatte ihn richtig ins Herz geschlossen. Ich meine, so 'n Wesen ist doch auch 'n Mensch, hat aber niemand nich, kein' Vater, keine Mutter –«

»Wirklich nicht? Muss nicht jeder Mensch Vater und Mutter haben?«

Nurse setzte sich auf und machte eine gewichtige Miene. Sicher hatte er nur selten Gelegenheit, jemanden zu belehren.

»Also, der Samen, ja? Der kommt in Ampullen. Ebenso das Ei. Kein Mensch weiß, von wem. Stehen ja nur die Dats drauf. Dann wird's befruchtet. Manchmal wird vorher schon dran gedreht, meistens aber erst danach. Dann liegt's vier Wochen im Brutkasten, und wenn's was Interessantes verspricht, wird's dann eingebettet.«

»Eingebettet?«

»Klar! Geht doch noch nicht künstlich. Also bekommt's eine von den Tragfrauen eingebettet, bis es ausgereift ist und geboren wird. Aber 'ne Tragfrau ist keine Mutter nich. Ich meine, es ist ja nich ihr Kind, oder? Und sie sieht es ja auch nie, Gott sei Dank. Die meisten möchten 'n Schock kriegen, wenn sie sehen, was sie da ausgetragen haben.« Er hielt seine Tasse hin. Timothy goss ein. Für sich einen großen Whisky. Es war noch viel zu früh für Whisky, aber jetzt brauchte er einen. Wenn das so weitergeht, dachte er, werde ich über diesem Fall noch zum Säufer.

»Die meisten sterben ja gleich wieder«, fuhr Nurse fort. »Oder sie werden annulliert. Viel Ausschuss. Ich hab lange auf Station eins gearbeitet, ich kenn mich aus. Solange man noch nicht genau weiß, wie das mit der Mutation funktioniert, braucht man eben viel Material, ist doch klar.«

»Sammy war also ein Zufallstreffer?«

»Und ob! Ich meine, mir sagt ja keiner was, aber so doof, wie die Eierköppe mich halten, bin ich nicht. Seit seiner Geburt versuchen sie, es zu wiederholen. Aber sie schaffen's nicht. Nie werden sie's schaffen, nie! Ich sage Ihnen, Mister, der Herr lässt sich nicht in seine Karten gucken. Sie können mal aus Versehen 'n Trumpf erwischen, mehr nicht. Sammy ist einmalig.« Er sah Timothy mit strahlenden Augen an. Dann winkte er zu dem wandgroßen Porträt. »Sie mögen ihn auch, was?«

»Er wirkt sehr sympathisch. Was hat ein Nurse zu tun?«

»Na, für seinen Schützling zu sorgen. Wenn die Mutas klein sind, ist da viel Arbeit, saubermachen, anziehen, füttern, für die Sachen sorgen, auch mal spielen; ich mein, so 'n Muta hat ja 'ne Menge Leute, die sich um ihn kümmern, Lehrer, Erzieher, Dispos und so, aber der Wichtigste ist und bleibt der Nurse, oder? Auch wenn sie dann größer werden. Ist dann so 'ne Art Butler, wenn Sie wissen, was ich meine, Mister.«

»Ich glaube schon.«

»Wir haben uns schnell angefreundet, Sammy und ich. Vielleicht hat er gemerkt, dass er mir leid tat. Aber ist auch nicht schwer. Ich sage Ihnen, Mister, so 'n Muta ist was von anhänglich, na, Kunststück, wo unsereins ihm schließlich Vater und Mutter ersetzen muss. Und was hat so 'n Wesen schon vom Leben? Nehmen Sie Sammy: acht Stunden Schlaf, aber selbst da muss er noch lernen, eine Stunde Hygiene, vier Stunden Körperertüchtigung, sechs Stunden lernen, vier Stunden technisches Training, bleibt eine Stunde Freizeit. Und das seit seinem fünften Lebensjahr.«

»Und das Essen?«, fragte Timothy.

Nurse winkte ab. »Wollen Sie das essen nennen? Sammy schlingt sein Zeug runter und fertig. Ist ihm doch egal – ach ja, können Sie ja nicht wissen. Hat doch keine Geschmacksnerven. Sie können ihm vorsetzen, was sie wollen, schmeckt ihm alles gleich, nämlich nach gar nichts. Den Eierköppen ist's recht. Braucht er nicht so viel Zeit für Nebensachen, haben sie gesagt. Riechen kann er ja auch so gut wie nichts, und sein Tastsinn – Sie, Mister, einmal hab ich ihn erwischt, wie er die Finger ins Feuer hielt, er wollte sehen, wann er es fühlt. Die Haut war schon angekohlt. Klar, die Eierköppe sind zufrieden. Ist er nicht so empfindlich, sagen die. Mit irgendwas muss man den Fortschritt immer bezahlen, oder?«

Timothy zuckte mit den Schultern.

»Wenn Sie irgendwo was dazutun, Mister, fällt woanders was weg. Ist immer so. Die zweiten Arme und seinen Grips bezahlt Sammy eben auf diese Art. Aber er ist dabei zufrieden. Er weiß es ja auch nicht anders. Die Eierköppe sagen ihm immer nur, was wunder Besonderes er ist. Ist er ja auch auf seine Art.«

»Hat Sammy wirklich keine Gefühle?«

»Ja, Mister, ehrlich, ich weiß es nicht.«

»Wenn Sie es nicht wissen, Nurse, wer dann?«

»Das hängt wohl alles zusammen, ich meine, wo er doch nicht schmecken und riechen und tasten kann, andererseits, ich meine, irgendwo ist jeder ein Geschöpf des Herrn, wie sehr sie auch an ihm herumgedoktert haben mögen. Und ich lass mir nicht ausreden, auch Mutas haben 'ne Seele; Sammy bestimmt. Und wer 'ne Seele hat, der muss auch fühlen können, irgendwo. Vielleicht kann er's nur nicht so zeigen? Sie haben ihn doch von klein an drauf gedrillt, keimfreie Erziehung und so, keine personellen Bindungen, deshalb haben sie ja auch immer wieder den Nurse gewechselt. Einmal dacht ich schon –«

Nurse lehnte sich zurück und betrachtete Baxters Bild.

»Was war da?«

»Ach, nichts.«

Timothy ging in die Küche und holte zwei Päckchen Tee. »Damit wir es nachher nicht vergessen.«

»Danke, Mister, vielen Dank.«

»Also«, forderte Timothy auf, »reden Sie schon, Nurse.«

»Vielleicht war's ja auch gar nichts, und es ist schon Jahre her.«

»Ich möchte es trotzdem wissen.«

»Aber Sie dürfen's keinem erzählen, okay?«

Timothy versprach es, er schwor es sogar.

»Das war so: Sammy hat mir leid getan, nur Technik und Wissenschaft und Sport und so. Ich frage Sie, Mister, ist das richtig? Ich meine, 'n Mensch muss noch was anderes haben, was Höheres, das über ihm steht. Na, da hab ich ihm eines Tages von Gott erzählt, aus'm Neuen Testament, was ich noch so wusste. Er konnt gar nicht genug hören. Da hab ich ihm abends was vorgelesen, heimlich natürlich, weil wir den Mutas doch keine Informationen nicht geben dürfen, die nicht durch'n Computer laufen. Aber ich frage Sie, Mister, ist der liebe Gott 'ne Faktengruppe? Trotzdem, Sammy wusste, dass er nichts weitererzählen durfte. Und eines Tages hab ich ihm sogar Patricks Prophezeiung vorgelesen. Nicht, dass ich 'n Patrick-Anhänger bin, ganz im Gegenteil, aber ich dacht, das wär das richtige für Sammy. Sie kennen doch Patrick?«

Timothy nickte, obwohl er keinen blassen Schimmer hatte. Aber er wollte auf keinen Fall Nurse unterbrechen. Der grinste verlegen.

»Aber sollt ich dem armen Sammy nicht 'n bisschen Trost gönnen? Er wusste doch, dass er den ›Rightmen‹*, wie er immer sagte, unheimlich war, wenn sie ihn nicht sogar verabscheuten. Als er nu wieder mal davon sprach – und wie er davon sprach, Mister! –, so sachlich, als müsst es so sein, und da war er erst dreizehn! Na, da hab ich ihm Patricks vorgelesen, und da, Mister, hatt ich so was wie 'n Gefühl gemerkt, er nahm meine Hand und drückte sie, aber dann haben sie mich ja auch bald versetzt.«

»Ist Sammy wirklich so intelligent?«

»Und ob! Der denkt schneller als jeder andere. Schach wollt keiner mehr mit ihm spielen; sogar der Computer hat verloren, na, nicht verloren, aber nur 'n Unentschieden geschafft, und das ist gegen 'n Computer doch so gut wie gewonnen, oder? Und ein Gedächtnis hat er! So 'n Gedächtnis, sagt der Chef, hat's noch nie gegeben. Hoffentlich ist ihm nichts zugestoßen. Wissen Sie nicht, was passiert ist? Mir sagt ja keiner was.«

---

* Wortspiel: so viel wie richtige Menschen; writemen: so viel wie Schreiber, Protokollierer.

»Ich weiß es auch nicht, noch niemand. Aber wir finden ihn bestimmt bald. Unversehrt. Hatte Sammy ein Hobby? Was machte er in der Freistunde?«

»Meistens hat er vorm Bildschirm gesessen und sich technische Sendungen angesehen, er war doch ehrgeizig, was, wollt immer noch mehr schaffen, als sie ihm aufgegeben haben. Einmal hat er sich ja Tiere gehalten, aber auch nur für Experimente.« Nurse machte ein Gesicht, als erinnere er sich nicht gerne daran. »Aber woher sollte er auch Ehrfurcht vor der Kreatur herhaben? Gerade er.«

»Wie war sein Tagesablauf? Oder nachts, träumte er? Was?« Da klingelte es. Der Sergeant stand in der Tür.

»Die Stunde ist um.« Timothy versuchte vergeblich, noch ein bisschen Zeit herauszuschinden.

»Schade«, sagte Nurse. »War richtig nett bei Ihnen, Mister. Hoffentlich finden Sie Sammy bald. Sie tun alles für ihn, nicht wahr? Sie sind sein Freund, das spür ich.«

Er steckte die beiden Päckchen Tee ein und ging hinaus.

6.

»Was weißt du über Monster?«, fragte Timothy Napoleon.

+ + was ist »monster«? + n. + + +, tickte Napoleon zurück.

»Dummkopf«, brummte Timothy. »Weißt du wenigstens was über Religion? Kennst du das Neue Testament und das Alte Testament, und kennst du Patrick?«

+ + altes testament: ja + neues testament: ja + patrick: ja + n. + + +

»Wer war dieser Patrick?«

+ + evangelist in detroit ausgang des 20. jahrhunderts, eigentlich automobilarbeiter + sekte bis ins vorige jahrzehnt nachgewiesen + zeichen: kreuz mit doppelbalken + n. +++

»Und wie heißt seine Prophezeiung?«

+ + keine ahnung + n. + + +

»Dann wird es Zeit, dass du etwas für unsere Bildung tust«, sagte Timothy. »Bestell sofort Patricks Prophezeiung bei der Zentralinformation.«

Er schluckte zwei Rosaperlen und legte sich hin, doch er konnte nicht einschlafen. Nicht, weil es erst Mittag war; er fühlte sich hundemüde, aber seine Gedanken gaben keine Ruhe.

Er überlegte nicht, wie er Baxter auf die Spur kommen könnte. Ihn zu finden war das eine, aber was dann? Ihn ausliefern? Musste nicht die ganze Welt erfahren, was in Fort Baxter und wer weiß wo sonst noch überall ausgebrütet wurde? Aber wie?

Viel einfacher war es, nichts zu tun, Geschäftigkeit vorzutäuschen und sich aus allem herauszuhalten. Dank würde er ohnehin nicht ernten, im Gegenteil. Wenn er Baxter fand, ihm gar begegnete, wurde er zum Mitwisser eines gefährlichen Staatsgeheimnisses, ein Todeskandidat. Aber war er das nicht jetzt schon? Und konnte er wirklich so tun, als wisse er von nichts?

Timothy fluchte lauthals, dass er sich jemals so weit mit der Bachstelze eingelassen hatte, dass die ihm Vertrauen schenken konnte, wenn auch aus durchsichtig egoistischen Motiven. Und dass er solch ein Idiot sei, sich den Luxus eines Gewissens zu leisten.

Ja, einfach die Hände in den Schoß legen und abwarten. Irgendwann würde irgendwer Baxter aufgabeln, und wenn er Glück hatte, würde die Bachstelze niemandem verraten, wie viel Timothy von ihr erfahren hatte, und man würde ihn in Ruhe lassen. Warum musste sie mit diesem Fall zu ihm kommen!

Wer war hier eigentlich wirklich der Klient, die Vereinigten Staaten von Amerika oder die Bachstelze? Oder die weißbekittelten Verbrecher von Fort Baxter? Nicht vielmehr der arme Samuel Baxter oder die Weltöffentlichkeit? Und er selbst! Diesmal ging es auch um seinen Kopf.

Er grübelte lange, irgendwann schlief er endlich ein. Als er wach wurde, schaltete er Baxters Porträt ins Mausoleum und schloss sich ein. Er wanderte unruhig auf und ab und blieb immer wieder vor dem Gesicht stehen, sah es lange an, sprach zu ihm.

»O Samuel!« sagte er. »Wer soll dir helfen? Und wie? Weißt du überhaupt, in was du mich gestürzt hast? Warum bist du verschwunden? Hast du dir in deinem superschlauen Köpfchen wenigstens was dabei gedacht? Bist du ausgerissen? Warum? O Samuel, am liebsten würde ich mich für ein paar Tage verkriechen. Kann denn niemand mich armen, kleinen Mann in Ruhe lassen? Müsst ihr mir immer alles aufhalsen? Was soll ich tun? Soll ich gar hoffen, du wärest schon tot? Oder ein anderer entdeckte dich und befreite meine schmalen Schultern so von der Last der Verantwortung?

Ich kann doch nicht so tun, als interessiere mich dein Schicksal nicht, als sei es mir gleichgültig, ob du wieder als Versuchskaninchen nach Fort Baxter gebracht wirst, als sei es mir egal, ob die Welt von dir und deinen noch ärmeren Geschwistern erfährt.

Ich muss dich finden. Ich und kein anderer. Damit du nicht wieder im Dunkeln verschwindest, sondern Zeugnis wider deine Erzeuger ablegst! Aber wie? Wie! Nicht einmal mit meinen Freunden kann ich mich beraten.

O Samuel, was weißt du von dieser Welt. Du kennst sicher nicht einmal das erste Gebot des Überlebens: Gib niemandem ohne zwingenden Grund eine gefährliche Information; lerne schweigen, ohne zu ersticken!

Entschuldige, Samuel, vierarmiger Bruder, dass ich dich so angeschrien habe. Es musste sein. Ich würde platzen, könnte ich nicht ab und zu meine Not hinausschreien.«

Timothy setzte sich und hörte ab, was er gerade von sich gegeben hatte, grinste verlegen, löschte den Kristall, löste ihn in Säure auf und spülte die Lösung durch den Abfluss. Dann holte er sich von Napoleon die Notfrequenz des Großen Bruders und setzte eine mehrfach verschlüsselte Botschaft ab: fünf Zahlengruppen, die wiederum für andere Zahlen standen, Kennziffern des Katalogs der Chicagoer Tiergärten: Aal – Regenwurm – Bernhardiner – Lachtaube – Maulwurf.

Timothy schmunzelte. Es bereitete ihm immer wieder Vergnügen, dass dieser Code im Grunde so einfach war, dass die Geheimdienste, falls sie ihn je entziffern würden, sich vor Wut in den Hintern beißen müssten. Weil er so einfach war. Die Nachricht hieß: Absolutes Schweigen. – Sitze an der Angel, bin verpflichtet. – Prüfe, ob ich bespitzelt werde. – Bereite Boten vor. – Bereite Untertauchen eines Menschen vor.

Danach fuhr Timothy in die »Stardust«-Bar.

»Sie waren lange nicht hier, Mister Tiny«, sagte der Barkeeper respektvoll. »Arbeiten Sie wieder an einem Fall?«

»Ja«, bestätigte Timothy, »und diesmal im Regierungsauftrag.«

Er sagte es so laut, dass mindestens zwei der herumsitzenden Spitzel es hören mussten, vom Barkeeper gar nicht zu reden. Dann versank Timothy ganz in den Anblick des Sonnenunterganges. Als der letzte Purpurstreifen sich lila färbte, gähnte er ungeniert und verabschiedete sich von Melvin, er müsse sofort ins Bett. Aber er legte sich nicht schlafen. Er diskutierte mit Napoleon. Und fluchte immer wieder, wenn er an die Grenzen stieß, die die dürftigen Fakten ihm zogen.

Baxters Denkstrukturen erwiesen sich bei näherer Betrachtung als bedeutungslos, sie waren nicht viel anders als die eines jeden intelligenten, wissenschaftlich gebildeten Menschen, nur dass Baxter ein wenig schneller, weil direkter und präziser, das heißt mit weniger Umwegen und Fehlversuchen dachte. Die einzig verwertbaren Abweichungen von den Normen vergleichbarer Menschen waren die absolute Zweckmäßigkeit seines Denkens, die von keinerlei Gefühlsregungen beeinträchtigte Rationalität und Baxters stur auf die Erreichung des jeweiligen Zieles ausgerichtetes Handeln. Wenn Timothy den Unterlagen glauben wollte.

Gegen Morgen hatten sie ein Bündel Fragen ausgearbeitet. »Besser als gar nichts«, knurrte Timothy. »Wo eine Frage ist, ist Hoffnung.«

Er überflog noch einmal die Liste und nahm letzte Korrekturen vor.

1.1. Wie viele und welcher Art von Verbindungen gab es zwischen S. B. und der Bodenstation?

1.2. Rissen alle Verbindungen gleichzeitig ab oder nacheinander? In welcher Reihenfolge und welchen Abständen?

1.3. Wann und wie wurde das Abreißen der Verbindungen bemerkt, sofort oder später? Wie viel später?

2.1. Wie waren die klimatischen und die Wetterverhältnisse, die Sicht am Ort des Nachtlagers?

2.2. Wie reagierte S. B. auf diese Umgebung?

2.3. Wurde das Versuchsgelände überwacht? Wie?
2.4. Gab es Anzeichen für die Anwesenheit fremder Personen, die S. B. mitgenommen oder entführt haben könnten?
2.5. Wann brach der Müllsturm los?
3.1. Welches waren die letzten Informationen, die S. B. über sein physisches und psychisches Befinden gab?
3.2. Hat es am Versuchstag von der Norm abweichende Werte in seinem Befinden gegeben?
3.3. Kann ich die Protokolle der Wahrnehmungen einsehen, die S. B. an die Bodenstation übermittelte? (Wenigstens in gereinigter Fassung!)
3.4. Welcher Art sind die Spuren, die nach dem »Verlust« von S. B. gefunden wurden?
3.5. Gibt es neue Spuren?
3.6. Welche Ausrüstung hat S. B. jetzt bei sich? Was hat er zurückgelassen?
4.1. Könnte S. B. Grund gehabt haben, sich bewusst abzusetzen?
4.2. Gab es Unstimmigkeiten zwischen ihm und dem »Bodenkommando«, z. B. verschiedene Ansichten über die Art, die Aufgabe zu bewältigen?
4.3. Hat S. B. jemals vorher den Wunsch nach persönlicher Freiheit oder Überdruss über sein Dasein o. ä. geäußert?

Timothy ließ den Communicator die Fragen in die Chiffre übertragen, die die Bachstelze ihm für diesen Fall dagelassen hatte, und an den Krisenstab senden. Er fügte noch einen Satz hinzu: Wenn ich nicht mehr als bisher erfahre, bin ich hilflos. Bevor er sich schlafen legte, hörte er noch die Nachrichten ab und die Polizeihauptwelle, auf der die einzelnen Bezirke ihre Turnusberichte an das Hauptquartier übermittelten. Er konnte jedoch nichts entdecken, was mit Samuel Baxter zu tun haben könnte.

7.

Deborrah Johnson kam noch am Nachmittag. Sie ließ sich in einen Sessel fallen und schüttelte vorwurfsvoll den Kopf.

»Sie mit Ihrem Wunschzettel! Die Eierköpfe von Fort Baxter haben nur gegrinst, als ich ihnen die Fragen vorlegte: no comment, no comment, no comment. Und dann habe ich mir wieder was anhören können. Weil ich Sie eingeschaltet habe.«

Timothy bot ihr einen Bourbon an, und diesmal nahm sie an, kippte den Schnaps hinunter und hielt das Glas noch einmal hin.

»Na ja«, sagte sie dann in versöhnlicherem Ton, »sie haben sich Ihre Fragen schon genau angesehen, aber sie wollen nichts sagen. Keine Information mehr an Außenstehende. Deshalb bin ich vorbeigekommen. Ich will Ihnen wenigstens mitteilen, was ich weiß.«

Sie holte Timothys Liste hervor.

»Wie viele Verbindungen es zwischen Baxter und der Bodenstation gegeben hat, weiß ich nicht, auf jeden Fall Sprechfunk, eine optische Simultanübertragung und automatische Datenübermittlung seines Gesundheitszustandes. Alle sind etwa zur gleichen Zeit abgerissen. Als der Kontrollcomputer Alarm auslöste, weil keine medizinischen Werte mehr von Baxter kamen, hat man festgestellt, dass auch die anderen Verbindungen abgerissen waren.«

»Wann war das?«

»Etwa um ein Uhr. Baxter schlief schon seit Stunden, deshalb lief nur noch die automatische Kontrolle.«

»Wann hat er sich hingelegt?«

»Gegen acht Uhr, bei Sonnenuntergang. Er war wohl erschöpft, und was sollte er dort nachts auch tun? Außerdem sah sein Programm vor, dass er bei Sonnenaufgang weiterziehen sollte. Es gab übrigens, wie so oft, zwei Müllstürme in dieser Nacht, einen, der nur wenige Minuten dauerte, kurz nach Mitternacht, den zweiten, richtigen dann zwischen zwei und sechs Uhr. Das Gelände wurde nicht besonders überwacht. Es gibt eine Art elektronischen Zaun am

Beginn der Muddies, offiziell um zu verhindern, dass jemand in diese Wüste gerät und sich verirrt, in Wirklichkeit natürlich zum Schutz von Fort Baxter; der Luftraum wird mit Sonadar kontrolliert, niemand Fremdes war in der fraglichen Zeit dort.«

»Das heißt, Baxter müsste den Zaun durchqueren, wenn er die Muddies verlassen wollte.«

»Ja. Und letzte Nacht hat etwas den Zaun durchquert. Ob es Baxter war? Es wurden keine Spuren in diesem Sektor gefunden.«

»Was sagt die Luftüberwachung?«

»Das Gebiet wird alle halbe Stunde fotografiert. Sie wissen, Tiny, dass man sogar einen einzelnen Schuh auf den Fotos ausmachen kann, aber es fand sich bisher nicht einmal ein Schatten von Baxter. Wenn er noch lebt, muss er sich nachts bewegen und dabei alle Spuren sorgfältig vermeiden. Man hat natürlich versucht, das Gebiet nachts mit Infrarotmaterial aufzunehmen, um seine Wärmespur zu finden, doch in den Muddies gibt es eine derartige Fülle von radioaktiven und thermischen Strahlungsquellen, dass es als sinnlos eingestellt wurde, und außerhalb der Muddies gibt es wiederum zu viele einzelne Objekte. Es ist zum Verzweifeln. Timothy, dieser Fall stellt einige grundlegende Dinge in Frage. Wenn es möglich ist, dass ein so behüteter und programmierter Mann wie Baxter spurlos verschwinden kann, was alles ist dann noch möglich?«

Timothy ging nicht auf ihren Verzweiflungsausbruch ein.

»Haben die Leute von Fort Baxter keine Theorie, was geschehen sein könnte?«

»Es scheint, dass jeder seine eigene Theorie hat, aber die verraten sie nicht einmal mir. Über Ihre Fragen, ob sie sich mit Baxter verkracht haben könnten, haben sie laut gelacht. Auch darüber, ob er jemals seine Freiheit gewünscht hätte. Sie hätten Baxter derart unter Kontrolle, dass sie sehr genau wüssten, was er denken könne und was nicht, und Baxter ginge völlig darin auf, seine Programme ordentlich zu erfüllen. Es könne sich nur um einen Unfall handeln.«

»Wenn es Baxter war, der letzte Nacht den elektronischen

Zaun durchbrochen hat, wie weit hat er es dann noch bis Chicago?«

»Etwa hundert Kilometer.«

»Und diese Konservenreste, die man gefunden hat, stammen eindeutig von ihm?«

»Ja, eindeutig. Wir hatten insgeheim schon gedacht, Baxter sei in einen der Müllkrater gestürzt, aber gestern wurden Teile seiner Ausrüstung gefunden, kilometerweit vom ersten Fundort entfernt, das wirft diese Theorie über den Haufen.«

Die Bachstelze trank noch einen Bourbon zum Abschied, ermahnte Timothy, fleißig zu sein, und rauschte davon, buchstäblich: Sie trug ein bodenlanges, weites Kleid aus Chinaseide. Timothy diktierte Napoleon sein spärliches neues Wissen.

»Was meinst du«, fragte er ihn, »ob Baxter weiß, dass er gesucht wird? Ob er sich bewusst versteckt?« Dann gab er Napoleon kombinationsfrei und sagte: »Nun denk mal schön.« Er selbst legte sich schlafen.

Als er am nächsten Morgen ausgeschlafen und dementsprechend gutgelaunt erwachte, lag in Napoleons Geber ein kurzer Streifen: + + annahme, s. b. lebt und ist nicht hilflos (verschüttet o. ä.), dann hätte er einen weg für kontakt gefunden + hat s. b. ein/kein programm für den notfall? + es gibt nur eine erklärung, warum er weder kontakt noch hilfe sucht und sich verbirgt: er will nicht + wenn s. b. so intelligent ist wie behauptet, warum sollte er dann auch input stoppen und nicht nur output? + wenn s. b. aber informationen empfängt, weiß er, dass er gesucht wird + weiß s. b. auch wie? + n. + + +

»Dir ist auch nicht mehr eingefallen als mir«, maulte Timothy. Er wanderte unruhig vor Napoleon auf und ab und sprach leise vor sich hin.

»Was ist zwischen acht und ein Uhr passiert? Das ist die Kernfrage. Was hat Baxter getan? Er schlägt sein Nachtlager auf. Was bedeutet das? Er wird ein Zelt aufbauen oder eine Art Schlafsack vorbereiten. Bestimmt auf einem kleinen Hügel. Schutzvorrichtungen aufstellen. Essen schlucken. Countdown an die sogenannte Bodenstation. Und dann? Einfach hinlegen und einschlafen?«

Unsinn, dachte er, Baxter ist auch nur ein Mensch, und er ist das erste Mal fort von zu Hause, wenn man Fort Baxter ein Zuhause nennen kann. Und er ist neugierig; je rationaler einer veranlagt ist, desto neugieriger.

»Mag er noch so müde und erschöpft sein«, fuhr Timothy laut fort, »dies ist der erste Abend, an dem er allein und außerhalb von Fort Baxter ist. Dazu in dieser Welt! Die erste Nacht außerhalb der Klimasphäre von Fort Baxter, die bestimmt ein besonders schönes Blau zeigt. Und was sieht er? Tote oder zitternde, wogende, aufbrechende Halden, Schlammsumpf, Nickeldämpfe und Kobaltpaffer, Salpeterbüsche und Perlongestrüpp, Silikatgesträuch, Rostbrand. Und über allem der graugrüne Himmel voller schwefelgelber Streifenwölkchen. Nein –«, Timothy korrigierte sich, »nicht graugrün und schwefelgelb, sondern rot. Es ist ja ein paar Stunden vor dem Müllsturm. Baxter erblickt sein erstes Abendrot! Und was für eins: flammend in allen Schattierungen, ein rundum glühender, brennender Himmel.«

Napoleon räusperte sich. Im Geber lag ein Streifen.

+ + und die himmel werden brennen über der wüste, verbrennen werden die wolken, die luft und das all + n. + + +

»Was ist das?«, fragte Timothy verwundert.

+ + 4.1.26-27 aus der prophezeiung des patrick + n. +++

8.

»Her damit!«, schrie Timothy. »Lass sehen, was du noch davon hast, du mein Bester, mein Einziger!«

Während Napoleon lange Bänder ausdruckte, öffnete Timothy eine Flasche »VAT 77«. Dann hockte er sich vor Napoleon auf den Boden, las, strich Passagen an, breitete die Bänder rund um sich aus.

Schließlich sammelte er die Bänder ein, setzte sich in den Sessel und las noch einmal, was der selbsternannte Evangelist Patrick aus Detroit im vorigen Jahrhundert prophezeit hatte.

»… Eines Tages aber, da die Erde verseucht und die Winde verätzt und die Wasser geschändet sind, da die blühende, grünende Erde sich in schlammige, stinkende Wüste verwandelt, wird Gott, der Herr, in seiner unendlichen Gnade diesem Menschengeschlechte eine letzte Chance geben. Noch einmal und zum letzten Mal wird er einen Sohn auf die Erde schicken, dass er den Menschen den rechten Weg weiset …

… Wenn die Wolken brennen über der Wüste, wenn Himmel und All in Flammen aufgehen, wenn die Erde selbst durch die Lüfte jagt, um von dem nahenden Weltuntergang zu künden, wird der Gottessohn alles Irdische von sich werfen und aufbrechen zu seiner Gemeinde …

… und wie einst Gottes erstgeborener Sohn, Jesus Christus, nach Jerusalem zog, so wird dieser Gottessohn aufbrechen nach Metropolis, dem neuen Babel, das sich erdreistet, seine Häuser in Gottes Himmel wachsen zu lassen …

… und der Tag wird sein Feind und die Nacht wird sein Freund sein, und wieder werden die Häscher und Schergen Gottes Sohn verfolgen, aber sie werden ihn nicht finden. Er wird die Menschen meiden, und nur seine Gemeinde wird ihn zu sehen bekommen und durch ihn erlöst werden …

… Und er wird heißen Daniel oder Johannes oder Samuel oder Patrick, und sein Name wird sein wie seine Erdenspur: ohne Dauer. Dauern aber wird sein Weg, denn er ist die Hoffnung und die Erlösung …

… Gottes Sohn wird sein wie niemand seinesgleichen: Kein Vater hat ihn gezeugt, keine Mutter hat ihn geboren, und doch lebt er; jung, stark und klug wie kein anderer. Sein Zeichen aber wird sein: vier Arme und vier Hände, damit er den ganzen Erdball umfangen kann, Nord und Süd, Ost und West …«

Timothy ging hinüber und stellte sich vor Baxters Bild.

»Ist es das, was dir widerfuhr, Samuel?« flüsterte er. »Die Prophezeiung eines fast vergessenen Sektenpredigers, die dir ein kindischer alter Mann einst vorlas und die du in deinem unergründlichen Gehirn gespeichert hast? Und nun, da du zum ersten Mal aus deiner isolierten, keimfreien Miniwelt hinausgeschickt wirst, in die Wüsten der Zivilisation, steigen die Worte wieder aus deinem Gedächtnis empor, und es scheint sich zu erfüllen, Wort für Wort, so wie es in dir schlummerte. Und du nimmst alles nur logisch, wertest alles als Fakt, nimmst es als ein Programm, das man dir eingegeben hat? Bist du nicht zu oft programmiert worden, als dass dir dies hier wunderbar erscheinen sollte? Du weißt alles über Programme, aber was weißt du von Träumen, Poesie und Propheten? Wie sollst du den Unterschied zwischen einer Prognose, einem Programm und einer Prophezeiung erfassen. Ist es das gewesen? O Samuel!«

Timothy ließ das Bild erlöschen. Vielleicht, dachte er, war es auch ganz anders. Wahrscheinlich. Doch hier liegt meine einzige Chance, an Baxter zu kommen. Wie?

Die nächsten Stunden verbrachte Timothy mit dem Studium der Landkarten und des Stadtplanes, er entwarf Skizzen, Marschtabellen und eigentümliche lineare Gebilde und ließ Napoleon lange Kolonnen berechnen. Schließlich nickte er zufrieden und begann zu pfeifen. It's a long way to Tipperary.

Er rief bei der CLEANING CORPORATION an und bestellte einen Wohnungsreiniger. Dann bereitete er sich Milchreis. Als magenfreundliches Gegengift, wie er sich bescheinigte. Timothy hatte zuerst nach Cornflakes gegriffen, sie aber mit einem Ausdruck von Ekel wieder zurückgestellt.

CLEANING schickte einen jungen Burschen in geschniegelter Uniform mit blitzenden Taschen und Eimern, der sich sogleich auf die Arbeit stürzen wollte. Timothy murrte.

»Schon wieder ein Neuer! Ich habe keine Lust, mich immer wieder an neue Gesichter zu gewöhnen.«

»Ich werde es ausrichten, Sir!«, antwortete der Cleaner, holte dabei aber einen Puzzlestein aus der Tasche. Timothy ging mit dem Steinchen zu einem kleinen Wandtisch im Tagesraum, wo in diesem Monat ein fast fertiges Puzzle der Niagarafälle lag. Er brauchte nicht lange, um herauszufinden, wohin der Puzzlestein passte. Er schleppte den jungen Mann ins Mausoleum, verkündete dabei lauthals, er würde sich beschweren, wenn er nicht vollends zufriedengestellt würde, und er sei außerordentlich penibel, was die Sauberkeit anbelange.

»Ich glaube, du brauchst nicht so eine Show abzuziehen«, sagte der junge Mann, als sich die Mausoleumstür hinter ihnen geschlossen hatte. »Erstens: Du wirst nicht überwacht, nicht mehr als sonst auch. Zweitens: Man schickt jemand, der dich beschützt – rund um die Uhr. Drittens: Ein Maulwurf ist zur Zeit sehr schwer zu haben, man wird sich aber bemühen. Viertens: Wenn du Aufträge hast, gib sie mir.«

Timothy holte einen Kristall. »Das ist für den Großen Bruder. Absolut geheim. Absolut, du verstehst?«

Der junge Mann nickte ernst. »Do or die«*, sagte er, holte eine Tube Plastik hervor, bettete den Kristall ein und formte eine Kugel, die nicht anders aussah als die Kugeln im Waschmitteleimer, in den er die Kristallkugel legte.

»Hoffentlich findest du sie wieder«, sagte Timothy.

»Ich schon. Noch was?«

»Ich brauche eine Telefonnummer, die mit 8 27 30 anfängt, wo ist egal. Man soll nur einen einfachen Recaller aufstellen, der jedem Anrufer antwortet: Patrick-Gemeinde. Siehe, der Herr ist nah. Suche deine Brüder, wie er es dir zuruft!«

Der junge Mann wiederholte es leise.

»Außerdem soll man eine Reklamefläche an der Südseite des ›Nebraska‹ mieten, etwa sechs Meter hoch und zwei Meter breit; sie soll das Patrick-Kreuz zeigen, so: ein langer Strich mit zwei sich kreuzenden Querbalken, dazu die Rufnummer. Ich muss die Nummer natürlich auch erfahren. Mieter von Rufnummer und Reklamefläche müssen absolut anonym bleiben, und beides muss auf Stichwort ausgeschaltet werden können, okay?«

»Okay.«

Timothy führte den jungen Mann wieder auf den Flur und schimpfte: »Scheren Sie sich zum Teufel. Ich habe gesagt, dass ich äußerst penibel bin. Ich werde mich bei Ihrem Chef beschweren.«

»Ich bedauere es sehr«, antwortete der andere unterwürfig. »Unsere Firma wird Ihnen sofort einen neuen Cleaner schicken.«

---

* Tu es oder stirb.

Der erschien eine halbe Stunde später. Er war offensichtlich nicht zum ersten Mal bei Timothy und schien keine Ahnung zu haben, dass vor ihm schon ein anderer dagewesen war. Timothy hütete sich, es ihm zu verraten. Während der Cleaner sich im Tagesraum an die Arbeit machte, ging Timothy in die Küche, öffnete sämtliche Schränke und Schubladen und stand lange unschlüssig vor seinen Vorräten. Was, dachte er, bereitet man nur so einem Gast?

9.

An diesem Nachmittag tönte die Klingel an der Wohnungstür noch zweimal. Das erste Mal war es ein Safeman der Haussicherheitstruppe, der sich bei Timothy als neuer Beamter der 827. Etage vorstellen wollte. Er unterschied sich in nichts von den dreihundert »hauseigenen Bullen« des »Nebraska«, wie Timothy immer sagte, aber er verabschiedete sich völlig untypisch mit Handschlag und ließ dabei einen Puzzlestein in Timothys Hand zurück.

Der zweite Besucher kam von der Computer-Firma. Er hatte einen Reparaturauftrag bei sich, auf dem Timothys Appartement-Nummer stand, 8 27 30, aber ein falscher Name. Timothy sagte, er habe auch keine Reparatur bestellt. Der Monteur schüttelte den Kopf, schimpfte auf die Unzuverlässigkeit des Annahme-Automaten, zerriss den Auftrag und bat Timothy, die Schnipsel in den Müll zu werfen. Timothy löste vorher sorgfältig einen I-Punkt ab, der sich als Negativ erwies, das in der Vergrößerung die Südseite des »Nebraska« zeigte. Inmitten der Reklamen prangte deutlich sichtbar, doch nicht zu auffällig, ein Patrick-Kreuz, darunter die Nummer 8 27 30 72 83. Am unteren Rand des Negativs waren ein paar Kreuze, Kreise und Vierecke eingekratzt, die Timothy als Bestätigung seiner Nachricht und Billigung seines Vorgehens deuten konnte, der Doppelkreis besagte: Safety first.

Trotzdem heftete Timothy ein Schild mit den Ziffern 72 83

hinter die Nummer seines Appartements. Dieses Risiko musste er eingehen, wenn er überhaupt eine Erfolgschance haben wollte. Er rief aber sogleich die Bachstelze an, erkundigte sich nach Neuigkeiten und erzählte ein paar waghalsige Kombinationen. Die Bachstelze lobte ihn ob seines Eifers. Timothy meldete sich am nächsten Morgen wieder bei ihr, damit sie ihn ja nicht besuchen kam.

Die Nacht verbrachte er in einem Sessel auf dem Flur, auch den nächsten Tag. Kurz vor der Sperrstunde wurde seine Geduld belohnt. Die Türklingel schlug an. Timothy wäre beinahe hingefallen, so schnell stürzte er aus dem Sessel und zur Tür. Er zog den Mann, der vor seinem Appartement stand, herein, entfernte die Karte hinter seiner Wohnungsnummer und blickte nach links und rechts; er atmete erleichtert auf, da er niemand sah außer dem Safeman, dem er beruhigend zunickte. »Willkommen«, sagte er dann und öffnete die Tür zum Tagesraum. »Tritt ein, Samuel, und sei mein Gast.«

Wenn Timothy ihn nicht erwartet und in den vergangenen Tagen nicht stundenlang das Porträt studiert hätte, er hätte Baxter nicht erkannt, auch nicht, als der die Ballonmütze absetzte, die er sich tief ins Gesicht gezogen hatte, und sein Haar auf die Schultern fiel. Baxter war unrasiert, seine Haut war grau und rissig, die Augen eingefallen, die Lider rot entzündet, tiefe Falten hatten sich eingegraben. Baxter trug einen Raglanmantel, der sein zweites Paar Arme gut verbarg, aber Timothy glaubte nicht, dass dieser Mantel zur Ausrüstung gehört hatte, er sah aus, als habe Baxter ihn einer Heuschreckenscheuche gestohlen.

Baxter wankte mehr, als er ging. Timothy führte ihn zum Sessel.

»Oder willst du gleich ins Bad und dich erfrischen?«

Baxter ließ sich in den Sessel fallen. Er öffnete seine aufgesprungenen Lippen, brachte aber nur ein heiseres Krächzen hervor. Timothy öffnete den bereitstehenden Servicewagen, in dem ein Dutzend im Licht funkelnder und sich in den Spiegeln der Seitenwände und der Rückwand immer wiederholender Gläser wartete, ein Bild kostbaren Überflusses. Timothy hatte jedes Glas mit einem andersfarbigen

Getränk gefüllt, aber im Grunde war es immer dasselbe: ein ziemlich fades Konzentrat.

Er registrierte zufrieden, wie seinem Gast die Augen aufgingen. Baxter griff nach dem karminroten Trunk, goss ihn hinunter, schickte den ultramarinblauen in langen, gierigen Zügen hinterher und holte sich dann ein Glas mit lindgrünem Inhalt, das er jedoch nur noch zur Hälfte schaffte. Er rülpste wollüstig.

»Danke«, krächzte er, »das tut gut.«

Timothy ließ Baxters Sessel in Liegestellung fahren und die vorbereitete Musik erklingen. Vivaldi. Baxter riss die Augen auf, als höre er zum ersten Mal Musik. Timothy überlegte, aber in den Unterlagen hatte nirgends gestanden, ob Baxter schon mit Musik konfrontiert worden war. Nurse hatte auch nichts gesagt. Am liebsten hätte er Baxter gefragt, aber er brachte es nicht über sich, ihn jetzt zu stören. Baxter hatte die Augen geschlossen. Er lächelte verklärt.

Timothy schlich auf Zehenspitzen hinaus und beobachtete den Flur. Nichts. Er sah auf die Uhr. Zwanzig Minuten waren vergangen. Wahrscheinlich war Baxter mit der letzten Metro ins Haus gekommen und in dem Trubel niemandem aufgefallen. Aber Timothy musste jetzt mindestens eine Stunde warten, bevor er den nächsten Schritt tun konnte. Die Anweisung des Großen Bruders war eindeutig: lieber Baxter opfern als die eigene Sicherheit. Er setzte die Nachricht ab, dass Telefon und Werbefläche gelöscht werden konnten.

Baxter schlief, als Timothy zurückkam. Sein Mund stand offen, er atmete in hastigen, röchelnden Zügen. Schweiß perlte auf seiner Stirn. Timothy fühlte ihm den Puls und erschrak. Fast zweihundert! Er holte ein Thermometerblättchen und tupfte es auf Baxters eigenartig glatte Zunge: 41,4!

Timothy stürzte hinaus, ließ sich von Napoleon die Frequenz geben und sendete: 5.71 Kolkrabe. Dann wickelte er Tücher um Baxters Handgelenke und träufelte Kühlmittel darauf. Er blickte immer wieder auf die Uhr. Die Minuten krochen dahin. Ihm fiel ein, dass er trotz der Sperrstunde auch mit einem unangemeldeten Besucher rechnen musste, einem richtigen Safeman zum Beispiel. Er fuhr Baxter ins

Bad hinüber, verrückte die Projektionswand, stellte den Sessel dahinter und schaltete die Projektion ein, so dass Baxter hinter Fischen, Seepferdchen und Korallen verschwand. Dann ließ Timothy Wasser in das Bassin laufen, zog sich aus und warf einen Bademantel über. Endlich klingelte es. Vor der Tür stand ein Mann mit Medikamentenkoffer und Gerätecontainer. Timothy kannte ihn nicht. Er öffnete die Tür, ließ den Mann aber auf dem Flur stehen.

»Wo ist der Kranke?«, fragte der. »Ich denke, es herrscht Lebensgefahr?«

»Was für ein Kranker?« Timothy sah seinen Besucher erstaunt an.

Der blickte zurück, als habe er es mit einem Geisteskranken zu tun, dann schlug er sich an die Stirn. »Niagara«, sagte er dann, »und eine Zahl soll ich dir sagen, zweiundsiebzig-dreiundachtzig.«

»Okay, Doc.« Timothy führte ihn zu Baxter. Der Arzt maß Fieber und Puls.

»Komm, wir müssen ihn ausziehen.«

»Weißt du, was dich erwartet?«, fragte Timothy.

Doc wusste es nicht, nur dass es sich um einen lebensgefährlichen Krankenbesuch handelte, lebensgefährlich für ihn. Er wollte zuerst nicht glauben, was Timothy ihm erzählte. Sie quälten sich ab, weil sie nicht hinter den Öffnungsmechanismus der Spezialkombination kamen, schließlich hatten sie wenigstens die Stiefel und Strümpfe geschafft. Kurz entschlossen fuhren sie Baxter an das Bassin, ließen ihn ins Wasser gleiten, befestigten seinen Kopf in der Halterung und schnitten ihm die Sachen mit der Schere vom Leib. Timothy wollte sie gleich vernichten, überlegte es sich aber anders und stopfte sie in einen Container. Dann standen sie beide am Bassin und starrten auf die Gestalt, als könnten sie es noch immer nicht glauben, eine schöne, bis auf die Schulterpartie knabenhafte Figur, an deren Seiten jeweils zwei Arme im Wasser pendelten.

»Es gibt da eine Skizze von Leonardo da Vinci«, flüsterte Timothy aufgeregt.

»Ich weiß, was du meinst«, sagte Doc, »der nackte Mann in Kreis und Quadrat mit doppelter Arm- und Beinstellung.«

Doc konnte es sich nicht verkneifen, zuerst einmal flüchtig die Schulter zu untersuchen, bevor er Baxters Herztöne abhorchte. Er blickte besorgt auf.

»Siehst du den Orangeschimmer auf der Haut?«

Er steckte eine Hand in das Wasser und legte sie neben eine von Baxters Rechten. Jetzt erkannte Timothy es auch.

»Davon hat niemand etwas gesagt. Komisch, eine Orangenhaut wäre doch ein sicheres Erkennungszeichen.«

»Ich fürchte, das ist keine Mutation, sondern Neutronitis, eine Strahlenkrankheit. Kann es sein, dass er mit radioaktivem Material in Berührung gekommen ist?«

»Schon möglich, er hat die Muddies durchquert.«

Doc holte Geräte aus seinem Container, klemmte Elektroden auf Baxters Brust, an die Schläfen, Hände, Füße, zapfte dann Blut aus Armbeuge und Zeigefinger, gab das Blut in den Seraten, studierte aufmerksam die Skalenwerte und nickte ernst, holte einen Vaughn-Geiger-Zähler und tastete damit Baxter ab.

Der Zähler sprang nicht an.

»Er selbst ist nicht radioaktiv«, sagte Doc, »aber es ist unverkennbar Neutronitis destructa.«

»Kannst du ihn behandeln, oder muss er etwa in eine Klinik?«

Doc packte umständlich seine Geräte wieder ein.

»Was ist, Doc?«, drängelte Timothy.

»Dem da kann niemand mehr helfen.«

»Willst du sagen, er stirbt?«

»Innerhalb der nächsten vierundzwanzig bis achtundvierzig Stunden.«

»Aber das darf nicht sein!«, rief Timothy.

Doc kramte eine Flasche aus seinem Arzneikoffer. »Ich kann seinen Zustand lindern, nicht bessern. Es gibt kein Mittel, glaube mir.«

Timothy holte Whisky. Sie setzten sich an das Bassin, starrten auf Baxter und tranken schweigend.

»Wir müssen wenigstens seine Leiche sicherstellen«, sagte Timothy schließlich, »obwohl eine Leiche noch schwerer zu verbergen ist als ein Flüchtling. Man müsste ihn einfrieren, um seinen Körper zu erhalten, doch wo?«

»Zwecklos«, erwiderte Doc. »Das Gewebe wird in spätestens zehn Tagen zerfallen sein.«

»Auch die Knochen?«

»Alles. Es wird nichts von ihm übrigbleiben.«

Timothy sah Doc entgeistert an. »Nichts?«

Doc schüttelte den Kopf.

»Dann werden wir ihn aufnehmen«, sagte Timothy entschlossen. »Baxter darf nicht spurlos verschwinden. Komm, hilf mir.«

Timothy holte die Hologrammkamera und schaltete eine neutrale Projektion ein, dann filmten sie einen ganzen Kristall voll: Baxter, im Bassin schwimmend, im Sessel liegend und sitzend, vor allem immer wieder die Doppelschulter, schließlich packte Doc Baxter um den Leib, legte sich seine beiden linken Arme um den Hals und zerrte ihn in die Höhe. Baxter stöhnte, stellte sich aber auf die Füße. Er schlug die Augen auf, schien jedoch nicht wahrzunehmen, was mit ihm geschah.

»Los, mach schon!«, rief Doc. »Der Kerl ist verdammt schwer.«

»Bist du verrückt? Die Aufnahme wäre so gut wie eine Fahrkarte ins Jenseits.«

»Wir müssen sie ja nicht gleich jedem zeigen. Aber wer wird das Ganze glauben, wenn nicht irgendwo einer von uns mit zu sehen ist?«

Dann diktierte Doc einen Kristall voll medizinischer Befunde. Er nahm die beiden Kristalle, überzog sie mit Lack und würgte sie hinunter, bevor Timothy etwas sagen konnte.

»Was wird mit ihm?«, fragte Doc dann.

»Wie geht es weiter?«, fragte Timothy zurück.

»So erschöpft, wie er jetzt ist, wird er erst einmal zehn oder zwölf Stunden schlafen, vielleicht sogar länger. Wahrscheinlich wird er sich dann frisch und unternehmungslustig fühlen, doch das ist nur eine pseudoaktive Phase. Das Fieber höhlt ihn aus. Es wird auf vierzig sinken, weiter nicht, und irgendwann wird es sprunghaft ansteigen. Dann sind es nur noch ein oder zwei Stunden. Kann auch sein, er wacht überhaupt nicht mehr auf.«

»Aber er muss aussagen! Erzählen, was mit ihm geschah, wo, wie. Was er erlebt hat.«

»Du wirst wohl nur noch Fieberphantasien von ihm hören. Das Gehirn entgleitet zunehmend seiner Kontrolle, stellt willkürliche Verbindungen her.«

»Kannst du ihm nicht etwas geben, das ihn aufmuntert?«

Doc gab Timothy eine Injektionsampulle. »Vielleicht kannst du ihn damit aufmuntern, aber höchstens für eine halbe Stunde. Ein Dopingmittel, es mobilisiert die letzten Reserven. Aber das gilt nur für den Körper, nicht für den Verstand. Was hast du vor?«

»Ich weiß nicht«, sagte Timothy, es klang recht verzweifelt. »Wenn er nicht mehr zu sich kommt, möchte ich ihn am liebsten ausliefern. Kann man feststellen, dass ihn ein Arzt behandelt hat?«

Doc untersuchte Baxter. »Halb so schlimm«, sagte er. »An den Händen ist nichts zu erkennen, die sind ohnehin zerschunden, die Elektrodenstellen beseitige ich mit Percohol, bleibt die Armbeuge.« Er nahm ein Skalpell, zerkratzte damit die Haut in Baxters Armbeuge und sprühte Verband darüber.

»Ich könnte sagen, dass er völlig erschöpft und verschmutzt ankam. Ich habe ihn gleich in die Wanne gesetzt, dabei ist er zusammengeklappt und nicht mehr zu sich gekommen.«

»Wie erklärst du, dass er gerade zu dir kam?«, warf Doc ein.

»Das ist nicht das Problem.«

»Sondern?«

»Ob mir nicht noch etwas Besseres einfällt.« Timothy streckte Doc die Hand hin. »Danke schön. Ich glaube, du machst dich jetzt lieber davon. Oder willst du warten, bis die Sperrstunde vorbei ist?«

»Kein Problem.« Doc grinste breit. »Ich wohne auch im ›Nebraska‹.«

Er sagte nicht wo, und Timothy fragte nicht.

10.

Timothy wachte bei Baxter, wischte ihm Schweiß von der Stirn, feuchtete die Lippen an und flößte ihm alle halbe Stunde zwanzig Tropfen des Linderungsmittels ein, dabei maß er jedesmal Fieber; die Temperatur hielt sich bei 39,8. Gleich früh rief er die Bachstelze an. Sie hatte keine Neuigkeiten. Von Baxter keine Spur.

Timothy holte »Schneewittchen« ins Bad. Die Sonic verbreitete getragene, fast klagende Töne, zitterte und bebte. Timothy schluckte zwei Pillen Xenopholan, um nicht einzuschlafen. Mit einemmal wusste er, was er mit Baxter anfangen könnte. Er erschrak über seinen Gedanken, sah Baxter lange und nachdenklich an. »Du bist dein Leben lang manipuliert worden«, sagte er leise, »warum nicht einmal, das letzte Mal, zum Nutzen der Menschen?«

Dann erschien es ihm wieder zu gefährlich. Und unmoralisch. Er zwang sich, es in Ruhe nach allen Seiten zu durchdenken. Er entschied, die Aktion wenigstens vorzubereiten.

Die nächsten Stunden hantierte er in der Küche, zwischendurch suchte er die Skizze Leonardo da Vincis heraus und speicherte sie in den Spectomaten, und alle paar Minuten lief er ins Bad, um nach Baxter zu sehen.

So vergingen der Vormittag und der Nachmittag. Die Bachstelze rief an. Sie war mürrisch, ungeduldig und ungerecht. Timothy hatte Mühe, sie von einem Besuch abzuhalten. Er verabredete sich für den nächsten Tag mit ihr, er habe eine neue Idee, die er gerade mit Napoleon durchrechnen wolle.

Kurz nach sieben schlug Baxter die Augen auf. Er sah Timothy an, schien sich zu erinnern, lauschte, drehte den Kopf »Schneewittchen« zu, starrte sie an.

»Was ist das?«

»Eine Sonic, ich erkläre es dir später, zuerst –«

»Gibt es ein Später?«, unterbrach ihn Baxter. »Du brauchst mir nichts vorzumachen. Ich weiß, dass ich sterben muss. Ich hatte zu spät gemerkt, dass ich in aktiven Müll geraten war, erst, als die Geräte ausfielen. Wie hoch ist das Fieber, wie ist die Pulsfrequenz, die Zerfallskurve der roten Blutkörper?« Er ließ nicht locker, bis Timothy es ihm verraten hatte. »Ich will aufstehen.«

Bevor Timothy ihm zu Hilfe eilen konnte, hatte er seine vier Hände auf den Rand des Bassins gestemmt und seinen Körper hinausgeschwungen. Wenn Timothy nicht zugefasst hätte, wäre er hingestürzt.

»Wie heiß mir ist«, sagte er verwundert, »und wie schwach.«

»Das Fieber«, erklärte Timothy. »Bist du nie krank gewesen?«

»Nur mal erkältet.«

Timothy schlang ihm ein Badetuch um die Hüften.

»Deine Sachen habe ich zerschneiden müssen.«

Baxter lächelte. »Wirf alles Irdische von dir –. Wo ist die Gemeinde?«

»Später, Samuel, später. Zuerst musst du dich stärken. Ich habe ein Essen vorbereitet.«

Er half Baxter in den Sessel. Bevor er ihn hinüberfuhr, stellte er Projektion und Musik ein – er hatte sich für die Brandenburgischen Konzerte entschieden – und zündete die Kerzen an. Baxter warf nur einen kurzen Blick über die Tafel, dann starrte er auf die Wand. Timothy hatte die Leonardo-Skizze so eingestellt, dass nur die obere Hälfte zu sehen war; die vier Arme streckten sich wie zum Segnen über die ganze Breite.

»Was ist das?«, keuchte Baxter.

»Die Zeichnung eines der berühmtesten Maler der Menschheit. Er lebte vor siebenhundert Jahren in Italien und hieß Leonardo da Vinci. Hast du von ihm gehört?«

»Nein. Was ist Italien?«

»Ach, Samuel!«, stöhnte Timothy. »Wie soll ich dir das erklären? Wie soll ich dir alles erklären, was du wissen müsstest!«

»Vor siebenhundert Jahren?«

»Ja. Als hätte er dich geahnt, nicht wahr?«

»Hat er auch Jesus Christus gemalt?«

Timothy nickte nur. Ein Kloß saß ihm in der Kehle. Baxter vertiefte sich in den Anblick der Tafel. Timothy hatte den Tisch völlig ausgefahren. Auf dem weißen Damasttuch standen vier sechsarmige Leuchter mit Kerzen und eine Fülle von Tellern, Gläsern und Silberbesteck. Timothy hatte alles Kostbare aufgeboten, das er besaß, sogar das venezianische Kristall; er hatte ein Dutzend Karaffen und geschliffene Flaschen mit bunten Flüssigkeiten gefüllt und Blumen auf die Decke gestreut. Baxter hielt sich die Wangen mit den vorderen Händen, die hinteren faltete er im Schoß. Er sah Timothy fragend an. »Das Abendmahl?«

»Ja, das Abendmahl.« Timothy beschäftigte sich schnell damit, aus jeder Karaffe und Flasche ein Glas zu füllen.

»Ich habe immer gedacht«, sagte Baxter, »dass es für mich nichts gibt als das Denken, doch seitdem ich aufgebrochen bin, habe ich so vieles entdeckt, vor allem die Farben. Im Fort hatte ich sie gar nicht wahrgenommen, sie waren ja von Anfang an da und immer gleich, verstehst du? Erst unterwegs habe ich die Farben bewusst gesehen. So vieles, von dem ich nichts wusste! Vor allem dieses ungeheure, verwirrende Metropolis mit seinen Unmengen Menschen, den unendlich vielen Dingen, die ich nicht kenne, den in den Himmel wachsenden Häusern – dann diese Töne bei dir. Ach, ich verstehe so vieles nicht. Ist es das, was mit dem unerforschbaren Ratschluss des Herrn gemeint ist?«

Timothy gab keine Antwort. Baxter nahm einen Schluck Rotes. »Beinahe hätte ich euch nicht gefunden«, fuhr er fort. »Eine Prognose ist kein Programm. Zuwenig Fakten. Zu viele Überraschungen. Über Metropolis wusste ich so gut wie gar nichts. Dann waren noch alle Geräte ausgefallen, und ich bekam keine Informationen mehr.« Er lächelte. »Gut, dass ich wenigstens noch mitbekommen hatte, dass die Häscher und Schergen hinter mir her waren. Ich wäre sonst nie auf die Idee gekommen, mir Mantel und Mütze zu nehmen. Ein paar Mal wäre ich beinahe gefasst worden. Ich wollte schon aufgeben, doch da erblickte ich das Zeichen an deinem Haus.«

Timothy hatte die beiden Servicewagen herangefahren und stellte Schüsseln auf den Tisch. Obwohl alles aus der gleichen, kalorienarmen und sättigungsschwachen Masse bestand, wirkte es doch wie ein überaus reiches Festmahl. Timothy hatte nicht umsonst Stunden in der Küche verbracht. Er hatte Dutzende verschieden geformter und gefärbter Speisen gezaubert, hatte alle seine Nudelformen benutzt, Spiralen und Sternchen, Kugeln, Spaghetti und Makkaroni, Buchstaben, Ziffern, Hörnchen, Muscheln, Fäden; anderes wiederum hätte man für Kroketten, Pommes frites oder Püree, für Pilze oder Spargel, Kirschen oder Pflaumen, für Zucker, Reis oder Erbsen halten können, wenn es nicht in den verwegensten, knalligsten Farben geleuchtet hätte, dazu gab es bunte Soßen, Cremes und Streuselchen.

Baxter saß da und starrte auf die Pracht, die Timothy vor ihm aufbaute.

»Zum ersten Mal bedauere ich, dass ich nicht schmecken kann«, sagte er. »Und du hast dir so viele Mühe gegeben. Aber jetzt weiß ich, was das ist: schön.«

Timothy wandte sich ab. Was ging es Baxter an, dass ihm Tränen in den Augen standen. Dann sah er zu, wie sein Gast aß, winzige Portionen, wie Timothy ihm geraten hatte, damit er nicht zu schnell satt würde. Es war faszinierend, wie Baxter mit der einen Hand einen Teller hielt, mit der anderen darauf seine Portion mischte, mit der dritten eine Gabel zum Mund führte und mit der vierten zum Glas griff. Timothy beglückwünschte sich, dass er daran gedacht hatte, die ganze Szene im Bild festzuhalten. Er wechselte immer wieder Geschirr und Besteck aus; die schmutzigen Sachen brachte er sofort in die Küche und stellte sie in den Spülautomaten. Und immer wieder ließ er Baxter die Zunge herausstecken, damit er die Temperatur messen konnte. Ein paar Mal versuchte er zu fragen, um doch noch Informationen über das Fort zu bekommen, aber Doc hatte recht gehabt: Baxter phantasierte, seine Sätze wurden immer wirrer.

Dann war das Fieber auf 41,5 gesprungen. Timothy holte die Ampulle und gab Baxter eine Injektion in den Arm. Er wartete, bis Samuels verquollene Augen sich weiteten und der Atem freier ging.

»Steh auf!«, sagte Timothy.

Baxter erhob sich. Schweißbäche liefen ihm über die Wangen, aber er schwankte kaum.

»Jetzt, Samuel«, sagte Timothy, »jetzt gehe zu deiner Gemeinde.«

11.

»Du wirst mit dem Lift hinunterfahren, in den siebenten Stock«, erklärte Timothy. »Du wirst durch die Doppeltür vor dir gehen. Dort warten über tausend Menschen auf dich. Nicht alle sind deine Freunde. Auch dort werden Häscher und Schergen warten. Lass dich nicht beirren, Samuel. Geh deinen Weg. Geh ganz nach vorn. Steige auf die Bühne. Wirf deinen Mantel ab. Breite die Arme aus und verkünde deine Botschaft. Hast du alles verstanden?«

»Ja. Gib mir die Botschaft, die ich verkünden soll.«

»Sag, wer du bist. Wo du herkommst. Sprich von deinem Leben in Fort Baxter.«

Samuel nickte. Timothy hängte ihm den Raglanmantel über, spähte auf den Flur, bis er seinen Safeman erblickte, winkte ihn herbei. »Einen Lift. Sofort. Und exklusiv!«

Der Safeman lief zum Fahrstuhlblock. Es schien Ewigkeiten zu dauern, bis er einen leeren Lift hatte.

»In den siebenten Stock«, flüsterte Timothy ihm zu. »Fahr unterste Geschwindigkeit. Kein Gespräch unterwegs. Pass auf, dass er den Saal betritt, notfalls schiebe ihn hinein. Dann verschwinde. Sofort und absolut. Es darf nichts schiefgehen, und niemand darf dich erwischen.«

»Do or die!«, antwortete der Safeman.

Timothy wartete noch, bis sich die Lifttür geschlossen hatte, dann stürzte er in seine Wohnung. Er hatte achteinhalb Minuten Zeit, bis die beiden unten ankamen. Er riss den Kristall aus der Kamera, verstaute ihn im Geheimschrank, versiegelte den mit einem Sprengverschluss, räumte den Tisch ab, ließ Speisen und Getränke vernichten, ebenso die fleckig gewordene Damastdecke, Baxters Kleidung und das Badetuch, das Samuel umgehabt hatte, stellte das Geschirr in den Spülautomaten, riss es noch feucht wieder heraus und stellte es in die Schränke, spülte Flaschen und Gläser. In der Aufregung hatte er den Videomaten falsch eingestellt. Timothy stierte verwirrt auf die Crackmatch-Übertragung; es dauerte ein paar Sekunden, bis er begriff, was los war, und Kanal siebenundzwanzig wählte, wo seit zwei Stunden die große Show »Wahl der ›Miss des Monats‹« direkt aus dem Festsaal des »Nebraska« übertragen wurde. Timothy sah auf die Uhr. Er hatte noch Zeit, sich einen Whisky einzugießen, er hatte sogar noch genug Zeit, die »White Lady«-Flasche wieder wegzustellen und einen »House of Lords« zu holen.

Das Video übertrug gerade die Parade der zweiten Auswahlrunde. Sechzehn ausgesucht schöne, nackte Mädchen stolzierten in hochhackigen, fellbesetzten Pantoffeln über den Laufsteg. Plötzlich wurde es irgendwo unruhig, dann sah man im Bildhintergrund einen Schatten auf die Bühne springen, ein Schrei gellte auf, pflanzte sich durch den Saal fort, die Musik verstummte, nur ein Traumaphon klapperte ein paar Takte nach, die Kamera schwenkte auf die Bühne, erfasste Samuel, der nackt auf der Bühne stand, die vier Arme ausbreitete und mit krächzender, sich überschlagender Stimme in den Saal schrie.

»Ich bringe – die Botschaft – ich – Gemeinde – der Herr – Fort Baxter –«

Weiter kam er nicht. Er griff mit allen vieren an den Hals, würgte, lief rot, dann blau an, stürzte zu Boden, zwei Männer sprangen hinzu, warfen einen Mantel über ihn, schleppten ihn davon. Das Bild setzte aus. Eine Schrift meldete »Technische Störung«. Dann kündigte die Ansagerin freundlich lächelnd an, es ginge sogleich mit der Übertragung des dritten Wahlgangs weiter. Timothy schaltete ab. Er dirigierte Samuels Porträt über den Kopf der Leonardo-Skizze, so dass es aussah, als segne Samuel ihn von der Wand, überlebensgroß. Timothy erhob das Glas. »Auf dich, Samuel«, sagte er leise. »Dir zum Gedenken, Bruder.«

12.

Es klingelte. Timothy schreckte hoch. Die Klingel schlug ein zweites Mal an, verstummte nicht mehr. Timothy schlurfte hinaus, öffnete. Vor der Tür stand die Bachstelze.

»Habe ich Sie überrascht, Tiny?«

Timothy brachte keinen Ton heraus. Nimm dich zusammen, befahl er sich. Sie kann nichts wissen. Und sie ist allein gekommen. Dann wurde ihm siedeheiß. Im Zimmer stand noch die Leonardo-Skizze mit Samuels Kopf an der Wand.

»Ich wollte einen Whisky bei Ihnen trinken, Tiny. Wobei habe ich Sie gestört? Gestehen Sie!«

Sie drängte an ihm vorbei; in der Tür des Tagesraumes blieb sie wie vom Blitz getroffen stehen.

»Ist das von Ihnen, Tiny?«

»Ja und nein. Das Arrangement ist von mir, die Skizze von einem gewissen Leonardo da Vinci. Keine Angst, er ist seit über sechshundert Jahren tot. Das Foto stammt von Ihnen.«

»Und was bedeutet das?«, fragte sie misstrauisch.

»Ich dachte, es würde mich inspirieren«, erklärte Timothy. »So mache ich das immer, wenn ich nicht weiter weiß, Debby. Ich verschaffe mir einen optischen Anhaltspunkt, höre Musik und trinke; ich hatte so schon die besten Einfälle.«

Die Bachstelze musterte ihn skeptisch, ging in das Schlafzimmer, den Arbeitsraum, sah nach, ob etwas in Napoleons Geber lag, fasste die Außenhaut an mehreren Stellen an, um zu prüfen, ob Napoleon erhitzt war, inspizierte dann das Bad, die Küche, sogar die Toilette und die Kammern, und überall öffnete sie die Schränke und Schubladen. Als Timothy sie fragte, was das solle, schob sie ihn einfach beiseite.

»War er bei Ihnen?«, fragte sie scharf, nachdem sie ihren Rundgang beendet hatte.

»Wer?«

»Baxter natürlich! Wer sonst?«

»Natürlich nicht. Wie kommen Sie darauf?«

»Wissen Sie, was geschehen ist?«

»Ich habe die Übertragung gesehen.«

»Ganz zufällig, was?«

»Nicht zufällig. Ich wollte die Wahl der ›Miss des Monats‹ sehen.«

»Sie, Tiny?« Die Bachstelze hielt sich die Seiten vor Lachen. Dann wurde sie blitzartig ernst. »Ich hätte nie geglaubt, dass Sie sich für nackte Mädchen interessieren«, sagte sie lauernd.

»Warum nicht? Weil ich ein Zwerg bin? Weil ich nie eine

von diesen langbeinigen Superfrauen bekommen kann? Habe ich deshalb nicht das Recht, mir die Show anzusehen? Habe ich etwa keine Bedürfnisse? Vielleicht bin ich gerade deshalb so empfänglich für alles Schöne und reagiere allergisch auf alles Hässliche!«

Die Bachstelze ließ sich in einen Sessel fallen und winkte unmissverständlich nach der Whiskyflasche. Timothy erwischte ein feuchtes Glas. Er tat schnell so, als sei er in Gedanken versunken, und polierte dabei das Glas.

»Ich wollte Sie nicht kränken«, sagte die Bachstelze, »aber verraten Sie mir eines: Wieso ist Baxter gerade ins ›Nebraska‹ gekommen? Wieso platzt er ausgerechnet in die beliebteste Show der Staaten, die zu diesem Zeitpunkt garantiert Millionen eingeschaltet hatten?«

»Fragen Sie Baxter.«

»Baxter ist tot. Er war schon tot, als er von der Bühne gezogen wurde. Dabei hatte ich nur Betäubungsgas im Revolver.«

»Sie, Debby? Was machen Sie bei der ›Miss des Monats‹?« Du Idiot, dachte er. Das hättest du dir an den Fingern abzählen können, dass die Bachstelze sich solch eine Gelegenheit zur Schaustellung nicht entgehen lässt.

»Lachen Sie nicht, Tiny. Ich bin Mitglied der Jury. Ich muss auch gleich wieder hinunter. War Baxter nun bei Ihnen oder nicht?« Sie legte ihm die Hand auf den Arm und sah ihn vertrauenheischend an. »Sie können es mir ruhig sagen, Tiny.«

»Wie kommen Sie nur darauf?«

»Ich dachte, Sie hätten Baxter vielleicht gefangen und er wäre Ihnen ausgerissen. Das wäre eine plausible Erklärung.«

»Eine falsche!«, rief Timothy entsetzt. »So war es wirklich nicht. Das schwöre ich. Ich habe Baxter nicht gefangen, leider. Sie kommen auf Ideen!«

»Ich traue Ihnen eben alles zu.«

»Zuviel, Debby, zu viel! Aber die Idee, dass Baxter jemandem ausgerissen sein könnte, finde ich nicht schlecht. Wem? Dieser merkwürdige Mantel, den er anhatte, gehörte doch bestimmt nicht zu seiner Ausrüstung. Über den könnte man vielleicht weiterkommen.«

Dann wurde Timothy schlecht vor Schwäche. Den Mantel hätte er in der Übertragung gar nicht sehen können!

»Es wird wohl keine Untersuchungen mehr geben«, sagte die Bachstelze. »Wozu auch? Baxter ist tot, seine Leiche in Sicherheit. Und selbst wenn ihn jemand gesehen oder aufgenommen hat – Sie wissen, was derartige Aufnahmen wert sind. Nichts. Der Fall ist zu Ende, nein, es hat ihn nie gegeben.«

»Aber Baxter ist öffentlich gesehen worden! Über tausend Augenzeugen allein im Saal. Und Millionen am Bildschirm.«

»Längst erledigt.« Sie schmunzelte selbstzufrieden. »Denken Sie, ich habe untätig herumgesessen? Wir hatten natürlich ein paar Varianten für den Fall ausgearbeitet, dass Baxter doch öffentlich gesehen würde. Die Nachricht ist schon auf dem Sender. Es war ein bedauerlicher Übergriff der Werbeleute. Morgen werden die Schuldigen vor dem Instant-Gericht zur Verantwortung gezogen, und als Strafe wird jede weitere Werbung für Super-X-Cornflakes verboten. Und die Augenzeugen? – Selbst die in den ersten Reihen werden überzeugt sein, dass sie einer besonders gut geratenen plastischen Maske aufgesessen sind. Dass ich geschossen habe, hat in der Aufregung niemand mitbekommen, und dass es sich um den vielgesuchten Samuel Baxter handelte, konnte man zum Glück auch nicht erkennen. Was wirklich geschehen ist, wird niemand erfahren. Niemand!«

Timothy nickte diensteifrig.

»Wir leider auch nicht«, fügte sie dann noch hinzu. Sie zeigte mit dem Daumen auf die Skizze. »Löschen Sie das. Es ist kein gelungenes Bild.« Sie stand auf. »Ich muss wieder hinunter. Haben Sie eine besondere Favoritin? Ich könnte ein wenig nachhelfen, dass Ihr Liebling ›Miss des Monats‹ wird.«

Timothy tat verlegen. »Eigentlich nicht.«

»Dann winke ich Ihnen wenigstens mal zu, wenn die Kamera auf die Jury schwenkt.«

Als sich die Tür hinter ihr geschlossen hatte, musste Timothy sich setzen. Ihm zitterten die Knie. Dann ging er zu Bett. Er nahm die Flasche »House of Lords« mit.

Spiel auf Leben und Tod

1.

»Was willst du?« Smiley Hepburn starrte Timothy an, als habe der ihm soeben erklärt, er wolle fortan nur noch aus dem Restaumaten essen. »Sag das noch einmal, vielleicht glaube ich es dann.«

»Ich will mich unter das Volk mischen«, wiederholte Timothy ruhig, »und du sollst mich begleiten. Ich engagiere dich als Cicerone und Leibwächter.«

»Und was ist ein Cicerone?«, erkundigte sich Smiley misstrauisch.

»Eine etwas altertümliche, aber sehr treffende Bezeichnung für einen beredsamen Fremdenführer. Du quasselst doch andauernd. – Wir müssen einen Mann finden: Jacques Puissant. Er ist Anfang Siebzig, mittelgroß, beleibt, um nicht fett zu sagen, hat immer noch volles echtes Haar und einen Schnurrbart.« Timothy reichte Smiley ein Foto. »So sieht er aus.«

»Den kenne ich.« Smiley betrachtete nachdenklich das Bild. »Aber woher?«

»Du wirst doch nicht heimlich Romane lesen, noch dazu unamerikanische? Er sieht Alexandre Dumas ähnlich, dem Autor der 'Drei Musketiere‹, trägt nur das Haar länger –«

»Der diese scheußliche Videoserie geschrieben hat?«, unterbrach ihn Smiley. »Hab erst neulich so 'n Ding gesehen. ›Die drei Musketiere auf Alpha Centauri‹. Schrecklicher Mist.«

»Ich glaube kaum, dass er das geschrieben hat.« Timothy lachte, dass sein Bauch hopste. »Dumas ist seit zweihundert Jahren tot, damals gab es noch nicht mal Kino.«

»Aber ich habe den hier vor noch gar nicht so langer Zeit gesehen«, beharrte Smiley. »Vielleicht im Video? Lass mich mal nachdenken.«

Timothy bereitete inzwischen einen Mokka.

»Na klar!«, rief Smiley plötzlich. »Das ist der Erfinder des Kaugummis. Aber hieß der nicht Higley oder so ähnlich?«

Timothy fragte Napoleon. Der Mann, den Napoleon als Jeremias Wrigley, Erfinder des Kaugummis, auf seinem Bildschirm zeigte, hatte tatsächlich eine verblüffende Ähnlichkeit mit dem Foto von Jacques Puissant; es war ein Porträt von Alexandre Dumas, wie Timothy sich und Smiley anhand einer bibliophilen Ausgabe der »Drei Musketiere« überzeugte.

»Armer Dumas«, seufzte Timothy, »das hätte selbst deine Phantasie nicht aushecken können, dass du eines Tages so in die Geschichte der Vereinigten Staaten eingehst.«

»Lass dich bloß nicht erwischen!« Smiley schüttelte missbilligend den Kopf. »Oder hast du 'ne Büchergenehmigung?«

»Wieso, habe ich Bücher?« Timothy stellte den Roman zurück und ließ die Klappe des Wandschranks zugleiten. Smiley untersuchte die Wand, während Timothy den Mokka eingoss, konnte aber den Schrank nicht entdecken.

»Also, was ist mit diesem Wrigley?«

»Puissant«, korrigierte Timothy, »Jacques Puissant. Er ist der Leibkoch von Henry Ford dem Sechsten, ein gastronomisches Genie und ein besessener Spieler. Henry Six hat ihm in Fordsville einen Spielsalon eingerichtet und ein halbes Dutzend der gerissensten Spieler engagiert, Puissant soll sogar einen eigenen Computer haben, mit dem er spielen kann, aber auch das hilft nichts, alle paar Jahre verschwindet er trotz automatischer Überwachung und Leibgarde auf einen Spieltrip, und Henry Six steht dann tausend Ängste aus, ob er seinen Koch wiedersehen wird. Glover, der Chef der FORD-Polizei, hat mich gestern Abend besucht und um diskrete Hilfe gebeten. Henry Six hat eine halbe Million als Belohnung ausgesetzt, Glover will sie mit mir teilen, wenn ich ihm helfe.«

»Warum wollen nicht wir beide uns die halbe Million teilen?«

»Weil wir gar nicht wissen dürfen, dass Puissant verschwunden ist. Top secret. Was glaubst du, was los wäre, wenn das publik würde? Zwei Dutzend Polizeien wären hinter ihm her. Puissant ist der letzte Koch in den Staaten, der noch drüben in Europa ausgebildet wurde, außerdem hat er sich jahrelang in Asien herumgetrieben. Jeder Bigboss wäre glücklich, wenn er Puissant hätte.«

»Ist er auf ein Spiel besonders scharf? In Chicago gibt es schließlich Tausende von Möglichkeiten für Glücksspiele.«

»Das ist das Problem. Er sucht Nervenkitzel als Ausgleich für seine diffizile Arbeit, was heißt Arbeit, für seine Kunst!«

Timothy schnalzte mit der Zunge. »Ich kenne ihn leider nicht persönlich und weiß zu wenig über seine jetzige Verfassung. Als er das letzte Mal verschwunden war, hat man ihn beim Plotto gefunden; er wollte gerade seinen linken Fuß einsetzen. Ein andermal entdeckte man ihn beim Rattenrennen in den Underslums. Ich bin sicher, wo wir ihn nicht finden können: in den Spielhöllen und Salons der FORD FOUNDATION, damit scheiden schon über ein Viertel aller Etablissements in Chicago aus. Ich glaube überhaupt nicht, dass er in einen der Spielpaläste geht; dort wimmelt es von Polizisten; er riskierte, schnell wieder eingefangen zu werden. Im Ernstfall helfen sich doch die Polizeien untereinander. Am ehesten finden wir ihn wohl in den exklusiven Kasinos der oberen Zehntausend, wo keine Polizei zugelassen ist, oder in den öffentlichen Spielparks, wo Puissant in der Anonymität der Menge untertauchen kann.«

»Und ausgerechnet da willst du ihn finden? Wenn dieser Mann gerissen genug war, seiner Leibgarde zu entwischen, ist er auch schlau genug, sein Aussehen radikal zu verändern. Wie willst du ihn dann erkennen?«

»Erstens an seinem Bauch, den er nicht verbergen kann, zweitens an seinem Riechkolben, selbst wenn er die Röte überschminkt, drittens an seinem Schnurrbart –«

»Den kann er sich abnehmen.«

»Wird er nicht. Puissant verdeckt damit ein paar Warzen auf der Oberlippe, er ist eitel. Außerdem hat er auf dem linken Unterarm eine Tätowierung, einen Drachen, und ihm fehlt das rechte Ohr. Er hat es vor Jahren beim Mariana-Roulett verloren. Völlig verrückt, hat das eine Ohr auf Farbe, das andere auf Zahl gesetzt, eine Chance von eins zu hundert, dass er mit beiden Ohren heil da herauskommt; er hat noch Glück gehabt, dass er nicht beide hergeben musste.«

»In den Spielparks treiben sich Zehntausende herum. Unsere Chancen stehen nicht mal eins zu hunderttausend!«

»Du hast mich vorhin auf eine Idee gebracht, Smiley. Sag allen Leuten, die du kennst, du solltest für eine Kaugummi-Show ein Double von Jeremias Wrigley auftreiben, und drück ihnen das Bild in die Hand. Fünfzig Dollar für jeden Tip und tausend Dollar Prämie für den richtigen. Wir werden uns inzwischen in den Kasinos der VIPs umsehen.«

»Wenn man uns reinlässt. Du hast selbst gesagt, die sind für Polizei und Detektive gesperrt.«

»Wir sind Mitglieder, Smiley.« Timothy warf zwei Identicat-Folien auf den Tisch. »Ich habe einem meiner Klienten gestanden, dass mich die Spielleidenschaft gepackt hat, dass ich mich aber fürchte, allein zu gehen, und mich deshalb von meinem Freund, dem Anthropologen Anthony Smiles, begleiten lassen möchte.«

»Anthropologe? Was ist das nun schon wieder?« Smiley blickte Timothy misstrauisch an.

»Erklär ich dir später in Ruhe. Entscheidend ist, dass es ihn wirklich gibt, falls man es überprüft, und dass er dir einigermaßen ähnlich sieht. Dass ich einen Mann mit Namen Smiles ›Smiley‹ nenne, wird auch den misstrauischsten Kasino-Diener nicht beunruhigen, zumal wenn du die Klappe hältst. Ein Anthropologe ist nämlich ein ziemlich gebildeter Mann. Hast du einen modernen Frack? Schon gut, stell dich unter den Dressomaten. Dann sagst du bis auf weiteres alle Termine ab und bringst das Bild von Mister Wrigley unter die Leute. Ich entwerfe inzwischen den Schlachtplan.«

2.

Als Smiley am späten Nachmittag wiederkam, führte Timothy ihm den »Truckle-Spezial-Wunder-Frack« vor. In Sekundenschnelle hatte er die Schöße in die Taschen gestopft, den Frack umgedreht und wieder angezogen, und nun sah er wie ein schon etwas schäbiger Allerweltsrock aus. Der Spitzenkragen des Hemdes ließ sich mit einem Handgriff abreißen und auch wieder anheften.

»Die Hosen können wir leider nur umfärben«, erklärte Timothy, »aber ich denke, das wird reichen.« Er holte aus einer der vielen Hosentaschen einen Handcolorator. »Damit können wir auch blitzschnell die Haare umtönen. Hier hast du einen ›Ohrwurm‹, neuestes Modell, es genügt, wenn du mit geschlossenem Mund murmelst, und ich kann dich fünfhundert Meter weit hören. Außerdem werden wir diese Westen tragen – ein Sender für taktile Signale. Wenn du dir auf die Brust drückst, spüre ich es auf dem Rücken. Hier ist eine Liste der Codezeichen, die ich mir ausgedacht habe.«

»Wozu solch ein Aufwand? Wir haben doch nichts zu verbergen.

»Erstens kann ich es nicht ausstehen, wenn jemand mich abhört, zweitens dürfen wir in den Kasinos kein Aufsehen erregen, und drittens fürchte ich, dass Glover mir seine Leute an die Fersen heften wird, um im entscheidenden Augenblick doch noch die Nase vorn zu haben. Ich hoffe, wir können sie abschütteln, aber sicher ist sicher.« Timothy lächelte versonnen. »Ich will Puissant erst mal für mich haben.«

»Wollen wir eine Leibgarde mieten?«

»Habe ich schon getan. Auf deinen Namen. Die Leute bekommen Sprechfunkgeräte, damit wir sie dirigieren und im Notfall rufen können. Ich möchte nicht, dass sie uns wie ein Schwarm Hunde hinterherlaufen.« Timothy zog ein weiteres Gerät hervor. »Das hier ist ein Defreezer, mit dem wir über den ›Ohrwurm‹ die Animiermusik stören können. Und das hier ein Spray gegen euphorisierende Aerosole; ich möchte weder in den Kasinos noch in den Parks plötzlich vom Spielfieber ergriffen werden.«

»Du alter Geizkragen willst wohl überhaupt nicht spielen?«

»Wenn es nötig ist, bin ich bereit, ein kleines Vermögen zu riskieren.« Timothy zeigte, dass die dicken Sohlen und die hohen Absätze seiner Schuhe voller Geld steckten.

»Warum bekomme ich nicht so schöne Schuhe?«

»Bei dir würde es auffallen, bei mir hält es jedermann für Eitelkeit. Nun der Stock.« Timothy drückte Smiley einen Spazierstock aus Bambusrohr in die Hand. »Zum Glück hat die Mode dieses schöne Accessoire der Upperclass sofort aufgegriffen, so fallen wir damit weder in den Kasinos noch in den Parks auf. Ich habe mir allerdings gestattet, unsere Stöcke ein wenig zu verbessern. In der Spitze steckt ein Schockgaswerfer mit einer Reichweite von zwei Metern, die Füllung genügt für etwa ein Dutzend Einsätze; hier im Griff befindet sich ein Rayvolver mit vier Ladungen, und wenn du den Griff abschraubst und umdrehst, hast du einen Trinkbecher. Das allerdings war nicht meine Idee, das haben kluge Engländer schon vor ein paar hundert Jahren erfunden. Der Stock fasst einen viertel Liter. Du darfst dir was aus meinen Beständen aussuchen.«

»Du hast an alles gedacht«, sagte Smiley anerkennend.

»Ich hoffe. Nun noch die Peilanlage. Den Sender steckst du dir in die Tasche, den Empfänger schaltest du an deinen Communicator im Büro und verbindest den mit meiner Nummer. So bekommen wir eine Dreipunktpeilung, und Napoleon weiß immer, wo wir sind.«

Smiley starrte Timothy entsetzt an. »Bist du wahnsinnig?«, brach es aus ihm heraus. »Auf den Betrieb überbezirklicher Funkanlagen steht die Todesstrafe!«

»Wer spricht denn von einer Funkanlage? Dies ist eine Notruf-Frequenz, und sie ist von der Funküberwachung genehmigt. Eine für dich und eine für mich. Dass wir die Dinger umpolen, den Sender mitnehmen und den Empfänger installieren, wird niemand merken.«

»Und wie erfährt Napoleon, wenn wir Hilfe brauchen?«

»Sobald beide Geräte schweigen, vergleicht er die letzten Koordinaten mit dem Stadtplan –«

»Mit dem Stadtplan! Weißt du etwa nicht, dass der kantenverzerrt und winkeluntreu ist?«

Timothy schmunzelte. »Napoleon wird schon damit fertig.« Er verriet Smiley nicht, dass er Napoleon die Originalmesstischblätter von Chicago eingespeichert hatte. »Sobald unsere Signale verstummen, ruft er Inspektor Hopkins an, er habe soeben ein leider verstümmeltes Communic empfangen, Mister Truckle befinde sich dort und dort in Gefahr.«

»Hoffentlich kommt er dann auch schnell genug. Wie bewegen wir uns eigentlich, Tiny?«

»Zu den Kasinos fahren wir per Aerotaxi. Wenn wir in die Parks müssen, steigen wir in die Metro um.«

»Das muss ich erleben!« Smiley jubelte laut. »Timothy Truckle in der Metro – darf ich das aufnehmen? Das glaubt mir sonst kein Schwein.«

»Du darfst jetzt in dein Büro fahren und den Peilempfänger anschließen. Und dann lerne deinen Code. In spätestens zwei Stunden brechen wir auf.«

Timothy rief den Großen Bruder an.

»Ich melde mich sofort zurück, wenn ich die Wohnung wieder betrete«, schloss er seinen Bericht. »Im Notfall kann Napoleon mich auch unterwegs benachrichtigen, dass du mich sprechen willst.«

»Ich denke, du hast die Notruf-Frequenz umgepolt?«

»Napoleon würde ein ultrakurzes Signal zu meiner Taktilweste senden, das kann niemand anpeilen. Ich käme dann sofort nach Hause, um dich anzurufen. Du musst nur ausnahmsweise mal über das Netz kommen. Melde dich als Jacques Puissant, das wird der Überwachung am wenigsten auffallen; ich bekomme in den nächsten Tagen bestimmt Dutzende von Communics wegen Puissant, und er selbst ruft unter Garantie nicht an. Ich instruiere Napoleon, dass er mir, sobald Puissant mich sprechen will, den Rücken streicheln soll.«

»Ich weiß nicht, Tiny – ist es wirklich nötig, dass du dich mit diesem Fall beschäftigst?«

»Versuch nicht schon wieder, mich zu agitieren. Puissant ist der einzige Mensch in den Staaten, der mir zeigen kann, wie man ein Soufflé fantastique zubereitet.«

3.

Wo anfangen? Es gab achtzehn VIP-Kasinos in Chicago.

»Einem Spieler kann man nur mit Spiel beikommen«, sagte Timothy und schrieb die Namen der Kasinos auf die Steine des Mühlespiels. »Komm, Smiley, der letzte geschlagene Stein wird das erste Reiseziel.« Es war das »Casino der Sieben Himmel«.

Unterwegs erprobten sie die Taktilsender. Smiley begriff es schneller als Timothy, obwohl der die Zeichen ausgeknobelt hatte. Sie machten einen langen, hakenreichen Umweg durch das Korridorsystem der Etage, dirigierten einander mit unvermittelten Signalen, stiegen sogar eine Treppe hinunter, von deren Existenz Timothy bislang nicht einmal etwas geahnt hatte, gerieten in die abendlich leere Ladenstraße im 825. Stockwerk und machten einander von Brust zu Rücken auf Schaufensterauslagen aufmerksam. Sie wurden von einem Safeman angehalten. Er studierte lange Timothys Identicat, bevor er dessen fadenscheinige Erklärung akzeptierte, er habe seinem Freund nur die neuen DIOR-Modelle zeigen wollen; als wenn man sich die nicht wesentlich besser am Videoschirm vorführen lassen konnte, jederzeit und von einem Mannequin seiner Wahl.

Die »Sieben Himmel« erwiesen sich als ein nackter, von Smog und Regen zernarbter, fensterloser Betonklotz. Die oberste Etage diente als Lande- und Empfangshalle, von hier ging es dann Himmel um Himmel abwärts, der fünfte lag schon unter der Erde.

Timothy ließ sich von dem »Maître de Plaisir«, der sie in Empfang nahm, genau erklären, was sie wo finden könnten, versicherte dann aber, dass sie sich weder für die beiden Sex-Etagen noch für den ersten, den gastronomischen Himmel interessierten, auch nicht für den sechsten, in dem man alle Träume erwerben konnte, die mit Traumaten und Halluzinogenen zu erreichen waren, noch den siebenten, dessen »Wolken« psychedelische Simulationskammern waren, mit Videoschirmen nicht nur an allen vier Wänden, sondern auch an Decke und Fußboden, so dass man in der totalen optischen und akustischen und psychosensischen Illusion nahezu alles erleben konnte, Rückkehr in die Welt der Kindheit ebenso wie Geschlechtertausch und Expeditionen in die schönsten und grauslichsten Welten. Sie streiften durch die Säle der beiden Spieletagen, konnten aber nirgendwo Puissant entdecken. Schließlich gingen sie zurück zum Empfang. Timothy winkte den »Maître de Plaisir« heran.

»Ich habe heute kein Glück«, erklärte er ihm, »und ich habe es mir zum Prinzip gemacht, aufzuhören, wenn ich in einer Strähne zehntausend verloren habe. Ich war mit einem Freund verabredet«, er zeigte Puissants Foto, »würden Sie mich wissen lassen, wenn er noch kommt?«

Der Maître lächelte. »Es ist unser Grundsatz, niemals eine Information über einen Gast zu geben.«

»Ich weiß«, erwiderte Timothy, »deshalb bitte ich Sie auch nur um eine Nachricht.« Er zog sein Giroheft hervor, schrieb einen Scheck über tausend Dollar aus, riss den Sicherungsstreifen ab und notierte auf der Rückseite Smileys Nummer. »Falls er doch noch kommt.«

Der Maître verbeugte sich. »Ich hoffe es.«

Sie fanden Puissant weder in »Disneyland« noch im »Casino de Paris«, dafür trommelte es »Im Goldenen Westen« auf Timothys Rücken Alarm. Auf der Bühne des Raums, der wie eine als Festsaal improvisierte Scheune aus dem frühen 19. Jahrhundert eingerichtet war, hockten sich zwei Männer im »Comanchen-Duell« gegenüber.

Timothy und Smiley versuchten, sich zur Bühne vorzudrängeln, konnten aber nur einen Platz an der Wand ergattern. Smiley hob Timothy kurz entschlossen hoch und setzte ihn auf ein Wagenrad.

Ja, der weißhäutige, dreibäuchige Mann auf der Bühne konnte Puissant sein. Der Federschmuck der Indianerhaube verdeckte die Ohren, aber seine Unterarme waren tätowiert, wenn Timothy auch nicht ausmachen konnte, ob ein Drache dabei war, und er trug ganz unindianisch einen Bart, einen Vollbart zwar, aber was besagte das schon.

Sein Gegner schien ein echter Indianer zu sein, er war jung und trainiert. Es sah aus wie ein Kampf zwischen einem Profi und einem Mann aus dem Publikum, und da entdeckte Timothy auch die Inschrift neben der Bühne: »Neu! Neu! Neu! Der Nervenkitzel von Chicago! Wer besiegt den Häuptling? Die zwanzig härtesten Kämpfer der Comanchen warten auf Herausforderer. Wer einen von ihnen im Duell besiegt, erhält 1 000 000 Dollar! Heute Abend: Häuptling Schwarzer Adler gegen Mister –!«; anstelle des Namens stand nur ein Y.

Die Zuschauer wurden still. Schwarzer Adler zog sein Messer, hob den Arm, richtete die Messerspitze auf seine Brust, ließ die Klinge niedersausen und quer über die Brust reißen, Blut quoll hervor. Timothy hatte unwillkürlich die Augen geschlossen, ein heftiger Schmerz auf dem Rücken schreckte ihn hoch. Smiley blickte Entschuldigung heischend, er hatte in der Aufregung beide Hände gegen die Brust gepresst. Timothy schien der Einzige im Saal gewesen zu sein, der die Augen geschlossen hatte, rundum stierte man zur Bühne. Schwarzer Adler stand auf, zeigte dem Publikum die tiefe, klaffende Schnittwunde. Beifall klang durch den Saal.

Jetzt setzte Y sein Messer an. Timothy ließ sich von dem Wagenrad gleiten, gab Smiley einen Wink und drängelte sich zum Ausgang. Er musste sich an die Wand lehnen, so übel war ihm. Er schraubte den Griff seines Stocks ab und goss den Becher voll Whisky. Kurz darauf kam Smiley.

»Es ist nicht Puissant«, erklärte er. »Mister Y ist ohnmächtig geworden, und als er umkippte, verrutschte die Indianerhaube; ihm fehlt kein Ohr. Wohin jetzt?«

»Für heute ist mein Bedarf gedeckt«, antwortete Timothy. »Tu mir einen Gefallen und sieh dir die letzten Säle allein an. Ruf mich, wenn du unseren Mann findest.«

Sie spürten ihn auch am nächsten Tag nicht auf, obwohl sie schon früh loszogen, weil einer von Smileys Informanten ein Wrigley-Double entdeckt hatte. Am Abend hatten sie bereits ein Dutzend passable Darsteller für eine Wrigley-Rolle, nur nicht Puissant.

An diesem Abend fuhren sie ins »Haus der Rosen«, das seinen Namen von dem mittelalterlichen »Krieg der weißen gegen die roten Rosen« in England bezog. Sie mussten sich höfische Kostüme aus der Feudalzeit leihen, um eingelassen zu werden; Smiley ging als Mundschenk, Timothy als Hofnarr. Die Attraktionen des Hauses waren psychedelische Gelage mit Hexensabbat, Schwarzen Messen und Folterkammerorgien und ein Ritterturnier, an dem jedermann teilnehmen konnte, das aber nicht mit Pferden, sondern mit Motorrädern ausgetragen wurde, die aus fest verschweißten Rammspornen elektrische Lähmstöße austeilten. Auch die Spielsäle waren dem »finsteren Mittelalter« angepasst.

»Wenn unsere Vorfahren geahnt hätten, wie finster die Zukunft in den Staaten werden würde«, kommentierte Timothy, »sie wären sicher nie über den großen Teich gekommen.«

Als Preise gab es vorwiegend Antiquitäten, nur wenige aus dem Mittelalter, die meisten aus dem 20. Jahrhundert, aber alle unzweifelhaft echt; dieses Publikum hätte sich auch kaum mit Kopien abspeisen lassen. Der größte Andrang herrschte in der »Venezianischen Lotterie«, wo es Gläser zu gewinnen gab. Um den Kitzel des Spiels zu erhöhen, wurden nicht nur Gewinner, sondern auch Verlierer ausgelost, die dann in eine »Folterkammer der Inquisition« geführt und vor dem Publikum ziemlich hart malträtiert wurden.

In »Tausendundeiner Nacht« bekam Smiley Lust mitzumachen, er musste in einen Sog euphorisierenden Gases gekommen sein. Timothy verpasste ihm schnell einen SchussAntispray.

Dann stiegen sie »noch tiefer in die Barbarei«, wie Timothy sagte, ins »Alte Rom«. Beim Kampf in der Arena gegen (gedopte) Löwen glaubten sie schon, Puissant endlich erwischt zu haben, aber das erwies sich wieder einmal als Irrtum. Smiley wollte noch in den Keller fahren, wo ein Reklame-Video einen Sklavenmarkt verhieß: »Gewinnen Sie einen Sklaven. Für einen Tag, eine Woche, einen Monat, ein Jahr – Sie selbst bestimmen die Dauer. Und was riskieren Sie schon? Nur selbst Sklave zu werden, wenn Sie verlieren. Das aufregendste Spiel des Jahrhunderts!«

Timothy winkte ab. »Glaube kaum, dass das Puissant reizen könnte. Was soll er mit einem Sklaven? Und er selbst ist es doch schon, wenn auch an goldenen Ketten. Komm, Smiley, ich will nach Hause. Es widert mich an, und ich bin sicher, dass wir Puissant hier nicht finden. Er ist zwar ein Spieler und bestimmt auf ausgefallenen Nervenkitzel aus, aber wenn er nur halb so gut kochen kann, wie man behauptet, muss er ein Mann mit Geschmack sein und kann sich unmöglich in diesen Kasinos wohl fühlen.«

4.

Am nächsten Tag lief ein vielversprechendes Communic ein. Bud und Sidney Spencer, zwei Gelegenheitsspione, hatten in Funny Hills ein Wrigley-Double gefunden und fragten an, ob es etwas ausmache, dass dem Mann ein Ohr fehle.

Timothy bestellte ein Aerotaxi, um bis zum McCarthy Square zu fliegen, das letzte Stück wollten sie mit der Metro zurücklegen, damit sie in Funny Hills kein Aufsehen erregten. Der Taxifahrer weigerte sich, am McCarthy Square zu landen, und ließ sich nur für ein hohes Trinkgeld überreden, sie bei laufendem Rotor direkt am Metro-Eingang abzusetzen.

Auf dem Bahnsteig lungerten ein paar schwerbewaffnete Guards, die sie misstrauisch ansahen. Als der Zug einfuhr, merkte Timothy, warum.

»McCarthy Square«, tönte es aus den Lautsprechern. »Achtung, Reisende! Unbewachtes Gebiet. Aussteigen und Verlassen des Bahnhofes nur auf eigene Gefahr.«

Niemand stieg aus, und die Passagiere des überfüllten Waggons rückten beiseite, als seien Timothy und Smiley leprakrank.

Bud Spencer erwartete sie am Ausgang der Metro-Station Funny Hills mit langem Gesicht.

»Vor zehn Minuten haben wir ihn aus den Augen verloren. Weit kann er noch nicht sein. Vielleicht hat Sidney ihn schon wiedergefunden.«

Doch Sidney zuckte nur mit den Schultern, als sie ihn endlich trafen. »Wie vom Erdboden verschwunden.«

Sie hasteten durch die Spielstraßen, ohne sich mit den Saloons aufzuhalten, die doch nur Spiele für kleine Leute mit kleinem Geldbeutel bereithielten und als Preise die üblichen Bons für Sauerstoffduschen oder Wasserkonserven, Drogen oder Naturallebensmittel boten. Um den Zentralsaloon mussten sie einen weiten Bogen schlagen, solch ein Gedränge herrschte dort; Bud Spencer erklärte, um diese Zeit würden immer Arbeitslizenzen als Extraprämie ausgelost. Fast ebenso stark war der Andrang zu einem Saloon, in dem es Pseudoerlebnisse zu gewinnen gab; die Plakate versprachen »alle Herrlichkeit auf Erden«, von einem Tag im Schlaraffenland bis zum Besuch im Harem des Sultans von Konstantinopel.

»Vielleicht dort?« Smiley zeigte auf einen »Tattoo-Duell-Saloon«, wo der Gewinner des Duells den Unterlegenen nach seinem Geschmack und auf dessen Kosten verzieren oder wahrscheinlicher verunzieren lassen konnte. »Interessiert er sich nicht für Tätowierungen?«

»Ich glaube nicht. Seinen Drachen hat er aus Asien mitgebracht, es ist das Zeichen der Goldenen Dün, des höchsten Meistergrades indonesischer Kochkunst.«

Dann entdeckten sie ihn. Beim Detroit-Hazard. Er stand innerhalb der Absperrung und strich um die alten Wagen herum, die von hier aus mit Vollgas starten und die etwa dreihundert Meter lange, von Menschen umsäumte Rennstrecke herunterrasen und so dicht wie nur möglich vor einem Abgrund stoppen sollten. Sieger war, wer zuerst ankam und am dichtesten vor der zwanzig Meter tiefen Schlucht stehenblieb. Wenn er den Wagen zum Halten bekam. Einmal täglich, niemand wusste, in welchem Rennen, wurden bei einem der Autos die Bremsen blockiert.

»Hoffentlich hat er sich nicht schon einschreiben lassen!« Timothy boxte sich zur Absperrung vor, bis er in Reichweite Puissants kam. Wenn der es war. Der Mann trug einen weiten Umhang, der seine Figur verhüllte, und ein Kopftuch; aber als er sich umdrehte, sah Timothy, weil das Tuch zu fest gebunden war, dass dem Mann das rechte Ohr fehlte.

»He, Mister!«, rief Timothy. »Haben Sie Lust auf eine Wette? Tausend Dollar für den, der die originellere Tätowierung hat.« Der Mann drehte sich um, musterte Timothy, zog den linken Ärmel zurück und enthüllte das kunstvoll ausgeführte Bild eines grünblauen Drachens mit roten Augen. Es war tatsächlich der Drachen des Goldenen Dün. Puissant hielt die offene Hand hin. »Tausend Dollar, Mister Winzig. Oder haben Sie etwas Besseres vorzuweisen?«

»Gewonnen.« Timothy zückte eine Tausenddollarnote. »Und was halten Sie von einem lukullischen Duell? Jeder kann drei Gerichte bestimmen. Ich setze als Preis die Beschreibung des berühmten, verschollen geglaubten Festmahls, das Alexander Newski Anno zwölfhundertvierzig gab, nachdem er die Schweden besiegt hatte. Vor ein paar Jahren wurde ein Pergament mit allen Details gefunden.«

»Ich hörte davon.« Puissant sah Timothy prüfend an. »Und das Original wollen Sie haben?«

»Nicht das Original. Aber eine beglaubigte Kopie. Die einzige in den Staaten. Sind Sie interessiert?«

»Dafür lass ich das hier allemal sausen.« Puissant wandte sich an die Zuschauer. »Will jemand für mich fahren?« Als die erste Hand sich hob, war Puissant schon mit erstaunlicher Behendigkeit über die Absperrung geklettert.

»Los, kommen Sie, Mister Winzig. Verschwinden wir, bevor die Rennleitung Wind kriegt.«

Er nahm Timothy an die Hand und zog ihn davon. Die Umstehenden begannen zu lachen und ihnen unflätige Witze nachzurufen. Sie mussten in der Tat ein komisches Bild abgeben. Timothy stellte im Laufen den »Ohrwurm« an.

»Hallo, Smiley! Schaff uns die Spencers vom Hals und komm nach. Wenn wir uns verfehlen, Treffpunkt Südausgang der Funny Hills. Von dort nehmen wir uns ein Taxi. Oder wir sehen uns bei mir im 'Nebraska‹. Ende.«

Bald war es Timothy, der Puissant hinter sich herzog. Puissant keuchte, Schweiß rann ihm über die Stirn, schließlich blieb er stehen, und Timothy versuchte vergeblich, ihn weiterzuziehen.

»Ich muss erst unter eine Sauerstoffdusche, Mister Winzig. Wenn ich erstickе, können wir unser Duell nicht austragen.«

Timothy blickte sich um. »Dort!« An einer kleinen Abzweigung stand ein Hinweisschild auf einen Stützpunkt der

PUBLIC HEALTHFARE. Aber sie erreichten das Haus nicht mehr. Plötzlich drangen zwischen den Büschen und halbverfallenen Baracken Leute mit verbitterten, entschlossenen Gesichtern hervor, Throwaways und Outdrops* aller Altersstufen. Sie formierten sich zu einem Zug, der immer dichter wurde, Timothy und Puissant einkeilte und vorwärts schob. Einer fing an zu schreien: »Wir fordern Drops!«, und gleich fielen alle ein: »Wir fordern Drops!«

Als sie einen Hauptweg erreichten, schwenkte der Zug ein. Bald schlossen sich Passanten an, aber sie schrien nicht nach Drogen, sondern wandelten den Spruch der Elenden ab: »Wir fordern Jobs! Wir fordern Jobs!« Die freudig erregten Gesichter und fiebrigen Augen verrieten, dass sie vor nicht allzu langer Zeit mit euphorisierenden Aerosolen beschossen worden waren, die ihnen jetzt, statt Spielleidenschaft anzufachen, Mut gaben, öffentlich zu demonstrieren. Der Zug wurde immer dichter. Puissant wurde von Timothy weggetrieben, dafür tauchte plötzlich Smiley auf; er ruderte verzweifelt mit den Armen. Timothy konnte nicht ausmachen, ob es ihm gelang, aus der Demonstration zu entkommen.

Dann kam der Zug ins Stocken, die Leute drängten zurück, schrien, Timothy wurde umgerissen, hatte Mühe, den trampelnden Füßen zu entgehen und sich wieder aufzurichten, stand plötzlich allein, in der vordersten Reihe, nur wenige Meter vor einer Kette Polizeipanzer.

Links und rechts der Straße wuchsen Stahlplastwände aus dem Boden, kleine graue Würste lösten sich von den Panzern, blähten sich auf, rückten unaufhaltsam vorwärts; als sie Timothy erreichten und nach hinten schoben, waren sie schon zu Mannshöhe gewachsen. Timothy wollte davonrennen, aber er konnte sich nicht bewegen, Lichtblitze flammten, Ultraschallstöße ließen seine Muskeln zittern, ihm wurde speiübel, in den Ohren hämmerte es. Panischer Schrecken erfasste ihn. Neben ihm fiel jemand in epileptische Krämpfe. Dann schossen die Photicdriver aus den Panzertürmen und ließen seine Gehirnströme flackern, gleich

---

* Throwaways = Wegzuwerfende, Abschaum; Outdrops = Drogenwracks; Bezeichnung für die wohl unterste Stufe menschlichen Elends in den Staaten.

darauf überfiel ihn ein Gefühl der Leichtigkeit, unbändige Freude; rote, gelbe und blaue Schleier waberten durch sein Gehirn, er war glücklich, willenlos glücklich. Er merkte nicht einmal mehr, wie ihn dichter Schaum einhüllte, der zu einem harten Panzer verkrustete, aus dem nur noch sein Kopf herausragte.

5.

Er erwachte in völliger Finsternis, von Brechreiz gequält, schädelzersprengendes Dröhnen in den Ohren, ziehende Schmerzen in allen Muskeln, die Augen brannten. Timothy nahm alle Kraft zusammen und streckte die Hände aus. Als er sein Bein berührte, merkte er, dass er nackt war. Er tastete sich ab. Vollständig nackt. Der Boden war spiegelglatt.

Timothy richtete sich vorsichtig auf, balancierte verzweifelt, um nicht auszugleiten, seine Hände stießen gegen eine gläserne Wand. Er lehnte sich mit dem Rücken dagegen, ruhte sich aus. Wie lange? Timothy zählte bis hundert, dann tastete er sich an der Wand entlang bis zu einer Ecke. Auch die nächste Wand war gläsern.

Die Schmerzen überwältigten ihn, er musste sich wieder zu Boden sinken lassen. Er versuchte sich zu erinnern, es gelang ihm nicht. Das Hämmern und Dröhnen im Kopf wurde immer wütender. Sein Schädel schien ins riesenhafte zu wachsen. Dann schwanden ihm die Sinne.

Als er wieder zu sich kam, blickte er in zwei riesige Augen. Sie nahmen die ganze Breite der Wand ein. Auch von den anderen Wänden starrten ihn die Augen an. Lebendige Augen, die Lider zuckten. Video, dachte Timothy. Er war glücklich, wieder denken zu können. Er musste in einer der berüchtigten Videokammern der NSA gelandet sein. Seine Erinnerung setzte langsam wieder ein. Die Barriere. Die Demonstration. Puissant …

Die Augen wurden kleiner, und rund um sie wuchs ein Gesicht auf die Wände, das Gesicht eines Mannes von etwa dreißig Jahren, ein glattes Allerweltsgesicht.

»Ich bin dein Confessor«, sagte es, »und du wirst mir alles beichten. Alles. Oder ich lasse dich fallen.«

Das klang leidenschaftslos, sachlich, und doch fühlte Timothy eine Bedrohung. Dann entdeckte er, warum. Er sank, erst langsam, dann immer schneller in den Boden; das Gesicht sah teilnahmslos zu, blickte immer kleiner werdend über den dunklen Rand einer Schlucht, in die der gläserne Käfig stürzte. Timothy versuchte unwillkürlich, sich irgendwo anzuklammern, aber nirgends war Halt. Sein Herz schlug rasend, er keuchte, rang nach Luft, die vorbeisausende trübe Luft des Schachts heulte, unter seinen Füßen konnte er die Sohle der Schlucht erkennen, noch hundert Meter, neunzig, achtzig – gleich würde der gläserne Boden auf den spitzen Felsen prallen. Noch nie hatte Timothy solche Angst empfunden. Er schloss die Augen, doch das erhöhte nur die Angst. Er zwang sich, sie wieder aufzureißen. Sein Käfig stand! Hinter den Wänden schimmerte quarziger Stein. Timothy blickte zu Boden. Einen Meter weiter, und er wäre zerschellt.

Mit einem Schlag verschwanden die Felsen, und das Gesicht blickte ihn wieder überlebensgroß von allen Seiten an. Immer noch gleichmütig. »Oder ich lasse dich fallen«, wiederholte der riesige Mund. Wiederholte er – oder war es noch der gleiche Satz? Wie lange hatte der Sturz gedauert? Hatte es ihn überhaupt gegeben? War es eine Videoprojektion, oder hatten sie es direkt in sein Gehirn eingespielt?

Timothy strich sich über die Stirn. Seine Todesangst war echt gewesen, er fühlte Schweißtropfen. Nur wenige. Also hatte das Ganze nur Sekunden gedauert. Also Video. Er fühlte sich erleichtert.

»Mein Name ist Frank A. Devlin«, sagte das Gesicht. »Ein treffender Name, findest du nicht? Du solltest in der Tat frank und frei zu mir sprechen, freimütig und aufrichtig. Und Devlin – erinnert es dich auch an devil? Es liegt an dir, ob ich für dich der Teufel bin oder ein Engel. Das A in meinem Namen steht für angel. Also entscheide dich!«

»Ich«, quetschte Timothy heraus, »ich –«

»Komm, sei aufrichtig«, fuhr Devlin unbeeindruckt fort. »Erzähle, gestehe. Jeder Mensch hat etwas zu gestehen. Fang irgendwo an. Wir haben Zeit. Viel Zeit.«

Er ließ Timothy keine Zeit. Er riss den riesigen Mund auf, einen Mund voller weißer, fast unplombierter Zähne, wie Timothy registrierte, und brüllte los: »Gestehe! Gestehe! Gestehe …«

Der Mund wurde wandbreit; nur noch ein zuckendes, schnappendes, alles verschlingen wollendes Maul klappte rundum auf und zu und brüllte. Timothy hielt sich die Ohren zu, um es ertragen zu können, doch die Worte erfassten den Schädel, den ganzen Körper, ließen ihn vibrieren, immer stärker, dass der Kopf zu platzen drohte: »Gestehe! Gestehe!«

Timothy schrie, so laut er konnte, um diese Stimme zu übertönen, er brüllte, heulte, jaulte, Tränen rannen ihm über die Wangen, sein Körper war schweißnaß.

Der Mund schrumpfte. Devlins gleichmütiges, freundliches Gesicht erschien. »Denke nach. Erinnere dich. Erforsche dich. Und dann gestehe. Und wenn du nicht reden willst – wer weiß, vielleicht hast du geschworen, dass nie ein Wort über deine Lippen kommen soll? –, dann schweige. Du musst nichts sagen. Du musst es nur denken. Ich denke mit deinen Gedanken. Du kannst mir nichts verheimlichen. Nichts, nichts, nichts …«

Das Gesicht verschwand. Timothy saß in einem Spiegelkäfig. Sein Spiegelbild und der Echoeffekt brachten ihn wieder zu sich. Er konnte sogar grinsen. Effekthascherei, dachte er. Eine Nummer zu groß für den kleinen Timothy.

Er brauchte ein paar Minuten, sich an seine neue Umwelt zu gewöhnen, das Schwindelgefühl und den Brechreiz niederzukämpfen, den sich rundum bis zur Unendlichkeit spiegelnden, immer kleiner werdenden, milliardenfachen Timothy Truckle zu ertragen, dann rutschte er in eine Ecke, legte die Fingerspitzen an die Stirn und schob sie Millimeter für Millimeter vorwärts, tastete die Kopfhaut systematisch ab, um festzustellen, ob sie ihm eine Sonde eingepflanzt hatten. Er konnte nirgendwo einen Einstich oder eine Narbe oder einen frischen Plastverband finden. Also war es nur Bluff mit dem Gedankenlesen. Und das ihm!

Er schloss die Augen und mobilisierte sein Gedächtnis, rief sich den Vorgang wieder zurück, Phase für Phase und Wort für Wort.

Plötzlich wusste er es. Er erinnerte sich, wie er gestottert hatte, etwas sagen wollte – was? Egal, da hatte der andere nicht im mindesten reagiert. Timothy durchdachte die Situation noch einmal, ließ sie noch ein drittes und viertes Mal Revue passieren und wurde vollends sicher: Das war keine auf ihn gerichtete Begrüßungszeremonie gewesen, sondern ein automatisch ablaufendes Programm, sicher für alle Häftlinge gleich, um die Neuankömmlinge zu erschrecken, einzuschüchtern, willenlos zu machen.

Timothy fasste Mut. Jetzt, da er es durchschaut hatte, war er in der Lage, sich auch auf kommende Situationen einzustellen. Der Bann war gebrochen. Gut, den ersten Zug dieses psychologischen Kampfes hatten die da gewonnen, aber schon mit dem zweiten hatte er gleichgezogen. Er konzentrierte sich, um nicht den Spiegelbildern zum Opfer zu fallen; irgendwo musste etwas sein, durch das sie ihn beobachteten. Er fand nichts. Er rief: »Hallo!« Immer wieder. Dann: »Ich will jemand sprechen.« Keine Antwort. »Mister Devlin!« Rundum nur Schweigen.

Timothy legte sich hin und schloss die Augen. Er musste sich vorbereiten. Irgendwann würde Devlin sich melden. Er musste erreichen, dass Devlin Auskünfte bei seinen Klienten einholte, dann würden die sich schnell einschalten und ihn herausholen. Nicht aus Sympathie, aber weil sie befürchten mussten, dass die NSA alles von ihm erfahren könnte, und welcher Bigboss wollte schon, dass die NSA Einblick in seine Intimsphäre oder seine Geschäfte bekäme! Ob Puissant auch verhaftet worden war? Sicher würde der schnell freigelassen werden. Wenn er sich nicht halsstarrig gab und verschwieg, dass er der Leibkoch von Henry Six war. Die NSA würde es auch ohne Puissants Mithilfe herausbekommen. Und Puissant ausliefern! – Timothy fluchte still vor sich hin, zuerst, weil Puissant für ihn verloren, dann, weil er so verrückt gewesen war, sich überhaupt auf die Suche nach ihm zu begeben, das »Nebraska« zu verlassen und sich unter die Massen zu mischen. Als bestünde nicht ständig und überall, wo mehr als ein halbes Dutzend Menschen zusammenkamen, Gefahr, dass sich eine spontane Unmutskundgebung entwickelte! Welch ein Wahnsinn, einem privaten Gelüst zuliebe seine ganze Existenz aufs Spiel zu setzen. Hätte er nur auf den Großen Bruder gehört! – Wenn er sich nicht meldete, würde der Große Bruder bestimmt versuchen, von Napoleon zu erfahren, wo Timothy abgeblieben war. Aber bestimmt waren die Peilsender bereits ausgefallen, als die Polizei die Demonstration auflöste. Timothy stellte fest, dass er keine Ahnung hatte, ob die Polizeiwaffen die Sender blockiert haben konnten. Dann könnte Napoleon nur sagen, dass er in den Funny Hills verlorengegangen war. Sicher wusste der Große Bruder längst von der Demonstration und konnte vermuten, dass Timothy bei der NSA einsaß, aber wie sollte er ihm hier helfen? Und Hopkins? Würde Hopkins den Mut aufbringen, sich bei der NSA für ihn zu verwenden? Und Smiley? Würde der sich aus Angst totstellen, oder würde er versuchen, Hilfe zu organisieren? Wenn aber Smiley auch verhaftet war?

Müdigkeit überfiel ihn. Er versuchte dagegen anzukämpfen, vergeblich.

6.

Als Timothy zu sich kam, saß Devlin vor ihm am Schreibtisch. Wahrscheinlich saß er irgendwo weit entfernt, aber das Video war so eingestellt, dass Devlins Zimmer wie die Fortsetzung von Timothys Zelle wirkte, deren übrige Wände zur Zeit wohltuend lindgrün gefärbt waren.

»Guten Morgen, Mister Truckle!« Devlin lächelte freundlich. Timothy richtete sich auf und deutete eine Verbeugung an.

»Sie haben jetzt zwanzig Minuten Zeit, Mister Truckle, sich etwas frisch zu machen und zu frühstücken, dann sehen wir uns wieder. Brauchen Sie Medikamente, nein? Dann guten Appetit.« Devlin zeigte auf die Wand hinter Timothy, die jetzt nach oben glitt und eine zweigeteilte Kammer freigab; in der linken Hälfte befanden sich Dusche und Kübel, in der rechten Tisch und Stuhl. Auf dem Tisch stand eine Kaffeekanne, daneben eine Schüssel Lurexbrei mit Cornflakes und einer Scheibe Brot. »Kann ich meine Kleider bekommen?«

»Das ist nicht üblich«, antwortete Devlin und schaltete sich aus.

Timothy probierte den Kaffee; er hatte zwar nur ein Simulat erwartet, aber dieses Gebräu hier schmeckte geradezu widerlich. Timothy duschte ausgiebig, dann setzte er sich an den Tisch und zwang sich den Brei und fast die ganze Stulle hinein. Wer weiß, wann er wieder zu essen bekommen würde. Dann war Devlin wieder da.

»Sie dürfen den Stuhl mitbringen«, erklärte er, »aber nicht schieben, tragen.«

Timothy hatte Mühe, das schwere Ding hinüberzuschleppen. Hinter ihm schloss sich die Wand.

»Legen Sie die Hände flach auf die Lehnen!«, kommandierte Devlin. »Anlehnen und nicht bewegen! Nehmen Sie an, Sie säßen bei einem Arzt im Diagnosestuhl. In gewisser Hinsicht stimmt das ja auch; ein Confessor hat sehr viel von einem Arzt. Haben Sie nachgedacht?«

Timothy gab sich keine Mühe, sein Lächeln zu unterdrücken.

»Sie haben es also durchschaut. Nun ja, ein Mann Ihrer Intelligenz. – Also noch einmal«, er beugte sich vor, »mein Name ist Frank A. Devlin.«

»Tatsächlich?«

»Wir heißen hier alle Devlin. Es gibt keinen treffenderen Namen, finden Sie nicht auch?«

»Das kann ich noch nicht beurteilen.«

»Von jetzt an, das verspreche ich, werden Sie ganz individuell behandelt. Suum cuique, wenn Ihnen das etwas sagt.«

»Jedem das Seine«, antwortete Timothy. »Ein alter Spruch. War es nicht die Inquisition, die ihn einführte?«

»Sie irren, er ist viel älter.« Devlin stützte die Ellenbogen auf und legte die Fingerspitzen aneinander. »Möchten Sie eine Erklärung abgeben?«

»Sie wissen, wer ich bin, also wissen Sie auch, dass ich nicht hierher gehöre. Es war ein unglücklicher Zufall, der zu meiner Verhaftung führte. Ich bitte Sie, mich schnell wieder zu entlassen, dringende Arbeit wartet auf mich.«

»Niemand landet zufällig bei uns, Mister Truckle, niemand.«

»Wessen werde ich beschuldigt?«

Devlin schüttelte den Kopf. »Mister Truckle, ich bitte Sie! Ich sagte Ihnen schon, dass ich Ihre Intelligenz schätze; also enttäuschen Sie mich nicht. Wir beide können doch ohne zeitraubende Umwege zum Ziel kommen.«

»Zu welchem Ziel?«

»Nun, wie Sie wollen.« Devlin zog eine Folie aus seinem Tisch. »Sie wurden als Teilnehmer einer staatsgefährdenden, antiamerikanischen Demonstration aufgegriffen, und die Umstände lassen darauf schließen, dass Sie einer der Initiatoren dieses abscheulichen Vorfalls waren. Als alle anderen längst versuchten davonzukommen, behaupteten Sie Ihren Platz an der Spitze der Demonstration. Um ein Beispiel zu geben?«

»Das ist doch lächerlich. Ich bin zufällig da hineingeraten.« Timothy erklärte Devlin, warum er in Funny Hills gewesen sei, wie er in die Menge geraten und wie es ihm dann ergangen war. »Jacques Puissant kann es bezeugen. Und Smiley Hepburn kann bestätigen, warum ich in Funny Hills war. Außerdem können Sie Mister Glover von der FORD-Polizei fragen.«

Devlin verschwand für ein paar Minuten vom Bildschirm; als er wieder auftauchte, war er sichtlich verärgert.

»Sie hätten sich etwas Besseres einfallen lassen sollen, Mister Truckle. Jacques Puissant hat Fordsville überhaupt nicht verlassen, und Mister Glover bestreitet, Sie in den letzten Monaten gesehen zu haben. Er schwört, dass Sie zur Zeit in keiner Weise für FORD arbeiten. Sie haben doch keinen Auftrag, oder?«

»Das gerade nicht. Was ist mit Hepburn?«

»Ja, Smiley Hepburn!« Devlin lehnte sich zurück und tippte die Fingerspitzen gegeneinander. »Hepburn ist offensichtlich klüger als Sie. Er hat gestanden.«

»Was hat er gestanden?«

Devlin lächelte müde. »Geben Sie das Spiel doch auf, Truckle! Es hat keinen Sinn, leugnen zu wollen. Man greift Sie in Funny Hills auf, Sie, von dem alle Welt weiß, dass Sie nie ohne zwingenden Grund das ›Nebraska‹ verlassen. Dazu in einer Ausrüstung, die keinen anderen Schluss zulässt als Diversion. Muss ich Ihnen erst Ihren famosen Wenderock vorführen, die Taktilweste, die Waffen im Stock, die Geheimbörse im Schuh? Was suchten Sie, derart ausgerüstet, in Funny Hills, ausgerechnet zu dem Zeitpunkt, da zum ersten Mal seit Monaten wieder eine Demonstration stattfand?«

»Aber das sagte ich Ihnen doch schon: Puissant.«

»Hören Sie auf mit Puissant!«, brüllte Devlin. »Wenn Sie noch einmal versuchen, mir diesen Bären aufzubinden, lass ich Sie schocken, dass Sie wünschten, Sie wären nie geboren worden.« Er lehnte sich wieder zurück und spielte mit den Fingern.

»Wir beobachten Sie schon lange und sehr aufmerksam. Sie sind unbezweifelbar ein erfolgreicher Detektiv der Upperclass, aber nur das? Es könnte die Tarnung für einen Bruder, ja für einen der führenden Köpfe des UNDERGROUND sein, eine nahezu perfekte Tarnung. Wer will dem Vertrauten der Bigbosse misstrauen? Wer könnte andererseits besser spionieren und intrigieren als Sie? Müssen Sie nicht von Berufs wegen mit Leuten aller Schichten zusammentreffen? Erfahren nicht gerade Sie eine Unmenge intimer und sogar geheimer Informationen von Ihren Klienten? Sie besitzen Geld, Einfluss, Beziehungen, einen eigenen Computer – nicht einmal den schlechtesten, wie wir wissen –, sogar ein Mausoleum. Sie können Ihre Fäden nach überall spinnen, können ganz offiziell alle nur denkbaren Informationen einholen; wem fällt es schon auf, wenn es nicht nur Fakten sind, die Sie zur Lösung Ihrer Fälle benötigen? Uns, Mister Truckle. Uns macht auf die Dauer niemand etwas vor. Niemand!«

Timothy zwang sich ein Lachen ab. »Entschuldigen Sie, Mister Devlin, aber das ist doch lächerlich, ich und ein Mitglied des UNDERGROUND!«

»Wirklich? Sie sind Fachmann genug, Mister Truckle, um zu erkennen, wie belastet Sie sind.«

»Wodurch? Nur durch Vermutungen und Kombinationen. Sie haben nicht einen einzigen Fakt, der Ihren Verdacht erhärtet.«

»Wenn Sie uns verlassen, haben wir Fakten genug. Falls Sie uns noch jemals verlassen.«

»Sie waren so freundlich, mir Intelligenz zu bescheinigen, Mister Devlin. Wäre ich so hirnverbrannt und ließe mich bei einer von mir angezettelten Demonstration erwischen?«

»Vielleicht haben Sie sich zu sehr auf Ihre Intelligenz verlassen? Gerade die Übergescheiten machen die dümmsten Fehler. Also?«

Timothy zuckte mit den Schultern.

»Nun gut. Beginnen wir also mit dem Vorzeigen der Instrumente. Jedem das Seine – das heißt, den persönlichen Punkt zu treffen. Wo liegt er bei Ihnen? Wir sind mit allem versehen, um Sie gesprächig zu machen. Eine mittelalterliche Folterkammer? Bitte schön!« Er zeigte in den Raum.

Auf der Videowand zu Timothys Linken erschien eine Folterkammer, in der offenbar nichts fehlte, was das Mittelalter an Scheußlichkeiten erfunden hatte, von der Streckbank über Daumenschrauben und spanische Jungfrau bis zur neunschwänzigen Katze und Brenneisen. Die beiden Folterknechte schienen schon zu überlegen, wie sie vorgehen wollten. Timothy machte sich keine Illusionen, dass sie es nicht wirklich tun würden; die beiden sahen aus wie Sadisten, die diesen Job zu ihrer persönlichen Befriedigung ausübten.

»Oder möchten Sie es lieber mit dem zwanzigsten Jahrhundert versuchen?« Devlin zählte leidenschaftslos, aber mit sehr präzisen Beschreibungen auf, was er da anzubieten hatte: auch hier Schmerzen aller Art, Hunger und Durst, dazu Stromstöße, Luftverdünnung bis zum Ersticken, langsames Erfrieren oder Rösten …

»Unsere Vorfahren waren recht erfinderisch«, schloss Devlin, »aber wir stehen ihnen nicht nach. Ich weiß nicht, ob Sie die Möglichkeiten unseres Jahrhunderts voll zu würdigen wissen, die Schall- und Ultraschallpeitschen, Lichtbeile – Sie waren doch mit Stahlheimer befreundet, nicht wahr? Er hat uns sehr geholfen.«

»Johnny?«, fragte Timothy entsetzt.

»Ohne es zu wissen. Es war nicht nur Gefälligkeit seiner

Vorgesetzten, dass sie ihm vor der Pensionierung erlaubten, die Schmerzzentren im Gehirn zu lokalisieren. So leicht, wie man sie ausschalten kann, kann man sie auch einschalten. Dank Stahlheimer kann ich Ihnen Schmerzen zufügen, wo und wie stark ich will, ohne Sie auch nur anzufassen. Und wenn ich Ihnen die Augen schließe, können Sie nicht einmal feststellen, ob ich Ihnen gerade einen Finger abgehackt oder Sie entmannt habe oder ob ich nur das Gefühl davon in Ihrem Gehirn auslöste. Glauben Sie mir, die Ungewissheit erhöht die Qual beträchtlich. Ich kann Ihnen auch Sonden ins Gehirn pflanzen und Sie laufenlassen und über Funk Schmerzschocks auslösen, wann und wo immer ich will, bis Sie freiwillig zurückkommen und mich anflehen, Ihr Geständnis zu hören.«

Devlin betrachtete irgendetwas auf seinem Tisch. »Oder wie wäre es, wenn wir gar nicht Sie foltern, sondern wenn wir Sie miterleben lassen, dass ein anderer Ihretwegen leiden muss? Oder an jeder Wand ein anderer. Wir würden Sie natürlich fesseln, damit Sie sich nicht die Ohren zuhalten oder die Nase. Haben Sie mal den Gestank von brennendem Fleisch gerochen? Wir würden natürlich auch den Lidnerv blockieren, damit Sie die Augen nicht schließen können. Sagen Sie nicht, Sie hätten niemanden, an dessen Schicksal Ihnen liegt. Es gibt psychische Bindungen. Können Sie es zum Beispiel ertragen, wenn wir an Ihrer Stelle ein, sagen wir, achtjähriges Mädchen mit blonden Zöpfen und Sommersprossen foltern, das Sie anfleht, ihrem Leiden endlich ein Ende zu machen?«

Timothy hatte die Zähne zusammengebissen und die Lippen zu einer Grimasse des Lächelns verzerrt, an der er mit aller Macht festhielt.

»Oder haben Sie Angst, wahnsinnig zu werden? Auch das können wir steuern. Wir können Sie gerade so viel verrückt machen, dass Sie sich dessen immer bewusst sind. Es gibt phantastische Drogen, Mister Truckle. Kennen Sie die Wirkung von Katatonika? Die Muskeln gehorchen dem Gehirn nicht mehr; man kann auch die Nerven umpolen: Sie wollen den Finger krümmen, aber Ihr Bein schnellt hoch, nicht regelmäßig, versteht sich, völlig chaotisch. Was schätzen Sie, wie lange Sie brauchen, um darüber verrückt zu werden? Oder die Chronoleptika – Sie entstellen den Zeitsinn, Wörter wie vor und nach verlieren fortan den Sinn für Sie. Ebenso Ursache und Wirkung. Was bliebe da von dem berühmten Detektiv?«

Devlin studierte wieder die Tischplatte. Als er aufblickte und sah, wie Timothy ihn beobachtete, lächelte er.

»Ich habe hier die Aufzeichnung der Erregungszustände während unseres kleinen Einführungskurses. Der Angstdetektor sagt, Sie haben die größte Furcht nicht vor Schmerzen, sondern vor einer bleibenden Teilidiotie. Auch Ihr Mitleid mit kleinen blonden Mädchen ist bemerkenswert. Wollen wir anfangen, oder brauchen Sie noch eine Bedenkzeit?«

»Wozu?«, erwiderte Timothy kraftlos. »Ich bin längst überzeugt. Ich weiß nur nicht, was ich gestehen soll. Mein Leben ist wie ein offenes –«

»Wollten Sie Buch sagen? Gut, fangen wir mit den Büchern an. Welche besitzen Sie?

»Ja, ich habe Bücher. Zweiundachtzig. Aber es sind nur Kochbücher.«

»Wirklich? Keine Romane, Lexika, Fachbücher, Landkarten oder sonstige verbotene Drucksachen?«

»Bestimmt nicht.«

»Ich merke, Sie brauchen doch eine Bedenkzeit. Sie dürfen aufstehen.«

An Devlins Stelle erschien eine wandgroße Uhr, dann auch an den anderen Wänden. Jedesmal, wenn der Sekundenzeiger vorrückte, hallte es wie ein Schuss durch die Kammer. Timothy biss sich in die Unterlippe, bis der Schmerz ihn das Ticken vergessen ließ. Dann begann er fieberhaft zu überlegen. Wenn Devlin ihm zehn Minuten Zeit gab, hatte er eine Chance, vielleicht nicht zu überleben, aber zu schweigen. Zum Glück hatten sie die Eckzähne nicht untersucht, als sie ihm die Zahnprothese aus dem Mund genommen hatten, aber wie sollten sie auch auf die Idee kommen, dass jemand heutzutage noch Stiftzähne trug?

Wie lang mochte die Bedenkzeit sein? Obwohl er nun schon seit Jahren trainierte und jede Möglichkeit genutzt hatte, in die Vainity zu gehen, brauchte er immer noch zehn Minuten für die paraautistische* Blockade, und er hatte nur eine einzige Chance.

Er ließ sich vom Stuhl gleiten und krümmte sich auf dem Boden zusammen, als habe er Magenschmerzen. Nichts geschah. Er vergrub den Kopf in den Armen, zog die Kuppe des rechten oberen Eckzahns ab, löste mit der Zunge die klebrige Masse vom Stift, schob die Kuppe wieder auf den Zahn, zählte in Gedanken bis zwanzig und begann dann die Stichwortliste herunterzuspulen. Voller Erleichterung spürte er, wie der Druck sich über den Schädel spannte und wieder löste. Er hatte es geschafft! In wenigen Sekunden würden die gefährlichsten Regionen seines Gedächtnisses blockiert sein. Er legte die Finger an den Puls und zählte mit. Fünfundsechzig. Er lächelte.

»Setzen Sie sich!« Devlin war wieder da.

»Was ist nun mit den Büchern?«

»Ich besitze wirklich nur Kochbücher, Mister Devlin.«

»Ich könnte jetzt ein paar Leute ins ›Nebraska‹ schicken, und ich wette, Sie wären in wenigen Minuten überführt.«

»Bitte, tun Sie das.«

»Wir werden uns Ihre Wohnung sehr genau ansehen, doch erst, wenn Sie bereit sind, uns alles selbst zu zeigen. Und wehe Ihnen, wir finden dann etwas, was Sie nicht gebeichtet haben. Aber sprechen wir jetzt über etwas anderes. Was fällt Ihnen zu dem Wort Bruder ein?«

»Ich habe keine Geschwister, das sollten Sie wissen.«

»Bruder«, wiederholte Devlin mit Nachdruck.

Timothy strengte sich tatsächlich an, doch ihm fiel nichts ein.

»Wollen Sie behaupten, Sie hätten noch nie etwas von den Brüdern gehört?«, fragte Devlin erstaunt.

Timothy zuckte mit den Schultern.

»Stellen Sie den Stuhl raus! Schneller! Dalli, dalli! Wir können auch anders, mein Lieber.«

Timothy schleppte den Stuhl in die Kammer. Als die

---

* Autismus – Flucht des psychisch Kranken in Selbstabsperrung von der Außenwelt.

Wand sich schloss und er sich umdrehte, stand er im Nichts. Er empfand nicht einmal Dunkelheit. Jetzt verlor er auch das Druckgefühl in den Füßen. Er ließ sich fallen, aber er spürte keinen Aufprall. Er wollte sich in die Haut kneifen, aber er spürte nichts, nicht einmal, ob er die Finger bewegt hatte. Er schrie, aber er hörte nichts. Er hatte das Gefühl aufzuquellen, dann wurde die Luft dünner, er musste immer schneller atmen, die Angst packte ihn wieder, schnürte ihm die Kehle zusammen, dann hörte er ein Bummern, das immer lauter und schneller wurde; als er begriff, dass es sein Herz war, zuckten Blitze, gleißende Helligkeit stach in sein Gehirn, obwohl er die Lider zusammenpresste, eine Sirene heulte auf, immer höher, verschwand im Ultraschall, ließ sein Gehirn flackern, gleichzeitig wurde sein Körper von tonnenschweren Lasten zusammengepresst. Dann hörte er sich schreien – und wie er schrie –, sah in den spiegelnden Wänden sein verzerrtes, unmenschlich entstelltes Gesicht, sah, wie er sich in Krämpfen wand, Fieberschauer rannen durch die Adern, wollten ihn verbrennen, gleich darauf fror er. Urplötzlich setzte wieder die Stille ein. Die Zelle verwandelte sich wieder in einen sinnestoten Raum. Er wartete auf den nächsten Anssturm, und die Erwartung ließ nur noch ein Gefühl gelten: tierische Angst.

Timothy hatte keine Vorstellung, wie viele Wellen von Nichts und Überreiz über ihn hinweggerollt waren, als Devlin sich wieder einschaltete. Es erschien ihm, als seien Ewigkeiten vergangen. Devlin sah auf den Communicator an seinem Tisch.

»Zwei Minuten und vierundzwanzig Sekunden. Was, glauben Sie, bleibt von Ihnen übrig, wenn ich Sie eine halbe Stunde schocke? Nun, was fällt Ihnen zu Bruder ein?«

Timothy starrte ihn an. Er war bereit, alles zu sagen. Er quälte sich, doch er stammelte nur »Bru-der«. Immer wieder: »Bru-der.« Er zermarterte sein Gehirn, was das sein mochte.

»Ich sehe, Sie brauchen eine Pause«, sagte Devlin. »Aber ich erkenne an, dass Sie sich jetzt Mühe geben. Nur Mut, es wird schon werden.«

7.

Diesmal öffnete sich die linke Wand, von Devlin aus gesehen, seinem einzigen Orientierungspunkt. Statt der winzigen Doppelkammer vom Morgen erwartete ihn ein Bad mit Wanne und einem Toilettenbecken statt des stinkenden Kübels, und auf dem Badewasser schwamm lockender blauer Schaum. Das Baden tat ihm unendlich gut. Da er jedes Zeitgefühl verloren hatte, wusste er nicht, wie lange er schon in dem Wasser lag, als ein Gong ertönte. Er stand auf, frottierte sich mit dem bereitliegenden Badetuch, sah sich um; nirgendwo lagen Kleidungsstücke. Er überlegte, ob er das Badetuch umbinden sollte, legte es dann aber betont diensteifrig zusammen und hängte es über den Wannenrand.

Ein Teil der Wand glitt zur Seite und gab einen kleinen, aber behaglich eingerichteten Raum frei; ein weißgedeckter Tisch erwartete ihn, Porzellanteller, Silberbesteck, ein geschliffenes Glas und eine Karaffe mit Orangensaft. Drei Schüsseln standen auf Wärmeplatten bereit. Als Timothy die Deckel anhob und den Duft einsog, glaubte er zuerst, seinen Augen und seiner Nase nicht trauen zu dürfen. Hühnerbouillon mit Algengrießklößchen, süßsaures Schweinefleisch mit Bambusspitzen und Safranreis!

Sein erster Reflex war: draufstürzen, hineinschlingen. Er zwang sich zur Ruhe, setzte sich langsam auf den Sessel, ließ ihn in die richtige Höhe gleiten, füllte Suppe auf, legte sich die Serviette auf den Schoß und begann gemächlich zu löffeln. Er wollte Devlin nicht den Anblick eines gebrochenen, gierigen Timothy gönnen.

Nachdem er einen zweiten Teller der vorzüglich gewürzten Suppe verdrückt und sich eine Portion Reis und Fleisch aufgetan hatte und sich ein erstes Gefühl von Sättigung und Wohlbehagen einstellte, verlor er die Angst, dies könne eine neue Folter sein und man würde ihm die Speisen vor der Nase wieder wegnehmen. Einen Augenblick fürchtete er, man könne Drogen unter das Essen gemischt haben, aber wenn sie das wollten, konnten sie ihm die Drogen auch in die Luft mischen. Er widerstand der Versuchung, sich noch eine zweite Portion aufzufüllen, wischte den Mund ab, faltete die Serviette zusammen, trank ein Glas Orangensaft und blickte sich suchend um. Nirgends fand er einen Hinweis, was er jetzt tun sollte.

Er ließ den Sessel in Liegestellung fahren, schloss die Augen und überlegte: Sollte dies ein Zeichen sein, dass man ihn für gebrochen und redewillig hielt? Egal. Er brauchte die Pause. Er wollte sie bis zur Neige auskosten. Er begann zu zählen. Bevor er die Zehn erreicht hatte, war er eingeschlafen.

Er wurde mit Musik geweckt. Eine sanfte Stimme bat ihn, wieder hinüberzugehen; tatsächlich, sie bat!

Devlin empfing ihn mit einem Lächeln. »Nun, hat es geschmeckt? Sie sehen, wir kennen Sie gut. Besser als Sie uns. Wir sind keine Unmenschen. Natürlich, wenn man uns zwingt, können wir auch hart sein. Sie sollten mit uns zusammenarbeiten. Warum auch nicht? Niemand muss es erfahren. Sie verlieren nichts, aber Sie gewinnen dafür unsere Freundschaft und Protektion. Machen wir gleich einen Anfang. Erzählen Sie mir jetzt, was Sie von den Brüdern wissen.«

»Ich würde ja gerne«, erwiderte Timothy. »Wirklich, Sie müssen es mir glauben, aber ich weiß nichts.«

Devlins Gesicht veränderte sich kaum, doch seine Stimme schwoll an, brüllte, dröhnte von allen Seiten, dass Timothy die Hände auf die Ohren presste, vergeblich.

»Was bilden Sie sich ein, Sie lächerlicher, erbärmlicher Zwerg? Ich zerquetsche Sie zwischen den Fingerspitzen. Was glauben Sie, wer danach fragt, ob Sie jemals wieder hier herauskommen?«

»Meine Klienten vielleicht«, versuchte Timothy einzuwenden.

»Ihre Klienten?« Devlin lachte höhnisch. »Kein Mensch fragt nach Ihnen. Und wennschon –« Er tat, als müsse er nachdenken. »Timothy Truckle? Nie gehört. Wer soll das sein?« Er zeigte mit dem Finger auf Timothy. »Und Sie werden es bald auch nicht mehr wissen. Es sei denn, Sie nehmen jetzt Vernunft an. Sie werden dieses Haus nur als unser Mann verlassen oder als Verrückter.«

Devlin verschränkte die Arme über der Brust. »Es ist nicht neu, unbelehrbare Staatsfeinde und Unruhestifter für geisteskrank zu erklären und in Irrenhäuser zu sperren; wir allerdings sind rationeller, wir machen sie verrückt und lassen sie laufen.«

Timothy nickte beeindruckt.

»Also, was haben Sie mir zum Stichwort Bruder zu sagen?«

»Bru-der«, wiederholte Timothy nachdenklich, dann schüttelte er den Kopf. »Tut mir leid.«

»Gleich«, sagte Devlin mit einem Unterton, der Timothy erschauern ließ, »gleich wird es Ihnen leid tun.«

Timothy wurde von hinten gepackt, auf einen Stuhl gepresst, angeschnallt, sein Kopf unter einen Helm gesteckt, er konnte nicht sehen, von wem. Devlin zeigte nach rechts. Auf der Videowand war das Bild eines Gehirns zu sehen, das sich langsam drehte; ein Pfeil schwebte über ihm.

»Wir machen jetzt ein kleines Spiel«, erklärte Devlin. »Sie sind doch ein Spieler, nicht wahr? Hier bekommen Sie, was sonst nur behauptet wird, ein wirklich aufregendes Spiel. Über Ihrem Helm kreist eine Strahlensonde. Jeder Schuss vernichtet hunderttausend Gehirnzellen. Sie können selbst einstellen, wo und in welcher Tiefe eine Ihrer Gehirnpartien vernichtet wird, dazu haben Sie die beiden Hebel unter Ihren Händen. Ich zähle bis null, dann löse ich den Schuss aus. Wir nennen es Idiotenroulett. Zehn – neun –«

Timothy hatte keinen Zweifel, dass Devlin es ernst meinte. Er versuchte fieberhaft, sich das Schema des Gehirns in Erinnerung zu rufen und zu überlegen, was er am leichtesten entbehren könnte. Die motorischen Zentren vielleicht, die Herrschaft über eines seiner Glieder? Aber dann fiel ihm ein, dass Devlin es in der Hand hatte, wann er null sagte und auslösen wollte, und Devlin war sicher ein Experte in der Bestimmung der Hirnpartien.

»Acht – sieben – sechs –«

Lieber ein Ende mit Schrecken, sagte er sich. Er dirigierte den Pfeil, bis er auf das Stammhirn zeigte, dann blickte er Devlin fest in die Augen. »Bitte, seien Sie so freundlich.«

Devlin grinste. »Das könnte Ihnen so passen.« Er winkte,

jemand trat hinter den Stuhl, schnallte Timothy los, nahm den Helm ab; als Timothy sich umdrehte, erblickte er die beiden NSA-Leute, die ihn heute früh aus der Folterkammer angestarrt hatten. Sie stießen ihn zu Boden. »Aufstehen!«, brüllte Devlin. »Strammstehen!«

In den nächsten Minuten geschah nichts, dann spürte Timothy einen immer stärker werdenden bestialischen Gestank hinter sich. Er drehte sich um. Auf der Videowand waren Dutzende von Schüsseln mit verlockend angerichteten Speisen zu sehen, dann auf allen Wänden. Timothy blickte auf den Boden; es sah aus, als stünde er mitten auf einem riesigen Tisch, auf dem die hundert besten Köche der Staaten ihre Meisterwerke aufgebaut hatten. Der Gestank wurde immer furchtbarer. Timothy musste erbrechen.

Sofort wandelte sich das Bild. Jetzt stand er zwischen Bergen von Müll und Unrat, gegen die die Muddies von Cleveland geradezu paradiesisch anmuteten, zugleich aber umwehten ihn Wogen der schönsten Düfte, zuerst von Blumen, dann Speisen, dann ein betäubendes Aroma erlesensten Whiskys; Timothy würgte, wieder wechselte das Bild. Jetzt war er rundum von Frauen umlagert, Schönheiten aller Art, die ihn verführerisch anlächelten – und stanken.

Timothy konnte nicht einmal schätzen, wie lang die Intervalle waren, wie oft das Bild wechselte, er krümmte sich unter dem Brechreiz, der seinen Körper zerreißen wollte. Irgendwann öffnete sich die Wand zur Doppelkammer, und er stellte mit Entsetzen fest, dass er sich beim Anblick des Essens vor Ekel schüttelte und dafür magisch von dem Kübel angezogen wurde. Er stürzte hinaus und presste sich schluchzend in eine Ecke seines gläsernen Käfigs.

Es war erst der Anfang. Plötzlich stand alles kopf. Chicago hing verkehrt über ihm, fiel auf ihn hernieder, er glitt durch die Straßen, bis er glaubte, er sei es, der kopfstünde. Dann verlangsamten sich die Töne. Er nahm sie erst wahr, wenn die dazugehörende Bewegung auf dem Bildschirm längst zum Stillstand gekommen war. Dann kippten die Farben um. Devlin hatte blaue Haut und grüne Lippen, als er sich wieder blicken ließ. Seine Worte schienen Ewigkeiten zu brauchen, bis sie Timothy erreichten.

»Sie sind kurz vor der Grenze, an der es keine Rückkehr mehr gibt«, tönte er. »Ich gebe Ihnen noch eine Chance: Bruder.«

»Bru-der?« wiederholte Timothy. Auch seine Töne krochen dahin. Wie gerne hätte er Devlin geantwortet. »Bru-der?«

»Sie fühlen sich also immer noch stark genug, mir etwas vorzumachen«, schrie Devlin. »Dann weiter im Programm.«

Von dem nun Folgenden blieben Timothy nur Erinnerungsfetzen, die in den Pausen, wenn man ihn badete oder fütterte, aufwallten und wieder versanken. Er hatte Hunger, aber das Essen verwandelte sich in seinen Fingern in Luft. Das Wasser fror auf seinen Lippen. Er schrumpfte, lief durch einen eigenartigen Wald, wurde davongeweht und erkannte, dass er durch eine Wiese gelaufen war. Sie sägten ihm den rechten Fuß ab. Immer wieder. Ratten krochen in seinen Käfig und pressten sich an ihn. Eine berauschend schöne Blondine kam zu ihm, sprach zärtliche Worte, streichelte ihn; als er sie berühren wollte, griff er in eine schleimige Masse. Ein Glas Whisky auf dem Boden. Timothy hatte nicht mehr die Kraft hinüberzukriechen, er rutschte Zentimeter für Zentimeter an das Glas heran; als seine Fingerspitzen es berührten, kippte es um. Timothy fiel in einen Weinkrampf, dann wurde er ohnmächtig.

Devlin saß da, als sei nur eine Minute vergangen. Er sah Timothy besorgt, ja mitleidig an. »Ich will Ihnen zeigen, was von Ihnen übriggeblieben ist«, sagte er leise, dann führte er es auf der Videowand vor, einen zuckenden, geifernden, von Krämpfen geschüttelten, grünhäutigen Timothy mit eingefallenem Gesicht und tief in den Höhlen liegenden Augen, ein jämmerliches Wesen, das sich auf dem Boden krümmte, mit irrem Blick seinen eigenen Kot fraß, auf allen vieren herumkroch und auf Befehl bellte, das um Wasser winselte, um seinen Tod flehte. »Zum letztenmal«, sagte Devlin, »Bruder!«

»Bu-er«, quälte Timothy zwischen seinen aufgequollenen Lippen hervor, Tränen liefen ihm über die Wangen. Er sah Devlin flehend an.

»Ich glaube, Sie sind tatsächlich schon verrückt«, sagte Devlin enttäuscht und ein wenig ratlos.

8.

Timothy glaubte zu träumen, als er die Augen aufschlug. Er lag in einem weißbezogenen Bett, auf seinem Nachttisch standen Rosen und ein Glas Juice. Er griff nach dem Glas und wunderte sich, wie leicht ihm das fiel. Dann nahm er sich den Spiegel, der auf dem Tisch lag, zögerte lange, ehe er hineinblickte, und war überrascht, den alten Timothy Truckle zu sehen. War alles nur ein fürchterlicher Traum gewesen? Dafür waren die Erinnerungen zu deutlich. Er drückte den Signalknopf. Eine Krankenschwester schaute herein, verschwand aber gleich wieder. Kurz darauf erschien Devlin; er setzte sich zu Timothy, als sei nichts geschehen.

»Wie fühlen sie sich? Wieder besser?« Timothy nickte. »Das freut mich ehrlich. Es war Ihre Schuld, dass ich Sie etwas hart anpacken musste, Sie zeigten sich nicht gerade bereitwillig zur Zusammenarbeit, aber nun ist das ja vorbei.«

»Sie haben – erreicht, was Sie wollten?«

Devlin verzog keine Miene.

»Und jetzt«, fragte Timothy, »wie geht es weiter?«

»Ruhen Sie sich noch eine Stunde aus, dann können Sie nach Hause fahren.« Devlin lächelte. »Sie hatten recht, Mister Truckle, man hat Sie tatsächlich vermisst. Gleich ein Dutzend Bigbosse hat nach Ihnen gefragt und sich für Sie verbürgt. Sie können sich glücklich preisen, so einflussreiche Gönner zu haben.« Er stand auf. »Ich hoffe, Sie nehmen mir das Geschehene nicht persönlich übel. Es ist mein Job, und die Dienstvorschriften –«

»Ich werde mich nicht über Sie beschweren«, sagte Timothy. »Ich hoffe, es gelingt mir, das Ganze schnell zu vergessen.«

»Das wäre das Beste. Ich muss Sie noch darauf hinweisen, dass Sie nicht darüber sprechen dürfen, was Sie bei uns erlebt haben. Bevor Sie uns verlassen, müssen Sie noch eine entsprechende Verpflichtung abgeben.«

Timothy nickte. Er war bereit, alles zu unterschreiben, wenn er nur hier wieder hinausdurfte.

»Also, good-bye, Mister Truckle. Nichts für ungut. Und wenn Sie sich richtig erholt haben, denken Sie einmal darüber nach, ob es nicht doch möglich wäre, dass Sie mit uns zusammenarbeiten. Wir brauchen Männer wie Sie.«

Die nächste Überraschung erwartete Timothy am Ausgang: Smiley, quicklebendig und vergnügt wie in alten Zeiten.

»Endlich«, begrüßte er Timothy. »Ich warte schon seit Stunden auf dich. Wenn ich gewusst hätte, dass du ein Landesverräter bist, hätte ich mich ja nie mit dir eingelassen!« Smiley grinste und öffnete die Tasche, die neben ihm auf dem Tisch stand. »Alles wieder da, nur die Stöcke sind kaputt. Schade um den Whisky.« Er sah Timothy prüfend an. »Und du scheinst auch noch bei Verstand zu sein. Komm, unser Taxi steht draußen, ich will endlich weg.«

»Hast du auch hier –?«,

»Wie der Herr, so 's Gescherr.«

»Sag mal, Smiley, wie lange waren wir eigentlich hier?«

»Sechs Tage. Wer bezahlt mir das!«

»Ich. Und wie gerne. Du kannst dir gar nicht vorstellen, wie froh ich bin, dass ich noch zahlen kann.«

Smiley bestand darauf, zuerst in sein Büro zu fahren. »Dann sitze ich bei dir nicht wie auf Kohlen«, erklärte er, »sondern kann mich in Ruhe besaufen. Ich hoffe doch, du gibst einen aus.

»Bis es dir aus den Ohren herausläuft.«

Während Smiley seine Communics durchsah und ein paar Dutzend Gespräche führte, nahm Timothy die Kuppe seines linken unteren Eckzahns ab und löste die süßlich schmeckende Paste mit der Zunge vom Stift. Als sie im »Nebraska« ankamen, begann sein Erinnerungs- und Denkvermögen wieder voll einzusetzen. Timothy ging zuerst in das Arbeitszimmer, setzte sich zu Napoleon und legte die Hände an dessen Bauch, als wolle er sich an Napoleons stählerner Hülle wärmen. Smiley stellte Whisky und Gläser auf den Tisch.

»Wenn du auch eingesperrt warst, Smiley«, fragte Timothy, »wer hat dann eigentlich meine Klienten benachrichtigt, dass ich in die Hände der NSA geraten war?«

»Ich war so frei«, gestand Napoleon.

»Du mein Guter, mein Bester, mein Einzigartiger«, sagte Timothy, »wie bist du auf diese glänzende Idee gekommen?«

»Durch Denken, Sir. Allerdings brauchte ich geraume Zeit, um die von Ihnen blockierten Schaltungen zu überbrücken.«

»Fast hättest du zu lange gebraucht«, seufzte Timothy.

»In Anbetracht der begrenzten Möglichkeiten, die Sie mir zugestanden hatten, finde ich zwanzig Stunden durchaus angemessen«, erwiderte Napoleon, »andauernd kam das Signal ›Kapazitätsüberschreitung‹ oder ›Kompetenzüberschreitung‹.«

»Zwanzig Stunden? Wann hast du denn meine Klienten mobilisiert?«

»Vorgestern, präzise einundzwanzig Uhr zehn, Sir. Kurz nach Mitternacht verstummten Ihre Signale.«

Timothy und Smiley sahen sich an. »Mann«, sagte Smiley, »dann haben die unsere Sender so lange laufen lassen!«

»Ja«, erwiderte Timothy, »und wir können von Glück reden, dass die Batterien nicht noch länger reichten.«

»Darf ich fortfahren?«, erkundigte sich Napoleon.

»Ja, wir sind neugierig.«

»Sie waren in einem schwarzen Loch verschwunden. Meine Speicher schienen zuerst diesen Begriff nicht zu enthalten, aber dann stieß ich in Zusammenhang mit einer früheren Recherche darauf, dass damit die NSA gemeint sein könnte. Ich stellte daraufhin weisungsgemäß die Verbindung zu Inspektor Hopkins her und gab ihm den Text des Communics durch. Inspektor Hopkins bedauerte, nicht zuständig zu sein. Daraufhin überprüfte ich seine Kompetenzen und fand eine übergeordnete Person in meinem Speicher, Frau Deborrah Johnson. Ich informierte sie, aber auch sie erklärte sich für nicht zuständig. Daraufhin überprüfte ich sämtliche gespeicherten Personen und stellte die Prioritäten fest. Danach ergab sich eine Liste von einhundertzweiundvierzig denkbaren Personen. Ich informierte sie, und einige antworteten, sie würden sehen, was sie für Mister Truckle tun könnten. Ich hoffe, Sie billigen meine Handlungsweise, Sir.«

»Und ob!«, rief Timothy. »Ich könnte dich küssen, Napoleon.«

»Wie bitte? Würden Sie so freundlich sein, den letzten Satz zu wiederholen?«

»Ich lobte dich.«

»Danke, Sir. Darf ich noch etwas bemerken?«

»Später, mein Guter, später. Gönne mir erst eine Pause.«

Smiley kippte schon den Whisky hinunter. Timothy ließ sein Glas unberührt. »Ich möchte wissen, wer nun bei der NSA interveniert hat«, sagte er nachdenklich. »Devlin sprach von einem Dutzend.«

»Besser, du weißt es nicht. Dein Verhältnis zu den anderen würde unnötig getrübt. Prost, Tiny! Auf den guten, alten Napoleon und darauf, dass wir noch einmal mit einem blauen Auge davongekommen sind!«

»Haben sie dich auch so geschunden?«

»Mich?« Smiley grinste. »Ich habe gleich gesagt, dass ich bereit bin, alles zu gestehen, was sie wollen. Sag mal, haben die dich tatsächlich für einen Bruder gehalten?«

»Scheint so.«

Smiley lachte, dass es von Napoleons Bauch zurückhallte. »Du ein Revolutionär, Tiny? Ich möchte wetten, es gibt in ganz Chicago, ach was, in den ganzen Staaten niemand, der so konservativ ist wie du. Und dafür haben wir eine Woche gesessen!«

»Du sollst eine anständige Entschädigung bekommen«, versprach Timothy.

»Nee, lass man, Tiny. Du bist geschädigt genug. Wenn uns Puissant nicht verlorengegangen wäre, hätte sich das Theater wenigstens gelohnt. Inzwischen hat bestimmt ein anderer die Viertelmillion kassiert.«

»Und er könnte uns jetzt was zu essen machen«, seufzte Timothy, »etwas ganz Exquisites, versteht sich, Nasi Goreng oder Straßburger Gänseleberpastete oder Kartoffelpuffer –«

»Ich wär für 'ne Suppe«, fiel Smiley ein. »Du hast mir mal eine gekocht, mit Zwiebeln, glaub ich.«

»Eine französische Zwiebelsuppe, mit Käse überbacken. Ja, das wär auch nicht schlecht. Oder westfälische Erbsensuppe mit Rauchfleisch –« Timothy brach mitten im Satz ab, schnupperte, sah Smiley an, schnupperte noch einmal. »Ich glaube, die haben mich doch verrückt gemacht. Ich bilde mir tatsächlich ein, es riecht nach Kohl!«

»Ich wollt nichts sagen, Tiny, weil ich dachte, ich spinne, aber mir geht's genauso.«

Er sprang auf und stürzte zur Küche. Timothy schleppte sich, so schnell er konnte, hinterher, in der Tür blieb er wie vom Blitz getroffen stehen. Vor dem Herd saß niemand anderes als Puissant. Er hatte sich ein weißes Tischtuch wie eine riesige Serviette um den Hals gebunden; seine Nase glühte tiefrot.

»Wird Zeit, dass Sie kommen, Mister Winzig«, sagte Puissant mit ein wenig schwerer Zunge. »Wenn Sie noch etwas von Ihrem Rotwein abhaben wollen, müssen Sie sich ranhalten. Den Beaujolais habe ich schon geschafft, im Moment teste ich Ihren Burgunder.« Er machte eine einladende Geste. »Kommen Sie doch näher, meine Herren. Ganz gemütlich hier, wenn auch ein bisschen niedrig für einen ausgewachsenen Mann. Aber sonst: à la bonne heure! Mein Kompliment, Mister Truckle.«

»Sagen Sie ruhig weiter Winzig«, schlug Timothy vor. »Alle meine Freunde nennen mich Tiny.« Er musste sich schnell hinsetzen. Er war doch noch verdammt schwach. »Das ist Smiley.«

»Kann er auch kochen?«

»Nee«, antwortete Smiley, »aber essen für drei. Was kochen Sie denn gerade?«

»Ukrainischen Borstsch. Aber es wird nicht reichen; ich habe nicht mit Besuch gerechnet. Wenn Sie mir eine halbe Stunde Zeit geben … Haben die Herren einen besonderen Wunsch?«

»Wir sprachen gerade über westfälische Erbsensuppe mit Rauchfleisch.«

»Du irrst«, sagte Smiley, »von Zwiebelsuppe war die Rede.«

Puissant sah belustigt von einem zum anderen. »Na gut, also für Sie Erbsensuppe und für Sie eine Zwiebelsuppe. Vielleicht machen Sie sich inzwischen ein wenig frisch? Ich denke, das Bad finden Sie allein.«

Timothy ließ Smiley den Vortritt. »Das also wollte Napoleon mir noch mitteilen«, sagte er dann. »Wie lange sind Sie schon hier?«

»Seit jenem Nachmittag. Wenn ich mich nicht täusche, ist es heute der siebente Tag. Sie hatten doch gesagt, dass Sie im 'Nebraska‹ wohnen. Ihren Namen herauszubekommen war nicht schwer. Als ich mich an Ihrem Appartement meldete, ging die Tür auf. Unvorsichtigerweise trat ich ein und war gefangen. Machen Sie das immer so?«

»Napoleon hatte keinen Auftrag, jemand hereinzulassen.«

»Das hat er mir auch gesagt. Und dass er keinen Auftrag hätte, mich wieder gehen zu lassen, und eine Eigenmächtigkeit sei genug. Ich wollte mir schon mit Gewalt den Ausgang erzwingen, aber als ich Ihr Appartement besichtigte, stieß ich auf die Küche und die Weinvorräte, und da sagte ich mir: Wenn er dich schon einlädt, dann soll er's auch ausbaden. Sind Sie sehr sauer? Ich meine, wegen des Beaujolais! Aber ich konnte einfach nicht wiederstehen.«

»Schon gut. Ich bin froh, dass Sie da sind. Sie haben es hoffentlich nicht eilig.«

»Ich komme immer noch früh genug zu Henry Six zurück. Erst wollen wir mal unsere Wette austragen.«

»Aber vorher essen. Sie können sich nicht vorstellen, was ich für einen Kohldampf habe.«

»Dann probieren Sie mal gleich den Borstsch. Ich koche inzwischen die Suppen. Was halten Sie von paniertem Schinken in Burgunder als zweiten Gang?«

Doch Timothy bekam keinen Bissen hinunter. Ein Zwieback und etwas Tee waren das Einzige, was sein Magen vertrug.

Er rief die Hauszentrale an und ließ sich alle Ärzte nennen, die im »Nebraska« wohnten. Schon der siebente reagierte, als Timothy sagte, er sei gerade beim Puzzlen und hätte plötzlich Magenbeschwerden bekommen. Der Arzt versprach, noch am Nachmittag vorbeizusehen.

Timothy legte sich ins Bett, auch um den beiden nicht beim Essen zuschauen zu müssen. Ab und zu sahen sie nach ihm, aber Timothy winkte nur, es sei alles in Ordnung. Er schlief ein, Smiley weckte ihn, um sich zu verabschieden. Er hatte eine mächtige Fahne.

»Mach's gut, altes Haus«, lallte er. »Ich komm ein andermal wieder, und dann saufen wir einen, ja?«

Puissant schien Smiley nicht nur hinauszulassen, sondern auch noch an den Lift zu bringen. Als er zurückkehrte, setzte er sich zu Timothy ans Bett.

»Ganz gut, dass ich da bin, was? Sie scheinen Hilfe gebrauchen zu können. Am liebsten bliebe ich ganz. Es gefällt mir bei Ihnen.«

»Und Henry Six? Ich kann mir seinen Zorn noch weniger leisten als Ihr Gehalt.«

»Geld habe ich genug, aber Sie haben recht, Tiny, Henry Six würde uns das Leben zur Hölle machen. Ich muss wohl zurück in meinen goldenen Käfig.«

»Das ist der Fluch der Genialität in unserem gelobten Land«, sagte Timothy. »Man verliert sofort die Freiheit. Sie sollten wenigstens Ihr Können vergesellschaften.«

Puissant sah ihn verständnislos an.

»Sie sollten Ihre Rezepte allgemein zugänglich machen. Es ist doch eine Schande, dass eine solche Kunst nur einer Handvoll Menschen zugute kommt.«

»Das darf ich leider nicht. Ich habe mich mit Haut und Haaren verkauft. Mein Wissen wird mit mir ins Grab wandern, so lautet der Kontrakt, und ich habe keine Lust, mir auf meine alten Tage noch Ärger zu machen. In diesem Punkt ist Henry Six unerbittlich. Außerdem, wer könnte schon Gebrauch davon machen?«

»Ich glaube, Sie unterschätzen, wie viele Gourmets es gibt, und Sie sehen die Zukunft zu pessimistisch. Eines Tages werden die Menschen sich gegen den Automatenfraß auflehnen und wieder selbst zu kochen beginnen. Ich mache Ihnen einen Vorschlag: Diktieren Sie meinem Napoleon ein Kochbuch. ›Die Hohe Schule der Gaumenfreuden. Von Maître Jacques Puissant.‹ Nun – wie gefällt Ihnen das?«

»Klingt gut«, gestand Puissant und strich sich über den Schnurrbart.

»Ich verspreche Ihnen, dass ich es erst nach Ihrem Tode veröffentliche. Es wird Sie unsterblich machen.«

»Und hätte noch einen zweiten Vorzug.« Puissant grinste unverhohlen. »Es würde Henry Six zur Weißglut bringen. Okay, Tiny, ich mach's. Hauptsache, Ihr Napoleon wird damit fertig.«

»Ich helfe Ihnen beiden. Aber wenn er so klug war, Sie hier einzusperren –«

Timothy richtete sich auf und schaltete Napoleon ein.

»Wie bist du eigentlich auf diese blendende Idee gekommen, Mister Puissant hereinzulassen?«

»Das ist einfach zu erklären, Sir. Als er vor der Tür stand, überprüfte ich meinen Speicher. Ich fand zwar keinen diesbezüglichen Auftrag, wohl aber Ihre Anweisung, Sie sofort zurückzurufen, sobald Mister Puissant sich meldete. Ich setzte das Signal ab, empfing aber nicht die vereinbarte Bestätigung über den Peilsender. Ich stand also vor einem Dilemma. Da Mister Puissant der Einzige war, dessentwegen ich Sie benachrichtigen sollte, schloss ich, dass er von äußerster Wichtigkeit für Sie sein musste. Ließ ich ihn gehen, handelte ich also gegen Ihre Interessen. Andererseits verstieß ich auch gegen Ihre Interessen, wenn ich jemand ohne Auftrag in die Wohnung ließ. Ich entschied, dass die erste Zuwiderhandlung mit einer Wahrscheinlichkeit von sechzig zu vierzig die geringfügigere sei. Ich hoffe, dass Sie meine Zwangssituation anerkennen und mein Vorgehen als eine immerhin logische Variante im Nachhinein akzeptieren.«

»Ich akzeptiere«, sagte Timothy. »Mehr noch, ich spreche dir ein zweites Lob aus.«

»Danke, Sir«, antwortete Napoleon. »Sie sind heute außerordentlich freundlich zu mir. Darf ich mir deshalb eine Bitte gestatten?«

»Du darfst.«

»Schalten Sie den Snarr nicht wieder ab.«

Die Drossel

1.

Die Botin von OLD NEPTUN'S TREASURY kam eine halbe Stunde später als sonst. Timothy wartete schon ungeduldig. Er fühlte sich frisch und munter wie früher. Die eiserne Disziplin, mit der er das Rehabilitationstraining durchgehalten hatte, begann sich auszuzahlen; heute Morgen hatte er zum ersten Mal wieder Lust auf Arbeit gespürt und eine halbe Stunde lang mit Napoleon Trickmühle gespielt.

Der Gong des Communicators meldete, dass ein Besucher angekommen war, das NEPTUN-Girl, wie Timothy sich mit einem flüchtigen Blick auf den Bildschirm vergewisserte. Sie trug die enganliegende, silberglänzende Schuppenuniform mit dem Dreizack und balancierte auf beiden Händen einen Karton aus grüner Folie, in dem der bestellte Zander sein musste. Als Timothy die Tür öffnete, stutzte er. Statt des erwarteten blutjungen, auf Sex dressierten Girls sah er eine Frau von etwa vierzig Jahren mit goldblond getöntem, vielzöpfig geflochtenem Haar.

Ihr Lächeln gefiel ihm. Timothy führte sie in die Küche, bat sie, die Packung zu öffnen, begutachtete den auf Eisstückchen gebetteten Fisch und fragte sie dann, ob er ihr einen Tee anbieten dürfe.

»Danke, Mister Truckle, sehr freundlich, aber ich muss noch andere Kunden beliefern.« Sie schaute auf die Uhr, stand einen Augenblick unentschlossen da, Timothy hoffte schon, dass sie doch Zeit für eine Teepause finden würde, da wandte sie sich zum Gehen.

Timothy sah ihr nach, als sie zum Fahrstuhl ging. Sie schien es zu ahnen; sie drehte sich um, erwiderte sein Lächeln, blickte noch einmal zur Uhr, stürzte dann zurück, drängte Timothy in den Flur, schloss die Tür hinter sich und legte den Zeigefinger an die Lippen. Bevor Timothy sich von seiner Überraschung erholt hatte, hielt sie ihm die linke

Hand hin. Ein Puzzlestein lag darin, und die beiden angeknickten Zungen besagten, dass der Große Bruder sie geschickt hatte.

Sie schien sich gut in der Wohnung auszukennen. Sie ging geradenwegs zum Mausoleum, öffnete die Tür ohne Schwierigkeiten, trat ein und schlug Timothy die Tür vor der Nase zu. Kurz darauf kam sie wieder heraus, löste einen Teil der Scheuerleiste, zog eine schmale Folie heraus und betrachtete sie aufmerksam. Dann winkte sie Timothy in das Mausoleum. Als er die Tür verriegelt hatte, lachte sie erleichtert.

»Guten Tag, Bruder. Es scheint dir wieder besser zu gehen. Wir waren alle sehr besorgt um dich.«

»Keine Angst, Zwerge vergehen nicht so leicht. Kannst du mir mal erklären, was du da eben –«

»Du hattest mir einen Tee versprochen«, erinnerte sie ihn. Als Timothy mit dem Servicewagen kam, untersuchte sie gerade das Handwaschbecken.

»Alles okay«, erklärte sie. »Und die Folie – Beim Einbau hat einer der Techniker den ganzen Block des Mausoleums mit einer vom Hersteller nicht vorgesehenen Plastschicht überzogen; die Folie würde anzeigen, wenn dein Mausoleum undicht geworden wäre.«

»Es ist immer wieder beruhigend, zu erfahren, wie gründlich ihr seid«, sagte Timothy spöttisch. »Aber das hätte ich dir auch so sagen können. Niemand war in meiner Abwesenheit hier außer Puissant, und der ist bestimmt kein Mitarbeiter der NSA.«

»Sei nicht so sicher, Napoleon könnte so manipuliert worden sein, dass er es dir nicht meldet.«

»Aber dann hätte ich zumindest erfahren, dass er manipuliert worden ist.«

»Und Josuah Trevers?«

»Der gute Joe ist ein Informant der NSA, ich weiß, und ich habe mir immer viel Mühe gegeben, dass er das Richtige zu melden wusste, aber ich habe auch aufgepasst, dass er keine Dummheiten machen kann.«

»Berichte«, forderte sie. »Wie ist es dir ergangen, wie fühlst du dich jetzt, was brauchst du?«

»Hast du Zeit?«

Da sie nickte, gab Timothy ihr einen ausführlichen Bericht über seine Verhaftung, die Erlebnisse im Hauptquartier der NSA, die überraschende Freilassung und die Fortschritte seiner Wiederherstellung. »Ich denke«, schloss er, »in ein paar Tagen bin ich wieder ganz der alte – nein«, korrigierte er sich, »das wohl nie mehr. So etwas prägt einen zeit seines Lebens. Aber ich werde wieder voll einsatzfähig sein. Und bereit.«

Sie sah ihn prüfend an.

»Ihr denkt doch nicht etwa, dass man mich umgedreht haben könnte?«

»Du wärest nicht der Erste. Bitte verstehe uns recht, Tiny. Es bedrückt uns nicht wenig, dass wir einen Bruder, der den Fängen der NSA entkommen ist, nicht einfach in die Arme schließen können, sondern ihm misstrauen müssen, aber –«

»Wollt ihr mich testen?«

»Wenn du weiter mitmachen willst, müssen wir es.«

»Okay. Wann?«

»Du weißt, was das bedeutet?«

»Ich weiß es.« Timothy sah ihr in die Augen. »Wenn ich nicht mehr sauber bin, werde ich es nicht überleben, weil ich sonst das Geheimnis des Tests verraten könnte – das meinst du doch?«

»Es sei denn, du wärst ein unbewusster Spion und wir könnten den hypnopädischen Auftrag löschen. Doch das ist nur selten möglich.«

»Berichte, ich sei bereit.«

»Wann, Tiny?«

»Von mir aus sofort.«

Sie lehnte sich zurück, nahm das Teeglas und sah ihn fast liebevoll an. »Ich hoffte, dass du so reagieren würdest. Ich hatte Angst, du könntest versuchen, Zeit zu gewinnen, einwenden, dass dein Kopf noch keine Belastungen verträgt … Also heute. Der Große Bruder braucht dich.«

»Kennst du ihn persönlich?« Timothy wurde ganz aufgeregt. »Erzähl mir von ihm. Ich will nicht wissen, wer er ist, aber wie ist er? Ich kenne doch nur diese blecherne Quaserstimme. Manchmal stelle ich ihn mir jung und kraftvoll vor, dann wieder denke ich, er muss uralt sein, ein weiser Mann mit gütigem Gesicht –«

»Und einem weißen Vollbart?« Sie prustete los.

»Du bist albern.«

»Entschuldige, bitte.« Sie musste sich zwingen, wieder ernst zu werden. »Das ist nun der berühmteste Detektiv der Staaten. Der Große Bruder, lieber Tiny –«

»Sag nicht, dass es nur ein Automat ist!«

»Der Große Bruder bin ich.«

»Du?« Es dauerte lange, bis Timothy die Sprache wiederfand. »Warum hast du denn –«

»So große Augen?«, ergänzte sie. »Damit ich dich besser durchschauen kann. Und warum hast du –«

»So große Ohren?«, fuhr Timothy in fast feierlichem Ton fort. »Damit ich besser lauschen kann.«

Er wollte aufspringen und sie umarmen, aber dann beugte er sich nur zu ihr hinüber und hielt ihr die Hand hin. Sie drückte sie mit beiden Händen. Er entdeckte in dem Grau ihrer Iris goldgelbe Pünktchen.

»Erinnerst du dich?« Er kicherte. »Einmal habe ich gesagt, ich würde dich mir als eine schöne Frau vorstellen und mich in dich verlieben.«

»Und nun bist du enttäuscht, dass ich nicht schön bin.«

»Ich finde dich sehr schön. Nur diese Haare! Warum färbst du sie so billig blond?«

»Um der echten Fischlieferin ähnlich zu sehen.«

»Hoffentlich glaubt uns die NSA ein kleines Abenteuer. Du weißt doch, dass ich überwacht werde?«, fragte er erschrocken.

»Keine Angst, die NSA-Leute wissen nicht, dass ich hier bin. Hier oben haben sie nur Technik installiert. Vorhin, als ich scheinbar ging, war zufällig ein elektronischer Breakdown in deiner Etage. Niemand hat gesehen, dass ich nicht einstieg. Unten ist dann wieder das echte NEPTUN-Girl aus dem Fahrstuhl gestiegen.«

»Und wie kommst du wieder weg?«

»Das geht dich gar nichts an.«

»Weißt du was«, sagte Timothy vergnügt, »ich trink einen Whisky, den ersten seit über drei Wochen. Willst du auch?«

»Wir beide nicht, Tiny. Ich werde dich jetzt testen.«

»Jetzt gleich?«

»Hast du Angst?«

»Lach mich nicht aus – wie soll ich dich eigentlich nennen? Großer Bruder geht nicht mehr.«

»Wie gefällt dir Anne?«

»Sehr gut.« Timothy goss Tee nach, tat Zucker hinein, rührte lange, bevor er aufblickte. »Ja, Anne, ich habe Angst. Was weiß ich, was alles mit mir geschehen ist, und ich möchte so gerne noch – noch mal einen Whisky trinken.«

»Du sollst ihn bekommen«, versprach sie.

»Hoffentlich nicht als Henkersmahlzeit.«

Anne brauchte lange für die Vorbereitungen. Timothy ertappte sich ein paar Mal bei dem Gedanken, ob er sie nicht um Verschiebung bitten sollte, doch sie nickte ihm immer wieder ermutigend zu, während sie den Quaserschwingquarz im Waschbecken sendebereit machte, Elektroden, Kabel und einen Haufen elektronischer Paks aus ihrer Uniform hervorzauberte, zusammenbaute und schließlich Timothy die Elektroden an Stirn und Schläfen, an Hinterkopf, Nacken und Puls, über dem Herzen und der Wirbelsäule befestigte.

»So, wir können anfangen.« Sie sah ihm in die Augen. »Willst du mir vorher noch etwas sagen? Ich könnte es verstehen, wenn du schwach geworden wärst. Ich müsste dir dann nur das Kurzzeit- und das Mittellanggedächtnis löschen, um die Erinnerung an diesen Vormittag zu tilgen. Du könntest weiterhin der berühmte Timothy Truckle sein. Nur nicht mehr unser Bruder.«

»Auch wenn ich gesungen hätte, Anne?«

»Was hättest du schon verraten können? Nur dich selbst. Als wir erfuhren, dass man dich verhaftet hat, haben wir sofort alle alten Verbindungen gekappt. Ein Kundschafter weiß wenig über das eigene Lager.«

»Ich habe nichts verraten, Anne, und sie haben mich nicht umgedreht, zumindest nicht wissentlich. Fang schon an.«

Sie injizierte ihm das Testserum. Timothy spürte ein Brennen, das sich durch die Adern ausbreitete, zum Herzen zog, unter die Schädeldecke, dann schwanden ihm die Sinne; er hörte gerade noch, wie sie mit den Testfragen begann.

2.

Seine erste Wahrnehmung war der Geruch von Whisky. Anne hielt ihm ein Glas unter die Nase. »Trink, Tiny, du hast es hinter dir. Alles okay.«

Als Timothy nach dem Glas greifen wollte, fasste er ins Leere. Er fühlte sich schwach und ausgehöhlt. Sie setzte ihm das Glas an die Lippen und gab ihm einen winzigen Schluck, er zerdrückte ihn auf der Zunge wie einen alten, kostbaren Wein.

»Ganz sicher?« Er musste das linke Auge zukneifen, um sie scharf zu sehen, er konnte die Augen nicht koordinieren. »Was, zum Teufel, hast du mit mir gemacht?«

»Das vergeht wieder«, beruhigte sie ihn. »Wir haben dein Gedächtnis durchgeprüft. Wir können, was die NSA zum Glück noch nicht geschafft hat, alle Blockaden durchbrechen. Auch eine Hilfe von DRAUSSEN. Ich habe dich über den Quaser an einen Computer gekoppelt, der deine Erinnerungen an diese Tage abgerufen und aufgezeichnet hat. Es war so, wie du es geschildert hast, nur noch viel mehr. Ach, Tiny, du hast Dinge erlebt, von denen du hoffentlich nie etwas erfahren wirst. Keine Angst, dein Gehirn hat das abgeblockt. Aber für uns war es wichtig; wir wissen jetzt noch besser über ihre Methoden Bescheid. Versuche, dich zu entspannen. Ich muss noch kurz ein Problem mit dir erörtern.«

Timothy bat sie, »Schneewittchen« hereinzuholen. Dann lagen sie beide in ihren Sesseln und lauschten den Tönen, die Timothy der Sonic entlockte.

»Wie schön«, flüsterte Anne, »wie unsagbar schön!«

»Ich darf gar nicht daran denken, dass ich es vielleicht nie mehr erlebt hätte.«

»Auch ich hatte Angst davor«, gestand sie. »Ich mag dich, Tiny. Ich habe um dich gebangt. Wie viele Brüder und Schwestern haben die Kammern der NSA nie mehr verlassen. Oder nur als körperliche oder seelische Wracks.«

»Oder als Verräter.«

»Ein Glück, dass wir jetzt den Test haben«, sagte sie, »dass diese schreckliche Ungewissheit vorbei ist.«

Anne hatte die Augen geschlossen und die Hände gefaltet, sie presste sie, dass die Fingerspitzen rot anliefen.

»Ich glaube, ich bin jetzt soweit«, sagte Timothy. »Was ist das für ein Problem?«

Sie sah ihn nicht an. »Eine Drossel«, sagte sie leise. »Eine Drossel im Inneren Kreis.«

»Bist du verrückt?« Timothy hatte sich aufgesetzt und starrte ungläubig zu ihr hinüber.

»Es gibt leider keinen Zweifel mehr, Tiny. Vor ein paar Wochen ist ein Bruder, den wir in die NSA geschleust haben, aufgerückt. Er entdeckte, dass regelmäßig Informationen aus dem IK an die NSA gelangen. Er konnte nicht herausbekommen, wie. Daraufhin wurden die Sicherheitsbestimmungen überprüft, immer wieder durchgetestet, verändert, verschärft; nichts hat geholfen. Seit ein paar Tagen ist klar, warum: Der Verräter muss ein Mitglied des IK sein. Ich gehöre zum Komitee für Sicherheit, Tiny. Wir sind am Ende mit unserem Latein.«

»Und wie sollte ich euch helfen? Ich habe doch keine Ahnung, wie es jetzt UNTEN aussieht. Wie viele Jahre ist es her, dass ich zum letztenmal da war –« Er sah sie prüfend an. »Meinst du, ich soll meine Zelte hier abbrechen?«

»Würde es dir schwerfallen?«

Timothy griff nach der Whiskyflasche, sah aber erst zu Anne, bevor er sich eingoss. Sie nickte, auch als er ein zweites Glas auf den Tisch stellte.

»Ich habe in den letzten Tagen viel darüber nachgedacht. Ich habe viel Zeit gehabt, über Timothy Truckle nachzudenken, Bilanz zu ziehen. Was ist aus mir geworden? Du hast ja keine Ahnung, Anne, was ich einmal für ein Feuerkopf gewesen bin. Weißt du, was meine Leidenschaft war? Bomben. Als ich meine erste Bombe bastelte, war ich gerade zehn. Ich wollte meinen Studiomaten sprengen. Zwei Jahre später gelang es mir. Meine Eltern haben das damals vertuscht. Es muss sie ein Vermögen gekostet haben. Ich weiß nicht mehr, wann und von wem ich zum erstenmal von ›Freiheit, Gleichheit, Brüderlichkeit‹ hörte, ich war noch nicht vierzehn, und ich wusste nicht, was das wirklich bedeutete, aber die Worte faszinierten mich. Ich schwor mir, das sollte mein Lebensziel sein. Ich träumte davon, eines Tages Krieg gegen die Paläste zu führen; wahrscheinlich habe ich nur deshalb so besessen gelernt und studiert. Und heute? Heute lebe ich selbst in einem dieser Paläste. Timothy Truckle, der Stardetektiv der Bigbosse, der Gourmet, der Snob – Was ist aus mir geworden?«

Anne hob das Glas. »Prost, Tiny. Bruderherz.«

»Ich hatte keine Ahnung, worauf ich mich einließ. – Als ich dabei war, meinen dritten Doktorhut zu erwerben, lernte ich einen Bruder kennen. Er muss mich schon lange beobachtet und genau studiert haben, denn es dauerte nur ein paar Tage, bis er offen mit mir sprach. Ich war begeistert. Ich wollte sofort in den UNDERGROUND gehen. Er aber machte mir den Vorschlag, als Kundschafter zu arbeiten und mich als Privatdetektiv zu tarnen. – Was ist jetzt noch Tarnung, Anne, was ist inzwischen Teil von mir selbst geworden? Ich fürchte mich vor der Antwort auf diese Frage. Die Eitelkeit – ist sie wirklich nur noch gespielt? Der Wohlstand – man kann sich so verdammt schnell an ein angenehmes Leben gewöhnen. Dieses Bad, die Gemälde, Musik, die Videowelten –« Er lachte auf. »Damals konnte ich nicht mal einen echten Kaffee brühen. Und heute? Ich fürchte, es ist eine unkorrigierbare Leidenschaft geworden, zu kochen, gut zu essen, erlesene Weine und echten Whisky zu trinken. Und der Sonnenuntergang in der ›Stardust‹-Bar! Ich fürchte, Anne, ich bin durch und durch korrumpiert von diesem Leben.«

Sie legte ihm die Hand auf den Arm. »Was sollte schlecht daran sein, Freude an Essen und Trinken zu haben, was sollte Verderbliches an der Schönheit des Sonnenunterganges sein?«

»Wie viele von uns sehen niemals mehr das Tageslicht, leben seit Jahren unter der Erde oder kommen nur für einen Einsatz nach oben? Wie viele Menschen hungern, während ich schlemme. Ich kann es verdrängen, Anne, ich kann mich damit beruhigen, dass das zu meinem Image gehört, aber kann ich es vergessen?«

»UNTEN gibt es auch Küchen«, sagte sie, »und ich kenne eine ganze Reihe von Brüdern, die leidenschaftlich gern kochen. Aber ich wollte dir nicht vorschlagen, nach UNTEN zu gehen. Du bist hier wichtiger. Was ich von dir erhoffe, ist eine Idee, ein Anhaltspunkt, auf den wir nicht gekommen sind.«

»Ich? Was könnte ich besser als der Ooverall*? Ich kenne weder die Umstände noch den Kreis der Verdächtigen, ihre Lebensläufe, ihre Gewohnheiten, Tagesabläufe; ich weiß doch nicht mal, wer zum Inneren Kreis gehört. Sind es noch zwölf? Ich kann nur vermuten, dass Jerome P. Jerome zum IK zählt und Ironsides – wenn sie überhaupt noch am Leben und im Lande sind. Willst du mir die Namen und Daten verraten? Na, also. Wie sollte ich klüger sein als ihr?«

»Vielleicht gerade, weil du nicht von der scheinbaren Offensichtlichkeit der Fakten beeinflusst, weil du nicht betriebsblind bist. Überlege, was du alles tun würdest, wenn du Ooverall wärst. Alle nur denkbaren Maßnahmen, Tiny, und wenn sie dir noch so verrückt vorkommen. Dann wollen wir vergleichen.«

»Ich brauche wenigstens die Informationen, die die NSA ohnehin hat und in welchem Grad sie UNTEN bekannt waren, dazu einen Kommentar, warum ihr glaubt, dass die Drossel im Inneren Kreis sitzen muss.«

»Das wird möglich sein«, versprach sie. »Ich schicke dir sobald wie möglich einen gefüllten Fisch; kann aber sein, dass ich dich nicht vorher informieren kann.«

3.

In den nächsten Tagen benutzte Timothy eine merkwürdige Technik, seinen Fisch vorzubereiten; er untersuchte zuerst mit Skalpell und Pinzette Kiemen und Schwanzflosse, löste dann vorsichtig die Augen heraus und zerlegte sie. Am vier-

* Ooverall = Bezeichnung für den Vorsitzenden des Sicherheitskomitees. Die Mitarbeiter werden Overall genannt, ein Name, der sich Ende des vorigen Jahrhunderts einbürgerte, weil die für den Schutz von Demonstrationen und Streiks verantwortlichen Arbeiter Overalls trugen, wie man damals Arbeitsschutzanzüge nannte. Andererseits ist es ein Wortspiel mit »over all«, was umgangssprachlich auch »überall«, und mit »all over«, was »ganz und gar, mit Haut und Haaren« bedeutet.

ten Tag wurde er fündig. Als er sich anschickte, den Kristall aus dem Hechtauge zu schälen, sprach der Communicator an. Timothy drückte kurz auf den Bildschirm neben dem Herd, um zu sehen, wer vor der Tür stand. Devlin!

Im ersten Reflex wollte Timothy das Auge samt Kristall hinunterschlucken, er führte es sogar schon an die Lippen, schob es dann aber wieder in die Augenhöhle des Hechts zurück, glättete die Haut mit den Fingern, schnitt den Fisch in drei Stücke und legte die in das bereitstehende Essigwasser. Devlin begrüßte ihn ausgesucht höflich. »Darf ich eintreten?« fragte er, als warte er tatsächlich auf eine Erlaubnis.

»Könnte ich es Ihnen verwehren?«, fragte Timothy zurück.

»Es ist ein inoffizieller, fast privater Besuch, Mister Truckle. Wenn ich Ihnen ungelegen komme –«

»Kommen Sie nur herein. Ich habe nichts zu verbergen. Ich bin gerade dabei, einen Hecht zum Mittag vorzubereiten.« Er zeigte auf seine Schürze.

»Sie essen jetzt oft Fisch, nicht wahr?«

»Jeden Tag. Sollten Sie das nicht wissen?«

»Aber ja. Hier, nicht wahr? Das ist doch Ihr Mausoleum?« Devlin hatte die Hand schon auf der Klinke.

»Wenn Sie nichts Vertrauliches mit mir besprechen wollen, würde ich den Wohnraum vorziehen; er ist gemütlicher.«

»Gehen wir in die Küche«, schlug Devlin vor, »ich möchte gerne einmal zusehen, wie ein so berühmter Koch ein Essen vorbereitet.«

»Da hätten Sie sich einen günstigeren Tag aussuchen sollen. Einen Hecht zu kochen ist kein Kunststück: säubern, säuern, salzen, eine Zwiebel und Wurzelwerk ins Wasser, kochen. Dann die Soße. Ich bevorzuge eine kaum angedickte Soße aus einem Drittel Fischwasser, den zerriebenen und passierten Wurzeln, Petersilie und zwei Dritteln Butter, ein allerdings kostspieliges Vergnügen, da das mit synthetischer Butter nicht geht.« Timothy hatte, während er sprach, die Fischstücke aus dem Bad genommen und gesalzen und legte sie jetzt in das siedende Wasser.

»Kochen Sie Flossen und Kopf mit?«, erkundigte sich Devlin. »Man merkt, Sie sind kein Fischesser. Das gibt erst den richtigen Geschmack. Wenn ich habe, tue ich noch ein paar Muscheln und frische Algen in das Kochwasser.«

»Ich wundere mich, dass ein Feinschmecker wie Sie so oft Fisch isst«, sagte Devlin leichthin.

Timothy registrierte, wie Devlin ihn aus den Augenwinkeln belauerte.

»Daran sind Sie schuld. Fisch ist das Einzige, was ich seit Ihrer famosen Kur noch herunterbekomme, ohne kotzen zu müssen. Haben Sie es mit Absicht ausgespart?«

»Sicher nur, weil selbst unser Etat begrenzt ist.«

»Meiner leider auch«, knurrte Timothy. »Und ich kann nicht absehen, wann ich wieder arbeitsfähig sein werde.«

Devlin gab sich bekümmert. »Ich hoffe doch, Mister Truckle, Sie haben keinen bleibenden Schaden erlitten.«

»Das hoffe ich auch!«

»Es tut mir leid – ich habe zu spät mitbekommen, was mit Ihnen los war; ich dachte, es sei nur Halsstarrigkeit oder dass Sie tatsächlich etwas zu verbergen hätten.«

»Sie waren halsstarrig, Devlin, Sie! Sie hätten nicht so verbohrt auf dem Wort Bruder herumreiten sollen; damit haben Sie ein Kindheitstrauma mobilisiert.«

»Davon hatte ich keine Ahnung, wirklich.«

»Und ich habe immer gefürchtet, die NSA wisse alles!« Timothy lüftete kurz den Deckel des Kochtopfs; das gab ihm Gelegenheit, sein Grinsen zu unterdrücken. »Ich hatte einen Bruder. Er ist als Kind gestorben. Ich hatte gehofft, in ihm endlich einen Spielkameraden zu haben. Niemand wollte mit mir Zwerg spielen.«

»Das also war es«, sagte Devlin befriedigt.

»Das und Ihr autoritäres Gehabe. Sie sollten sich mit der Psychologie der Zwerge beschäftigen, Mister Devlin, wir haben ein extremes Empfinden für Würde. Ich bin allergisch gegen jede Form von Gewaltandrohung und zugleich überaus ängstlich; ich verkrampfe mich sofort. Denken kann ich nur, wenn ich völlig entspannt bin. Wenn Sie wüssten, welch einen Aufwand ich treiben muss –«, Timothy seufzte, »und es scheint mit den Jahren immer schlimmer zu werden.«

»Dass ich das nicht gewusst habe!«, rief Devlin ärgerlich. Es klang, als nähme er sich vor, dem verantwortlichen Rechercheur die Hölle heiß zu machen.

»Es hätte unser Gespräch um vieles erleichtert«, sagte Timothy, »uns beiden. Ich habe ja jetzt genug Zeit, darüber nachzudenken. Es war Ihr Fehler. Sie wollten mich brechen, statt zu biegen. Ich war im Prinzip bereit, Ihre Fragen nach bestem Wissen zu beantworten.«

»Ich kann nur hoffen, dass Sie sich nicht allzu gut an unsere – Gespräche erinnern.«

»Leider setzt meine Erinnerung sehr früh aus. Ich kann mir gar nicht vorstellen, was ich all die Zeit getan haben soll, und ich muss gestehen, das beunruhigt mich.«

»Kein Grund zur Beunruhigung. Haben Sie auch über mein Angebot nachgedacht, mit uns zusammenzuarbeiten?«

»Besuchen Sie mich deshalb?«

Devlin lächelte verlegen. »Nicht nur deswegen, aber–«

»Sie hätten keinen Nutzen davon«, sagte Timothy, »und ich nur Schaden. Meine Klienten würden sich nie mit einem Detektiv einlassen, der für die NSA arbeitet, und auf die Dauer bliebe das doch nicht geheim.«

»Ja, ja.« Devlin schnaufte verächtlich. »Wir sind gut genug, diesen Herren die goldenen Sessel zu beschützen, aber sie behandeln uns, als seien wir der letzte Dreck!« Er sah Timothy in die Augen. »Haben Sie sich über mich beschwert?«

Bist du deshalb gekommen? dachte Timothy. Er schüttelte den Kopf. »Ich habe mich verpflichtet zu schweigen, und ich habe auch wenig Lust, über unsere gemeinsamen Stunden zu plaudern – allerdings, wenn Sie mich nicht in Ruhe lassen …« Es klingelte. Devlin blickte sich misstrauisch um.

»Der Fisch ist gar«, erklärte Timothy. »Ich müsste nun die Soße machen.«

»Lassen Sie sich bitte nicht stören.«

Wenn Timothy jemals auf die Finger geschaut worden war, dann jetzt, während er die Soße bereitete und Toast röstete. Als Devlin keine Anstalten machte zu gehen, lud Timothy ihn kurz entschlossen ein. Er servierte ihm das Mittelstück, nahm selbst den Kopf und ließ sich sehr viel Zeit, ihn sorgsam auszupulen. Als er die Gabel beiseite legte und sich die Finger abwischte, griff Devlin nach seinem Teller. »Darf ich mal sehen? Ich habe noch nie einen Fischkopf aus der Nähe betrachten können.«

»Sofort.« Timothy löste blitzschnell mit den Fingern das linke Auge heraus, träufelte Zitrone darüber und schluckte es hinter vorgehaltener Hand hinunter, tat dann aber so, als zerdrücke er es genießerisch mit der Zunge am Gaumen.

»Das ist das Beste am Hecht. Probieren Sie mal.«

Devlin sah ihn mit unverhohlenem Ekel an. »Nein, danke!« Er studierte aufmerksam den leergegessenen Kopf, dann sah er zu, wie Timothy sich das Schwanzstück nahm und mit Genuss zerlegte. »Ich werde nie verstehen«, sagte er, »wie jemand horrende Summen ausgeben kann, um Fisch zu essen.«

»Ich dagegen preise mich glücklich, dass ich ein Fischesser bin«, erwiderte Timothy, »sonst müsste ich jetzt glatt verhungern.«

»Haben Sie noch ein paar Tage Geduld, dann legt sich das. Wenn nicht, kommen Sie zu mir, und ich pole Sie wieder um. – Was ich Sie noch fragen wollte, Mister Truckle, wie haben Ihre Gönner eigentlich erfahren, dass Sie bei uns waren?«

»Napoleon hat sie informiert. Ich werde ihm ewig dankbar sein. Sonst, wer weiß –«

»Und woher wusste es Ihr Napoleon?«

»Ein Anruf, ich weiß nicht, von wem. Das Communic war verstümmelt.«

»Darf ich es einmal sehen?«

Timothy führte ihn in den Arbeitsraum. »Napoleon, gib mir das Communic, durch das du von meiner Verhaftung erfuhrst.«

Devlin hatte noch gar nicht richtig begonnen, sich den Raum anzusehen, da drückte Timothy ihm schon den Streifen in die Hand.

+ + communic 13 + 16.3. 15.03 p. m. + akustisch-öffentliches netz + ohne angabe von sendelizenz oder identicat + verstümmelt empfangen (starke redundanz) + text: timothy truckle in gefahr – verschwunden in dunkelblock 8t. straße ecke hollywood boulevard (ergänzung: nsa headquarter) – hilfe dringend … + abbruch ohne endbestätigung + n. +++

»Das ist ja interessant«, sagte Devlin. »Da waren Sie noch nicht einmal bei mir gelandet!«

»Vielleicht hilft es Ihnen, eine undichte Stelle zu finden? Wollen Sie den Tageseingang des Communicators abfordern, um die Korrektheit der Kopie zu prüfen?«

»Danke, das genügt mir.« Devlin strich nachdenklich über sein Kinn. »Sie scheinen eine Menge Freunde zu haben, Mister Truckle.«

»Freunde?«, erwiderte Timothy bitter. »Davon merke ich nichts. Nicht einmal Smiley Hepburn lässt sich mehr blicken. Wenn nicht Joe Trevers mal reinschaute, wäre ich völlig vereinsamt. Ein Zwerg wie ich hat es schwer, einen wirklichen Freund zu finden; da bleibt immer ein Rest von Wundertier, der wahre Freundschaft wohl unmöglich macht.«

»Es hat wohl wenig Sinn, wenn ich Ihnen meine Freundschaft anbiete«, sagte Devlin, »aber vielleicht können Sie eines Tages vergessen, was geschah. In mir könnten Sie einen wirklichen Freund gewinnen. Glauben Sie mir, Tiny – ich darf doch so sagen? –, ich mag Sie. Was ich tat, musste ich tun. Es ist mein Job, und Sie werden mir beipflichten, dass man seinen Job so gut wie nur möglich tun muss.«

Timothy nickte.

»Ich habe nie an Ihre Schuld geglaubt. Ich bin ein ausgebildeter Kriminalist, und ich lasse mir den Leitsatz nicht nehmen: Ohne Motiv keine Tat. Wo aber wäre Ihr Motiv? Sie würden sich doch nur den eigenen Ast absägen. Sie sind voll integriert, Ihr ganzer Lebensstil, Ihre Arbeit, Ihre Erfolge – ich beneide Sie, Tiny, wirklich. Ich habe auch dafür gesorgt, dass Sie nicht markiert wurden. Sie wissen, es wäre ein Leichtes gewesen, und Sie hätten es nie erfahren.«

Timothy zwang sich ein Lächeln ab. »Ich bedanke mich«, sagte er. »Wenn ich auch etwas fragen dürfte: Wer hat sich eigentlich für mich eingesetzt?«

»Ich habe es vergessen.« Devlin grinste. »Nur so viel, eine bezaubernde Frau war dabei.«

»Daisy Dayton?«

»Ich habe nichts gesagt. Wussten Sie eigentlich, dass sie ihren Stiefsohn Abraham geheiratet hat?« Devlin ging zur Tür. »Ich hoffe, Sie laden mich demnächst einmal zu einem Braten ein. Übrigens, Ihre Überwachung wird heute eingestellt.«

4.

Devlin schien die NSA-Leute tatsächlich abgezogen zu haben. Anne bestätigte es, als sie am Abend anrief. Timothy berichtete ihr ausführlich von Devlins Besuch. Wie viel Mühe er gehabt hatte, den verschluckten Kristall zu retten, verschwieg er.

Er hatte schon begonnen, die Informationen mit Napoleons Hilfe aufzuschlüsseln.

»Ich fürchte nur, das hilft auch nicht weiter«, seufzte Timothy. »Warum entführt ihr nicht ein paar Devlins und unterwerft sie dem Test?«

»Wenn es eine Chance gäbe, dadurch etwas zu erfahren, hätten wir es längst getan«, antwortete Anne. »Aber es scheinen nur ein oder zwei der obersten Devlins zu wissen, wer die Drossel ist, und an die kommen wir nicht heran.«

Auch Timothy, das zeigte sich, als sie seine Liste durchcheckten, war auf keine Idee gekommen, die die Overalls nicht selbst gehabt hatten.

Alle wichtigen Sitzungen fanden in abhörsicheren Katakomben statt, und Informationen wurden grundsätzlich nur dem kleinstmöglichen Personenkreis zugänglich gemacht. Das Sicherheitssystem schien so perfekt wie nur möglich zu sein. Es gab nicht nur Video-, Funk-, Radar-, Snarr- und Sonarüberwachung; obwohl man sicher sein konnte, dass die NSA die Quaserübertragung noch nicht besaß, wurden auch diese Frequenzen ständig überwacht, und es hatte seit Jahren schon keinen Versuch einer illegalen Sendung nach OBEN gegeben. Es war auch über drei Jahre her, dass ein Spion enttarnt worden war. Die NSA versuchte zwar immer wieder, ihre Leute nach UNTEN zu schicken, aber die entlarvten sich innerhalb weniger Tage oder stellten sich, soweit sie erpresst worden waren, sobald sie UNTEN eintrafen. Natürlich konnte bei der immensen Ausdehnung, die das Gebiet des UNDERGROUNDS inzwischen angenommen hatte, nicht ausgeschlossen werden, dass es irgendwo geheime Kabel gab – immer wieder wurden Teile der riesigen unterirdischen Anlagen, Bunker und Straßen, die noch aus der Zeit der Atomkriegshysterie um die Jahrtausendwende stammten, oder ganze Straßenzüge von den Behörden aufgegeben und dem UNDERGROUND überlassen, manchmal auf Betreiben der NSA, die dort vorher komplette Sendeanlagen und Diversionsstützpunkte für ihre Agenten installierte –, aber seit Wochen wurden alle Personen, die Kontakt mit den Mitgliedern des IK hatten, besonders überwacht. Der regelmäßige Betrieb einer fest installierten Anlage hätte entdeckt werden müssen.

Das alles ließ keinen anderen Schluss zu, als dass die Informationen entweder von der Drossel in einem toten Briefkasten abgelegt oder über eine Kette bis zu einem Agenten weitergegeben wurden, der bisher noch nicht überwacht wurde. Sollte man nun allen und jedem misstrauen? Sollte man gar alle informieren und zu besonderer Wachsamkeit gegenüber jedermann auffordern?

Anne berichtete Timothy, dass das Komitee für Sicherheit sich mit dieser Frage beschäftigt und sie verneint hatte; es gab genügend Beispiele aus der Geschichte der Revolution, wie verhängnisvoll so etwas ausgehen konnte.

Auch in Timothy sträubte sich alles gegen den Gedanken, dass es nicht nur eine Drossel im Inneren Kreis, sondern sogar ein ganzes Spionagenetz geben sollte.

»Vielleicht ist das Ganze ein Manöver der NSA, um auf diese Weise die Führung des UNDERGROUNDS durch gegenseitiges Misstrauen lahmzulegen«, warf er nachdenklich ein.

»Die Berichte unseres Bruders in ›Hollywood‹ beweisen leider, dass tatsächlich vertraulichste Informationen aus dem Inneren Kreis verraten werden«, antwortete sie. »Aber so viel ist jetzt mindestens klar: Die Drossel ist kein Mitglied des IK. Alle haben sich dem Wahrheitstest unterworfen, und das Ergebnis war jedesmal negativ.«

»Könnt ihr wirklich sicher sein, dass der Test zuverlässig ist?«

»Absolut.«

»Kann es sein, dass die NSA das Verfahren auch besitzt und ein Mitglied des Inneren Kreises anzapft, ohne dass der es merkt?«

»Unmöglich, Tiny. Dazu gehört nicht nur ein speziell programmierter Höchstleistungscomputer und das Serum, sondern auch große Übung. Und du hast doch am eigenen Leibe erlebt, wie schlapp man sich danach fühlt und wie lange es dauert, bis die Sinnesorgane wieder richtig funktionieren.«

»Wenn ihr nun versucht, die undichte Stelle im Ausschlussverfahren zu ermitteln, wenn ihr eine Reihe von kontrollierbaren Informationen ausgebt, die jeweils nur ein Mitglied des Inneren Kreises erfährt –«

»Haben wir versucht«, unterbrach ihn Anne, »aber das hat zu nichts geführt. Entweder, die Informationen sind nicht bis zur NSA gelangt, oder man wusste, dass es Fallen waren.«

»Wer wusste von dieser Aktion?«

»Nur der Ooverall und ich.«

»Also der Ooverall«, sagte Timothy nachdenklich. »Denn wenn du ein Verräter wärst, hättest du mich kaum eingeschaltet.«

»Schlag dir das aus dem Kopf, Tiny. Der Ooverall ist seit Jahren UNTEN und –«

»Es wäre nicht das erste Mal, dass ein Agent jahrelang auf Eis gelegt und erst, als er eine interessante Position erreichte, aktiviert wurde.«

»Du kennst Patrick nicht. Er ist seit über vierzig Jahren bei uns, und er hat Prüfungen hinter sich, die nur wenige überlebt hätten; er hat mehr Standhaftigkeit und Charakter beweisen müssen, als ein Agent haben könnte, für welche Belohnung auch immer er arbeiten mag. Und Erpressung? Man hat seine ganze Familie ausgerottet, seine Tochter vor seinen Augen zu Tode gefoltert – womit sollte man ihn noch erpressen können? Dass er sterben muss? Er ist ein todkranker Mann und lebt nur noch für seine Aufgabe. Außerdem nimmt er nicht an allen Tagungen des Inneren Kreises teil, und einige Informationen, die die NSA bekommen hat, kannte er nicht.«

»Eine andere Frage, Anne: Wenn im Inneren Kreis eine Drossel sitzt, muss die NSA die Mitglieder kennen. Warum versuchen sie nicht, den ganzen IK zu eliminieren?«

»Was würde das einbringen? Es gibt genug erfahrene und nicht weniger geeignete Brüder, die an ihre Stelle treten würden, die NSA aber müsste riskieren, dass ihre Drossel auffliegt. Außerdem ist es nicht einfach, den IK zu liquidieren, der jeweilige Tagungsort wird erst Minuten vorher ausgelost, und außerhalb der Tagungen treffen nie mehr als drei Mitglieder zusammen.«

Timothy arbeitete von Tag zu Tag etwas länger und intensiver, und dass er das schaffte, gab ihm Auftrieb. Nach einer Woche konnte er sich zum ersten Mal wieder ein Kalbsragout zumuten. Er fuhr auch wieder zum Sonnenuntergang in die »Stardust«-Bar hinauf. Melvin zeigte sich besorgt.

»Sie arbeiten zu viel«, flüsterte er. »Sie sollten mal einen Arzt konsultieren.«

»Die beste Medizin ist immer noch ein anständiger Whisky«, antwortete Timothy.

Der Barkeeper kritzelte etwas auf seinen Block und drückte Timothy einen Zettel so in die Hand, dass die Nachbarn auf den Barhockern es nicht mitbekamen. Timothy las, während er scheinbar ganz in den Sonnenuntergang vertieft war: Ich habe eine Flasche 23er »King George« bekommen. Zwinkern Sie, wenn Sie einen wollen, aber das Glas kostet achtzig Dollar.

Timothy zwinkerte nicht. Er bat den Barkeeper um einen Stift und schrieb auf die Rückseite des Zettels: Heben Sie mir bitte einen auf!

Es dauerte lange, bis Anne sich meldete.

Timothy beklagte sich wieder, dass der Quaser ihre Stimme zu einem unidentifizierbaren blechernen Klirren verunstaltete. »Hör zu, Große Schwester«, sagte er dann, »vielleicht ist es eine Schnapsidee, aber habt ihr mal versucht, die Sitzungen optisch zu blockieren, ich meine, sie nur im absoluten Dunkeln oder bei Infrarotlicht durchzuführen?«

»Du meinst, jemand könnte sie optisch aufzeichnen und dann mit Hilfe eines Computers die Stimmen nachsynchronisieren? Darauf sind wir schon gekommen. Fehlanzeige.«

»Habt ihr es auch mal mit stummen Tagungen probiert? Es erscheint zwar als ausgeschlossen, dass einer die Sitzungen abhören kann, aber du sagtest, ich sollte dir auch die verrückteste Idee mitteilen.«

Knapp vierzehn Tage danach beglückwünschte Anne ihn für seine Idee. Timothy hatte inzwischen wieder einen Fall bearbeitet, eine nicht allzu verzwickte Erbschaftsangelegenheit, aber es war die Fergusson-Dynastie, die ihn engagiert hatte, und das nahm ihm die Angst, er könne für alle Zeiten von den oberen Zehntausend boykottiert werden.

»Ich habe heute Nachricht von unserem Mann in ›Hollywood‹ bekommen«, teilte Anne mit. »Man ist dort in heller Aufregung, weil die Drossel seit zehn Tagen schweigt; das ist genau der Tag, seit dem alle Mitglieder des 1K in die Stummzeit gegangen sind, wie sie sagen, und nur noch mit Lichtschreibern arbeiten.«

»Das heißt also, dass die NSA doch mit Abhöranlagen arbeitet.«

»Ja, Tiny, aber wie?«

»Ich werde Napoleon nachdenken lassen.«

Schon zwei Tage später sagte Timothy, dass er vielleicht eine Möglichkeit sehe, das Geheimnis zu lüften.

»Ich sage vielleicht, Große Schwester. Es ist nur eine vage Chance, und ob sie uns weiterführt, lässt sich nur an Ort und Stelle prüfen. Beantrage also, dass ich nach UNTEN darf, um mit dem Ooverall zu plaudern.«

»Glaubst du wirklich, dass die NSA dich frei herumlaufen lässt? Sag mir, was du wissen willst; es gibt nichts, was du nicht auch über mich klären könntest.«

»Aber wie umständlich, wie zeitraubend! Zwischen Frage und Antwort und Rückfrage vergehen Tage. Hier geht es vielleicht um Stunden.«

»Es geht um deine Sicherheit. Wie willst du erklären, wo

du gewesen bist? Dein Platz ist OBEN, wir brauchen dich da.«

»Wenigstens einen Tag.«

»Sei nicht bockig, Tiny. Sag mir, was du weißt.«

»Nichts. Ich habe nur eine Idee, und ich würde höchstens Verwirrung und Unruhe stiften, wenn ich sie so in die Welt setze. Ich muss es mit dem Ooverall durchsprechen.«

»Es geht nicht. Es gibt nun einmal kein Double für einen Timothy Truckle.«

»Ich werde mein eigenes Double sein. Paddington kann helfen. Ich werde krank, und er muss mich für ein paar Tage in eine Untersuchungskammer sperren; die Werte nehmen wir vorher hier ab und bauen dazu ein Videodouble, falls jemand in die Kammer gucken will.«

»Tiny«, sagte Anne mit Nachdruck. »Da steckt doch noch was anderes dahinter!«

»Nun gut, ich geb's zu, ich habe Heimweh. Vielleicht war ich zu lange allein und ohne Arbeit. Dazu die Devlin-Kur. – Bitte, Anne, du musst es möglich machen.«

Anne gab schon am nächsten Morgen Bescheid, dass sein Antrag gebilligt worden war, auch der Plan mit dem Videodouble, allerdings nicht Paddingtons Hilfe; man würde einen Bruder aus der Psychiatrischen Klinik der PUBLIC HEALTHFARE schicken.

Am Nachmittag bekam Timothy den ersten Nervenzusammenbruch. Der Arzt blieb lange. Er gab Timothy präzise Verhaltensregeln und richtete das Schlafzimmer so her, dass es mit Hilfe der Videowand wie eine »Gummizelle« aussah; als er mit der Probeaufzeichnung zufrieden war, verabschiedete er sich mit einem vergnügten »Auf Wiedersehen in der Klapsmühle«.

Vom nächsten Tag an wurde Timothy gleich nach dem Frühstück zur Probe verrückt. Stundenweise, weil er es sonst nicht durchgehalten hätte. Er fuhr jetzt jeden Abend in die Bar, kam eine halbe Stunde früher als sonst und blieb, bis der letzte Lichtschimmer über der Stadt versunken war. Danach arbeitete er noch ein paar Stunden im Arbeitsraum, ließ aber Napoleon in Ruhe, sah dafür den Inhalt aller Schränke und Geheimfächer durch, packte zwei Container voll Papiere und Kristalle und sicherte jeden Schrank einzeln mit einer Selbstzerstörungsanlage. Vor dem Schlafengehen spielte er noch eine Viertelstunde mit Napoleon Schach oder Trickmühle, und bevor er ins Bett ging, wünschte er ihm eine gute Nacht, und Napoleon antwortete jedesmal: »Ich wünsche auch Ihnen angenehme Ruhe und einen schönen Traum – was immer das ist.«

Es dauerte über eine Woche, bis Timothy genug Material für einen zweitägigen Ausflug zusammen hatte. Dann lud er Joe Trevers zum Essen ein. Schließlich brauchte er einen Zeugen für seinen Tobsuchtsanfall und einen hilfreichen Freund, der den Psychiater benachrichtigen konnte. Und die NSA.

5.

Die IK-Tagung fand in der »Katakombe des Schwarzen Berges« statt, wie sie nach der darüberliegenden »Blackhill Avenue« genannt wurde, doch es war nicht der Name, der ihr etwas Unheimliches gab, auch nicht der abgedunkelte Raum, sondern die Stille. Als Timothys Augen sich an das Dämmerlicht gewöhnt hatten, erkannte er, dass er sich in einem kahlen, mit Plasttafeln ausgekleideten Raum befand, dessen einziger Komfort die bequemen Sessel waren, die im Halbrund vor einem Videoschirm standen. Timothy und Patrick waren als letzte gekommen. Der Ooverall hatte Timothy zu dem Sessel an der äußersten Linken geführt und war noch einmal zur Tür gegangen.

Timothy kannte nur drei der zwölf IK-Mitglieder, Jerome P. Jerome, dessen dichtes weißes Haar wie eine silberne Kappe über der schwarzen Stirn lag, wahrscheinlich der meistgesuchte Mann der Staaten, er zählte seit über vier Jahrzehnten zur Führung des UNDERGROUNDS, dann Betty Wiltshire, einst eine der Hoffnungen der Chemieindustrie, die nach UNTEN gegangen war, um eine Erfindung, über die man noch heute die sensationellsten Vermutungen hören konnte, nicht den Konzernen und den Staatsorganen ausliefern zu müssen, und den nicht weniger legendären Sidney Stuart, genannt Ironsides*, der vor Jahren den Streik der Minenarbeiter von Ironwood geleitet und beinahe das Leben verloren hatte, als das Militär die Streikleitung mit Aethylbomben beschoss; es war fast ein Wunder, dass Ironsides die schweren Verbrennungen überlebte, man hatte ihm große Teile der Haut durch synthetisches Gewebe ersetzen und den rechten Unterschenkel und den linken Arm transplantieren müssen.

Die Tür wurde geschlossen, Patrick huschte auf seinen Sitz.

Jerome P. Jerome hob die Hand, um die Tagung zu eröffnen. Er sprach die traditionelle Eröffnungsformel, aber kein Laut kam über seine Lippen – der Tonwandler zeichnete seine Worte als Schriftzeichen auf den Videoschirm.

»Ich gelobe, mein Leben für die Verwirklichung der zwölf Grundrechte eines jeden Menschen einzusetzen, für das Recht auf Leben, das Recht auf Tod, das Recht auf Identität, auf nicht kontrollierten Freiraum, für das Recht auf Nahrung, auf Wohnung, auf Bildung, auf Arbeit, für das Recht auf Gesundheitsschutz, auf Freizügigkeit, auf Gerechtigkeit, für das Recht auf Kinder.«

Die vielfachen Konturen auf dem Bildschirm zeigten, dass jetzt alle mitsprachen. »Das gelobe ich. Do or die!«

Timothy hatte schon bei den ersten Worten ein Gefühl der Ergriffenheit gespürt, und er schämte sich nicht, als ihm jetzt Tränen in die Augen schossen. Dann wurde er voll davon in Anspruch genommen, die Worte auf dem Bildschirm zu erfassen; die anderen waren geübter, so schnell zu lesen.

»Diese IK-Tagung wurde auf Antrag unseres Ooverall einberufen«, sagte Jerome. »Die Tagesordnung besteht nur aus einem Punkt: der uns allen bekannte Verrat von internen Informationen an die NSA. Ich habe auf Antrag des Ooveralls unseren Bruder Timothy Truckle eingeladen, dessen Name und dessen Arbeit allen ein Begriff ist, den aber die meisten von uns bisher nicht persönlich kannten. Gibt es Einwände?« Der Videoschirm blieb dunkel. »Dann be-

* Ironsides hießen die Reiter Cromwells in der bürgerlichen englischen Revolution.

grüße ich unseren Bruder Timothy als offiziellen Teilnehmer der Tagung. Ich möchte die Gelegenheit nutzen, ihm unsere Anerkennung für seine Arbeit auszusprechen.«

Es war das erste Mal, dass Töne aufklangen; Ironsides begann, dann klatschten alle. Timothy richtete sich auf und bedankte sich mit einem verlegenen Lächeln. Jerome erteilte dem Ooverall das Wort.

Patrick gab einen kurzen Überblick über das Sicherheitssystem und die zusätzlich getroffenen Maßnahmen, über die dennoch an die NSA gelangten Informationen und die vergeblichen Versuche, den Spion ausfindig zu machen. Ein paar Mal gab es Unruhe im Raum; offensichtlich hatten nicht alle gewusst, wie ernst es tatsächlich stand.

»Ein erster Erfolg zeigte sich, als wir auf Vorschlag von Timothy in die ›Stummzeit‹ gingen«, schloss Patrick. »Seitdem ist der Informationsfluss an die NSA unterbrochen. Aber dazu und zu seiner Theorie, wer die Drossel ist, soll er selbst sprechen.« Timothy setzte sich zurecht und räusperte sich ein paar Mal; dass er sein Krächzen als Zackenbänder über den Videoschirm laufen sah, brachte ihn durcheinander; er verhaspelte sich, kam ins Stottern, was sich wiederum als eine Folge von Streichungen und Wiederholungen abzeichnete, so dass Jerome die Hand hob und ein »Schön ruhig, Tiny!« auf den Bildschirm schickte.

»Es ist tatsächlich nur eine Idee«, sagte Timothy, »eine ziemlich absurd klingende dazu. Und dass ich daraufgekommen bin und nicht die Overalls, liegt nicht daran, dass ich schlauer war als sie, sondern dümmer.« Timothy drehte sich erschrocken um, weil eigenartige Kurven über den Schirm huschten; einige hatten gelacht.

»Doch, so ist es. Sie hatten sämtliche Fakten, ich kannte weder die genauen Daten der Sicherheitssysteme noch den Kreis der Verdächtigen, also konnte ich freier kombinieren, und man hatte mir den Auftrag gegeben, auch die verrücktesten Ideen zu durchdenken. Da alle logischen Wege in Sackgassen endeten, musste die Lösung irgendwo in dem als unmöglich Ausgesonderten liegen. Ich will keinen langen Vortrag über die vielen vergeblichen Versuche halten, die mich nicht nur einmal verzweifeln ließen. Es blieben ein paar Fragen, auf die es keine befriedigende Antwort gab, die allerdings auch in keinem Zusammenhang zu stehen schienen. Erstens: Wenn es eine Drossel im Inneren Kreis gibt, muss die NSA die Namen der IK-Mitglieder kennen. Warum versucht sie nicht, sie zu liquidieren? Gut, es ist unmöglich, den Tagungsort rechtzeitig herauszubekommen und alle auf einen Schlag zu vernichten, was aber ist mit den Grenzgängern, mit den Brüdern, die OBEN leben? Sollte die NSA sie ungeschoren lassen, weil dann nur andere, ihnen unbekannte an ihre Stelle treten würden? Würde die NSA in ihrem blindwütigen Hass nicht vielmehr jeden vernichten, dessen sie nur habhaft werden könnte? Würde sie nicht versuchen, sie festzunehmen und in den Videokammern auszupressen? Meine Antwort: Die NSA kennt die Mitglieder des Inneren Kreises nicht. Wie aber ist das möglich, wenn sie doch unbestreitbar Informationen bekommt, von denen niemand außerhalb dieses Kreises weiß?

Zweitens: Es erscheint nicht nur als unmöglich, dass ein Außenstehender die IK-Tagungen belauscht, durch die zusätzlichen Sicherheitsmaßnahmen erschien es auch als unmöglich, die Informationen weiterzugeben, es sei denn, wir wollten ein ganzes Spionagesystem annehmen, dessen Kopf ein IK-Mitglied ist.

Die dritte Ungereimtheit: Dass einer von euch ein Verräter sein sollte. Ganz abgesehen von dem unendlich harten, überprüfbaren Weg, den jeder zurückgelegt hat und den niemand durchgestanden hätte, der nicht für unsere Sache aufginge, wo sollte das Motiv sein? Was könnte die NSA denn Verlockendes bieten? Wenn einer von euch ein sorgloses Leben führen wollte, er würde die Möglichkeit finden, nach DRAUSSEN zu gehen; und niemand würde es verargen, wenn einer erklärte, er sei jetzt müde und im Kampf verbraucht.

Meine vierte Überlegung: Warum hatte mein Devlin nur vermutet, dass ich ein Bruder sei? Wenn es einen Verräter im Inneren Kreis gäbe, würde er nicht als Erstes unsere Kundschafter ausspionieren? Wieso kannte die Drossel mich nicht?

Den letzten Anstoß bekam ich, als ihr in die ›Stummzeit‹ gingt und so die Drossel zum Schweigen brachtet. Gewiss, das konnte ein zufälliges Zusammentreffen sein; vielleicht war nur der Informationskanal irgendwo unterbrochen. Wenn es aber kein Zufall war? Konnte die Drossel nur hören und nicht sehen?

Das würde erklären, warum die NSA die Namen der IK-Mitglieder nicht kennt: Sie werden nie ausgesprochen. Das würde auch erklären, warum Devlin nicht wusste, wer ich bin: Die Namen und Dats der Kundschafter werden nie genannt. Ich prüfte noch einmal, was wir durch unseren Mann in ›Hollywood‹ wussten, gewiss, es war keine vollständige Übersicht der verratenen Informationen, aber sie hatten eines gemeinsam: Es handelte sich nur um Informationen, die mündlich gegeben worden waren, in keinem Fall aber um optisch oder elektronisch auszuspähende Fakten. Ein Zufall?

Andererseits finden alle IK-Tagungen in abhörsicheren Katakomben statt, die regelmäßig überprüft werden, so dass es nicht möglich ist, ein Mikrofon oder einen Recorder zu installieren. Da sagte Napoleon –«, Timothy machte eine verlegene Handbewegung, »so nenne ich meinen Computer. Napoleon sagte, dann müsse einer der Tagungsteilnehmer das Gerät mitbringen. Das sei unmöglich, wandte ich ein, schon der Wahrheitstest schließe aus, dass einer ein Spion sein könne. Er antwortete: Vielleicht unbewusst?

Ich habe daraufhin die technische Durchführbarkeit überprüft. Ja, es ist möglich, nicht nur ein Mikrofon, sondern einen ganzen Sender oder einen Recorder in einen Körperteil einzupflanzen.«

Ein Stöhnen ging durch den Raum, auf dem Bildschirm flackerte es wild durcheinander.

»Die jahrelange wartungsfreie Stromversorgung mit einer Atombatterie ist kein Problem, ich trage selbst eine für meinen Herzschrittmacher unter dem Arm. Solch ein Gerät würde auch die Weitergabe der Informationen erklärbar machen: Sie könnten irgendwann, beispielsweise im Schlaf, abgerufen und dann von einem unverdächtigen Mann sichergestellt und weitergeleitet werden. Aber, so fragte ich mich, sollte das nie aufgefallen sein? Sicher werdet ihr regelmäßig und gründlich von guten Ärzten betreut, ein implantiertes Gerät müsste sich doch in der Röntgenaufnahme oder durch Anomalien des Blutkreislaufs oder was weiß ich verraten.«

Timothy musste eine Pause einlegen. Sein Mund war strohtrocken. Patrick reichte ihm ein Glas Wasser. Alle starrten ihn an.

»Mikrofon und Recorder«, fuhr Timothy fort, »sind so simple und alltägliche Geräte, dass niemand, ich eingeschlossen, sich darüber noch Gedanken macht. Aber jetzt wusste ich, wonach ich suchen musste, und ich fand es in einer fast fünfzig Jahre alten Aufzeichnung: eine Erfindung, die wieder verschwand, weil sie mit so hohem Aufwand verbunden war, dass es unsinnig gewesen wäre, sie industriell zu verwerten – elektronische Bauelemente aus organischem Material. Aus ihnen ließen sich Mikrofon, Transistoren und Dioden herstellen, die störungsfrei mit dem Körpergewebe verwachsen und nur durch Zufall entdeckt werden können. Kabel und Schaltkreise für schwache, die Werte bioelektrischer Ströme nicht übersteigende Leitungen könnten in die Unterhaut oder die Muskulatur tätowiert werden, so ähnlich wie eine aufgedampfte Schaltung.

Auf einem Oberschenkel zum Beispiel könnte man so eine Speicherkapazität anlegen, die ausreicht, zwanzig Stunden Gespräch aufzuzeichnen. Kurzum, ich vermute, dass einer von euch, ohne es zu wissen, in einen lebenden Recorder verwandelt wurde. Wer von euch hat, egal wann und wo, eine Transplantation bekommen?«

Jerome P. Jerome hob als Erster die Hand, dann Ironsides und eine noch ziemlich junge Frau sowie ein glatzköpfiger, beleibter Mann, in dem Timothy jetzt den vor Jahren spurlos verschwundenen stellvertretenden Stabschef der Armee zu erkennen glaubte.

6.

»Ich würde so gerne für einen Augenblick nach oben gehen«, sagte Timothy, als Anne ihn fortbringen wollte, »in der ›Blackhill Avenue‹ habe ich meine Kindheit verlebt, aber das geht wohl nicht?«

»Jetzt wäre es zu gefährlich, Tiny. Wir beherrschen das Gebiet zwar nachts, aber bei Tageslicht kommen nicht selten Panzerstreifen hier durch.«

»Das ist das traurige Los der Agenten«, seufzte Timothy. »Sonst traue ich mich nicht hin, weil ich Angst haben muss, von den eigenen Leuten als Spion gefasst und hingerichtet zu werden, wenn ich von außen komme.«

Auf dem Herweg waren sie in einer von der Stadtverwaltung aufgegebenen und vom UNDERGROUND wieder in Betrieb gesetzten U-Bahn-Strecke gekommen, jetzt fuhren sie mit einem Elektrowagen durch lange, zum Teil hell ausgeleuchtete Tunnel; einmal glaubte Timothy in einer Abzweigung die Lichter von Schaufenstern zu sehen und kurz darauf sogar einen Rummelplatz. Anne bestätigte ihm, dass er sich nicht getäuscht hatte.

»Die Zeiten, da es hier nur Schlafräume, Magazine und Werkstätten in den alten Atombunkern und Stollen gegeben hat, sind längst vorbei. Wenn du nicht so lange mit Patrick verhandelt hättest, hätte ich dich schon gestern ein wenig durch die Unterstadt geführt; jetzt müssen wir uns im Club zur Verfügung halten.«

Der Club erwies sich als eine äußerst behagliche Gaststätte mit einem Garten unter künstlichem blauem Himmel, in dem Blumen und sogar ein paar Bäume gediehen und dessen Speisekarte Timothy in Erstaunen setzte. Nach dem Essen führte Anne ihn in die Bibliothek, und es dauerte keine fünf Minuten, da hatte Timothy sich mit einem Armvoll Bücher in einer Ecke verschanzt; er sah erst auf, als Anne ihm eine Flasche Moselwein hinstellte. Er wollte das Buch beiseite legen, aber Anne winkte ab.

»Lies nur«, sagte sie lächelnd. »Wir können uns in den nächsten Monaten und Jahren noch genug unterhalten.«

»Hoffentlich«, erwiderte Timothy. »Obwohl ich jetzt keine Sorge mehr habe, dass ich mich hier UNTEN nicht wohl fühlen könnte.«

»Aber, Tiny«, sagte Anne mit gespieltem Staunen, »und der Sonnenuntergang in der ›Stardust‹-Bar?«

»Am liebsten bliebe ich hier und ließe das ganze ›Nebraska‹ samt Sonnenuntergang sausen.«

»Und Napoleon?«

»Ja, Napoleon!«

Es war schon Abend, als sie gerufen wurden. Der künstliche Himmel hatte zwar keinen Sonnenuntergang simuliert, sondern war plötzlich dunkel geworden, aber zu Timothys Vergnügen tauchten jetzt Sterne und sogar die schmale Sichel des Mondes am offensichtlich naturgetreu nachgeahmten Nachthimmel auf.

Sie fuhren zu einer anderen Katakombe, die aber aufs Haar der vom Schwarzen Berg glich. Als Patrick mit dem Leiter der medizinischen Untersuchungskommission und den vier Kandidaten hereinkam, bedurfte es keines Wortes, um mitzuteilen, wer die Drossel war.

Ironsides schien in den vergangenen Stunden um Jahre gealtert zu sein. Der Held von Ironwood, dessen kluge, geduldige Arbeit und persönlicher Einsatz maßgeblich dazu beigetragen hatten, dass eine Welle von Streiks durch die Staaten lief und zu dem großen Aufschwung der revolutionären Bewegung führte, stand jetzt mit hängendem Kopf da, die Arme pendelten kraftlos von den Schultern. Ironsides gab sich einen Ruck, drückte das Kreuz durch, blickte von einem zum anderen, hob die Arme zu einer Geste der Hilflosigkeit, Tränen lösten sich aus seinen Augen; Timothy sah, dass sie auf der synthetischen Haut der linken Wange schneller herabrollten als auf der anderen Seite.

»Setzt euch«, sagte Jerome. »Du auch, Ironsides.«

»Wenn wir nicht gewusst hätten, wonach wir suchen mussten, wir hätten es nicht entdeckt«, erklärte der Arzt; er hatte Mühe, den Untersuchungsbericht ruhig vorzutragen. »Als Ironsides damals mit seinen Verbrennungen in der Klinik lag, muss die NSA ihn identifiziert haben. Es ist so, wie vermutet: In beide transplantierte Glieder sind Mikrofone und Tonwandler aus organischem Material eingepflanzt worden; es gibt zwei voneinander unabhängige Systeme, die von getrennten Atombatterien gespeist werden, im linken Unterschenkel und im rechten Arm; in die Muskulatur des Oberschenkels und des ganzen Rückens wurde ein Speichersystem tätowiert.«

Ironsides hob die Hand. »Brüder, ich – ich bitte euch nur um eines: Glaubt mir, dass ich von alldem nichts gewusst habe. Ich war unserer Sache immer treu ergeben. Erlaubt mir, dass ich mein Leben auf eine würdige Art beende. Ich bin seit Jahren als lebender Recorder der NSA herumgelaufen; lasst mich jetzt als lebende Bombe in das Hauptquartier der NSA gehen und es in die Luft sprengen.«

»Wir werden einen anderen Weg finden«, sagte Jerome, »der es erlaubt, unseren Bruder Ironsides in unseren Reihen zu behalten.«

Er nickte Timothy zu, der sich gemeldet hatte.

»Ich schlage vor, den Unterschenkel und den Arm einfach wieder auszuwechseln. Ich verpflichte mich, geeignete Transplantate zu beschaffen. Professor Paddington würde sie organisieren, ohne zu fragen, und wir könnten ohne Mühe einen Einbruch in die Klinik vortäuschen.«

»Wir werden darüber beraten«, sagte Jerome. »Ich danke dir, Tiny. Du hast uns sehr geholfen.«

»Ich gebe ja zu, die Idee ist nicht schlecht«, sagte Timothy zu Anne, als sie sich auf den Rückweg machten. »Es ist verlockend, Ironsides so umzubauen, dass seine Apparatur ein- und auszuschalten ist, um so der NSA Falschinformationen zuzuspielen, trotzdem, ich hätte gerne bei Paddington eingebrochen.«

»Du mit deinen absurden Einfällen«, erwiderte Anne; es lag viel Zärtlichkeit in ihrer Stimme. »Wer stiehlt schon Unterschenkel!«

P.S.:

Einen Teil dieser Geschichten hatte ich schon bei meinem Besuch in den Staaten von Timothy Truckle selbst erfahren, wenn auch nicht in dieser Ausführlichkeit; über den vierarmigen Samuel und über die Drossel hatte er verständlicherweise nicht gesprochen. Sie werden jetzt verstehen, wie sehr ich es bedauerte, von Timothy zu absolutem Schweigen verpflichtet worden zu sein.

Vor nunmehr fast einem Jahr aber erhielt ich ein winziges Päckchen, es war durch viele Hände gegangen, ehe es mich erreichte, und es gelang mir nicht, die Kette bis zu ihrem Ende zurückzuverfolgen. Zweifellos hatte Timothy Truckle dieses Päckchen selbst an mich adressiert. Ich ließ die Handschrift von den besten Experten mit jenen Zeilen vergleichen, die Timothy vor meinen Augen im Mausoleum seines Appartements im »Nebraska« in mein Notizbuch geschrieben hatte, außerdem fand ich in dem Begleitbrief das Losungswort, das wir damals vereinbart hatten (Timothy erklärte, es sei sein Prinzip, stets Vorsorge zu treffen), wie verabredet an der dreiundzwanzigsten Position und als zehntletztes Wort: Stolitschnaja.

Das Päckchen enthielt vier Kristalle: die Geschichten dieses Buches. Ich nehme an, Timothy hat daran mitgearbeitet. Ich habe mich darauf beschränkt, die Texte aus dem Amerikanischen zu übersetzen, und sie nur soweit bearbeitet, wie es mir unbedingt notwendig erschien.

Warum Timothy Truckle sich entschlossen hat, diese Fälle jetzt preiszugeben, und warum er mich ausdrücklich beauftragte, sie zu veröffentlichen, lässt sich nur vermuten.

Vor einigen Monaten erhielt N., ein Mann, dem ich voll vertrauen kann und der sich in komplizierten und heiklen Situationen auf das beste bewährt hat, Gelegenheit, in die Staaten zu reisen. Ich weihte ihn ein, soweit ich es für möglich hielt, und bat ihn, sich mit der gebotenen Vorsicht nach Timothy umzuhorchen, wenn er nach Chicago käme. N. fand heraus, dass in jenem Appartement im »Nebraska« jetzt eine Schauspielerin wohnt. Es gelang ihm, ihre Bekanntschaft zu machen und von ihr eingeladen zu werden, er entdeckte jedoch keine Spur mehr von dem Mausoleum und auch nichts von Napoleon, das Schlafzimmer aber befand sich noch in dem gleichen Zustand, den ich ihm beschrieben hatte.

Für eine Flasche französischen Kognak durfte N. die Einwohnerdatei des »Nebraska« einsehen. Zu seiner Überraschung war Timothy nirgends vermerkt. Auch bei seinen weiteren Erkundigungen stieß N. immer wieder ins Leere, als habe es nie einen Timothy Truckle gegeben. Smiley Hepburn, das konnte er herausbekommen, ist mitsamt seinem Büro einem Bombenanschlag zum Opfer gefallen, der nie aufgeklärt wurde. N. ging schließlich so weit, sich um ein Interview mit Deborrah Johnson, inzwischen Vizegouverneur von Illinois, zu bemühen, doch die Bachstelze war nicht bereit, jemand von DRAUSSEN zu empfangen.

Der Zentralcomputer von Chicago gibt auf das Stichwort »truckle« nur einen Hinweis auf die semantische Kartei. Dort erfährt man: Truckle – so viel wie Rolle, Rädchen; to truckle – zu Kreuz kriechen.

Heute weiß ich erst richtig zu würdigen, was Timothy meinte, als er mir damals in der »Stardust«-Bar sagte, er sei zwar nur ein »truckle«, aber er verabscheue es, »to truckle«.

Wenn ich nicht selbst so viele Stunden mit ihm verbracht hätte, würde ich vielleicht daran zweifeln, dass es ihn gegeben hat; so hoffe ich, dass er rechtzeitig untertauchen konnte. Schon das Wenige, was wir wissen, lässt vermuten, dass die Behörden der Staaten ihn zur Unperson erklärten und alle Spuren seiner Existenz löschten, um Timothy wenigstens im Nachhinein zu annullieren.

Ich hoffe, dass wir dennoch erfahren werden, was geschehen ist, und ich hoffe – ja, ich bin auf eine unsinnige Weise sicher, dass er eines Tages vor meiner Tür stehen wird. Ich habe schon eine Flasche »Old Finch« kalt gestellt.

Zwei Stichlinge aus Illinois

Die Nachricht traf mich wie ein Schock. Gut, ich war noch mächtig vertrieft, als der Anruf kam, wir hatten die ganze Nacht hindurch diskutiert und getrunken, und ich hatte mehr Whisky geschluckt, als ich mir sonst zutraue, weil ich für meine Theorie, der zweite Mond des Transpluto sei eine Relaisstation Außerirdischer, nur Hohn erntete – dabei war ich der einzige unter den Anwesenden, der an der Umkreisung des Transpluto teilgenommen hatte –, doch was mich wirklich umwarf, war der Inhalt des Anrufs. Ich sollte so schnell wie möglich zum Flughafen kommen und mir ein Luftpostpaket aus Chicago abholen: Man befürchte, dass die Verpackung auf dem Transport beschädigt worden sei, und es handle sich um leichtverderblichen Inhalt – Fisch!

Haben Sie schon von jemandem gehört, der ein Paket aus den Staaten bekommen hat?

Zwei- oder dreimal im Jahr bekomme ich Briefe von drüben, und schon deshalb werde ich, obwohl alle wissen, dass es sich nur um Drucksachen handelt, Prospekte für Lyrik-Neuerscheinungen, die ich seit meiner Reise in die Alte Welt zugeschickt bekomme, von meinen Freunden und Verwandten neidisch angesehen – und mit gieriger Erwartung: Wem werde ich dieses Mal die seltenen Briefmarken geben? – Doch wer, um aller Himmel willen, konnte mir ein Paket schicken?

Noch nie in meinem Leben, abgesehen von zwei Alarmen im All, war ich so schnell angezogen; ich nahm mir nicht einmal die Zeit für eine Tasse Kaffee, sondern frühstückte im Speisewagen der Metro. –

Auf dem Flughafen betrachtete man mich mit einem Gemisch aus Ehrfurcht und Misstrauen und schickte mich zum Zoll. Der Zöllner verriet mir, dass Luftfrachtsendungen aus den Staaten gar nicht so selten sind; mit jeder der monatlichen Maschinen kommen etliche Dutzend. Ungewöhnlich sei nur, dass dieses Paket nicht an ein Forschungsinstitut adressiert war, sondern an eine Privatperson, denn das »Korrektorat für Ichthyologische Forschungen«, das vor meinem Namen stand, sei doch offensichtlich eine Fiktion.

Ich musste das Paket vor den Augen des Zöllners auspacken, nicht nur, weil alle Sendungen aus den Staaten verständlicherweise streng kontrolliert werden, sondern vor allem, weil es penetrant roch. In dem Transportbehälter aus Thermoplast steckte ein silberglänzender, schuppiger Kasten und in dem wiederum ein Karton aus meergrüner Folie mit eingeprägtem goldenem Dreizack und mit der Aufschrift: OLD NEPTUN'S TREASURY, in der linken unteren Ecke stand die Inhaltsangabe: »2 Stück Illinois-Stichlinge«.

Die Stichlinge sahen eher wie Hechte aus, wogen jeder etwa ein Kilo und stanken jetzt, da die schützenden Hüllen gefallen waren, derart, dass ich die Sendung beinahe in den Nihilator geworfen hätte. Ich hatte in der vergangenen Nacht wirklich zu viel getrunken, sonst hätte der Absender in meinen grauen Zellen Alarm auslösen müssen. Aber ich rief wenigstens im »Institut für Meereskunde« an und erkundigte mich, ob man dort vielleicht Interesse an leicht verwesten Illinois-Stichlingen habe. Der Ichthyologe, mit dem man mich verbunden hatte, geriet fast aus dem Häuschen und beschwor mich, ihm die Fische sofort zu bringen, es seien rare Kostbarkeiten und tatsächlich Stichlinge, die in einigen Seen um Chicago zu solcher Größe mutiert wären.

Erst als ich in der Metro den dritten Mokka trank, fiel es mir wie Schuppen von den Augen: OLD NEPTUN'S TREASURY! Dass ich nicht gleich daran gedacht hatte, wie Timothy Truckle, mein verschollener Freund aus Chicago, seinerzeit die Fische behandelt hatte, die er von ebendieser Firma ins Haus geschickt bekam!

Die Ichthyologen, die mich gleich im Dutzend empfingen und bereit schienen, sich um die stinkenden Stichlinge zu raufen, guckten nicht schlecht, als ich jetzt darauf bestand, selbst erst einmal die beiden Tiere zu untersuchen, mir Pinzette und Skalpell geben ließ, Schwanz- und Bauchflossen präparierte und dann die Augen der Fische vorsichtig herauslöste. Auf den ersten Blick sahen sie wie ganz normale Augen aus, und sie bestanden eindeutig aus organischem

Material, sonst hätten sie wohl auch nie die Ausfuhrkontrollen in den Staaten passieren können, doch ich war sicher, dass mir die Illinois-Stichlinge nur wegen dieser Augen zugeschickt worden waren: Sie waren absolut frisch.

Die Ichthyologen wollten mich nun natürlich erst recht nicht mit den Augen ziehen lassen, doch was blieb ihnen übrig.

Ich fuhr zur Uni und fragte herum; an der Fakultät für Bionik bekam ich die Bestätigung: Es war vor zwei Jahren gelungen, eine Art »lebender Kristalle« zu züchten, Hochpolymere aus organischen Substanzen, die wachsen und sich vermehren, bis man sie fixiert, und die man unter anderem wie anorganische Kristalle für holografische Aufzeichnungen benutzen kann. Es dauerte drei Tage, dann hatten sie herausbekommen, wie man die Informationen aus den künstlichen Fischaugen abrufen konnte, und ich bekam endlich zu sehen, was Tiny mir mitzuteilen hatte. Die Aufzeichnung begann mit einem persönlichen Communic:

Lieber Freund!

Dies ist der siebente Versuch, Ihnen Nachricht zukommen zu lassen, vor allem: den zweiten Teil meiner »Memoiren«. Dass Sie den ersten Teil erhalten und veröffentlicht haben, erfuhr ich schnell, inzwischen konnte ich es sogar lesen! Mit der Art, wie Sie die Storys bearbeitet haben, bin ich einverstanden, nur den Titel finde ich unangemessen, ich bitte Sie: »Wer stiehlt schon Unterschenkel?«! Also wählen Sie dieses Mal bitte einen seriöseren Titel. Ich hoffe doch, dass Sie auch diese Geschichten publizieren werden, denn ich bin »eitel, arrogant und versnobt« genug, anzunehmen, dass nicht nur Sie selbst erfahren wollen, was sich zwischen dem »Fall der Drossel« und meinem Verschwinden zugetragen hat.

Wenn Sie diese Aufzeichnungen gelesen haben, werden Sie wissen, warum ich Ihnen die Genehmigung zur Veröffentlichung erteilen durfte – und ahnen, wie es mir jetzt geht. Was Ihre Vermutung betrifft: Ich habe die Geschichten selbst geschrieben – genauer: meine Erlebnisse fixiert und jemand, dessen Namen ich noch nicht preisgeben darf, hat mir dann geholfen, sie in diese Form zu bringen –, auf Anraten, ja auf Anordnung meines Arz-

tes. Er glaubte, ich könne auf diese Weise mit meinen Depressionen fertig werden, und er hat offensichtlich recht. Es hilft zwar nicht, das Geschehene zu vergessen, wohl aber, es zu verarbeiten, was heißt: damit leben zu können.

Dass Sie nach mir suchen ließen, erfuhr ich zu spät, so konnte ich Ihrem Bekannten nicht einmal die Nachricht zuspielen, dass ich und – auf gewisse Weise – auch Napoleon noch leben.

Ich hoffe, Sie haben die Flasche »Old Finch« noch nicht ausgetrunken. Ich bin fest entschlossen, Sie eines Tages zu besuchen. Wann, das steht leider nicht einmal in den Sternen, die ich jetzt so selten sehen kann.

Bitte, geben Sie sofort Nachricht, dass Sie meine Sendung erhalten haben. Der Weg von DRAUSSEN zu uns ist ja viel unkomplizierter als umgekehrt, da wir neuerdings die WORLDNEWS hier empfangen können. Ich höre sie jeden Tag um 11.00 p.m. (Chicagoer Ortszeit). Sie werden es sicher arrangieren können, dass man in den »Gemischten Nachrichten« mitteilt, ein gewisser Timothy Napoleon Truckle habe einen neuen Weltrekord im Tiefflug aufgestellt (die Einzelheiten überlasse ich Ihnen).

Herzlichst
Ihr nicht mehr ganz der alte, doch immer noch treu verbundenerTiny

Die Nachricht habe ich natürlich längst abgesetzt – nicht sofort: Ich brauchte ein paar Tage, bis sich der Chef der WORLDNEWS sprechen und überzeugen ließ.

Und hier ist er nun, der zweite Teil der Geschichten von Timothy und Napoleon.

Ich habe mich wiederum darauf beschränkt, die Storys aus dem Amerikanischen zu übersetzen und sie nur soweit bearbeitet, wie es mir für das Verständnis der Leser, die die Alte Welt nicht aus eigener Anschauung kennen, unbedingt erforderlich schien. Ich hoffe, dass Tiny der Titel dieses Mal seriös genug ist. Und wenn es ihm nicht zusagt – soll er kommen und mich zur Rede stellen. Der »Old Finch« steht noch bereit. Und ein paar Dutzend anderer Flaschen.

Der Samenbankraub

1

Timothy Truckle saß vor dem Spiegel und wartete auf das Wunder, das die Gebrauchsanweisung des Dermacolor-Präparats versprach. Er blickte äußerst skeptisch, und er griff immer wieder zu seinem Glas und nippte an dem Calvados, der ihm nach langem Überlegen dem Anlass angemessen erschienen war; man wird schließlich nicht alle Tage blau, taubenblau, um es zu präzisieren, und mit Haut und – nein, die Haare würde er dann passend zu Haut und Anzug in einem rotbraunen Ton färben.

Es begann unter den Augen. Fünf bange Minuten lang befürchtete Timothy, das Pigment würde sich nur in den Augenringen sammeln und ihm zwei überdimensionale Veilchen bescheren, doch dann strahlte der blaue Ton langsam über das Gesicht, verlief sich gleichmäßig, wuchs auch aus den Achselhöhlen über Brust und Arme, legte sich auf Hände und Beine, fast ohne Schattierungen. Timothy trank seinem Spiegelbild zu.

»Sehr zum Wohl, Bluebottle*!«

Total verrückt, sich die Haut zu färben. Aber das war nun einmal der Dernier cri der Snobiety, und ein Mann vom Image eines Timothy Truckle durfte da nicht abseits stehen, zumal er sich an Oliver DuMont heranpirschen wollte. Und wenn Timothy schon eine Mode mitmachen musste, dann wenigstens als einer der Ersten. Ein Zwerg, so sagte er immer, ist bestenfalls komisch; aber ein eitler, arroganter, versnobter Zwerg, das ist schon wieder eine Attraktion.

Timothy steckte den Frack in den Colorator und ließ ihn nachtblau tönen, dann wählte er lange und sorgfältig, bis er den richtigen Färbekamm gefunden hatte, ein warmes, röt-

---

* Bluebottle = Kornblume, umgangssprachlich so viel wie Saufaus.

liches Umbra, so exakt abgestimmt, dass auch die bedeutendsten Maler der Alten wie der Neuen Welt nichts an seiner Farbzusammenstellung hätten aussetzen können. Er prostete dem blauen Zwerg im Spiegel vergnügt zu.

Timothy ging zum Lift 17 C-1. Er wollte sich unbedingt von Tom zur »Stardust«-Bar hinaufbringen lassen; er musste alle nur möglichen Tricks anwenden, wenn er DuMonts Aufmerksamkeit erregen und an seinen Tisch gebeten werden wollte, und er versprach sich einiges von dem Kontrast, den er mit dem baumlangen, ihn um fast einen Meter überragenden Neger bilden würde.

DuMont war in Schwierigkeiten. Er gab sich zwar ausgelassen und arglos und zeigte sich fast jeden Abend in der Öffentlichkeit, geradezu verdächtig oft für einen arglosen Bigboss, doch Timothy wusste, dass zwei von DuMonts Topmanagern in den letzten Wochen unvermittelt verstorben waren und dass man auf DuMont Mordanschläge verübt hatte. Was lag näher, als dass er sich nicht länger auf seine Privatpolizei verließ und den besten Detektiv der Staaten engagierte? Timothy musste es ihm nur noch beibringen. Er brauchte dringend einen Klienten vom Format DuMonts, vor allem wegen des damit verbundenen Prestiges; es war in den vergangenen Monaten entschieden zu still um den guten Timothy Truckle gewesen, und nichts schadet solch einem Geschäft mehr, als in Vergessenheit zu geraten. Man muss nicht nur erfolgreich, man muss auch »in« sein.

An der Zentralkreuzung wäre Timothy fast mit der Hauswache zusammengestoßen, die ihren Kontrollgang durch die 827. Etage machte. Die beiden Safemen starrten Timothy mit offenem Mund nach, wahrscheinlich hatten sie noch nichts von der brandneuen Mode gehört und überlegten, ob Timothy nicht am Ende eines der kleinen blauen Männchen war, die, wenn man dem Videomagazin SCIENCE glauben wollte, eher früher als später die Erde besetzen würden. Bevor die Safemen sich von ihrem Schreck erholt hatten, ging die Lifttür auf, und Timothy stieg ein. Mit dem Rücken zuerst. Er wollte die Überraschung auf Toms Gesicht genießen. Als Timothy jedoch den Kopf in den Nacken legte und sich langsam umdrehte, blickte er ins Leere. Dafür ertönte eine heiser piepsende Stimme neben seiner Schulter.

»Guten Abend, Mister Truckle.«

Statt eines baumlangen Negers bediente ein Liliputaner den Lift! Der Mann war noch anderthalb Kopf kleiner als Timothy.

»Ich bin Bud, der neue Liftboy«, stellte er sich mit devotem Lächeln vor. »Ich hoffe, Sie werden mit mir zufrieden sein, Mister Truckle.«

»Sie kennen mich?«, fragte Timothy verdattert.

»Wer kennt Sie nicht?«, gab der Liliputaner zurück. »Sie sind einer der berühmtesten Mieter des ›Nebraska‹ und einer der häufigsten und beliebtesten Gäste der ›Stardust‹-Bar, wie man mich instruierte.«

Timothy knurrte wütend. Man hatte ihm also die sorgsam geplante Show gestohlen. Zwei Zwerge, das war der Gipfel des Lächerlichen. Zu spät dachte er daran, umzusteigen, der Lift hielt schon in der 1112. Etage, der Liliputaner riss die Tür auf, und Timothy blieb nichts anderes übrig, als auszusteigen. Hoffentlich sah DuMont nicht gerade herüber!

DuMont war noch gar nicht gekommen. Die Westfront der Dachetage, die er für sich hatte reservieren lassen, war gähnend leer. Timothy ging zum Bartresen. Der Keeper erschrak derart über den taubenblauen Teint, dass Timothy ihn zweimal mahnen musste, den Barhocker hinunter und dann wieder in die Höhe zu fahren.

»Keine Angst, Melvin«, beteuerte Timothy, »ich bin weder krank noch ansteckend, das heißt, ansteckend vielleicht doch! Das ist die Mode von morgen.«

Der Barkeeper schüttelte entsetzt den Kopf. »Müssen Sie alles mitmachen, Tiny?«

»Ich muss, Melvin, ich muss!«

»Ein Mann mit Ihrem Können und Ihrem Ruf?«

Timothy bestellte sich einen kleinen »King George« und musterte die Gäste. Niemand, der ihn interessierte. Und hoffentlich niemand, der sich für ihn interessierte! Wenn er schon auf DuMont warten musste, dann wollte er wenigstens ungestört den Sonnenuntergang genießen. Die tiefstehende und nur noch kraftlos glimmende Scheibe färbte bereits die Gipfel der olivgrünen Wolkendecke apfelsinenrot; die Spitzen der Skyscraper, die als einzige durch die Wolken stachen, schienen zu glühen.

»Was ist mit Tom?«, erkundigte sich Timothy.

»Oh, Tom!« Der Barkeeper machte eine verzweifelte Geste. »Wir bedauern es alle, Tiny. Wirklich, alle! Man hat ihm seine Lizenz nicht mehr verlängert. Es war seit langem schon der einzige Farbige, der nachts in einem weißen Distrikt arbeiten durfte.«

Das nächste Mal werde ich mich schwarz färben, dachte Timothy wütend. Er überlegte. Nein, rein braune und schwarze Tönungen waren nicht auf der Packung verzeichnet gewesen.

»Ihr Whisky, Sir!« Melvin stellte ihm das Glas hin. »Exakt vierundzwanzig Grad.«

Timothy vertiefte sich in das abendliche Farbenspiel vor den Fenstern. Ein Mädchen schwang sich auf den Hocker nebenan. Timothy wollte sie gerade auffordern, sich woandershin zu setzen und ihm die Aussicht nicht zu versperren, da lächelte sie ihm zu. Sie war jung und schön; viel zu schön, um sie wegzujagen, und der Goldton ihrer Haut musste ausgezeichnet zu seinem Teint passen. Sie beide nebeneinander, das würde selbst dem verwöhnten Auge eines DuMont auffallen.

»Mister Truckle, nicht wahr?« Für diesen Augenaufschlag hätte Timothy mehr als einen Sonnenuntergang hergegeben. »Ich muss mit Ihnen sprechen.«

»Sie müssen? Haben Sie etwa Probleme, dass Sie meiner Hilfe bedürfen?«

»Ich nicht. Mein Chef.«

Timothy winkte ab. »Tut mir leid, Miss –«

»Inger«, sagte sie. »Inger Johnston.«

»Ich kann im Moment keinen Klienten annehmen, Inger.« Timothy legte ein wenig Bedauern in seine Stimme.

»Mister Bentley hat mir den Auftrag gegeben, Sie unverzüglich zu ihm zu bringen. Abraham P. Bentley. Koste es, was es wolle. Das dürfen Sie ruhig wörtlich nehmen.« Sie sah Timothy in die Augen. Ihre Mimik ließ keinen Zweifel daran, dass sie nicht nur Geld meinte. »Ich verspreche Ihnen einen der geheimnisvollsten Fälle der Kriminalgeschichte.«

Abraham P. Bentley besaß mindestens so viel Macht und Einfluss wie DuMont, doch als Klient war der Chef der ALL-AMERICAN FOOD & BIO-ENGINEERING nicht halb so viel wert: Bentley war berüchtigt für seine Publicity-Feindlichkeit.

»Ich habe alle Vollmachten und jede Rückendeckung«, beteuerte Inger. »Notfalls soll ich Sie kidnappen. Hauptsache, ich schleppe Sie an.«

»Geben Sie sich keine Mühe«, sagte Timothy. »Aber ich lade Sie gerne zu einem Glas ein. Ich finde, Ihr Teint passt hervorragend zu meinem Blau. Ich wusste gar nicht, dass man solch ein Goldbraun mit Dermacolor –«

»Dermacolor?« Inger lachte schallend. »So 'nen Quatsch habe ich nicht nötig. Das ist Sonnenbräune.«

»Sonnenbräune?« Timothy starrte sie ungläubig an. »Wo auf diesem Planeten gibt es noch genügend Sonne für solch eine Farbe?«

»Bei uns in Seabridge«, erwiderte sie. »Seabridge in Kalifornien. Direkt am Pazifik. Jeden Morgen und jeden Abend reißt die Thermik die Wolken für ein paar Stunden auf. Überzeugen Sie sich selbst, Tiny. Sie sind herzlich eingeladen.«

»Wer weiß, wohin Sie mich wirklich schleppen. Ich liebe zwar Märchen, doch ich falle nicht auf sie herein. Die ganze Küste ist Sperrgebiet.«

»Nicht für Mister Bentley.«

»Wollen Sie etwa behaupten, dass Bentley wirklich direkt am Meer –?«,

»Mit den Füßen im Wasser, sozusagen: Bentley-Cottage ragt zur Hälfte über den Strand hinaus. Man kann direkt vom Fenster aus angeln.« Sie öffnete den Reißverschluss ihrer bronzefarbenen Kombination. Nicht nur, um ihre bemerkenswerten Brüste zu zeigen, sie holte ein Foto hervor, auf dem sie an der Brüstung einer tatsächlich auf das Meer hinausragenden Villa zu sehen war. »Ich wusste, Sie würden Worten allein nicht glauben.«

Timothy besah sich das Foto sorgfältig. Sicher, es konnte auch eine geschickte Fälschung sein, andererseits war es nicht ausgeschlossen, dass es in dieser verrückten Welt noch immer Dinge gab, von denen er nicht einmal eine Ahnung hatte. Er gab das Foto zurück und winkte dem Barkeeper, er solle seinen Hocker hinunterfahren.

»Okay, Sie haben mich überzeugt, Inger. Aber zuerst gehen wir noch mal zu mir.«

»Ich hatte es Ihnen versprochen«, sagte sie. Mit einem Lächeln, dass Timothy Gänsehaut bekam.

»Sie verstehen mich falsch«, entgegnete er. »Ich will mich nur entfärben und umziehen.«

»Gefalle ich Ihnen nicht?« Ihre Enttäuschung klang echt.

»Viel zu sehr. Es würde mir das Herz zerreißen, mit Ihnen im Bett zu liegen und daran denken zu müssen, dass Sie es nur Ihrem Chef zuliebe tun.«

»Sind Sie ganz sicher, Tiny?« Inger blickte aus großen, dunklen Augen zu ihm herab. Sie war gut zwei Kopf größer als Timothy.

»Vielleicht liebe ich kleine Männer?«

»Auch blaue Zwerge?«

»Die ganz besonders.«

»Sie sind scharf auf Absurditäten, was?«

Timothy legte den Arm um sie, er erreichte gerade die Taille, ohne sich zu verrenken. »Kommen Sie, Kleines, bieten wir der Welt wenigstens ein amüsantes Schauspiel.«

2.

Kurz vor Timothys Appartement trafen sie wieder auf die Streife, und wenn es möglich gewesen wäre, hätten die beiden Safemen ihre Mäuler jetzt noch weiter aufgerissen, als sie Timothy mit der goldbraunen, langbeinigen Inger an der Hand erblickten. Sie zogen ihre Rayvolver und brüllten: »Hände hoch!«

Für Inger schien es das erste Mal zu sein, dass man eine Strahlenwaffe auf sie richtete; sie zitterte am ganzen Körper und streckte mit angstverzerrtem Gesicht die Hände in die Höhe. Als Timothy in die Tasche seines Fracks greifen wollte, zielte einer der Safemen auf seine Stirn.

»Keine Bewegung, Männeken, oder ich verdampfe Ihren verdammten Blaumeisenschädel!«

»Okay, okay«, sagte Timothy sanft. »Ich wollte Ihnen nur mein Identicat zeigen. Vielleicht bedienen Sie sich selbst?«

Der Safeman studierte die Folie aufmerksam, dann ging er, den Rayvolver immer auf Timothy gerichtet, zum nächsten Hausanschluss und steckte den Ausweis in den Schlitz des Communicators. Sekunden später lief die Bestätigung über den Monitor. Der Safeman entschuldigte sich wortreich. Timothy verzieh gnädig, ja, er sprach den beiden sogar ein Lob für ihre Wachsamkeit aus. Er öffnete Inger die Wohnungstür, dann trat er noch einmal zu den beiden Männern.

»Ganz im Vertrauen«, flüsterte er ihnen zu und tippte mit dem Finger an seine blaue Wange, »es ist nicht gerade billig, aber es wirkt ungeheuer auf Frauen. Sollten Sie auch mal versuchen: Dermacolor.«

»Machen wir!«, riefen die beiden wie aus einem Mund, und Timothy war sicher, dass das nicht nur so dahingesagt war. Ingers Anblick hätte auch weniger einfältige Gemüter überzeugt.

Sie wartete auf dem kleinen Flur und tat, als sei sie nicht im Geringsten neugierig, doch an der Art, wie sie nahezu unauffällig aus den Augenwinkeln beobachtete, erkannte Timothy, dass sie eine erstklassige Detektiv-Ausbildung besitzen musste. Er führte Inger in sein Wohnzimmer, ließ den Servicewagen heranrollen, wies einladend auf die Batterie Flaschen, die jeder First-Class-Bar Ehre gemacht hätte, und bat sie, sich selbst zu bedienen, er wolle gleich darangehen, seine blaue Haut wieder loszuwerden.

»Es wird eine Weile dauern«, sagte er, »außerdem muss ich mich auch noch bei meinen Freunden und zwei Klienten abmelden. Man ist es nicht gewohnt, dass ich das ›Nebraska‹ für länger verlasse.«

»Ich weiß«, sagte sie. »Ich weiß, dass Sie das Haus so gut wie nie verlassen, und ich betrachte es als meinen persönlichen Erfolg, dass ich Sie dazu überredet habe.« Sie lächelte vergnügt. »Ich weiß eine Menge über Sie, Tiny. Auch dass Sie ein bedeutender Gourmet und ein exzellenter Koch sind. Wenn ich einen Wunsch äußern darf: Ich würde zu gerne einmal den Kaffee à la Napoleon probieren, den Sie kreiert haben sollen. Ich nehme an, er wird mit Kognak zubereitet?«

»Ein naheliegender Irrtum«, sagte Timothy. »Ich habe dieses Rezept jedoch nicht nach dem ollen französischen Kaiser benannt, sondern meinem Computer zu Ehren. Es wird mir ein Vergnügen sein, Ihnen einen Kaffee Napoleon zuzubereiten. Vielleicht sehen Sie inzwischen ein wenig Videomat?«

»Etwas Musik und ein Buch wären mir lieber.«

»Ein Buch? Was denken Sie von mir!« Timothy blickte sie entsetzt an. Er hoffte zumindest, dass er entsetzt aussah. Vielleicht kam sie gar nicht von Bentley, sondern war von der NSA* auf ihn angesetzt worden?

»Ich dachte, ein Mann wie Sie könne sich Bücher leisten«, antwortete Inger unbefangen. »Ich lese für mein Leben gern Romane.«

»Ein lebensgefährliches Laster«, meinte Timothy.

»Sie werden mich nicht anzeigen, oder? Und wenn Sie ein Buch haben, geben Sie es mir getrost, ich kann schweigen wie ein Indianergrab.«

»Nun ja«, gab Timothy zu, »ich besitze, wenn auch ohne Lizenz, so doch mit stillschweigender Duldung der Behörden, eine kleine Sammlung Kochbücher. Wenn Sie sich eines von denen ansehen wollen?«

»Auf jeden Fall besser, als mich von der Glotze anöden zu lassen!«

Timothy überlegte kurz, welche Musik zu Inger und zu Kochbüchern passen könnte, dann legte er einen Kristall mit Harfenmusik aus dem 18. Jahrhundert auf und brachte ihr einen Stapel Kochbücher, nicht seine Kostbarkeiten, versteht sich, und schon gar nicht die beiden Neuerscheinungen über afrikanische Kochkunst, die erst vor sechs Jahren

---

* NSA = National Security Agency, die allmächtige Geheimpolizei der USA.

DRAUSSEN erschienen waren, aber Inger stürzte sich auf die simplen Bände aus dem vorigen Jahrhundert wie ein Verdurstender auf einen Becher Wasser und war im Nu so vertieft, dass sie nicht einmal wahrzunehmen schien, wie Timothy mit ein paar Handgriffen alle Schränke des Zimmers versiegelte und dann, während er über ihre Schulter griff und ein Hochglanzfoto mit Wildspeisen aufblätterte, ihre Handtasche öffnete und das Identicat herausfingerte.

Er ging in die Küche, öffnete zwei Dosen und setzte Wasser auf, dann schluckte er das Anticolorpräparat, packte im Schlafzimmer ein paar Sachen in eine Reisetasche, instruierte den Communicator für den Fall irgendwelcher Anrufe oder Besuche und meldete sich bei Joe Trevers und Smiley Hepburn ab. Keiner von beiden war zu Hause. Timothy hinterließ, dass er zu Bentley gerufen worden sei und gab Ingers Identicat-Daten an; Smiley bekam auch die Information, dass Bentley sich angeblich in Seabridge aufhielt und dass Smiley Timothy suchen solle, wenn er sich nicht in spätestens drei Tagen wieder gemeldet habe. Jetzt erst setzte Timothy sich vor Napoleons stählernen Bauch. Da er nicht sicher war, dass Inger sich tatsächlich von der Lektüre der Kochrezepte fesseln ließ, schaltete er den Snarr ab; er machte sich sogar die Mühe, nicht mit Napoleon zu sprechen, sondern den Scriptor zu benutzen.

Napoleon reagierte, wie zu erwarten, verwundert. Er nahm Timothys Instruktionen zwar ohne Einwände und Zwischenfragen entgegen, doch dann schickte er einen langen Text auf den Monitor:

+ + 1.1. darf ich meine verwunderung ausdrücken? + 1. 2. sie hatten geschworen, das nebraska nie mehr ohne not zu verlassen + dies erscheint mir kein notfall + 1. 3. oder doch? dann erbitte ich nähere angaben + + 2. 1. unser konto ist in einem miserablen zustand + 2. 2. sie erwähnten nichts von einer vorauszahlung oder garantiesumme + 2. 3. soll ich ihnen eine aufstellung der in den nächsten tagen anfallenden fälligkeiten geben? + + 3. 1. die instruktionen, die sie mir für notfälle gaben, sind äußerst unzureichend + 3. 2. haben sie nicht wenigstens eine frequenz, auf der sie jederzeit bei mister bentley zu erreichen sind? + 3. 3. noch wichtiger: wollen wir nicht ein system vereinbaren, durch das ich sie aufspüren kann, falls sich seabridge, wie zu vermuten, als irreführung erweist? + + 4. 1. wollen sie nicht wenigstens ein paar der notfrequenzen mitnehmen, unter denen der große bruder zu erreichen ist? + + n. + + +

Timothy überlegte kurz, bevor er Napoleon antwortete.

+ + zu 1. 1.: nein + zu 1. 2. und 1. 3.: kein kommentar +

zu 2. 1. und 2. 3.: das weiß ich selbst + aber danke für den hinweis zu 2. 2.; ich erledige das sofort + ebenso 3.2. +

zu 3. 3.: nein + zu 4. 1.: ja, für sieben Tage, jeweils 6.00 a. m. und 11.00 p. m. chicago-zeit + + t. + + +

Napoleon spuckte eine kleine Folie mit den Frequenzen aus, unter denen Timothy den Großen Bruder im Notfall erreichen konnte. Timothy verschwand mit dem Streifen im Bad. Er nahm ein Fläschchen, das angeblich »Haartinktur-Superglanz« enthielt, und tätowierte sich die Chiffren in die linke Armbeuge, kurz darauf waren sie unsichtbar. Timothy holte sich noch einen Flakon »Perlmutt-Nagellack de Luxe« aus dem Wandschrank und steckte ihn in sein Reisegepäck. Dann ging er in die Küche und bereitete den Kaffee.

Inger schien ihren Sessel in der Zwischenzeit nicht verlassen zu haben, sie las mit roten Wangen, wie man ungarische Fischsuppe kocht. Sie blickte erst auf, als Timothy ihr die Tasse unter die Nase hielt.

»Ach, Tiny«, seufzte sie, »am liebsten würde ich ein paar Tage bei Ihnen bleiben und mir die schönsten Rezepte heraussuchen.«

»Sagen Sie mir, was Sie besonders interessiert, und ich werde es Ihnen doppeln«, versprach Timothy. »Natürlich nur, wenn Sie mich nicht verärgern.«

»Da brauchen Sie keine Angst zu haben«, erwiderte sie. »Ich werde Ihnen jeden Wunsch von den Augen ablesen. Ich koche nämlich selbst gerne, wenn ich einmal Gelegenheit dazu finde.«

»Ich hoffe doch, Mister Bentley isst nicht aus Restaumaten!« Timothys Gesicht verriet äußersten Abscheu.

»Das nicht. Aber bei uns kocht Jennifer, und die lässt niemanden in die Küche.«

Inger nahm einen kleinen Schluck Kaffee. Sie lehnte sich zurück, schloss die Augen und verkostete ihn wie einen alten Wein, dann nickte sie Timothy anerkennend zu. »Verraten Sie mir das Rezept?«

»Ich schreibe es Ihnen auf. Das Wichtigste ist das Wasser, ich nehme nur ›Arktis-Frühschmelze‹. Und dann die Bohnen, natürlich. Im Vertrauen, es ist abessinischer Hochlandkaffee.« Sie glaubte ihm offensichtlich kein Wort, aber war das ein Wunder? Dass er Naturalkaffee nahm, gut, aber welcher von DRAUSSEN?

»Einer meiner Klienten hat mich auf die Kundenliste von BRIAND setzen lassen«, erklärte Timothy, »die haben sogar garantiert echten Tee aller Provenienzen: aus China, Ceylon, Indien, Grusinien –«

»Hören Sie auf!«, unterbrach sie ihn lachend. »Glauben Sie, ich falle auf Märchen herein?«

»Mister Bentley macht sich wohl nichts aus Tee und Kaffee?«, erkundigte sich Timothy.

»Nein, er hat eine Allergie gegen Koffein.«

»Das erklärt alles«, sagte Timothy. »Gut, dass wir darüber gesprochen haben, ich werde mein Gepäck entsprechend ergänzen. Und Sie«, Timothy verneigte sich förmlich, »sind hiermit zu einem Tee-Happening eingeladen, sobald ich das Problem Ihres Chefs gelöst habe. Apropos Chef: Napoleon machte mich darauf aufmerksam, dass ich mir noch keine Vorauszahlung geben ließ. Und keine Frequenz, unter der ich in Seabridge zu erreichen sein werde.«

Inger griff nach ihrem Täschchen. »Darf ich Sie daran erinnern, mir bei Gelegenheit mein Identicat wiederzugeben?«, sagte sie beiläufig. Timothy gab es ihr. Mit roten Ohren. Inger steckte die Folie kommentarlos ein, dann gab sie ihm die Frequenz und einen von Bentley unterzeichneten Blankoscheck. »Sie sollen selbst die Summe einsetzen.«

»Sehr nobel«, sagte Timothy. »Ich werde vorerst nur mein Basishonorar berechnen. Wie viele Tage, denken Sie, werden wir für die Reise brauchen?«

»Für die Reise selbst etwa acht Stunden.«

»Also vier Tage vorerst. Ich muss Sie noch eine Weile allein lassen, Inger; bitte beunruhigen Sie sich nicht, wenn

Sie mich nicht finden; ich ziehe mich in mein Mausoleum zurück.«

»Ach ja!« Inger blickte ihn ehrfurchtsvoll an. »Sie haben ja eine Lizenz für einen abhörsicheren Raum.«

»Sonst käme wohl kaum einer der Bigbosse mit seinen Problemen zu mir«, sagte Timothy. »Niemand würde mir Einblick in seine Intimsphäre oder, was zumeist als noch peinlicher empfunden wird, in seine Geschäftssphäre geben, wenn er nicht absolut sicher sein könnte, dass niemand, nicht einmal die NSA, mithören kann.«

Inger nahm die Tasse wie einen Sektkelch und trank ihm zu. »Ich glaube, Sie sind wirklich der Größte!«

»Ich bin es«, sagte Timothy würdevoll und ging hinaus.

»Darf ich mitkommen?« rief Inger ihm nach.

»Es würde Sie doch nur langweilen.«

Inger hätte sich gewiss nicht gelangweilt, wenn sie Timothy jetzt beobachtet hätte. Er setzte sich vor das kleine Handwaschbecken im Mausoleum, schraubte den Wasserhahn ab, zog eine dünne Glasfaserlitze aus dem Rohr, klappte das Ende auseinander, holte zwei Kapseln aus dem Hahn, stöpselte sie auf die beiden Litzenenden und steckte die eine Kapsel ins Ohr, die andere in den Mundwinkel. Dann drehte er an einer Schraube der Warmwasserleitung und setzte so den Schwingquarz in Betrieb. Er musste fünf Minuten warten, bis sich der Große Bruder meldete. Mit dem blechernen Klang, den Timothy jetzt, da er wusste, wer sich hinter der verzerrten Stimme verbarg, noch weniger ausstehen konnte.

»Hallo, Großer Bruder«, begrüßte er seinen Gesprächspartner. Sie hatten sich geeinigt, dass sie bei dieser Anrede bleiben wollten. Timothy erklärte Anne, was er vorhatte. Es dauerte länger als die übliche Verzögerung der Quaserübertragung, bis sie antwortete. Natürlich war sie nicht begeistert, dass er Chicago verlassen wollte, andererseits konnte die Reise nicht nur für Timothys offiziellen Job als Detektiv der Upperclass von Nutzen sein – Bentley zählte immerhin zu den zwölf Dutzend der wirklich mächtigen Männer der Staaten –, sondern auch für seine Kundschaftertätigkeit für den UNDERGROUND, vor allem, wenn er über Bentley tatsächlich ans Meer kommen konnte. Auch Anne hatte noch nichts davon gehört, dass es Sondergenehmigungen für die Küste gab.

Sie ließ sich Ingers Identicat-Daten überspielen. Es dauerte eine Weile, bis sie sich wieder meldete.

»Bentley hat eine Inger Johnston in seinem privaten Stab«, bestätigte sie, »und die Daten stimmen. Hoffentlich ist der Ausweis echt.«

»Für die Chance, einen bezahlten Urlaub in guter Luft zu machen, muss man halt ein Risiko eingehen«, sagte Timothy, »wo immer Bentley sich aufhalten mag, die Luft dort wird exquisit sein.«

»Also gut«, sagte Anne, »fahr schon. Aber – pass auf dich auf, Tiny!«

Trotz des blechernen Quaserklangs schien es Timothy, als ob nicht nur Besorgnis in ihrer Stimme lag, sondern sogar Zärtlichkeit. Alter Idiot, dachte er, was du dir nur wieder einbildest!

»Notfalls verstecke ich mich hinter Inger«, sagte er, »lang genug ist sie ja.«

»Das dürfte ziemlich komisch aussehen«, meinte Anne, »und soweit ich mich erinnere, kannst du es auf den Tod nicht ausstehen, wenn man über dich lacht.«

»Ach, weißt du«, seufzte Timothy, »lieber komisch als tot.«

3.

Der Flug an die Westküste war enttäuschend. Timothy hatte damit gerechnet, dass sie mit einer von Bentleys Maschinen fliegen würden und dass der Chef der ALLAMERICAN die teueren und etwas langsameren, dafür aber wesentlich komfortableren Sight-Jets benutzte. Er hatte sich darauf gefreut, über dem nächtlichen, mondbeschienenen Wattemeer der Wolken zu fliegen, sich vom Sonnenaufgang einholen zu lassen und dann mit der Sonne am Meer zu erscheinen, ja, insgeheim hatte er sogar gehofft, er könne Inger dazu überreden, ab und zu, und sei es nur für ein paar Minuten, unter die Wolkendecke zu tauchen und einen Blick aus dem Himmel auf »God's Own Country« zu werfen, vielleicht sogar auf die nicht nur von Gott verlassenen Muddies[*] von Illinois und Nebraska, auf die geheimnisumwitterte Rayhara[4][**] oder gar auf die Deathline, den Todesstreifen, der sich fünfzig Kilometer vor der Grenze rund um das Land zog und mit seinen Spürsystemen, Peilminen und Strahlenwerfern als unüberwindlich galt und die Staaten auch ohne die ISOLATION in ein großes Gefängnis verwandelte; ganz sicher aber hatte er damit gerechnet, die Rocky Mountains zu sehen, die in dieser Jahreszeit weit über die Wolkenschicht ragten und einen umwerfenden Anblick bieten sollten. Smiley Hepburn hatte vor Jahren einmal Gelegenheit gehabt, das zu sehen, und er schwärmte noch heute davon, wie die Gipfel, auf denen sich in den Jahrzehnten die unterschiedlichsten Smogschichten abgelagert und den Fels mit metallischen und plastischen Häuten überzogen hatten, im Schein der Sonne in allen Regenbogenfarben changierten. Timothy war in seiner Studentenzeit einmal in den Rocky Mountains gewesen, doch von unten, im Schatten der dichten Wolkenfelder, sahen die Berge nur finster und bedrohlich aus.

Timothy bekam nichts zu sehen. Inger verfrachtete ihn mit einem Aerotaxi zu einem Flugplatz der US-Air Force, und da steckte man sie in eine zwar komfortable, doch fensterlose Maschine, die offensichtlich zur Einsatzflotte des Generalstabs gehörte. Nur die automatische Anzeige an der Stirnwand verriet, wo sie sich gerade befanden.

Inger fragte, ob sie Timothy etwas zu essen oder zu trinken besorgen solle und ob er ihr gestatten würde, ein paar Stunden zu schlafen. Timothy gestattete es ihr. Und sich einen kalifornischen Riesling. Ein leichter Weißwein schien ihm das Richtige für diese Stunde; er wollte unbedingt ei-

---

* Muddy = Müllwüste

** Rayhara: Wortbildung aus »Ray« (Strahlen) und Sahara, Bezeichnung für die durch Kernwaffenexplosionen um die Jahrhundertwende strahlenverseuchte Wüste von Nevada.

nen glasklaren Kopf behalten und sich jede Einzelheit einprägen.

Sie landeten auf einem kaum beleuchteten Flugfeld in der Nähe von Winnemucca, stiegen in einen achtsitzigen Jetstreamer um, der ebenso hermetisch verschlossen war, und mussten später noch irgendwo in einen Helikopter klettern; der hatte zwar Fenster, doch draußen war es so dunkel, dass Timothy nichts erkennen konnte, selbst als er alle Lampen der Kabine löschte. Kein Licht verriet, dass unter ihnen auch nur eine Menschenseele wohnte. Der Helikopter landete auf einem Betonquadrat und versank sofort in einen unterirdischen Hangar. Inger brachte Timothy über spärlich beleuchtete Treppen und Flure in ein geräumiges Zimmer. Sie erkundigte sich müde, ob er noch Wünsche habe, sonst würde sie sich zurückziehen und ihn ausschlafen lassen. Bentley sei ein Langschläfer, der sich selten vor Mittag blicken ließ. Timothy schickte sie ins Bett, er konnte es kaum erwarten, dass sie verschwand. Er ließ die schweren Vorhänge aufgleiten und entdeckte, dass es hier noch richtige alte Fenster zum Öffnen gab, mit Handriegeln. Er machte ein Fenster auf und lehnte sich hinaus. Tatsächlich – das Meer!

Keine Sinnestäuschung, kein Video; er konnte es hören, riechen und sehen.

Sein Zimmer lag in dem Teil des Hauses, der auf das Meer hinausragte, irgendwo unter ihm schlug das Wasser mit ächzendem Klatschen und Schmatzen an Land, gurgelte, krängelte, platschte, und in dem Lichtschein, der aus seinem Fenster fiel, sah Timothy, wie der Gischt langer, flacher Wellen aus dem Dunkel auftauchte und auf das Haus zuwallte, drei, dann vier Kämme, dann wieder drei, wie seit Ewigkeiten; eine leichte Brise wehte ihm einen unbekannten herben Duft ins Gesicht; das musste der Geruch von Meer und Algen und Tang sein, von dem Grandma so oft gesprochen hatte. Timothys Großvater war eine Zeitlang als Kapitän eines Erztransporters zur See gefahren, als die Staaten noch eine Flotte besaßen, und Absolom Truckle hatte seine junge Frau ein paar Mal mit auf die Reise genommen, einmal sogar nach Südafrika.

Timothy starrte auf das Meer hinaus, sog den würzigen Duft ein, Erinnerungen schwemmten aus den Tiefen seines Gedächtnisses nach oben, Fetzen von Abenteuererzählungen und Märchen und Seemannsgarn. Timothy fühlte sich unbeschreiblich glücklich. Allein diese Minuten hatten die Reise gelohnt. Am liebsten wäre er aus dem Haus gestürzt und an den Strand gelaufen, ins Wasser gesprungen und hinausgeschwommen, doch er kämpfte seine irrationalen Gelüste nieder.

Aber vielleicht konnte man das Meer nicht nur sehen und riechen und hören, sondern sogar in ihm baden? Wenn es nicht stimmte, dass mit Ausnahme der Coast-Guard, die spezielle Schutzanzüge trug, kein Mensch mehr die Küste betreten durfte, dann stimmte es vielleicht auch nicht, dass das Meer verseucht war. Würde Bentley den größten Teil des Jahres an einem lebensgefährlichen Ort verbringen? Timothy hatte nie geglaubt, dass die von DRAUSSEN schuld daran seien, doch jetzt bezweifelte er, dass das Küstengebiet überhaupt verseucht war. Am Ende war das nur ein gigantischer und in seiner Perfektion schon genialer offizieller Schwindel, um die Staatler vom Meer und damit vor der Massenflucht abzuhalten? Vielleicht gab es nicht einmal mehr die ISOLATION?

Er konnte nicht einschlafen. Er schluckte schließlich eine Rosaperle, und als er aufwachte, schien die Sonne durch das Fenster, tatsächlich: Sonne! Timothy sprang aus dem Bett.

Das Meer lag fast unbewegt, graugrün, es wogte und glitzerte träge. Ein paar Dutzend Meter vor dem Haus blitzte etwas auf, verschwand, tauchte wieder auf, jetzt näher, Timothy erkannte eine silberne Kopfmaske und darunter den nackten Körper einer jungen Frau. Man konnte baden!

Die Zimmertür war fest verschlossen. Timothy drückte den Communicator. Ingers Bild erschien auf dem Monitor.

»Guten Morgen, Tiny«, begrüßte sie ihn. »Haben Sie gut geschlafen? Haben Sie geträumt, vielleicht von mir? Sie wissen doch, der erste Traum in einem neuen Bett geht in Erfüllung.« Sie lächelte spöttisch. »Ich hätte Sie ohnehin bald wecken lassen. Mister Bentley will Sie um elf Uhr sprechen.« Sie entschuldigte sich mit dringender Arbeit. Audrey würde ihn betreuen.

Audrey hätte Ingers jüngere Schwester sein können. Sie führte Timothy in das Frühstückszimmer und leistete ihm Gesellschaft, doch Aufmerksamkeit und ihr Anblick waren alles, was sie zu bieten hatte; sie war nicht bereit, auch nur die simpelsten Fragen zu beantworten. Timothy möge bitte verstehen, aber sie habe keine Instruktionen, wie weit sie gehen dürfe, da schweige sie lieber. Timothy blickte auf die Uhr; noch eine halbe Stunde.

»Vielleicht fragen Sie mal, ob Sie einen Spaziergang mit mir machen dürfen, Audrey? Ich möchte zu gerne ans Wasser, wenn Sie das verstehen.«

Ja, das verstand sie. Doch leider … Sie blickte Timothy in die Augen. Vielleicht hätte er Lust, die halbe Stunde auf nicht weniger vergnügliche Weise mit ihr zu verbringen? Das muss am Klima liegen, dachte Timothy verwirrt.

Jetzt müsse er um Verständnis bitten, sagte Timothy, er wolle sich für das Gespräch mit ihrem Chef fit halten. Vielleicht aber könnten sie in die Küche gehen? Er würde sich gerne einen Kaffee brühen. Audrey fragte erst Inger um Erlaubnis, und als die ihr Okay gab, rief sie in der Küche an. Jennifer war ebenso jung und schön wie Inger und Audrey, und sie sagte mit einem so einladenden Lächeln, dass es ihr eine Ehre sein würde, wenn Timothy sie in ihrer bescheidenen Küche besuche, dass er sich nicht gewundert hätte, wenn auch Bentleys Küchenfee ihn zu einem Schäferstündchen hätte verführen wollen. Seine Neugier auf den Dienstherrn dieses ausgesuchten Personals wuchs. Er bedauerte einmal mehr, dass er so wenig über Abraham P. Bentley wusste. Der alte Fuchs hatte sich gründlich eingenebelt. Selbst der Große Bruder hatte in der kurzen Zeit weder ein Foto noch Bentleys Geburtsdatum auftreiben können.

4.

Bentley empfing Timothy auf der Terrasse. Die Szene erinnerte Timothy sofort an den Besuch Philip Marlowes bei General Sternwood*. Bentley lag in Decken gewickelt in seinem Sessel. Vier Infrarotscheinwerfer ersetzten die inzwischen wolkenverhangene Sonne. Er sah wie eine Mumie aus, zumal sein Schädel mit weißen Tüchern bandagiert war. Kein Wunder, dass er so vertrocknet ist, dachte Timothy. Er versuchte, Bentleys Alter zu schätzen, neunzig – oder gar hundert? Bentley übersah Timothys ausgestreckte Hand und wies auf den Sessel unter dem Sonnenschirm.

»Machen Sie es sich bequem, Mister Truckle. Von mir aus dürfen Sie auch in Badehosen dasitzen. Hauptsache, Sie sind da und bereit, mir zu helfen.«

Timothy zog Jackett und Schuhe aus. Audrey fuhr einen Servicewagen an seinen Sessel, dann ließ sie sie allein. Timothy tat Eiswürfel in ein Glas, goss Orangensaft und einen kleinen Schuss Wodka ein, blickte Bentley fragend an, der winkte ab.

»Alkohol bekommt mir nicht mehr. Übrigens, Sie hätten sich weder Kaffee noch Tee mitbringen müssen, beides ist selbstverständlich im Haus. Ich hatte keine Ahnung, dass Jennifer die Bunnies** so kurz hält. Ja –«, Bentley sah Timothy aus müden Augen an, seine Lider waren rot entzündet, »nun verstehen Sie gewiss, warum ich den Trubel der Welt verabscheue. Die einzigen Genüsse, die mir geblieben sind, sind Musik, Macht und ein paar schöne Anblicke. Ich bin, weiß Gott, keiner. Wie alt schätzen Sie mich?«

Timothy überlegte, was er antworten sollte. Bentley schien wohl stolz auf sein Alter zu sein. »Knapp zweihundert?«

»Schmeichler!« Seinem Lächeln nach fühlte sich Bentley wirklich geschmeichelt. »Aber die Hundertfünfzig habe ich

---

* Philip Marlowe: Detektiv, Hauptfigur in dem Roman »Der tiefe Schlaf« von Raymond Chandler, einem amerikanischen Autor des 20. Jahrhunderts.

** Bunny: Häschen, Spitzname, der im vorigen Jahrhundert für vornehme Amüsiermädchen aufkam.

bald erreicht. Doch genug der Vorrede. Ich werde mit Ihnen nur das Problem besprechen, die Einzelheiten soll Inger Ihnen erklären.«

»Inger Johnston?«, fragte Timothy.

»Meine Sicherheitsbeauftragte. Die beste ihrer Art, alles in allem. Hochintelligent und äußerst zuverlässig.«

»Vielleicht ein wenig schreckhaft«, wandte Timothy ein.

»Sie meinen den Hold up auf Ihrem Korridor?« Bentley nickte. »Ja, das ist ihre schwache Stelle. Sie hat vor ein paar Jahren mit ansehen müssen, wie Gangster ihre Eltern zerstrahlten. Doch im Ernstfall würde sie auch vor einem Rayvolver nicht versagen. Sie ist nicht der Typ des Versagers.«

»Eine Menge sehr guter Menschen sind Versager«, erwiderte Timothy, »weil ihre speziellen Gaben nicht in ihre Zeit und ihre Umwelt passen. Ich nehme an, auf lange Sicht gesehen sind wir alle Versager, oder wir hätten nicht die Sorte Welt, die wir haben.«

Bentley sah überrascht auf. Einen Augenblick befürchtete Timothy, sich mit dem Zitat verraten zu haben, doch dann beruhigte er sich; Bentley würde kaum jemals Chandler gelesen haben.

»Was ist Ihr Problem?«, erkundigte er sich.

»Mein Samen ist gestohlen worden.«

Timothy war derart überrascht, dass ein Pfiff seinen Lippen entwich. Bentley tat, als habe er es nicht bemerkt.

»Ich habe ihn schon vor vielen, vor sehr vielen Jahren deponiert, damals, als es so aussah, als könne jeden Tag ein Kernwaffenkrieg ausbrechen. Ich bekam zusammen mit ein paar hundert anderen die Chance, meinen Samen atomkriegssicher aufzubewahren. Als Ausgangsmaterial für eine neue Menschenrasse nach dem Krieg, wie man dachte. Ich sah darin mehr die Chance, so wenigstens in meinen Nachkommen zu überleben. Nun ist der Samen gestohlen worden, und Sie sollen ihn wiederfinden.«

Jetzt goss Timothy sich einen doppelten Whisky ein, einen 28er »Morning Star«, und nahm einen langen Schluck.

»Vielleicht ist er längst vernichtet«, meinte er dann.

»Das zuverlässig zu wissen würde mir schon genügen.

Obwohl –« Bentley schloss die Augen, es dauerte lange, bis er sie wieder öffnete.

»Halten Sie mich nicht für verrückt oder für so eitel, dass ich in meinem biblischen Alter noch einmal Vater werden will. Ich bin längst Ururgroßvater und kann meine Sippe kaum noch überblicken, und ich hätte eh keinen Spaß daran – aber ich will nicht, dass irgendjemand mit meinem Samen herumhantiert.«

»Sie haben sicher Überlegungen angestellt, wer ihn gestohlen haben könnte und warum?«

»Es gibt viele denkbare Motive«, sagte Bentley, »das Naheliegendste: meine Söhne wollen verhindern, dass ich noch Kinder in die Welt setze und dadurch ihr Erbteil schmälere. Ebensogut könnte es ein Fremder sein, der mit meinem Samen einen illegitimen, nichtsdestotrotz jedoch echten Nachkommen zeugen und dann über die Mutter dieses Wechselbalges einen Teil des Bentley-Vermögens kassieren will, sobald ich das Zeitliche segne. Es könnte auch Judy gewesen sein, meine Urenkelin.« Bentley sprach den Namen nicht ohne Zärtlichkeit und Bewunderung aus. »Sie ist intelligent, habgierig und skrupellos genug. Wenn sie sich auf diese Weise ein Kind von mir machen lässt, rückt sie an die Spitze der Pyramide. Ihr Kind wäre dann im gleichen Rang erbberechtigt wie meine Söhne, und sie selbst, als Quasi-Stiefmutter ihres eigenen Großvaters und ihrer beiden Großonkel, wäre dann Nummer eins. Da ich weiß, wozu ich selbst in solch einer Situation fähig wäre – wie heißt es doch: Misstraue deinem Nächsten wie dir selbst!« Bentley seufzte.

»Vielleicht aber hat jemand die Absicht, die Bentley-Familie zu erpressen. Der Samen reicht aus, um ein paar hundert Erben zu produzieren. Würden meine Söhne nicht horrende Summen zahlen, um das zu verhindern? Vielleicht will mich auch einer meiner Konkurrenten mit meinem eigenen Sperma unter Druck setzen und für die Rückgabe irgendwelche Zugeständnisse fordern, wer weiß? Die schlimmste Variante: ein Racheakt. Mich im Ungewissen zu lassen ist schon scheußlich genug, geradezu abscheulich jedoch ist der Gedanke, jemand könne meinen Samen einem dieser Neo-Rohlederianer* zuspielen, damit der daraus Bastarde züchtet.«

Bentley gebot Timothy mit einer Handbewegung zu schweigen.

»Ich weiß, was Sie sagen wollen; dass wir die Konventionen über die neuen Menschenrechte und die Konvention über das Verbot genetischer Manipulationen am Menschen unterzeichnet haben. Aber ich weiß auch, und das besser als Sie, Mister Truckle, dass es geheime Labors gibt, in denen versucht wird, Hybride aus Mensch- und Tierzellen zu schaffen oder wenigstens menschliche Chromosomen auf Tierzellen zu transplantieren. Die Gen-Chirurgie ist längst soweit fortgeschritten, und die Versuchung ist einfach zu groß. Stellen Sie sich vor, es gelänge, Affen mit menschlichen Händen zu züchten: Das ergäbe für viele Tätigkeiten geradezu ideale Arbeitskräfte!«

Bentley blickte auf seine Hände, als sähe er schon Schimpansen mit seinen Fingern an einem Band hocken und Pillen sortieren. »Wir in der ALLAMERICAN beschäftigen uns nur mit der Züchtung von Klonen, wir haben sozusagen das Monopol auf die ungeschlechtliche Vermehrung aus Körperzellen, und wir sind jetzt so weit, dass wir beliebig viele Exemplare einer besonders gelungenen Züchtung produzieren können, und doch lassen wir ein paar unserer Forscher herumexperimentieren, ob man nicht durch die Verschmelzung ganz unterschiedlicher Tiere völlig neue Arten erhalten kann.« Er lachte. »Einer soll sogar davon träumen, aus der Eizelle eines Pferdes und dem Samen eines Adlers einen Pegasus zu schaffen, doch sind Sie sicher, dass nicht irgendwo anders jemand daran arbeitet, einen Minotaurus oder eine Sphinx zu produzieren? Ich nicht.«

Timothy zuckte nur mit den Schultern.

»Es kann natürlich sein, dass die ganze Sache ein Irrtum ist, dass jemand Tiersperma stehlen wollte und aus Versehen meines mitgenommen hat. Wie auch immer: Sie müssen

---

* Dr. Hermann Rohleder aus Leipzig veröffentlichte 1918 in seiner Schrift »Künstliche Zeugung und Anthropogenie« die Idee der »experimentellen Bastardisierung«, damals noch als »natürliche Vereinigung von Mensch und Affe« gedacht.

mir helfen, Mister Truckle. Ich muss meinen Samen wiederbekommen. Koste es, was es wolle. Ich will bis an das Ende meiner Tage meinem Namen treu bleiben dürfen.« Er sah Timothy an. »Das P. hinter Abraham steht für Pride*. Wenn es Ihnen gelingt, haben Sie einen Wunsch frei, wie verrückt oder teuer er auch sein mag. Wenn es menschenmöglich ist, werde ich ihn erfüllen.«

Timothy nahm sich vorerst einmal einen »Queen Anne«.

»Möchten Sie, zum Beispiel, in den ›Club der Unsterblichen‹ aufgenommen werden? Ich könnte mich dafür verwenden; in ein paar Wochen findet unser diesjähriges Treffen statt. Dann stünden Ihnen sämtliche chemotherapeutischen und medizinischen Möglichkeiten zur Verfügung, auch jene, die noch auf Jahre hinaus nicht veröffentlicht werden –«

»Ich weiß«, sagte Timothy.

»Stimmt. Sie haben ja schon Brooker geholfen. Sagen Sie es offen heraus, Mister Truckle; wenn Sie einen Wunsch frei hätten, was würden Sie wählen?«

»Mich wie ein Fisch im Meer tummeln zu können und wie ein Vogel in den Lüften«, antwortete Timothy.

»Okay«, sagte Bentley. »Falls Sie es sich nicht anders überlegen, das ließe sich machen. Wenn Sie mein Sperma wiederbeschaffen, können Sie nach Seabridge kommen, sooft und solange Sie wollen, und hier können Sie schwimmen wie ein Fisch im Meer. Und was das Fliegen angeht – die UNIVERSAL hat eine sinnreiche kleine Apparatur entwickelt, die gerade von der Air Force getestet wird, mit der kann man sich ohne großen Aufwand in die Lüfte erheben. Ich werde dafür sorgen, dass Sie eines dieser Geräte bekommen und dazu eine staatliche Fluglizenz.«

Bentley drückte auf den Knopf an seinem Sessel und bestellte eine Pfeife. Es dauerte nur Sekunden, dann kam eine junge Frau mit einer brennenden Pfeife im Mund. Sie trug nicht wie die anderen Frauen hier eine enganliegende Kombination, sie hatte nur einen Minislip an, und mit der Figur konnte sie bei jeder Miss-Wahl alle Konkurrentinnen mühelos aus dem Feld schlagen. Sie begrüßte Timothy mit ei-

* Pride = der Stolz.

nem leichten Neigen des Kopfes, hockte sich neben Bentleys Sessel und rauchte. Bentley sog den Duft mit geschlossenen Augen ein, nach ein paar Zügen schickte er sie wieder fort.

»Selber rauchen darf ich nicht mehr«, erklärte er, »aber ich liebe das Virginia-Aroma. Außerdem –«, er lachte Timothy zu, »um ein Wort Ihres Lieblingsschriftstellers zu variieren: Sie ist die netteste Hure, mit der ich nie geschlafen habe. Kennen Sie ›Die kleine Schwester‹? Ich besitze alle Romane von Chandler. Wenn Sie sich zwischendurch ein wenig entspannen wollen, bedienen Sie sich bitte. Auch sonst –« Bentley setzte ein faunisches Grinsen auf. »Mein Haus sei Ihr Haus!«

5.

»Erst die Arbeit oder erst das Vergnügen?«, fragte Inger.

»Zuerst das Vergnügen«, antwortete Timothy. »Ich möchte ans Meer und endlich schwimmen.«

Inger führte Timothy in den Keller. Wiederum gelang es ihm nicht, sich einen Eindruck von der Größe und der Konstruktion des Hauses zu machen. Vielleicht führte Inger ihn gerade aus diesem Grund so komplizierte Wege? Sie landeten in einem Raum, dessen gläserne Stirnwand auf den Strand führte.

»Ziehen Sie sich aus, Tiny«, sagte Inger und öffnete den Reißverschluss ihrer Kombination. Sie trug heute einen mausgrauen Anzug und rot und schwarz gesträhnte Haare. »Ich möchte Sie bei Ihrem ersten Seebad lieber begleiten. Mister Bentley würde es mir nie verzeihen, wenn Ihnen etwas zustieße.«

»Hier gibt es wohl nur Freikörperkultur?«, erkundigte sich Timothy.

Inger lachte. »Genieren Sie sich vor mir?«

Timothy hatte keinen Grund, sich zu genieren. Er war zwar klein, doch nicht verwachsen, und sein Körper wies kein Gramm Fett zu viel auf. Inger bestaunte seine Muskulatur.

»Ist das nur das Werk Ihres Massators, oder treiben Sie Sport, Tiny?«

Timothy sah keinen Anlass, ihr zu verraten, was alles er trieb, um sich fit zu halten; er war sicher, einiges davon hätte sie wirklich verwundert. Inger angelte zwei der silberglänzenden Masken vom Regal und machte Timothy vor, wie man sie überzog. Die Maske saugte sich an Schulter und Brust fest.

»Ein Restprodukt der Raumfahrt«, sagte Inger. Timothy hörte nicht nur ihre Stimme so klar, als spräche sie direkt in sein Ohr, sondern auch alle Außengeräusche. »Man kann mit diesen Masken praktisch in jedem Medium leben, selbst in einer Methan-Atmosphäre, wenn es nur freien Sauerstoff gibt. Im Meer atmen wir dann wie Fische durch künstliche Kiemen.«

Sie schubste Timothy in eine Art Duschkabine und nahm eine Dose zur Hand. Ein nach Acetonyn riechender Spray nebelte ihn ein. Timothy musste sich breitbeinig hinstellen, sich drehen und wenden, Arme und Füße heben; Inger achtete darauf, dass der Spray jeden Zentimeter seiner Haut erreichte.

»Heute ist das Wasser zwar sauber«, erklärte sie, »aber wir gehen nie ohne Plastic baden. Sie haben gewiss von der Terrasse aus gesehen, dass Seabridge in einer Bucht liegt; die Bucht ist vom Meer abgeschlossen. Hier hat früher einmal ein Gezeitenkraftwerk gestanden, aber es kommt doch hin und wieder vor, dass ein Schwall verseuchtes Wasser einbricht. Die Plastic schützt selbst vor den aggressivsten Giften.«

Sie öffnete eine Tür in der gläsernen Wand und ging mit aufreizend schaukelnden Hüften hinaus. Die Ebbe hatte das Wasser vom Cottage abgezogen, sie mussten über schlickigen Grund waten. Timothy spürte nichts von der künstlichen Haut, es war, als ob er barfuß liefe. Inger nahm ihn an die Hand und führte ihn auf einem für Timothy nicht erkennbaren, verschlungenen Weg. »Passen Sie auf, dass sie nicht in Muscheln oder Clacks treten und die Plastic aufreißen!«

So müsstest du dich aufnehmen lassen, dachte Timothy: Zwerg Adam und die Riesen-Eva mit den Silberköpfen.

Dann schwamm er. Zum ersten Mal in seinem Leben im Meer. Als einer der ganz wenigen Menschen, die das überhaupt noch erleben durften, jedenfalls in den Staaten. Er nahm sich vor, Anne zu fragen, wie das DRAUSSEN sein mochte. Er war ausgelassen wie ein kleiner Junge, tauchte unter den Wellen hindurch, schnellte über die gischtigen Kämme, spritzte und strampelte Fontänen mit den Füßen, schwamm lange Strecken unter Wasser, sah sich den sandigen Grund an, jagte einen bläulichen Fisch, den er für einen Aal gehalten hätte, wenn er nicht stachlige Rückenflossen gehabt hätte, kraulte eine Strecke, so schnell er konnte, viel schneller als Inger; er legte sich auf den Rücken und machte »toter Mann«, damit sie ihn einholen konnte.

Auch von See aus war Bentley-Cottage ein schwer einzuschätzender, verwinkelter Bau. Über dem Dach hing müde das Sternenbanner am Mast. Timothy bemerkte erst beim zweiten Hinsehen, dass es noch die alten »Stars and Stripes« waren, sogar die »Half Hundred Stars«*, wie er amüsiert feststellte. Bentley war offensichtlich sehr konservativ.

»Donnerwetter, sind Sie schnell!« Inger ließ sich schweratmend neben ihm treiben. »Zufrieden?«

»Nein, glücklich! Das war die beste Idee Ihres Lebens, Inger, mich hierherzulotsen. Ich möchte Sie küssen!«

»Wenn Sie gepanzert sind, werden Sie mutig, was?«

Inger ließ ihm Zeit, das Meer zu genießen. Obwohl sie sicher darauf brannte, mit ihm über das verschwundene Sperma ihres Chefs zu sprechen, drängelte sie nicht, auch nicht, als Timothy sich dann an den Strand hockte, Sand durch die Finger rieseln ließ, aufgeregt eine Muschel vorzeigte, aufsprang und wie ein übermütiges Kind durch die an Land klatschenden Zungen des Ozeans patschte und weitere Muscheln suchte; er fand sogar Seesterne und ein Seepferd und legte sie Inger wie eine Jagdtrophäe zu Füßen. Dann saßen sie still nebeneinander und blickten auf den

---

* »Half Hundred Stars«: Ursprünglich zeigte die Nationalfahne der USA so viele Sterne, wie es Bundesstaaten gab, auf dem Höhepunkt ihrer Macht und Ausdehnung 50. In der ersten Zeit des Abfalls der Südstaaten hatte man die Zahl der Sterne noch jeweils reduziert, nach dem Ausscheiden von Arkansas beschloss der Kongress, dass nur noch ein Stern geführt werden solle.

Pazifik hinaus. Erst jetzt bemerkte Timothy das fahle Licht, das sich wie ein gläserner Horizont aus dem Wasser zum Himmel schob und dann mit der Luft zu verschmelzen schien.

»Liegt Seabridge unter einer Klimasphäre?«, fragte er.

»Meinen Sie das da?« Inger zeigte aufs Meer. »Das ist die ISOLATION, Tiny!«

Wie oft hatte er dieses Wort gehört und gesagt. Fast täglich benutzte man es, aber kaum einmal dachte man daran, dass das ja nicht nur ein Zustand war, ein abstrakter Begriff, sondern ganz konkrete, materielle Form annehmen musste. Wenn man lange genug in einem unabänderlichen Zustand lebt, dachte Timothy, dann verinnerlicht man ihn derart, dass man gar nicht mehr viel darüber nachdenkt. Das also war die alles beherrschende, unüberwindliche Grenze zwischen DRINNEN und DRAUSSEN, die wie eine Käseglocke über die Staaten gestülpt war und von niemandem und nichts ohne Genehmigung durchbrochen werden konnte.

»Haben Sie eine Ahnung, wie es funktioniert?«, fragte Inger. Timothy gestand ihr, dass er nicht einmal eine vage Vermutung hatte. Vielleicht wusste Anne, wie es funktionierte, doch sie würde es ihm kaum verraten. Gib niemandem ohne zwingenden Grund eine gefährliche Information: das oberste Gebot des Überlebens. Timothy wollte es auch gar nicht wissen. Niemals. Wenn er nur in den Verdacht geriete, er könne etwas über das Geheimnis der ISOLATION wissen, würde er die Videokeller der NSA nie wieder lebend verlassen. Oder völlig verrückt.

»Gibt es hier Boote?«, fragte er. »Ich möchte gerne mal hinausfahren und es mir aus der Nähe ansehen.«

»Das hat wenig Sinn«, erwiderte Inger. »Je näher man kommt, desto weniger sieht man. Irgendwann bleibt das Boot stehen, als stieße es gegen eine gläserne Wand.«

»Und wenn man schwimmt?«

»Das ist lebensgefährlich. Ich habe es versucht. Audrey ist im Boot geblieben und hat mich an der Leine gehalten. Zu meinem Glück. Mir schwanden plötzlich buchstäblich die Sinne. Ich sah und ich hörte nichts mehr, ich fühlte nicht mehr das Wasser an meiner Haut, ich wusste nicht, ob meine Muskeln mir überhaupt noch gehorchten – unvorstellbar!« Sie seufzte. »Wir konnten nicht einmal feststellen, ob das Wasser hindurchkommt. Ich denke, ja. – Wie das Ende der Welt.« Inger zeichnete mit dem Finger Muster in den Sand.

»Haben Sie schon mal vom ›Kap des Todes‹ gehört, Tiny? Oben in Nord-Oregon. Ich war mit Bentley da. Vor vielen Jahren soll man dort versucht haben, die ISOLATION mit einem Gewaltstreich zu durchbrechen.«

Timothy sagte ihr nicht, dass er ganz gut über die Aktion »Independence«* informiert war. Die Aktion zählte zu den Top-Staatsgeheimnissen. Es war der letzte Versuch gewesen, auszubrechen, und er hatte viele hundert Milliarden Dollar und ein paar zehntausend Menschenleben gekostet. Man hatte Panzerschiffe und U-Boote eingesetzt, Flugzeuge und Raketen, sogar die noch auf Halde liegenden Raumschiffe, hatte versucht, die ISOLATION mit Wasserstoff-, Neutronen- und Nihilationsbomben aufzusprengen. – Er blickte Inger neugierig an.

»Man darf nur in Schutzanzügen dahin, und das auch nur für Minuten«, sagte Inger. »Ein grausiger Anblick: Bei Ebbe ragen die rostigen Berge der Maschinen aus dem Wasser. Ein riesiger Friedhof. Das Meer soll einfach verdampft sein.« Inger wischte ihre Sandmuster mit der Hand aus.

»Kennen Sie die ganze Küste?«, erkundigte sich Timothy.

»Nur die Enklaven an der Westküste. Ich habe Bentley begleitet, als er sich den Platz für Seabridge aussuchen durfte.«

»Enklaven? Also ist die Küste doch verseucht?«

»Verseucht oder vermint. Aber es gibt ein paar Dutzend solcher Plätze wie hier, an denen man leben kann.«

»Wenn man ein Bigboss ist.«

»Und außerdem die richtigen Beziehungen hat.«

Inger lachte über Timothys verdutztes Gesicht. »General Shiftman, der Stabschef der Army, ist Bentleys Patensohn. Doch inzwischen sollen sich noch ein paar Leute einen Platz am Meer ausgebaut haben.«

---

* Independence = Unabhängigkeit. Die Aktion fand am »Independence Day« statt, am 4. Juli 2026, dem 250. Jahrestag der Unabhängigkeitserklärung der Vereinigten Staaten von Amerika von ihrer Kolonialmacht England.

Sie stand auf und klopfte den Sand von der Haut. »Gehen wir an die Arbeit? Oder wollen Sie erst zu Mittag essen; baden macht hungrig, nicht wahr? Aber ich kann Ihnen ja schon beim Essen einen ersten Überblick über den Samenbankraub geben.«

»Ich arbeite nie bei Tisch«, sagte Timothy. »Sie hätten auch keine Freude daran. Entweder kocht Jennifer gut, dann will ich es genießen. Oder sie kocht miserabel, und dann bin ich nicht zu genießen.«

6.

Das Essen war exzellent: Hühnerbouillon, Langusten in Knoblauchsoße, gedünsteter Salm auf Maisbrei, Reh-Medaillons mit Prinzess-Kartoffeln, dazu ein leichter Riesling und als Nachtisch wahlweise Karamel-Creme oder Käse. Timothy nahm sich eine Scheibe Gorgonzola. Und dann wurde ihm unaufgefordert ein Mokka serviert, wie er ihn selbst nicht besser hätte zubereiten können. Er bedankte sich überschwänglich bei Jennifer. Wenn sie jemals ihren Job bei Bentley über habe, er würde sie sofort engagieren.

»Glauben Sie ja nicht, dass wir alle Tage so schlemmen«, sagte Inger, als sie auf dem Weg in ihren Arbeitsraum waren, »Mister Bentley hält sehr viel von Diät. Für uns. Er selbst isst ja ohnehin kaum noch etwas. Wir sollen um Himmels willen kein Fett ansetzen.«

»So hat mein Besuch also auch angenehme Seiten für Sie«, stellte Timothy fest.

Inger sah spöttisch auf ihn herab. »Was glauben Sie, warum ich ausgerechnet Sie engagiert habe, Tiny? Oder sind Sie tatsächlich so eingebildet, dass Sie sich für einsame Spitze halten?«

»Zumindest für Spitze.«

»Bentley hätte ebensogut ein Dutzend anderer Detektive akzeptiert.«

»Warum haben Sie dann mich genommen?«

»Fünf Gründe sprachen für Sie. Erstens: Ich wollte nach

Chicago, privat. Zweitens: Sie kennen das Milieu. Spätestens seit dem Boone-Fall haben Sie Ahnung von Kloning und Biogeontik. Drittens: Sie scheuen sich nicht, notfalls Ihr Leben einzusetzen, das haben Sie bewiesen, als Sie den Trick mit den gestohlenen Eisbergen entlarvten. Viertens: Diese beiden Fälle weisen Sie als Experten für ›unmögliche Diebstähle‹ aus.«

Timothy sagte ihr nicht, dass er ungeachtet der Boone-Affäre und einiger anderer Fälle wenig von Biologie und Genetik wusste – er hielt sich strikt an den Grundsatz: Mein Computer muss alles wissen, ich nur, wie ich den Computer für mich arbeiten lassen muss –, schon gar nicht verriet er ihr, dass er seit dem Eisberg-Fall eine geradezu panische Scheu vor körperlichem Einsatz hatte.

»Last not least«, schloss Inger, »Sie sind ein berühmter Feinschmecker, und da ich Sie betreue, darf ich alle Tage mit Ihnen essen.«

»Wenn Sie mir einen Tipp geben, was Sie besonders mögen«, sagte Timothy, »bestelle ich es bei Jennifer.«

Ingers Arbeitsraum war mit allen Schikanen eingerichtet, an einer großen Monitorwand sah man auf Dutzenden von Bildschirmen alle Eingänge zu Bentley-Cottage, die Hausfronten, die Umgebung, den Grenzstreifen, einen breiten betonierten Ring mit Radar-, Sonar- und Sonadar-Überwachung, bekam einen lückenlosen Überblick über die Küste von Seabridge, die viel länger war, als es Timothy vermutet hatte, und von den mächtigen Molen des ehemaligen Gezeitenkraftwerkes begrenzt wurde. Ingers Computer machte einen vorzüglichen Eindruck, sie sagte, dass sie ihn ohne große Umstände mit fast allen offiziellen und einer Vielzahl von Firmen-Gehirnen koppeln könne, und sie bot Timothy eine Direktschaltung zu Napoleon an, falls er lieber mit seinem eigenen Computer arbeiten wolle.

»Ich glaube, das wird kaum nötig sein«, sagte Timothy. Er hatte nicht die Absicht, Napoleon mit irgendeinem Elektronengehirn der Welt zusammenzuschalten, es sei denn, um das andere Gehirn anzuzapfen und Informationen zu überspielen, doch dazu musste er bei Napoleon sitzen. Timothy legte sich in einen der Sessel, ein Exemplar der jüngsten Generation, das sich nicht nur automatisch auf die bequemste Lage, sondern auch auf die Körpergröße seines Benutzers einstellte, faltete die Hände im Genick und bat Inger um einen ersten Überblick.

Sie war gut vorbereitet, sie hatte nicht nur alle erdenklichen Fakten parat, sie hatte auch eine Videoleitung zur Samenbank geschaltet, so dass sie mit Timothy eine erste Tatortbesichtigung per Bildschirm machen konnte.

Der Fall war an sich einfach, zu einfach: Er schien unmöglich. Bentleys Sperma war in der Samenbank der ALLAMERICAN eingelagert gewesen. Man hatte dort Hunderte von riesigen Tiefkühlschränken. Der größte Teil der Kühlsafes enthielt eine Sammlung von Spermien aller Tierarten, die umfangreichste der Erde, wie Inger sagte. Die ALLAMERICAN besäße nicht nur das Sperma – und in der Eizellenbank ebenso die weiblichen Keimzellen – aller Tiere, die es in den Staaten gab, sondern auch jener von DRAUSSEN, außerdem die Keimzellen der meisten in den letzten Jahrzehnten ausgestorbenen Arten.

»Sie könnten also jederzeit, um nur ein Beispiel zu nennen, wieder Elefanten züchten?«, erkundigte sich Timothy. »Oder Siamkatzen?«

»Von heute auf morgen. Sobald ein Bedarf dafür besteht«, bestätigte Inger, »oder sobald es profitabel zu werden verspricht.«

Bentleys Sperma war ursprünglich in einem Safe der Nationalbank untergebracht gewesen, der speziell für die Aufbewahrung der Keimzellen von Bigbossen und hohen Beamten hergerichtet worden war, doch das erschien dem alten Fuchs eines Tages nicht mehr sicher genug. Er wollte sein Sperma unter eigener Kontrolle haben. Seine Idee war einfach wie alles Geniale: Wenn man etwas besonders verstecken will, muss man es offen hinstellen. Das war natürlich nicht wörtlich gemeint, die Kapsel mit seinem Sperma wurde selbstverständlich in einem der Kühlsafes untergebracht, doch in einer Deponie, wo niemand ein so außerordentlich kostbares Gut vermuten würde; in einem Kühlsafe für Huftiere, zwischen Eseln und Anden-Gemsen, für die es absolut keinen Bedarf gab. Zudem stand die Kapsel unter der »vierten Wahl« und war mit einem Schild versehen: »Achtung! Wahrscheinlich überlagert. Vor Verwendung unbedingt mit der Direktion sprechen!«

Tatsächlich wurde die Deponie nur bei den jährlichen Kontrollen geöffnet; also konnte die Kapsel eigentlich nur am Tag der letzten Inventur gestohlen worden sein, denn die Kühlsafes waren mit Identicat-Schlössern versiegelt, die auf die jeweiligen Abteilungsleiter geprägt waren, und Automatic-Schreiber registrierten jedes Öffnen. Nur ein Dutzend Mitarbeiter hatte an jenem Tag Zugang zu den Räumen gehabt, sie alle waren seit Jahren bei der ALLAMERICAN beschäftigt und galten als absolut zuverlässig und treu, niemandem von ihnen war ein Diebstahl zuzutrauen, zumal sie genau wussten, dass der Verdacht zuerst auf sie fallen würde.

Timothy ließ sich nicht nur die Sicherheitsvorkehrungen vorführen, die gegen das unbefugte Entnehmen von Sperma aus der Samenbank getroffen worden waren, er besichtigte auch die Ein- und Ausgangskontrollen des Bankgebäudes, und nun wurde die Sache noch geheimnisvoller. Wer immer das Haus verlassen wollte, selbst wenn er den Direktgang zu den anderen Abteilungen benutzte, musste durch Multispektral Schleusen. Undenkbar, dass hier eine der Silberstahlkapseln illegal hätte passieren können, ohne Alarm auszulösen, schon gar nicht aber ein Transportcooler, der immerhin die Größe eines Aktenkoffers besaß. Ohne Cooler jedoch verdarb das Sperma in weniger als einer Minute und wurde damit wertlos für den Dieb, das Passieren der Schleuse indes dauerte eineinhalb Minuten.

An jenem Tag hatten nur siebzehn Kapseln die Schleusen passiert, Inger versicherte, dass alle lückenlos überprüfbar gewesen seien. Sie hatte sogar alle Transporte der nächsten zwei Wochen kontrolliert, obwohl sie es für unmöglich hielt, dass jemand die Kapsel am Tag der Inventur nur aus dem Schrank genommen und erst einmal in der Samenbank versteckt hatte. Sie hatten nicht nur an jenem Tag das Bankgebäude buchstäblich auf den Kopf gestellt, sondern auch in den nächsten Tagen immer wieder kontrolliert, und so eine Kapsel konnte man schließlich nicht einfach irgendwo hinstellen, sie musste an einen Cooler angeschlossen sein, und den konnte man kaum übersehen.

Nicht nur jeder Eingang, jede noch so kleine Öffnung des Bankgebäudes war mit Akribie untersucht worden. Man hatte buchstäblich jeden Zentimeter der Wände unter die Lupe genommen, hatte mit Lurexlupen die Außenwände Bahn für Bahn abgetastet, ebenso die Keller.

»Um es in einem banalen Satz zusammenzufassen«, sagte Inger, »ein unmöglicher Diebstahl! Und doch ist die Kapsel weg. Wir haben nicht nur die Samenbank, wir haben das ganze Werk sorgfältig untersucht. Unter dem Vorwand, die Kapsel enthielte den absolut letzten Samen für Lipizzanerhengste. Auf dem Gelände befindet sich die Kapsel garantiert nicht mehr. Wie aber ist sie hinausgekommen? Selbst wenn der Dieb sie aus der Bank schmuggeln konnte, er musste sie dann ja noch durch die Kontrollen an den Werksgrenzen bringen. Wie? Sehen Sie sich die Sicherheitsmaßnahmen selbst an. Ich habe so gar überprüft, ob man die Kapsel in einen über dem Werk stehenden Helikopter hätte hinaufseilen können; die Luftüberwachung zeigte an, dass in der fraglichen Zeit nichts in den Luftraum eingedrungen war.«

Timothy bat erst einmal um eine Pause. Und um eine Erfrischung. Sie einigten sich auf geeiste Malzmilch mit geraspeltem Nougat. Das Mädchen, das die Gläser brachte, kannte er noch nicht. Nummer fünf, registrierte er.

»Hat Old Bentley auch Eunuchen in seinem Harem?«, erkundigte er sich.

Inger legte erschrocken den Finger an die Lippen. »Ich glaube nicht, dass Auskünfte über Mister Bentleys Intimsphäre zu den Informationen zählen, die ich Ihnen geben darf«, sagte sie betont kühl.

Timothy entschuldigte sich nicht weniger förmlich für seinen Fauxpas und fragte, ob es erlaubt sei, in der Pause an den Strand zu gehen, er wolle jede nur mögliche Minute am Meer verbringen, wer weiß, wann er jemals wieder dazu käme. Ja, er dürfe, aber nur in Begleitung.

Sie liefen ein Stück am Strand entlang, und Timothy genoss es, barfuß durch den Sand zu laufen, wann hatte er schon einmal Gelegenheit dazu! Inger bat ihn nur, sich auf dem nicht vom Wasser erreichbaren Streifen zu halten, da er keine Plastic trüge. Als das Cottage hinter Bäumen verschwunden war, sagte sie: »Um Ihre Frage zu beantworten, Tiny, Bentleys ›Harem‹ besteht aus dreizehn Frauen. Und zwei Männer sind hier, wenn auch keine Eunuchen.«

Es lag viel Verachtung in ihrem Tonfall. Timothy blickte sie fragend an, doch Inger gab keine weitere Erklärung.

»Ihr Chef lauscht wohl?«, fragte Timothy.

»Man weiß es nie«, gestand Inger.

»Darf ich Ihnen eine persönliche Frage stellen? Warum arbeiten Sie für Bentley? Eine Frau wie Sie könnte doch auch woanders –«

»Wo, Tiny, wo?«, unterbrach sie ihn. »Sie haben doch erlebt, wie ich beim Anblick des Rayvolvers reagierte. Für den praktischen Einsatz bin ich verloren. Gewaltanwendung macht mich hilflos, sogar schon die Androhung von Gewalt. Die Arbeit hier ist im allgemeinen leicht. Sie haben die Sperrzone gesehen, niemand kann unbefugt eindringen, außerdem liegen wir ja hinter der Deathline, man kann nur mit einer Maschine der Air Force in diese Gegend gelangen. In den Werken der ALL-AMERICAN habe ich nur zu tun, wenn Bentley mich mal als seinen Sonderbeauftragten hinschickt.« Sie seufzte. »Viel zu selten.«

»Bekommt er oft Besuch?«

»So gut wie nie. Seine Freunde sind längst verstorben – man wird einsam, wenn man ein ›Unsterblicher‹ ist –, und seine Familie will er nicht sehen.«

»Dass Sie das aushalten«, sagte Timothy, »eine so junge und so schöne Frau. Oder sind Sie –?«,

»Lesbisch?« Inger lachte laut auf. »Nein. Eigentlich keine von uns.«

Die Wolken rissen auf, ein blauer Schlitz, der sich auseinanderzog wie der Verschluss einer Kamera. Sonne überflutete den Strand. Sie legten sich in den Sand. »Außerdem bin ich Bentley verpflichtet«, fuhr Inger fort, »er beschaffte mir den Platz an der Hochschule und finanzierte mein Studium, als meine Eltern … Ich glaube, er hat mal ein Verhältnis mit meiner Urgroßmutter gehabt. Und mit Großmutter wohl auch.«

Timothy sprach nicht aus, was ihm durch den Kopf schoss. Diese Sonnenstunde war viel zu schön für schmutzige Gedanken.

»Last not least«, sagte er, »Sie haben hier etwas, was Sie nirgends sonst finden können: eine Bibliothek.«

»Sie wissen?«

»Mister Bentley war so freundlich, mir die Bücher von Chandler anzubieten; ich denke, das werden nicht die einzigen Romane sein, die er besitzt.«

»Drei Kellergeschosse voll!« rief Inger. »Was soll ich Ihnen bringen, ›Das hohe Fenster‹, ›Der lange Abschied‹ oder ›Der tiefe Schlaf‹?«,

»Ich würde lieber mal ›Alice im Wunderland‹ lesen«, sagte Timothy. »Und da wir gerade bei Wünschen sind: Sie haben mir in Chicago versprochen, dass ich angeln dürfte, sogar vom Fenster aus.«

»Sie dürfen. Ich zeige Ihnen, wo die Angelruten stehen. Doch fassen Sie um Himmels willen die Fische nicht mit bloßer Hand an.«

7.

Timothy saß erst vierundzwanzig Stunden später mit einer Angel auf dem Steg. Er machte den Eindruck, als interessiere ihn nichts auf der Welt als das Angeln, dabei hing kein Köder an der Schnur, nicht einmal ein Haken. Dass die Fische alle verseucht waren und wieder ins Meer zurückgeworfen werden mussten, hatte ihm den Spaß gründlich verleidet. Doch er sagte sich, dass man einen Angler respektieren und in Ruhe lassen würde. Und er brauchte Ruhe. Er musste festlegen, wie er sich weiter verhalten wollte. Er machte sich keine Illusionen, dies war ein aussichtsloser Fall. Sie hatten bis spät in die Nacht gearbeitet und sich früh schon wieder am Computer getroffen, hatten die Fakten immer wieder neu zusammengestellt, kombiniert und relativiert, Theorien entworfen und verworfen, stundenlang Bilder aus dem Werk übertragen lassen und waren am Ende so schlau wie zuvor.

Das Schlimmste: Es gab keine einzige Spur am Tatort, und alle Theorien über einen Tathergang endeten irgendwann in dem Resultat: unmöglich. Wenn es überhaupt etwas an diesem Fall gab, das Timothy reizen konnte, dann diese offenkundige Unmöglichkeit. Wo aber ansetzen? Gewiss, er hätte eine lange Liste von Personen und Organisationen aufstellen können, denen man ein Motiv unterstellen konnte, allen voran Bentleys Konkurrenten und die NSA, doch das führte keinen Schritt weiter. Wer immer die Samenkapsel besitzen wollte, er musste auch Gelegenheit gehabt haben, an sie heranzukommen und sie aus der Samenbank und dem Werk hinauszuschmuggeln. Wie?

Am liebsten hätte Timothy den Auftrag auf der Stelle zurückgegeben. Wie aber sollte er das tun, ohne Bentley zu verärgern? Man macht sich nicht ungestraft einen Bigboss zum Feind. Er musste zumindest so tun, als gäbe er sich ungeheure Mühe. Vielleicht hatte er Glück, und es handelte sich um Erpressung, und die Täter oder Auftraggeber meldeten sich in den nächsten Tagen.

Es gab noch einen Grund, warum Timothy nicht sofort abreiste. Es gefiel ihm in Seabridge. Er wäre zu gerne noch ein paar Tage geblieben. Dazu aber musste ihm einiges einfallen, was nach intensiver Arbeit aussah.

Ein Räuspern riss ihn aus seinen Gedanken. Bentley. Timothy hatte nicht gehört, wie er seinen Sessel herangefahren hatte.

»Entschuldigen Sie, wenn ich beim Angeln störe«, sagte er, »ich kann es selbst nicht leiden, aber Sie werden verstehen, dass ich neugierig bin.«

»Das Angeln ist nicht wichtig«, sagte Timothy, »es geht mir mehr darum, mein Unterbewusstsein zu mobilisieren. Zu Hause hätte ich Kartoffeln geschält oder Gläser poliert: Je schwieriger das zu lösende Problem, desto banaler die Tätigkeit, die es uns erlaubt, darüber nachzudenken.«

»Haben Sie schon eine Theorie?«

»Viele«, antwortete Timothy. »Zu viele. Aber das ist anfangs immer so. Auf eine gegebene Summe von Fakten kann man stets mehr als eine Theorie anwenden.«

»Und wie kommen Sie dahinter, welche Theorie wahr ist?«

»Die Frage nach dem Wahrheitsgehalt einer Theorie halte ich a priori für falsch«, erklärte Timothy. »Man muss vielmehr fragen: Welche Wahrscheinlichkeit spricht angesichts der verfügbaren Fakten für sie, und welche Erklärung vermag sie auf Grund dieser Fakten zu liefern? Das führt, den richtigen Denkansatz vorausgesetzt, zu Relationen und Relativierungen, Prioritäten der Wahrscheinlichkeit, letztendlich zur Lösung.«

Bentley war sichtlich beeindruckt. »Inger hatte recht: Sie sind der Größte«, sagte er. »Sie arbeiten streng wissenschaftlich, nicht wahr?«

»Ich nutze die Wissenschaften«, erwiderte Timothy. »Das Wichtigste sind und bleiben Intuition und Inspiration.« Er tippte an seine Stirn. »Unsere kleinen grauen Zellen.«

»Ich bin überzeugt, Sie werden den Fall schon lösen, Mister Truckle«, sagte Bentley. »Sie oder keiner. Nehmen Sie sich alle Zeit, die Sie brauchen. Und alle Hilfsmittel. Geld spielt keine Rolle. Inger kann Sie mit allen Computern verbinden, falls Sie es wünschen.«

»Ja, ich benötige noch einige Informationen«, sagte Timothy, »vor allem aber benötige ich jetzt Zeit. Und Muße. Und Ihre Geduld. Es mag in den nächsten Tagen so aussehen, als ob ich faulenze, doch –«

»Schon gut«, unterbrach ihn Bentley. »Ich engagiere Sie blanko für ein viertel Jahr. Wie lange Sie wirklich brauchen, ist Ihre Sache. Und Ihr Profit. Einverstanden?« Er zog seine Hand unter den Decken hervor, Timothy schlug ein. »Verraten Sie mir wenigstens, welche Spur Sie als erste verfolgen?«

»Um ehrlich zu sein, ich tappe im Dunkeln«, antwortete Timothy. »Aber das ist nicht weiter schlimm. ›Ein Mann kommt nie weiter, als wenn er nicht weiß, wohin er geht.‹ Das ist nicht von mir, sondern von Oliver Cromwell, einem alten Engländer.«

»Ich weiß, wer Cromwell war.« Bentley lächelte. »Ich habe mir sogar das Cromwell-Museum in London angesehen, ja, Sie haben richtig gehört, in London. Vergessen Sie nicht, Mister Truckle, dass ich anderthalb Jahrhunderte überlebt habe. Mein Vater schickte mich nach dem zweiten

Weltkrieg auf eine längere Bildungsreise nach Europa: Louvre, Prado, Vatikan, Florenz, Venedig, Akropolis –«

Er versank ins Grübeln. Dann summte er eine Melodie: »It's a long way to Tipperary …«.

»Ich bin viel gereist. Ich habe mir alles angesehen, was dieser Planet an Sehenswertem zu bieten hat, die Pyramiden ebenso wie die Maya-Tempel und die Chinesische Mauer, ich war auf Hawaii und in der Arktis –« Er sah Timothy aus traurigen Augen an. »Ich gäbe den Rest meines Lebens, wenn ich noch einmal eine Weltreise machen dürfte. Nichts ist schlimmer für mich als dieses Eingeschlossensein; nicht reisen zu dürfen, wohin ich will. Was nutzen mir aller Reichtum und alle Macht, ich kann mir nicht einmal einen behaglichen Platz für meinen Lebensabend aussuchen. Wenn uns wenigstens noch Florida oder Südkalifornien gehörten, wo es das ganze Jahr warm ist.«

»Ich denke, Sie wissen zu schätzen, was Sie in Seabridge haben«, sagte Timothy, »Ruhe, Sonne, Meer, saubere Luft – das allein sind Privilegien, um die Sie jeder beneiden muss.«

»In einem Ghetto de Luxe«, sagte Bentley müde. »Eingemauert und unter einer Käseglocke. Die Welt ist nicht mehr, was sie war. Ich habe mich selbst überlebt.« Er versank erneut ins Grübeln.

»Mister Bentley, ich brauche ein paar Informationen«, meldete Timothy sich nach einer Weile.

»Wenden Sie sich an Inger.«

»Inger Johnston hat alle Fakten im Werk recherchiert, ich hätte es nicht besser können, doch es bleiben ein paar Ungereimtheiten, die nur Sie aufklären können.«

Bentley blickte Timothy überrascht an.

»Sie haben Inger gesagt, nur Ihre Familie und Direktor Crawford hätten gewusst, dass Ihr Sperma in jenem Kühlsafe aufbewahrt wurde. Ich glaube das nicht. Sie zitierten gestern eine Ihrer Maximen: Misstraue deinem Nächsten wie dir selbst! Sie hätten nie Ihre Familie unterrichtet, höchstens einen. Wen?«

»Meinen Ältesten. Aber warum sollte Pride –? Er leitet praktisch schon die ALLAMERICAN.«

»Richtig«, sagte Timothy. »Er hätte den Samen nicht stehlen müssen, denn er verfügte ohnehin darüber. Bleibt Crawford. Hat er Grund, sich an Ihnen zu rächen?«

Bentley schüttelte den Kopf. »Ich kenne Bill seit über fünfzig Jahren. Er ist mein Freund. Vielleicht mein einziger.«

»Dann müsste also jemand die Kapsel gestohlen haben, der gar nicht wusste, dass es Ihr Sperma war. Absurd. Wenn jemand Esel züchten wollte, dann hätte er doch eine Kapsel der ersten Wahl gestohlen. Wer also wusste noch davon?«

Bentley schloss die Augen und kaute auf der Unterlippe.

»Wenn ich Ihnen helfen soll, müssen Sie mir schon die Wahrheit sagen«, erklärte Timothy. »Warum, zum Beispiel, nannten Sie bei den Leuten mit denkbarem Motiv auch Ihre Urenkelin Judy? Woher könnte sie davon wissen?«

»Okay«, sagte Bentley, »ich sehe, Ihnen kann ich nichts vormachen. Ich spreche im Schlaf.«

»So dass also nicht nur Ihre Familie von dem Geheimnis gewusst haben kann, sondern auch oder vielmehr vor allem –« Bentley nickte.

»Wie lange schon stand Ihr Sperma in der Samenbank der ALLAMERICAN?«

»Sechzig Jahre. Oder siebzig? Fragen Sie Crawford.«

»Und wie viele Frauen haben in dieser Zeit bei Ihnen geschlafen?«

»Ich weiß es nicht mehr. Nicht wie viele es waren und schon gar nicht, wer.« Bentley sah Timothy in die Augen. »Das kompliziert den Fall, nicht wahr?«

»Nicht besonders«, antwortete Timothy ruhig. »Ich hatte das schon in meinen Theorien berücksichtigt. Ich wollte mich nur vergewissern.« Er nahm seine Angel in die Hand und blickte ins Wasser. Er drehte sich nicht einmal um, als Bentley den Sessel wieder ins Haus fuhr.

In den nächsten zwei Tagen sah man einen eifrig faulenzenden Timothy. Ab und zu ging er in Ingers Arbeitszimmer und spielte mit dem Computer. Er ließ sich eine Unmenge von Fakten überspielen, vor allem, wenn Inger nicht dabeisaß, und nur wenige davon hatten mit diesem Fall zu tun.

Aber, so sagte sich Timothy, man muss die Fakten sammeln, wie sie fallen. So besorgte er sich auch eine Aufstellung sämtlicher Tiere, deren Samen und Eizellen bei der ALLAMERICAN gehortet wurden. Man kann nie wissen.

Die meiste Zeit verbrachte er am oder im Meer, schwamm und tauchte, lernte sogar Wasserski fahren – mit Audrey im Boot –, und er musste aufpassen, dass er nicht zu sehr von der Sonne verbrannt wurde; seine Haut nahm nicht den Goldton an, den die Mädchen hier bekamen, sondern ein Kaffeebraun, das in Chicago, wo Neger und Zwerge gleichermaßen diskriminiert wurden, gefährlich werden konnte. Timothy wagte nicht, sich vorzustellen, was man erst mit einem Zwergneger tun würde. Sobald die Sonne schien, legte er sich in den Schatten einer großen Platane und beobachtete das glitzernde, gleißende Meer.

Inger stöberte ihn auf. Ob er nicht Appetit auf Eis habe. Vanille-Eis mit frischen Erdbeeren und Schlagsahne. Es seien gerade Erdbeeren eingeflogen worden, doch Jennifer wolle sie nur Timothy geben.

Er lachte. »Okay, Inger, ich komme. Ehrlich gesagt, ich habe sie extra für Sie bestellt. Ich mache mir nicht viel aus Erdbeeren. Dafür erklären Sie mir etwas, ja? Ich habe hier noch keinen einzigen Vogel gesehen. Nicht einmal Möwen gibt es.«

»Vögel stören die Ruhe«, antwortete Inger. »Mister Bentley hat sich diesen Flecken gerade ausgesucht, weil es hier keine Tiere gab. Stille, so sagt er, ist ein Vorrecht der Macht.«

»O ja«, stöhnte Timothy. »Sie glauben gar nicht, wie viel ich ausgeben musste, um meine Wohnung einigermaßen zu isolieren. Die Welt ist unerträglich laut geworden. Aber habe ich nicht neulich Pferde auf einem Ihrer Monitore gesehen?«

»Schon möglich. Bentley hat sich eine Mustangherde für Seabridge machen lassen, auch ein paar Hasen, Eichhörnchen und Präriehunde. Doch sonst gibt es hier keine Tiere. Außer den Fischen, versteht sich.«

»Und wie kommt das?«

»Diese Bucht war von Aufständischen besetzt, bevor Nordkalifornien zurückerobert wurde. Man hat sie mit einer Neutronenbombe ausgeräuchert und dabei natürlich auch alle Tiere vernichtet. Da Seabridge hinter einem breiten Gürtel verbrannter Erde liegt, hat sich bislang keine neue Tierpopulation bilden können.« Sie schmunzelte. »Vorgestern jedoch habe ich im Wald einen Kuckuck gehört. Weiß der Kuckuck, wie er es bis hierher geschafft hat. Ich lege Futter für ihn aus; es gibt doch nicht einmal Insekten in Seabridge. Kommen Sie heute Abend mit, Tiny, vielleicht hören wir ihn.«

»Danke«, sagte Timothy. »Aber ich muss abreisen.«

»Warum?« Inger sah ihn verständnislos an.

»Ich muss ein paar Sachen recherchieren, die sich von hier aus nicht erledigen lassen«, erklärte Timothy. Was ging es Inger an, dass ihm speiübel geworden war.

8.

Timothy meldete sich beim Großen Bruder zurück, erstattete kurz Bericht und überspielte die Videoaufzeichnung, die er heimlich von Seabridge, dem Meer und der ISOLATION gemacht hatte. Anne hatte einen Haufen Fragen. Timothy lud sie zum Essen ein, zu gebratenem Hecht. Anne schlug die Einladung aus, das Sicherheitsrisiko sei zu groß.

Da Timothy das Bedürfnis hatte, mit jemandem, dem er vertrauen konnte, ausführlich über Seabridge zu schwatzen, rief er Smiley Hepburn an, und der sagte sofort zu, obwohl er sich nichts aus Fisch machte; Timothy servierte ihm ein paniertes Schnitzel mit Pfifferlingen und Röstkartoffeln.

»Ich hatte schon richtig Sehnsucht nach dir«, erklärte Smiley. »Sieht so aus, als ob ich mir auch eine Küche leisten müsste; die letzte Kneipe in unserem Viertel, in der noch richtig gekocht wurde, hat vorige Woche geschlossen. Ich bin ja nicht so verwöhnt wie du, aber alle Tage Automatenfraß, das verträgt nicht einmal mein Magen. Was ist mit Bentley, fällt da für mich was ab? Ich bin ziemlich pleite.«

»Ich auch«, sagte Timothy wütend.

»Du? Bei so einem Klienten? Sag bloß, der hat keinen Vorschuss herausgerückt.«

»Das ist es gerade«, erwiderte Timothy, »ich sitze ganz schön in der Klemme.«

Napoleon hatte Bentleys Überweisung sofort dazu benutzt, alle Fälligkeiten zu begleichen, nun war nicht mehr genug auf dem Konto, um den Vorschuss zurückzuzahlen, andererseits konnte Timothy jetzt keinen anderen Klienten annehmen. Sicher, es war nicht ungewöhnlich, dass ein Detektiv zwei oder mehr Fälle parallel bearbeitete, doch ein Bentley würde das nicht akzeptieren.

»Diese Bigbosse verlangen doch alle exklusive Behandlung«, sagte Timothy. »Bentley würde mich beschuldigen, dass ich den Samenbankraub deshalb nicht aufgeklärt habe, weil ich seinen Fall vernachlässigte, das kann mich die Lizenz kosten.«

»Wir müssen den Fall halt schnell lösen«, meinte Smiley, »dann sind wir beide aus der Klemme. Pass auf, Tiny, in ein paar Tagen schwimmen wir im Geld.«

»Wie denn? Keine einzige Spur am Tatort, dafür eine ungewisse Zahl unbekannter Mitwisser und etliche Dutzend Interessenten an diesem verdammten Sperma – nein, Smiley, es ist hoffnungslos.«

»Bestimmt handelt es sich um Erpressung, und dann –«

»Warum hat sich der Täter dann nicht schon gemeldet?«, unterbrach Timothy. »Glaube mir, Smiley, dahinter steckt eine ganz große Sache, viel zu groß für uns beide. Es ist praktisch unmöglich, die Kapsel aus dem Werkgelände herauszuschmuggeln, und doch hat man es geschafft. Wie, verdammt noch mal, wie? Ich kann nur auf ein Wunder warten. Aber sei unbesorgt, deine Finanzen können wir bei dieser Gelegenheit aufbessern. Ich engagiere dich hiermit für den Bentley-Fall.«

»Und was soll ich tun?«

»Nichts. Whisky trinken und mich trösten.«

Sie besoffen sich. Zielstrebig. Sie stellten »Prioritätenlisten« von Timothys Vorräten auf und begannen mit ihren Lieblingsschnäpsen. Timothy erreichte das Ende seiner Liste nicht mehr. Er erwachte mit einem furchtbaren Kater. Am

Nachmittag. Smiley war nicht mehr da. Er musste Timothy zu Bett gebracht haben, auf dem Bord lag ein Zettel mit zittriger Handschrift: »Du scheinst mächtig aus der Übung zu sein, alter Knabe. Ruf mich an, sobald du mich brauchst.«

Timothy schluckte Antimimon, nahm ein ausgiebiges Bad und dann ein noch ausgiebigeres Frühstück. Saufen machte ihn immer hungrig. Napoleon fragte, ob er die Untersuchungsergebnisse haben wolle. Timothy drehte ihm den Snarr ab. Er konnte unmöglich an so einem Tag auch noch Napoleons gestelztes Oxford-Englisch ertragen. Er gab den Befehl, ihm nie wieder ungefragt mit Bentley und seinem dreimal verfluchten Sperma zu kommen. Dann schloss er sich mit Schneewittchen im Mausoleum ein, wo ihn garantiert niemand stören konnte. Es dauerte lange, bis er der Sonic zarte, beruhigende Klänge entlocken konnte. Schneewittchen war einfach zu gut, sie reagierte auf seine feinsten Regungen.

Als Timothy zur »Stardust«-Bar hinauffahren wollte, um den Sonnenuntergang zu genießen, lag ein Stapel Anrufe im Output-Korb des Communicators. Inger hatte angerufen, das Fluggerät stünde abholbereit in Seabridge, inklusive Fluglizenz. Timothy zerriss wütend das Communic. Nie würde er die Prämie kassieren können.

Gleich drei Mitglieder der Familie Bentley baten um einen Termin. Der innerfamiliäre Nachrichtendienst schien gut zu funktionieren; wer weiß, wie hoch sie Opas Häschen bestechen mussten, um alle wichtigen Informationen zu bekommen. Timothy wollte die Anrufe zuerst unbeantwortet wegwerfen, dann überlegte er es sich anders und bestellte die drei für den nächsten Tag; zuerst Pride, den Kronprinzen, dann Judy und als letzten Griff, dessen Rang in der Bentley-Hierarchie er nicht wusste.

Der Kronprinz sah älter aus als sein Vater, obwohl er »nur« hunderteinundzwanzig Jahre zählte. Vielleicht hatte man ihn nicht in den »Club der Unsterblichen« aufgenommen? Timothy fragte unverblümt. Doch, er sei Clubmitglied, sagte Pride Bentley, aber er glaube nicht an Unsterblichkeit auf Erden, und sie interessiere ihn auch nicht. Er habe längst alle Lust am Leben verloren, und wenn er noch nicht Schluss gemacht habe, dann nur, weil er strenggläubig sei. Für ihn persönlich sei es auch unwichtig, ob es noch weitere Kinder seines Vaters gäbe, zumal er selbst keine Erben hinterlasse. Er sei nur an dem guten Ruf und der Ehre seiner Familie interessiert. Timothy glaubte ihm. Und versprach ein weiteres Mal, sein Bestes zu geben. Und akzeptierte eine Erfolgsprämie nach Wunsch; er handelte sie sogar auf einen Wert von 50 000 Dollar hinauf, um glaubwürdig zu sein.

Judy Bentley hätte ohne weiteres in den Harem ihres Urgroßvaters gepasst. Und sie erwies sich als genauso intelligent, habgierig und skrupellos, wie der Alte sie eingeschätzt hatte. Sie bot Timothy eine Million für die Kapsel. Timothy verriet ihr gratis, dass ihr Urgroßvater ganz genau wusste, was sie damit anfangen würde. »Und da er mein Klient ist«, sagte er, »werde ich natürlich ihm die Kapsel geben. Falls ich sie finde.«

»Sie werden sie finden«, sagte Judy überzeugt, »und Sie werden nicht so dumm sein und sie der Mumie aushändigen. Ich erhöhe mein Angebot auf zehn Millionen. Zahlbar, sobald ich das Kind geboren habe.« Sie warf Timothy eine Kusshand zu und rauschte hinaus.

Griff war einer von Bentleys Enkeln. Er stellte sich als »Bevollmächtigter der Erbengemeinschaft der Bentleys zweiten, dritten und vierten Grades« vor. Er verlangte nicht die Kapsel, ihm genügte es, wenn irgendjemand irgendwie, aus Versehen, versteht sich, dafür sorgte, dass der Inhalt »unverwendbar« würde. Timothy warf ihn hinaus. Er war wirklich entrüstet. Über den Preis: 20 000 Dollar! Was bildeten die sich ein, wie billig man einen Timothy Truckle kaufen konnte!

Da er wohl oder übel die Fiktion aufrechterhalten musste, intensiv an der Aufklärung des Samenbankraubs zu arbeiten, rief Timothy Direktor Crawford an und vereinbarte einen Termin, an dem man ihn abholen und ihm die Samenbank zeigen sollte. Dann gab er sich einen Ruck und setzte sich mit einer Flasche »Straight Bourbon of Kentucky« zu Napoleon. Irgendwann musste er ja doch etwas für einen ersten Zwischenbericht auswählen, dann lieber gleich.

Er hatte Mühe, etwas zu finden, was sie nicht schon in Seabridge bis zum Überdruss durchdacht hatten. Wie sollte es auch anders sein, Napoleon war ja kein Wundertäter. Zwei Gedanken sortierte Timothy aus; daraus ließ sich vielleicht etwas machen:

+ + warum hat sich der dieb noch nicht gemeldet und eine erpressung versucht? + erhöht sich der preis mit der zeit? + um wie viel? + + +

+ + wenn jemand lediglich einen weiteren erben verhindern wollte, warum wurde die kapsel dann nicht für mehr als eine minute aus dem kühlsafe genommen und anschließend zurückgestellt? + das brächte kein risiko mit sich. + + +

Die Flasche war fast leer und Timothy ziemlich voll, als er alles durchgearbeitet hatte und sich die »Schlussfragen« geben ließ. Napoleon musste auch bei den eindeutigsten und unzweifelhaftesten Ergebnissen das letzte Wort haben und noch eine Frage hinterherschicken, absurde Gedanken, wie sie nur einem elektronischen Gehirn entspringen können, das sich in seinem bornierten Drang nach Vollständigkeit keinen Gedanken versagt, eine unversiegbare Quelle unfreiwilligen Humors, die Timothy trotzdem ernst nahm. Denn, so sagte er, diese Welt ist so verrückt, dass man gar nicht verrückt genug denken kann, wenn man sie verstehen will. Tatsächlich hatte er schon ein paar Mal den Anstoß zur Lösung eines Falles aus diesen absurden Fragen bekommen. Dieses Mal hatte Napoleon nur eine einzige Nach-Denklichkeit anzubieten:

+ + wenn niemand die kapsel aus der samenbank bringen kann, ohne den inhalt zu vernichten, muss jemand die kapsel hinausgebracht haben, den der inhalt nicht interessiert + folglich ist am meisten verdächtig, wer sich am wenigsten für sperma interessiert + was aber will betty arfrey mit solch einer kapsel? + + n. + + +

»Wer, um Himmels willen, ist diese Betty Arfrey?«, schrie Timothy Napoleon an.

+ + siehe personalliste der allamerican, werk sotshire 5, samenbank, position 2197 + + n. + + +

9.

»Sind Sie das, der 'ne Putzfrau sucht?«, fragte Betty Arfrey. Sie blickte sich um, als wolle sie einschätzen, wie viel Arbeit sie erwarte. »Aber das sage ich gleich, Mister, ich will 'ne Garantie, wenn ich Ihretwegen den Job bei der All aufgeben soll.« Sie sah Timothy an. »Wie ist das? Der hier«, sie zeigte auf Smiley Hepburn, »hat mir versprochen, ich krieg 'nen Zehner, auch wenn wir nicht einig werden. Und die Rückfahrt.«

Timothy gab ihr einen Zwanzig-Dollar-Schein. Betty Arfrey war etwa dreißig, doch frühzeitig gealtert, und sie trug nur einen verwaschenen Kordjumper und Riemchensandalen.

»Setzen Sie sich, Betty«, sagte Timothy. »Was wollen Sie trinken? Tee, Kaffee, Fruchtsaft, Wein, Schnaps?«

Sie musterte Timothy. »Kies scheinen Sie ja zu haben, Mister. Reiche Verwandtschaft, was? Oder haben Sie etwa 'n Job? Na, geht mich ja nichts an. Haben Sie 'n gutes Wasser?«

Timothy nickte. Seit er den Eisberg-Fall aufgeklärt hatte, bekam er alle Wasser gratis, die in den Staaten gehandelt wurden.

»Welche Sorte trinken Sie denn am liebsten?«

»Weiß ich nicht. Einmal hab ich ›Niagara‹ getrunken oder so, Mann, das hat geschmeckt.«

»Eine Dose ›Niagara‹ schenk ich Ihnen, Betty. Zum Mitnehmen. Und jetzt bekommen Sie ›Arktis Frühschmelze‹, das ist das Beste vom Besten.« Smiley machte sich schon auf den Weg in die Küche.

»Wie ist das, Betty«, fragte Timothy, »sind Sie schon lange bei der ALLAMERICAN?«

»Bald zwanzig Jahre«, sagte sie stolz. »Aber bis vor 'nem halben Jahr in Werk drei. Ich hab mit zwölf bei der All angefangen. Opa hat mir den Job besorgt. Keinen Tag arbeitslos, Sie! Ist wie's Große Los, was? Ich meine, wo ich doch nie 'ne Schule besucht habe. Wozu auch? Wozu muss man heute noch lesen können, wo sie jetzt auch die Titel im Video ansagen. Sie können lesen, was? Rechnen kann ich. Bis tausend, das reicht allemal.«

»Sie sind Putzfrau, nicht wahr?«

»Spezialist! Ich meine, für die feineren Sachen, wo die Maschinen versagen.«

»Und wie werden die Kapseln saubergemacht?«, erkundigte sich Timothy.

Sie lachte. »Die werden doch nicht saubergemacht, Mister! Wozu auch? Die nehmen keinen Fleck und keinen Staub an. Können Sie sogar anfassen, nicht mal 'n Fingerabdruck zu sehen.«

»Und wo haben Sie die Kapsel?«, fragte Timothy beiläufig.

»Benny hat sie!« Sie legte erschrocken die Hand auf den Mund. »O weih!«

»Keine Angst, Betty«, sagte Timothy. »Wenn es irgend geht, soll die ALLAMERICAN nichts davon erfahren. Aber ich muss die Kapsel haben. Und ich will wissen, wie Sie sie herausgebracht haben.«

»Ach, das war nicht schwer. Leider. Sonst –« Sie unterbrach mitten im Satz, weil Smiley mit dem Wasser kam. Bevor sie sich eingoss, betrachtete sie ehrfürchtig das geschliffene Trinkglas. Dann kostete sie vorsichtig, schmatzte genüsslich und nahm einen langen Schluck.

»Darf ich mal?«, fragte sie. »Wenn ich Wasser trinke, muss ich immer gleich –« Smiley führte sie ins Bad.

»Ein armes Schwein«, erklärte er, als er wieder hereinkam. »Das Loch, das sie Wohnung nennt, möchte man seinem ärgsten Feind nicht zumuten. Und wenn es rauskommt, dass sie es war –«

»Muss das rauskommen?« Timothy blickte Smiley nachdenklich an. »Hauptsache, die Kapsel ist wieder da. Und unbeschädigt.«

Betty Arfrey steckte den Kopf durch die Tür und vergewisserte sich, ob sie hier richtig war. »Mann«, sagte sie, »det Bad und drin wohnen!«

»Wenn Sie Lust haben, dürfen Sie nachher ein Bad nehmen«, sagte Timothy. »Passen Sie auf, Betty, warum drum herumreden, ich brauche keine Putzfrau. Ich brauch nur die Kapsel. Warum haben Sie sie mitgenommen?«

»Für Benny. Weil's doch so silbern ist. Benny, müssen Sie wissen, liebt alles Glänzende. Das ist das Einzige, woran er noch Spaß hat, seit dem Unfall. Querschnitt. Nu liegt er 'n ganzen Tag im Bett, und im Kopp ist er auch nicht mehr richtig.« Sie schluchzte. »Und bei der nächsten Kontrolle werden sie ihn mir wegnehmen und annullieren. Und er ist doch erst fünf. Und da hab ich mir gedacht, da soll er wenigstens das halbe Jahr noch –«

Timothy streichelte beruhigend ihre Hand.

»Und dann stand der Schrank offen. Ich kann ihm doch so was nicht kaufen. Und ich hab doch auch nur von der vierten Wahl genommen, was die nie brauchen. Ich meine, die haben doch Millionen davon; wenn da eine fehlt … Meinen Benny aber macht es glücklich.«

Timothy stand auf und holte aus dem Bad einen Handspiegel mit verchromtem Griff. »Ob der Benny gefallen würde?«

»Ist das Ihr Ernst, Mister?«

»Wer passt jetzt auf Benny auf?«

»Die Nachbarin.«

»Ich mach Ihnen einen Vorschlag, Betty. Mein Freund fährt sofort in Ihre Wohnung und tauscht die Kapsel gegen diesen Spiegel aus. Sie geben für die Nachbarin ein paar Worte mit, dass das okay geht. Sie bleiben hier und nehmen inzwischen ein Bad. Ist die Kapsel unbeschädigt?«

»Klar. Die kriegt doch keiner auf!«

»Wenn ich die Kapsel habe, bekommen Sie ein paar tausend Dollar, genug für ein Stück Acker und eine Hütte auf dem Land. Weit weg von Chicago. Vielleicht kommt da nie eine Kontrolle hin.«

»Sind Sie so 'ne Art Superman, der für die Armen eintritt?«, fragte sie mit großen Augen.

»Ja, so was Ähnliches«, sagte Timothy.

»Und Sie dürfen nicht darüber sprechen«, ergänzte Smiley.

»Ich weiß«, sagte sie. »Ich seh doch all die Serien im Video. Wenn man quatscht, ist alles wieder futsch.«

Während Betty Arfrey im Bad saß, rief Timothy bei Griff Bentley an. »Sie waren so freundlich, mir zwanzigtausend Dollar anzubieten für wohltätige Zwecke.«

»Ich verstehe wohl nicht richtig?«, erwiderte Griff Bentley.

»Ich hoffe, Sie verstehen mich richtig«, sagte Timothy. »Wenn Sie mir sofort das Geld bringen, dann könnte es sein, dass irgendjemand irgendwie, ganz per Zufall, versteht sich, damit sehr glücklich gemacht werden könnte.«

»Bin schon unterwegs«, rief Griff Bentley.

Timothy ließ sich mit Pride Bentley verbinden. Der Kronprinz sah aus, als wäre er über Nacht um ein weiteres Jahr gealtert.

»Ich möchte mit Ihnen über die Modalitäten der Prämie sprechen«, erklärte Timothy.

»Sagen Sie bloß, Sie haben die Kapsel? Wo ist sie? Wer hat sie gestohlen? Und wie?«

»Das werde ich gegebenenfalls Ihrem Vater erklären. Wenn er es für richtig hält, soll er Sie informieren. Bleibt es bei Ihrem Angebot?«

»Mein Wort ist sicherer als ein Scheck der Nationalbank«, erklärte Pride Bentley. »Wollen Sie es in bar oder auf Ihr Konto?«

»Kein Geld«, sagte Timothy. »Als gläubiger Christ wird Ihnen die Geschichte von Old Noah bekannt sein. Wenn ich aus der Bibel zitieren darf: ›Von allen lebenden Wesen, von allem Fleisch, sollst du zwei von allen in die Arche aufnehmen, damit sie dir am Leben bleiben, ein Männchen und ein Weibchen soll es sein.‹ «

»Prophezeien Sie eine neue Sintflut?«, fragte Bentley spöttisch.

»Die Erde wäre reif dafür«, antwortete Timothy, »aber ich will keine Arche bauen, und ich will auch nicht von allen Tieren ein Männchen und ein Weibchen.«

»Dafür würden fünfzigtausend Dollar kaum reichen«, warf Bentley ein.

»Aber vielleicht für zwei Elefanten und zwei Löwen und zwei Giraffen? Nicht für mich, für den Zoo. Was ist ein Zoo ohne Elefanten, Löwen und Giraffen?«

Bentley lachte. »Das würde weit über hunderttausend Dollar kosten, außerdem fertigen wir keine Einzelstücke und Kleinserien, tut mir leid, Mister Truckle.«

»Da will man nun mal etwas für die Allgemeinheit tun –«

Timothy seufzte. »Okay, wenn Sie mir nicht zu lebenden Tieren verhelfen können, dann vielleicht zu toten?«

»Wie meinen Sie das?«

»Meine Beziehungen zu CHALLENGERS und der WILDCAT ILLINOIS & MISSOURI GAME sind abgebrochen; ich habe große Probleme mit meinem Speisezettel.«

»Sie stehen ab morgen auf der Liste der Dauerkunden, Mister Truckle. Sind Sie an Hammelfleisch interessiert?«

Timothy nickte eifrig.

»Wir schlachten einmal im Monat für die Familie. Ich werde dafür sorgen, dass Sie jedesmal einen Hammel geliefert bekommen.«

»Ich denke, Sie fertigen keine Kleinserien?«

»Was glauben Sie, wie groß die Bentley-Familie ist. Und der Kreis unserer Freunde.« Bentley stöhnte. »Und das Geld – verzichten Sie?«

»Ich möchte Sie nicht beschämen, Mister Bentley, überweisen Sie es in Gottes Namen.«

»In meinem Namen! Darf ich Sie jetzt auch einmal auf ein Zitat verweisen, Mister Truckle: ›Du sollst den Namen des Herrn, deines Gottes, nicht unnützlich führen, denn der Herr wird den nicht ungestraft lassen, der seinen Namen missbraucht.‹ Sie finden es im Kleinen Katechismus. Ich hoffe doch, Sie haben nicht nur eine Kassette des Alten Testaments?«

Timothy verriet nicht, dass er nicht nur die ganze Bibel, sondern sogar eine Prachtausgabe aus dem 17. Jahrhundert besaß.

10.

Inger erwartete Timothy am Helikopter. Als er die Taschen abstellte, um sie zu begrüßen, nahm sie ihn in die Arme, drückte ihm einen Kuss auf den Mund und schwenkte ihn im Kreis.

»Ach, Tiny«, rief sie, »ich liebe Sie!«

»Fast möchte ich es glauben«, antwortete Timothy. »Ich

wäre Ihnen aber trotzdem sehr verbunden, wenn Sie mich wieder auf den Boden der Tatsachen zurückkehren ließen.«

Natürlich wollte Inger sofort und ganz genau informiert werden, und sie zog einen Flunsch, als sie zu hören bekam, dass Timothy nur seinen Klienten das Recht einräume, über die Informationen zu verfügen. Timothy war auch dagegen, Bentley zu wecken. Er wollte erst einmal schwimmen. Und den »Monofly« ausprobieren.

Er genoss das Meer wie bei seinem ersten Besuch. Schon auf dem Flug nach Chicago hatte er mit sich gehadert, weil er so überstürzt abgereist war. Wenn er alle Orte meiden wollte, an denen einmal Menschen ermordet oder gequält worden waren, wo gab es dann noch einen Platz für ihn? Jeder Zentimeter dieses Planeten war irgendwann einmal mit Blut getränkt worden, und waren nicht die Sklaven des Altertums und die aufständischen Bauern des Mittelalters, die Indianer und Negersklaven und die Ausgebeuteten aller Zeiten ebenso seine Brüder wie die Guerillas des 21. Jahrhunderts?

Das Fluggerät sah aus wie einer dieser altertümlichen Tornister, und es wurde auch so auf den Rücken geschnallt. Der »Monofly« war kinderleicht zu bedienen. Er arbeitete nach dem alten Prinzip der Luftstaudüsen, nur nahezu lautlos, die Servomotoren wurden von Atombatterien angetrieben. Inger winkte aufgeregt zu Timothy hinauf, er solle wieder zur Erde zurückkommen. Timothy landete vor ihren Füßen.

»Haben Sie etwa Angst, dass ich Ihnen davonfliege?«, fragte er.

»Das Wetter schlägt um. Horchen Sie, Tiny!«

Vom Waldrand her klangen spitze, schrille Schreie.

»Unsere Eichhörnchen«, erklärte Inger. »Sie fühlen Witterungsumschläge und schreien, wenn ein Unwetter bevorsteht.«

»Hoffentlich keine Sturmflut.« Timothy blickte besorgt aufs Meer.

»Dann wären sie schon geflüchtet. Eichhörnchen wandern vor einer Überschwemmung in höher gelegene Gebiete ab.

Während andere Waldtiere vom Wasser überrascht werden, bringen sie sich immer in Sicherheit.« Inger zeigte auf die Wolken über dem Wald. »Es wird Sturm geben, und das heißt hier zumeist Regen, und Regen, der von Land kommt, kann radioaktiv sein.«

»Was für eine Welt!«, seufzte Timothy. »In den guten alten Zeiten musste man sich in den Paradiesen nur vor Schlangen in Acht nehmen!« Er ließ sich ein Stück steigen, so dass er Kopf an Kopf mit Inger zum Cottage schweben konnte. »Ein herrliches Gefühl«, sagte er. »Sie sollten es auch mal probieren.«

»Ich habe es längst ausprobiert«, gestand sie, »und ich beneide Sie, Tiny. Warum darf nicht jeder so ein Ding haben? Abhauen kann doch dank der ISOLATION ohnehin keiner.«

»Erstens«, antwortete Timothy, »sind unsere Behörden grundsätzlich misstrauisch gegenüber jeder Form von individueller Freiheit. Zweitens könnte es ja sein, dass die DRAUSSEN doch diesen oder jenen durch die ISOLATION lassen. Vor allem aber hat man wohl Angst vor einem unkontrollierbaren Luftverkehr.«

»Unkontrollierbar?« Inger lachte. »Warum, glauben Sie, wurde das Gehäuse nicht aus Plast, sondern aus unnötig schwerem und teurem Metall hergestellt? Doch nur, damit das Gerät auf den Radar- und Sonarschirmen zu erkennen ist.« Timothy nahm sich vor, das sehr schnell zu ändern. Er musste verdammt aufpassen, dass der böig auffrischende Sturm ihn nicht wegwehte. Das Meer wechselte seine Farbe von Perlmuttgrau zu Quecksilberschwarz. Das Cottage war jetzt hermetisch gegen die Außenwelt abgeschlossen; sie mussten eine Luftschleuse benutzen, um in das Haus zu kommen.

Bentley erwartete Timothy in seinem Zimmer. Er tat so, als sei er nicht im Geringsten neugierig. Er lag in seinem Sessel vor der gläsernen Wand und sah auf das Meer hinaus. Über dem Strand wurden die Wolken von einem Sog in die Höhe gerissen. Durch den Schleier des feinen Nieselregens sah man, wie sich die Sonnenstrahlen in der ISOLATION brachen und Lichtpünktchen in allen nur denkbaren Farben wie aus einem horizontweiten Prisma sprühten.

»Man könnte es schön finden«, sagte Bentley leise, »wenn es nicht das Ende der Welt bedeutete, unser Gefängnis. Ich wollte immer mal zum Mond, und vor hundert Jahren schien das nicht unmöglich. Ich habe viel Geld in die Raumfahrt investiert. Eines Tages, sagte ich mir, wird es so einfach sein, dass jedermann mitfliegen kann. Wer hätte gedacht, dass wir dann keine Raumfahrt mehr haben dürfen.«

»Und nicht einmal mehr Informationen über das, was sich im Raum tut«, sagte Timothy. »Vielleicht sind längst Menschen auf dem Saturn gelandet?«

»Nur auf dem Mars, Mister Truckle. Sind Sie an Raumfahrt interessiert? Inger könnte Ihnen den entsprechenden Sektor des ›Special News Service‹ zugänglich machen.«

»Der Vogelflug reicht mir«, sagte Timothy. »Ein wunderbares Gerät. Weiß die UNIVERSAL eigentlich, für wen der ›Monofly‹ bestimmt war?«

Bentley lachte. »Weil Sie denen damals die Sache mit dem schweren Gold vermasselt haben? Nein. Es hat sie auch nicht zu interessieren. Ich will es haben, das genügt. Auf unserer Ebene fragt man nicht mehr.« Er vertiefte sich wieder in das Schauspiel der Natur vor dem Fenster, irgendwann drehte er sich um. »Was halten Sie von einem Jasminblütentee, Mister Truckle? Davon hätten wir beide etwas: Sie den Tee und ich den Duft. Ich liebe das Aroma von Jasmin.«

Erst als er sich die Teeschale unter die Nase hielt, fragte Bentley nach seinem Samen. »Ich will keine Details«, sagte er, »vielleicht später einmal. Jetzt will ich nur wissen: Ist die Kapsel unbeschädigt? Unbenutzt? Wer war der Dieb? Was waren seine Motive?«

Timothy hatte sich also umsonst vorbereitet! Er hatte die vergangenen drei Wochen nicht nur gefaulenzt; nachdem er mit Napoleon die Varianten gecheckt und sich entschieden hatte, nicht sofort zu Bentley zu fahren, nicht auf Genialität zu machen – nicht nur! –, sondern auch unermüdlichen Fleiß und komplizierte Kleinarbeit vorzutäuschen. Schon um das Honorar für Smiley zu rechtfertigen, hatte er sich eine lange Geschichte ausgedacht, was er angeblich alles unternommen hatte, um den Samenbankraub aufzuklären.

»Mir soll es recht sein«, sagte er, »machen wir es kurz, wenn auch nicht schmerzlos. Die Kapsel ist unbeschädigt, doch Sie werden trotzdem nie wieder Kinder haben, es sei denn –«

Bentley kicherte. »Das ist lange vorbei, Mister Truckle. Wie lange!«

»Das Sperma wurde unsachgemäß transportiert«, fuhr Timothy fort. »Der Dieb hat sich auch gar nicht für den Inhalt interessiert, ein Underdog, der nur von dem silbernen Glanz der Kapsel verführt wurde. Leider ist mir ein Missgeschick unterlaufen.«

Bentley stellte die Teeschale mit hartem Knall auf den Servicewagen und blickte misstrauisch herüber. Timothy holte die Samenkapsel aus der Jackentasche und reichte sie ihm.

»Wie Sie sehen, ist sie ungeöffnet. Aber in meinem Eifer, sie sicherzustellen, war ich einen Augenblick unaufmerksam, und der Täter ist mir entwischt. Ich könnte ihn natürlich suchen, wenn Sie das möchten.«

Bentley antwortete nicht. Er starrte auf die Kapsel. Er hielt sie zwischen den ausgetrockneten Fingern, als sei sie das teuerste Stück seiner Porzellansammlung.

»Ein Underdog?«, fragte er schließlich. »Wie absurd! Ein Underdog stiehlt den kostbarsten Schatz eines der mächtigsten Männer der Erde aus dem bestbehüteten Bankgebäude der Staaten.« Er schüttelte müde den Kopf. »Lassen Sie ihn laufen. Wozu Mühe auf solch einen Untermenschen verwenden. Erzählen Sie Inger, wie es geschehen ist und was unternommen werden muss, um einen weiteren Diebstahl zu verhindern. Für alle Fälle.«

»Mir scheint nicht, dass die Samenbank der ALLAMERICAN das bestbehütete Bankgebäude der Staaten ist«, wandte Timothy ein, »gegen Terroranschläge, zum Beispiel, ist sie geradezu fahrlässig schlecht geschützt, wenn man bedenkt, dass sie die einzige Institution dieser Art ist.«

»Nicht nötig«, sagte Bentley. »Die Unternehmen haben

sich geeinigt, keine Terroranschläge auszuüben. Für private Gangster wäre es unsinnig, es gibt nicht einmal einen schwarzen Markt für Tier-Sperma. Und der UNDERGROUND?« Bentley lachte. »Die Guerillas würden die Letzten sein, die die Samenbank in die Luft jagen. Ganz im Gegenteil, die NSA hat Informationen, dass die Herren Revolutionäre heimlich die Samenbank bewachen. Diese Weltverbesserer sind doch unverbesserliche sentimentale Träumer. Sie glauben, dass sie eines Tages die Macht übernehmen, und wollen die Samen für ihre ›bessere Welt‹ sicherstellen. Nein, Mister Truckle, die würden die Samenbank notfalls mit ihrem Leben verteidigen. Das ist in der Tat einer der sichersten Orte der Staaten. Deshalb habe ich auch meinen privaten Safe im untersten Kellergeschoss – der allerdings ist eine unangreifbare und sogar kernwaffensichere Festung.« Bentley ließ seinen Sessel zur Wand gleiten und stellte die Samenkapsel auf ein Bord voller silberner Gefäße, die Timothy für Sportpokale hielt, wie sie vor hundert Jahren noch üblich waren.

»Was Tiere anbetrifft«, sagte Timothy, »bin ich auch ein sentimentaler Phantast.« Er gestand Bentley, was für eine Prämie er sich von seinem Ältesten erbeten hatte.

»Aber Sie würden sich nie mit den Banditen vom UNDERGROUND gemein machen«, sagte Bentley, »nicht einmal für Tiere. Sie sind einer von uns. Ich mag Sie, Timothy. Leider wird es wohl eine Weile dauern, bis der Strand gereinigt ist. Aber kommen Sie wieder, wann immer Sie wollen. Für heute Abend lade ich Sie zu einem Festessen ein. Sie werden mich sicher entschuldigen; ich setze mich schon seit vielen Jahren nicht mehr an die Tafel. Aber meine Bunnies werden Ihnen Gesellschaft leisten. Bitte fühlen Sie sich wie zu Hause.

Jennifer hatte Timothy zu Ehren das Krönungsmahl Edward I. nachgekocht. Das Essen zog sich bis weit nach Mitternacht hin. Als Timothy schließlich beschwipst und in bester Laune im Bett lag, ging die Tür auf. Audrey und Jennifer schlüpften kichernd herein, warfen ihre Kombinationen ab, rissen Timothy die Bettdecke weg und legten sich zu ihm, Jennifer links, Audrey rechts. Timothy schloss die Augen und gab sich ihren zärtlichen Lippen und Fingern hin. Warum, zum Teufel, sollte er Bentleys Einladung nicht annehmen. Plötzlich schoss ihm ein Gedanke durch den Kopf. Vielleicht hockte die alte Mumie jetzt vor einem Bildschirm und verfolgte die Liveübertragung aus diesem Zimmer? Nein, dachte Timothy, das wäre entschieden zu viel der guten Dienste! Er warf die beiden Mädchen hinaus.

»Tut mir leid, Herzchen«, sagte er, »aber das werdet ihr verstehen: Ich bin frisch verliebt, und da kann ich mein Mädchen nicht einmal mit euch betrügen.«

Inger empfing ihn am nächsten Morgen mit glänzenden Augen und einem zärtlichen Kuss, und als der verwirrte Timothy ihr zusah, wie sie Kaffee eingoss und Toast für ihn butterte, wurde sie tatsächlich rot. Sie sprach kein Wort; erst als Timothy sich zurücklehnte und seinen Bauch streichelte, forderte sie ihn auf, endlich zu verraten, wie es dem Dieb gelungen sei, die Kapsel mit Bentleys Sperma aus der Samenbank herauszuschmuggeln.

»Die alte Geschichte«, sagte Timothy, »je komplizierter ein System, desto banaler die Fehlerquellen. Nehmen wir nur die Putzfrauen: Man hat sich so daran gewöhnt, dass sie die Essenreste in einem Thermosbehälter mit nach Hause nehmen, dass niemand mehr diese Behälter kontrolliert. Und wer verdächtigt in solch einem Fall einen Underdog, Sie etwa?«

»So einfach war das? Eine Putzfrau?« rief Inger. »Aber warum tat sie es? In wessen Auftrag?«

»Ohne Auftrag. Nur weil es ›doch so schön silbern ist‹ – als Spielzeug für ihren gelähmten und halbirren Jungen.«

»Das kann doch nicht wahr sein!«, schrie Inger, dann brach sie in schallendes Gelächter aus. »Das ist der Supergag! Old Bentleys Samen als Spielzeug für ein debiles Underdog-Gör. Das geschieht dem impotenten geilen Greis ganz recht.« Sie hielt sich erschrocken den Mund zu. »Hoffentlich hat das niemand gehört.«

Inger brachte Timothy nicht nur zum Flugfeld, sie begleitete ihn bis Winnemucca.

»Am liebsten würde ich gleich mit nach Chicago kommen«, sagte sie zärtlich und lehnte ihren Kopf auf Timothys Schulter. »Als ich dich kennenlernte, Tiny, verspürte ich nur eine spontane Zuneigung, jetzt aber habe ich mich richtig in dich verliebt.«

»In mich?«, fragte Timothy. »Wie, um Himmels willen, denn das?«

»Erstens«, erklärte Inger, »hast du dir von all den vielen Büchern ausgerechnet ›Alice im Wunderland‹ ausgesucht, zweitens – da kannst du mir nichts vormachen – hast du dieses arme Schwein von Putzfrau entkommen lassen, drittens, du hast Jennifer und Audrey aus dem Bett geworfen, und welcher Mann bringt so viel Charakterstärke auf, selbst wenn er ›frisch verliebt‹ ist? In wen eigentlich, Tiny?«

»Vielleicht bin ich nur impotent?«, meinte Timothy.

»Das weiß ich besser.« Inger schmunzelte.

»Sag bloß, du hast mich belauscht!«

»Ich bin verliebt«, sagte sie, »das heißt, ich bin eifersüchtig.«

»Wir wären ein komisches Paar«, erklärte Timothy. »Vergiss es.«

»Alles werde ich vergessen«, erwiderte Inger, »sogar, dass du nicht nur deinen ›Monofly‹ eingepackt hast, sondern auch eine Tauchermaske und zwei Dosen Spray, nur dich nicht. Ich besuche dich bald.«

»Okay, okay«, sagte Timothy, »aber melde dich vorher. Sonst denke ich am Ende, du bist ein Dieb, und empfange dich mit einem Rayvolver in der Hand.«

»Ich bin ein Dieb«, sagte Inger, »und ich weiß schon, was ich dir stehlen will, deinen –«

»Pst!«, machte Timothy: »Wer weiß, wer hier alles lauscht.«

Das Orakel von Queens

1.

Der Notruf gellte wie eine Sirene durch alle Räume, die Lämpchen über den Türen flackerten rot: Polizei. Timothy stürzte auf den Flur. Der Monitor zeigte einen Mann in Zivil, der im Stakkatotempo seinen Polizei-Coder in den Schlitz des Communicators stopfte und wieder herauszog. Timothy warf einen Morgenmantel über und riss die Tür auf, damit endlich dieses entsetzliche Heulen aufhören sollte, das auch einen Toten hätte wecken können. Der Polizist sah ihn nur kurz an, dann nickte er.

»Sie sind Truckle, was? Timothy Truckle. Ich soll Sie sofort zum Commissioner bringen.«

»Zu Maroon?« Timothy überlegte krampfhaft, was vorliegen konnte, Momsen Maroon zählte weiß Gott nicht zu seinen Freunden.

»Nein, zum Commissioner von Illinois«, sagte der Polizist. »Aber dalli!«

Was hatte er beim Chef der Staatspolizei zu suchen? Einen Klienten bestimmt nicht. Timothy grübelte. Irgendwas war mit Mel Saunders gewesen, doch was? Der Polizist ließ ihm keine Zeit, Napoleon zu fragen, er beobachtete argwöhnisch, wie Timothy sich anzog. Timothy musste froh sein, dass man ihm Zeit für einen Kaffee ließ.

»Ich soll Sie nicht verhaften«, erklärte der Polizist, »nur sofort hinbringen, das schließt einen Schluck Kaffee wohl nicht aus. Wenn ich auch einen bekomme.«

»Was Sie wollen. Wie ist es mit einem Schnaps?«

»Im Dienst nie«, sagte der Polizist und streckte die Hand aus. Timothy gab ihm eine Flasche »Kansas-Bourbon«, die man ihm aus Versehen geliefert hatte; diesen Rachenputzer konnte man nur einer Bullenkehle zumuten.

Sie flogen in einem Patrouillencopter, doch nicht zum Hauptquartier in der 37. Straße, sie nahmen Kurs auf eines der Hochhäuser am Südrand der Stadt, und sie landeten nicht auf dem allgemeinen Flugdeck, sondern vor einem Penthaus im Stil der Bergbungalows, wie sie um die Jahrhundertwende von ein paar Superreichen auf den Gipfeln der Rocky Mountains errichtet worden waren, bevor diese unbewohnbar wurden. Das Penthaus musste ein Vermögen gekostet haben, von der Miete für den Standort ganz zu schweigen; oberhalb der absoluten Smoggrenze war jeder Quadratmeter so teuer, dass man ihn mit Gold hätte pflastern können. Woher hatte ein Polizeibeamter so viel Geld?

Es war nicht Mel Saunders, der Timothy erwartete, sondern die Bachstelze! Deborrah Johnson trippelte mit geöffneten Armen auf ihn zu, ihr Mund lächelte süß, und ihre Hängebäckchen und das Dreifachkinn wippten. Timothy streckte ihr schnell beide Hände hin, aus Angst, sie könne ihn umarmen und an ihre massigen Brüste drücken.

»Herzlich willkommen«, sagte sie. »Wie oft habe ich Sie zu mir eingeladen, Tiny, aber ich muss Sie erst von einem Polizisten kidnappen lassen, damit Sie mich besuchen.«

Timothy lächelte verlegen. Es war entschieden zu früh für ein Kompliment, das von der Bachstelze nicht falsch aufgefasst werden konnte. Er sagte es ihr.

»Ich habe Sie nicht zu mir gebeten, damit Sie Süßholz raspeln«, erwiderte sie. »Kommen Sie rein. Ich habe Kaffee gemacht, und mein Whisky-Vorrat ist sicher nicht viel schlechter als der Ihre.«

»Ich wusste, dass Sie reich sind«, sagte Timothy, »aber ich hatte keine Ahnung, dass Sie so reich sind!«

Die Bachstelze führte ihn vor ein Ölgemälde, das Porträt eines arglos lächelnden Mannes mit einer Kolbennase.

»Das habe ich alles Big Lyndon B.* zu verdanken«, erklärte sie. »Wussten Sie nicht, dass er mein Urgroßvater war?«

»Das schon, nur – er hatte doch so gut wie kein Vermögen, als er Präsident wurde. So habe ich es zumindest gelernt.«

»Ja, als er es wurde!« Die Bachstelze schmunzelte. »Und seine Nachkommen haben das Vermögen fleißig vermehrt.

* Big Lyndon B. = der Große Lyndon B.: Gemeint ist Lyndon B. Johnson, Präsident der USA von 1963 bis 1969.

Und ich bin die Letzte der Johnsons. Leider. Unser Zweig wird aussterben.«

Timothy konnte sich die Bachstelze auch schlecht als Mutter vorstellen. Nicht weil sie schon fast fünfzig zählte, sondern weil sie auf ihrem Weg buchstäblich durch Blut und Schmutz gewatet war; ihr matronenhaftes Äußeres und ihr mütterliches Gehabe waren nur Maske. Timothy hatte von Augenzeugen gehört, wie brutal und grausam die Bachstelze sein konnte, und er fragte sich immer wieder, warum sie gerade ihn so wohlwollend behandelte.

»Wollen Sie mir gar nicht zum Commissioner gratulieren, Tiny?«, fragte sie.

»Natürlich. Entschuldigen Sie bitte, Debby!« Timothy neigte ehrfürchtig den Kopf. »Das nächste Mal, denke ich, werden Sie mich als Gouverneur empfangen. Sie haben das Zeug dazu! Eine stolze und progressiv beschleunigte Karriere: zehn Jahre Polizeipräsident von Chicago, zehn Monate Detektiv-Chief von Illinois, jetzt noch zehn Wochen als –«

»Pst!« Die Bachstelze legte mit kokettem Lächeln den Finger auf die Lippen. »Nicht beschreien, Tiny!«

»Sind Sie etwa abergläubisch?«

»Sie etwa nicht?«, fragte die Bachstelze zurück. »Womit wir beim Thema sind. Setzen Sie sich. Erst die Arbeit, dann das Vergnügen. Nachher zeige ich Ihnen meine Gemäldesammlung.«

Der Kaffee war gut, die Whisky-Auswahl nicht schlechter. Timothy dankte, als die Bachstelze ihm einen »Old Finch« eingießen wollte; auch dafür sei es noch zu früh.

»Es ist fast Mittag«, rief die Bachstelze. »Ich habe Sie neun Stunden schlafen lassen, das dürfte wohl reichen. Oder sind Sie nicht gleich zu Bett gegangen?«

»Lassen Sie mich etwa beobachten?«

»Ich wollte nur wissen, wann Sie wiederkommen. Ich hatte bei den Bentleys angerufen, dort sagte man mir, Sie seien auf dem Weg nach Chicago.« Sie sah Timothy lauernd an. »Wo waren Sie eigentlich?«

Timothy machte unschuldige Augen und breitete die Arme aus. »Sie wissen doch –«

»Ja, ja, Ihre berühmte Diskretion. Man kann auch zu diskret sein, Tiny, zu den falschen Leuten und zum falschen Zeitpunkt. Was muss ich bieten, damit Sie mir verraten, wo die Mumie sich aufhält?«

»Nicht einmal Sie wissen das?«

»Selbst die Macht der NSA endet an den Inneren Reichen der Bigbosse, so heißt es.« Ihr Lächeln verriet, dass sie nicht daran glaubte. »Also, verraten Sie es mir?«

»Ich werde darüber nachdenken«, sagte Timothy. »Wenn, dann nicht hier.«

»Sie können getrost sprechen«, sagte die Bachstelze, »ich werde nicht abgehört.«

»Aber Sie könnten, aus Versehen natürlich, eine Aufzeichnung machen und mich damit in die Hand bekommen, nicht wahr? Ein indiskreter Detektiv ist erpressbar. Oder erledigt. Ist das alles, was Sie von mir wollten?«

»Das war nur eine Frage am Rande. Sie haben sicher vom ›Orakel von Queens‹ gehört, der ›Queen of Queens‹.«*

Timothy hatte keine Ahnung, wovon sie sprach. »Allein in unserer Stadt gibt es Tausende von Wahrsagern aller Schattierungen«, sagte er, »von Handlesern und Kartenschlägern bis zu Kybernetik-Astrologen und Computer-Futurologen; ich interessiere mich, ehrlich gesagt, nicht sehr für Okkultismus.«

»Das sollten Sie aber, Tiny, der Okkultismus ist eines der faszinierendsten Phänomene unserer Zeit: Je wissenschaftlicher die Welt, desto abergläubischer die Menschen, ein verblüffendes Paradoxon. Ja, wenn es nur die Underdogs wären, aber es scheint so, dass vor allem die Gebildeten von Jahr zu Jahr mehr dem Okkultismus anhängen.«

»In einer Welt, in der alles und jeder von Elektronengehirnen berechnet und erfasst wird und doch immer wieder das Unvorhergesehene mit elementarer und unberechenbarer Gewalt einbricht, scheint mir das nicht verwunderlich.«

»Ja«, sagte die Bachstelze nachdenklich, »der Mensch sucht Gewissheit. Wer ist frei davon?«

»Vielleicht ist es eher Wahrheit, was die Leute suchen?« gab Timothy zu bedenken. »Es heißt ja auch ›Wahr‹sager!

* Queens = einer der Skyscraper von Chicago. Queen = Königin.

Vergessen Sie nicht, dass wir in einer Welt des Scheins leben, in der nichts so ist, wie es sich darbietet, und schon gar nicht so, wie es von ihm behauptet wird. Nehmen Sie einen beliebigen Satz, ob nun aus der Werbung oder den Nachrichten oder den offiziellen Verlautbarungen – können Sie, ohne zu zögern, behaupten, dass er stimmt? Gibt es überhaupt noch eine öffentlich zugängige Information, die nicht manipuliert wurde, sei es nun von den Regierungsstellen, den Firmen oder den Interessengruppen? Wohl noch nie haben sich so viele, so hochqualifizierte Leute damit befasst, die Wahrheit zu verschleiern oder wenigstens zu verdrehen: Die Vergangenheit hat uns eingeholt: ›Mundus vult decipi – ergo decipiatur!‹ Das ist das erste Gebot unseres Jahrhunderts.« Die Bachstelze sah ihn misstrauisch an.

»Ein über zweitausend Jahre alter lateinischer Spruch: ›Die Welt will betrogen sein – also betrügen wir sie!‹ Wenn ich in den Nachrichten höre, dass heute Dienstag ist, sehe ich erst einmal auf dem Kalender nach, ob es auch stimmt.«

»Heute ist Mittwoch«, sagte die Bachstelze lächelnd. »Seien Sie nur vorsichtig mit solchen Äußerungen, Tiny!«

»Na, ist doch wahr!«, brummte Timothy. »Jeder weiß das.«

»Auch die Verbreitung von wahren und nicht geheimen Informationen kann strafbar sein, wenn sie zum Schaden des Staates geschieht«, zitierte die Bachstelze.

»Vielleicht ist das der Grund, warum so viel gelogen wird«, sagte Timothy. »Wer weiß schon, ob eine Wahrheit ihm nicht später einmal als staatsgefährdend angekreidet wird! – Die Verbreitung von unwahren Informationen zum Nutzen des Staates wird aber nicht verfolgt, oder?«

Die Bachstelze grinste. »Gibt es ein besseres Mittel gegen zu gutes, also gefährliches Wissen als gezielte falsche Informationen?«

»Also was ist mit Ihrer Königin der Königinnen?«

»Sie ist eine Schwindlerin – natürlich ist sie das! –, aber eine besonders erfolgreiche und besonders gefährliche. Und Sie, Tiny, sollen sie entlarven.«

»Warum?« Timothy griff nun doch nach der Flasche »Old Finch«. »Warum gerade ich? Und warum gerade diese eine Schwindlerin?«

»Ist es nicht Grund genug, dass ich Sie bitte?«

»In der Tat. Einem Commissioner schlägt man keinen Wunsch ab. Aber etwas mehr müsste ich doch wissen.«

»Alles, was Sie wollen! Sie sollen jede Information bekommen, die Sie benötigen, jede! Notfalls lasse ich sogar den Central-Computer für Sie arbeiten.« Die Bachstelze stand auf und trippelte durch den Raum. »Beauty Kovacs, so heißt sie wirklich, ist eine Zigeunerin, Abkömmling ungarischer Einwanderer, aber sie spricht weder Ungarisch noch die Zigeunersprache, und sie ist auch nicht hundert Jahre alt, wie sie behauptet – und wie sie aussieht, ich nehme an, sie hat sich künstlich altern lassen –, sondern knapp sechzig, und sie ist keine Analphabetin, sondern hat in Harvard studiert: Videozistik und Mathematik. Bis vor ein paar Monaten war sie bei der GENERAL ELECTRIC beschäftigt. Vor zwölf Wochen hat sie ihren Salon im ›Queens‹ aufgemacht und im Nu alle Konkurrenten aus dem Feld geschlagen. Die besten und mächtigsten Leute der Staaten drängen zu ihr, aber nicht das stört mich.« Die Bachstelze blieb vor Timothy stehen und blickte ihm starr in die Augen. »Sie scheint wirklich alles zu wissen, Tiny, alles! Ich habe mit ein paar Leuten gesprochen, die bei ihr waren. Sie sind fasziniert. Und beunruhigt.«

»Lassen Sie ihr doch einfach die Lizenz entziehen«, meinte Timothy, »Sie sind Commissioner.«

»Dazu brauche ich eine Handhabe. Beweise. Die Sie mir liefern sollen. Sie hat einflussreiche Gönner.«

»Die GENERAL ELECTRIC?«

»Nicht nur. Ich weiß, was Sie denken: Industriespionage und ähnliches. Eine Wahrsagerin, bei der die Mächtigen sich Rat holen, die also Einblick in die internsten Dinge erhält, ist eine Goldgrube für vielerlei Leute. Wir erhalten wertvolle Informationen von den Wahrsagern.«

»Vielleicht steckt die NSA dahinter?«, meinte Timothy. »Wenn sie wirklich so allwissend scheint –«

»Nein, die NSA ist es nicht«, sagte die Bachstelze entschieden. »Auch nicht das FBI oder eine andere Polizei. Sie arbeitet für keine staatliche Stelle, deshalb schließe ich auch den UNDERGROUND aus. Eine Agentin des UNDER-

GROUND würde pro forma für einen von uns arbeiten, um nicht aufzufallen. Ich habe sie in aller Stille von meinem besten Mann beobachten lassen; er hat nicht einmal eine Ahnung, wie sie es anstellt, so allwissend zu sein, und für wen sie wirklich arbeitet, und ich kann unmöglich eine offizielle Untersuchung anstellen, bevor ich nicht handfeste Indizien habe.«

»Sie wollen sich nicht die Finger verbrennen, wenn wirklich einer der Bigbosse dahintersteckt!« Timothy schüttelte traurig den Kopf. »Aber ich soll meine kleinen Finger riskieren. Und ich dachte, Sie seien mein Freund.«

»Bin ich, Tiny, wirklich! Sie glauben gar nicht, wie oft ich meine Hand schützend über Sie gehalten habe, wie oft Ihre Lizenz schon in Gefahr war.«

»Ja, in meinem Job macht man sich nicht nur Freunde«, seufzte Timothy. Er hatte den Wink mit der Lizenz wohl verstanden. »Okay. Aber ich brauche einen Klienten als Rückendeckung, in dessen Auftrag ich angeblich recherchiere.«

»Mister Huxley von der GLOBE INSURANCE wird Sie offiziell beauftragen.«

»Und auch die Kosten tragen? Ich benötige Hilfskräfte.«

»Spesen können Sie abrechnen«, sagte die Bachstelze, »im Übrigen muss ich Sie um einen Freundschaftsdienst bitten.«

Timothy gelang es, ein freundliches Gesicht zu machen. Nicht nur, dass er für die Bachstelze arbeiten sollte, nun auch noch umsonst.

»Dafür werde ich Ihnen wieder einmal behilflich sein«, sagte sie. »Hier ist die Frequenz meines Communicators. Schalten Sie Ihren Napoleon quer, und er kann über meinen Code alle Informationen bekommen, die Sie benötigen. Und nun zeige ich Ihnen meine Gemälde, ja?«

»Bei meinem nächsten Besuch«, schlug Timothy vor. »Ich muss jetzt schnell einiges organisieren, damit ich alle Zeit für Sie einsetzen kann.« Er war zu aufgebracht, um in Ruhe Gemälde anzusehen, andererseits hatte er schon zu viel von Deborrah Johnsons Sammlung gehört, um sie nicht in Muße genießen zu wollen.

2.

»Informiere mich über Wahrsagerei«, forderte Timothy.

»Würden Sie bitte präzisieren, um welche Form von Wahrsagerei es sich handelt, Sir«, erwiderte Napoleon, »um Äromantie, Alektryomantie, Apantomantie, Kapnomantie, Kausimomantie –«

»Stopp, stopp! Du weißt, ich kann es nicht ausstehen, wenn du mir Fremdwörter um die Ohren wirfst. Was bedeutet das?«

»Äromantie ist die Weissagung aus der Form der Wolken, Alektryomantie bedient sich eines Vogels, der Körner von Buchstaben pickt, Apantomantie deutet Begegnung mit Tieren, Kapnomantie die Formen aufsteigenden Rauches, die Kausimomantie dagegen studiert im Feuer liegende Gegenstände, Hippomantie das Stampfen von Pferden –«

»Ich will keine historische Vorlesung«, unterbrach Timothy, »ich will wissen, was heutzutage Mode ist; wer hat denn noch Pferde oder offenes Feuer!«

»Heutzutage werden hauptsächlich Hand- und Fußlinien gedeutet, außerdem nutzt man Spielkarten, Symbolwürfel, Cornflakes, manche Wahrsager verwenden Computer, Zufallsgeneratoren und fluoreszierende Hologramme, ungeachtet dessen dürfte es sich stets um Scharlatanerie handeln.«

»Ich merke, du weißt nicht mehr als ich«, sagte Timothy.

»Ich möchte Sie trotzdem noch auf eine Form der Wahrsagerei aufmerksam machen, die Ihrem persönlichen Geschmack wohl am nächsten kommen dürfte: die Tiromantie.«

»Und was ist das?«

»Weissagung mit Hilfe von Käse, Sir.«

Kurz darauf rief Huxley an. Er begrüßte Timothy mit säuerlichem Lächeln. Timothy fragte sich, ob das ihm galt oder ob die Bachstelze auch Huxley unter Druck gesetzt hatte. Huxley bestätigte, dass die GLOBE die Spesen übernehmen würde.

»In vernünftigem Rahmen, versteht sich. Wir sind eine Versicherung und kein Wohlfahrtsinstitut, Mister Truckle.«

»Ich zuweilen schon«, erwiderte Timothy. Er verkniff sich ein Lächeln. Wie die meisten Mächtigen dieser Welt schien Huxley keinen Spaß zu verstehen, und er hatte offensichtlich die Zwangsspende für den »Truckle-Hilfsfonds« weder vergessen noch akzeptiert. Timothy überlegte, wie groß Huxley wohl sein mochte, dem Schädel nach musste er ein Koloss sein, der Schulterbreite nach nicht viel größer als er selbst. Huxley war nicht bereit, ihn persönlich zu empfangen. Sie könnten alles per Communicator besprechen.

Huxley war selbst bei der Queen gewesen. Er wollte nicht in die Details gehen, doch er versicherte Timothy, dass die Wahrsagerin buchstäblich alles über ihn und, was noch schlimmer sei, über die GLOBE zu wissen schien. Huxley hatte ihr – auf Vorschlag der Wahrsagerin übrigens – zuerst einige Fragen über Vergangenes gestellt, bevor er Vorhersagen akzeptierte; Fragen über seine Kindheit, seine Ehe und schließlich über zwei ausgefallene und öffentlich nicht bekannte Versicherungsfälle.

»Ich weiß nicht, wie sie es macht«, schloss er, »aber es ist gespenstisch. Und beunruhigend. Äußerst beunruhigend.«

Auch die anderen Kunden der Queen, die die Bachstelze Timothy benannt hatte, zeigten sich beeindruckt, wenn auch bei weitem nicht so verunsichert. Vielleicht hatten sie weniger zu verbergen.

Am späten Nachmittag kam Inspektor Dundee, der »beste Mann« der Bachstelze. Timothy fand, dass sie ihn wohl zu Recht so bezeichnet hatte und dass Dundee nicht weniger berechtigt seinen Spitznamen trug: Er sah nicht nur aus wie ein Dandy, er gab sich auch so, was es ihm sicher erleichtert hatte, sich unter die exklusive Kundschaft des Orakels zu schmuggeln.

Die Queen, so berichtete er, unterhielt ein Sekretariat von vier Mann – genauer, von zwei jungen, akademisch gebildeten Männern und zwei noch jüngeren und bildschönen Frauen, die nach Dundees Ansicht vor allem dazu dienten, einen optisch eindrucksvollen Kontrast zu dem verwitterten Antlitz der »Hundertjährigen« zu bilden –, das als Filter diente, durch das nur akzeptable Klienten drangen.

Dundee hatte bei der Anmeldung nicht, wie bei anderen

Wahrsagern durchaus üblich, einen Fragebogen ausfüllen oder wenigstens Fragen beantworten müssen, man wollte nur sein Identicat sehen und wissen, welche Bank für seinen Kredit bürgte. Dundee glaubte auch nicht, dass jemand versucht hatte, über ihn nachzuforschen. Er hatte sich von einem Kollegen beschatten lassen, niemand war ihm gefolgt, niemand hatte in der Nachbarschaft recherchiert, und in der fraglichen Zeit waren seine Personaldaten weder im Versicherungs- noch im Zentralcomputer abgerufen worden, auch nicht aus der Polizeidatei. Dundee wurde überall noch als Mitarbeiter der Detektivabteilung der GLOBE INSURANCE geführt, nicht einmal seine Familie, so sagte er, wisse, dass er jetzt bei der Staatspolizei arbeite, trotzdem habe die Queen gewusst, dass er die rechte Hand der Bachstelze sei und sogar Fragen nach einem erst vor kurzem erfolgten und geheimgehaltenen Einbruch in der Depositenabteilung der Nationalbank beantwortet.

»Also doch die NSA?«, fragte Timothy.

»Ich hoffe nicht, dass die NSA so gut über mein Privatleben informiert ist«, antwortete Dundee. »Debby behauptet, die NSA steckt nicht hinter dem Orakel, und sie scheint verdammt sicher zu sein.«

Er berichtete, was er alles unternommen hatte, um in den Räumen rund um das Appartement der Queen Anzeichen für irgendein Kommunikationssystem zu finden; er war mit außerordentlicher Gründlichkeit vorgegangen.

»Weder Leitungen noch leiterlose Verbindungen«, sagte er, »die einzige Erklärung: Es sind schon beim Bau des Hauses geheime Kabel einbetoniert worden, von denen niemand etwas weiß und die sie jetzt nutzt. Irgendeinen Draht muss sie schließlich zu ihren Rechercheuren und zu einem Computer haben, einem verdammt gut informierten Computer – man weiß doch, wie solche Scharlatane arbeiten –, nur, ich habe ihn nicht finden können.« Dundee machte ein reichlich zerknirschtes Gesicht, er war Niederlagen offensichtlich nicht gewohnt.

»Ich wollte ein Abhörgerät in ihrem Sprechzimmer installieren – unmöglich. Sie hat – wie alle Wahrsager dieser Kategorie – mit der Lizenz die Genehmigung für einen abhörsicheren Raum bekommen, und man hat die Anlagen nicht nur stillgelegt, man hat sie demontiert. Ich wäre sogar eingebrochen, um ihr eine Wanze unter die Tapete zu kleben, doch sie lässt den Eingang rund um die Uhr bewachen.«

»Kann man einen Recorder in das Sprechzimmer mitnehmen?«, erkundigte sich Timothy.

Dundee lachte. »Die haben an alles gedacht, Mister Truckle. Technische Geräte beeinträchtigen angeblich das PSI des Orakels. Sie werden höflich gebeten, alles abzulegen, sogar Ihre Uhr, und bevor Sie Einlass erhalten, werden Sie sehr fachmännisch gefilzt.«

»Was ist mit den Vorhersagen?«

»Wie bei einem richtigen Orakel, auf den ersten Blick sehr präzise, aber wenn man es genauer betrachtet, dunkel und zweideutig. Sie wissen doch: ›Wenn du gegen die Perser ziehst –‹ «

»– wirst du ein großes Reich zerstören«*, ergänzte Timothy. »Glauben Sie, dass die Queen die Gespräche aufzeichnet?«

»Natürlich macht sie das.« Dundee grinste. »Wer immer dahintersteckt, er will exakte Informationen. Und bei der Kundschaft bekommt er einiges zu hören.«

Nach diesem Gespräch war Timothy wirklich an dem Fall interessiert. Es gab nichts Verführerischeres für ihn als ein scheinbar unlösbares Rätsel. Er versuchte, einen Termin bei Donovan, dem Chef der GENERAL ELECTRIC und bis vor kurzem Arbeitgeber der Kovacs, zu bekommen, doch Donovan ließ sich, wie man ihm mitteilte, grundsätzlich nicht von Polizisten und Detektiven sprechen. Timothy solle sich an seinen Sekretär für Öffentlichkeitsarbeit oder den Chef der Unternehmenspolizei wenden. Der Sekretär für Public Relations war niemand anderes als Slim Gothrick, ein Kommilitone aus Timothys Studentenzeit an der Stanford University, ja damals fast ein Freund. Der über zwei Meter große Slim hatte sich als eine Art Schutzengel für den winzigen Timothy

* König Krösus von Lydien (6. Jahrhundert v. u. Z.) befragte das Orakel von Delphi, ob er gegen Kyros, den König der Perser, ziehen solle. Der Orakelspruch lautete, dass er, wenn er gegen die Perser zöge, ein großes Reich zerstören würde; es war sein eigenes, denn er verlor den Krieg.

gefühlt. Da Timothy sich daran erinnerte, wie gerne Slim gegessen hatte und wie außerordentlich scharf er auf Geflügel gewesen war, lud er ihn zu einem Entenbraten à la Provence ein. Es wurde ein Abend der Erinnerungen. Slim hatte inzwischen auch eine Vorliebe für Rotwein, und Timothy erwies sich als äußerst freigebig. Schließlich fragte er Slim fast beiläufig nach Donovans Beziehung zu der Queen.

»Er ist ihr Fan«, antwortete Slim, »schlimmer noch, er ist ihr völlig verfallen. Donovan hat schon immer Unsummen für Okkultismus ausgegeben und sich einen ganzen Hofstaat von Scharlatanen gehalten, aber jetzt schwört er nur noch auf Beauty Kovacs. ›Beauty‹ – welch ein Witz. Ich weiß nicht, wie die beiden zusammengekommen sind; wenn du es wissen willst, kann ich versuchen, es herauszubekommen, aber seit sie ihm wahrsagt, hat er alle anderen rausgeworfen.«

Timothy wartete noch anderthalb Flaschen Burgunder ab, bevor er fragte, ob die Queen nicht am Ende regelmäßig Informationen an die GENERAL ELECTRIC liefere.

»Ich weiß es nicht«, lallte Slim, »und wenn, werden wir es nie erfahren. Sie besucht den Alten jede Woche, aber auf seinem Jagdschloss, und da können wir beide nicht zuhören, Bruderherz. Da werden wir nicht mal reingelassen, um das Laub im Park zu sammeln. Für Donovan bin ich so klein.« Er zeigte mit Daumen und Zeigefinger, wie klein. »Noch viel kleiner als du.«

Am nächsten Tag bekam Timothy Nachricht vom Großen Bruder. Die Queen arbeitete nicht für den UNDERGROUND und mit größter Wahrscheinlichkeit auch nicht für die NSA.

»Es sei denn, sie ist so hoch angebunden, dass nur ein oder zwei Spitzenleute davon wissen«, sagte Anne.

Timothy bestellte Smiley Hepburn zu sich. Er verriet ihm nicht, wer wirklich sein Auftraggeber war, es wäre ihm peinlich gewesen, zugeben zu müssen, dass er erpresst worden war, und das ausgerechnet von der Polizei. Er gab Smiley alle Informationen, die er besaß, aber er sagte ihm nicht, von wem er sie bekommen hatte, und Smiley hatte es sich längst abgewöhnt, unnötige Fragen zu stellen. Smileys erste Idee war, bei der Queen einzubrechen und bei der Gelegenheit gründlich nach ihrem Kommunikationskanal zu suchen; er war ziemlich enttäuscht, als er erfuhr, dass das unmöglich sei. Smiley hatte eine Leidenschaft für Einbrüche. Auch sein Vorschlag, an einem Tag die Queen und alle ihre Mitarbeiter und Leibwachen zu überfallen, wenn möglich einzeln, und sie auf Kristalle zu durchsuchen, lehnte Timothy ab. Er war ja sicher, dass die Queen Informationen sammelte und weitergab, er glaubte sogar zu wissen, an wen: an Donovan.

»Mich interessiert nicht, wem sie Informationen liefert, sondern woher sie ihre Informationen bekommt!«

Er verriet Smiley natürlich nicht, dass er das als seinen wirklichen Auftrag betrachtete. Und das war inzwischen ein echter Auftrag geworden: der des Großen Bruders. Sie mussten unbedingt erfahren, woher das scheinbar unerschöpfliche Wissen der Queen kam. Um diese Quelle selbst anzuzapfen oder, wenn sie für den UNDERGROUND gefährlich war, zu verstopfen.

»Sie muss, während sie mit einem Kunden spricht, Kontakt nach draußen haben und Informationen sofort abrufen können«, erklärte Timothy. »Bei der Fülle ihrer Informationen kann das aus keinem der Nebenzimmer kommen. Ich weiß zuverlässig, dass nirgends in ihrem Appartement Platz für einen genügend leistungsstarken Computer ist. Wenn wir wissen, wo dieser Computer steht, sind wir ein ganzes Stück weiter. Pass auf, Smiley, wir gehen beide zu dem Orakel, ich als Kunde und du als mein Gorilla. Du wartest draußen im Vorzimmer. Meinen Herzschrittmacher müssen sie mir lassen. Ich werde ihn ein wenig umbauen, so dass ich dir Impulse senden kann.«

»Senden?« Smiley blickte ihn ungläubig an.

»Ich werde am Ende meiner Fragen und zu Beginn ihrer Antworten auf den Herzschrittmacher klopfen und dadurch ein Signal zu dir schicken. So können wir die Zeit zwischen Fragen und Antworten stoppen. Dann haben wir konkrete Anhaltspunkte, wie lang die Leitung des Orakels ist, und können uns ungefähr ausrechnen, wo sich die Quelle befindet, aus der diese Pythia ihre geradezu göttliche Allwissenheit speist.«

3.

Timothy musste eine Woche warten, bis er einen Termin bei der »Queen of Queens« bekam, und das auch nur, weil Slim sich für ihn einsetzte und weil die Queen, wie ihre bildschöne Sekretärin Timothy versicherte, es sich als Ehre anrechnete, dass der von ihr so geschätzte und bewunderte Timothy Truckle sie um Rat bat. Timothy konnte sich denken, warum es der Queen eine Ehre war: Sie würde schon dafür sorgen, dass es sich herumsprach, dass selbst er ihre Hilfe in Anspruch nahm. Vielleicht auch, dass nicht einmal ein Timothy Truckle ihr auf die Schliche kam. Ihm war es recht, dass er so lange warten musste, denn der Umbau des Herzschrittmachers erwies sich als kompliziert; er musste den alten aus der Brust nehmen und durch einen präparierten ersetzen lassen; da die Atombatterie ohnehin bald erneuert werden musste, nahm er den Eingriff in Kauf.

Er bereitete sich mit einem geruhsamen und ausgedehnten, wenn auch leichten Frühstück auf die Sitzung vor. Sein »Vorzugstermin« begann um zwölf Uhr, wahrscheinlich war kein wirklich wichtiger Kunde bereit, um diese Zeit ein Orakel zu befragen. Wer so abergläubisch ist, einen Haufen Geld für eine Wahrsagerin auszugeben, der scheut das der Mystik so abholde Tageslicht und liebt die Dunkelheit. Dass Smiley mitkam, wunderte niemanden. Man war hier auf Gorillas eingerichtet, es gab ein eigenes Wartezimmer für Personal.

Es dauerte fast eine viertel Stunde, bevor Timothy von einem der Sekretäre in eine Kabine geführt und höflich, aber bestimmt gebeten wurde, jegliche technische Accessoires zu deponieren, weil sonst das »PSI« der Queen nicht nur während der Sitzung, sondern auf Tage gestört würde. Timothy wies den Sekretär nicht auf seinen Herzschrittmacher hin, und der schien ihn nicht zu bemerken, als er Timothy mit geübten Griffen abtastete.

»Muss wirklich jeder diese Prozedur über sich ergehen lassen?«, erkundigte er sich.

»Ausnahmslos jeder«, sagte der Sekretär. »Vor dem Orakel sind alle Menschen gleich. Und es hat noch niemanden gegeben, der nicht Verständnis zeigte; wir unterstellen ja nicht bösen Willen, sondern Vergesslichkeit, und ein so hochorganisiertes Medium wie die ›Queen of Queens‹ ist nun einmal übersensibel. Wie sonst könnte sie so unübertrefflich sein?«

Die Queen saß geistesabwesend in einem dunklen, mit Plüschportieren verhangenen Raum in einem Ohrensessel aus dem 19. Jahrhundert. Auch für ihre Kunden stand nur ein unbequemes, altertümliches Sitzmöbel bereit. Timothy fand keine Position, in der er sich entspannt hinsetzen konnte, schließlich rutschte er ganz an die Rückenlehne und musste dafür in Kauf nehmen, dass er nun die Knie nicht mehr beugen konnte und wie ein kleines Kind dasaß. Die Queen schien nicht darauf zu achten. Sie schien Timothy überhaupt nicht zu bemerken. Sie summte mit geschlossenen Augen eine uralte Zigeunerweise. Timothy überlegte, wie der Titel hieß, es fiel ihm nicht ein. Seine Augen gewöhnten sich an die Dunkelheit. Jetzt sah er, dass auf dem Schoß der Queen ein fetter Angorakater lag. Er hätte sich nicht gewundert, wenn noch ein Rabe auf ihre Schulter geflogen wäre; sie sah gerade wie die Hexe in einem seiner Märchenbücher aus.

Lautlos öffnete sich eine Tür, die Sekretärin brachte Tee. Nur für die Queen. Timothy hätte auch nicht von dem Gebräu kosten mögen, das penetrant nach Baldrian und Myrte duftete.

»Glaubst du an meine Allwissenheit?«, fragte die Queen unvermittelt. Ihre Stimme klang verblüffend klar und jung.

»Gibt es Allwissenheit außer bei Gott?«, fragte Timothy.

»Teste es.«

Timothy kreuzte die Arme über der Brust. »Wie starb mein Bruder?«, fragte er und drückte auf den Herzschrittmacher.

»Ich sehe, ich sehe«, sagte die Queen und hob beschwörend die Hände. Sie selbst verzichtete nicht auf technische Accessoires, wie Timothy belustigt feststellte: Hinter ihrem Kopf glühten Strahlen auf und zuckten golden wie die Aureolen eines Heiligenbildes. Dann hörte er sie von Eddys Tod erzählen, so plastisch, als zeige sie ihm einen Film; wie Eddy mit dem selbstgebastelten Fluggerät aus dem Haus lief, sich in die Luft erhob, in den Bach stürzte, wie er dann in seinem Bett lag, rot verpustelt und schrumplig und immer schrumpliger, bis er zu atmen aufhörte. Die Queen senkte die Hände. Die Strahlen erloschen. Timothy war tief beeindruckt.

»Was tat ich am Abend des achten Dezember des vorigen Jahres?«, fragte er.

»Ich sehe, ich sehe –« Wiederum leuchtete der Heiligenschein auf. Die Queen wusste tatsächlich, dass Timothy an diesem Tag in einer Videozelle der NSA einsaß und von Devlin verhört wurde! Sie beschrieb es so detailgetreu, dass Timothy einen Augenblick glaubte, wieder den riesigen Mund und die übergroßen Augen auf den Bildwänden zu erblicken und Devlins Stimme zu hören. Er unterbrach die Queen. Er war weiß Gott nicht scharf darauf, noch genauer an diesen scheußlichen Tag erinnert zu werden.

»Glaubst du jetzt an meine Allwissenheit?«, fragte die Queen gleichgültig.

»Fast. Darf ich eine dritte Frage stellen?«

»So viele du willst, doch bedenke: Jeder Weg in die Vergangenheit verkürzt die Zeit für den Blick in die Zukunft.«

»Was bedeutet mir die ›Blackhill Avenue‹?«, fragte Timothy. Die Queen referierte ein paar Szenen aus seiner frühen Kindheit, als die Truckles in der »Blackhill Avenue« gewohnt hatten, sie beschwor sogar eine Szene herauf, die Timothy schon vergessen hatte, wie er einmal beinahe von einem Auto überfahren worden war. Dann begann sie, die Katakombe unter der »Blackhill Avenue« zu beschreiben, den Atombunker, in dem die IK-Tagung stattgefunden hatte, auf der der Verräter im »Inneren Kreis« entdeckt wurde.

»Genug!«, rief Timothy. Und noch einmal: »Genug. Aufhören!« Der Heiligenschein erlosch. Er blickte der Queen in die Augen, in müde, verschlafene Augen unter uralten, faltigen Lidern.

»Das alles weißt du?«, fragte er verwirrt.

»Ich weiß alles, und ich weiß nichts«, erwiderte die Queen. »Ich bin nur ein Medium. Ich bin der Äther zwischen dem Jetzt und der Unendlichkeit, in der wir alle beschlossen sind, eingefangen von Ewigkeit zu Ewigkeit. Was willst du von der Zukunft wissen?«

»Wie und wann werde ich sterben?«

Sie blickte ihn mit einem traurigen Lächeln an. »Ich hatte nicht gedacht, dass du gerade danach fragen würdest. Nicht du. Was nützt dir das Wissen über dein Ende, wenn du nicht weißt, wie der Weg dorthin beschaffen sein wird?«

»Ich will es trotzdem wissen«, beharrte Timothy.

»Ich sehe, ich sehe – du wirst eines gewaltsamen Todes sterben. Nicht unter Schmerzen, ohne lange zu leiden, doch nicht weniger grausam, denn es wird kurz vor der Erfüllung deiner größten Sehnsucht sein. Und dass du stirbst, wird die Schuld deines ärgsten Feindes sein: du selbst.«

Timothy wartete noch einen Augenblick, doch es kam nichts mehr, die Queen senkte die Hände und blickte ihn freundlich an.

»Und in welchem Jahr?«, fragte Timothy.

Sie schüttelte den Kopf. »Da versagt meine Kraft. Noch nie ist es mir gelungen, ein exaktes Todesdatum vorherzusagen. Frag etwas anderes.«

Timothy konnte noch drei der acht Fragen stellen, die er vorbereitet hatte, dann war die Zeit um. Er achtete kaum darauf, was die Queen ihm prophezeite, es war so unwichtig wie seine Fragen, bloßes Futter, um ihre Reaktionszeiten zu stoppen. Er grübelte, woher die Queen nicht nur intime Kenntnis von seiner Kindheit hatte, sondern ganz offensichtlich auch von dem lebensgefährlichen Geheimnis seines Doppellebens.

Sie schien Gedanken lesen zu können. Als er sich verabschiedete, nahm sie seine Hände, drückte sie fest und blickte ihm in die Augen.

»Beunruhige dich nicht, weil meinem Blick nichts verborgen bleibt«, sagte sie eindringlich und mit beschwörendem Tonfall, »es ist nur mein inneres Auge, das alles erblickt. Wenn ich zu dir spreche, dann bin ich taub, und wenn ich dich höre, dann bin ich stumm. Was heute und hier offenbar wurde, bleibt hier und heute verschlossen und ist vergangen, sobald du den Raum verlässt.«

»Das erleichtert mich sehr«, sagte Timothy. Er hätte sich wesentlich wohler gefühlt, wenn er es hätte glauben können.

4.

»Ich könnte vor Wut aus der Haut fahren, weil ich so emotional reagiert habe!«, schloss Timothy seinen Bericht. »Ich hätte sie unbedingt weiterreden lassen müssen, um zu erfahren, wie viel sie wirklich weiß. Nun sind wir genauso schlau, vielmehr so dumm wie zuvor.«

»Das Ergebnis ist in der Tat mehrdeutig wie ein Orakelspruch«, sagte der Große Bruder.

»Mir ist weiß Gott nicht nach Witzen«, knurrte Timothy. »Ich habe eine einmalige Chance verpatzt. Verdammt!«

»Hattest du dich nicht gerade abfällig über emotionale Reaktionen geäußert, Tiny?«

Trotz der blechernen Verzerrung war der spöttische Ton nicht zu überhören.

»Was ich jetzt brauche, ist nicht Spott, sondern Ermutigung«, sagte Timothy. »Du könntest ruhig mal vorbeikommen und meine Seele streicheln.«

Der Große Bruder überhörte es einfach. »Irgendwann hast du sicherlich mit jemandem über den Tod deines Bruders gesprochen«, meinte er. »Versuche dich zu erinnern, wann und mit wem.«

»Und wie erklärst du die Sache mit dem Autorowdy, der mich fast überfahren hätte? Ich hatte das total vergessen.«

»Seit wann? Vielleicht erst seit kurzem. Niemand kann sich erinnern, wann er etwas vergessen hat. Auch ihr Wissen über dein Gastspiel bei der NSA besagt nichts. Es ist kein Geheimnis, wann man dich inhaftiert hatte. Was die Queen dir erzählte, ist nicht mehr als das automatische Begrüßungsprogramm, mit dem jeder Häftling empfangen wird.«

»Weiß ich«, brummte Timothy. »Jetzt! Als ich bei ihr war, hätte ich daran denken sollen.«

»Und die Beschreibung der ›Blackhill-Katakombe‹ kann ebensogut ein Test gewesen sein«, fuhr der Große Bruder fort. »Du weißt doch, wie diese Wahrsager arbeiten: Sie tasten dich mit Worten ab und machen weiter oder wechseln das Thema, je nachdem, wie du reagierst. Nehmen wir an, die Queen trägt einen Ohrwurm, über den sie ihre Informationen bekommt, der Computer gibt ihr alle Fakten, die er zum Stichwort ›Blackhill Avenue‹ gespeichert hat, dazu gehört logischerweise, dass es dort einen aufgegebenen Atombunker gibt, und wie so was aussieht, weiß bald jedes Kind.«

Timothy antwortete nicht. Er lag in seinem Sessel und kaute an einer Brotrinde.

»Was ist mit den Reaktionszeiten der Queen?«, fragte der Große Bruder. »Hat es geklappt?«

»Das ist das Einzige, was geklappt hat«, maulte Timothy. »Smiley hat die Zeiten abgenommen, Napoleon arbeitet schon daran. Hoffentlich stimmt der Grundriss.«

»Es ist eine Kopie der Originalbaupläne vom ›Queens‹«, sagte der Große Bruder, »Geheime Verschlusssache.«

Napoleon war anderer Meinung. Wenn man die angegebene Gesamthöhe des Skyscrapers mit der Summe der einzelnen Etagenhöhen vergleiche, ergäbe sich eine Abweichung von 2420 Millimetern, behauptete er.

»Ich vermute, in den unteren Etagen, da nur die Etagen eins bis dreiundzwanzig unterschiedlich sind, ich würde sagen individuell, wenn dieser Ausdruck bei einem Gebäude nicht unangemessen wäre. Außerdem muss ich Sie darauf aufmerksam machen, dass diese Abweichung letztlich völlig uninteressant ist, da die mir zur Verfügung gestellten Reaktionszeiten derart unterschiedlich sind, dass sich daraus keinerlei Schlüsse ziehen lassen, zumindest keine logischen. Haben Sie neue Anweisungen, Sir?«

Timothy fluchte einmal mehr über den Verrückten, der einen Computer ausgerechnet mit Oxford-Englisch programmiert hatte. Er ließ sich die Stoppzeiten geben, und als er sie überflog, sank er entnervt in den Sessel, ließ den Servicewagen anrollen und nahm einen dreistöckigen »Black Label«. Die Zeiten, die Smiley gestoppt hatte, waren idiotisch.

»Muss ich denn alles alleine machen?«, fluchte er.

Als er sich wieder etwas beruhigt hatte, legte Timothy den Kristall ein, um selbst zu stoppen. Smiley hatte nicht geschlampt. Timothy selbst war schuld an dem Desaster. Er hatte Smiley nicht gesagt, dass der Sekretär der Queen auf den Schrittmacher geklopft hatte, als er Timothy abtastete!

Timothy ließ die ersten drei Klopfzeichen außer Acht, und nun sah es gleich ganz anders aus, fast zu gut, um wahr zu sein: die Abstände zwischen den Fragen und den Antworten unterschieden sich nur um hundertstel Sekunden. Timothy gab Napoleon die neuen Zeiten. Bald darauf spuckte Napoleon eine lange Liste mit möglichen Standpunkten für einen Computer aus, gegliedert nach den verschiedenartigen Verbindungsmöglichkeiten, vom simplen Kabel bis zu Laser-Flop-Spiegeln, und unter Berücksichtigung aller Ecken und Krümmungen für im Mauerwerk verlegte Leitungen oder leiterlose Wege durch Kabel- und Liftschächte und so weiter. Napoleon hatte sogar den Stadtplan von Chicago zu Rate gezogen und, als er feststellte, dass es rund um das »Queens« kein geeignetes Gegenüber gab, auch die möglichen Positionen einer schwebenden Relaisstation vor dem Appartement der Queen berechnet und die denkbaren Radien, in deren Bereich sich der Computer befinden musste. Und natürlich schickte er noch einen Kommentar hinterher: Er sei von seiner Hypothese ausgegangen, dass die Pläne für die oberen 1089 Stockwerke stimmten und die Abweichung um 2420 Millimeter demzufolge in den unteren Stockwerken liegen müsse.

Timothy klammerte erst einmal die Varianten aus, die eine Relaisstation außerhalb vom »Queens« erforderten. Eine solche Station war nicht auf Dauer zu unterhalten, ohne von der Luftüberwachung bemerkt zu werden. Nur die NSA hätte die Möglichkeit, so vorzugehen, die wiederum konnte mit viel einfacheren Methoden eine Leitung zum Orakel herstellen.

Timothy rief Colonel Hanks an. Der Chef-Safeman des »Texas« war hochbeglückt, wie er versicherte, Timothy einen Dienst erweisen zu können. Ja, er kenne seinen Kollegen vom »Queens« gut und würde Timothy gerne bei ihm empfehlen. Am Nachmittag flog Timothy mit Smiley hinüber.

Chief Cunningham empfing sie freundlich, reagierte aber ausgesprochen sauer, als er erfuhr, was Timothy von ihm wollte. Erst nach einem Gespräch mit der Bachstelze war er bereit, Einblick in die Einwohner-Datei des »Queens« zu gewähren. Die Bachstelze blickte Timothy erwartungsvoll an.

»Ich wusste ja, Sie würden den Haken an der Sache finden«, sagte sie, »wer, wenn nicht Sie, Tiny! Wann kommen Sie und geben mir Bericht?«

»Keine Vorschusslorbeeren«, wehrte Timothy ab. »Ich habe bisher nur eine hauchdünne Spur, und wer weiß, ob sie zum Ziel führt.«

»Davon bin ich felsenfest überzeugt«, sagte sie. »Lassen Sie mich nicht zu lange warten. Es eilt.«

Dann hatten Timothy und Smiley einen äußerst langweiligen Nachmittag, und am Ende besaßen sie nicht mehr als eine lange, nichtssagende Liste von Mietern, in deren Appartements nach Napoleons Berechnungen der Computer der Queen stehen konnte.

»Wenigstens etwas, das wir der Bachstelze zum Fraß vorwerfen können«, meinte Timothy. »Ich glaube nicht, dass einer von diesen Leuten mit der Queen zu tun hat. Sie wohnen ausnahmslos alle seit Jahren hier.«

»Vielleicht ist das Orakel gerade deshalb ins ›Queens‹ gezogen, weil ihr Komplize hier wohnt?«, meinte Smiley. »Es muss doch rauszubekommen sein, wenn einer von denen sich einen großen Computer hat installieren lassen.«

»Das soll die Bachstelze überprüfen«, sagte Timothy. »Du weißt, ich hasse Kleinarbeit. Wir werden uns mal um die unteren Räume kümmern.«

Nach Napoleons Berechnungen kamen die Parketagen im Keller und die äußeren Ecken der unteren Etagen in Frage. Im Lift drückte Timothy die Stopptaste seiner Uhr.

»Ich möchte doch wissen, was an Napoleons Gefasel von der Abweichung dran ist«, erklärte er.

Er hatte sich von Napoleon Tabellen mit den Durchfahrtszeiten bei unterschiedlichen Geschwindigkeiten geben lassen, mit und ohne Zwischenaufenthalten und nach den Kategorien der Fahrstühle unterteilt. Als sie im Parterre ankamen und Timothy die Zeit ablas, stutzte er. Wenn die automatische Geschwindigkeitsanzeige im Lift stimmte, gab es tatsächlich eine Abweichung von ungefähr zwei Metern. Sie fuhren mit dem Single-Lift noch einmal hinauf. Die Abweichung lag zwischen dem 11. und 14. Stockwerk. Wenn die Berechnungen des Taschencomputers nicht trogen, musste entweder die 12. oder die 13. Etage gut fünf Meter hoch sein! Sie stiegen aus und besichtigten sie, beide hatten nur die übliche Höhe. Timothy zog Smiley zur nächsten Nottreppe.

Das Treppenhaus war seit Monaten von niemandem mehr betreten worden, ein zentimeterdicker unberührter Dreckfilm lag auf den Stufen; sie mussten aufpassen, dass sie auf dem schmierigen Belag nicht ausrutschten. Smiley maß die Höhe einer Stufe, dann zählten sie: 31 Stufen. 527 Zentimeter. Wenn man die Höhe der Etagen und der Zwischendecken abrechnete, blieben genau 242 Zentimeter übrig. Entschieden zu viel für eine Stabilisierungsschicht, aber genug für eine ganze Etage! Und nirgends eine Tür, nicht mal eine Luke, die in einen Raum zwischen den Etagen führte. Auch nicht auf den anderen Treppen.

Smiley murrte, er bekäme langsam Muskelkater, welcher Mensch sei so verrückt, ohne Not Treppen zu steigen, doch Timothy ließ nicht locker, bevor sie alle 48 Treppenhäuser untersucht hatten. Dann fuhr er noch mit sämtlichen Fahrstühlen die Strecke ab, er ließ nicht einmal die Express-Lifts aus, die nur in den Hunderter-Etagen hielten, auch nicht die Gipfel-Lifts, die erst ab der 800. Etage anhielten. In keinem fand er auch nur ein Anzeichen, dass es zwischen dem 12. und dem 13. Stock einen Ausstieg geben könnte. Da war eine ganze Etage, die einfach nicht zu existieren schien!

»Vielleicht ist es ein Zwischendeck für technische Anlagen, das nur mit dem Lastenfahrstuhl zu erreichen ist«, meinte Smiley.

»Das ist eine gute Idee«, rief Timothy, »das werden wir morgen prüfen, für heute bin ich erledigt.«

Smiley hätte sich gewundert, wenn er gesehen hätte, wie viel Aktivität der »erledigte« Timothy noch an diesem Abend entwickelte. Zuerst ließ er sich von Napoleon die Daten der Lastenaufzüge geben: Fehlanzeige. Dann fuhr er im »Nebraska« Fahrstuhl und kontrollierte sogar einige der Treppen. Das »Nebraska« war ein Zwillingsbau des »Queens«, und auch hier fehlten 242 Zentimeter, vielmehr, sie waren zu viel!

Am nächsten Morgen ging Timothy zu Buster Coats, dem Chef der Hausverwaltung. Sie kannten sich und plauderten erst eine Weile, bevor Timothy zum Thema kam. Er sei mit der Sicherheit für ein Treffen der Chemie-Bosse im nächsten Jahr beauftragt, sagte er, man habe an die Festsäle im »Nebraska« gedacht, doch dazu müsse er sich die beiden Etagen erst noch einmal genau ansehen.

Ein Safeman führte ihn herum. Timothy hatte eine Holokamera unter der Jacke versteckt, deren Objektiv haargenau wie einer der glitzernden Knöpfe seines grünen Schuppenanzuges aussah, und machte von jedem Raum Aufnahmen. Dann saß er zwei Tage in seinem Arbeitszimmer, projizierte die Hologramme in den Raum und ließ sie vom Spektrometrographen ausmessen und die Daten gleich an Napoleon geben. Schließlich entstand ein exaktes räumliches Modell der beiden Etagen, und in der 13. Etage fand Timothy, wonach er gesucht hatte: In der Herrentoilette im Foyer des »Kristallsaals« blieb neben der linken Eckkabine ein Raum von knapp zwei mal zwei Metern übrig.

Timothy rief bei OLD NEPTUN'S TREASURY an, und er hatte ein zweites Mal Glück. Es gab Aal. Er kochte zur Feier des Tages Aal grün mit Petersiliensoße und genehmigte sich eine Flasche »Piesporter Nacktarsch, Spätlese«. Dann studierte er den Veranstaltungsplan. Also übermorgen. Übermorgen abend fand im »Kristallsaal« ein Treffen von Automodellbauern statt.

Timothy musste nur die übliche Identicat-Kontrolle über sich ergehen lassen, dann beachtete ihn niemand mehr, und wenn, dann ging der Blick gleich mit verächtlichem Lächeln weiter. Timothy hatte das Modell eines VW-Käfers aus dem vorigen Jahrhundert gut gewählt, ein Anfänger-Modell, das wahrlich kein Aufsehen verdiente. Solange man nichts von den Umbauten im Innern des »Buggys« ahnte.

Timothy wartete, bis der Hauptreferent seinen Bildvortrag über »Das große Autosterben in den dreißiger Jahren« begann, dann ging er aufs Klo, schlüpfte in die Eckkabine und klemmte die Tür von innen mit einem Hubkeil fest. Dann zog er das linke Vorderrad seines »Buggys« herunter und tastete die Wand mit dem Achskopf ab; nach noch nicht einmal zwei Minuten hatte er die Stelle gefunden, an der sich der Schließmechanismus befand, und wenige Sekunden später schob sich eine Röntgenxerografie aus dem Kofferraum seines Modellautos. Timothy grinste. Ein geradezu simples Schloss: ein einfacher Tastometerguide. Er drückte einmal, zweimal, dreimal, die Wand glitt zur Seite, Licht flammte auf, vor ihm lag eine Treppe. Timothy vergewisserte sich, dass die Tür von innen ebenso leicht zu öffnen war, bevor er hineinging. Tatsächlich, ein geheimes Stockwerk! Und ganz offensichtlich ein Reservestützpunkt der NSA: Magazine voller Waffen, Uniformen und Lebensmittel, ganze Abteilungen mit Nachrichten- und Überwachungsapparaturen, alles fein säuberlich eingemottet, Schlaf- und Aufenthaltsräume und ein paar hundert kleine und große Arrestzellen. Timothy verschaffte sich nur einen kurzen Überblick, dann lief er zurück. Er lauschte erst in das Haftmikrofon, das er in der Toilettenzelle angebracht hatte, bevor er die Tür öffnete. Irgendwo furzte einer, doch nicht in dieser Kabine. Timothy huschte hinaus. Dann saß er lange mucksmäuschenstill auf dem Klo. Erst als er sicher war, dass sich niemand weiter auf der Toilette aufhielt, ging er gemächlich hinaus.

Der Große Bruder staunte nicht schlecht, als Timothy ihm von seiner Entdeckung berichtete.

»Ich wundere mich nur, dass es so einfach ist, dort einzudringen«, meinte Anne.

»Ich nicht«, erwiderte Timothy. »Das ist doch eine Reserve für den Notfall, also muss es leicht zugänglich sein, ohne Spezialschlüssel oder das Identicat eines Verantwortlichen, der dann vielleicht nicht greifbar ist. Außerdem: Wer vermutet schon so etwas? Wer kommt denn überhaupt auf einen so verrückten Gedanken, dass da ein ganzes Stockwerk verschwunden ist? Wer achtet darauf, wie lange der Lift zwischen den einzelnen Etagen braucht?«

»Es muss aber noch mehr Zugänge geben als diesen da«, warf der Große Bruder ein. »Eine einzige schmale Tür, das ist doch geradezu lächerlich im Notfall.«

»Die Treppen zur darüberliegenden Etage stehen schon«, sagte Timothy, »man müsste nur die Decken heraussprengen. Kannst du die Geheimetage im ›Queens‹ überprüfen lassen? Ich schätze, dort finden wir das Geheimnis des Orakels.«

5.

»Du musst dir etwas anderes einfallen lassen«, sagte der Große Bruder, als er am übernächsten Tag anrief. »Die Etage im ›Queens‹ ist ebenso leer wie die in deinem Haus. Aber ich denke, es hat uns trotzdem ein Stück weitergebracht. Wir können jetzt davon ausgehen, dass die Queen nicht für die NSA arbeitet. Von den Kontrollräumen der Geheimetage führen spezielle Leitungen zu allen Appartements. Würde die Queen für die NSA arbeiten, stünde ihr Computer sicher nirgendwo anders als dort.«

»Ich glaube überhaupt nicht mehr an einen Computer«, erwiderte Timothy. »Ich habe inzwischen noch mal nachgedacht, und was mir dabei einfiel, beunruhigt mich sehr. Die Antworten waren viel zu exakt und detailreich, um aus einem Computer zu kommen. Nimm Eddys Tod, da sind Einzelheiten, die ich niemandem erzählt haben würde, und wenn, dann hätte der sie sicher längst vergessen, von welcher Art Rot seine Pusteln waren, zum Beispiel; nicht Scharlachrot, wie man denken sollte, sondern ein blasses Orangerot. Ich glaube, die Queen hat mir meine Fragen überhaupt nicht beantwortet – ich selbst habe das besorgt, und sie hat schön zugehört. Und alles mitgeschnitten.«

»Du glaubst, sie hat dich hypnotisiert?«

»Etwas in dieser Art. Ihr Tee roch so stark nach Baldrian und Myrte, dass sie damit auch den Geruch eines starken Aerosols überdecken konnte, wozu sonst dieser unangenehm riechende Tee? Und die Strahlen ihres ›Heiligenscheins‹ zuckten geradezu wie ein Photicdriver. Das würde auch erklären, warum zwischen den Fragen und den Antworten immer nahezu die gleiche Zeit liegt: Es ist die Frist, bis die Suggestion einsetzt und man seine Erinnerungen mobilisiert und der Queen selbst alles erzählt. Ein Glück, dass meine Kontrolle bei der Frage nach der ›Blackhill Avenue‹ nicht ausrastete und noch rechtzeitig abblockte, ich hätte ihr sonst haarklein berichtet, wer die Mitglieder des IK sind und wie wir die Drossel der NSA lahmgelegt haben. Die kurze Beschreibung des Atombunkers ist harmlos; ich könnte ja als Kind mal dort gespielt haben. Du musst sofort alle warnen, dass niemand zur Queen geht.«

»Die Warnung ist unnötig«, meinte der Große Bruder, »keiner von uns wird zu einer Wahrsagerin gehen.«

»Bist du wirklich sicher? Wir dürfen nichts riskieren!«

»Also gut, ich veranlasse, dass alle gewarnt werden.«

»Und dann musst du jemanden beschaffen, der von der Queen als Klient akzeptiert wird und der eine Prothese trägt«, sagte Timothy, »eine Prothese, in die man unauffällig einen Recorder einbauen kann, damit wir einen Beweis erhalten, dass meine Theorie stimmt.«

Das war nicht einmal für den Großen Bruder leicht. Timothy wurde immer wieder vertröstet. Und die Bachstelze wurde ungeduldig. Timothy fuhr schließlich zu ihr.

»Es ist nicht viel, was ich herausgefunden habe«, sagte er, »und doch ist es wiederum zu viel, als dass ich es überprüfen könnte.« Er erzählte ihr seine Idee mit dem versteckten Computer und gab ihr dann die Liste der Mieter, in deren Appartements das Elektronengehirn seinen Berechnungen zufolge versteckt sein konnte. Die Bachstelze nickte anerkennend. Timothys Behauptung, er habe die erforderlichen Daten von Chief Cunningham bekommen, schluckte sie widerspruchslos.

»Meine Leute werden Haussuchungen machen«, erklärte sie, »ein Vorwand wird sich schon finden.«

»Und vergessen Sie nicht die unterirdischen Etagen. Den Metrozugang können Sie außer Acht lassen, der liegt schon außerhalb der errechneten Zone.«

Deborrah Johnson lud ihn ein, ihre Galerie zu besichtigen, und dieses Mal lehnte Timothy nicht ab. Zeit hatte er genug, und nachdem die Bachstelze ihn allein ließ, auch Muße. Besonders lange stand er vor einem kleinen Gemälde von Klee, und er bedauerte, dass er es nicht einfach stehlen konnte. Dieses Bild und dazu die sanften Töne von »Schneewittchen«, das musste ein unübertrefflicher Genuss sein. Er sagte es der Bachstelze. Hatte er wirklich gehofft, sie würde ihm das Gemälde ausleihen?

Sie lachte nur. »Haben Sie dieses Quietschkrächzgeschrei

immer noch? Ich weiß nicht, was Sie an den Sonics finden, Tiny, die meisten machen doch nur grauslige Geräusche, und die von Shopenhower ganz besonders.«

Sollte er ihr erklären, dass das nur an ihr lag, dass Daniels Sonics auf die feinsten Stimmungen und Regungen ihrer Betrachter reagierten?

»Haben Sie mal wieder was von Shopenhower gehört?«, fragte die Bachstelze. »Er soll spurlos verschwunden sein.«

»Er versteckt sich doch jedes Mal, wenn er an etwas Neuem arbeitet«, sagte Timothy. Was mochte Daniel wieder ausbrüten? Konnte er überhaupt noch etwas Besseres als seine Sonics erfinden? Konnte es etwas Schöneres als Schneewittchen geben?

In einem separaten Zimmer hingen seltsam farbige Gemälde einer zugleich faszinierenden wie bedrückenden Landschaft: riesige, tote Ebenen mit gewaltigen Bruchgräben und schartigen Bergzügen, die in den eigenartigsten Farbtönen leuchteten.

»Marslandschaften«, erklärte die Bachstelze stolz. »Von Boris Garin, einem russischen Kosmonauten. Aber fragen Sie bitte nicht, wie ich zu ihnen gekommen bin.«

»Ich frage mich vielmehr, wie der Maler dazu gekommen ist«, sagte Timothy. »Es sieht aus wie an Ort und Stelle gemalt, dabei sind unsere Jungs doch die einzigen –«

Deborrah Johnson lachte dröhnend. »Behaupten Sie nicht, dass Sie dieses Videomärchen glauben, Tiny – nicht unter uns!«

Die Aufnahmen von der ersten Mondlandung amerikanischer Astronauten im Dezember 1968 wurden an jedem Jahrestag im Video gezeigt. Mit dem Kommentar, dass Amerikaner bislang die einzigen Menschen seien, die auf einem anderen Himmelskörper gelandet waren, und dass die USA selbstverständlich noch immer die führende Raumfahrtnation wären, wenn man nicht freiwillig darauf verzichtet hätte, um die immensen Summen, die derartige Projekte verschlangen, zur Bewältigung der irdischen Probleme zu nutzen.

»Die Russen sind vor zwei Jahren auf dem Mars gelandet, das wissen Sie doch!« Die Bachstelze sah Timothy lächelnd an. »Alle wissen das. Ebenso, dass wir nicht freiwillig auf die Raumfahrt verzichtet, sondern dass die DRAUSSEN es uns verboten haben. Und wir wissen, dass alle es wissen.«

»Aber es ist strafbar, das zu sagen!«

»Nicht nur das.« Die Bachstelze lachte. »Glauben Sie mir, Tiny, es ist eine hervorragende Methode zur Disziplinierung der Leute, wenn man sie zwingt, tagtäglich wider das eigene Wissen zu reden.«

Timothy wechselte schnell das verfängliche Thema. »Was ich Sie neulich schon fragen wollte«, sagte er, »wo ist eigentlich Ihr Vorgänger abgeblieben?«

»Mel Saunders ist in das ›House of Mortal Art‹ eingegangen«, sagte die Bachstelze. »Sie kennen doch den Palast der Selbstmörder in der Lincoln Avenue?«

Timothy verneinte. Er hatte noch nie Verlangen gespürt, eines dieser Selbstmordhäuser zu besuchen, ihm genügte, was er aus den Prospekten ersehen konnte, die alle nur denkbaren Arten versprachen, wie man sich ums Leben bringen konnte. Oder bringen lassen, was den Preis jeweils verdoppelte. Wenn man den Prospekten Glauben schenken wollte, konnte man sich sogar stilecht köpfen, rädern, pfählen oder auf einem Scheiterhaufen verbrennen lassen; wenn man genug Geld hatte, sogar in historisch getreuen Kostümen und Kulissen und mit entsprechendem Publikum. Auch eine Riesenauswahl an »Henkersmahlen« und »Good-bye-Orgien« wurde offeriert.

»Mel hat einen würdigen Tod gehabt«, sagte die Bachstelze, »würdiger als sein Leben.« Timothy blickte sie fragend an, doch sie verriet ihm nicht, warum sie Saunders Leben für unwürdig hielt. Timothy konnte sich eigentlich kein Vergehen außer Ehrlichkeit, Anstand und Unbestechlichkeit vorstellen, das die Bachstelze einem Polizeibeamten übelnehmen würde.

»Er hat sich versilbern lassen.« Deborrah Johnson lachte, als sie Timothys verwundertes Gesicht sah. »Sie sind wirklich nicht auf dem laufenden«, erklärte sie. »Haben Sie etwa noch nie von der ›Venus von Washington‹ gehört? Sie hat diese Mode ausgelöst. Sie wollte nicht altern, also machte sie sich zum unvergänglichen Kunstwerk. Sie steht jetzt im Guggenheim-Museum in New York.«

»Nie gehört«, sagte Timothy. »Und wie hat Saunders nun –?«

»Wie genau, weiß ich nicht, ich habe seine Statue noch nicht gesehen. Das ganze ist im Prinzip einfach. Man sucht sich eine Pose aus, begutachtet sie als Videoprojektion, und wenn man zufrieden ist, lässt man sich galvanisieren. Ich werde mich wohl eines Tages vergolden lassen.« Sie kicherte. »Ursprünglich wollte ich mich zu Tode lieben. Sie wissen doch, eine Sonde ins Gehirn, mitten ins Lustzentrum, und dann bis zur totalen Erschöpfung orgasmieren. Aber als Statue zwischen meinen Gemälden zu stehen ist doch besser. Würdevoll. Ich habe den Platz schon in meinem Testament festgelegt: zwischen dem Kandinsky und dem blauen Picasso.«

Timothy bat um einen Whisky, angeblich, um auf diesen grandiosen Einfall zu trinken. Dann brach er schnell auf. Er hatte Angst, trotz des doppelten »Johnny Walker« der Bachstelze auf den Teppich zu kotzen.

Der Große Bruder schickte Timothy den Kristall mit der Post. Es gäbe leider nichts zu verheimlichen, man wisse nicht, wie die Queen es gemacht habe, aber ganz offensichtlich sei es ihr gelungen, den Recorder so zu stören, dass er die Antworten nicht aufzeichnete. Vielleicht käme Timothy wenigstens auf eine Idee, wie sie das bewirkt habe.

Timothy hörte den Kristall ab. Er kannte die Stimme des Mannes nicht. Die gleiche Anfangsfrage wie bei seinem Besuch. Und wortwörtlich dieselbe Formulierung zum Abschied. Dazwischen vor allem Schweigen. Der Kunde nannte seine Frage, die Queen antwortete »Ich sehe, ich sehe«, dann Stille, die nur von gelegentlichem »Ich sehe, ich sehe« unterbrochen wurde. Timothy stellte die Aufnahme so laut, wie er es ertragen konnte: keinerlei Anzeichen für das Einschalten einer Apparatur, nur ein undefinierbares Brummen.

Er ging in die Küche und begann Kartoffeln zu schälen. Plötzlich ließ er das Messer fallen und ging ins Arbeitszimmer zurück. Er überspielte die Pausen und hörte sie ab, immer lauter, bis er das Brummen identifizieren konnte. Es war das Schnurren des Angorakaters. Der Recorder hatte nicht versagt, er hatte die ganze Zeit aufgenommen. Es gab überhaupt keine Antworten!

Und doch, die Queen hatte ihm geantwortet. Und diesem Besucher auch. Der Große Bruder hatte Timothy versichert, dass der Termin ganz normal verlaufen wäre. Timothy schälte die Kartoffeln zu Ende. Als er begann, sie zu Chips zu zerschneiden, sprang er auf, lief ins Arbeitszimmer und diktierte. Dann rief er den Großen Bruder an.

»Das Gerät hat einwandfrei funktioniert«, erklärte er, »man hört den Kater der Queen die ganze Zeit schnurren. Es gibt keine Antworten. Keine gesprochenen! Ich habe einen Test gemacht und alles, was die Queen über den Tod von Eddy ›gesagt‹ hat, auf Kristall gesprochen, jede Einzelheit, an die ich mich erinnern konnte. Weißt du, wie lange das dauerte? Zweiundsiebzig Minuten! Ich bin aber insgesamt nur eine Stunde bei ihr gewesen. Die Queen kann Gedanken lesen! Sie kennt eine Methode, ein Gehirn direkt, ohne Zwischenschaltung der Sprache anzuzapfen. Mein Verstand weigert sich, es zu glauben, aber ich finde keine andere Erklärung. Mit den zuckenden Strahlen ihrer Aureole und einem traumatisierenden Aerosol versetzt sie dich in einen hypnopädischen Zustand, und dann zapft sie deine Gedanken auf irgendeine telepathische Weise ab.«

»Du musst dich irren«, sagte der Große Bruder. »Das darf nicht wahr sein!«

»Ja, es ist die absolute Katastrophe«, erwiderte Timothy, »die totale Kontrolle des Menschen. Die NSA kann ihre Videozellen verschrotten.«

»Ich lasse sofort prüfen, ob es so etwas geben kann«, sagte der Große Bruder. »Ich werde Alarmstufe eins auslösen.«

»Wir haben vielleicht eine letzte Chance«, meinte Timothy. »Es könnte sein, dass die Methode noch das Geheimnis der Queen ist, zumindest scheint sie nicht für die NSA zu arbeiten. Sonst würde sie selbst fragen und es nicht dem Zufall und den Ideen ihrer Kunden überlassen, welcher Teil des Gehirns mobilisiert und damit abrufbar wird. Wir haben dafür einen objektiven Beleg, den Kristall. Oder hast du jemanden zu ihr geschickt, für den die NSA keinerlei Interesse zeigen würde?«

»Ganz im Gegenteil.«

»Wir müssen sie kidnappen und –«

»Selbst wenn wir die Queen und alle ihre Mitwisser liquidieren«, sagte der Große Bruder, »es wäre nur ein Zeitgewinn, eine Aufschiebung der Katastrophe, eine solche Erfindung würde bald von einem zweiten gemacht.«

»Zeit gewonnen, alles gewonnen«, antwortete Timothy lakonisch.

Der Große Bruder meldete sich kurz nach Mitternacht.

»Die Alarmstufe ist aufgehoben. Du kannst beruhigt sein, Tiny, es gibt keine Möglichkeit, Gedanken zu lesen. Definitive Auskunft des besten Gehirnexperten von DRAUSSEN. Sie wissen inzwischen auch, warum es theoretisch unmöglich ist, aber die Erklärung spare ich mir, ich habe sie selbst kaum verstanden. Das löst zwar nicht das Rätsel des Orakels, aber es befreit uns von dem Schrecken, der mir, ehrlich gesagt, mächtig in die Glieder gefahren war. – Hörst du noch zu, Tiny?«

»Ich denke nach«, antwortete Timothy.

»Du trinkst«, sagte der Große Bruder. »Ich tippe auf ›Old Finch‹.«

»Manchmal glaube ich, du beobachtest mich heimlich.«

»Ich habe nur geraten, aber ich kenne dich ganz gut.«

»Überhaupt nicht ein bisschen«, brummte Timothy, »außerdem ist das heute mein erstes Glas, und ich denke, auf den Schreck darf ich mir schon einen Schluck genehmigen.«

»Auf das Ende des Schreckens«, korrigierte der Große Bruder. »Von mir aus eine ganze Flasche. Hauptsache, du hast morgen einen klaren Kopf. Vergiss nicht, du musst noch das Geheimnis der Queen herausfinden.« Anne lachte. »Schon um die Bachstelze nicht zu verärgern.«

Timothy trank nur noch ein zweites Glas. Dann ging er ins Bad und versenkte sich in die Vainity. Die Anspannung dieses Tages löste sich, dann schwanden ihm die Sinne, die Nerven verstummten, unbeschreibbare Leichtigkeit durchflutete ihn.

Er erwachte unter einem allumfassenden sanften Blaugrau. Töne tropften in die Stille, formierten sich zu einer zarten Melodie, rundum erwachten die Farben. Timothy lag in einem Meer von Blumen, auf einer Bergwiese, unter einem Himmel voller Lämmerwolken, an dem die Sonne aufging.

Timothy frühstückte gemächlich, dann setzte er sich zu Napoleon und diktierte ihm noch einmal alle Fakten über die »Queen of Queens«. Er war überrascht, wie oft er nicht von belegten Tatsachen, sondern von Vermutungen, ja von Vorurteilen ausgegangen war. Überrascht und bestürzt, wie er dem Großen Bruder gestand, als er ihn endlich erreichte.

»Ich habe den obersten Grundsatz meines Berufes sträflich vernachlässigt«, sagte er, »ich bin nicht unvoreingenommen an den Fall herangegangen, und wer von Vorurteilen ausgeht, darf sich nicht wundern, wenn er zu Fehlurteilen kommt. Ich bin von dem ersten und leider selten auch besten Gedanken ausgegangen: Für wen sammelt die Queen Informationen? Ich habe nie geprüft: Sammelt sie überhaupt welche?«

»Wie meinst du das, Tiny?«

»Wie ich gesagt habe. Sie sammelt keine Informationen. Sie ist überhaupt nicht an den Antworten interessiert, die man selbst auf seine Fragen stellt, nachdem sie einen hypnotisiert hat. Es genügt ihr völlig, dass ihre Kunden sie für allwissend halten. Ich hätte sie nur beim Wort nehmen müssen. Wie sagt sie doch jedem: ›Was heute und hier offenbar wurde, ist vergangen, sobald du den Raum verlässt.‹ Das ist das ganze Geheimnis der Queen!«

»Bist du sicher?«

»Ich war noch einmal bei ihr und habe es ihr auf den Kopf zugesagt, sie hat es schließlich zugegeben.« Timothy kicherte. »Und mir das Versprechen abgeluchst, ihr Geheimnis nicht zu publizieren.«

»Und die Bachstelze, was machst du mit der?«

»Die bekommt natürlich ihren Bericht. Aber wie ich sie kenne, wird sie ihn als ›streng geheim‹ klassifizieren. Heißt das etwa zu publizieren? Man soll mit einem Scharlatan nicht vornehmer umgehen, als er verdient hat. Das Wohlwollen der Bachstelze ist mir wichtiger als das aller Orakel dieser Welt. Ich bin nur wütend, dass ich uns so in Panik versetzt habe.«

»Niemand konnte vermuten, dass die Queen überhaupt keine Informationen haben will«, sagte der Große Bruder besänftigend. »Wir wissen doch, dass alle anderen Wahrsager Informationen weitergeben, ob nun an die NSA, die Polizeien, die Konzerne oder uns. Wer sollte schon auf einen so verrückten Gedanken kommen?«

»Ich«, sagte Timothy, »ich hätte es für möglich halten müssen. Es ist mein Job, alle Möglichkeiten zu durchdenken. Und ich hätte auf meinen gesunden Menschenverstand bauen müssen. Unser Vertrauen oder, besser, Misstrauen in den unbegrenzten Fortschritt der Wissenschaften hat zuweilen schon wieder etwas von einem neuen Aberglauben: Wir sind geneigt, auch das Unmögliche für möglich zu halten.«

»Vielleicht hast du recht, Tiny, aber wir können es uns nicht leisten, eine Gefahr geringzuschätzen, und wenn sie noch so verrückt scheint. Außerdem, wer konnte schon ahnen, dass es in unserer so total von Staatsapparaten, Konzernen und Interessengruppen verwalteten und beherrschten Welt noch einen Einzelgänger gibt, der für niemand anderen arbeitet als für sich selbst? Wer hätte auf eine so absurde Idee kommen sollen?«

»Napoleon«, sagte Timothy. »Er ist gleich darauf gestoßen, doch ich Trottel habe ihn ausgelacht, als er diesen Gedanken ausspuckte!«

Der Große Bruder rief zwei Tage später noch einmal wegen der Queen an.

»Du hast dich doch gefragt, für wen du in Wirklichkeit arbeitest, Tiny, wer hinter der Bachstelze steckt – ich will es dir verraten. Um das Absurde dieses Falles perfekt zu machen. Dein Bericht an die Bachstelze lag eine Stunde später auf einem Schreibtisch in Hollywood*, und zwar das Original!«

»Was?«, schrie Timothy. »Ich habe für die NSA gearbeitet? Das ist des Absurden zu viel!«

---

* Hollywood = Spitzname für das Chicagoer NSA-Hauptquartier am Hollywood Boulevard, Ecke 81. Straße.

Der Photonenschrei

1.

»Ja, du hast richtig gehört, Joe, es wäre ihm eine Ehre und ein Vergnügen, wenn ich den Sonnenuntergang und eine Flasche Whisky mit ihm teilen würde.«

Josuah Trevers guckte ungläubig.

»Soll ich es dir vorspielen?« Timothy hielt das blauschwarze Etui mit dem Wappen der DuMonts dicht vor das Auge des Communicators, damit Joe es genau betrachten konnte. »Das ist nicht etwa Imitat, sondern echt Rindbox, mein Lieber. Er weiß, was er seinem Ruf schuldig ist.«

Timothy klappte das Etui auf und zeigte den Kristall, einen jener kardinalsroten Rubine, die DuMont, wie alle Welt wusste, für seine privaten Mitteilungen zu benutzen pflegte. »Wenn ich daran denke, was ich alles angestellt habe, um ihm ›ganz unauffällig‹ aufzufallen!«

»Soll ich die Leute vom Klatschjournal informieren?«

»Was denn sonst! Eine bessere Reklame kann ich mir nicht wünschen. Aber ich habe dich nicht nur deshalb angerufen; gibt es nicht eine brandneue Mode, mit der ich DuMont überraschen könnte?«

»Keine Ahnung. Seit wann kümmere ich mich um Mode?«

»Ich denke, es ist dein Job, allwissend zu sein? Schließlich bist du Hauptarchivar der ICC*, Joe.«

»Ich hör mich gleich mal um, Tiny, und ruf wieder an.«

Timothy studierte inzwischen noch einmal die Unterlagen über DuMont, die Joe ihm schon vor Wochen überspielt hatte. Die Aufstellung über die Struktur und die einzelnen Werke der NATIONAL INVESTMENT FUNDS überflog er nur; die NATIONAL umfasste einen ganzen Katalog unterschiedlichster Produktionen, ein verwirrendes System von

* ICC = INFORMATION & COMMUNICATION COMPANY – eine der beiden großen Fernseh- und Nachrichtengesellschaften der USA.

Haupt-, Neben- und Zweigwerken, Tochter- und Tochter-Tochter-Gesellschaften, Industrie- und Bankverflechtungen, Vertriebs- und Liegenschaftsgesellschaften; der Schwerpunkt lag aber auf den chemischen und biochemischen Sektoren.

Sehr aufmerksam dagegen studierte Timothy die Biografie, und er prägte sich für alle Fälle die Namen der Ehefrauen und der Kinder Oliver DuMonts ein, jeweils vier bislang – »Jedem Kind seine eigene Mutter, das ist wahrer Luxus«, war einer von DuMonts bekannten Aussprüchen –, und vertiefte sich dann in die langen Listen der Neigungen und Gewohnheiten, wenn man bei einem Mann wie DuMont überhaupt von Gewohnheiten sprechen konnte, außer der einen: immer an der Spitze der »kreativen Snobs« zu marschieren.

Das Beständigste an ihm schien seine Unbeständigkeit, und auch dafür hatte DuMont ein vielzitiertes Wort in Umlauf gesetzt: »In einer Welt, in der sich unaufhörlich alles ändert, bleibt einem Mann von Geschmack nur eine Möglichkeit, immer er selbst zu bleiben; er muss sich schneller verändern, als der allgemeine Plebs es nachahmen kann.«

Über die Mordanschläge auf DuMont gab es erbärmlich wenig Informationen, eigentlich nicht mehr als Andeutungen und Gerüchte. So öffentlichkeitsfreudig, ja geradezu exhibitionistisch DuMont sein Privatleben sonst zur Schau stellte, hier hatte er eine Nebelwand um sich errichtet, die nicht weniger dicht war als der Schleier über den Besitzverhältnissen der NATIONAL; Timothy konnte nicht glauben, dass ein solches Riesenunternehmen ganz und gar das Eigentum eines einzigen Mannes sein sollte.

Joe kam mit leeren Händen zurück, er zeigte sie sogar vor. Er habe alle einschlägigen Mitarbeiter befragt, nicht die Spur einer neuen Mode; alle Couturiers hielten ihre Ideen für die »Supershow der Novitäten« zurück, die in zwei Wochen stattfinden sollte.

»Du kannst mir glauben, Tiny, wenn einer auch nur eine Ahnung hätte, er hätte es mir gesagt; schließlich sind sie alle irgendwann einmal auf meine Gunst angewiesen.« Josuah Trevers grinste selbstzufrieden. »Dafür habe ich Snowden angetroffen und ihm den ›Geheimtipp‹ gegeben. Da kommt dein Treffen mit DuMont nicht nur auf unserem Kanal, sondern auch bei der CNC*; ich weiß zufällig, dass Snowden Informationen an die Konkurrenz verkauft.« Und an die NSA, dachte Timothy. Aber die würde Joe wohl schon selbst verständigt haben.

»Danke schön«, sagte er, »du bist halt ein richtiger Freund. Kanntest du nicht einen dieser Couturiers persönlich?«

»Ja, Sankt Martin.«

»Ein richtiger Heiliger?«

»So heilig wie eine Teufelsanbeterin.« Joe lachte dröhnend. »Eigentlich heißt er Stanislaw Morton Wegner, das ist natürlich kein zugkräftiger Name für einen Couturier und Novitätenfax, also hat er seinen ersten Vornamen abgekürzt und den zweiten in Martin umgewandelt und nennt sich nun St. Martin Wegner, was jedermann natürlich als Sankt Martin ausspricht. Wir haben zusammen Videozistik studiert. Wegner hat auch ein paar Jahre bei der ICC gearbeitet, bevor er umstieg, angeblich, weil ihm unser Gewerbe zu dreckig sei. Als ob sein neuer Job nicht noch korrumpierter wäre! Und lass dich nicht anpumpen! Sankt Martin ist das größte Pumpgenie, das ich kenne.«

Timothy versprach Wegner als Erstes Geld. Viel Geld. War Berühmtheit in seinem Job nicht viel Geld wert? Und berühmt würde er ihn machen, behauptete Timothy. Wegner war Feuer und Flamme. Klar, das war schon etwas, wenn der wahrlich nicht unbekannte Gast des allbekannten DuMont öffentlich verkündete, er trüge schon die Mode von morgen, eine Mode, die St. Martin demnächst kreieren würde. Doch was? Wegner gestand, dass er noch nicht einmal eine Idee hatte, was er auf der Supershow zeigen sollte.

»Das Problem sind die Schuhe«, erklärte er. »Ich kann Ihnen unmöglich in zwei Stunden neue Schuhe anfertigen lassen, Mister Truckle, außer ein paar Plastlatschen, und damit wollen Sie doch wohl nicht DuMont unter die Augen treten?«

---

* CNC = CHICAGO NEWS CORPORATION, größte regionale Fernsehstation.

Timothy führte ihm seine Bestände vor. Als er die Kamelhaarpantoffeln zeigte, kreischte Wegner laut auf.

»Das ist es!«, rief er begeistert. »Der Hausanzug des deutschen Spießers aus dem neunzehnten Jahrhundert. Phantastisch! Eine altdeutsche Mode, geradezu wie geschaffen, von mir geschaffen zu werden, bei meinem Namen. Dazu brauchen wir noch eine sehr bequem weite Hose, Hosenträger, ich denke an rotes Leinen, mit Blumen bestickt, dann ein kragenloses weiches Hemd, eine Flanelljacke mit Knebelschnurverzierungen und ein Samtbarett mit Troddel. Mister Truckle, ich könnte Sie umarmen! Rauchen Sie?«

»Nicht einmal Haschisch. Warum?«

»Ganz stilecht würde es erst durch eine lange Stielpfeife mit Porzellankopf, aber die würden wir wohl in der kurzen Zeit auch nicht mehr auftreiben. Sie bekommen die Sachen rechtzeitig, Mister Truckle, verlassen Sie sich ganz auf Sankt Martin!«

DuMont machte große Augen, als Timothy so in die »Stardust«-Bar kam. Er selbst trug ein burmesisches Mönchsgewand, die dazu passende Glatze und im linken Ohrläppchen einen Diamanten von mindestens zwei Karat.

»Das gefällt mir!«, erklärte er begeistert. Er forderte Timothy mit einer Handbewegung auf, sich zu drehen. »Gefällt mir außerordentlich! Was ist das?«

Timothy sagte es ihm. Zwei Reporter hielten die Szene im Bild fest. Timothy blinzelte in die Videokamera. Er hatte Wegner also nicht zu viel versprochen; morgen würde alle Welt seinen Namen im Munde führen, zumindest die modebewusste Snobiety.

DuMont stellte die beiden Frauen vor, die an seinem Tisch saßen, die schwarzhaarige als »Maud, meine Ehefrau«, und die tizianrote als »Nicole, meine Geliebte«.

»Die Geliebte für die Wochentagsabende«, korrigierte Maud DuMont lächelnd. Sie hielt Timothy beide Hände hin, und als er sich über sie beugte, um sie zu küssen, riss sie Timothy an sich und knutschte ihn ungeniert ab.

»Was machen Sie donnerstags?«, fragte sie. »Ich habe die Donnerstagabende gerade frei.«

Timothy bedauerte. Er sei leider nicht Herr seiner Zeit. »Die Klienten haben immer Vorrang, Sie verstehen?«

»Dann engagiere ich Sie, Tiny!«

DuMont räusperte sich. Er schüttelte leicht mit dem Kopf. Timothy nickte ihm zu.

»Ich werde Napoleon darüber nachdenken lassen«, sagte er. »Napoleon entscheidet weitgehend über meinen Zeitfonds.«

»Napoleon?«, fragte Maud DuMont verwundert.

»Mein Computer«, erklärte Timothy. »Geschäftliche Entscheidungen treffe ich nie ohne ihn. Ich war schon in der Schule schwach in Mathematik.«

»Dann spreche ich eben mit Ihrem Napoleon. Obwohl ich ungern mit Computern verhandle, sie sind einfach zu berechnend!« Maud DuMont lachte noch einmal in die Kamera, sie wusste genau, was die Regisseure liebten, dieses Lachen war eine geradezu ideale Schnittmöglichkeit; dann verscheuchte sie die beiden Reporter mit einer Handbewegung wie lästige Fliegen.

DuMont war nicht bereit, die versprochene Flasche Whisky mit Timothy zu teilen, er überließ sie ihm ganz und trank ein eigenartig schillerndes Gebräu, das er in einer Silberflasche mitgebracht hatte; die Frauen wollten Wein. Sie sahen zu, wie die Sonne unter die Wolkendecke tauchte, dann schwatzten sie eine Stunde lang über Kunst, vor allem über klassische Gemälde und antike Statuen, und hechelten Skandale und Gesellschaftstratsch durch, als gäbe es nichts sonst, was sie interessieren könne. DuMont drückte Timothys Hand kräftig, als er sich verabschiedete.

»Ich hatte schon viel von Ihnen gehört, Mister Truckle«, sagte er leise, »aber ich verlasse mich in wichtigen Dingen nur auf meinen persönlichen Eindruck. Sie gefallen mir. Können Sie mich morgen besuchen? Ich lasse Sie abholen. Sagen wir, um drei Uhr nachmittags? Ich habe ein kleines Problem, das ich mit Ihnen erörtern möchte. Und einen vorzüglichen Whisky, einen original irischen ›Black Label‹.«

»Ich komme«, antwortete Timothy. »Ich habe zwar schon einen Termin für morgen Nachmittag, doch nicht mit so wichtigen Klienten.«

2.

DuMonts Hubjet landete eine Minute vor drei auf dem Deck des »Nebraska«. Er war nicht zu verkennen. Der Hubjet war nicht nur blauschwarz gestreift, er trug auch weithin sichtbar das Familienwappen mit den verschlungenen Lilien. Die Passagiere des Aerobusses, der gerade angekommen war, gafften herüber. Timothy schritt zu der Maschine, ohne sie eines Blickes zu würdigen. Er hatte sich entschlossen, auch für den Besuch bei DuMont seine neue altdeutsche Mode zu tragen, hatte nur ein Seidentuch um den Hals gebunden und die Schuhe gewechselt, er trug Stiefel – Stiefel schienen ihm zu jeder deutschen Mode passend –, die Pantoffeln hatte er in einem Beutel aus Bordürenstoff verstaut. In der rechten Hand hielt er eine lange Pfeife aus Weichselholz mit einem buntbemalten Porzellankopf, die Smiley ihm am Vormittag beschafft hatte und aus der er ab und zu einen Paffer in die Luft schickte. Snowden, der sich »ganz zufällig« auf dem Flugdeck herumtrieb, sollte auf seine Kosten kommen.

Timothy tat, als höre er die lautstarken Kommentare der Buspassagiere nicht, von denen »Zwerg Gernegroß« noch zu den schmeichelhaften gehörte. Der Pilot begrüßte ihn mit einem stummen Nicken, ließ die Tür zugleiten und startete.

Sie flogen zu DuMonts Landsitz südlich von Chicago. Als der Hubjet zur Landung ansetzte, öffnete sich ein Viereck in der Rasenfläche vor dem Haus, die Maschine sank sanft in den unterirdischen Hangar.

Zwei Asiaten erwarteten Timothy. Sie verbeugten sich tief, als empfingen sie einen herrschenden Potentaten, was sie nicht davon abhielt, gleich anschließend Timothys Identicat zu verlangen und ihn mit geübten Händen nach Waffen abzutasten und seinen Beutel zu untersuchen. Besonders misstrauisch betrachteten sie die Pfeife, und sie waren erst beruhigt, als Timothy sie in die Einzelteile zerlegte und ihnen erklärte. Wenn die beiden in ihren bunten Gewändern auch aussahen wie zwei Straßenhändler oder Kartenschläger in Chinatown, ihre Aussprache verriet, dass sie auf einer der besseren Universitäten studiert haben mussten.

Timothy hatte ein halbes Dutzend unterschiedlicher Sicherheitsschleusen zu passieren, bevor er in DuMonts »Inneres Reich« gelangte; er ließ alle Prozeduren geduldig über sich ergehen, es war immer dasselbe, wenn man einen der Bigbosse besuchte.

DuMont empfing Timothy in einem fast saalartigen, asiatisch eingerichteten Salon, der von einer goldenen Buddha-Statue beherrscht wurde. DuMont trug einen exakt auf die Farben der Seidentapete abgestimmten Kimono mit Drachenmustern. Timothy kam sich recht deplaziert vor in seiner Aufmachung.

»Ich habe schon Anweisungen gegeben, dass man mir einen deutschen Salon einrichten soll«, erklärte DuMont. »Nur, was mache ich mit meinen schlitzäugigen Safemen? Die kann ich doch kleiden lassen, wie ich will, sie werden nie deutsch aussehen. Und ich finde kaum bessere und ergebenere Leute!«

»Es gab einmal eine deutsche Kolonie in China«, erwiderte Timothy. »Wenn Sie sich vielleicht im Stil eines deutschen Kolonialbeamten in Kiautschou einrichten? Das würde das Problem lösen, und Sie könnten Ihren wunderschönen Buddha behalten.«

»Genial, einfach genial!«, rief DuMont. »Mister Truckle, Sie sind ein außerordentlich heller Kopf!«

»Hätten Sie mich sonst zu sich gebeten?«

DuMont öffnete die Türen der Wandschränke, eine lange Flucht kunstvoll geschnitzter Türen, hinter denen sich nicht nur die angekündigte Flasche »Black Label« befand, sondern die größte Schnapssammlung, die Timothy je gesehen hatte; allein sechs Schränke voller Whisky. DuMont ließ ihm Zeit, die Etiketten zu studieren. Timothys Blick blieb an einer Flasche »Old Salem Devil's Drink« hängen. Er sah DuMont fragend an.

»Eine neue Kreation«, erklärte der, »ein wahres Teufelszeug. Kennen Sie nicht die ›Hexen von Salem‹? Das ist doch ein beliebtes Video-Thema. Ende des siebzehnten Jahrhunderts drehte in Salem eine Handvoll junger Mädchen durch. Sie hatten Halluzinationen und beschuldigten Leute aus ihrem Dorf, Hexen zu sein und Umgang mit dem Teufel zu haben. Es kam zu einer Reihe von Hexenprozessen und Hexenverbrennungen, versteht sich. Die Mädchen hatten Mehl aus Mutterkorn zu sich genommen und dadurch Alkaloide geschluckt, so eine Art LSD. Dieser Whisky nun ist aus Mutterkorn gemacht. Er gibt einem unerhörte psychedelische Sensationen und sexuelle Visionen von ungewöhnlicher Intensität, allerdings führt er auch leicht zu Krämpfen und Sprachstörungen. Wollen Sie ihn mal probieren?«

Timothy bat lieber um Tee und schenkte sich eine Kostprobe »Black Label« ein. Er nahm sich vor, DuMont ein paar Flaschen davon als Prämie abzuluchsen.

»Setzen wir uns«, sagte DuMont. »Weshalb ich Sie zu mir bat, Mister Truckle –« Er sah Timothy nachdenklich an.

»Man bedroht Ihr Leben, nicht wahr?«

»Ach, das ist nicht besonders beunruhigend.« DuMont lächelte. »Leute in meiner Position müssen immer mit dieser Gefahr leben.«

»Wenn man den Gerüchten glauben darf, häufen sich die Anschläge jedoch in letzter Zeit.«

»Glauben Sie Gerüchten, Mister Truckle?«

»Sagen wir es so: Ich glaube ihnen nicht unbesehen, aber ich verwerfe sie auch nicht einfach. Da alle Medien fest in der Hand einiger weniger Leute sind und also nur publiziert wird, was diesen genehm ist, sind Gerüchte oft eine Quelle der Wahrheit, zuweilen die einzige.«

»Wenn Sie davon absehen, dass Gerüchte leicht zu lancieren sind und noch leichter zu manipulieren als offizielle Veröffentlichungen«, sagte DuMont schmunzelnd. »Nehmen Sie die Gerüchte über die Mordanschläge, sie sind eine Idee meines Public-Relation-Managers, um meinen Namen immer wieder ins Spiel zu bringen. Ich habe ihn allerdings schon angewiesen, damit aufzuhören; ich finde, er hat übertrieben.«

»Nur er?« Timothy blickte DuMont in die Augen. »Ihr Sicherheitschef nicht auch? Ich will die Maßnahmen in Ihrem Haus nicht überbewerten, sie sind bei allen Bigbossen annähernd gleich; ich nehme auch an, dass die Luft hier ständig überwacht wird und dass alles, was Sie zu sich nehmen, vorher verkostet werden muss –« DuMont nickte.

»Aber ich habe gestern sehr wohl bemerkt, dass der größte Teil der Gäste in der ›Stardust‹-Bar zu Ihrem Sicherheitskordon gehörte.«

DuMont machte eine wegwerfende Handbewegung. »McNamara nimmt seinen Job zu ernst, er war mal Militär. Natürlich habe ich Feinde, Mister Truckle. Sie nicht?«

»Nicht so mächtige, hoffe ich. Die Struktur Ihres Konzerns bringt es doch mit sich, dass Sie die Interessen einer ganzen Reihe von Monopolen tangieren. Und sicher haben Sie bei Ihrem Lebensstil auch privat reichlich Feinde. Ihre Exfrauen zum Beispiel.«

DuMont lehnte sich entspannt zurück. »Ach, wissen Sie, Mister Truckle, die machen mir überhaupt keine Sorgen. Meine Frauen hängen geradezu an meinem Leben. Die Geliebtinnen haben feste Verträge mit vierteljährlicher Kündigung, und die Gattinnen sind an meinem Einkommen beteiligt. Auch nach der Scheidung.«

»Sie vergessen das nicht unbeträchtliche Erbe im Fall Ihres Todes!«

DuMont lachte laut. »Sie befinden sich in dem weitverbreiteten Irrtum, dass der Herrscher über ein solches Imperium, wie es die NATIONAL darstellt, auch der Eigentümer sein muss. Mir gehört von dem ganzen Laden so gut wie nichts.«

»Ich denke, die NATIONAL ist seit Generationen in Familienbesitz?«

»Ich gebe auch eine Menge Geld aus, damit Sie so denken, Mister Truckle. Reichtum gilt ja noch immer als das Maß aller Dinge, obwohl die Geschichte hinlänglich bewiesen hat, dass ein Habenichts unter Umständen viel einflussreicher sein kann als der reichste Nabob, wenn er nur an den Schalthebeln der Macht sitzt. Denken Sie doch mal an Mussolini oder Hitler oder –«

DuMont unterbrach sich, weil der Tee serviert wurde.

»Die meisten Bigbosse besitzen nur einen symbolischen Anteil an ihren Firmen«, fuhr er dann fort, »und in Wirklichkeit ist es auch uninteressant, wem ein Unternehmen gehört, entscheidend ist, wer darüber verfügt: Was produziert wird – und was nicht! In welchen Mengen, zu welchen

Preisen und zu welchem Zeitpunkt etwas auf den Markt kommt, wofür der Gewinn benutzt wird, wann wofür investiert wird – das vor allem, denn damit entscheidet man auch über die Zukunft! – und, nicht zuletzt, wer wo unter welchen Bedingungen arbeiten darf. Nicht unser Reichtum macht uns so mächtig, Mister Truckle, sondern die Entscheidungsgewalt. Sehen Sie, meinem Urgroßvater gehörte die NATIONAL noch ganz allein, aber ich habe unendlich mehr zu sagen als er, obwohl die NATIONAL jetzt einem Konsortium von Banken und dem Staat und ein paar Tausend Aktionären gehört. Ich beherrsche sie. Unumschränkt. So absolut, wie es die sogenannten absoluten Monarchen nicht einmal zu träumen wagten. Natürlich, ich bin auch reich, ich habe eine Gewinnbeteiligung, und ich habe Aktien. Aber das Wichtigste ist: Ich habe Macht. Und nicht nur über die NATIONAL.«

»Diese unumschränkte Macht dürfte Ihnen auch eine unbeschränkte Zahl von Feinden einbringen.«

»Gegen die weiß ich mich zu wehren, Mister Truckle. Nein, weshalb ich Ihre Hilfe suche – drei meiner Mitarbeiter sind in der letzten Zeit verstorben, vielleicht ermordet worden. Die Details soll McNamara Ihnen geben, jetzt nur so viel: Alle drei haben im Top-Management der IPPI gearbeitet, das ist die ILLINOIS PHARMA PRODUCTIONS INCORPORATED hier in Chicago. Dem Anschein nach sind sie an Krankheiten gestorben; Dave Bennisher bekam es an der Leber, Paul Temple an der Milz, und Humphrey Goodman ist an Nierenversagen eingegangen; das war gestern, und es gibt erst vorläufige Untersuchungsergebnisse, aber sein Tod hat mich veranlasst, Sie einzuschalten. Sehen Sie, unsere Manager werden selbstverständlich regelmäßig untersucht. Bei keinem hat es zuvor Anzeichen von Erkrankungen gegeben, sie sind plötzlich aufgetreten und sehr schnell verlaufen, was auf Infektionen hinweist, ebenso die Krankheitsbilder, nur, bei keinem der drei ist ein Erreger zu finden!«

DuMont beugte sich vor und blickte Timothy in die Augen. »Ein Zufall? Die Ärzte beteuern, dass es sich um ganz typische Krankheitsverläufe handelt, und sie schieben die

Tatsache, dass man keine Erreger fand, auf technisches oder menschliches Versagen. Ich bin da nicht so sicher. Die Leichen von Bennisher und Temple wurden sofort verbrannt, da es sich um äußerst ansteckende Krankheiten handelte, aber Goodmanns Leichnam wird so lange aufgehoben, bis die Sache geklärt ist, dafür habe ich gesorgt.« DuMont schenkte sich Tee nach. Er verrührte nachdenklich den Zucker.

»Ich könnte mich natürlich auf die Expertisen der Mediziner berufen und basta, doch ich will mir nicht eines Tages vorwerfen müssen, dass ich etwas versäumt hätte. Ich denke mir, wenn einer herausfinden kann, ob an der Sache etwas faul ist, dann Sie.«

»Was sagt Ihr Sicherheitschef?«, erkundigte sich Timothy.

»McNamara sagt, ich soll das FBI einschalten. Das Bundeskriminalamt habe schließlich alle Arten von Experten an der Hand.«

»Aber das ist doch höchstens ein Fall für die Staatspolizei von Illinois!«, sagte Timothy.

»Pah! Wenn ich an einer Sache persönlich interessiert bin, ist es allemal ein Fall für das Bundeskriminalamt. Aber ich will keine Riesenuntersuchung, all den Aufwand, den das FBI treiben würde und der nicht nur die Familien der Toten, sondern auch das Werk in Unruhe brächte.«

»Sie glauben, meine Winzigkeit würde keine Unruhe mit sich bringen?«

»Sie sollen ja nicht mehr, als sich einmal alle Unterlagen ansehen. Wenn Sie mir dann sagen, dass es kein Fall für einen Kriminalisten ist, gebe ich mich zufrieden.«

Timothy griff nach seiner Pfeife. Er setzte sie umständlich paffend in Brand, um Zeit zu gewinnen. Er machte sich keine Illusionen. Hier war weder Geld noch Ruhm zu ernten, nicht einmal eine Flasche »Black Label« als Prämie. Wenn DuMont wirklich an eine Kette von Morden dachte, würde er sicher keinen Augenblick zögern, das FBI einzuschalten. Wahrscheinlich interessierte ihn der Tod der drei wenig; die Chef-Etagen der IPPI, vielleicht sogar der ganzen NATIONAL waren in Unruhe geraten, und DuMont wollte sie besänftigen. Und Timothy Truckle sollte ihm das Alibi liefern.

Deshalb auch das Treffen in der »Stardust«-Bar. So öffentlich wie nur möglich, damit es sich ja schnell herumsprach: DuMont hat den besten Detektiv von Chicago eingeschaltet. Und wenn der, wie zu erwarten, keine Indizien für ein Verbrechen finden konnte, dann war es eben nur eine Kette von unglücklichen Zufällen.

Timothy hätte am liebsten seine Stiefel angezogen und sich verabschiedet. Aber es war unklug, einem Mann wie DuMont einen Korb zu geben. Ihm blieb wohl nichts anderes übrig, als in den sauren Apfel zu beißen und sich die Unterlagen anzusehen. Und zu verkünden, er könne nichts finden, schließlich sei er kein Mediziner.

»Okay«, sagte er, »wie viel Zeit habe ich, Mister DuMont?«

»Ich denke, zwei Tage werden genügen, um alles durchzusehen und eine erste Entscheidung zu treffen«, sagte DuMont. »Wie ist es nun mit einem ›Old Salem Devil's Drink‹?«

»Lieber nicht«, antwortete Timothy lächelnd, »am Ende beschuldige ich Sie noch, Umgang mit Hexen und Teufeln zu pflegen.«

3.

Timothy ließ den Sicherheitschef der NATIONAL ins »Nebraska« kommen. Nicht nur, um von Anfang an die Rangfolge klarzustellen und seine Bedeutung als Topp-Detektiv der Upperclass zu betonen; er wollte McNamara aus der gewohnten Umgebung herausbringen. Wenn Timothy sich schon die Mühe machen und Zeit für einen Fall aufwenden musste, der am Ende gar keiner war, dann wollte er wenigstens en passant ein paar Informationen abzweigen, und das war nach seinen Erfahrungen am leichtesten möglich, wenn man den anderen von seinem angestammten Milieu isolierte. Es gab natürlich auch Typen, die sich dann völlig verschlossen. McNamara gehörte nicht dazu.

Da DuMont ihn einen ehemaligen Militär nannte, hatte Timothy sich ein völlig falsches Bild von ihm gemacht. Er erwartete einen altgedienten und von seiner militärischen Tätigkeit geprägten zackigen Herrn, doch McNamara war alles andere als ein »Kommisskopp«, er gab sich freundlich und aufgeschlossen, war verblüffend jung, gerade dreißig, sportlich elegant und machte eher den Eindruck eines Absolventen der Yale University als einer Militärakademie. Timothy führte McNamara in sein Arbeitszimmer und ließ ihm Zeit, sich umzusehen. Dann fragte er, was er seinem Gast anbieten dürfe. McNamara sah Timothy verschmitzt lächelnd an.

»Unsere Unterlagen besagen, dass Sie einen ausgezeichneten Weinkeller besitzen, Mister Truckle. Wenn Sie ein Glas Portwein für mich hätten – ich meine echten Portwein.«

Timothy spendierte einen »Porto Colheita 2011«, und er stellte die Flasche in McNamaras Reichweite.

McNamara hatte eine Handvoll Kristalle mitgebracht, aber Timothy begnügte sich mit seinen mündlichen Ausführungen. Die Manager der IPPI wurden von der Spezialklinik des »Metropolitan Hospital« betreut, die weit über die Grenzen von Illinois hinaus einen vorzüglichen Ruf genoss. Man durfte den Ergebnissen ihrer Dispensaire-Untersuchungen vertrauen, ebenso den Expertisen über die Krankheitsverläufe. Die Verstorbenen hatten noch wenige Tage vor ihrem Tod keinerlei Anzeichen von Erkrankung gehabt, sie waren ganz offensichtlich Infektionen zum Opfer gefallen. McNamara zeigte sich jedoch nicht beunruhig über die Tatsache, dass die Mediziner in den Geweben der Verstorbenen keine Erreger gefunden hatten.

»Sehen Sie, Mister Truckle«, sagte er, »Dave Bennisher starb an einer virulenten Gelbsucht. Sie wissen vielleicht, dass es da immer wieder neue Abarten gibt. Bennisher kam auf die Isolierstation, starb und wurde sofort verbrannt, da die Infektionsgefahr bei Hepatitis praeceps immens ist. Es ist nur dem privaten Interesse eines der Ärzte zu verdanken, dass überhaupt eine Gewebeprobe entnommen wurde, schließlich war die Diagnose eindeutig. Es ist auch nicht ungewöhnlich, dass die Erreger nicht gefunden wurden. Die Suche nach den Hepatitisviren ist noch immer ein Glücksspiel, und die Probe wurde erst jetzt untersucht, weil

Mister DuMont nach dem Tod von Humphrey Goodman misstrauisch wurde.«

»Warum erst bei Goodman? Warum nicht schon bei Paul Temple, dem zweiten Toten?«

McNamara streckte die Hand nach der Flasche aus und sah Timothy fragend an.

»Bitte, bedienen Sie sich«, sagte Timothy. »Ich mache mir wenig aus Portwein. Sie berauben mich also nicht.«

McNamara goss sich ein und nahm einen Schluck. »Ehrlich gesagt, ich weiß nicht, warum er überhaupt misstrauisch wurde und an Mord dachte. Gewiss, der Chef hat einen Riecher für das Außergewöhnliche, aber der hat ihn auch schon oft zum Narren gehalten. Temple bekam Milzbrand. Eine seltene Krankheit, die beim Menschen so gut wie nie vorkommt, aber im Fall von Temple wiederum nicht so verwunderlich ist, wie es auf den ersten Blick scheint. Temple war der Chef der Entwicklungsabteilung, und in der wird mit allen möglichen Bakterien, Bazillen und Viren gearbeitet. Dort entwickelt man Impfstoffe gegen Tierseuchen.«

»Ich denke, Milzbrand ist schon lange ausgerottet«, sagte Timothy.

»Die NATIONAL treibt Vorratswirtschaft und hat ein weitgefächertes prognostisches Programm. Wir wollen auf alle Eventualitäten vorbereitet sein. Wann immer eine Seuche auftritt, Mister Truckle, wir wollen die entsprechenden Medikamente so weit entwickelt haben, dass wir sofort mit der Großproduktion beginnen können.«

»Sie züchten also Erreger für Krankheiten, die es noch gar nicht gibt?«

»Und die Gegenmittel natürlich. Damit sind wir im Vorteil, wenn ein Erreger spontan mutiert und in der Praxis auftritt.«

»Es gab Gerüchte«, sagte Timothy, »dass eine gewisse Firma nicht erst darauf warten wollte, bis eine Seuche zufällig ausbrach –«

»Dummes Gerede«, wehrte McNamara ab, »ein Gerücht, das von der Konkurrenz in Umlauf gesetzt wurde, um eine staatliche Untersuchungskommission in die NATIONAL zu schicken. Der UNITED war es gelungen, zeitweilig die führenden Positionen in der Überwachungskommission für biochemische und pharmazeutische Produkte zu besetzen, und sie wollte diesen Vorteil ausnutzen, um Werkspionage zu treiben. Wir haben den Anschlag abgewehrt.«

»Aber Sie werden nicht leugnen wollen, dass es eine ganze Reihe solcher Vorfälle gegeben hat«, sagte Timothy, »wenn ich nur an den Waschpulverkrieg* denke!«

»Der von der UNITED ausgelöst wurde! Seit dem Bostoner Frieden sind jedoch derart wilde Unternehmungen ausgeschlossen.«

»Temple konnte sich also in der IPPI infiziert haben?«, fragte Timothy.

»Das ist sogar sehr wahrscheinlich, und da wir niemanden in unsere Karten blicken lassen wollten, wurde Temple in seinem Haus isoliert und von den Medizinern der IPPI betreut, und Hankshaw, das ist der Arzt, der den Totenschein ausstellte –« McNamara zuckte mit den Schultern. »Ich kann es Dr. Hankshaw nicht nachweisen, aber ich bin sicher, dass er die Gewebeproben absichtlich so behandelt hat, dass der Erreger nicht mehr zu finden war. Sehen Sie, es gibt eine exakte Klassifizierung nach allen Untertypen. Wenn sich nun herausstellte, dass Temple sich mit einem Erreger infizierte, der bislang nur in den Labors der IPPI existiert, hätte Hankshaw, der für diesen Bereich verantwortlich ist, eine peinliche Untersuchung befürchten müssen. Was nun Humphrey Goodman betrifft – sein Fall ist zwar merkwürdig, jedoch nicht geheimnisvoll. Die Fragen, die sein Tod aufwirft, betreffen die Mediziner, nicht die Kriminalisten. Es war eindeutig eine Virusinfektion, nur dass der Zerfall der Zellen so rapide und total vor

---

* Waschpulverkrieg: berüchtigte Konzernfehde Mitte der 20er Jahre. In den Großstädten wurden Mikroben ausgesetzt, die alle synthetischen Gewebe zerstörten, sobald sie mit herkömmlichen Waschmitteln in Berührung kamen. Die UNITED bot dann als einzige Firma ein Waschmittel an, mit dem man noch waschen konnte, und erreichte vorübergehend ein Cornering (absolutes Monopol). Die Konkurrenz konterte kurz darauf mit der Verbreitung von Mikroben, die gerade dann die Gewebe vernichteten, wenn mit den Waschmitteln der UNITED gewaschen wurde. Ein paar Wochen lang konnte man synthetische Gewebe überhaupt nicht mehr waschen, und die Preise für Wolle, Seide, Leinen und andere Naturfasern schnellten in sagenhafte Höhen, bis die Konzerne im »Frieden von Boston« den Markt aufteilten und den Waschpulverkrieg beendeten.

sich ging, dass sie nicht mehr in der Lage waren, die DNS des Virus zu reproduzieren. Die Wissenschaftler des ›Metropolitan Hospital‹ vermuten eine neuartige Mutation, und sie sind sicher, dass sie schnell wieder von allein verschwinden wird, da der Virus sich ja auf diese Weise nicht fortpflanzen kann.«

»Etwas völlig Neues?«, fragte Timothy.

»Das ist das wirklich Interessante an Goodmans Tod.«

»Könnte es sein, dass jemand ihn heimlich als Versuchskaninchen benutzte?«

»Wir haben genügend Versuchskaninchen in der IPPI«, antwortete McNamara, »und weitaus besser geeignete.«

»Jemand könnte dennoch in die Versuchung geraten sein, das Angenehme mit dem Nützlichen zu verbinden«, meinte Timothy, »jemand, der Goodman hasste. Oder fürchtete.«

McNamara schüttelte den Kopf. »Die Idee ist mir auch schon gekommen, aber es gibt keine Anzeichen dafür. Goodman war ein brillanter Gelehrter, aber zugleich ein Trottel, ein Muster an Gutmütigkeit und Hilfsbereitschaft. Glauben Sie mir, er hatte keine Feinde, auf keinen Fall bei der IPPI.«

»Und bei der Konkurrenz?«

»Er wohnte in einem Dienstappartement auf dem Werkgelände, er hat es schon seit Jahren kaum noch verlassen.«

»Was ist mit seiner Familie, seiner Frau, hat sie einen Liebhaber –?«,

»Er lebte völlig allein, er war ja schon über Siebzig, und er ging völlig in seiner Arbeit auf.«

»Aber er könnte einem seiner Kollegen gefährlich geworden sein. Vielleicht hatte er eine Unregelmäßigkeit entdeckt? Sie sagen, er war besonders gutmütig. Das ließe vermuten, dass er in solch einem Fall den Kollegen nicht gleich anschwärzte, sondern erst mit ihm sprach.«

»Und wie sollten wir das herausbekommen? Es ist viel wahrscheinlicher, dass er eines, wenn ich es so nennen darf, natürlichen Todes gestorben ist. Die Mutationsrate bei diesen Virusarten ist extrem hoch. Fragen Sie einen Experten! Und selbst wenn – was hätte sein Tod mit dem der anderen zu tun?«

»Sie glauben also nicht, dass es sich um eine Kette von Morden handelt?«

»Ganz und gar nicht.«

»Warum haben Sie dann DuMont vorgeschlagen, das FBI einzuschalten?«

McNamara lehnte sich zurück und sah Timothy belustigt an. »Um ihn ein für allemal von diesem Hirngespinst abzubringen, Mister Truckle. Um ihn zu einer Entscheidung zu zwingen. Entweder er akzeptiert, dass es sich nur um eine unglückliche Verkettung von Zufällen handelt, oder er halst sich das FBI auf mit allen Konsequenzen, die sich daraus ergeben.«

Timothy sah McNamara fragend an.

»Na, die IPPI beschäftigt doch Color-Collars*. Wussten Sie das nicht?«

Timothy pfiff verwundert. »Haben Sie dann nicht ohnehin ständig irgendeinen Sicherheitsdienst auf dem Hals?«

»Warum sollten wir? Unsere Werkpolizei ist da absolut kompetent.«

»Erhöht das aber nicht die Wahrscheinlichkeit eines Verbrechens?«

»Im Gegenteil. Durch die Colors sind wir zu besonderen Sicherheitsmaßnahmen gezwungen. Außerdem hatten Bennisher und Goodman keinerlei Kontakt mit den Sträflingen.«

»Ich würde mir das gerne mal ansehen«, sagte Timothy.

Betriebe, die Sträflinge beschäftigen, waren Außenstehenden verschlossen, es gab kaum Informationen über die Bedingungen in solchen Werken. Vielleicht beschäftigte die IPPI sogar Black-Collars, und er fand dort am Ende einen der vielen Verschollenen wieder?

---

* Color-Collars = Buntkragen, Sträflinge. In den USA werden eine ganze Reihe von Verurteilten dadurch gekennzeichnet, dass man einen Streifen ihrer Halshaut einfärbt: rot bei Sträflingen, die Zwangsarbeit in gefährlichen Medien leisten müssen, grün bei Häftlingen, die sich als Versuchspersonen für chemische und pharmazeutische Produkte verwenden lassen müssen, orange für Zwangsarbeiten aller Art. Politische Häftlinge werden mit einem schwarzen Streifen gebrandmarkt (Black-Collars), sie dürfen von den Konzernen nach Belieben eingesetzt werden. Die »Violets« dürfen sich zum Teil frei bewegen, müssen aber einen oder mehrere Körperteile oder Organe auf Abruf für Transplantationen zur Verfügung stellen. Die Bezeichnung »Color-Collars« wurde von dem Sprachmuster der »Blue-Collar-Workers« und »White-Collar-Workers« abgeleitet.

»Da müssen Sie mit DuMont sprechen«, erwiderte McNamara. »Aber überlegen Sie sich einen guten Grund; der Chef ist nicht sehr freigebig mit seiner Genehmigung.«

»Warum? Er schämt sich doch wohl nicht seiner Colors?«

»Im gewissen Sinne schon.« McNamara goss sich nach. »Auf meinen Chef.« Er hob das Glas und trank Timothy zu. »Die Öffentlichkeit kennt nur das Image, das er um sich errichtet hat, eine schillernde, undurchdringliche Mauer, hinter der er sein wahres Ego versteckt. Sie haben ja keine Ahnung, was für ein empfindsamer Mann DuMont in Wirklichkeit ist, Mister Truckle. Ein Mann, der in aller Stille unheimlich viel Gutes tut, weil er unter dieser Welt leidet. Sie kennen die ›Public-Dope-Free-Schools‹*?«

Timothy nickte. Er war zwar noch nie in einer dieser streng abgeschirmten Schulen gewesen, in der Kinder aufwachsen konnten, ohne mit all den Rauschgiften in Berührung zu kommen, die sonst an den Schulen gehandelt wurden, aber er hatte schon viel über sie gehört; sie zählten zu den wenigen Glanzlichtern in der oft so finsteren Welt der amerikanischen Kinder, wenn man einmal von den nicht weniger gut behüteten Internaten der Wohlhabenden absah.

»Es war DuMonts Idee, diese Schulen einzurichten«, sagte McNamara, »und er hat eine Unmenge Geld dafür gespendet. Auch eine ganze Reihe der ›Drop-Out-Homes‹** werden von der NATIONAL unterhalten.«

Timothy war beeindruckt. Da bot sich ihm ein völlig neues Bild von DuMont dar.

»Aber er beschäftigt Colors«, sagte er nachdenklich.

»Für DuMont ist das nicht nur eine Frage der Kostenersparnis, sondern auch oder vor allem der Humanität«, erwiderte McNamara. »Irgendwo müssen die Verurteilten ja arbeiten, dann schon bei uns, wo sie es mit Sicherheit besser haben als irgendwo sonst. DuMont kümmert sich persönlich darum, dass sie alle möglichen Erleichterungen bekom-

---

* Public-Dope-Free-Schools: öffentliche drogenfreie Schulen.

** Drop-Out-Homes: eine Art von Waisenhäusern für Findlinge, besonders für Säuglinge, die ohne Lizenz geboren und von den Eltern ausgesetzt werden.

men. Ich glaube, er fühlt sich verantwortlich, weil sein Großvater damals die vierzehnte Strafrechtsreform im Kongress einbrachte, die die Zwangsarbeit und die Zwangstransplantationen einführte.«

»Ich hatte keine Ahnung, dass ›Big Balloon‹ DuMonts Großvater war«, sagte Timothy.

»Mütterlicherseits. DuMont tut auch alles, damit das nicht verbreitet wird. Schließlich war die Strafrechtsreform nicht gerade ein Glanzstück unserer Zivilisation.«

Timothy sah überrascht auf. Wusste McNamara nicht, dass jedes Wort, das er in diesem Raum sprach, staatlich überhört wurde? Er nahm die Flasche Portwein und winkte McNamara, ihm ins Mausoleum zu folgen.

»Hier dürfen Sie Ihrem Herzen Luft machen, ohne sich die Zunge zu verbrennen«, sagte Timothy.

»Ist es nicht eine Schande?«, rief McNamara. »Vor allem die ›Violets‹! Müssen wir im einundzwanzigsten Jahrhundert die barbarischen Gesetze der Urzeit neu aufleben lassen? Denn es ist doch nichts anderes als einst das Handabhacken oder Ohrenabschneiden, wenn man heute einen Menschen dazu verurteilt, eine Niere oder den Magen oder ein Bein herzugeben!«

»Es wird ja häufig nicht vollzogen«, sagte Timothy. »Ich denke, es geht mehr um die abschreckende Wirkung.«

»Und – schreckt es ab? Noch nie hat man Kriminalität durch Abschreckung wirksam bekämpfen können. Man müsste die Ursachen beseitigen, das Elend, den Hunger, die Arbeitslosigkeit –«

»Sie sprechen recht aufrührerisch für einen Polizisten!«

»Nicht alle Tage, das können Sie mir glauben.«

»Ich hätte es nie für möglich gehalten, dass mir mal ein Polizeichef, noch dazu ein ehemaliger Militär, sympathisch sein könnte. Sagen Sie Tiny zu mir.«

McNamara streckte Timothy die Hand hin. »Ich heiße Vance.«

Er trank sein Glas aus und goss sich gleich nach.

»Wie sind Sie eigentlich zu DuMont gekommen?«

»Auf einer Party. Mutter gab mir zu Ehren ein Fest, als ich den dritten Grad an der Militärakademie von Princeton absolviert hatte. Mutter war weitaus stolzer auf das goldblausilberne Band als ich. Zu dieser Party erschien auch DuMont, meine Schwester hatte gerade bei ihm als Geliebte angefangen. DuMont nahm mich beiseite und sagte, er habe noch nie einen Militär getroffen, der es so wie ich verstünde, sein Haar auf die Uniform abzustimmen. Er freue sich, dass er endlich einmal einen Soldaten mit Kunstverstand getroffen habe. Da brach es aus mir heraus. Ich sagte ihm ins Gesicht, was ich von meinem Job als Soldat hielt.« McNamara lachte schallend. »Überhaupt, Tiny, Soldaten! Eine Bürgerkriegstruppe bestenfalls.

Glauben Sie, dass die DRAUSSEN es wagen, uns anzugreifen? Ich nicht. Und die DRAUSSEN angreifen? Wie denn? Wozu also noch Militär? Wozu all die Milliarden Rüstungsausgaben? Wir sind nur die Reserve der Polizei und der NSA. Da kann ich lieber gleich Polizist sein, zumal bei einem Chef wie DuMont, und muss mich nicht mit dem Mob auf der Straße herumprügeln. Versuchen Sie, DuMonts Fatzken-Mauer zu durchbrechen, Tiny, und Sie werden einen der edelsten Charaktere der Staaten entdecken.«

4.

Timothy ließ sich einen neuen Termin bei DuMont geben, und dieses Mal trieb er keinerlei modischen Aufwand, er färbte sich nicht einmal das Haar. DuMont sah ihn belustigt an.

»Ist das die allerneueste Mode?«, fragte er spöttisch.

»Ach, wissen Sie«, antwortete Timothy, »es gibt Tage, da kann ich keinen Firlefanz ertragen. Ich muss diesen Quatsch mitmachen, weil er zu meinem Image gehört und dem Geschäft förderlich ist, aber manchmal ekelt es mich geradezu an.«

DuMont schlug Timothy begeistert auf die Schulter. »Kommen Sie, Mister Truckle, gehen wir in mein Allerheiligstes.«

Er führte Timothy in einen kleinen Raum, der frei von allen modischen Mätzchen war: die Wände weiß gestrichen, die Fenster zeigten auf einen kleinen, verwilderten Garten, nur zwei Bilder schmückten das Zimmer, Regenlandschaften von Turner. DuMont wies auf einen der beiden Stühle.

»Was kann ich Ihnen anbieten, Mister Truckle?«

»Einen Schluck Wasser«, sagte Timothy. »In diesem Raum verlangt es mich geradezu nach dem Simpelsten – und Schönsten, was unser Planet zu bieten hat.«

DuMont reichte Timothy ein Buch, Handzeichnungen Leonardo da Vincis, und entschuldigte sich für einen Augenblick. Als er wiederkam, trug er eine Art Toga, hatte den Schmuck abgelegt und sich abgeschminkt. Er brachte einen Servicewagen mit, auf dem nicht nur Wasserkaraffen und verschiedene Gläser standen, sondern auch zwei dunkelgrüne Flaschen ohne Etikett.

»Ein unverfälschter Frankenwein aus Old Germany«, erklärte DuMont, »der passt, so denke ich, auch in diesen Raum.« DuMont goss ein. »Wir sind also verwandte Seelen. Ich habe den Zirkus ebenso satt, aber selbst ich bin ein Gefangener meines Images. Gewiss, ich könnte es ändern, doch soll ich mich allen so zeigen, wie ich wirklich bin? So verwundbar will ich mich nun doch nicht machen. Also beschränke ich meine intimste Freiheit auf diese Räume. Nebenan ist ein Solarium und ein Schwimmbecken, wenn Sie Lust haben, genieren Sie sich nicht!«

»Vielleicht später«, sagte Timothy. »Im Augenblick möchte ich Ihren Wein und Ihre Gemälde genießen.«

»Es gibt noch einen Grund, warum ich mein wahres Antlitz nicht öffentlich preisgebe«, unterbrach DuMont die Stille, »ich befürchte, man würde es schnell nachahmen, und dann wäre auch das nicht mehr mein Privileg, sondern würde zur Mode herabgewürdigt. Einmal habe ich leichtsinnigerweise im ›Hilton‹ Erbssuppe mit Würstchen bestellt. Am nächsten Tag war es der neue Hit. Ein oder zwei Wochen lang aß alle Welt Erbssuppe, und ich kann seitdem mein einstiges Lieblingsessen nicht mehr riechen.«

»Was halten Sie von ›Boston Baked Beans‹?«, fragte Timothy. »Eine fast vergessene altamerikanische Farmerkost, sehr einfach und sehr schmackhaft.«

»Sie machen mich neugierig, Mister Truckle. Würden Sie mir das Rezept verraten, damit mein Küchenchef es uns zubereitet?«

»Ich würde es lieber selbst kochen«, antwortete Timothy, »doch das geht nicht sofort; die Bohnen müssen über Nacht eingeweicht werden. Darf ich Sie einmal zu mir einladen, Mister DuMont? Ich würde Ihnen gerne ›Boston Baked Beans‹ kredenzen, aber ich hasse es, in fremden Küchen und unter fremden Augen zu arbeiten.«

»Schade.« DuMont seufzte. »Gerade heute wäre mir nach einem handfesten einfachen Essen.«

»Lassen Sie die Küche räumen«, schlug Timothy vor, »und ich koche uns einen Topf südschwedischer Suppkartoffeln. Ich bin sicher, das wird Ihnen schmecken.«

DuMont war sofort dabei, er begann sogar Kartoffeln zu schälen, während Timothy einen Berg Zwiebeln vorbereitete, die er dann mit den zu Scheiben geschnittenen Kartoffeln in Salzwasser aufsetzte.

»Das ist alles?«, erkundigte sich DuMont verwundert.

»Fast. Noch Pfeffer dazu und ganz am Schluss ein Stück Butter. Für den, der es mag, ein Stück Leberwurst als Zukost; aber es muss grobe Leberwurst sein, und sie wird nur in der Röhre erwärmt.«

DuMont durchstöberte schon die Kühlschränke. Als er nirgends Leberwurst fand, gab er den Auftrag, sofort welche zu besorgen. Dann saßen sie auf dem langen Holztisch und ließen die Beine baumeln.

»Wie sieht es aus«, erkundigte sich DuMont, »haben Sie etwas entdecken können?«

»Um ehrlich zu sein, nein.« Timothy sah ihn an. »Vorgestern hätte ich noch gewettet, dass das genau die Antwort ist, die Sie von mir hören wollen, aber seit gestern bin ich mir nicht mehr sicher. McNamara hat Ihr Loblied gesungen. Er behauptet, Sie seien ein wahrer Menschenfreund.«

»Soweit ich es mir leisten kann«, erwiderte DuMont. »Ich möchte vor allem, dass nicht noch mehr derartige Todesfälle geschehen. Waren es Verbrechen, Mister Truckle?«

»Schwer zu sagen. Da müsste ich mich erst einmal in der IPPI umsehen.«

»Warum?«, fragte DuMont.

»Wo soll ich ansetzen?« fragte Timothy zurück. »Dies sind keine gewöhnlichen Verbrechen. Wo, zum Beispiel, ist der Tatort? Was ist die Tatzeit? Wo soll ich Spuren suchen? Wo einen Täter? Wo ein Motiv? Wenn ich den kleinsten gemeinsamen Nenner der drei Fälle nehme, stoße ich auf die IPPI. Gibt es irgendwelche Schwierigkeiten, wenn ich mich dort einmal umsehen möchte?«

»Nicht, wenn ich es anordne«, antwortete DuMont. »Ich verstehe nur nicht recht, wozu das gut sein soll. McNamara kennt sich dort aus. Er soll Ihnen alle Fragen beantworten und von mir aus auch Untersuchungen für Sie anstellen.«

»Ich will es mit einem Bild verdeutlichen«, erwiderte Timothy. »Wenn Sie auf einen Teich blicken, dessen Oberfläche unbewegt ist, können Sie – vorausgesetzt natürlich, das Wasser ist nicht allzu unsauber –, dicht vor sich bis auf den Grund sehen, in ein paar Metern Entfernung sehen Sie vielleicht noch einen Fisch, wenn er dicht unter der Oberfläche schwimmt, ein Stück weiter bildet das Wasser bereits eine undurchdringliche Barriere für Ihren Blick: Je flacher der Winkel wird, desto stärker die Brechung. Schließlich wird eine kritische Grenze erreicht, an der die Strahlen reflektiert werden und Sie nichts mehr sehen. So geht es mir, wenn ich durch die Augen anderer sehen muss. Um bei dem Bild zu bleiben: Am klarsten sehe ich dort, wo ich stehe.« Timothy hopste vom Tisch und ging zum Herd. Er rührte lange im Topf, um DuMont Zeit zu lassen, den Köder zu schlucken.

»Sie haben mich überzeugt, Mister Truckle«, sagte DuMont, als Timothy zurückkam. »Ich werde McNamara Anweisung geben, dass Sie überall –«

Ein Gong unterbrach ihn. Über den Monitor wurde gemeldet, dass die Leberwurst eingetroffen sei.

»Gerade rechtzeitig«, meinte Timothy, »die Kartoffeln sind in wenigen Minuten gar.«

Sie schlürften ungeniert die heiße Brühe, zerdrückten die weichen Kartoffelscheiben und Zwiebeln schmatzend am Gaumen und aßen die handwarme Leberwurst mit den Fingern. DuMont aß wenig, doch er rülpste genüsslich.

»Ich kann leider nicht mehr«, seufzte er. »Was halten Sie jetzt von einem geruhsamen Bad?«

DuMont stand im Nu nackt da, nackt bis auf ein halbes Dutzend Schönheitspflästerchen in seinen Familienfarben und einer Halskette, an der ein herzförmig in Gold gefasster Quarzkristall hing, der in schneller Folge seine Tönung wechselte und geheimnisvoll in allen roten Schattierungen glühte. DuMont sah Timothys neugierigen Blick, er hielt ihm die Kette hin.

»Interessiert Sie mein Purple Heart*?«

»Ein schönes Stück«, sagte Timothy, »aber ich hätte angenommen, dass Sie nur alten, klassischen Schmuck tragen. Die Form kommt mir bekannt vor, kann es sein, dass das eine Imitation ist?«

»Nur in gewissem Sinn, Mister Truckle.« DuMont schmunzelte vergnügt. »Ich gebe zu, die Form ist nachgeahmt und nicht einmal besonders glücklich, eine Vermischung venezianischer und amerikanischer Elemente, die man sicher besser hätte machen können. Aber die Form ist hier nicht das Wichtigste, der Quarz ist nur ein Schmuckelement. Auf den Inhalt kommt es an, und der ist außergewöhnlich: ein Schrittmacher.«

»Das hätte ich nicht vermutet«, gestand Timothy, »meiner ist implantiert.« Er zeigte auf die kleine Narbe in seiner linken Achselhöhle.

»Kein Herzschrittmacher, Mister Truckle! Ein Schrittmacher der Laune.« DuMont amüsierte sich sichtlich über Timothys Verblüffung. »Ein Nebenprodukt unseres Unternehmens. Es beeinflusst die ›innere Uhr‹, die der Mensch nun mal wie alle Lebewesen in sich trägt, beschleunigt oder verlangsamt sie durch das Senden bestimmter rhythmischer Muster. Man merkt zwar nur, dass Atemfrequenz und Herzschlag sich ändern, aber in Wirklichkeit wird der gesamte Ablauf der Körperfunktionen beeinflusst. Sehen Sie hier: An diesem kleinen Knopf kann ich die gewünschte

* Purple Heart = Purpurherz; früher einmal Name des Verwundetenabzeichens der US-Army.

Geschwindigkeit einstellen. Der Laie wird es kaum für möglich halten, doch durch die Veränderung des organischen Grundrhythmus kann man sich auf Hochtouren bringen – oder in eine Lethargie versetzen, ganz wie und wie lange man will. Es ist wesentlich wirksamer als irgendein Rauschgift, dabei absolut ungefährlich, es sei denn, man entfernt die Sicherung und übertourt sich.«

»Also ein ideales Mittel, die Rauschgiftsucht zu bekämpfen«, meinte Timothy.

»Ja, ich weiß. Obwohl es für die meisten zu teuer wäre, und gerade für jene, die als Erste zu Drogen greifen.« DuMont hängte sein Purple Heart vorsichtig an einen Haken. »Die Leute von der EngiPoG* bedrängen mich auch immer wieder, das Ding in Serie produzieren zu lassen, aber ich kann mich noch nicht dazu entschließen. Ich weiß, es ist egoistisch und sentimental, aber ich liebe dieses kleine Ding, und ich verabscheue den Gedanken, dass alle Welt damit herumläuft.«

5.

McNamara schien nicht gerade begeistert, dass Timothy die Genehmigung zur Besichtigung der IPPI bekommen hatte. Er verriet sich nur durch ein kurzes Stirnrunzeln, bevor er seinen Ärger hinter einem Lächeln versteckte, nicht schnell genug für Timothys Aufmerksamkeit.

»Ich möchte Ihnen nicht die Zeit rauben, Vance«, sagte Timothy, »ich kann mir gut vorstellen, dass der Sicherheitschef der NATIONAL Wichtigeres zu tun hat, als Fremdenführer zu spielen. Vertrauen Sie mich einem Ihrer Leute an.«

»Nein, nein, Tiny, ich mache das schon selbst. Nur spielen Sie mir bitte nicht vor, dass Sie im Werk Spuren oder Indizien suchen. Sie sind neugierig, das verstehe und akzeptiere ich; ich hätte solch eine Gelegenheit auch beim Schopfe gepackt.«

---

* EngiPoG = Engineering Policy Group – Abteilung, die die Aufgabe hat, neue Produktionen vorzuschlagen.

»Sie sind ein guter Detektiv«, antwortete Timothy, »Sie haben mich sofort durchschaut. Aber verraten Sie mich bitte nicht bei Ihrem Chef, er glaubt, dass ich ernsthaft arbeite.«

Sie verabredeten sich für den nächsten Vormittag. McNamara ließ Timothy abholen. In einem vergleichsweise sehr bescheidenen Werks-Copter, der nicht einmal das Firmenzeichen der IPPI trug. Timothy nahm die kleine Maschine nicht für voll und musste sich erst aufrufen lassen.

McNamara erwartete ihn in der Halle des Werkes, direkt unter der Nachbildung der Freiheitsstatue*, die hier wie in allen Betrieben und Institutionen aufgestellt war. Er führte ihn in ein Büro, das mit den Fahnen der USA und der NATIONAL geschmückt war; zwischen ihnen hing ein überdimensionales Bild von DuMont.

»Ich muss Sie zuerst einmal verpflichten«, sagte er, »das verlangen nicht nur unsere Werksbestimmungen, sondern auch die Behörden des Strafvollzugs.«

Timothy gab sein Stimmidenticat und verpflichtete sich, alles, was er im Werk sehen oder hören würde, streng vertraulich zu behandeln und keinerlei Informationen an Dritte weiterzugeben. McNamara nahm die Zeremonie ernst, bei solchen Gelegenheiten schlug wohl der Militär in ihm durch. Timothy gelang es, keine Miene zu verziehen. Du meine Güte, wie oft hatte er schon derartige Verpflichtungen abgegeben. Und gebrochen.

»Was wollen Sie sehen, Tiny?«, erkundigte sich McNamara.

Timothy zuckte mit den Schultern. »Ich habe ja keine Ahnung, was es hier alles zu sehen gibt. Vielleicht wäre ich

---

* Die »Freiheitsstatue« wurde 1886 zur Erinnerung an das Bündnis zwischen Frankreich und den jungen USA im Befreiungskampf gegen die englische Kolonialmacht auf einer kleinen Insel im Hafen von New York errichtet. Sie trug in der rechten Hand eine Fackel, in der linken Gesetzestafeln, ihre Füße traten auf zerbrochene Ketten. Die Figur aus Eisen und Bronze wurde um die Jahrhundertwende vom Smog zerfressen, alle Rettungsversuche scheiterten, im Jahre 2008 fiel der Arm mit der Fackel ab, kurz darauf wurde die Statue von Guerillas gesprengt, da sie »nur noch eine Farce sei«. Daraufhin entbrannte ein Kampf um die Liberty-Insel, dreimal wurde eine Kopie der 50 m hohen Statue (aus Plast) aufgestellt und jedesmal vom UNDERGROUND in die Luft gejagt, zuletzt die ganze Insel. Da beschloss der Kongress, dass in allen Betrieben und öffentlichen Gebäuden eine Nachbildung der Freiheitsstatue aufgestellt werden musste.

sonst auch gar nicht neugierig. Führen Sie mich nach Ihrem Gutdünken herum, Vance.«

»Schön, gehen wir zuerst in die Treibhäuser. Das ist immer sehr eindrucksvoll.«

Die Treibhäuser lagen im Keller, vier ausgedehnte Geschosse, die sich aber alle glichen, wie McNamara erklärte, so dass es genüge, sich ein Haus anzusehen. Ansehen hieß hier, durch eine dicke gläserne Scheibe zu gucken.

»Ist das nicht ein idyllisches Bild?« McNamara zeigte auf ein paar Frauen, die sich zwischen üppigen Stauden bewegten, ausnahmslos junge und hübsche Frauen. Und nackt. Den roten Streifen, der sich um ihre Hälse zog und der in dieser Umgebung eher wie ein raffiniert ausgedachtes Schmuckelement wirkte, konnte man ja nicht als Kleidung ansehen.

»Hübsche Mädchen, nicht wahr? Ich dachte mir, dass Ihnen der Anblick gefallen würde, Tiny. Er beeindruckt auch mich immer wieder. Es lässt an Eva im Paradies denken. Man ist fasziniert und möchte zu ihnen stürzen. Doch wenn ich Sie hineinließe, wären Sie in wenigen Sekunden tot. Erstickt. Die Luft in den Treibhäusern enthält eine Menge Kohlenwasserstoff und Methan und knapp halb so viel Sauerstoff, wie wir es gewohnt sind, sie ähnelt der Atmosphäre in den Urzeiten unseres Planeten. Die Wissenschaftler haben nämlich entdeckt, dass die heutige Erdatmosphäre durchaus nicht das optimale biologische Milieu für die Pflanzen darstellt, es ist ein Kompromiss mit dem Sauerstoffbedarf der Tiere. In einer sauerstoffreduzierten Atmosphäre gedeihen die Pflanzen weitaus besser. Die mannshohen Stauden zum Beispiel, die Sie da vorne sehen, sind Kartoffeln!«

»Und wie halten die Mädchen das aus?«

»Sie haben anderes Blut. Es wird durch eine mehrstufige Perfusion ausgetauscht, bis der Hämoglobingehalt so eingestellt ist, dass sie in dieser Luft leben können. Nach ein paar Wochen hat man überhaupt keine Beschwerden mehr.«

»Aber – ist der Blutaustausch rückgängig zu machen?«

»Das synthetische Blut muss ständig erneuert werden, die Perfluorverbindungen haben nur eine Halbwertzeit von zwei Monaten.«

»Die armen Dinger sind also nicht zu ewigem Leben in diesem unterirdischen Garten Eden verurteilt?«

»Nein, aber ich versichere Sie, Tiny, sie fühlen sich da denkbar wohl. Sie hätten ja auch in einem anderen gefährlichen Medium landen können, in den Muddies zum Beispiel oder in einer der ›Metal Hells‹*. In solch einem Treibhaus kann man doch leben, oder? Vergessen Sie nicht, dass das Sträflinge sind!«

»Haben Sie nur Frauen hier? Und nur junge Frauen?«

McNamara lachte. »Nein. Das ist sozusagen unser Renommierstück. Die älteren Frauen und die Männer arbeiten in den anderen Treibhäusern; Männlein und Weiblein natürlich fein säuberlich getrennt, aber als Prämie für besonders gute Arbeit dürfen sie schon mal miteinander schlafen. Ich bin übrigens dagegen. Ich finde, DuMont geht hier zu weit. Strafarbeit muss schließlich Strafarbeit bleiben.«

»Gibt es auch Aufseher oder, nun, Nichtsträflinge da unten?«

»Nein, aber sie werden elektronisch überwacht. Das allerdings total.«

»Und wenn sie einmal nicht so wollen, wie sie sollen?«

»Da gibt es vielerlei Möglichkeiten. Zuerst einmal können sie jederzeit strafversetzt werden. In leichteren Fällen von Ungehorsam werden die kleinen Privilegien entzogen, das Baden zum Beispiel. Eine sehr unangenehme Strafe, weil die Luft in diesen Häusern die Haut unerhört reizt, wenn man sich nicht regelmäßig säubern kann. Oder auch Wasserentzug. Da herrscht tropisches Klima, und Durst kann eine furchtbare Strafe sein. Schwere Fälle kommen für kürzere oder längere Zeit in die Klimakammer, in der der Sauerstoffgehalt der Luft nach Belieben erhöht werden kann, was natürlich zu Krämpfen führt.«

»Eine Frage, Vance. Wozu diese Treibhäuser?«

»Hier werden Grundstoffe produziert, vor allem Alkaloide, die man noch nicht synthetisch herstellen kann oder nur zu wesentlich höheren Kosten.«

---

* Metal Hells = Metallhöllen, Werkhallen der Grundstofferzeugung mit Edelgas- oder anderen variierten hochgiftigen Atmosphären, die der Grundstofferzeugung günstiger sind als die herkömmliche Luft.

Als Nächstes führte McNamara Timothy in einen Saal. Obwohl es auch hier drückend heiß war, trugen die Sträflinge derbe Drillicon-Kittel, und ausnahmslos alle hatten orangefarbene Streifen um den Hals. Und sie saßen in bunter Reihe mit Schimpansen! Menschen wie Affen starrten auf das schnell vorüberziehende Fließband, pickten Pillen heraus und warfen sie in Schlitze an ihrem Arbeitsplatz.

»Das ist noch immer die beste Gütekontrolle, die Sie sich denken können«, erklärte McNamara. »Im Grunde ist dieses Band überflüssig, aber die Menschheit ist nun einmal perfektionswütig. Pillen und Tabletten sollen immer die ideale Form und haargenau die gleiche Farbtönung haben, sonst wird der Konsument misstrauisch. Und da es noch keine Automaten gibt, die annähernd so exakt und so billig die Fehlformen und Fehlfarben aussortieren, bleibt es bei der guten alten Handarbeit.«

»Und warum Schimpansen?«, fragte Timothy. »Oder – warum nicht nur Schimpansen?«

»Schimpansen haben ein sehr präzises Formempfinden, wenn man sie darauf trimmt, sie können dagegen nicht annähernd so gut wie der Mensch Farbnuancen unterscheiden. Wir sortieren hier Abweichungen von ein Zehntel Miocol aus.« McNamara grinste. »Dass sie in bunter Reihe sitzen, hat natürlich keinerlei technologische Notwendigkeit. Es soll nur verhindern, dass die Huees* sich während der Arbeit unterhalten und dadurch abgelenkt werden.«

»Und sie daran erinnern, dass sie ebenso wie die Affen nur noch Necklaces** sind, denke ich!«

»Sie denken richtig, Tiny.«

»Ich finde es erstaunlich, wie schnell die Leute arbeiten«, sagte Timothy, »das muss doch ziemlich ermüdend sein.«

»Wir beide würden es gewiss nicht lange aushalten. Aber die Huees werden, bevor man sie einsetzt, ›bepflanzt‹, wie die Fachleute es nennen, bekommen Kapseln mit Hormonen, Neuroplektika und so weiter implantiert, die mit ei-

---

* Hue = Farbe, Tönung; Huee = Gefärbter, Schimpfwort für Sträfling.

** Necklace = Halsband für Tiere.

nem Mini-Empfänger ausgerüstet sind, über den man die Ausschüttung in den Blutkreislauf steuern und so Ermüdungsphasen begegnen kann.«

»Also so etwas wie ferngesteuerte Menschen?«

»Wenn Sie es so nennen wollen – soll ich es Ihnen mal vorführen lassen? Ein Knopfdruck, und den Huees sträuben sich die Haare, oder sie fangen an zu schnaufen und zu niesen. Die Substanzen wirken vor allem auf den Hypothalamus und beeinflussen Atem- und Herzrhythmus, Blutdruck, Aktivität, Aufmerksamkeit ... Aber das ist nur für den Notfall. In der Regel reichen die Schrittmacher, die an den Arbeitsplätzen eingebaut sind und auf die ›innere Uhr‹ wirken. Das funktioniert –«

»Danke«, unterbrach Timothy, »Ihr Chef war schon so freundlich, mir die Funktionsweise zu erklären. Wie lange ist hier eine Schicht?«

»Für die Affen vier Stunden täglich, mehr halten sie nicht aus. Die Huees arbeiten zweimal sechs Stunden mit vier Stunden Pause, dann acht Stunden Schlaf.«

»Und dabei unterscheiden sie noch Farbabweichungen von weniger als einem Miocol? Das kann ich nicht glauben.«

»Man implantiert auch Drogendepots«, antwortete McNamara, »Alkaloide, die die Farbempfindlichkeit um ein Vielfaches steigern.«

»Ohne Spätfolgen für die Betroffenen? Werden sie nicht alle süchtig?«

McNamara zuckte mit den Schultern.

»Arbeiten eigentlich nur Sträflinge bei der IPPI?«, erkundigte sich Timothy.

»In den Forschungsbereichen sind es etwa ein Drittel der Mitarbeiter; in den Produktionsabteilungen gibt es nur Huees. Und Tiere natürlich. Wir haben auch Papageien.«

Timothy schwieg, während sie hinauffuhren, und als er ans Tageslicht kam, atmete er tief, obwohl die Luft hier oben weitaus schlechter war als im Werk. McNamara führte ihn über einen weiten Hof. Hinter einem der Gebäude spielten Männer Volleyball.

»Das sind unsere Versuchskaninchen, die Paradepferde der IPPI«, erklärte McNamara. »Sie haben auch Schwimmbecken, Baseball- und Golfplätze, können Sport treiben, so viel und was sie wollen, ihren Hobbys nachgehen, experimentieren und forschen, wenn es Wissenschaftler sind, werden hervorragend beköstigt, kurzum, manch freier Mann würde wohl neidisch, wenn er erführe, welch ein Leben die Green-Collars bei uns führen.«

»Wenn man von dem Risiko absieht, dass eine der Drogen, die sie mit ihrem Leib testen müssen, ihnen für alle Zeiten die Gesundheit ruiniert oder sie gar umbringt.«

»Daran hätten sie eben früher denken müssen!«

McNamara führte Timothy in einen hellen, freundlichen Raum, der eher dem Labor einer Universität glich als einem Arbeitsraum für Sträflinge. Ein Mann kam auf sie zu, er machte einen gepflegten und zufriedenen Eindruck, trug einen modischen Anzug aus gutem Stoff, seine Haare waren nicht geschoren, sie waren sogar passend zu seinem Anzug gefärbt; nur der schmale violette Streifen, der aus seinem Hemdkragen hervorlugte, verriet, dass auch er ein Sträfling war.

Timothy musterte ihn neugierig. Das also war ein Violet. Aber dem Mann schien noch nichts zu fehlen. Timothy hätte ihn am liebsten gefragt, wozu man ihn verurteilt hatte, zu einer Niere, den Augen, einem Arm?

»Darf ich Sie etwas fragen, Sir?« wandte der Mann sich an McNamara.

»Natürlich, Olbers.« McNamara sah Timothy entschuldigend an. »Einen Moment, bitte.«

Timothy schlenderte weiter. Am Fenster saß ein Orange-Collar und hantierte mit Mikroskopincerts an einer Mikrowerkbank; als Timothy näher trat, blickte er auf. Das Gesicht kam Timothy bekannt vor. »Wir kennen uns, nicht wahr?«, fragte er. »Ich komme im Moment nur nicht auf Ihren Namen. Sie sind –«

Der Mann sprang auf und nahm Haltung an. »Häftling siebenundachtzig-orange-drei-siebzehn-fünf, Sir! Darf ich weitermachen?« Timothy nickte. Erst jetzt sah er, dass der Sträfling ein Purple Heart in seine Mikrowerkbank eingespannt hatte. McNamara trat hinzu.

»Nun, gehen wir weiter?«

Timothy zeigte auf das Schmuckstück. »Ich dachte, nur Ihr Chef habe solch ein Ding.«

»Ich sagte doch, DuMont ist ein großzügiger Mensch. Und als besondere Auszeichnung verleiht er seinen ›Hausorden‹, wie er es nennt. Ich trage auch ein Purple Heart.« McNamara öffnete sein Hemd und zeigte es Timothy. »Was soll ich Ihnen noch zeigen? Der Rest ist im Grunde ziemlich langweilig, Forschungslabors, wie Sie sie überall finden, Test- und Musterfabrikationen, die Großanlagen – sind Sie an modernen Maschinen oder Computern interessiert? Wir haben zum Beispiel ein paar hochinteressante neue Roboter, wahre Wunderwerke.«

»Nein, danke. Vielleicht zeigen Sie mir noch, wo die drei Toten gearbeitet haben. Hatten sie Kontakt zu den Color-Collars?«

»Dave Bennisher hat sich nie auch nur in die Nähe eines Sträflings begeben, als Finanzdirektor hatte er das auch gar nicht nötig. Temple dagegen hatte täglichen Umgang mit den Huees; in der Entwicklungsabteilung arbeiten vorwiegend straffällig gewordene Wissenschaftler. Die NATIONAL hat natürlich guten Kontakt zur Justiz und bekommt sofort Nachricht, wenn irgendwo ein Wissenschaftler vor Gericht gestellt wird, und wenn er uns interessiert, bewerben wir uns um ihn.«

»Ich kann mir denken, dass Sie da eine Menge Bestechungsgelder zahlen müssen. Die Konkurrenz bietet doch mit, oder?«

McNamara grinste nur. »Justitia trägt eine Binde vor den Augen, aber auf ihren Waagschalen ist viel Platz für Moneten.«

»Was ist mit Goodman?«

McNamara schüttelte den Kopf. »Goodman war Vizedirektor. Er verabscheute die Huees, wenn er ihnen natürlich auch nicht völlig aus dem Weg gehen konnte. Ab und zu musste er sich mal in den Werkabteilungen blicken lassen. Kommen Sie, ich zeige Ihnen die Zimmer der drei.«

»Nur, um der Form zu genügen«, antwortete Timothy. »Und avisieren Sie mich bitte bei den Familien und den Ärzten.« McNamara sah ihn prüfend an.

»Ich möchte wenigstens so tun, als verdiente ich mir mein Honorar. Noch eine Frage, Vance: Beschäftigen Sie auch Black-Collars?«

»Gewiss. Aber die politischen Gefangenen darf ich Ihnen nur mit einer Sondergenehmigung der Justizbehörden zeigen.«

»Und wo werden sie eingesetzt?«

McNamara salutierte feixend. »No comment, Sir!«

6.

»Mister McNamara hat recht, es ist ein Fall für Mediziner und nicht für Detektive«, sagte Dr. Connors. »Sie werden uns kaum helfen können, Mister Truckle.«

»Das bilde ich mir auch nicht ein«, beteuerte Timothy. »Ich wollte mich nur an kompetenter Stelle informieren. Mister DuMont nimmt großen Anteil an Goodmans Tod.«

Dr. Connors lachte. »Glaubt er immer noch an ein Verbrechen?« Timothy stimmte in das Lachen ein.

»Die Launen eines großen Mannes sind immer die Sorgen und die Arbeit der kleinen Leute«, sagte er. »Und da ich den Auftrag übernommen habe, muss ich Sie leider belästigen.«

»Wir sind seit gestern ein Stück weiter mit unseren Erkenntnissen, aber der Fall ist durch die neuen Ergebnisse nur noch rätselhafter geworden.« Dr. Connors stand auf und stellte sich an das Fenster. Draußen heulte eine Sirene auf und kam schnell näher; ein Krankenwagen brachte jemand ins »Metropolitan Hospital«.

»Je mehr wir erfahren, desto weniger wissen wir!« Dr. Connors drehte sich um und sah Timothy an. »Zu Beginn schien der Fall Goodman völlig klar. Die Symptome waren eindeutig, der Krankheitsverlauf typisch, gewiss, beschleunigt, aber so etwas kommt ja immer mal vor. Dann aber ging es mit einem Schlag zu Ende. Ich habe noch nie einen derart rapiden Verfall erlebt, und das Merkwürdigste: Obwohl wir Goodmans Nieren scheibchenweise untersucht haben, konnten wir nirgends einen Virus finden. Wo sind sie geblieben?«

»McNamara sprach von der Möglichkeit einer Mutation«, sagte Timothy.

Dr. Connors sah ihn belustigt an. »Wollen Sie wirklich annehmen, dass die Millionen von Viren, die es bei diesem Krankheitsverlauf in Goodmans Nieren geben müsste, im selben Moment und alle in der gleichen Weise mutierten?«

»Es war nicht meine Vermutung«, erwiderte Timothy. »Aber halten Sie es für ausgeschlossen, dass im Fall Goodman aus irgendeinem, der Wissenschaft vielleicht noch unbekanntem Grund die Vermehrung der Viren plötzlich, sozusagen schlagartig, gestoppt wurde und dass alle Viren zerstört wurden?«

»Das war unser erster Gedanke, Mister Truckle. Wir untersuchten sämtliche uns bekannten Abwehrmechanismen, doch wir konnten nirgends Anzeichen einer Immunreaktion finden. Irgendetwas aber musste dazu geführt haben, dass die Viren zwar noch in die Zellen eindrangen und sie desorganisierten, dann aber selbst zerstört wurden. Ich gestehe, ich hatte einen Tag lang die Hoffnung, auf eine neuartige Reaktion gestoßen zu sein, die uns einen Weg zur generellen Bekämpfung von Virusinfektionen weisen könnte. Wenn wir herausbekommen würden, was da in den Zellen geschehen ist, und eines Tages diesen Prozess beherrschen lernten, um ihn sofort nach einer Infektion auszulösen –«

Dr. Connors hob hilflos die Hände. »Gestern Abend ist diese Hoffnung in alle Winde zerstoben. Wir haben einzelne Zellen aus den verschiedenen Befallstadien untersucht. Überall das gleiche Bild: Die DNS ist zerstört, aber die Teile noch vollzählig vorhanden. Offensichtlich sind nirgends und zu keinem Zeitpunkt Viren produziert worden. Mehr noch: Es sieht so aus, als sei in keine der Zellen jemals ein Virus eingedrungen.« Dr. Connors ging zu seinem Arbeitstisch und zündete sich eine Zigarette an. »Wir machen natürlich weiter. Wir stehen offensichtlich vor einem völlig neuartigen Phänomen, vielleicht an der Schwelle zu einer grundsätzlich neuen Erkenntnis, und da sieht es zuerst immer so aus, als seien plötzlich wie durch ein Wunder die Naturgesetze außer Kraft gesetzt worden.«

Er trommelte mit den Fingern auf die Platte. Dann begann er, an seinem Terminal zu arbeiten. Timothy wartete noch eine Weile, dann sagte er leise »Auf Wiedersehen« und schlich hinaus. Auch er glaubte nicht an Wunder und aufgehobene Naturgesetze, doch im Gegensatz zu Dr. Connors glaubte er auch nicht an ein völlig neuartiges medizinisches Phänomen. Seine Erfahrung besagte, dass ein scheinbar unmöglicher Fall nur deshalb unmöglich schien, weil man ihn von der falschen Seite aus betrachtet hatte. Wo aber war der richtige Blickwinkel? Er fuhr nach Hause und rief bei der IPPI an. Er hatte Glück, Dr. Hankshaw war bereit, mit ihm zu sprechen.

»Könnte es sein, dass Ihnen bei der Untersuchung ein missgeschick unterlaufen ist?«, fragte Timothy.

»Warum behaupten Sie nicht gleich, dass ich das Ergebnis manipuliert habe?«, fragte Dr. Hankshaw zurück. »Sie wären nicht der erste. Nein, Mister Truckle, wir haben zwar nur eine kleine Gewebeprobe entnommen, Milzbrand ist nun mal keine harmlose Angelegenheit, aber die haben wir sorgfältig untersucht. Ich selbst. Wenn es da Erreger gegeben hätte, hätte ich sie auch gefunden.«

»Und wie erklären Sie sich das?«

»Ach, wissen Sie, Mister Truckle, es gibt so vieles auf der Welt, das wir nicht erklären können. Damit müssen wir leben. Unsere Nachkommen wollen ja auch was zu tun haben. Fragen Sie in hundert Jahren noch einmal nach.«

Die nächsten beiden Tage tat Timothy buchstäblich nichts. Er verschwand in der Vainity, und wenn er aufwachte, stand er nur auf, um einen kleinen Imbiss zu sich zu nehmen, dann kletterte er wieder in die Wanne und versenkte sich erneut ins Unbewusstsein. Am dritten Tag schien sein Kopf wie leergefegt. Timothy frühstückte ausgiebig, bevor er im Communicator nachsah. DuMont hatte jeden Tag zweimal bei ihm anfragen lassen, ob es etwas Neues gäbe. Timothy brühte sich noch eine zweite Kanne Kaffee, ging ins Arbeitszimmer und setzte sich zu Napoleon. Der einzige Grund, sich noch weiter mit den toten Managern der IPPI abzugeben, war, DuMont nicht zu enttäuschen. Wo aber ansetzen? Timothy fiel nichts anderes ein, als Napoleon alle Namen einzugeben, die in diesem Zusammenhang aufgetaucht waren. Das Ergebnis war mehr als dürftig. Timothy brachte Schneewittchen ins Schlafzimmer und legte sich zu Bett. Irgendwann stand er auf und holte sich einen Whisky. In seinem Hinterkopf kreiste ein Gedanke, und er wollte ihn hervorlocken. Nach vier Stunden und einer halben Flasche »Johnny Walker« war es soweit.

Timothy diktierte Napoleon noch ein Dutzend weiterer Namen und befragte über einen zweiten Kanal die Verbrechensdatei, die er in all den Jahren zusammengetragen hatte und in der sämtliche Arten von Verbrechen gespeichert waren, die irgendwann irgendwo auf dieser Erde irgendjemand ausgeführt oder versucht hatte. Es wurde eine lange Nacht. Als Timothy schließlich aus dem Fenster schaute und die heraufziehende Morgendämmerung betrachtete, machte er ein sehr zufriedenes Gesicht. Er duschte, dann rief er bei den Witwen von Bennisher und Temple an und sprach mit der Oberschwester des »Metropolitan Hospital«. Die Antworten, die er erhielt, schienen ihn zu befriedigen.

Er ließ sich mit DuMont verbinden und fragte, wann er Zeit für das verabredete Essen bei Timothy habe. DuMont wollte am liebsten gleich kommen, sie einigten sich auf den nächsten Abend. Timothy gab vor, er müsse nicht nur die Bohnen über Nacht einweichen, er habe auch noch einige Fragen im Zusammenhang mit den Verstorbenen zu klären, er hoffe jedoch, DuMont am nächsten Tag einige Überraschungen bieten zu können.

»Fragen Sie mich nicht, warum«, schloss er, »aber ich möchte Sie bitten, Ihr Purple Heart vorläufig nicht zu tragen und mit niemandem darüber zu sprechen.«

7.

Mittags rief DuMont an. Timothy glaubte im ersten Moment, er wolle absagen, doch DuMont erkundigte sich nur, ob es Timothy recht sei, wenn er noch einen Gast mitbrächte.

»Meine Tante ist gerade bei mir«, erklärte DuMont, »und als sie hörte, dass ich heute Abend bei Ihnen zu ›Boston

Baked Beans‹ eingeladen bin, hat sie keine Ruhe gegeben, bis ich Sie anrief.«

»Bringen Sie Ihre Tante ruhig mit«, sagte Timothy. »Ich habe reichlich Bohnen eingeweicht. Ich bitte Sie nur, eine halbe Stunde früher zu kommen, ich möchte zuerst mit Ihnen allein sprechen.«

Um halb sieben setzte Timothy die Bohnen mit frischem Wasser auf, um Viertel acht nahm er sie vom Herd und machte sich an die Soße: zwei Tassen Bohnenbrühe, eine halbe Tasse Ketchup, drei Esslöffel englischen Senf, zwei Esslöffel Weinessig, einen Löffel süßen Paprika und eine geriebene Zwiebel, Cayennepfeffer und Salz. Dann legte er eine feuerfeste Form mit Schinkenspeck aus, tat die Bohnen hinein, goss die Soße darüber, verschloss die Form und stellte sie in die Backröhre, gerade rechtzeitig, bevor DuMont eintraf.

»Das riecht ja schon prächtig!«, rief DuMont. »Ich habe ein paar Flaschen Wein mitgebracht. Da ich nicht wusste, was zu unserem Essen passt, habe ich einmal quer durch den Weinkeller gelangt.« Er wies seiner Leibwache an, den großen Korb abzustellen und dann vor der Tür zu warten.

»Zum Essen gibt es Schwarzbier«, sagte Timothy, »aber danach können wir von mir aus gerne einer Flasche nach der anderen den Hals brechen.«

DuMont wollte erst einmal die Wohnung besichtigen; Timothy führte ihn herum, zuletzt ins Mausoleum.

»Bitte nehmen Sie Platz«, sagte er, »es muss ja nicht jeder zuhören. Wollen Sie schon etwas trinken?«

DuMont lehnte ab. Timothy versiegelte das Mausoleum.

»Gehe ich recht in der Annahme, dass Sie an dem Tod Ihrer Mitarbeiter ein ganz persönliches Interesse haben?«, begann er. »Ich meine, dass Sie, entgegen Ihrer früheren Behauptung, doch befürchten, dass Ihnen ein ähnliches Schicksal zugedacht ist?«

»Wie kommen Sie darauf?«

»Ihr Interesse und Engagement ist selbst für einen guten Konzernchef ungewöhnlich. Sie haben die gleichen Auskünfte von den Ärzten bekommen wie ich. Warum haben Sie sich nicht damit zufriedengegeben, sondern mich engagiert? Das ist das Erste, was mich stutzig machte. Das zweite: Ihre Schönheitspflästerchen. Ich sagte mir, dass ein Mann wie Sie unmöglich mit solchen Dingern herumlaufen kann, es sei denn, er hat einen zwingenden Grund.«

DuMont nickte.

»Was ist es bei Ihnen, Mister DuMont?«

»Die Leber.«

»Und wie lange schon?«

»Seit nunmehr sieben Tagen. Das war der letzte Anstoß, Sie zu engagieren. Bis dahin hatte ich noch gezögert. Die Ärzte waren einfach zu sicher.«

»Und was sagen die Ärzte zu Ihrem Fall?«

»Die Symptome deuten auf eine Infektion. Man hat vom ersten Tag an Leberpunktionen gemacht und das Gewebe untersucht – der Grund für die Schönheitspflaster! –, doch man kann keine Erreger finden; dabei müsste das in meinem Fall leichter sein, es handelt sich um Bakterien.«

»Da werden Sie wohl gar keine Bohnen essen dürfen?«, meinte Timothy enttäuscht.

»Doch, aber nur eine Kostprobe; ich habe mit meinem Leibarzt gesprochen. Auf keinen Fall Alkohol. Seit gestern geht es mir übrigens besser. Hängt das mit meinem Purple Heart zusammen?«

»Sie haben doch nicht vergessen, es mitzubringen?«

DuMont zog ein Schmucketui heraus und schob es Timothy hin. »Ist es das? Reden Sie schon!«

»Ich möchte es Ihnen lieber auf meine Weise erzählen«, erwiderte Timothy. »Nicht, weil ich Ihnen demonstrieren will, was für ein außerordentlich helles Köpfchen ich bin –«

»Das hätten Sie auch nicht nötig«, warf DuMont ein.

»Ich habe praktisch keine Beweise in den Händen«, fuhr Timothy fort, »aber ich habe Fragen, Kombinationen und Schlussfolgerungen, und ich hoffe, dass ich auf dem richtigen Weg bin. Sie hätten mir übrigens manchen Umweg erspart, wenn Sie von Anfang an ehrlich zu mir gewesen wären!«

»Tut mir leid, Mister Truckle. Ich dachte mir, drei vollendete Morde böten genügend Material zur Untersuchung. Was hätte es da schon ausgemacht, auch mich noch in Ihre Überlegungen einzubeziehen?«

»Ganz im Gegenteil, Mister DuMont! Mein einziger Ansatzpunkt waren praktisch die Gemeinsamkeiten. Wenn ich den kleinsten gemeinsamen Nenner der im Detail so unterschiedlichen Fälle finden könnte, hätte ich – vielleicht! – einen festen Punkt, an dem ich ansetzen konnte; weiß Gott, wenig genug für eine ernsthafte Arbeit! Da ich von Ihrer These ausging, dass man Krankheitserreger als Mordwaffe benutzt hatte, stand ich sofort vor der ersten, nicht beantwortbaren Frage: Warum drei verschiedene? – Ich habe vergeblich nach einem gemeinsamen Motiv gesucht; im Privatleben der drei gibt es offensichtlich keine Berührungspunkte, und wenn man einen Großangriff auf die IPPI starten wollte, hätte man da nicht andere Leute ausgesucht? Gut, Temple ist ein harter Verlust, aber Bennisher und Goodman sind Verwaltungsleute, die jederzeit zu ersetzen waren. Tatort und Tatzeit sind ebenfalls nicht bekannt, fallen also aus für die Untersuchung, und solange ich nur Ihre drei Leute betrachtete, gab es fast unbegrenzte Möglichkeiten, sie zu infizieren. Da war nur eines gemeinsam: Es handelte sich um äußerst ansteckende Krankheiten, doch es wurde niemand in der Umgebung der drei infiziert. Zufall? Absicht? Eine raffinierte Methode? Der Weg über die Methode ist einer der grundlegenden Wege, einem Mörder auf die Spur zu kommen; die Art, wie einer mordet, ist sozusagen seine Handschrift, etwas sehr Persönliches, das eine ganze Menge über den Täter aussagen kann, und es gibt da die verrücktesten Methoden! Man hat schon Fliegen als Helfershelfer benutzt, indem man Gift an Stellen anbrachte, die sie bevorzugt anflogen, so dass sie es dann an ihren Beinen auf das Mordopfer übertrugen. Man hat Gift in Wandanstriche gemischt, so dass es über einen langen Zeitraum eingeatmet wurde und sich eines Tages zur tödlichen Dosis summierte – kurzum, wenn man die Methode bestimmen kann, hat man schon allerhand gewonnen. Dann aber stolperte ich über Ihre Schönheitspflästerchen. Das machte die Sache mit einem Schlag einfacher. Ihre Luft wird auf das Sorgsamste überwacht, alles, was Sie zu sich nehmen, vorher von jemand anderem verkostet. Ist noch jemand in Ihrer Umgebung erkrankt?«

DuMont schüttelte den Kopf.

»Ich dachte es mir. Sie scheuten zwar eine Untersuchung Ihrer eigenen Person, aber Sie hätten mir jeden Ihrer Mitarbeiter und Bediensteten ausgeliefert. Wie und von wem also wurden die Opfer infiziert? Atemluft, Essen, Trinken, selbst die Kleidung schieden jetzt aus. Eine direkte Injektion? Wer hätte sie Ihnen geben sollen? Ihr Arzt oder – im Schlaf – eine Ihrer Frauen. Aber die hatten keinen Kontakt zu den drei anderen. Mein Besuch bei der IPPI hat mich dann, so denke ich, auf die richtige Spur gebracht. Es war also sehr wohl notwendig, dass ich mich dort persönlich umsah.«

»Ich habe nie daran gezweifelt, Mister Truckle!«

»McNamara schon.«

»Und was entdeckten Sie dort?«

»Ein Purple Heart, Mister DuMont. Haargenau so eines, wie Sie es trugen.«

»Ich habe es vielleicht vergessen zu erwähnen«, sagte DuMont, »aber ich benutze sie als eine Art Hausorden.«

»Ich weiß«, sagte Timothy. »Für verdiente Mitarbeiter Ihres Konzerns. Bennisher, Temple und Goodman trugen allesamt ein Purple Heart.« Timothy machte eine Pause. DuMont sah ihn gespannt an.

»Seit wann tragen Sie Ihres?«, fragte Timothy.

»Schon seit zwei Jahren!«

»Ist es in der letzten Zeit einmal repariert oder gewartet worden?«

»Ja, in der vorigen Woche. Die Batterie des Schrittmachers muss von Zeit zu Zeit erneuert werden. Das Ding verbraucht eine Menge Energie, wenn man es regelmäßig benutzt.«

»Und seit sieben Tagen haben Sie Leberbeschwerden!« Timothy nahm das Etui. »Bitte entschuldigen Sie mich einen Augenblick. Ich bin gleich wieder zurück.«

Als er wiederkam, saß DuMont noch immer so da wie zuvor. »Na, ist es mit Bakterien infiziert?«

»Nein. Der Witz ist, dass es bei diesen Mordanschlägen überhaupt keine Bakterien oder Viren gibt. Trotzdem sind die Purple Hearts die Mordwaffen. Schrittmacher ins Jenseits. Sie fühlen sich doch wohler, seit Sie das Ding nicht mehr tragen, nicht wahr?«

»Gewiss, aber erklären Sie mir doch bitte –«

»Ich kann es mir selbst noch nicht ganz erklären. Ich habe eine Theorie, die alle Fragen zufriedenstellend beantwortet, aber eben nur eine Theorie. Ich muss Sie bitten, sich noch einen, höchstens zwei Tage zu gedulden, bis ich Beweise habe. Aber verraten Sie mir jetzt bitte noch eines: Warum sind Sie noch nicht tot?« DuMont sah Timothy fassungslos an.

»Nun ja«, sagte Timothy, »bei den drei anderen hat es jeweils nur ein oder zwei Tage gedauert, Sie jedoch sind schon seit sieben Tagen erkrankt.«

»Mein Leibarzt hat mich sofort in Parabiose gesteckt«, erklärte DuMont. »Er schwört auf Parabiose, und ich finde, die Erfolge geben ihm recht. Ich bin schon seit Jahren nie mehr lange krank gewesen. Sie wissen doch, was das ist? Man wird an den Kreislauf eines anderen angeschlossen und dadurch entgiftet. Im Moment werde ich jeden Tag zehn bis zwölf Stunden an einen Parabionten angeschlossen, damit sich meine Leber wieder regenerieren kann.«

»Aber damit riskiert Ihr Arzt doch den Tod des anderen!«, rief Timothy. »Er hat doch keine Ahnung, dass es sich nicht um eine richtige Infektion handelt.«

»Was wollen Sie«, entgegnete DuMont, »es sind Freiwillige, Häftlinge, die dafür Straferlass bekommen. Außerdem ist ihre Chance gar nicht so schlecht. Wir nehmen jeden Tag einen anderen.«

»Und, ist einer der Parabionten erkrankt?«

»Merkwürdigerweise nicht. Mein Leibarzt sagt, er versteht das nicht, er –«

»Ich schon«, unterbrach Timothy. »Das hätte ich vor ein paar Tagen wissen sollen! Da hätte ich mir eine Menge Kopfschmerzen erspart!«

Der Gong des Communicatorpacks schlug an.

»Das wird meine Tante sein«, meinte DuMont.

»Nein, das sind die Bohnen. Die vierzig Minuten sind um. Wir könnten essen, ich muss nur noch den Speck zerschneiden und untermischen und gehackte Petersilie über das Ganze streuen.«

Timothy war gerade fertig, da zeigte das Leuchten des Communicators an, dass ein Besucher vor der Tür stand. Timothy erschrak, als er auf den Monitor schaute. Vor der

Tür stand der Große Bruder! Er öffnete leise und legte den Finger auf die Lippen.

»Pst! Ich habe Besuch, Anne.«

»Ich weiß«, flüsterte sie zurück. »Mein Neffe Oliver.«

»Du bist DuMonts Tante?« Timothy schüttelte den Kopf. »Du bist doch mindestens zehn Jahre jünger als er.«

Anne kicherte. »Ich bin ein sehr später Nachzügler vom Bruder seiner Großmutter. Als ich heute hörte, dass ihr euch kennt und dass du ihn eingeladen hast, dachte ich, das sei die beste Gelegenheit, dich unauffällig zu besuchen. Du hast doch immer gejammert, du willst mich wiedersehen! Soll ich lieber wieder gehen?«

»Komm rein!«

Jetzt legte Anne den Finger auf den Mund. »Nicht so laut, Tiny. Und denk daran, dass wir uns eben erst kennengelernt haben.«

In diesem Augenblick kam DuMont. Er küsste Anne die Hand, dann stellte er sie vor.

»Das, Mister Truckle, ist Anne Frobisher.«

Anne streckte Timothy die Hand hin.

»Sagen Sie einfach Anne zu mir, sonst wird es zu förmlich für gebackene Bohnen. Ihr habt doch nicht etwa schon ohne mich gegessen?«

»Natürlich nicht«, sagte Timothy. »Es wird sogleich serviert.«

DuMont verabschiedete sich kurz nach neun, er werde zu Hause erwartet. Er lächelte Timothy zu. »Sie verstehen mich, Mister Truckle?«

Timothy lächelte zurück. Dann wandte er sich Anne zu. »Sie müssen hoffentlich nicht auch schon aufbrechen? Ihr Neffe hat einen ganzen Korb voll Wein mitgebracht. Soweit ich auf den ersten Blick ausmachen konnte, nur allererste Qualitäten, viel zu schade, um ihn allein zu trinken.«

»Was denken Sie von mir!«, polterte DuMont. »Wollen Sie etwa behaupten, ich hätte zweitklassige Sorten in meinem Weinkeller?« Er reichte Timothy die Hand. »Vielen Dank für das vorzügliche Essen. Sie melden sich doch, sobald Sie etwas Neues erfahren?«

»Ich hoffe, schon morgen.«

»Kommst du mit, Anne?« fragte DuMont.

»Ich bleib noch ein bisschen. Wann hat man schon Gelegenheit, sich mit einem der großen Detektive unseres Landes zu unterhalten?«

»Was ist los mit Oliver«, erkundigte sie sich, als sie dann im Mausoleum saßen und Beaujolais tranken.

»Hängst du an deinem Neffen, Anne?«

»Warum fragst du? Ich kenne ihn kaum, und er interessiert mich, ehrlich gesagt, wenig.«

Timothy erklärte ihr kurz, was los war. »Ich frage mich, wie weit ich ihm helfen soll«, schloss er. »Fürs Erste habe ich ihm das Leben gerettet, doch wenn ich seinen Mörder nicht dingfest machen kann, wird es bald einen neuen Anschlag geben, und der kann erfolgreich sein.«

»Warum zögerst du, Tiny?«

»Was ich in der IPPI gesehen habe, beflügelt mich nicht gerade, einem DuMont das Leben zu retten. Ich habe den Bericht schon fertig, du kannst ihn mitnehmen, wenn du willst. Dazu kommt die Art, wie er, ohne zu zögern, das Leben anderer aufs Spiel setzt, um sein eigenes zu retten. Er konnte ja nicht wissen, dass die Sträflinge, die er für die Parabiose verwendet, nicht infiziert wurden.«

»Was willst du, Tiny«, sagte Anne, »er ist eben ein Bigboss und vielleicht nicht einmal der Schlimmste seiner Art. Du solltest dich eher wundern, wenn er nicht so handelte.« Sie legte die Hand auf seinen Arm. »Prüfe sorgsam, was von deiner Entscheidung abhängt. Was ändert sich, wenn du seinen Mörder findest und auslieferst, was geschieht, wenn du es nicht tust? Vor allem: Was bedeutet es für uns? Das ist das entscheidende Kriterium!«

»Ich hasse es, Schicksal spielen zu müssen«, stieß Timothy hervor. »Warum, verdammt noch mal, wird einem immer wieder solch eine Verantwortung aufgehalst?«

»Willst du wirklich eine Antwort darauf?«

»Nein, natürlich nicht«, brummte Timothy.

»Weißt du denn schon, wer der Mörder ist?«

»Ich ahne es, aber ich muss erst noch einmal mit McNamara sprechen.«

»Rufst du mich gleich an?«

»Bleib doch und hör zu!«, schlug Timothy vor. »Ich verspreche dir ein spannendes Gespräch. Ich schalte dir eine Leitung aus dem Mausoleum ins Arbeitszimmer.« Timothy trank sein Glas aus und schenkte nach. Plötzlich kicherte er. »Weißt du was? Ich sperre dich einfach ein und lass dich nicht wieder raus!«

»Warum, Tiny?«

»Weil ich dich liebe, Anne. Weil ich mich seit Monaten nach dir sehne, mehr, als ich in Worten ausdrücken kann. Weil ich mich so verdammt einsam fühle, seit ich dich gesehen habe. Weil ich seit damals mit keiner Frau mehr geschlafen habe und es auch nie mehr mit einer anderen als dir tun will. Weil ich dich so gerne im Arm halten und mit dir gemeinsam Schneewittchen lauschen würde. Weil ich – sind das nicht hinreichend Gründe?«

Anne stand auf und reichte Timothy die Hand. »Mehr als genug. Komm!«

8.

»Na, dann packen Sie mal aus, Tiny«, sagte McNamara vergnügt. »Was haben Sie entdeckt?«

»Kommen Sie ins Mausoleum, Vance. Ich habe uns Tee serviert. Portwein gibt es später. Im Moment vertrage ich nicht mal den Anblick von Alkohol.«

»Sie scheinen ja mächtig mit DuMonts Tante gebechert zu haben.« McNamara zwinkerte Timothy zu. »Eine interessante und attraktive Frau, nicht wahr?«

»Daran war mehr Ihr Chef schuld. Er war derart begeistert von meinen Kochkünsten, dass er mich in den Orden vom Purpurherzen aufgenommen hat.« Timothy öffnete sein Hemd und zeigte McNamara das Purple Heart. »Er hat mir sogar sein eigenes spendiert, weil er nicht bis heute warten wollte.«

McNamara schien etwas in die Kehle bekommen zu haben, er hustete, zog ein Tuch hervor und schneuzte sich.

»Jetzt sind wir sozusagen Ordensbrüder, Vance.«

»Herzlichen Glückwunsch, Tiny!«

»Danke, ich habe ihn wirklich verdient, wenn auch weniger für meine Kochkünste. Ich habe das Geheimnis der Morde gelöst.«

»Doch Morde?« McNamara sah ihn skeptisch an.

»Ja, und sie dürften zu den verblüffendsten und ausgeklügeltsten Fällen der Kriminalgeschichte zählen.« Timothy rieb sich vergnügt die Hände.

»Sie scheinen sehr mit sich zufrieden!«

»Danke, ich fühle mich wirklich prächtig. Wer weiß, ob ein anderer je dahintergekommen wäre. Erinnern Sie sich an den Violet, der Sie in der IPPI ansprach?«

»Sie meinen Olbers?«

»Er brachte mich auf den rettenden Einfall. Kennen Sie das Olberssche Paradoxon?«

McNamara schüttelte den Kopf.

»Im vorvorigen Jahrhundert lebte ein Arzt namens Olbers in Deutschland. Sein Hobby war die Astronomie. Eines Tages fragte er sich, warum es nachts eigentlich dunkel wurde, und stellte damit die These von der Unendlichkeit des Weltalls in Frage. Wenn das All nämlich unendlich wäre und also unendlich viele Sterne enthielte, müssten an jedem Punkt unseres Himmels unendlich viele Sterne stehen und, wie weit sie auch immer von uns entfernt sind, eine unendliche Helligkeit produzieren. Olbers brachte damals die Wissenschaft mächtig ins Schwitzen mit seiner Frage. – Es kommt immer darauf an, die richtige Frage zu stellen, Vance! In unserem Fall sind alle von der falschen ausgegangen: Wo denn wohl all die Viren beziehungsweise Bakterien geblieben sein könnten. Geht man aber davon aus, dass es gar keinen Krankheitserreger gegeben hat, dann löst sich das Paradoxon auf.«

»Entschuldigen Sie, Tiny, aber ich glaube, Sie haben gestern ein wenig zu viel getrunken.«

»Nein, nein! Und Ihr Olbers hat mich darauf gestoßen. Ich habe ein paar Dutzend verurteilte Olbers gefunden, aber nur einen, der ihr Mann gewesen sein konnte: Dr. Sven Olbers, einst Dekan der Fakultät für Mikrobiologie an der

Universität von Spokane. Sie haben vielleicht bemerkt, dass mir einer der Sträflinge bekannt vorkam. Ich habe lange gegrübelt, bis ich auf seinen Namen kam: Professor Pendergast, jetzt Nummer soundsoviel bei der IPPI, eine der größten Kapazitäten der Staaten, wenn nicht der Erde, auf dem Gebiet der Photonic.«

Timothy trank seinen Tee aus und goss sich nach. McNamara lehnte ab.

»Was, zum Teufel, hat ein Mann wie Pendergast an einer Mikrowerkbank zu suchen? Sollte eine so profitorientierte Firma wie die IPPI keine bessere Verwendung für ihn haben, als Purple Hearts zu produzieren oder zu reparieren? Und warum arbeitet Olbers im gleichen Labor? Was haben ein Biologe und ein Photonicer miteinander zu tun? – Nun brauchte ich nur noch ein wenig nachzusehen und nachzudenken und eins und eins zusammenzuzählen, und ich wusste, was da gespielt wurde.«

»Da bin ich aber gespannt«, sagte McNamara. – »Ob ich nicht doch schon einen Portwein bekommen könnte?«

»Gleich«, antwortete Timothy, »lassen Sie mich nur meinen Gedankengang zu Ende erzählen. Napoleon birgt in seinem unscheinbaren Bauch unter anderem die wohl vollständigste Sammlung von Verbrechen. Als ich dort unter diesen Gesichtspunkten nachforschte, stieß ich auf eine interessante Information. Die CIA* hat einmal Methoden zusammengestellt, wie man Staatsmänner beseitigen kann. Darunter war eine Idee, die man damals nur noch nicht ausführen konnte, weil die Technik nicht weit genug war, ein Plan, tödliche Krankheiten ohne Erreger auszulösen. Mit Hilfe des sogenannten Sibirsker Photonenschreis. Sie wissen doch, was das ist?«

»Keine Ahnung.«

»Vor fast hundert Jahren hat man in einem Labor in Sibirien entdeckt, dass kranke Zellen Photonensignale aussen-

---

* CIA = CENTRAL INTELLIGENCE AGENCY, Geheimdienst der USA, besonders für den Einsatz im Ausland. Der CIA wurde nach Errichtung der ISOLATION zuerst der Armee unterstellt und dann völlig aufgelöst, nachdem das CIA-Hauptquartier in Langly, Virginia, fast kampflos von Guerillas überrumpelt wurde und nahezu alle Unterlagen den Aufständischen in die Hände fielen.

den, die andere Zellen derart beeinflussen, dass auch sie reagieren, als seien sie infiziert oder vergiftet worden. Das lernt heute jeder Medizinstudent. Durch diesen Photonenschrei werden die Nachbarzellen also in Alarm versetzt, zumeist in eine Art Panik, so dass damit der Verbreitung der Krankheit Vorschub geleistet wird. Das lernt und vergisst man wieder, denn es hat keine praktische Bedeutung.« Timothy sah McNamara bedeutungsvoll an. »Es sei denn, jemand kommt auf die Idee, die Photonenschreie todkranker Zellen zu isolieren und sie millionenfach verstärkt über einen Mikrosender auszustrahlen, so dass sich die Zellen des Opfers wie bei einer Infektion benehmen, obwohl es überhaupt keine gibt. Selbst wenn Sie ein Mittel gegen den Erreger haben, hier bleibt es wirkungslos. Der Patient stirbt.«

»Sind Sie sicher, dass Ihre Phantasie nicht mit Ihnen durchgeht, Tiny?«

»Ich kann es Ihnen vorführen.« Timothy nahm sein Purple Heart ab und ließ es an der Kette pendeln. »Gestern noch schrie dieser Quarz im Schutz des eigentlich nur als Schmuck gedachten Lichteffektes den Schrei todkranker Leberzellen aus. Ich habe den Sender abgeschaltet, aber ich kann ihn jederzeit wieder einstellen.«

»Das ist ja – das ist unglaublich!«, stieß McNamara hervor.

»Ich bin ganz sicher, dass Olbers und Pendergast die Photonenschreie isoliert, die Sender konstruiert und in die Purple Hearts eingebaut haben. Aus eigenem Antrieb? Oder im Auftrag? In wessen Auftrag?«

Timothy blickte McNamara in die Augen. »Was haben Sie den beiden dafür versprochen, Vance?«

»Ich?«, fragte McNamara entsetzt.

»Ja, Sie! Sie sind der Mörder!«

9.

McNamara lachte schallend. Timothy ließ ihm Zeit, sich wieder zu beruhigen, er goss ihm sogar Tee nach.

»Wirklich, keine schlechte Idee«, sagte er dann, »Ihren Chef ausgerechnet mit dem Apparat ins Jenseits zu befördern, mit dem er seine Sträflinge bis zum Umfallen antreiben lässt. War das Ihre Idee?«

McNamara lächelte nur. Reichlich arrogant, fand Timothy. »Sie haben sich selbst verraten, und das nicht nur einmal. Erstens: Sie waren ein wenig zu eifrig, mich zu überzeugen, dass es sich nicht um Morde handelte. Als Polizeichef hätten Sie die Gelegenheit, mit einem der bekanntesten Detektive der Staaten zu sprechen, dazu nutzen müssen, alle Möglichkeiten eines Verbrechens zu diskutieren. Sie haben es nicht einmal versucht. Ich fragte mich, warum.«

»Weil ich überzeugt war, dass es sich nicht um Verbrechen handelte!«

»Zweitens: Sie haben mir bei Ihrem ersten Besuch ein paar Kristalle mit den bisherigen Untersuchungsergebnissen mitgebracht. Aber da fehlten einige der primitivsten Ermittlungen, die nicht einmal ein Anfänger von einem Polizisten vergessen würde, zum Beispiel eine Aufstellung der Effekten, die die drei Toten zum Zeitpunkt ihres Todes bei sich hatten. Ich kann nicht glauben, dass Sie ein derart miserabler Polizist sind. Warum, so fragte ich mich, hat er diese Aufstellungen unterschlagen? Weil ich dann vielleicht auf das Mordinstrument gestoßen wäre? Was auch immer die Fälle Bennisher, Temple und Goodman unterschied, alle drei trugen ein Purple Heart. Sie haben sogar darauf bestanden, es bis zuletzt zu tragen, um sich das Leben damit ein wenig zu erleichtern. Sie hatten ja keine Ahnung, wie leicht sie ihren Tod hätten verhindern können. – Vielleicht hätte auch ich es übersehen, wenn nicht jemand die Purple Hearts unter dem Vorwand, sie seien Werkseigentum, eingezogen hätte. Sie, Vance! Sie waren übereifrig wie alle Militärs!«

»Glauben Sie eigentlich selbst, was Sie da behaupten?«, fragte McNamara lächelnd.

»Drittens: Sie waren äußerst bemüht, mich schnell wieder aus jenem Labor der IPPI herauszulotsen, obwohl Sie mit der Führung noch gar nicht begonnen hatten. Warum? Zuerst vermutete ich, Sie wollten mich nur von den Sträflingen wegbringen, als Sie merkten, dass ich einen von ihnen kannte. Dass ich schon etwas gesehen hatte, was ich auf keinen Fall hätte sehen dürfen, ging mir erst später auf. Nicht wahr, Sie hatten keine Ahnung, dass Ihr Mordkommando ausgerechnet an diesem Tag an einem neuen Purple Heart bastelte? Für wen ist dieser ›Schrittmacher ins Jenseits‹ bestimmt, McNamara?«

»Ich denke, ich muss mir diesen Unsinn nicht länger anhören«, sagte McNamara und wollte aufstehen. Timothy hatte schon einen Rayvolver in der Hand.

»Sitzen geblieben, mein Lieber!«

McNamara ließ sich fallen.

Timothy drückte auf eine Taste an seinem Sitz, stählerne Klammern klappten aus den Armlehnen von McNamaras Sessel und fesselten ihn. Timothy legte den Rayvolver beiseite.

»Sie werden mir so lange zuhören, wie ich will. Und Sie werden mir alle Fragen beantworten, oder Sie verlassen diesen Raum nicht mehr lebend.«

»Das wagen Sie nicht. Sie nicht! Außerdem weiß man, wo ich jetzt bin.«

»Weiß man das?«, fragte Timothy lächelnd. »Ich habe zwei über jeden Verdacht erhabene Zeugen – Beamte, die beschwören, dass Sie vor einer halben Stunde das ›Nebraska‹ verlassen haben. Und mein Nihilator ist so ausgelegt, dass er im Notfall sogar einen Mann Ihrer Größe in seine Moleküle zerlegen könnte.«

»Das wäre brutaler Mord. Dazu sind Sie nicht fähig!«

»Ich nehme an, das neue Purple Heart ist auch für DuMont bestimmt«, sagte Timothy. »Welches Organ haben Sie diesmal anvisiert? Sie müssen ziemlich erstaunt gewesen sein, dass Ihr Chef nicht starb. Sie hatten nicht damit gerechnet, dass sein Leibarzt ihn sofort in Parabiose steckte …

nicht wahr? Warum wollen Sie ihn umbringen? Warum gerade ihn?«

McNamara starrte Timothy an. »Weil er ein Teufel ist«, stieß er hervor. »Weil er es tausendmal verdient hat!«

»Wenn ich mich nicht irre, haben Sie noch vor wenigen Tagen in ebendiesem Stuhl das Hohelied Ihres Chefs gesungen!«

»Sollte ich mich selbst verraten? Sollte ich Ihnen gegenüber meinen Hass auf DuMont und seinesgleichen offenbaren, Tiny? Sie haben selbst gesehen, was in der IPPI los ist, und Sie haben nur die Schokoladenseite vorgeführt bekommen! Sie ahnen nicht einmal, was sich hinter den Werkmauern der NATIONAL am grauenvollem Elend verbirgt, schlimmer, als selbst die perverseste Phantasie es sich vorstellen kann, wie viele Menschen dort Tag für Tag buchstäblich verheizt werden. Es gibt Treibhäuser, in denen herrschen fast hundert Grad. Nach zwanzig Tagen sind die Körper der Sträflinge total ausgetrocknet. Es sind ja nur Sträflinge, könnte man einwenden. Aber wie wurden sie das?«

McNamara lachte verächtlich. »Sie wissen doch, wie biegsam und auslegbar unsere Gesetze sind. Sie können einfach nicht leben, ohne sich strafbar zu machen. – Geht es Ihnen etwa anders?«

»Nein«, antwortete Timothy, »da das Sammeln auch von simplen Informationen strafbar sein kann, ich aber darauf angewiesen bin, Informationen zu sammeln, kann mir jeder einen Strick aus meiner täglichen und staatlich lizenzierten Arbeit drehen, wenn er glaubhaft behauptet, ich betreibe meinen Job zum Schaden des Staates.«

»Ich will Ihnen verraten, wie man Sträfling bei der NATIONAL wird«, sagte McNamara. »Die Agenten des Konzerns schwärmen durch das ganze Land und suchen nach begabten Leuten, die für das Unternehmen interessant sein könnten, und wenn man einen Wissenschaftler nicht auf die feine Tour bekommen kann, wird ihm ein Verbrechen in die Schuhe geschoben, das ist ja nicht schwer, und ein willfähriges Gericht, das den Mann verurteilt, findet sich immer. Was glauben Sie, was los ist, wenn eine neue

Produktion aufgenommen wird, die Labors also neu besetzt werden sollen? – Das ist der Grund, warum Olbers und Pendergast sofort bereit waren, die tödlichen Schrittmacher zu bauen! Sie wollten es DuMont heimzahlen! – Darf ich rauchen? In meiner rechten Tasche sind Zigaretten.«

Timothy zog das Etui heraus, steckte eine Zigarette an und hielt sie McNamara an die Lippen.

»Oder nehmen Sie die Schrittmacher! Wissen Sie, warum DuMont sie nicht in Serie produzieren lässt? Weil die NATIONAL der größte Rauschgiftproduzent der Staaten ist und sich nicht selbst den Markt kaputtmachen will, deshalb. Sie haben das Treibhaus gesehen, Tiny. Haben Sie eine Ahnung, was für Drogen man aus den Alkaloiden unserer Superkartoffeln herstellen kann? Ich sage Ihnen, DuMont ist die Verkörperung des Bösen. Nehmen Sie die Public-Dope-Free-Schools. Wissen Sie, warum er sie einrichten ließ? Weil er Arbeitskräfte braucht, die nicht schon als Kind rauschgiftsüchtig und dadurch für eine ganze Reihe von Tätigkeiten unbrauchbar geworden sind. Das ist die einfache, bittere Wahrheit!«

Timothy hielt ihm die Zigarette hin. McNamara nahm einen tiefen Zug.

»Noch immer nicht überzeugt? Dann will ich Ihnen noch die grausame Wirklichkeit der Drop-Out-Homes enthüllen. Eine humanitäre Einrichtung? Dass ich nicht lache! Das ist das Perverseste und Schlimmste von allem! Den Kindern werden Sonden ins Gehirn gepflanzt, über die sie dann ganz nach Belieben gesteuert werden können. Man kann diese unglücklichen Wesen an die schlimmsten Orte bringen, ein Knopfdruck, und sie empfinden selbst in der Hölle noch Lustgefühle. Wie sagten Sie, als Sie in der IPPI waren: menschliche Roboter? Was sind die Schrittmacher an den Fließbändern gegen ein Sondeninjekt! Erkundigen Sie sich doch einmal, wo die Kinder aus diesen Heimen geblieben sind; die ersten Jahrgänge sind ja inzwischen erwachsen. Sie werden auf eine Mauer des Schweigens stoßen. Und wenn Sie keine Ruhe geben, werden Sie mit irgendeinem bunten Streifen am Hals in einer Werkanlage verschwinden!«

Sie sahen sich schweigend an. Schweiß perlte auf McNamaras Stirn.

»Glauben Sie mir, das ist die Wahrheit, Tiny! Gut, verurteilen Sie mich, aber Sie können mich unmöglich ausliefern, weil ich ein Schwein wie DuMont zur Hölle schicken wollte!«

»Ich glaube Ihnen schon, dass das alles so ist«, sagte Timothy. »Ich glaube Ihnen nur nicht die edelmütigen Motive. Mag sein, dass Sie das alles verabscheuen, mag sein, dass Sie DuMont wirklich hassen, aber gehandelt haben Sie nicht aus Hass und Abscheu, Mister McNamara, sondern weil Sie ein gedungener Mörder sind, ein Agent. Los, packen Sie den Rest auch noch aus!«

McNamara sah Timothy entgeistert an. »Wie kommen Sie darauf?«

»Sie selbst haben es mir verraten«, erwiderte Timothy. »Das Erste, was mich stutzig machte: Sie haben im Werk nicht von Colors gesprochen, wie es alle anständigen Leute tun – jedermann weiß schließlich, dass auch viele Unschuldige verurteilt werden –, sondern das Schimpfwort Huee gebraucht, das nur von sehr dummen oder von im Staatsdienst tätigen Leuten benutzt wird. Ein Überbleibsel aus Ihrer Militärzeit? Nach so langer Zeit? Oder fühlen Sie sich immer noch als Offizier? Zweitens: Wenn Sie DuMont einer ›gerechten Strafe‹ zuführen wollten, warum dann auch Goodman, Temple und Bennisher ermorden?«

»Weil sie es nicht weniger verdient hatten«, rief McNamara. »Erkundigen Sie sich, was für Schweine das waren!«

»Nein, weil Sie das Mordinstrument ausprobieren mussten! Drittens: Als Sie von der Party erzählten, auf der Sie DuMont kennenlernten, sagten Sie, Ihre Mutter sei weit mehr als Sie auf die goldblausilbernen Farben stolz gewesen. Das aber sind nicht die Farben der Militärakademie von Princeton, sondern die der Spezialschule in Silver Springs. Und – welch Zufall! – die Datei der CIA, in der unter anderem die Idee mit dem ›Photonenschrei‹ gespeichert ist, befindet sich jetzt in Silver Springs. Viertens: Ich weiß zuverlässig, dass noch nie ein Absolvent von Silver Springs aus dem aktiven Dienst ausscheiden durfte, um einen privaten Job in der Industrie anzunehmen, im Gegenteil, sie verpflichten sich auf Lebenszeit! Sie schwören, dass sie bei Strafe ihres Lebens immer und überall jeden Befehl ausführen werden – so lautet doch die Formel, nicht wahr? Wer hat Ihnen den Befehl gegeben, DuMont zu töten? Geschah es aus militärischem Interesse, oder wollte nur einer Ihrer Chefs einem Freund bei der Konkurrenz der NATIONAL einen Dienst erweisen?«

McNamara biss sich auf die Lippen. Er war kreidebleich.

»Los, Mann, reden Sie. Ich habe das alles nicht nur so dahingesagt. Sie haben keine Chance, wenn ich nicht die ganze Wahrheit erfahre!«

»Ich kann nicht!«, schrie McNamara verzweifelt.

»Dann sterben Sie! Hier auf diesem Stuhl.« Timothy richtete den Rayvolver auf McNamaras Stirn. »Ich gebe Ihnen zehn Sekunden Zeit, es sich anders zu überlegen.«

Timothy stellte das Metronom ein. Das trockene, harte Ticken hallte über den Lautsprecher des Communicators wie Schüsse. Pang – pang – pang – pang.

»Okay«, sagte McNamara beim achten Schlag. »Mit mir ist es so oder so aus. Sollen Sie also die Wahrheit erfahren. Aber, bitte, geben Sie mir erst noch einen Schluck Tee und eine Zigarette.«

Timothy machte ihm jetzt sogar die rechte Hand frei, damit er sich selbst bedienen konnte.

»Sie haben recht, Tiny. Sie haben in allen Punkten recht. Ich hätte nie gedacht, dass jemand dahinterkommen könnte, Sie aber haben es geschafft. Admiral Stonehedge hat mir den Befehl gegeben. Ich weiß jedoch nicht, warum.«

»DuMont wird es vielleicht wissen. Gehen Sie zu ihm und beichten Sie ihm alles. Er hat auch seine Beziehungen zu den Militärs, vielleicht kann er Ihnen helfen, damit Sie nicht wegen Befehlsverweigerung vor Gericht kommen.«

»Wenn es nur das wäre! Nein, ich bin verloren. Es genügt, dass ich versagt habe.« McNamara brach zusammen. Er schluchzte erbärmlich. »Ich kam mit acht Jahren in die Kadettenanstalt. Mutter hat es gut gemeint, sie glaubte, mir so eine Karriere zu sichern; für ein Studium hätte es nie gelangt. Sie wusste nicht, was sie damit anrichtete, und sie weiß es heute noch nicht.«

McNamara sah Timothy an. Seine Augen waren rot, Tränen liefen über seine Wangen. »Auch in Silver Springs werden Sonden in die Gehirne gepflanzt, Tiny! Hier, greifen Sie in meine Haare, da spüren Sie den Empfangsknopf meines Kommandotumox. Ja, ich bin ein ferngesteuerter menschlicher Roboter! Ein Knopfdruck, und ich berste vor Mut, kenne weder Angst noch Müdigkeit. Wissen Sie, was Hunger ist?« Er lachte bitter. »Nein, Sie wissen es nicht. Hunger ist eine beliebte Strafe in Silver Springs. Sie wissen genau, was mit Ihnen los ist, aber Sie können sich nicht wehren, Sie müssen fressen, fressen, fressen, solange der andere auf den Knopf drückt. Alles. Holz, Papier, Dreck, Scheiße – alles, was Ihnen unter die Finger kommt, stopfen Sie in sich hinein. So steht es mit mir, Tiny. Und nun seien Sie gnädig und drücken Sie ab.«

Timothy sprang aus dem Sessel und lief unruhig hin und her. Er blieb hinter McNamara stehen und tastete dessen Kopf ab. Er fühlte den glatten, kleinen Knopf unter den Fingern, der aus McNamaras Schädel ragte, und ein Schauer lief ihm über den Rücken.

»Es hätte wohl wenig Sinn, wenn ich Sie laufenließe und Ihnen ein paar Stunden Vorsprung gäbe, um unterzutauchen?«, fragte er.

»Man hätte mich in wenigen Sekunden angepeilt. Wer weiß, vielleicht hat man mich schon geortet, und ein Kommando von Admiral Stonehedge wartet draußen auf mich? Wissen Sie, wie man bei uns Versager oder Verräter bestraft? Haben Sie eine Ahnung, was ein Sondenschock ist?«

»Hier sind Sie sicher«, meinte Timothy, »dieser Raum wirkt wie ein Faradayscher Käfig. Sie werden jedoch verstehen, dass ich keine Lust habe, Sie für länger zu beherbergen. Aber ich kann etwas anderes für Sie tun, Vance. Ich werde, obwohl mich allein der Gedanke ekelt, noch einmal zu DuMont gehen.

Ich werde ihm sagen, Sie seien aus freien Stücken zu mir gekommen und hätten sich mir anvertraut. Weil Sie es nicht übers Herz gebracht hätten, ihn zu ermorden. Ich könnte ihm sogar sagen, dass sein Purple Heart nicht voll funktionstüchtig gewesen sei, dass er Ihnen also im gewissen

Maße das Leben verdankt. So paradox und so pervers es klingt, DuMont ist der Einzige, der Ihnen noch helfen kann. Er hat die Möglichkeit, die Sonden aus Ihrem Schädel wieder entfernen, zumindest den Sender ausschalten zu lassen, und er kann Ihnen zu einer neuen Identität verhelfen.«

»Ich will Ihnen sagen, was DuMont tun wird«, erwiderte McNamara verächtlich, »er wird in Zukunft selbst meinen Kommandotumox bedienen, das wird er. Und ich muss alles tun, was er will, schon, damit er mich nicht ausliefert. Lieber will ich sterben. Drücken Sie ab, Tiny. Und wenn Sie nicht den Mut dazu haben, geben Sie mir für einen Augenblick den Rayvolver. Meine Lage ist aussichtslos.«

»Den Rayvolver werde ich Ihnen lieber nicht geben«, antwortete Timothy. »Wer weiß, was im Gehirn eines Militärs vor sich geht, wenn er eine Waffe in die Hand bekommt. Wenn Sie jedoch wirklich entschlossen sind zu sterben, werde ich Ihnen später eine Pille geben. Nachdem Sie mir ein volles Geständnis mit allen Einzelheiten auf Video gesprochen haben. Und dazu alle Informationen über Silver Springs und über die NATIONAL, die mich interessieren. Wir werden uns Zeit lassen, solange gewähre ich Ihnen gern Obdach. Und für die restlichen Stunden Ihres Lebens verspreche ich Ihnen, all Ihre Lieblingsgerichte noch einmal zu kochen, okay?«

McNamara nickte, er lächelte sogar. »Danke schön«, flüsterte er. »Sie sind ein guter Mensch.«

»In meinen Grenzen«, wehrte Timothy ab. »Was möchten Sie als Erstes essen, Vance?«

»Milchbrei mit Zucker und Zimt und viel brauner Butter, so wie Mutter ihn mir früher gemacht hat.«

Teufelspuzzle

1.

Timothy fluchte. Wie ein Rohrspatz, fiel ihm ein. Warum sagt man eigentlich »fluchen wie ein Rohrspatz«? Gab es wirklich so einen Vogel, und gab es ihn noch, oder war er wie die Stadtspatzen längst ausgestorben? Einen Augenblick kam er in Versuchung, bei der ALLAMERICAN anzurufen und sich zu erkundigen; sowohl Abraham Bentley als auch Kronprinz Pride hatten ihm versichert, sie und ihre Unternehmen stünden Timothy jederzeit zur Verfügung, doch dann ließ er es: Man soll die Gunst der Bigbosse nicht unnötig in Anspruch nehmen. Wer weiß, wann er die Hilfe der Bentleys dringend benötigen würde.

Das Puzzle machte seinem Namen alle Ehre. Es war verteufelt verzwickt, dreidimensional, aus Hologrammsteinen, die von allen Seiten verschiedene Bilder zeigten, wenn man sie richtig zu einem Würfel von vierzig Zentimeter Kantenlänge zusammensetzte. Timothy hatte erst eine kleine Ecke geschafft, obwohl er schon über ein Dutzend Stunden darauf verwandt hatte.

Er war rundum unzufrieden. Der Kaffee war ihm ausgegangen, und es schien zur Zeit in ganz Chicago nur minderwertigen Inlandskaffee zu geben; nicht einmal bei BRIAND hatte er ein paar Bohnen ergattern können. Klienten schien es auch nicht mehr zu geben, seit fast vier Wochen schwieg der Communicator, wenn er von den Routineanrufen Smiley Hepburns und Josuah Trevers absah.

Timothy hasste die Tage der Untätigkeit zwischen den Aufträgen, in denen er mürrisch, wehleidig und misstrauisch gegen jedermann wurde. Wie oft hatte er den Großen Bruder gebeten, ihm in diesen Zeiten Kundschafteraufträge zu geben, doch Anne hatte das jedesmal abgelehnt: Seine einmalige Position zwischen den Fronten und seine Beziehungen zu den Bigbossen dürften nicht unnötig in Gefahr gebracht werden. Ein paar Mal hatte sie ihm wenigstens ein Problem zugespielt, an dem er zu Hause mit Napoleon knobeln durfte, doch Timothy hatte keine Lust, sie um irgendetwas zu bitten, er hatte überhaupt keine Lust mehr, mit Anne zu sprechen. Wenn er sich pflichtgemäß bei ihr meldete, tat sie, als sei nichts gewesen, und ihre quaserverzerrte Stimme schrillte unerträglich in seinen Ohren. Keine Spur der Zärtlichkeit jener Nacht, im Gegenteil: Selbst die kleinen Späße und Frotzeleien, die sie sich sonst geleistet hatten, waren verschwunden. Bereute sie, dass sie damals bei ihm geblieben war, hatte sie damit ihre Verhaltensnormen verletzt? Aber vielleicht hatte ihr diese Nacht nichts bedeutet, am Ende gehörte es zu den Pflichten der Großen Brüder, auch in solchen Fällen für das Wohl ihrer Kleinen Brüder zu sorgen, notfalls unter Einsatz der eigenen Person? »Scheiße!« schrie Timothy und wühlte mit beiden Händen in den Puzzlesteinen. Napoleon räusperte sich.

»Sprich schon«, sagte Timothy, »ich erlaube es dir.«

»Wenn Sie mir eine Frage erlauben, Sir: Warum bemühen Sie sich selbst, dieses, wenn ich es recht verstanden habe, dreidimensionale und Ihre Möglichkeiten offensichtlich überfordernde Problem zu lösen? Warum delegieren Sie es nicht an mich? Bin ich nicht dazu da, Probleme, die Ihre Denkkapazität überschreiten, für Sie zu lösen? Ich bemerke doch, wie Sie sich quälen.«

Timothy lachte laut auf, dann streichelte er Napoleons stählernen Bauch. »Oh, welch eine Welt«, stöhnte er, »in der ein Computer die einzig menschliche Seele ist, die Mitleid mit einem einsamen, verzweifelten, unglücklich verliebten Mann hat.«

»Darf ich Sie darauf aufmerksam machen, Sir, dass ich keine Seele und schon gar nicht eine menschliche besitze?«

»Manchmal bin ich mir da nicht so sicher«, erwiderte Timothy. »Hör zu, mein Guter, dies ist kein Problem, sondern ein Spiel, und der ganze Spaß wäre dahin, wenn du es für mich tun würdest. Es ist ein Genuss, ein Rätsel zu lösen – aber das verstehst du wohl nicht.«

»Da nun bin ich mir nicht sicher«, sagte Napoleon, »schließlich –«

»Pst!« Timothy schnitt ihm das Wort ab. Der Communicator leuchtete. Timothy ließ die Puzzlesteine fallen und drückte die Empfangstaste. Das Gesicht eines Mannes blickte vom Monitor, ein Gesicht, das Timothy bekannt vorkam, das er aber nicht sogleich einordnen konnte. Er gab den Sendeport frei, damit der andere ihn sah.

»Hallo, Tiny!«, begrüßte der ihn. »Erkennst du mich noch?«

»Ehrlich gesagt –«

»Schon gut, Tiny, du musst dich nicht entschuldigen, schließlich haben wir uns fast zehn Jahre nicht mehr gesehen, und ich weiß, ich habe mich nicht gerade zu meinem Vorteil verändert.«

»Huck!«, schrie Timothy. »Huckleberry Peaboddy, bist du es wirklich? Wo steckst du?«

»In Chicago. Fünf Flugminuten vom ›Nebraska‹.«

»Sofort kommst du her! Ich will ein Festessen für dich geben. Du frisst hoffentlich immer noch so gerne.«

»Leider.« Peaboddy rückte ein Stück von seinem Communicator ab, so dass seine ganze Figur sichtbar wurde; er hatte sich einen beachtlichen Bauch zugelegt. »Ich habe bis gegen fünf Uhr zu tun, dann komme ich gerne zu dir.«

»Um halb sechs wird serviert«, antwortete Timothy, »und wenn du nicht pünktlich bist, esse ich alles alleine, und du bekommst Fraß aus dem Restaumaten.«

Timothy stürzte sich in die Vorbereitungen. Die Peaboddys und die Truckles waren in der »Blackhill Avenue« Nachbarn gewesen; Huck und Timothy wuchsen wie Brüder auf. Sie hatten in der Schule immer nebeneinander gesessen und später wenigstens einen Teil der Semesterferien gemeinsam verlebt und sich so oft wie möglich besucht, bis Peaboddy vor nunmehr fünfzehn Jahren nach Utah ging und die Verbindung abriss; eine Zeitlang hatten sie noch regelmäßig miteinander gesprochen, dann waren auch die Communicator-Besuche eingeschlafen.

Timothy mobilisierte all seine Beziehungen, damit es eine würdige Wiedersehensfeier werden konnte, er bekam Strömlinge und Salm für eine Bouillabaisse und frische

Hirschleber und Kalbfleisch für ein Greenwich-Gulasch, als Vorspeise bereitete er Thunfisch-Mayonnaise, und für den Nachtisch opferte er die Packung gefrostete Himbeeren, die Jennifer ihm geschenkt hatte. Als er die festliche Tafel mit den Kristallgläsern, dem Wedgewood-Porzellan, den Silberbestecken und venezianischen Leuchtern noch einmal prüfend überblickte, überkam ihn Wehmut. Wie gerne hätte er solch einen Tisch für Anne gedeckt. Du bist ein unverbesserlicher Dummkopf, beschimpfte er sich. Musst du dich ausgerechnet in deinen Großen Bruder verlieben, in die Frau, die dir am nächsten und zugleich am unerreichbarsten ist? Oh, Tiny, du bist ein Fall für einen kitschig-tragischen Liebesroman aus dem neunzehnten Jahrhundert!

Huck kam kurz nach fünf. Noch in der Tür fielen sie sich in die Arme. Als der fast zwei Meter große und drei Zentner schwere Huck den winzigen Timothy hochriss und im Kreis schwenkte, griff der Safeman, der Peaboddy vom Flugdeck heruntergebracht hatte, nach seinem Rayvolver; Timothy winkte ihm beruhigend zu.

»Lass mich runter, Huck«, bat Timothy, doch Peaboddy nahm ihn auf den Arm und wanderte so durch die ganze Wohnung; erst im Arbeitsraum ließ er ihn zu Boden. Er betrachtete nachdenklich den ruhenden Napoleon, auf dessen Stirnseite nur die Bereitschaftslichter glimmten. »Das also ist dein Napoleon«, sagte er. »Denkt er gerade?«

»Keine Ahnung«, antwortete Timothy. »Er hat frei und könnte schlafen, doch wer kann schon in so ein Elektronengehirn gucken.«

»Ist er wirklich so intelligent?«

»Prüfe es selbst.« Timothy hatte zwei Gläser Whisky eingeschenkt. »Prost, Huck, auf unser Wiedersehen. Ich hoffe, du hast viel Zeit mitgebracht. Am besten, du bleibst ein paar Wochen in Chicago. Als mein Gast, versteht sich.«

»Ich habe schon jetzt die Schnauze gestrichen voll von deinem Chicago«, erwiderte Huck mit säuerlichem Lächeln. »Ich sehne mich geradezu nach meiner Einöde. Noch keine vierundzwanzig Stunden bin ich hier und schon sechsmal bestohlen oder überfallen worden; das erste Mal –«

Timothy unterbrach ihn. »Erzähl es mir in der Küche, während ich die letzten Vorbereitungen treffe.« Ihn hätten ganz andere Dinge interessiert als Peaboddys Erlebnisse mit der Chicagoer Unterwelt, die zwar für einen Mann aus den Wasatch-Mountains sensationell sein mochten, für einen Großstädter jedoch alltägliche Banalität waren, aber er hörte geduldig zu, er merkte doch, dass sein Freund es erst einmal loswerden musste. Schon am Flughafen hatte es angefangen: Der Koffer, den Huck eigenhändig in der Maschine abgestellt hatte, war gestohlen. Ihm blieb nichts anderes übrig, als sich einen neuen Koffer und Wäsche, und was man so für ein paar Tage brauchte, zu kaufen.

»Ein paar Minuten später war ich alles wieder los. Als ich in die Metro wollte, wurde mir der Koffer buchstäblich aus der Hand gerissen, Tiny!«

»Nur ein Greenhorn fährt mit Gepäck in der Metro«, kommentierte Timothy.

»Also habe ich ein zweites Mal eingekauft. Ob du es glaubst oder nicht, der Koffer wurde aufgebrochen, während ich im Restaurant zu Abend aß.«

»Ich glaube dir, Huck.«

»Als ich dann noch einmal hinunterfuhr, um ein wenig durch die Straßen zu laufen ...«

»Abends durch die Straßen spazieren!«, rief Timothy entsetzt. »Mann, du lebst wirklich hinter dem Mond.«

»... wurde ich im Fahrstuhl überfallen. Von zwei Männern um die Vierzig, so elegant, dass ich nie auf die Idee gekommen wäre, es könnten Gangster sein. Sie blockierten den Lift und filzten mich bis auf die Haut.«

»Ich nehme an, da brauchst du jetzt Geld«, meinte Timothy. »Sag nur, wie viel, ich bin gerade gut bei Kasse.«

Peaboddy grinste. »So dumm bin ich nun wieder nicht, Geld oder Wertsachen unnötig herumzuschleppen. Ich hatte nur ein paar Dollar bei mir. Ich habe mir vorsichtshalber in Salt Lake City einen Brustpanzer gekauft und den gleich bei der Ankunft im Hotelsafe deponiert. Fast wäre ich trotzdem futsch gewesen: Über Nacht hat man versucht, den Safe zu knacken; zum Glück wurden die Burschen von der Hotelwache überrascht.«

Timothy goss die Gläser wieder voll. »Du wirst wirklich verwöhnt, mein Lieber. So viel Aufmerksamkeit für einen Einsiedler aus Utah!«

»Heute früh ging es weiter. Ich hatte ein Aerotaxi bestellt, das mich zu meinem Onkel nach Northlake bringen sollte. Kaum waren wir ein Stück geflogen, da stellte der Chauffeur seinen Helikopter auf Autopilot und hielt mir einen Rayvolver unter die Nase. Ich musste nicht nur meine Taschen umdrehen, ich musste mich sogar nackt ausziehen – in der Luft, noch über der City! Dann hat er mich im Franklin Park rausgeschmissen. Aus fast zwei Meter Höhe. Ich kann froh sein, dass ich mir nichts gebrochen habe.«

»Und dass du nicht festgenommen wurdest: ein nackter Mann am hellichten Tag im Franklin Park!«

»Oh, er war so gnädig, mir meine Kleider nachzuwerfen. Sogar meine zehn Dollar. Wahrscheinlich war es ihm zu wenig.«

»Hier, trink noch einen Schluck auf den Schreck, dann lass uns essen. Oder war das noch nicht alles?«

»Fast, Tiny, fast. Es wird dich kaum überraschen, dass mein Koffer schon wieder verschwunden ist, doch jetzt kaufe ich mir keinen mehr, ich fahre lieber schleunigst nach Hause.«

Huck war durch nichts zu bewegen, auch nur einen Tag länger zu bleiben, obwohl Timothy ihm versicherte, dass er bei ihm im »Nebraska« mindestens so sicher aufgehoben sei wie der Staatsschatz in Fort Knox. Nicht einmal die Aussicht auf unerhörte Gaumenfreuden, die Huck sich nie leisten und die er auch in ganz Utah nicht auftreiben könne, vermochten ihn umzustimmen.

Als Timothy seinen Freund weit nach Mitternacht zum Lift brachte und noch einmal bat, er solle es sich doch überlegen, schüttelte Peaboddy den Kopf.

»Ich muss morgen früh noch einmal zu meinem Onkel, anschließend fahre ich direkt zum Flughafen und nehme die nächste Maschine nach Salt Lake City. Komm du mich doch mal besuchen! Bei uns in den Wasatch-Mountains ist es noch so friedlich wie in den guten alten Zeiten. In Chicago jedenfalls siehst du mich in Ewigkeit nicht wieder!«

Die Ewigkeit dauerte keine zehn Minuten. Timothy bekam einen Anruf der Hauswache, er solle sofort zum Flugdeck kommen.

Peaboddy hockte kreidebleich auf dem Boden der Piste. Die Alarmlichter schleuderten ihre roten Blitze in die Dunkelheit, ein Aerotaxi schwebte zehn Meter über dem gesperrten Deck. Im grellen Schein eines Spotlichts lag eine Leiche; soweit es noch zu erkennen war, die eines jungen Mannes, die Strahlenwerfer hatten ihn übel zugerichtet. Der diensthabende Chief informierte Timothy, dass man versucht hatte, Huck zu entführen.

»Den Banditen da haben wir erwischt, Mister Truckle, die anderen sind in ihrem Hubjet entkommen, aber wenigstens einer müsste schwer verletzt sein.«

Timothy fragte, ob es ihm recht sei, wenn er sich an den Untersuchungen beteiligte.

»Von mir aus«, antwortete Chief Monroe, »doch ich schätze, nicht einmal Sie sind in der Lage, die Kidnapper zu fassen.«

»Kann ich meinen Freund mit hinunternehmen? Ich möchte ihn selbst befragen.«

»Wenn Sie mir einen Bericht für unser Protokoll geben, gerne. Ich habe auch so Arbeit genug.«

»Ich hätte nicht gedacht, dass Sie sich in so einem Fall überhaupt viel Arbeit machen«, meinte Timothy.

»An sich nicht, Mister Truckle. Das ist schließlich nur ein Bagatellfall, reine Routine –«

»Schon gut, Monroe.« Timothy schenkte ihm ein anerkennendes Lächeln. »Würden Sie mir zuliebe ein paar Extrauntersuchungen anstellen?«

»Für Sie allemal. Was brauchen Sie?«

»Ich hätte gerne einen Ionentest von der Haut des Toten – ist der Kopf völlig zerstrahlt?«

»Ein Stück Hals ist unversehrt, außerdem seine linke Hand.«

»Okay. Dazu Tests von den Fußsohlen und Achselhöhlen. Gibt es noch Haare?«

»Ja, am Hinterkopf.«

»Lassen Sie mir bitte ein Büschel abschneiden. Und einen Fingernagel. Ich komme dann noch mal zu Ihnen.« Timothy deutete auf den Helikopter. »Und schicken Sie die Taxe wieder weg, ja?«

Ein Safeman half ihm, Huck nach unten zu bringen. Peaboddy stützte sich schwer auf den Mann, er keuchte bei jedem Schritt. Als er im Arbeitsraum im Sessel lag, bat er um einen großen Whisky.

»Gleich«, sagte Timothy. »Trink erst einmal einen Schluck Wasser. Ich muss dir sofort ein paar Fragen stellen und Untersuchungen vornehmen, dann kannst du dich volllaufen lassen und hinlegen. Hat man versucht, dich zu betäuben?«

Peaboddy nickte. »Irgendein Spray. Doch dann schrie ein Safeman, ich drehte mich um, so bekam ich das Zeug nur ins Genick.«

Timothy holte einen Handexhaustor und saugte Hucks Nacken sorgfältig ab. »Hat dich einer von denen berührt? Wo?«

Peaboddy hielt ihm sein Handgelenk hin. Timothy legte einen neuen Tracer ein und saugte auch hier jeden Zentimeter ab, dann fuhr er Peaboddy zur Multispektralkamera und ließ das Handgelenk von allen Seiten aufnehmen.

»Wie viele Männer hast du gesehen?«

»Drei, Tiny. Und wahrscheinlich war noch einer im Hubjet.«

»Waren sie maskiert?«

Peaboddy schüttelte den Kopf.

»Du hast also ihre Gesichter erkennen können?«

»Ich weiß nicht. Wahrscheinlich. Aber ich könnte sie nicht mehr beschreiben. Es ging alles so schnell, und ich war so durcheinander –«

»Macht nichts. Pass auf, Huck, jetzt kommen ein paar unangenehme Minuten, doch es muss sein. Ich schließe dich an einen Resurrector an. Ich will den Schock lösen und dein unterbewusstes Gedächtnis abrufen. Ich bin sicher, du hast die Bilder der Gangster gespeichert. Napoleon wird dann versuchen, aus den abgezapften Brainbits ihre Porträts zu rekonstruieren. Einverstanden?«

Huck nickte müde. Timothy gab ihm eine grünliche Flüssigkeit zu trinken, dann befestigte er die Elektroden des Resurrectors an Peaboddys Schädel.

»Entspann dich, Huck. Stell dir den Himmel vor deinem Haus in Tonopah vor, einen trägen, grauschwarzen Abendhimmel, über den langsam die Wolkendecken dahinziehen; warmer Wind streicht aus den Tälern –« Timothy streichelte beruhigend Hucks Hand und blickte auf die Armaturen an Napoleons Bauch. »So, jetzt versuch, dich zu erinnern: Wir verabschieden uns, du besteigst den Lift, winkst mir noch einmal zu, der Lift fährt ab, jetzt hält er an, die Tür öffnet sich, du gehst hinaus –« Peaboddy zuckte zusammen, schrie auf. »Sieh ihn an!«, brüllte Timothy. »Jetzt den anderen! Den dritten!« Huck wand sich in qualvollen Zuckungen, dann fiel er in sich zusammen.

»Das war es schon, Huck.« Timothy hielt ihm ein Glas Whisky an die Lippen. »Und nun bringe ich dich zu Bett. Wenn du mich brauchst, ruf einfach meinen Namen. Napoleon wird dich sogleich mit mir verbinden.«

»Hier sind die Ionenspuren.« Chief Monroe gab Timothy eine Handvoll Tracer. »Und hier die Haare, der Fingernagel, außerdem die Papillarmuster der linken Hand und die übliche Auflistung seiner Kleidung und Habseligkeiten. Ich fürchte aber, da ist nichts, was Ihnen weiterhelfen kann.« Monroe reichte Timothy zwei Folien. »Wir haben den Wärmestrahlenabdruck der Landekufen des Hubjets sichern können, ich schätze jedoch, dass der gestohlen war.«

»Benachrichtigen Sie bitte Inspektor Hopkins«, bat Timothy, »sagen Sie ihm, dass ich persönlich an diesem Fall interessiert sei.«

»Das werde ich nicht tun, Mister Truckle. Ich will keinen Ärger mit den Stadtbullen, und ich kann mir nicht vorstellen, dass Inspektor Hopkins sich freut, wenn ich ihn wegen eines missglückten Kidnappings aus dem Bett hole. Morgen früh bekommt die Polizei sowieso unseren Bericht. Oder ist Ihr Freund ein VIP?«

»Soviel ich weiß, nicht. Eher das Gegenteil.«

»Dann wird sich außer uns kein Aas darum kümmern.«

2.

Chief Monroe irrte. Aber nicht die Polizei meldete sich, sondern der Geheimdienst. Am späten Nachmittag erschien Devlin auf Timothys Monitor. »Hallo, Mister Truckle, ich habe Sehnsucht nach Ihnen. Ich komme sofort, ich wollte mich nur vergewissern, ob Sie auch zu Hause sind.«

»Sie wissen, dass Sie mir jederzeit willkommen sind«, antwortete Timothy so freundlich, wie er es nur fertigbrachte, »doch im Augenblick ist es ungünstig. Hat es nicht Zeit bis morgen?«

»Nein, es muss gleich sein. Haben Sie gerade einen Klienten bei sich? Können Sie ihn nicht fortschicken?«

»Wenigstens eine Stunde müssen Sie mir geben, Mister Devlin. Worum geht es denn überhaupt?«

»Um das Attentat auf Huckleberry Peaboddy.«

»Was, zum Teufel, hat Huck mit der NSA zu tun?«, rief Timothy.

»Kein Kommentar«, sagte Devlin. »Also, in einer Stunde.«

Peaboddy schlief noch immer. Diese Leute vom Lande, dachte Timothy, haben doch beneidenswerte Nerven, dann entdeckte er, dass Huck nicht nur eine halbe Flasche »Black Label«, sondern auch noch sechs Rosaperlen geschluckt hatte.

Timothy flößte Peaboddy einen Teelöffel Xenaphalon ein und beauftragte Napoleon, alle drei Minuten laute Snarrsignale in das Schlafzimmer zu senden, dann bereitete er einen extrastarken Tee und machte seine Wohnung keimfrei. Er musste Devlin ja nicht mit der Nase darauf stoßen, was für Untersuchungen er angestellt und welche Ergebnisse er erzielt hatte, vor allem brauchte niemand zu wissen, dass Timothy einen Resurrector besaß.

Peaboddy kam laut gähnend aus dem Schlafzimmer, seine Sachen unter dem Arm.

»Morgen, Tiny«, sagte er verschlafen, »oder ist es schon Mittag? Ich verschwinde erst mal für 'ne Weile im Bad, okay? Es scheint, dass ich's nötig habe. Mann, hab ich 'n Kater!«

Timothy winkte ihn ins Mausoleum und schloss hinter sich ab. »Pass auf, Huck, wir haben keine Zeit. Trink den Tee und zieh dich an und verrate mir schnell, was du mit der NSA zu tun hast.«

Peaboddy war mit einem Schlag hellwach. »Ich? Mit dem Geheimdienst?« Er blickte Timothy entsetzt an. »Nichts, wie ich hoffe!«

»Wirklich? In wenigen Minuten bekommen wir Besuch von der NSA, und es geht um dich.«

»Da verschwinde ich lieber.« Peaboddy fuhr derart hastig in sein Hemd, dass er sich in den Ärmeln verhedderte; Timothy musste ihm helfen.

»Darüber reden wir noch. Am besten, du fährst jetzt hinauf in die ›Stardust‹-Bar und redest mit keinem Menschen ein Wort. Da bist du hier weg, und ich kann dich im Notfall jederzeit erreichen. Außerdem kannst du etwas erleben, was dir selbst in deinen idyllischen Bergen nicht möglich ist: einen Sonnenuntergang.«

»Du lügst«, sagte Huck ungläubig.

»Das ist einer der Genüsse, die ich dir versprochen hatte. Hier –«, Timothy drückte ihm ein paar Scheine in die Hand, »sei mein Gast. Ich will den Barkeeper nicht anrufen, dass er deine Drinks auf meine Rechnung setzen soll, vielleicht hängt die NSA schon wieder in all meinen Leitungen, andererseits möchte ich, dass du dieses einmalige Schauspiel ungezwungen genießen kannst, und die Preise sind so hoch wie die Bar: für jedes der tausendeinhundertzwölf Stockwerke ein Prozent Aufschlag.«

»Ist Peaboddy noch bei Ihnen?«, erkundigte sich Devlin, kaum dass er das Appartement betreten hatte.

»Nein. Wenn Sie sich selbst überzeugen wollen –«

»Sie beteiligen sich an den Untersuchungen?«, sagte Devlin. »Darf ich fragen, warum?«

»Huckleberry Peaboddy ist ein Jugendfreund, außerdem wurde er überfallen, als er mich verließ; ich denke, das ist Grund genug, dass ich mich für den Fall interessiere. Warum aber Sie? Oder darf ich nicht danach fragen?«

»Fragen schon.« Devlin grinste breit. Er betrachtete aufmerksam das angefangene Puzzle. »Wirklich, ein Teufelsding«, sagte er. »Meine Frau hat mir auch eins geschenkt, aber ich habe es bald aufgegeben. Glauben Sie, dass Sie es schaffen?« Er schüttelte den Kopf. »Vielleicht die Ecken, drei oder vier Kanten – doch sobald Sie zum Kern vordringen wollen, werden Sie an Ihre Grenzen stoßen.«

»Es vertreibt die Zeit«, antwortete Timothy. »Ich hatte Langeweile, das ist der dritte Grund, warum ich mich ein wenig bei den Nachforschungen nützlich machen wollte. Natürlich will ich Ihnen nicht ins Handwerk pfuschen. Ich hatte keine Ahnung, dass Sie an Peaboddy interessiert sind.«

»Wir sind an den Kidnappern interessiert«, korrigierte Devlin, »nichts liegt also näher, als dass wir zusammenarbeiten.«

Timothy schüttelte den Kopf. »Sie kennen die Gründe, warum ich nicht mit Ihrer Institution zusammenarbeiten kann.«

»Ja, ich weiß«, erwiderte Devlin unwillig, »die Bigbosse würden es Ihnen übelnehmen und nicht mehr zu Ihnen kommen, wenn Sie sich mit uns einlassen, doch es muss ja niemand erfahren.«

»Tut mir leid«, sagte Timothy, »ich kann mir keine Ausnahme leisten.«

»Wirklich keine?« Devlin lachte. »Als ob Sie noch nie für uns gearbeitet hätten!«

»Ich?«, fragte Timothy mit gespieltem Entsetzen.

»Jüngst erst. Ich sage nur: Beauty Kovacs.« Devlin starrte Timothy in die Augen. »Hat die Bachstelze wirklich nicht verraten, wer in Wirklichkeit Ihr Auftraggeber war?«

»Doch nicht etwa Sie!«

»Niemand anderes, Mister Truckle.« Devlin winkte den Servicewagen herbei und goss sich selbst einen Wodka ein.

»Entschuldigen Sie, dass ich Ihnen nichts angeboten habe«, sagte Timothy, »ich dachte –«

»Schon gut.« Devlin schmunzelte. »Ja, Sie waren sehr hilfreich. In doppelter Hinsicht. Sie haben nicht nur das Geheimnis der Kovacs entlarvt, Sie haben uns auch geholfen, sie unschädlich zu machen. Da die Queen so leichtsinnig war, zu verbreiten, dass auch Sie, Mister Truckle, zu ihren Kunden gehören, haben wir unterderhand verbreitet, dass

Sie das Geheimnis der ›Queen of Queens‹ gelöst hätten: dass sie Gedanken lesen könne. So hat sie im Nu alle Kunden verloren. Wer will schon einem anderen Einblick in seine Gedanken geben? Jetzt geht wieder alle Welt zu den Wahrsagern, die mit uns zusammenarbeiten. Außerdem haben wir das Gerücht ausgestreut, dass die Kovacs jetzt unsere Leute trainiert und wir also jedermanns Gedanken lesen können.« Devlin seufzte. »Schade, dass sie es nicht wirklich kann, es würde im Handumdrehen all unsere Probleme lösen.« Er sah Timothy spöttisch an. »Ich würde zum Beispiel gerne wissen, was in diesem Augenblick in Ihrem Kopf vorgeht.«

»Ich schätze, das können Sie sich auch so denken«, sagte Timothy wütend.

Devlin nickte.

»Sie sollten stolz darauf sein, einen wichtigen Beitrag für die Staatssicherheit geleistet zu haben, Mister Truckle. Ich habe vorgeschlagen, dass man Sie für Ihre Dienste belohnt.«

»Ich habe das nicht gewusst«, stieß Timothy hervor, »sonst hätte ich einen großen Bogen um die Kovacs gemacht.«

»... wir könnten Sie öffentlich belobigen«, fuhr Devlin fort.

»Wollen Sie mich ruinieren?«, schrie Timothy.

»Also«, sagte Devlin hart, »arbeiten Sie mit uns zusammen?«

»Und wenn Sie mich noch so sehr erpressen: Nein! Ich werde nicht so dumm sein, mich selbst um meine Klienten zu bringen. Das war das erste und letzte Mal –«

»Sind Sie sicher, dass es das erste Mal war?« unterbrach Devlin. »Dass Sie nicht schon oft der NSA geholfen haben, ohne es zu ahnen, versteht sich?«

»Wann?«

Devlin ging nicht auf die Frage ein. »Denken Sie an Ihren Freund Stahlheimer: Er erforschte die Schmerzzentren des Gehirns, um eine neue Anästhesie-Methode zu entwickeln, und gab uns dadurch eine Methode, ganz gezielt Schmerzen auszulösen.« Devlin breitete die Hände aus. »Viele arbeiten für uns, ohne es zu ahnen.«

»Ich fürchte wirklich, man kann nichts tun, ohne Ihnen in die Hände zu arbeiten«, sagte Timothy leise.

»Und das ist gut so, Mister Truckle. Jeder Bürger hat seinen Teil zur Sicherheit des Staates beizutragen, notfalls ohne sein Wissen!« Devlin zog einen Stapel Fotos hervor. »Kennen Sie einen dieser Leute?«

Timothy besah sich die Fotos, dann schüttelte er den Kopf. Kannte er etwa den Toten vom Flugdeck? Er wusste nicht einmal den Namen, und es ging Devlin nichts an, dass es Napoleon gelungen war, das Porträt zu rekonstruieren. »Darf ich Napoleon fragen, ob einer dieser Leute bei uns gespeichert ist? Mein Personengedächtnis ist nicht absolut zuverlässig.«

»Ich wollte Sie gerade darum bitten«, antwortete Devlin.

»Nehmen Sie sich inzwischen doch noch einen Drink«, sagte Timothy. Die Zeit, die Devlin brauchte, sein Glas zu füllen, reichte ihm, um mit zwei kurzen Handgriffen Napoleon zu manipulieren. So konnte Devlin, der wie ein Luchs aufpasste, als Timothy ein Bild nach dem anderen unter Napoleons viertes Auge schob, nicht mitbekommen, dass die Fotos nicht nur abgetastet, sondern zugleich aufgenommen wurden, und Napoleon meldete nur: + + keine angaben zu den personen gespeichert + n. + + +

»Sie sehen selbst, auch Napoleons unfehlbares Gedächtnis kennt keinen dieser Leute.« Timothy gab Devlin die Fotos zurück. »Was sind das für Typen?«

Devlin steckte die Bilder wortlos ein. »Sie haben sich von Chief Monroe Spurenmaterial geben lassen, was haben Sie herausbekommen?«

»So gut wie nichts. Nach den Aufregungen der Nacht habe ich erst einmal gründlich ausgeschlafen; ich hatte gerade begonnen, die Ionenproben zu untersuchen, als Sie anriefen.«

»Da Sie nicht bereit sind, mit uns zusammenzuarbeiten«, sagte Devlin, »muss ich Sie bitten, mir alles Material auszuhändigen und den Fall nicht weiterzuverfolgen.«

»Verraten Sie mir wenigstens, wer hinter meinem Freund her ist?«

»Keine Mitarbeit, keine Informationen«, erwiderte Devlin. »Seien Sie ganz beruhigt, um die Sicherheit Ihres Freundes kümmern wir uns schon. Sie wissen, wo er sich jetzt befindet?«

Timothy sah Devlin mit unschuldigen Augen an. »Vielleicht sitzt er in einer Bar und lässt sich vollaufen? Nach so einer Nacht –«

»Werden Sie ihn noch sehen?«, unterbrach Devlin unwillig.

»Ich hoffe es.«

»Ich verpflichte Sie hiermit«, sagte Devlin in feierlichem Tonfall, »Huckleberry Peaboddy festzuhalten, wann immer und wo immer Sie ihm begegnen, und unverzüglich die NSA zu benachrichtigen.«

»Soll ich ihn etwa für Sie verhaften?«, stieß Timothy hervor. »Dazu können Sie mich nicht verpflichten!«

»Ich kann«, sagte Devlin gelassen, »und Sie wissen das. Nach Paragraf siebzehn des Gesetzes zum Schutz des Staates kann jeder Bürger zu jeder Dienstleistung verpflichtet werden, wenn es im Interesse der Staatssicherheit notwendig ist.« Er lächelte Timothy beruhigend zu.

»Keine Angst, Ihrem Freund wird nichts geschehen. Wir wollen ihn nur auf dem schnellsten und sichersten Weg nach Hause bringen.« Devlin packte die Tracer mit den Tatortspuren ein. »Ich bin wirklich traurig, dass Sie so halsstarrig sind. Wir wären ein gutes Gespann.«

3.

Timothy überlegte fieberhaft, wie er es anstellen könnte, Huck unbeobachtet zu sprechen. Er konnte doch unmöglich warten, bis Peaboddy von allein aus der Bar kam, sicher würde die NSA seine Wohnung überwachen, andererseits konnte er ihn auch nicht telefonisch warnen: Sämtliche Anrufe in der »Stardust«-Bar landeten bei Melvin, der wie alle Barkeeper für den Geheimdienst arbeitete, und wenn Devlin nachweisen konnte, dass Timothy gegen seine Verpflichtung gehandelt hatte, konnte das seine Lizenz kosten – oder er behielt sie, was noch schlimmer war, für den Preis der Mitarbeit. Als ihm die rettende Idee kam, musste er laut lachen. Er hielt sich unwillkürlich die Hand vor den Mund

und blickte zu dem Kristallkäfig an der Decke. Mochten sie ihn ruhig lachen hören. Mehr nicht.

Er ging ins Mausoleum und erkundigte sich, was heute für Veranstaltungen im »Nebraska« stattfanden. Im Kristallsaal begann um acht Uhr eine »Grand Magicshow«. Er schaltete Napoleon auf Translation und rief in der Bar an.

»Verzeihen Sie, Sir«, hörte Timothy sich mit Napoleons Stimme sagen, »weilt Mister Truckle bei Ihnen? Hier liegt ein dringender Anruf für ihn vor.«

»Nein«, antwortete Melvin, »ich habe ihn heute noch nicht gesehen.«

»Das verstehe ich nicht, Sir, er wollte sich mit einem Freund treffen, einem sehr großen und sehr dicken Mann, der –«

»So einer ist hier«, sagte Melvin, »soll ich ihn dir an den Apparat rufen, Napoleon?«

»Wenn Sie so freundlich sein wollten, Sir.«

Kurz darauf meldete sich Peaboddy, Timothy schaltete auf seine Stimme um. »Pass auf, Huck, sag nichts, stell keine Fragen, es brennt. Fahr kurz vor acht in den dreizehnten Stock und geh in den Kristallsaal, dort ist eine Zauberschau. Sobald es dunkel wird, verzieh dich auf die Herrentoilette, in die linke Eckkabine. Paß auf, dass dich niemand sieht, und zieh die Tür gleich hinter dir zu, verstanden? So, und jetzt sage laut: ›Nein, Napoleon, ich habe keine Ahnung.‹«

Timothy fand, dass eine Zauberschau gerade das Richtige war; vielleicht hätte er mit seinem Trick »Verschwinden eines Drei-Zentner-Mannes von der offenen Bühne« auch im Saal Erfolg gehabt. Die Show war nicht sonderlich gut besucht, obwohl die Plakate »die drei größten Zauberer aller Zeiten« ankündigten, dergleichen war zu oft im Video zu sehen, dafür herrschte auf der Herrentoilette ein Andrang, als sei sie die einzige in der ganzen Etage. Timothy musste sich viermal die Hände waschen, bevor er unbemerkt in die Eckkabine schlüpfen konnte. Er brachte ein Haftmikrofon an und verschwand durch die Geheimtür. Er musste lange warten, bis Huck eintrat und leise »Tiny?« rief. Timothy riss die Geheimtür auf und zog Peaboddy herein.

»Was ist das?«, fragte Huck. »Was soll das Ganze?«

»Ich hoffe, dass du wirklich nicht für die NSA arbeitest!« Timothy sah seinem Freund in die Augen, der wich seinem Blick nicht aus.

»Ich schwöre es dir, Tiny!«

»Gut. Dann vergiss, was du soeben gesehen hast. Es ist ein lebensgefährliches Geheimnis, doch ich wusste mir keinen anderen Rat. Ich bin verpflichtet worden, dich unverzüglich der NSA auszuliefern.«

»Mann, Tiny!« Huck war kreidebleich. »Das wirst du nicht tun, oder?«

»Keine Angst. Aber ich muss wissen, warum sie hinter dir her sind.«

»Ich weiß es nicht.«

»Du musst jetzt mit der Wahrheit herausrücken«, sagte Timothy beschwörend, »mit der ganzen Wahrheit. Du darfst mir nichts verschweigen. Ich stecke zu tief mit drin. Ich riskiere Kopf und Kragen für dich.«

Peaboddy blickte ihn verzweifelt an. »Glaube mir, ich habe keine Ahnung.«

»Was wolltest du wirklich in Chicago?«

»Wie ich es dir sagte, Tiny, ich wollte mit meinem Onkel über das Erbe meiner Mutter sprechen.«

»Erklär es mir noch einmal, vielleicht habe ich nicht richtig zugehört.«

»Da ist nichts, was die NSA interessieren könnte. Ein paar tausend Dollar, die in Onkel Buds Wäschereien stecken. Bisher habe ich mich mit der Rendite zufriedengegeben, jetzt aber brauche ich das Geld. Für meine Arbeit und für die Forschungen über die Moave-Indianer.«

»Kann es mit deinem Leben in Tonopah zusammenhängen?«

»Wie sollte es? Ich lebe wie ein Einsiedler, habe nur Kontakt mit meinen zwei Arbeitern und deren Familien, alle paar Monate fahre ich nach Salt Lake City, um einzukaufen. Und meine Arbeit – was soll die NSA damit anfangen? Ich versuche, auf dem Hochplateau Kaffee anzubauen, und das nimmt niemand ernst.« Huck grinste. »Man hält es in Fachkreisen sogar für verrückt.«

»Hauptsache, du hast auch Erfolg. Kaffee ist kaum noch zu bekommen.«

»Ich bin sehr zuversichtlich, Tiny. Das Klima ist geeignet, aber von der Salzwüste wird Staub herübergeweht, der die Pflanzen zerfrisst. Ich hatte eine Bombenidee – du darfst aber mit niemandem darüber sprechen, ja?«

»Versteht sich«, beteuerte Timothy.

»Ich kreuze Kaffee mit M'basa. Das ist ein Bäumchen aus den nigerianischen Wäldern, das in seinen Blättern kleine Bläschen hat. Sobald die Pflanze Staub spürt, füllen sich die Bläschen mit Luft, und der Staub wird durch eine Art trockenen Niesens abgeschüttelt.«

»Klingt phantastisch«, sagte Timothy. »Warum ist noch kein anderer auf diese Idee gekommen, Huck? Staub ist doch überall auf der Welt ein Problem.«

»M'basa ist selbst in Nigeria längst ausgestorben. Ich bin durch Zufall auf ein paar Exemplare gestoßen. Im Gewächshaus am Krematorium von Columbus. Wo ich meine Mutter beerdigte. Ich dachte erst, ich könnte meinen Augen nicht trauen. Der Besitzer hatte keine Ahnung, welchen Schatz er besaß. Ich habe ihm die Bäumchen für ein Butterbrot abgekauft. Seitdem arbeite ich an der Kreuzung, und die letzten Ergebnisse sind vielversprechend.«

»Wer außer dir weiß davon?«

»Niemand.«

»Was ist mit deiner Gerste?«, wollte Timothy wissen.

»Das ist längst abgeschlossen.«

»Erzähl es mir trotzdem. Den ganzen Background.«

»Die meisten Menschen wissen nur, dass eine Unmenge von Tierarten ausgestorben sind. Von den etwa acht Millionen Arten, die man Ende des vorigen Jahrhunderts registriert hatte, rund zehn Prozent: achthunderttausend Arten. Bei den Pflanzen sieht es jedoch nicht besser aus, und das ist viel dramatischer. Gewiss, der Mensch hat von den einst etwa vierhunderttausend Arten nur ein paar hundert systematisch kultiviert; nur dreißig Sorten lieferten fünfundachtzig Prozent aller Nahrungsmittel, und fast drei Viertel des pflanzlichen Eiweißes und der Kohlehydrate auf der ganzen Erde stammen sogar von nur drei Pflanzen:

Weizen, Reis und Mais. Durch die Züchtung für die industrielle Produktion in Monokulturen wurden die Getreidearten äußerst anfällig gegen epidemische Krankheiten und Schädlingsbefall. Je ›besser‹ eine Pflanze für die Produktion war, desto größer wurde die Gefahr einer Missernte. Erinnere dich an die Katastrophe von dreiundzwanzig, als plötzlich überall auf der Welt der Reis erkrankte und Millionen Menschen verhungerten. Die Züchter führen einen verzweifelten Kampf um die Erhaltung der Hauptgetreidearten. Man benötigt unverbrauchte Sorten, um immer wieder neue Stämme zu züchten, die genetischen Ressourcen der Erde sind aber weitgehend vernichtet. Mit der ›Kultivierung‹ der afrikanischen und südamerikanischen Urwälder verschwanden die letzten unberührten Lebensräume unseres Planeten und damit die von der Umweltverschmutzung noch verschonten lokalen Sorten und Abarten. Es war nicht fünf Minuten, es war eine Sekunde vor zwölf, als man zu Beginn des Jahrhunderts daranging, die Erde systematisch nach wildwachsenden Varietäten durchzukämmen, und bei der Gerste schien schon alles verloren, bis ich in Utah unscheinbares Gras entdeckte, das sich als eine wilde Abart der Gerste entpuppte. Aber das ist kein Geheimnis, nichts, was man mir noch hätte stehlen oder das die NSA kümmern könnte.«

»Okay. Und deine Ausgrabungen?«

Peaboddy schüttelte den Kopf. »Wen kümmert schon die Moave-Kultur«, sagte er traurig. »Antiquitäten sind da nicht zu holen und Staatsgeheimnisse schon gar nicht. Wahrscheinlich bin ich der Einzige auf der Welt, der sich noch dafür interessiert. Ich glaube, außer mir gibt es niemanden mehr, der Moave spricht, nicht einmal die wenigen noch lebenden Indios. Ich kann es auch nur, weil ich schon vor Jahren begonnen habe, bei den Alten jeden Brocken Moave zu sammeln, an den sie sich noch erinnern konnten.«

Timothy nickte nachdenklich. »Vielleicht ist es das?«

Peaboddy sah ihn verständnislos an.

»Eine Sprache, die nur noch von einem einzigen Menschen beherrscht wird, ist für jeden Geheimdienst Gold wert. Man kann Spionageberichte mit den kompliziertesten elektronischen und intellektronischen Methoden verschlüsseln, aber man kann nie sicher sein, dass nicht doch ein Computer den Kode knackt. Sind die Berichte aber noch dazu in einer Sprache verfasst, die außer dem Spion und seinen Auftraggebern niemand sonst spricht, so ist das ein Sicherheitsfaktor von unschätzbarem Wert. Es gibt Beispiele, dass man es mit Assyrisch und Urbengali versucht hat. Moave dürfte DRAUSSEN niemand kennen.«

»Das würde ja bedeuten, dass ich keinen Tag mehr vor der NSA sicher wäre«, meinte Peaboddy niedergeschlagen.

»Du müsstest ihnen nur die Sprache ausliefern.«

»Und dann würden sie mich als Sicherheitsrisiko umbringen!«

»Glaube ich nicht. Den einzigen Experten bringt man nicht leichtfertig um.«

»Aber man sperrt ihn ein, das ist noch schlimmer.«

»Wie aber«, sagte Timothy, »reimt sich das mit dem plumpen Kidnapping zusammen? Die NSA kann es nicht gewesen sein, die hat andere Möglichkeiten, und Devlin schien wirklich um deine Sicherheit besorgt zu sein.«

»Vielleicht doch nur ein ganz gewöhnlicher Raubüberfall? Ich denke, so etwas kommt hier alle Tage vor?«

»Und die anderen Überfälle, die Diebstähle? Eine Kette von Zufällen? Zu viele Zufälle!«

»Vielleicht zieht so ein Hinterwäldler wie ich eure Gangster geradezu an? Oder man verwechselt mich?«

»Dich?« Timothy kicherte. »Mit deiner Figur und deinem Namen? Kannst du dir vorstellen, dass noch jemand anderes Huckleberry Peaboddy heißt? Hier, sieh dir mal diese Bilder an. Kennst du jemanden?«

Peaboddy sortierte zwei Porträts aus. »Das ist einer der beiden Männer, die mich im Lift überfallen haben, und das hier ist der Chauffeur des Aerotaxis. Woher hast du die, Tiny?«

»Von der NSA.«

4.

Der Große Bruder war nicht gerade begeistert.

»Ich will dich nicht verpflichten, die Sache fallenzulassen«, sagte Anne, »aber ich muss dich bitten, äußerst vorsichtig zu sein. Du darfst dich nicht unnötig in Gefahr bringen.«

»Unnötig?«, rief Timothy. »Huck ist einer der ganz wenigen Menschen in meinem Leben, die mir etwas bedeuten! Soll ich ihn in der Scheiße sitzenlassen und Daumen drehen?«

»Ich verstehe ja, dass du dich um deinen Freund sorgst, Tiny, und ich weiß, es ist schmerzlich, wenn man hilflos zugucken muss –«

»Ich bin nicht hilflos, und ich werde nicht zugucken«, knurrte Timothy. »Hilfst du mir?«

»Gut, schick mir die Fotos, ich werde sie checken lassen.«

»Ist das alles?«

»Wenn du ihn untertauchen lassen willst –?«

»Zumindest nicht sofort; im Augenblick ist er gut aufgehoben.« Timothy verriet nicht, wo. Wer weiß, ob Anne seine Eigenmächtigkeit gebilligt hätte. »Könnt ihr nicht herausbekommen, warum die NSA Huck sucht?«

»Wie stellst du dir das vor, Tiny?«

»Wir haben doch Leute in der Zentrale.«

»So etwas geht nur in besonderen Ausnahmefällen.«

»Vielleicht ist Huck ein außerordentlich besonderer Ausnahmefall«, sagte Timothy, »ich habe da ein ganz merkwürdiges Gefühl.«

»Ich kann nicht auf ein Gefühl von dir hin einen unserer Leute in Hollywood aufs Spiel setzen.«

»Kannst du mir wenigstens Informationen über Huck zusammenstellen? Besser noch: über alle Peaboddys; so viele werden es ja nicht sein.«

»Ja, wenn es sein muss.«

»Nein«, erwiderte Timothy bissig, »es muss nicht sein. Ich kann auch Devlin darum bitten. Entschuldige, dass ich dich mit einer persönlichen Angelegenheit belästigt habe.«

»Du bist ungerecht«, sagte Anne.

»Wie sollte ich nicht? So, wie du mich behandelst!«

»Tiny! Es gibt gewisse Regeln und Gebote.«

»Ja, ich weiß«, sagte Timothy bitter. »Sicher gibt es auch ein Gebot, das es verbietet, dass wir uns sehen. Welches, das elfte: Du sollst deinem Nächsten nicht unnütz ins Auge sehen?«

»Es liegt kein zwingender Grund vor, dass wir uns treffen«, erwiderte Anne. Timothy verfluchte den Quaser, der ihre Stimme verzerrte, so dass er nicht mitbekam, ob sie es wenigstens ein bisschen traurig sagte.

»Ich liebe dich«, schrie er. »Hörst du, ich liebe dich! Ist das kein hinreichender Grund?«

Anne schwieg. Timothy glaubte schon, sie habe die Verbindung unterbrochen. »Bist du noch dran?«, fragte er schließlich.

»Ja, Tiny.«

»Entschuldige, bitte.«

»Schon gut. Sonst noch was?«

»Nein, das war schon zu viel.«

Er fuhr ins Schlafzimmer und füllte es mit Regen. Auf allen Bildwänden nieselte es aus einem trüben Himmel auf eine trostlose, graugrüne Hochebene, die Gipfel am Horizont waren kaum noch zu sehen. Schneewittchen sang leise klagende Melodien. Timothy setzte die Flasche »Queen Anne« an den Mund und nahm einen langen Schluck. Und dann gleich einen zweiten.

Devlin rief früh am Morgen an. Timothy lag noch im Bett, und er sah keinen Grund, diesen Anblick zu verbergen, ganz im Gegenteil: Was ist harmloser als ein Mann, der in aller Ruhe im Bett frühstückt?

»Ich wollte Ihnen nur mitteilen, dass sich die Sache erledigt hat, und Sie entpflichten«, sagte Devlin. »Das Ganze beruhte auf einem Irrtum.« Er lachte. »Sie sehen, Mister Truckle, auch unsere Computer sind nicht unfehlbar. Ihr Freund kann tun und lassen, was er will. Ich hoffe, Sie sind jetzt beruhigt.«

»Ganz und gar nicht«, erwiderte Timothy, »ich bin zutiefst beunruhigt, Mister Devlin. Wenn man sich nicht einmal mehr auf die Elektronengehirne der NSA verlassen kann –! Am Ende wird einer Ihrer Computer eines Tages behaupten, ich sei ein Verbrecher oder noch Schlimmeres!«

Devlin hob besänftigend die Hände. »Ich bin ja auch noch da, Mister Truckle. Ich bin sozusagen Ihr persönlicher – hm – Schutzengel, und ich kenne Sie inzwischen doch recht gut. Hat sich Peaboddy bei Ihnen gemeldet?«

»Hätte ich Sie dann nicht sofort angerufen?«, fragte Timothy zurück.

»Falls Sie ihn sehen, verraten Sie ihm nichts von meinem Besuch.«

»Ist das eine Bitte oder –?«,

»Eine Anweisung. Wir wollen ihn nicht unnötig beunruhigen.«

»Was wird mit den Kidnappern?«, erkundigte sich Timothy.

»Denen bleiben wir auf den Fersen. Im Vertrauen, Mister Truckle, das hat derart überhandgenommen, dass wir uns jetzt damit befassen müssen.« Devlin seufzte. »Als ob wir nicht schon mehr als genug zu tun hätten. Wollen Sie uns nicht helfen?« Er lachte laut. »Okay, okay, sollte nur ein Spaß sein. Guten Appetit!«

Timothy aß nicht einmal das Ei zu Ende. Devlin hatte ihm den Appetit gründlich verdorben. »Geheimdienst am Morgen bringt Kummer und Sorgen«, murmelte Timothy. Was hatte der Anruf zu bedeuten? Timothy stieg in die Wanne, stellte auf Wellenbad, legte den Kopf in die Halterung und ließ sich von den sanften Wogen schaukeln.

Wenn Devlin die Wahrheit gesagt hatte, konnte Huck hinfort unbelästigt in seinen Bergen leben; Timothy musste ihm nur sicheres Geleit zum Flughafen verschaffen, damit er nicht noch einmal überfallen wurde. Das musste Smiley mit ein paar handfesten Burschen erledigen. Wenn Devlin jedoch gelogen hatte, wenn er Timothy nur in Sicherheit wiegen und als Köder benutzen wollte, um Huck festzunehmen, sobald sie sich trafen? Wenn die NSA Huck noch suchte, würde sie vor allem die Flughäfen überwachen. Timothy ließ sich mit Smiley Hepburn verbinden.

»Mann, du lebst!«, rief Smiley. »Am helllichten Vormittag im Bad!«

»Ach, mir geht es gar nicht gut«, klagte Timothy, »du weißt doch: meine Halswirbel. Ich habe eine Bitte, Smiley. Ein Freund von mir fliegt heute nach Utah zurück; ich habe ihm Tee versprochen, aber ich kann in diesem Zustand unmöglich zum Flughafen fahren. Kannst du das für mich erledigen, oder hast du zu tun?«

»Nichts habe ich zu tun«, jammerte Smiley. »Kein Mensch scheint einen Detektiv zu benötigen.«

»Mir geht es auch nicht besser«, sagte Timothy. »Wenn du vom Flughafen zurückkommst, können wir ja gemeinsam die Zeit totschlagen. Ich hoffe, es geht mir bis dahin wieder so gut, dass ich uns etwas kochen kann.«

»Crêpe mit Calvados«, schlug Smiley vor.

»Tut es auch ein einfacher Eierkuchen? Ich habe kein Buchweizenmehl im Haus.«

»Hauptsache, du hast Calvados, Tiny.«

Eine halbe Stunde später hockten sie im Mausoleum. Timothy spendierte Smiley einen Calvados als Vorschuss.

»Pass auf«, sagte er, »die Wahrheit ist, dass ich herausbekommen will, ob jemand meinem Freund auflauert.«

»Wer? Bullen, Gangster oder Geheime?«

»Keine Ahnung. Ich will es auch gar nicht wissen, ich will nur, dass er sicher nach Hause kommt. Kurz bevor die nächste Maschine nach Salt Lake City fliegt, gehst du zur Abfertigung, fragst laut nach einem Mister Peaboddy, Huckleberry Peaboddy, und beschreibst ihn: zwei Meter groß und so einen Bauch, dann tust du, als ob du auf ihn wartest, und deponierst schließlich das Päckchen für ihn, okay?«

Smiley griente. »Ich werd schon mitkriegen, ob jemand auf deinen Freund scharf ist.«

»Nimm noch ein oder zwei Leute mit, die aus dem Hintergrund beobachten, ich bezahle das selbstverständlich.«

»Und wenn mich irgendwelche Bullen hopp nehmen?«

»Sagst du, wie es ist; dass ich dich gebeten habe.«

»Okay, Tiny, ich werde zur Sicherheit zwei Maschinen abwarten.«

Smiley wartete sogar vier Flüge ab, und er schwor Timothy, dass niemand am Flughafen auf Peaboddy gelauert habe, er sei bereit, darauf seine Lizenz gegen einen alten Hut zu verwetten. Es habe ihn auch niemand auf dem Heimweg verfolgt. Sie gingen in die Küche und aßen die Eierkuchen gleich aus der Pfanne.

»Aus einem Besäufnis kann heute leider nichts werden«, sagte Timothy. »Ich erwarte Besuch. Ich hoffe, dass es ein Klient ist und dass auch für dich eine Scheibe von dem Kuchen abfällt.«

»Zeit wär's«, meinte Smiley. »Dann besaufen wir uns eben, wenn wir den Fall gelöst haben. Kannst mir ja morgen Bescheid sagen, wenn ich deinen Freund abhole.«

Timothy blieb in der Küche und bereitete das Abendessen vor. Er hatte sich entschlossen, Huck am Abend aus seinem Versteck zu befreien und am nächsten Morgen nach Hause zu schicken. Er hatte kein Recht, ohne zwingenden Grund in Hucks Leben einzugreifen. Die einzige Alternative wäre der UNDERGROUND, doch ein Mann, der so mit der Natur verwachsen war, dass er die Einsamkeit der Berge in Kauf nahm, um nicht in den Betonwüsten einer Stadt wohnen zu müssen, musste im Untergrund todunglücklich werden. Vielleicht, dachte Timothy, hat sich die NSA wirklich geirrt, und vielleicht war es tatsächlich nur eine Kette von ganz normalen Überfällen und Diebstählen; man ist halt zu sehr darauf getrimmt, überall Geheimnisse zu wittern. Er setzte sich an das Puzzle, doch nach einer halben Stunde gab er auf. Vielleicht hatte Devlin recht, und es war für ein menschliches Gehirn unmöglich, zum Kern vorzustoßen?

Timothy hielt es nicht lange im Kristallsaal aus. Es war ihm peinlich, unter den alten Männern zu sitzen, die mit lüsternen Blicken die Wahl der »Junior-Miss von Chicago« verfolgten. Die meisten Mädchen waren kaum in der Pubertät.

Huck versicherte, dass er sich strikt an Timothys Weisungen gehalten und nichts weiter berührt hätte als seine Matratze, das Klo und die Konserven, die Timothy ihm aus den Magazinen geholt hatte.

»Es könnte auch ziemlich peinlich werden, wenn man hier deine Fingerabdrücke findet«, meinte Timothy.

Er verstaute die Matratze, steckte die leeren Dosen ein und suchte die Zelle, in der Peaboddy genächtigt hatte, sorgfältig mit einer Lumineszenzlupe ab.

»Ich schleuse dich jetzt hinaus, Huck, dann bleibst du eine halbe Stunde im Saal und kommst anschließend zu mir. Ich glaube, der NSA-Mann hat ausnahmsweise einmal die Wahrheit gesagt und sie suchen dich nicht mehr. Wenn dir das aber zu riskant ist, kann ich dir auch die Adresse eines Hotels geben, in dem sie es für ein Aufgeld mit der Registrierung nicht so genau nehmen.«

»Ich habe genug Zeit gehabt nachzudenken«, antwortete Huck. »Wenn die NSA mich sucht, findet sie mich früher oder später. Da komme ich lieber noch einmal zu dir und schlage mir den Bauch richtig voll.«

»Vergiss nicht, wir haben uns seit gestern nicht mehr gesehen.«

Wie alle Dilettanten übertrieb Peaboddy bei der Wiedersehensszene, doch es sah ohnehin niemand zu. Huck stürzte sich mit Heißhunger auf die Lammkeulen – die Prinzesskartoffeln und die jungen Schoten, auf die Timothy so stolz war, beachtete er so gut wie gar nicht.

»Gemüse«, erklärte er, »kann ich mir selbst anbauen, soviel ich nur will, aber Fleisch ist selten geworden in Utah. Dabei haben wir weite Landstriche mit üppiger Vegetation und riesigen Tierherden. Aber alles verseucht. Ich habe mir schon Kaninchen zugelegt und versuche gerade, Schweine zu bekommen; auch ein Grund, das Geld von Onkel Bud zu fordern. Wenn du mich besuchen kommst, kann ich dir bestimmt schon Kotelett aus eigener Zucht anbieten.«

»Selbst ein taufrisches Filet kann mich nicht nach Tonopah locken«, sagte Timothy. »Ich verlasse das ›Nebraska‹ nur, wenn es absolut nicht zu umgehen ist.«

»Dann werden wir uns wohl nie mehr sehen«, meinte Huck traurig, »denn ich bin entschlossen, mich so schnell nicht wieder aus Tonopah wegzurühren. Zweimal in den fünfzehn Jahren habe ich meine Einöde verlassen, und jedesmal bekam ich einen Mordstrouble.«

»Zweimal?« Timothy sah Peaboddy ungläubig an.

»Zweimal«, bestätigte der, »jetzt und vor fünf Jahren zur Beerdigung meiner Mutter in Columbus, Ohio.«

»Was gab es da für Ärger, Huck?«

»Der Leichenzug wurde überfallen und ausgeraubt. Mir klauten sie den Bankcoder; als ich vom Friedhof zurückkam, war mein Konto schon leergemacht; die Polizei hat nie herausbekommen, von wem. Nein, Tiny, ich habe die Schnauze gestrichen voll von Städten.«

»Und Salt Lake City?«

»Pah, das ist doch nur noch eine Geisterstadt: ein Flugplatz, eine kleine Garnison und ein paar Dutzend Geschäfte, Bars und Bordelle; das ist selbst für Gangster zu ärmlich. Ich fahr auch nur drei- oder viermal im Jahr runter, um einzukaufen, und halte mich nie länger als ein paar Stunden auf.«

Sie tranken bis zum Morgen, dann gab es eine nicht enden wollende Abschiedsszene am Helikopter; Smiley drängelte, sie würden die Maschine nach Utah verpassen. Timothy nahm Huck ein letztes Mal das Versprechen ab, sofort aus Salt Lake City anzurufen und in den nächsten Monaten regelmäßig Communics zu senden.

»Keine Angst, Unkraut vergeht nicht!«, grölte Huck vergnügt über das Flugdeck. »Aber du siehst mächtig grau aus, Kleiner. Husch, husch, ins Bettchen!«

Timothy kam nicht zum Schlafen. Zuerst meldete sich Smiley. »Keine besonderen Vorkommnisse«, berichtete er, »ich habe ihn bis in das Flugzeug begleitet und gewartet, bis die Maschine in den Wolken verschwand.

Timothy beschloss aufzubleiben, bis Huck aus Salt Lake City anrief. Das Einzige, was ihm zugestoßen sei, sagte Peaboddy, sei ein Mordskater. Als Timothy gerade ins Bett steigen wollte, meldete sich der Große Bruder.

»Es gibt in den ganzen Staaten nicht mal ein Dutzend Peaboddys«, sagte Anne, »und nur einen weißen männlichen Peaboddy zwischen zwanzig und siebzig: Huckleberry Delano, zweiundfünfzig Jahre alt, geboren und aufgewachsen in Chicago, Blackhill Avenue, Agrar-Biologe,

Absolvent der ›Ford University of Illinois‹, seit fünfzehn Jahren ansässig in Tonopah, Utah, Züchter der Peaboddy-Gerste, jetzt um den Anbau von Kaffee im Wasatch-Plateau bemüht, nie verheiratet, keine Kinder, auch nie eine Lizenz beantragt – das ist er doch?«

»Ja«, bestätigte Timothy, »stimmt alles.«

»Aber dass er seine Berge so gut wie nie verlässt, stimmt nicht. Ich habe hier eine Auflistung seiner Reisen, soweit sie über Utah hinausführten, insgesamt einundachtzig in den letzten drei Jahren, davon allein sechs in diesem Jahr nach Chicago.«

»Das kann doch nicht wahr sein!«, rief Timothy.

»Es ist wahr, Tiny. Amtliche Angaben aus dem Doc Center für Individualverkehr. Peaboddy hat dich belogen. Ich habe dir die Liste schon zugeschickt, außerdem eine Kopie seines Identicats.«

Timothy musste nicht lange warten, bis die Sendung des Großen Bruders eintraf. Die Botin von OLD NEPTUN'S TREASURY brachte eine Packung Schollen. Timothy stürzte sich gleich auf die Augen. Das fünfte war es. Er polkte den Kristall heraus, gab ihn Napoleon und ließ sich die Aufzeichnung ins Mausoleum überspielen. Tatsächlich, einundachtzig Reisen in drei Jahren, vor vierzehn Tagen erst war Huck in Chicago gewesen! Dann starrte Timothy auf die Kopie des Identicats. Die Ähnlichkeit war groß, selbst die Augenfarbe stimmte, und der Mann mochte, wie angegeben, 2,04 m groß und 150 kg schwer sein, doch es war nie im Leben Huck: Trotz seines fast kahlen Schädels war dieser Mann da mindestens fünf Jahre jünger, und die kleine Narbe unter dem linken Auge, wo Timothy Huck beim Spielen mit einem Druckpfeil getroffen hatte, fehlte.

Timothy saß wie betäubt da. Gedanken schossen wirr durch den Kopf. Er hätte nicht so viel Whisky schlucken sollen. Schließlich rief er bei der Hauswache an. Chief Monroe hatte auch heute Nachtschicht. Timothy legte sich ins Bett.

5.

Monroe empfing Timothy mit ironischem Lächeln. »Na, hatte ich nicht recht? Kein Aas interessiert sich für das Kidnapping auf Ihren Freund. Oder hat sich die Polizei bei Ihnen gemeldet, Mister Truckle?«

Timothy schüttelte traurig den Kopf. »In welch einer Zeit leben wir, da ein Kidnapping-Attentat, zumal mit einem Toten, nur eine Bagatelle ist!«

»Das war doch nur ein Verbrecher!« meinte Monroe verächtlich.

»Sagen Sie, Chief, wieso haben Sie eigentlich gleich mich angerufen«, fragte Timothy, »hat mein Freund –?«

Monroe lachte. »Der stand so unter Schock, dass er kein Wort hervorbrachte. Wir haben sein Identicat in den Wachcoder gesteckt, da wussten wir, dass er bei Ihnen gewesen war.«

Timothy sah ihn verblüfft an. »Registrieren Sie jetzt jeden Besucher?«

»Vorerst nur, wer über die Flugdecks kommt. Ein Testprogramm. Wir hoffen aber, dass wir bald den gesamten Besucherverkehr unter Kontrolle haben.«

Das wäre ja eine schöne Bescherung, dachte Timothy. »Darf ich das System mal sehen, oder ist das ein Dienstgeheimnis?«

»Nicht für einen Mann wie Sie, Mister Truckle. Sie sind ja vom Fach.« Chief Monroe war offensichtlich stolz, es Timothy vorführen zu können. »Wissen Sie die Identicat-Nummer? Nein? Macht nichts.« Er drehte sich zum Communicatorpult und tippte ein paar Tasten; Timothy rückte zur Seite, damit er den Monitor besser sehen konnte.

+ + may 29 / 0.25 a. m. / anfrager chief monroe / 007-n2J-FU-451 / + +

-+ okay / fragen sie / -+

+ + besucher / letztes quartal / + +

- + identicat-nummer? / - +

+ + unbekannt / + +

- + besuchte wohnung? / - +

+ + unbekannt / + +

- + personenbeschreibung? / - +

+ + männlich / weiß / ohne besondere Kennzeichen / ca. 50 Jahre / ca. 2,00 m groß / 120-160 kg / + +

Der Computer schrieb Namen und Identicat-Nummern von sieben Männern auf den Schirm; der letzte war Peaboddy.

»Ich könnte jetzt einen nach dem anderen checken«, erklärte Monroe, »aber wir wissen ja, wen wir suchen.« Er tippte eine Sieben.

+ huckleberry delano peaboddy / 52 Jahre / 2,04 m / ca. 150 kg / identicat-nummer: 01087-xda, 482-01-339 / besuchte wohnung: 827.30 / inhaber: timothy truckle / eingang: may 26 / 5.07 p. m. / flugdeck e / ausgang: may 27 / 3.17 a. m. / flugdeck e / eingang: may 27 / 3.54 a. m. / flugdeck e / ausgang: may 28 / 7.32 a. m. / flugdeck h // wollen sie angaben zu truckle? / - +

»Wollen Sie, Mister Truckle?« Monroe lachte dröhnend. »Das darf ich nicht ohne Genehmigung.«

»Danke, es war auch so interessant«, sagte Timothy. Er hatte alles gesehen, was er wollte. Und aufgenommen. Er plauderte noch eine Anstandsfrist lang mit dem Chief, dann fuhr er hinunter, nahm den Kristall aus der Minikamera, die im Knopf seines Spitzenhemdes steckte, und verglich die beiden Identicat-Chiffren. Sie waren bis aufs Komma identisch: bis auf das Komma hinter der Buchstabenkombination. Der falsche Peaboddy hatte dort einen Punkt. Timothy studierte sein Identicat, auch er hatte einen Punkt in der Kennzahl. Napoleon hatte keine Ahnung von den Normativen für die Personenkennziffern, die öffentlichen Dateien gaben keine Auskunft, selbst die Justizdatei, zu der Timothy durch seine Detektivlizenz Zugang hatte, verweigerte die Aussage. Timothy klingelte Smiley aus dem Schlaf. Smiley hatte ein Komma. Er sah in seiner Kartei die Identicat-Nummern der Leute durch, die gelegentlich für ihn arbeiteten, einige hatten Kommas, die anderen Punkte; es schien kein System darin zu liegen.

In der nächsten halben Stunde testete Timothy sein Identicat. Wenn er aus dem Punkt ein Komma machte, konnte er nur in den allgemeinen Auskunftsdateien Informationen bekommen, der GLOBE-Supermarkt und der Taxidienst nahmen zwar seine Bestellung entgegen, stornierten sie aber Sekunden später mit dem Hinweis, dass unter dieser Nummer keine Bankakkreditierung vorliege; von der Flughafendatei kam, schon bevor Timothy buchen konnte, ein Hinweis, dass er offensichtlich eine falsche Nummer eingetippt habe; seine Bank, Versicherung, Klinik und die Zentrale Personendatei antworteten erwartungsgemäß: nicht registriert.

Bei Hucks Identicat gab die Personendatei sowohl bei einem Punkt wie bei einem Komma wörtlich dieselbe Kurzbiographie; Hucks Bank in Salt Lake City wiederum reagierte nur auf das Komma, als Timothy hundert Dollar überweisen wollte.

Timothy setzte einen Ruf an den Großen Bruder ab, er möge so schnell wie möglich noch einmal Peaboddys Reisen überprüfen lassen; Timothy gab Hucks Identicat-Chiffre an – mit Komma. Dann ging er zu Bett, doch er konnte nicht einschlafen, und da er nicht schon wieder Schlaftabletten schlucken wollte, lag er bis zum Morgen wach und grübelte.

Anne meldete sich um sieben. Jetzt hatte sie nur zwei Reisen gefunden: vor fünf Jahren nach Columbus und jüngst nach Chicago. »Was hat das zu bedeuten?«, fragte Anne.

»Es gibt zwei Peaboddys, zwei nahezu identische Leute. Das erklärt auch die Überfälle: Man hat Huck mit dem Mann verwechselt, der in seinen Datenschatten geschlüpft ist. Dahinter steckt ein ganz fetter Hund, Anne! Nichts ist doch sorgfältiger abgeschottet als die Zentrale Personendatei, schließlich sind die Identicats nicht nur die Sicherung des gesamten Geschäftslebens, sondern auch die Grundlage aller staatlichen Überwachungssysteme. Einzig die NSA hat die Möglichkeit, da zu manipulieren. Es gibt nur eine akzeptable Erklärung: Die NSA hat einem Mann, nennen wit ihn Mister X, unter Hucks Daten eine zweite Identität verschafft.«

»Es wäre einfacher gewesen, ihm eine ganz neue Identität zu geben, Tiny!«

»Aber nicht so wirkungsvoll! Die Idee ist geradezu genial, und es hat ja auch drei Jahre lang funktioniert. Ich vermute, der Mann nutzt das falsche Peaboddy-Identicat nur für seine Reisen. Wenn sich dabei irgendjemand zufällig für ihn interessiert, zum Beispiel nur wissen will, wer Mister X ist, stößt er auf Huck, einen harmlosen Hinterwäldler, der in den Bergen von Utah Kaffee anbauen will. Besser kann man Mister X doch gar nicht vor Neugierigen verstecken. Ich bin sicher, die NSA hat Huck nicht nur ausgesucht, weil er ihrem Mann ähnlich ist, sondern weil er so gut wie nie Tonopah verlässt. Was mich wundert: Wieso bist du bei deiner Recherche auf den falschen Peaboddy und nicht auf Huck gestoßen?«

»Einen Moment.« Es dauerte fast zehn Minuten, bis Anne sich wieder meldete. Sie lachte. »Schade, dass ich dir nicht verraten darf, auf welchem Weg ich Peaboddys Reisen habe checken lassen, Tiny. Es ist sehr komisch, aber –«

»Ich hätte auch gerne mal wieder was zu lachen«, brummte Timothy. »Gibst du mir jetzt recht, dass dahinter ein dicker Fisch stecken muss?«

»Ja. Wir sollten herausbekommen, wer Mister X ist.«

»Und wer ihm aufgelauert hat. Doch nicht unsere Leute?«

»Nein. Das habe ich längst überprüfen lassen.«

»Es muss jemand sein, der Direktzugriff zu den Verkehrsdateien hat, dem sofort gemeldet wurde, dass Mister Peaboddy wieder auf Reisen geht, jemand, der ein wahrscheinlich ziemlich großes Netz ausgespannt hat, um Mister X einzufangen, wohin auch immer er fliegt. Huck hat sich nämlich kurzfristig entschlossen; er hatte den Flug nicht vorgebucht, sondern ist nach Salt Lake City gefahren und hat den nächsten freien Platz nach Chicago genommen. Keine zwei Stunden später wurde ihm bei der Ankunft der Koffer gestohlen. Die Spinne, um bei diesem Bild zu bleiben, muss sogar mehrere, unabhängig voneinander operierende Teams eingesetzt haben, sonst hätte man Huck nicht eine halbe Stunde später den zweiten Koffer an der Metro gestohlen und kurz darauf den dritten; die Diebe zwei und drei hatten offensichtlich keine Ahnung, dass es sich um neue, gerade erst gekaufte Koffer handelte.«

»Damit scheiden sämtliche staatlichen Institutionen aus«, warf Anne ein. »Es muss jemand sein, der keinen Sprechfunkverkehr zwischen seinen Teams riskieren kann.«

»Die Operationen lassen weiterhin darauf schließen«, fuhr Timothy fort, »dass man weniger an Mister X selbst interessiert ist als an dem, was er bei sich hat. Was –? Es muss klein und leicht genug sein, um es auch am Körper zu tragen, andererseits muss Mister X es üblicherweise im Gepäck haben. Das Wahrscheinlichste sind irgendwelche Unterlagen oder Aufzeichnungen, und wenn ich den Aufwand bedenke, mit dem die NSA Mister X getarnt hat und mit dem die Spinne hinter ihm her ist, muss es sich um etwas äußerst Wichtiges handeln. Ich mache mich gleich an die Arbeit. Nicht nur, weil Huck in die Sache verwickelt ist, sondern weil sich hinter solch einem Riesenaufwand mit Sicherheit auch eine Riesenschweinerei verbirgt.«

»Willst du das nicht anderen überlassen? Devlin hat dich aufgefordert, den Fall nicht weiterzuverfolgen.«

Timothy kicherte. »Aber er hat mich entpflichtet. Ich kann ihn doch missverstanden haben und denken, ich darf mich wieder auf die Suche nach den Kidnappern machen. Notfalls könnte ich sogar behaupten, ich hätte es mir überlegt und ihm helfen wollen, doch das wird hoffentlich nicht nötig sein; Devlin würde es nur zu gerne missverstehen. Außerdem will ich bei dem falschen Peaboddy ansetzen. – Dazu brauche ich eine zweite Communicstrecke, Anne, in einer anderen Wohnung im ›Nebraska‹.«

»Das wäre leichtsinnig, Tiny. Jemand könnte dich sehen –«

»Ich will diese Wohnung überhaupt nicht betreten!«

»Sollen wir etwa eine Querleitung in dein Appartement legen? Das würde die NSA sofort auf deine Spur bringen.«

»Ganz im Gegenteil, meine Liebe. Die NSA wird sogar helfen, dass mich niemand entdeckt. Wir wissen, dass von jedem Appartement eine Leitung zu dem geheimen Stockwerk führt. Wir müssen also nur dort unten die beiden Leitungen miteinander verbinden.«

»Lass es mit dem Teufel zugehen, und die NSA macht gerade einen Tag später eine Routineinspektion in der Geheimetage.«

»Es ist nun wirklich kein Problem, eine Sicherung einzubauen, so dass die Querschaltung spurenlos nihiliert wird, sobald jemand die Etage betritt. Ich muss unbedingt herausbekommen, was hinter der Sache steckt. Verlass dich auf meine Nase, Großer Bruder, es stinkt gewaltig!«

»Ach, Tiny, pass nur auf deine Nase auf!«

6.

Timothy räumte vergnügt das Teufelspuzzle beiseite. Wie hatte Devlin gesagt: Der bescheidenste Fall ist hundertmal interessanter als das komplizierteste Puzzle.

Die Zeit bis zur Herstellung der zweiten Communicleitung verwandte Timothy auf die Spuren des Kidnappings. Zum Glück hatte er an jenem Morgen nicht geschlafen, sondern Proben aus den Tracern in die Geräte gespeichert und Präparate von den Haaren und dem Fingernagel des toten Gangsters angefertigt. Er versprach sich nicht viel davon, aber schon oft hatte eine zuerst unbedeutende Spur zur Lösung eines Falles geführt.

Als Timothy schließlich die Haar- und Nagelproben in den SAXLAS* legte, zeigten beide übereinstimmend und in verblüffend regelmäßigen Abständen Chlorylpanthenol-Moleküle.

Timothy gab Napoleon die Werte und bat um eine Interpretation.

»Wenn ich, gemäß dem rekonstruierten Porträt des Probanden, eine gesunde, weiße männliche Person zwischen zwanzig und fünfundzwanzig Jahren als Arbeitshypothese zugrunde lege«, antwortete Napoleon nach einer Weile, »und von einem Quotienten ausgehe, wie er dem Durchschnitt dieses Typs entspricht, das heißt mit einem Wachstum der Haare von null-Komma-dreizwei Millimetern und der Nägel von null-Komma-zweivier rechne, muss der Pro-

---

* SAXLAS = »Scanning Automated X-Ray and Laser Analysis Spectrometer«: Gerät, mit dem noch einzelne Atome nachgewiesen werden können.

band in den letzten drei Monaten in regelmäßigen Intervallen in einer mit Chlorylpanthenol angereicherten Atmosphäre gelebt haben, und zwar für jeweils vierzehn Tage, denen drei Wochen in normaler Atmosphäre folgten, und das bis zu seinem Tod, denn die untersten Moleküle befinden sich direkt über der Haarwurzel. Den Schluss auf einen atmosphärischen Einfluss erlaube ich mir deshalb, weil Chlorylpanthenol bei anderer Aufnahme als durch Atmung im Körper abgebaut werden würde.«

»Danke schön, Napoleon. Und wo gibt es solche Atmosphäre?«

»In wissenschaftlichen Instituten, die bakterienfreie Luft benötigen – Chlorylpanthenol ist ein antibakterielles Desinfektionsmittel, das unter anderem auch in Zahnpasta verwendet wird –, derartige Institute gibt es sowohl im zivilen wie militärischen Bereich. Ich habe jedoch keine Adressen gespeichert. Soll ich recherchieren, Sir?«

»Vielleicht später einmal, Napoleon.«

Timothy schlenderte pfeifend in die Küche, um die Schollen zu braten, und da er zum ersten Mal seit Wochen mit sich zufrieden war, genehmigte er sich dazu einen Salat aus jungen Kartoffeln und ein Glas Moselwein.

Den Nachmittag verbrachte er am Bildscanner mit der Herstellung von Phantomfotos. Er änderte die Bilder, die er Devlin abgeluchst hatte, durch Bärte, Frisuren, Brillen, Haftschalen und kleine Narben oder Verunstaltungen, wie sie als Tarnungen leicht angebracht werden konnten, so weit, dass sie auf Anhieb nicht wiederzuerkennen waren, der Fahndungscomputer der Polizei sie jedoch durchschauen und die Originalgesichter herausfinden müsste, und fertigte ein Dutzend frei erfundener Porträts als Füllsel. Dabei kam ihm die Idee, sein eigenes Bild unterzumischen. Er nahm eines, auf dem er zwanzig Jahre jünger war, eine Differenz, die jeder Fahndungscomputer leicht überbrückte; es war gut, zu wissen, ob auch er im Computer steckte. Schließlich erfand er zu jedem Bild einen Namen und eine Identicat-Chiffre.

Danach rief er bei der ALLAMERICAN an; er hatte Glück, Pride Bentley war da und geneigt, ihn zu sprechen. Timothy bedankte sich wortreich für die Hammellieferung.

»Ich hätte Sie als Gegengabe gerne zu einem jemenitischen Hammelbraten eingeladen«, erklärte er, »ich habe gerade frischen Knoblauch bekommen, doch leider ist mir der Kaffee ausgegangen; für dieses Gericht nimmt man eine Farce aus Lebersud, Herzragout und starkem Mokka.«

Bentley versprach lachend, er würde mal nachsehen, ob er ein paar Bohnen für Timothy auftreiben könne. »Das war doch der tiefere Grund Ihres Anrufs, nicht wahr?«

»Um ehrlich zu sein, ich hatte eine andere Bitte an Sie, Mister Bentley: Ich möchte für einen guten Freund ein paar Leute überprüfen, aber Sie wissen ja, wenn ein Detektiv nachforscht, wittert die Polizei leicht ein Verbrechen, und ich möchte nicht, dass diese Leute zu Unrecht im Polizeicomputer landen. Ich dachte mir, wenn die ALLAMERICAN sie als Anwärter für einen Job prüft, würde doch gewiss herauskommen, ob einer von ihnen einschlägig gespeichert ist, ohne dass die Unschuldigen darunter leiden müssen.«

»Kein Problem, Mister Truckle. Schicken Sie mir die Bilder, ich lasse das gerne erledigen. Und ich besorge Kaffee, ich bin neugierig auf Ihr Rezept.«

»Eine Frage noch, Mister Bentley: Gibt es eigentlich noch Spatzen?«

»Keine Ahnung. Wir befassen uns nur mit Säugetieren.«

Obwohl Timothy in den letzten achtundvierzig Stunden kaum ein Auge zugemacht hatte, war er derart aufgeputscht, dass er sich mit einem heißen Bad und einer dreiviertel Flasche »Old Finch« die nötige Bettschwere verschaffen musste. Wahrscheinlich hätte er bis zum Mittag durchgeschlafen, wenn nicht der Große Bruder angerufen hätte, um mitzuteilen, dass ein Appartement im »Nebraska« gemietet und die Querschaltung bereits installiert worden sei.

»Eine miese Wohnung, weit unter der Smoggrenze«, sagte Anne, »aber es soll ja niemand drin wohnen. Dafür hat sie einen sehr interessanten Communicator. Ich dachte, wenn wir schon die Leitung der NSA benutzen, dann auch eine ihrer Frequenzen. Du kannst so eine ganze Reihe von

Computern anzapfen, an die du sonst nicht herankämst. Erwarte jedoch nicht allzuviel, es ist nur eine niedere Charge.«

Die Frequenz war Gold wert. Nachdem Timothy sich mit ein paar Schaltungen kreuz und quer durch die Staaten davon überzeugt hatte, dass alle Verkehrs- und Justizdateien und die Computer der örtlichen und der Staatspolizeien bereitwillig Auskunft geben würden, nahm er sich vor, Anne um eine Dauergenehmigung für diese Schaltung zu bitten.

»Die Jagd kann beginnen«, sagte er laut. Er hatte sich entschlossen, die Unbequemlichkeiten des Mausoleums und Napoleons umständliche Sprechweise zu ertragen, um nicht stundenlang auf den Geber tippen zu müssen. Wie haben die Menschen es nur mal ertragen, alles mit der Hand zu schreiben, dachte er. Womit beginnen? Die einzigen sicheren Fakten waren das Foto von Mister X und die variierte Personenkennzahl.

Das Ergebnis von sechs Stunden harter Arbeit war so gut wie Null. Sobald Timothy aus dem Komma einen Punkt machte, stieß er fast überall ins Leere. Der falsche Peaboddy war in keinem der Bundesstaaten gemeldet und wurde nirgends gesucht, war offensichtlich nie in einen Verkehrsunfall oder ein Verbrechen verwickelt worden – oder hatte dann sein richtiges Identicat gezückt –, hatte weder ärztliche Hilfe noch einen Rechtsanwalt in Anspruch genommen. Es existierte keine Versicherung unter dieser Nummer, wohl aber ein Bankkonto in Ogden, das aber wurde unter Hucks Namen geführt, und Timothy war sicher, dass Mister X niemals persönlich bei der Bank aufgetaucht war.

Das alles bestätigte seine Vermutung, dass Mister X das falsche Peaboddy-Identicat nur für seine Reisen benutzte. Einundachtzig Mal war er angekommen, in einem Hotel der Kategorie S-1 abgestiegen und wieder fortgeflogen, er hatte nicht einmal Ferngespräche von seinem Hotelzimmer aus geführt.

»Und nun?«, rief Timothy.

»Wir haben noch einen Ausgangspunkt«, sagte Napoleon. »Alle seine Reisen beginnen oder enden in Salt Lake City, und in keinem Fall ist er anschließend unter diesem Namen weitergeflogen. Das lässt den Schluss zu, dass er dort jeweils seine Identität wechselt. Also müsste zu annähernd der gleichen Zeit jeweils ein Mann anderen Namens in Salt Lake City auftauchen.«

»Ein Glück, dass Huck in Utah lebt und nicht in der Nähe von New York oder San Francisco«, sagte Timothy, »da hätten wir ja Wochen zu tun, bis wir irgendeine Parallelität fänden. Los, mach dich an die Arbeit, Napoleon.«

Trotz des weiß Gott spärlichen Flugverkehrs in Salt Lake City dauerte es Stunden, bis Napoleon sich räusperte.

»Es scheint, wir haben Glück«, sagte er. »Immer zur gleichen Zeit wie Peaboddy zwei kommt in Salt Lake City ein gewisser Gerard Pelletier an oder fliegt ab. Das könnte unser Mann sein. Soll ich ihn suchen?«

»Worauf wartest du noch!«, schrie Timothy.

Es wurde Mitternacht, bis sie ihn hatten. Da sie Pelletiers Personenkennzahl nicht wussten, blieb nichts anderes übrig, als sämtliche 487 Gerard Pelletiers, die in der Zentralen Einwohnerdatei gespeichert waren, an ihren jeweiligen Wohnorten auf ihre Reisefreudigkeit, speziell nach Salt Lake City, zu checken; es war der drittletzte: Gerard Hugh Pelletier aus Davenport, Iowa, seit einundzwanzig Jahren dort ansässig, 46 Jahre alt, verheiratet, zwei Kinder, keine Vorstrafen, Biochemiker.

Timothy konnte sich ein Lachen nicht verkneifen. Elf Mal war Pelletier in den letzten drei Jahren über Salt Lake City nach Chicago geflogen, obwohl es von Davenport nur ein Katzensprung bis Chicago war. Elf Mal über 1500 Kilometer Umweg. Und auf dem Rückweg dasselbe Spielchen. Leicht macht man es dir nicht, mein Lieber, dachte er. Und warum das Ganze? Biochemiker – was konnte das alles bedeuten! Bevor er zu Bett ging, gab Timothy Napoleon noch einen Haufen Aufträge. Heute konnte er auch ohne Schlummertrunk sofort einschlafen. Mit einem selbstzufriedenen Lächeln auf den Lippen.

7.

Napoleon war über Nacht fleißig gewesen. Und ziemlich erfolglos. Wenn man von den Reisen über Salt Lake City absah, schien Pelletier ein sehr sesshafter Typ zu sein, der sich kaum einmal aus Davenport wegrührte. Zumindest in den letzten Jahren. Wo er beschäftigt war, hatte Napoleon nicht herausbekommen können, obwohl er das ganze Branchenverzeichnis von Davenport und Umgebung durchgearbeitet hatte, ebensowenig, wo Pelletier studiert hatte; ohne Angabe der Identicat-Nummer stieß man halt schnell an die Informationsgrenzen. Es gab acht Pelletiers an vier Universitäten, die in Frage kamen, und zwei Dutzend Pelletiers, die wissenschaftliche Arbeiten auf verschiedenen Gebieten der Biochemie veröffentlicht hatten, dabei war nicht einmal sicher, ob ihr Pelletier Biochemie studiert hatte oder noch immer auf diesem Gebiet tätig war.

Sie brauchten unbedingt seine Identicat-Chiffre. Timothy rief beim Großen Bruder an, doch er bekam nur die Auskunft, dass dieser derzeit nicht zu erreichen sei; dringende Anfragen und wichtige Informationen seien über die Ausweichfrequenz abzusetzen. Einen Augenblick spielte Timothy mit dem Gedanken, Napoleon mit der Versicherungsdatei der EASTERN INSURANCE in Davenport verbinden zu lassen – die wenigstens noch zugab, dass sie einen Gerard Hugh Pelletier führte – und den Computer so lange zu belästigen, bis sie die richtige Personenkennzahl herausbekommen hatten, doch Napoleon erklärte ihm, dass es da nicht nur Milliarden, sondern Trilliarden mögliche Varianten gab.

Während Timothy den Rest Hammelbraten aufwärmte und mit geriebenem Parmesan überbuk, kam ihm die rettende Idee. Die Fahndungscomputer der Ortspolizeien hatten eine Schaltung für schnellen Zugriff, die mit Hilfe der NSA-Frequenz erreichbar sein musste, und bei dieser Schaltung kam das »error«-Zeichen nicht erst, wenn man die vollständige Identicat-Nummer eingetippt hatte; sofern man über den Namen hineinging, hieß es schon bei jeder falschen Einzeleingabe »error«.

Timothy baute noch eine zusätzliche Sicherung in die Leitung: Er ließ die Anfrage über die Ortspolizei von Hot Springs, einer Kleinstadt in der Nähe von Davenport, laufen, und deren Computer verband zuständigkeitshalber gleich an die Polizeidatei von Davenport weiter. Wenn dort jemand misstrauisch werden sollte, würde er gewiss erst einmal im Sheriff-Büro von Hot Springs anfragen, welcher Idiot von einem Dorftrottel da mit ihrem Computer Haschmich spiele. Und er setzte sich selbst an den Communicator. Er hatte Angst, Napoleon würde nicht rechtzeitig mitbekommen, wenn etwas faul war, und mit der bornierten Sturheit eines Maschinengehirns weiterfragen, während man schon die Leitung zurückverfolgte. Hoffentlich würde er selbst es merken!

Timothy tippte das Fahndungsmuster ein, den Namen, die Adresse, und begann mit einer Null; error. Löschen.

Fahndungsmuster, Name, Adresse, 1; richtig. Eine Null dazu; error. Wieder von vorn. Fahndungsmuster, Name, Adresse, 11; error. 12; error. 13; error … 17 – richtig. 170; error. 171; error. 172; error. 173; error …

Nach gut einer halben Stunde hatte er die Chiffre heraus. Timothy ging ins Bad, ließ sich eine Wanne ein und projizierte Sonnenschein über einem kaum bewegten Meer auf die Bildwände. Jetzt konnte Napoleon weitermachen und überall noch einmal nach Pelletier fragen – mit dessen Kennzahl.

Und mit Ergebnissen. Pelletier arbeitete seit seiner Ankunft in Davenport in der PRESTON-Stiftung, in welchem ihrer Institute, als was und woran, sagte der PRESTON-Computer nicht, man möge sich an die Direktion wenden. Pelletier hatte in Harvard studiert, die Bezeichnung der Spezialrichtung und das Thema seiner Diplomarbeit sagten Timothy ebensowenig wie die lange Titelliste seiner Veröffentlichungen. Und die Kopien von Pelletiers Arbeiten, die Napoleon beschafft hatte, hätten ebensogut in Chinesisch oder Suaheli abgefasst sein können, Timothy verstand kein Wort davon. Interessanter war schon, dass Pelletier seit über drei Jahren nichts mehr veröffentlicht hatte. Napoleon hatte auch schon in allen Städten nachgefragt, in die Pelletier als Peaboddy gereist war, und die Teilnehmerlisten aller Kongresse, Konferenzen und Symposien durchgearbeitet, die unter den weiten Begriff der Biochemie fielen; weder als Pelletier noch als Peaboddy schien er irgendwo teilgenommen zu haben. Vielleicht unter einem dritten Namen? Napoleon bot an, die Teilnehmerlisten daraufhin zu checken.

»Vielleicht später«, sagte Timothy. »Sieh lieber nach, welche Kongresse er in den Jahren davor besucht hat.«

Inzwischen grübelte Timothy verzweifelt, welcher Spur sie noch nachgehen könnten. Vielleicht war das Ganze nur eine fixe Idee, und es lohnte sich überhaupt nicht, diesem Mann nachzujagen? War Pelletier überhaupt ihr Mann? Die Wahrscheinlichkeit war groß, doch gab es keinen einzigen Beweis. Timothy ließ sich noch einmal mit der Justizdatei von Davenport verbinden. Ein Mann, der einundzwanzig Jahre am gleichen Ort wohnte, musste doch irgendwann einmal mit der Justiz in Berührung gekommen sein!

Als Zeuge bei einem Raubüberfall auf das Nebenhaus. Mit Hilfe der NSA-Frequenz bekam Timothy die Prozessaufzeichnungen vorgespielt, und darunter war eine Kopie von Pelletiers Identicat. Ja, das war er, zwar zehn Jahre jünger und noch mit vollem Haar, doch ohne Zweifel der falsche Peaboddy. Wenigstens das war jetzt sicher. Was noch?

»Scheiße, Scheiße!«, schrie Timothy und knallte wütend die Faust auf das Terminal. Ohne Hilfe kam er nicht weiter, und Anne war nicht zu erreichen.

»Darf ich fragen, warum Sie so erregt sind?«, erkundigte sich Napoleon.

»Weil ich nicht weiter weiß. Bist du schlauer?«

»Wir könnten prüfen, ob an den Tagen, da Pelletier als Peaboddy unterwegs war, jeweils an denselben Orten und zu denselben Zeiten regelmäßig andere Personen auftauchen«, schlug Napoleon vor. Timothy lachte laut auf.

»Hast du eine Ahnung, wie viele Menschen täglich Chicago anfliegen?«

»Einen Moment, Sir. – Im ersten Quartal dieses Jahres waren es durchschnittlich dreiundsechzigtausendvierhundertsiebzehn-Komma-sechs.«

»Und wie lange würdest du benötigen, um wenigstens die elf Reisen nach Chicago durchzuarbeiten?«

»Bei voller Kapazitätsauslastung etwa sieben Tage, Sir.«

»Na, dann viel Vergnügen, mein Guter.«

»Für Sie zu arbeiten«, erwiderte Napoleon, »wird mir stets ein Vergnügen sein – was immer das sein mag.«

Timothy ließ Napoleon die nächsten Tage in Ruhe. Er kümmerte sich überhaupt nicht mehr um Pelletier. Er hatte eine Zusammenfassung der Ergebnisse über die Ausweichfrequenz abgesetzt, jetzt vertiefte er sich in die Welten von James Joyce' »Ulysses«. Abends versuchte er vergeblich, den Großen Bruder zu erreichen. Der Quaser schwieg.

Dann kam eine Einladung von DuMont zu einem »venezianischen Kostümfest«. Als Timothy sie in den Nihilator werfen wollte, entdeckte er auf der Rückseite eine handschriftliche Notiz: »Gruß von meiner Tante Anne, sie wird auch dasein.«

Timothy griente. Darauf fiel er nicht herein. Er hatte sich geschworen, dieses Schwein nie wiederzusehen, und schon drei Einladungen abgelehnt. Äußerst höflich, versteht sich. Auch jetzt entschuldigte er sich mit einem wichtigen Klienten. Eine halbe Stunde vor Beginn des Festes überlegte er es sich anders. Vielleicht war es doch kein Trick? Vielleicht hatte Anne keine andere Möglichkeit, sich mit ihm in Verbindung zu setzen?

Er ließ sich vom Dressomaten eine blau und gold gewürfelte Pluderhose machen, dazu eine Bluse mit flämischem Spitzenkragen und geschlitzten Ärmeln und eine siebenzipflige Kappe mit Schellen. Wenn er sich schon zum Narren machen ließ, dann wenigstens in der passenden Kleidung.

Anne war tatsächlich da. Timothy hatte keine Mühe, sie in dem Gewimmel auszumachen, sie stand auf den Stufen der breiten Treppe, die in den ersten Stock führte, und ragte so über alle hinweg. Sie trug ein hochgeschlossenes Abendkleid aus nachtblauer Seide; eine kleine Krone auf dem Kopf war ihre einzige Kostümierung. Timothy drängelte sich zu ihr hindurch. Sie schien auf ihn gewartet zu haben; als er neben ihr auftauchte, lächelte sie. Timothy schwenkte seine Kappe in weitem Bogen und verbeugte sich tief.

»Gibt es etwas Närrischeres, als sich einer Frau zu Füßen zu werfen, die einen nicht einmal treten will?«

»Gibt es etwas Schöneres für eine Frau«, antwortete sie, »als wenn sich ein Mann ihretwegen zum Narren macht? Ihr dürft meine Schleppe tragen.«

»Die Königin und ihr Narr«, sagte Timothy, »ein klassisches Sujet.« Er nahm die Schleppe und folgte so Anne in den Park hinaus, der noch menschenleer war.

»Jetzt kannst du die Schleppe fallen lassen«, sagte sie außer Reichweite des Hauses.

»Darf ich auch Ihre Hand küssen, Hoheit, oder verstößt das gegen eine Regel der Konspiration?«

»Nun nicht mehr. Ich bin nicht länger dein Großer Bruder.« Timothy starrte sie fassungslos an.

»Wir hätten schon längst wechseln müssen«, sagte Anne. »Spätestens, seit wir uns, nun ja, privat kennengelernt haben. Du verstehst doch, niemand darf –«

Timothy nickte. Und ob er verstand. Er wollte etwas sagen, doch seine Kehle war ausgedörrt wie die Salzwüste von Utah.

»Einmal schien es schon so, als hätten wir einen geeigneten Partner gefunden, damals, als ich mit Oliver zu dir kam, aber dann – der neue soll gut zu dir passen.«

»Niemand außer dir passt zu mir!«, stieß Timothy hervor.

Anne blickte sich ängstlich um. »Bitte, Tiny, beruhige dich.«

»Wie soll ich mich beruhigen, wenn du ganz aus meinem Leben verschwinden willst. Ich bin doch keine Maschine. Noch nicht.«

»Ich bleibe in Chicago. Zumindest für die Karenzzeit.« Sie lächelte. »Stell dir vor, ich habe Ferien. Ich kann tun und lassen, was ich will.«

»Könnten wir dann nicht –?«

»Ja, Tiny, wir könnten. Wenn du mich überhaupt noch magst.«

»Schlecht genug hast du mich behandelt.«

»Versteh doch, Tiny, ich –« Anne wurde rot, dann lachte

sie. »Jetzt verstehe ich es«, sagte Timothy. »Komm, wir fahren zu mir. Ab sofort habe ich auch Ferien.«

Anne schüttelte den Kopf. »Ich muss gleich weg, Tiny.«

»Aber du kommst morgen, ja? Ich koche dir –«

»Erst wenn der Peaboddy-Fall abgeschlossen ist«, unterbrach sie. »Man ist der Ansicht, dass du auf eine äußerst wichtige Sache gestoßen bist.«

»Du glaubst gar nicht, wie schnell ich den verdammten Fall abschließen werde«, erklärte Timothy. »Da muss jetzt ein Spezialist ran.«

»Er wartet schon im ›Nebraska‹ auf dich.«

8.

Der Mann, der Timothy auf dem Monitor anblickte, war mindestens siebzig, und er sah aus, als wäre er soeben einem mittelalterlichen Heiligenbild entstiegen. Warum eigentlich hatte er einen jungen, sportlichen Typ erwartet? Dieses verdammte Klischeedenken. Warum sollte ein Wissenschaftsspion nicht lange weiße Haare und einen wallenden silbernen Vollbart haben?

»Ich bin Simon.« Der andere zeigte drei Puzzlesteine, Timothy holte drei Steine aus dem angefangenen Bild des Yellowstonetals, das in seinem Wohnraum auf Vollendung wartete, und projizierte sie so dazu, dass sie nahtlos ineinanderpassten.

»Ein treffendes Erkennungszeichen«, meinte Simon. »Was wir vorhaben, wird verteufelt einem Puzzlespiel gleichen, nur dass wir uns sogar noch die Steine zusammensuchen müssen. Spielst du auch zu deinem Vergnügen?«

»Ich habe gerade ein Teufelspuzzle begonnen.«

Simon nickte. »Das hier wird noch viel vertrackter, fürchte ich. Aber wir werden es schon schaffen.«

»Kommst du zu mir?«, erkundigte sich Timothy.

»Nein, kein persönlicher Kontakt. Du wirst auch nicht erfahren, wo ich sitze. Alle Anfragen nach außen laufen über dich. Hast du neue Erkenntnisse?«

»Nur die Spurenauswertung des Kidnappings.«

»Die wollen wir vorerst vernachlässigen«, schlug Simon vor. »Die Konzerne machen sich oft an Wissenschaftler heran, nicht selten schon auf einen vagen Verdacht oder eine falsche Information hin, das kann uns leicht in die Irre führen. Wir müssen bei diesem Pelletier ansetzen und jede Kleinigkeit zusammentragen, die wir nur ergattern können, selbst wenn es auf den ersten Blick absurd oder belanglos erscheint. – In den dreißiger Jahren des vorigen Jahrhunderts ist einer meiner Kollegen nur deshalb daraufgekommen, dass die Deutschen mit Nervengas experimentierten, weil ein Chemietrust einen Spezialisten für Schnecken suchte – Schneckenherzen reagieren besonders empfindlich auf derartige Gase. – Was also ist Pelletiers Spezialität? Warum ist er damals ausgerechnet nach Davenport gegangen? Vielleicht auf ein Stellenangebot hin? Kontrolliere, ob die PRESTON damals in den Universitätsnachrichten von Harvard inseriert hat. Zweitens: Wir brauchen alle Stellenangebote, die PRESTON in den letzten zwanzig Jahren ausgeschrieben hat, Stellenangebote sind eine Fundgrube in diesem Metier! Drittens: Beschaffe alle Prozesse gegen Wissenschaftler, in denen PRESTON auftaucht, auch wenn der Verurteilte dann zu einer anderen Institution oder Firma kam.« Simon schmunzelte.

»Auf diese Weise habe ich schon ein paar Mal etwas herausbekommen. Einmal war es die Kombination verschiedener Spezialisten an einem Ort, die mich auf die Spur brachte, dass man dort an der DASER*-Waffe arbeitete; zum Glück ohne Erfolg. Ohne Kosmosforschung ist da nichts zu machen. Das war übrigens ein ähnlicher Fall wie dieser: Eine Monopolgruppe jagte hinter einem der Forscher her. Sie vermuteten, dass die Waffe schon fertig sei, wollten sie einsetzen und in der von ihnen ausgelösten totalen Finsternis und der dann sicher einbrechenden Panik die Institute der Konkurrenz ausplündern.«

---

* DASER = Darkness Amplification by Stimulated Emission of Radiation: Finsternisverstärkung durch angeregte Emission von Strahlen, genauer: durch Synchronisation von Molekülen; ein Effekt, der bislang nur bei astronomischen Forschungen im Weltraum beobachtet wurde.

»Aber die PRESTON-Leute werden in den vergangenen zwanzig Jahren an Hunderten, wenn nicht an Tausenden von Entwicklungen interessiert gewesen sein«, gab Timothy zu bedenken.

»Das ist sicher«, sagte Simon, »doch eine davon ist unsere. Wir müssen sie einkreisen, und da wir noch gar nichts wissen, müssen wir leider weite Bogen schlagen. Unser erster Kreis sind Pelletiers Interessen. Wir müssen nicht nur wissen, was er veröffentlicht hat, sondern auch, welche Fachliteratur er anforderte; zum Glück werden in unserem totalitären Überwachungssystem ja alle Datei-Anforderungen registriert und gespeichert, wir müssen sie irgendwie bekommen.«

»Das erledige ich«, sagte Timothy. Er verriet Simon nichts von der NSA-Frequenz, die das ermöglichen würde.

»Wir müssen dabei sicher weit zurückgehen«, meinte Simon, »ich bin sicher, in den letzten Jahren hat man ihn hermetisch abgeschottet. Wenn er aber heute so wichtig ist, dann, weil er schon vorher intensiv an seinem Thema gearbeitet hat. Was also hat er angefordert? Welche Symposien, Kongresse, Tagungen hat er besucht? Wir müssen in seine Vergangenheit vordringen: Kann man Studienkollegen oder Lehrkräfte auftreiben, die über seine Interessen aussagen können? Gibt es in den Annalen von Harvard besondere Vorkommnisse, in die er verwickelt war, etwa einen Laborunfall? Hat er eine Sonderlizenz für seltene oder kostspielige Materialien oder aufwändige Berechnungen beantragt?

Der zweite Kreis: seine Reisen. Die großen Städte lassen wir aus, da gibt es zu viele mögliche Ziele. Wen aber kann Pelletier in Chippewah Falls oder in Clearfield besucht haben? Ermittle aber bitte alle Betriebe und Institute, nicht nur jene, die auf chemischem und biologischem Sektor arbeiten. Ein Biochemiker kann ebensogut in ein Team von Atomphysikern oder Phasometrikern eingebaut sein, ich hoffe sogar auf so etwas, das könnte uns den Weg zum Zentrum des Puzzles verkürzen. Gerade ein Stein, der scheinbar nicht in das Spiel zu passen scheint, kann zum Stein des Anstoßes werden. Das führt uns zum dritten Kreis, der PRESTON-Stiftung.

Wir müssen schnell wissen, ob sie auch außerhalb von Davenport Institute unterhält; vielleicht an den Orten, die Pelletier besucht hat? Außerdem: Gab es besondere Vorkommnisse in Davenport, in die PRESTON verwickelt war? Das beiläufigste und banalste Ereignis kann wichtig sein. Einmal fiel einem Kollegen auf, dass ein Konzernbetrieb, an dem er interessiert war, ein Transportunternehmen verklagt hatte, weil mehrere Sendungen kalifornischer Ochsenfrösche verdorben angeliefert worden waren. Was, zum Teufel, hatte eine Fabrik für Gas-Emittoren und Lasergeräte mit Ochsenfröschen zu tun? Es schien nur eine Erklärung zu geben: Jemand war besonders scharf auf gebratene Froschschenkel. Dafür aber waren die Sendungen zu groß. Schließlich stieß mein Kollege darauf, dass Ochsenfrösche die Wirtstiere für eine besondere Art von Bakterien sind und diese wiederum ideale Versuchskaninchen für Immunreaktionen gegen Mono-Amin-Oxydase, so flog das ›Unternehmen MAO‹ auf. Mono-Amin-Oxydase ist ein Stoff, der die Reaktionen des Gehirns aktiviert beziehungsweise reduziert, eine geradezu teuflische Waffe vor allem gegen MenschenaNSAmmlungen: Plötzlich kann man keinen klaren Gedanken mehr fassen. Nun, der Kollege konnte die Formel der neutralisierenden Droge, die die Firma natürlich auch entwickelt hatte, stehlen.« Simon lachte. »Ich kann sie noch heute: I-Äthyl-3- Piperi dyl-cycl openthylphenyl-glykolat.«

»Dann warst du wohl selbst dieser Kollege«, meinte Timothy.

»Kein Kommentar«, sagte Simon. »Unser vierter Kreis: die Negativrecherchen, du verstehst, was ich meine?«

»Nein«, gab Timothy unumwunden zu.

»Pelletier ist seit drei Jahren von der Bildfläche verschwunden. Er wird nicht der Einzige sein. Große Entwicklungen sind selten noch die Sache von einzelnen. Sobald wir wissen, worum es etwa geht, können wir die in Frage kommenden Gebiete abgrasen: Da es zunehmend weniger Spezialisten auf immer mehr Spezialstrecken gibt, kann man schnell feststellen, wenn jemand aus der Öffentlichkeit verschwindet, nicht mehr publiziert oder zu Kongressen fährt, also an einem geheimen Projekt arbeitet.«

»Wir haben aber noch keine Ahnung, worum es geht«, warf Timothy ein.

»Da hilft uns die unausrottbare Neigung, sich bei geheimen Projekten an kleinen und abgelegenen Orten zu verstecken, diese uralte Fluchtreaktion der Menschen, Tiny. In einem Nest wie Davenport gibt es doch höchstens zehntausend Menschen, die wissenschaftlich arbeiten. Wir müssen irgendwie herausbekommen, wer in den letzten Jahren noch ›verschwunden‹ ist.«

»Warte mal, Simon.« Timothy holte sich ein Glas Whisky. »Ich würde dir gerne etwas anbieten, aber du –«

»Vielleicht später einmal«, sagte Simon. »Hast du eine Idee? Ich weiß ja aus Erfahrung, wie schwierig so eine Negativrecherche ist, andererseits ist das eine der besten Methoden.«

»Eine vollständige Liste der Wissenschaftler in Davenport werden wir kaum erhalten können«, meinte Timothy, »vielleicht aber einen großen Teil von ihnen. Ich gehe davon aus, dass Wissenschaftler, zumal wenn sie in so einem Nest leben, meist Familie haben, wahrscheinlich sogar Kinder. Dann werden sie für ihre Angehörigen die SQ-Vergünstigungen der Krankenhäuser und Ärzte in Anspruch nehmen, und das ist keine geheime Information.«

»Sehr gut«, lobte Simon. »Mach dich daran, sobald du mir Pelletiers Veröffentlichungen und eine Aufstellung der von ihm angeforderten Literatur beschafft hast.«

»Ich bearbeite das parallel«, erklärte Timothy. »Napoleons Suche nach Personen, die sich jeweils zur gleichen Zeit wie Pelletier in Chicago aufgehalten haben, ist ohnehin wenig erfolgversprechend.«

»Aber das ist doch eine blendende Idee, Tiny! Lass deinen Napoleon wenigstens auf einem Kanal weitersuchen.«

»Dann dauert es ja Wochen«, rief Timothy entsetzt.

»Ich hoffe, du bist nicht ungeduldig. Wir müssen uns schon auf eine lange Zeit einrichten bei diesem Teufelspuzzle.«

»Wenn du wüsstest, wie ungeduldig ich bin«, erwiderte Timothy. »Also nichts wie ran!«

9.

Timothy schuftete wie ein Besessener. Er gönnte sich nur ein Minimum an Schlaf und karge, schnell zubereitete Mahlzeiten, dafür verbrauchte er eine Unmenge Tee. Mit Sorge sah er seine Vorräte schwinden; auch Tee schien es kaum noch zu geben, bei BRIAND konnte er wenigstens noch ein halbes Kilo Darjeeling ordern.

Am Nachmittag des ersten Tages entschloss er sich, allen Risiken zum Trotz, auch seine Communicleitungen zu benutzen. Der Communicator der Ausweichwohnung erwies sich als ein arges Nadelöhr. Da die Wohnung in den billigeren unteren Etagen lag, verfügte sie nur über zwei Fernanschlüsse.

Timothy sandte sich über einen kurzfristig geschalteten Dreierweg einen fiktiven Auftrag der EASTERN INSURANCE zur Aufklärung angeblicher Versicherungsbetrügereien mit SQ-Vergünstigungen. Diese Fiktion würde zwar nicht einer Überprüfung durch die NSA oder Staatspolizei standhalten, reichte aber bei eventuellen Rückfragen der von ihm angezapften medizinischen Dateien und sogar bei Nachforschungen der Ortspolizei. Auf einer zweiten eigenen Leitung arbeitete er die Ortsannalen von Davenport durch, auf der dritten sollte Napoleon die Universitätsnachrichten von Harvard und anschließend der anderen Universitäten durchsehen. Als Napoleon mit ihm über Belastungsgrenzen und Kapazitätsprobleme diskutieren wollte, schaltete Timothy ihm kurzerhand den Snarr ab. Simon meldete sich alle drei, vier Stunden und ließ sich jedesmal neue Kristalle voller wissenschaftlicher Veröffentlichungen überspielen; wenn er sie tatsächlich durchackerte, musste er eine bewundernswerte Lesegeschwindigkeit besitzen.

Die Suche nach Pelletiers »Schatten« brachte am dritten Tag den ersten greifbaren Erfolg. Napoleon hatte vorher schon drei Reisende gefunden, die häufig an den gleichen Tagen wie Pelletier in Chicago eingetroffen und auch wieder abgeflogen waren; nachdem Timothy ihm für diese Arbeit nur noch einen Bruchteil seiner Kapazität gestattete, war Napoleon auf die Idee gekommen, seine Suche vorerst auf die Maschinen von oder nach Salt Lake City zu begrenzen, und dabei auf einen Dr. Atkinson gestoßen, der an allen elf Tagen nicht nur dasselbe Flugzeug benutzt hatte, sondern auch im selben Hotel wie Pelletier abgestiegen war. Daraufhin hatte Napoleon sämtliche siebenundachtzig Reisen durchgesehen und jedesmal diesen Dr. Atkinson gefunden.

»Hervorragend!«, sagte Timothy. »In der Beschränkung zeigt sich eben auch ein beschränktes Maschinengehirn erst als Meister.«

Timothy gab den Namen sofort an den Großen Bruder weiter, und der meldete wenig später, dass Dr. Atkinson ein schon bekannter Tarnname war, hinter dem sich niemand anderes als Commander Powell verbarg, ein hoher Sicherheitsoffizier des Zentralen Forschungsstabes der US Army, der sogar eine »Clearance Q«* besaß. Der Große Bruder teilte auch mit, dass die PRESTON-Stiftung ein als ziviles Unternehmen getarntes Institut der Armee war und dass sich an allen Orten, die Pelletier aufgesucht hatte, ähnliche Institutionen befanden. Wer auch immer der neue Große Bruder sein mochte, er arbeitete nicht weniger schnell und zuverlässig als Anne.

»Ich hatte derartiges erwartet«, sagte Simon. »Also eine Waffe. Müssen wir nur noch herausfinden, welche.«

»Nur noch ist gut«, erwiderte Timothy bissig. Er war wütend. Anne ließ nichts von sich hören, und er hatte keine Ahnung, wie er sie erreichen konnte. Wie lange dauerte eigentlich eine Karenzzeit? Ein Tag nach dem anderen verging, und es war kaum mehr als ein schwacher Lichtschein am Ende des Tunnels zu erblicken.

Am sechsten Tag bekam Timothy ein wenig Luft. Die laufenden Untersuchungen konnte Napoleon auch ohne seine dauernde Anwesenheit weiterführen, also leistete Timothy sich einen Mittagsschlaf und danach ein ausgedehntes Bad.

Es tat ihm unendlich wohl, sich zu entspannen. Er hatte alle Wände auf Südsee programmiert, so dass er scheinbar

---

* Clearance Q = Sondergenehmigung, die überall Zutritt verschafft.

in den sanften Wellen einer Lagune schaukelte unter einem Gespinst feiner Federwölkchen am lichtblauen Himmel. Wenn jetzt Anne hier wäre, dachte er. Mit ihr unter diesem Himmel liegen und träumen … Und Schneewittchen würde ihre Träume in Melodien verwandeln. Noch besser: Anne an die Hand nehmen und auf und davon gehen können! In die wirkliche Südsee. Oder eine Reise rund um den Erdball; Stellen aus Büchern fielen ihm ein, die immer wiederkehrenden Hochzeitsreisen nach Venedig, nach Paris – wie beneidenswert einst Menschen gelebt hatten. Und jetzt die da DRAUSSEN. Er würde nie die Schönheiten dieses Planeten zu sehen bekommen. Welch eine Verarmung des Lebens. Es lohnte nicht einmal, davon zu träumen, er war unbarmherzig eingesperrt unter der Käseglocke der ISOLATION.

Du bist hier aufgewachsen und hast nicht einmal neue Bilder von der Welt da draußen gesehen, dachte er, und doch empfindest du die ewige Sehnsucht des Menschen nach dem Unbekannten, das Verlangen nach den großen, flachen, unendlichen Horizonten, den unendlichen Möglichkeiten des Lebens. Ein tiefes Gefühl von Trauer überfiel ihn. Ausgeschlossen von der eigentlichen Welt, der wirklichen Entwicklung der Menschheit, ausgeschlossen von der Freiheit, sich jederzeit zu verändern, die sie DRAUSSEN bestimmt schon verwirklicht hatten: jedem nach seinen Bedürfnissen. Welche seelischen Verformungen mochte dieses Eingeschlossensein mit sich bringen, ohne dass man es merkte, ohne dass man sich dagegen wehren konnte.

Er durfte nicht mehr – und welch ein Luxus war selbst das schon! –, als sich Bilder der Welt in seine vier Wände zu projizieren; Konserven, und er wusste nicht einmal, ob es reale Bilder waren, ob die Meeresstimmungen und Regenstunden, die er so liebte, die Berggipfel, die Sonnenaufgänge über betauten Wiesen, die rauschenden Wälder nicht am Ende irreal waren, künstliche Produkte, Phantasien von Künstlerhand; eine Welt, die es so nie gegeben – nein, das Meer war wirklich, er hatte es mit eigenen Augen gesehen!

Und mochten es Konserven, mochten es künstliche Welten sein, er würde allen in ihnen steckenden Zauber und Reichtum nutzen, all seine Privilegien ausbeuten, um sich mit Anne, für Anne, eine kleine Welt zu schaffen, in der sie, und sei es nur für ein paar Tage, glücklich sein konnten.

Timothy überlegte, wie er den ersten Abend gestalten sollte. Ein Festessen, klar, vielleicht einen Truthahn mit Mandelfüllung, mit Orangen- und Ananasscheiben belegt, oder die Stücke nach Western-Art auf dem Barbecue gegrillt, unter dem weiten Himmel der noch unberührten, von riesigen, friedlichen Büffelherden durchzogenen Prärie? Oder ein Hammel am Spieß in historischer Kulisse? Ob Anne Knoblauch mochte? Wie konnte er den Wohnraum in das Kaminzimmer eines englischen Schlosses verwandeln? Er verwarf den Gedanken. Sollte er Plastkopien benutzen? Echte Möbel waren nicht aufzutreiben oder unerschwinglich. Aber einen richtigen Kamin würde er bauen, das Abgas illegal aus dem Fenster leiten, und Holz musste sich doch irgendwo auftreiben lassen. Und eine Reise durch das All würde er mit Anne unternehmen. Timothy besaß zwei Kristalle voll verbotener Bilder aus dem Universum, keine Standaufnahmen: Teleskop-Reisen durch die Sternenwelten. Er lachte bitter. Die Astronomie war wie zu Galileis Zeiten wieder zur Geheimwissenschaft geworden.

Das Flackern des Orangelichts riss ihn aus seinen Träumen. Timothy sprang aus dem Bad und hastete ins Mausoleum, seine Füße hinterließen nasse Tapsen. Es war nicht Anne, die nach ihm rief, sondern Simon.

»Ich möchte zu dir kommen«, sagte er. »Ich muss ein paar Stunden am Computer arbeiten, ist dir das recht?«

»Komm nur. Am besten, du wartest am Lift, bis ich dich hereinwinke, ich werde –«

»Nicht nötig«, unterbrach Simon. »Verlange einen Arzt, einen Milzspezialisten. Ich habe mich erkundigt, es gibt keinen im ›Nebraska‹ außer mir.«

»Bist du wirklich Arzt?«

Simon lächelte. »Kein Kommentar.«

»Okay. Während du arbeitest, koche ich uns was. Hast du ein Lieblingsessen?«

»Leider ein sehr ausgefallenes«, antwortete Simon, »gefüllte Avocados.«

Timothy trieb Avocados auf. Seit Bentley ihn bei CHALLENGERS empfohlen hatte, wurde er dort bevorzugt behandelt. Während Simon bei Napoleon hockte, ihm unaufhörlich neue Nüsse zu knacken gab und nebenbei die Ergebnisse der Recherchen durchsah, bereitete Timothy in der Küche die Früchte vor und eine Füllung aus frischem Gehackten, hart gekochten und rohen Eidottern mit Kapern, Zitronensaft, Olivenöl und Schlagsahne. Als Simon meinte, in einer viertel Stunde könne er Pause machen, wickelte Timothy die Avocados in Folie, legte sie in die Backröhre und setzte den Reis auf. Er servierte im Mausoleum, damit sie sich ungeniert unterhalten konnten.

Simon schnitt eine Avocado an und ließ den Bissen auf der Zunge zergehen. »Exzellent!«, rief er. »Welch ein Genuss!«

»Du könntest alle Tage gut essen«, erwiderte Timothy, »das liegt nur an dir.«

»Du bringst mich in Versuchung, Tiny.« Simon schmatzte genüßlich. »Ich fürchte, ich werde tatsächlich meine Prinzipien in den Wind schlagen.«

»Was für Prinzipien?«, erkundigte sich Timothy.

»Die des einsamen Jägers: Meide jeden nicht notwendigen Kontakt. – Gib niemandem Einblick in deine Leidenschaften und Eigenarten, schon gar nicht in dein Leben, habe keine Gewohnheiten, lass nie Routine zu: sonst wirst du berechenbar. – Du darfst an niemandem und nichts hängen, schon gar nicht an einem Menschen: das macht dich verletzbar. – Du darfst vor allem nicht am eigenen Leben hängen: das macht dich furchtsam. – Du darfst den Tod jedoch nicht missachten: das macht dich leichtsinnig. Lebe mit deinem Tod, lebe in kurzen, überschaubaren Intervallen, bedenke, in jeder Sekunde kann es vorbei sein: dann wirst du immer alles mit allen Kräften tun.«

Simon nahm sich eine zweite Avocado. »Auf mich wartet niemand und nichts, vor allem nichts Unerledigtes bis auf die jeweilige Aufgabe, so kann ich jederzeit und überallhin gehen.«

»So könnte ich nicht leben«, meinte Timothy. »Du musst sehr einsam sein.«

»Nicht einsam, nicht einmal allein.«

»Wie das, Simon? Erkläre mir –«

»Ich will nicht darüber sprechen, auf keinen Fall jetzt. Bitte respektiere das. Ich lasse mir nie ein Gespräch aufzwingen.«

»Niemals?« Timothy lächelte. »Hast du nie mit Polizei oder NSA zu tun?«

Simon lächelte zurück. »Sind das Gespräche?«

Sie aßen schweigend zu Ende, dann tranken sie Tee und diskutierten den Stand der Ermittlungen. Simon war recht zufrieden.

»Wir sind zwar noch nicht soweit, zum Kern unseres Teufelspuzzles vorzustoßen«, sagte er, »aber die Grenzflächen stehen bereits. Die Bereiche zeichnen sich ab, der naheliegendste: eine gezielte Mutation von Viren, Bakterien oder gar Pflanzen, ja sogar eine Tiermutante ist nicht auszuschließen. – Darf ich hier rauchen?«

Timothy nickte. Wenn er gewusst hätte, dass Simon eine Zigarre mit beißend bitterem Qualm anzünden wollte, hätte er wohl abgelehnt.

»Vor etlichen Jahren hat ein gewisser Harriman Trujillo den japanischen Todesfisch, der so giftig ist, dass du mit einem Gramm des Toxins ein paar tausend Menschen umbringen kannst, mit Goldbarschen gekreuzt – Goldbarschfilet war die Leidenschaft seiner Erbtante. Er wurde wegen Mangels an Beweisen freigesprochen. Der Prozessbericht liegt bei deinen Recherchen, Tiny, PRESTON hatte sich für das Verfahren interessiert, und im Umkreis von Pelletier taucht wiederum ein Harriman Trujillo auf – Zufall?«

»Eine sehr ungewöhnliche Waffe«, meinte Timothy.

»Weißt du, was alles in den pervertierten Gehirnen unserer Militärs herumspukt? Vielleicht träumt einer von riesigen Schwärmen giftiger Heringe, Dorsche, Barsche – über ein Viertel der Eiweißversorgung der DRAUSSEN kommt aus dem Meer. Aber es müssen ja nicht Fische sein; vielleicht züchten sie Mücken, deren Stich tödlich ist. Mördermücken wären eine durchaus handhabbare Waffe. Man könnte sie gegen alle bekannten Insektizide immun machen und, sobald man in der Lage ist, die ISOLATION zu durchlöchern, zu Myriaden züchten und auf DRAUSSEN loslassen.« Simon paffte dicke Wolken in das Mausoleum.

»Der Traum der Militärs ist natürlich eine Waffe, die sich relativ einfach durch die ISOLATION schmuggeln ließe. Viren oder Bakterien zum Beispiel sind teuflische Waffen –«

»Ich weiß«, sagte Timothy, »die Deutschen haben damit angefangen. Vor zweihundert Jahren, mit Pockenviren.«*

»Nun, seit langem begnügt man sich nicht mehr mit ›natürlichen‹ Krankheitserregern; die Gefahr ist zu groß, dass der Gegner darauf vorbereitet ist und für alle möglichen Seuchen Impfseren hat. Man versucht zumindest, eine Variante zu züchten, die man allein besitzt. Unser Pelletier hat sich für die Biontogenese in künstlichen Atmosphären interessiert, und ich weiß, dass man daran arbeitet, Bakterien zu züchten, die in einer verfremdeten Atmosphäre harmlos sind, die sich aber, sobald sie an die normale Luft kommen, explosionsartig vermehren und tödliches Gift absondern.«

»Wahrlich, ein teuflischer Plan«, meinte Timothy.

»Sei beruhigt, Tiny, die einzige Bakterie, die bislang so reagierte, war eine Abart des als Waffe unbedeutenden Gerstenbrandes.«

»Ich bin äußerst beunruhigt«, erwiderte Timothy. »Wenn man die Gerste vernichtet, gibt es keinen Whisky mehr!«

»Dann trinkst du eben Bourbon.«

»Du Ignorant!«

»Die absolute Traumwaffe«, fuhr Simon fort, »ist der sogenannte Zeitzündervirus, ein an sich harmloser Virus, der sich viele Generationen hindurch ganz normal verhält und dann – was nach dem Olivettischen Mutationsgesetz möglich wäre – explosionsartig degeneriert, so dass er nach einer ziemlich genau zu berechnenden Frist, in der der Virus sich unbeachtet ausbreiten kann, schlagartig eine tödliche Seuche auslöst. Seit der Jahrhundertwende, als man begann, den ge-

* Hier irrt Timothy. Tatsächlich brach während des Deutsch-Französischen Krieges 1870/71 eine Pockenepidemie aus, und die französische Armee verlor durch die Seuche 23 400 Soldaten, während das schutzgeimpfte deutsche Heer lediglich 278 Soldaten einbüßte, doch das war noch keine biologische Kriegführung, sondern eine spontan auftretende Epidemie; es ist jedoch wahrscheinlich, dass dieser Vorfall die Initialzündung für die bald darauf einsetzenden Versuche zur Herstellung biologischer Waffen darstellte.

netischen Krieg vorzubereiten, arbeitet man daran. In Davenport haben sich in den letzten Jahren bemerkenswert viele Gen-Chirurgen und Virologen angesiedelt – als Rentner? Sie scheinen nirgends zu arbeiten, und sie publizieren auch nicht mehr. Interessant finde ich, dass auch David Hamilton sich dort zur Ruhe gesetzt hat; er ist die führende Kapazität auf dem Gebiet allergischer Krankheiten und einer der wenigen Spezialisten für Allergien der Atemwege. Ich fürchte, man arbeitet dort wieder an einem alten Projekt, mit Hilfe eines Virus das DNS der Bronchien-oder Lungenzellen so umzubauen, dass die befallenen Menschen ultra-allergisch auf Kohlendioxyd reagieren, das heißt, sich an ihrem eigenen Atem vergiften.«

»Aber all diese Scheußlichkeiten könnte man nie in den Staaten einsetzen«, gab Timothy zu bedenken. »Wozu also die Überfälle auf Peaboddy? Was sollte ein Konzern mit solch einer Waffe anfangen? Und es waren bestimmt keine privaten Gangster.«

»Zum Beispiel Erpressung«, sagte Simon. »Im Besitz einer solchen Waffe, kann man jede Regierung erpressen, jedes Gesetz durchbringen. Erinnerst du dich an das geheimnisvolle Kindersterben in Kansas? So blitzartig, wie es auftrat, war es auch wieder vorbei; die Öffentlichkeit erfuhr nie, wieso. Die TEXXON hat natürlich nie zugegeben, dass sie einen speziellen Virus entwickelt hatte, sie besaß ›ganz zufällig‹ ein Gegenmittel, und für dessen Herausgabe erpresste TEXXON sich Zugang zu den Forschungsberichten der staatlichen Universitäten.«

»Wirklich, welch wundervolle Welt«, knurrte Timothy. »Hast du noch mehr solcher Abscheulichkeiten auf Lager?«

»Dutzende! Du glaubst gar nicht, wie erfinderisch menschlicher Geist sein kann, wenn es um die Ausrottung der eigenen Art geht. In Richmond, Ohio, zum Beispiel arbeiten sie an fliegenden Kraftfeldern, in deren Wirkungskreis alle Isolatoren zu Leitern würden und umgekehrt, was nach der Quantentheorie möglich sein müsste. In Silvertown, Colorado, experimentiert man mit künstlichen Wolken, die mit Halluzigenen geimpft werden; wenn die sich abregnen, kann man Wirklichkeit und Phantasie nicht mehr unterscheiden, eine sichere Methode, ganze Armeen und Bevölkerungsteile total zu verwirren. In Freemont, Wyoming, versuchte man etwas Ähnliches durch die Verstärkung schwacher Schwingungsfelder zu erreichen; unser Gehirn hat sich an die natürlichen Schwingungen im Kavitationsbereich der Erdionosphäre angepasst; wenn man die Intensität dieser Frequenzen erhöht und länger als zehn Minuten aufrechterhält, was durch die Ausnutzung von Gewittern oder durch Erzeugung künstlicher Blitze möglich ist, kommt es in dem ganzen Gebiet zu Hirnstörungen. In Cleveland arbeiten sie an der Gelierung des Wassers, das ist an sich ein alter Hut – Alginate, die Wasser zu Gelee machen, findest du in Speiseeis und Marmelade –, sie versuchen nun eine Algenart zu züchten, die sich derart rapide vermehrt, dass sie in kurzer Zeit ganze Wasserversorgungsnetze, das Grundwasser, sogar Flüsse in Gelee verwandelt – aber wir wollen uns auf die Gebiete beschränken, die für unseren Pelletier in Frage kommen. Einige Indizien verweisen auf ein Polymer-Destruktivum, wahrscheinlich eine Champagnat-Variante.«

»Was ist denn das schon wieder?«

»Vor über hundert Jahren entdeckte ein Franzose namens Champagnat Bakterien, die Rohöl in Protein umwandelten. Inzwischen gibt es Dutzende von Bakterien, die Ölprodukte oder Kunststoffe zersetzen, man benutzt sie in jeder Mülldeponie. Was man immer noch sucht, ist ein universelles, hochaggressives Bakterium, das mit herkömmlichen Mitteln nicht gestoppt werden kann und das Polymere jeglicher Art zerfrisst.«

»Eine gespenstische Vorstellung«, sagte Timothy, »heutzutage wird doch fast alles irgendwie aus Polymeren hergestellt. Du glaubst, Pelletier arbeitet daran?«

»Oder an ganz etwas anderem.« Simon seufzte. »Wir müssen uns erst in das Innere des Puzzles vorarbeiten.«

10.

Nicht nur einmal glaubte Timothy, dass sie es nie schaffen würden.

Gegen dies hier war seine Detektivarbeit ein Kinderspiel, da gab es doch wenigstens handfeste Fakten, Zeugen, die man befragen, Verdächtige, die man in die Zwickmühle nehmen konnte. –

Immer wieder standen sie vor einer Mauer. Das war kein Puzzle, sondern ein Labyrinth! Simon schien es nicht zu berühren.

»Manchmal«, sagte er, »dauert so was Monate, ja sogar Jahre.«

»Nicht mit mir!«, erklärte Timothy. »Noch einen Tag, dann ist für mich Feierabend.«

Natürlich machte er weiter, ackerte sich verbissen durch die Annalen von Harvard und drei Dutzend anderen Universitäten, studierte Stellenanzeigen und Prozessberichte, trieb einen Jugendfreund und sieben Professoren von Pelletier auf – die Namen sandte er dem Großen Bruder – und erfüllte auf oft abenteuerlichen Wegen Simons ausgefallensten Wünsche nach Informationen. Die Auswertung des wissenschaftlichen Materials hatte er völlig Simon überlassen, er verstand einfach zu wenig davon.

Simon kam jeden Abend pünktlich zehn nach sieben zur »Visite«. Timothy achtete darauf, dass dann das Essen schon auf dem Tisch stand. Napoleon musste ihm aus Puissants geheimem Kochbuch Vorschläge unterbreiten, was sich aus den Küchenvorräten mit möglichst geringem Aufwand zubereiten ließ.

Sie hatten sich darauf geeinigt, während der Mahlzeit nicht von der Arbeit zu sprechen. Wenn es nach Simon gegangen wäre, hätten sie ihr Essen wahrscheinlich schweigend verdrückt, doch Timothy haßte stumme Mahlzeiten.

»Essen wird erst durch ein Gespräch zum Genuss«, erklärte er.

»Dann sprich doch«, erwiderte Simon, »ich höre dir gerne zu.«

Also erzählte Timothy ausgefallene Kriminalfälle, und Simon fühlte sich offensichtlich blendend unterhalten, würdigte jede Pointe; bei spannenden Passagen ließ er Messer und Gabel ruhen, einmal taute er sogar auf: als Timothy die Geschichte des »Schliemann von Texas«* erzählte.

»Das erinnert mich sehr an eine Geisterproduktion«, sagte er. »Du weißt doch, wie man einen Konzernbetrieb dazu bringen kann, selbst komplizierteste Apparaturen für den UNDERGROUND zu produzieren?«

»Keine Ahnung«, gab Timothy zu.

»Du suchst dir eine geeignete vollautomatisierte Fabrik, davon gibt es ja genug, und programmierst die Teile, die du benötigst, in den Produktionsablauf ein. Wenn du in den Material und Energietoleranzen bleibst, stellen die Automaten deine Teile her, sortieren sie programmgemäß aus, verpacken und verschicken sie unter falscher Deklaration oder transportieren sie als Ausschuss auf die Mülldeponie. Auf diese Weise hat eine Waschmaschinenfabrik zwei Jahre lang Teile für Nachrichtengeräte hergestellt.«

»War das deine Idee?«

»Natürlich nicht. – Machen wir uns an die Arbeit?« Sein zufriedenes Lächeln strafte Simon Lügen.

Timothy setzte sich an seine Abendlektüre, den »Davenport Annual Report«, und hier fand er den Stein des Anstoßes, nach dem sie so verzweifelt gesucht hatten. Es war eine Hochzeitsanzeige. Ein Phillimore Bentley gab seine Vermählung bekannt; einen Tag später hatte die Abendschau über die Hochzeit berichtet, also konnte es sich nicht um einen Durchschnittsbürger handeln. Ein Mitglied der Bentley-Familie? Unter den Instituten und Werken von Davenport und Umgebung gab es keine Filiale der ALLAMERICAN. Aber nach Farmen hatte Timothy nicht gefahndet, und jetzt erfuhr er, dass die ALLAMERICAN unweit von Davenport eine Farm für Truthähne und Fasane unterhielt. Stopp, dachte

---

* »Schliemann von Texas«: Prof. Lattimore, damals Kustos der archäologischen Museen, grub in Texas die Überreste einer bis dahin unbekannten prähistorischen Hochkultur aus. Timothy entlarvte den Schwindel und wies nach, dass Lattimore geschickt zusammengestellte Museumsstücke verschiedener antiker Kulturen aus den Magazinen gestohlen und selbst in der Prärie vergraben hatte.

Timothy, Pride Bentley hat doch gesagt, dass sie sich nicht mit Vögeln abgeben! Wie konnte er herausbekommen, was man in Davenport wirklich produzierte? Vielleicht ließ Inger sich überrumpeln?

Er suchte die Nummer von Seaport heraus und ließ sich mit Inger Johnston verbinden, an der Westküste war ja erst Nachmittag. Inger lag im Solarium, und sie machte nicht einmal eine Andeutung, als wolle sie sich etwas anziehen, im Gegenteil, sie stellte ihren Bildgeber auf Totale, damit Timothy ihre ganze Figur bewundern konnte, und rekelte sich ungeniert, die reinste Peep-Show.

»Das nenne ich eine Überraschung!«, rief sie. »Ich hoffe, du willst deinen Besuch ankündigen.«

»Sehnsucht habe ich schon«, erwiderte Timothy, »in Chicago ist es nicht auszuhalten. Doch ebenso gerne würde ich mal eure Elefantenfarm in Davenport besichtigen, von der ich gerade hörte. Ich habe schon ewig keine Elefanten mehr gesehen.«

Inger lachte. »Nicht Elefanten, Gibbons. Aber im Ernst, kannst du nicht kommen, Tiny? Jetzt ist hier die schönste Zeit des Jahres.«

»Ich dachte an nächste Woche«, sagte Timothy. »Ich wollte nur hören, ob es auch passen würde.«

»Jederzeit. Du hast eine Generaleinladung. Je schneller, desto besser.«

Gibbons also. Wer brauchte so viele Gibbons, dass man auf der Farm über hundert Leute beschäftigen musste? Die Verkehrsdatei wies keine Transporte von Gibbons aus, sie wurden in Davenport nicht gehandelt und standen nicht im Katalog der ALLAMERICAN. Timothy drehte sich zu Simon um und erzählte von seiner Entdeckung.

»Vielleicht sind das unsere Ochsenfrösche?«, meinte er. Simon antwortete nicht. Er hämmerte schon in den Geber, kurz darauf schickte Napoleon einen Streifen zurück.

+ + preston hat in den vergangenen jahren mehrmals tierpfleger der kategorie a-1 gesucht + siehe recherche 2106-3/45 + + n. + + +

»Dass ich nicht darüber gestolpert bin!« Simon raufte sich verzweifelt den Bart. »A-eins, das heißt Primaten.«

Aber warum Gibbons? Warum nicht andere Affen, wo doch Schimpansen oder Rhesusaffen so viel billiger waren? Während Napoleon nach Gemeinsamkeiten zwischen Mensch und Gibbon suchte, die andere Affenarten nicht besaßen, ermittelte Timothy, dass die Gibbons mit 98,8prozentiger Wahrscheinlichkeit für PRESTON gezüchtet wurden. Die tägliche Liefermenge Bananen, die er bei der DAVENPORT FOOD & STUFFS INC. ermittelte, ließen auf einen Bestand von etwa zweihundert Tieren bei der PRESTON-Stiftung schließen. Kurz vor Tagesanbruch lieferte Napoleon drei Ergebnisse. Und den nächsten Anstoß.

+ + besondere gemeinsamkeiten: t.) lymphdrüsenepithel q + 2.) enzym cychotron e-1 + 3.) bakterienstämme der mundflora der gattung cro-4-dyn (weltweite verbreitung bei allen gattungen der spezies homo sapiens) + darf ich sprechen, sir? + + n. + + +

Timothy stellte den Snarr an. »Sprich schon, was gibt es, Napoleon?«

»Gestatten Sie mir eine etwas gewagte und, wie ich gestehen muss, rein spekulative Gedankenkette zu entwickeln, Sir? Der Hinweis auf Bakterien der Mundflora könnte zu der Tatsache in Beziehung stehen, dass auf der Liste der Wissenschaftler von Davenport auch Doktor Ingmar Walley steht, ein Spezialist für Oral-Hygiene, dessen Anwesenheit zumindest verwunderlich erscheint. Das Stichwort Oral-Hygiene wiederum verweist auf die Produktion von Zahnpasta, Mundwasser und Gurgelmitteln, die generell Chlorylpanthenol als antibakterielles Desinfizenz enthalten. Chlorylpanthenol wiederum war der Hauptbestandteil der synthetischen Atmosphäre, in der jener Kidnapper zeitweilig gelebt haben muss, der den Anschlag auf Huckleberry Peaboddy ausführte. Ich räume ein, Sir, dass dies eine vielleicht abwegige Kombination sein mag.«

»Ganz und gar nicht!«, rief Timothy. »Ich könnte dich küssen.«

»Wie Sie meinen, Sir.«

»Hast du noch mehr solcher abwegigen Kombinationen?«

»Einstweilen nicht, Sir.«

Jetzt, da sie ungefähr wussten, wonach sie suchen mussten, entdeckten sie einen Puzzlestein nach dem anderen. Mit hoher Wahrscheinlichkeit existierte auch in Davenport eine Anlage mit Chlorylpanthenol-Atmosphäre, wenn sie auch nirgends ausgewiesen war, aber ein Abfallunternehmen aus Davenport lieferte regelmäßig große Mengen an Panthenoloxydat und Chlorylkarbon, den Zerfallsprodukten einer solchen Atmosphäre, zur Weiterverarbeitung an einen Chemiebetrieb in Des Moines, und diese Lieferungen entsprachen genau der Menge verflüssigten Gases, das einmal wöchentlich mit Tankflugzeugen nach Davenport geliefert wurde, wenn man unterstellte, dass die vier Großtanker, für die jeden Donnerstag zwischen zwei und drei Uhr früh der Flughafen gesperrt wurde, Chlorylpanthenol brachten. Und sie kamen aus Evansville, wo eine der beiden Fabriken der Staaten stand, die dieses Gas herstellten, und wohin Pelletier mehrere Reisen unternommen hatte.

»Nehmen wir es einstweilen als gesichert an«, meinte Simon, als Timothy darauf bestand, wenigstens eine kurze Mittagspause einzulegen. Simons Augen waren klein und rot unterlaufen und von tiefen schwarzblauen Ringen umgeben, doch er wirkte quietschvergnügt.

»Jetzt fehlt eigentlich nur noch Saul Bottenrode, aber wahrscheinlich lebt er schon längst nicht mehr.«

Er lebte noch. Und in Davenport. Auf der SQ-Liste hatte Napoleon ihn nicht finden können, weil er Junggeselle war, aber er stand schon seit Jahren in der Einwohnerdatei.

»Was ist mit diesem Bottenrode?«, erkundigte sich Timothy.

»Bottenrode ist der Senior der biologischen Kriegführung, er ist schon seit Jahrzehnten dabei, Bottenrode hatte als Erster die Idee, Viren oder Bakterien nach dem Olivettischen Mutationsgesetz als Zeitzünderwaffen zu programmieren; eines seiner Lieblingsprojekte war es, die Bakterien der Darmflora durch weniger friedliche zu verdrängen; vielleicht ist er inzwischen vom Arsch ins Maul gewechselt?« Simon winkte dem Servicewagen, und zum ersten Mal in all diesen Tagen goss er sich einen Schnaps ein.

»Wenn wir zwei und zwei zusammenzählen, zeichnet

sich der Umriss einer wahrhaft teuflischen biogenetischen Waffe ab. Seit nahezu vierzig Jahren benutzt man überall auf der Erde Chlorylpanthenol zur Desinfektion der Mund- und Rachenhöhle. In jeder Zahnpasta, jedem Mundwasser ist es enthalten, denn es gibt nichts Besseres. In Davenport aber züchtet man Bakterienstämme, die gerade in Chlorylpanthenol hervorragend gedeihen, also mühelos jeden Menschen verseuchen können, ja, wenn er versucht, sie durch Gurgeln zu bekämpfen, füttert er sie gerade. Und eines Tages fangen die lieben Tierchen dann gemäß ihrer genetischen Vorprogrammierung an, tödliches Gift abzusondern. Es gibt längst Bakterien, die tausendmal giftiger sind als der japanische Todesfisch.«

Simon goss sich noch einmal nach. Er kippte den Wodka hinunter, schüttelte sich und sah Timothy mit verkniffenem Gesicht an.

»Wenn man an genügend vielen Orten solche Stämme in Umlauf setzt, kann man in kürzester Frist ganze Erdteile entvölkern.«

»Eine Mordwaffe von fast undenkbarer Scheußlichkeit«, sagte Timothy, »aber bis jetzt ist es zum Glück nur eine Spekulation, wir haben kein einziges bewiesenes Indiz.«

»Mach dir nichts vor, Tiny. Wir sind in den Kern dieses Teufelspuzzles vorgestoßen, und wenn so etwas machbar ist, dann wird es auch gemacht! Wir müssen herausbekommen, wie weit sie schon sind. Wenn sie die Waffe haben, und sei es nur in einem Zwischenstadium, dann haben sie sie auch getestet. Du musst sofort alle einschlägigen Dateien nach unaufgeklärten Massenvergiftungen, sonderbaren Seuchen und ähnlichem durcharbeiten, und ich werde –«

»Stopp, stopp!« unterbrach ihn Timothy. »Napoleon kann suchen, wir aber gehen erst einmal ins Bett. Guck mal in den Spiegel!«

»Was meinst du, wie du aussiehst?«, entgegnete Simon grinsend. »Also gut, ich genehmige uns vier Stunden, dann ist es ohnehin Zeit für meine Visite.«

11.

»Komm ins Mausoleum«, empfing Timothy Simon. »Der Braten muss noch dreißig Minuten schmoren, und Napoleon ist auch noch nicht fertig. Ihm sind die Sicherungen durchgebrannt, und ich habe so fest geschlafen, dass ich es nicht mitbekam.« Er goss zwei Gläser »Old Finch« ein.

»Prost, Bruder Simon, trinken wir darauf, dass dies die letzte Runde wird.«

»Prost, Tiny. Aber ich bin kein Bruder.«

»Was –?« Timothy blieb der Mund vor Staunen offen. Dann nahm er schnell einen Schluck, um seine Verlegenheit zu überspielen.

»Weißt du, Tiny, ich halte nichts von ideologischen Wolkenschlössern, mögen sie sich nun sozialistisch, kommunistisch, unionistisch oder wie auch immer nennen, ich bin Realist.«

»Das bin ich auch, Simon.«

»Bist du es? Du gehörst doch zu denen, die glauben, DRAUSSEN sei das Paradies auf Erden hereingebrochen, die all ihre Wünsche, Hoffnungen und Sehnsüchte nach DRAUSSEN projizieren – Illusionen, mein Lieber, Illusionen.«

»Ich glaube«, sagte Timothy heftig, »dass DRAUSSEN –«

Simon unterbrach ihn. »Das sage ich ja: Du glaubst. Du bist kein Realist, sondern ein Gläubiger. Und alle Glaubensgemeinschaften, alle Religionen und Ideologien, seit Jahrtausenden, haben ihre Sehnsüchte nach draußen projiziert: in eine ferne Zukunft, in das Leben im Jenseits oder, bei euch, jenseits der ISOLATION. Was weißt du denn, wie es da aussieht? Bist du je unter unserer Käseglocke herausgekommen? Kennst du auch nur einen, der mit eigenen Augen gesehen hat, wie es DRAUSSEN zugeht?« Simon schüttelte lächelnd den Kopf. »Ich bin sicher, sie haben noch nicht einmal die Demokratie verwirklichen können. Fünfhunderttausend Jahre Steinzeit und fünftausend Jahre Ausbeutung – das hat tiefe Spuren im Menschen hinterlassen, die sein Verhalten, sein Denken und Fühlen beeinflussen. Das reicht bis ins Unterbewusstsein und lässt sich nicht in fünfzig, nicht einmal in fünfhundert Jahren beseitigen. Glaube mir, Tiny, die haben DRAUSSEN ganz andere Sorgen als die universelle Entwicklung der Individuen, das Reich der Freiheit und die Gemeinschaft der Gleichen! Sind ihre Luft, ihr Wasser, ihr Boden so viel weniger verseucht? Schwinden ihre Wälder nicht mehr? Wachsen ihre Wüsten nicht? Verpestet ihre Industrie nicht mehr die Umwelt? Gibt es wirklich keine Wasserkriege* mehr? Sind sie in den letzten fünfzig Jahren so viel vernünftiger geworden? Vor der Errichtung der ISOLATION waren sie es noch nicht. Können sie es jetzt sein? Zwölf Milliarden Menschen und für jeden Nahrung und Kleidung, Wohnung und Ausbildung, medizinische Betreuung und – und – Sie können stolz sein, wenn sie wenigstens das Notwendigste für alle geschafft haben. Woher denn ›Überfluss für alle‹? Müssen sie nicht noch immer einen Großteil ihrer Produktion unproduktiv vergeuden, noch immer rüsten? Ich hoffe, nur gegen uns! Was mag allein die ISOLATION kosten, Tiny?« Simon hielt ihm sein Glas hin.

»Haben sie wenigstens die soziale Ungleichheit beseitigt, oder gibt es noch immer Reiche und Arme, Mächtige und Ohnmächtige, Privilegierte und Masse? Glaubst du wirklich, dass die DRAUSSEN schon dabei sind, die Träume des guten alten Marx zu realisieren?«

»Ja, das tue ich!«, sagte Timothy mit Nachdruck. »Wie sollte ich sonst dieses Leben hier aushalten? Und ich hoffe, dass ich eines Tages nach DRAUSSEN gehen kann.«

»Da würdest du dich ganz schön umgucken!« Simon lachte. »Und wenn sie wirklich gleiche Rechte und gleiche

---

* Simon dürfte hier weniger auf den Krieg zwischen den USA und Kanada um die Nutzung der nordamerikanischen Seenkette anspielen, in dessen Folge der Huron- und der Michigansee total verseucht wurden, was bekanntlich der letzte Anstoß zur Errichtung der ISOLATION um die USA war, als vielmehr auf die zu Beginn des Jahrhunderts tobenden (und bei uns, wenn auch aus verständlichen, so doch recht irrationalen Gründen – Geschichte verarbeitet man nicht durch Verdrängung – kaum noch erwähnten) »Großen Wasserkriege« zwischen Pakistan, Bangladesh und Indien um den Ganges, zwischen Argentinien und Brasilien um den Rio de la Plata, zwischen Syrien und Irak um den Euphrat und die Okkupation des Sudan durch Ägypten wegen des Nilwassers.

Chancen für alle eingeführt haben, dann möchte ich mal dein langes Gesicht sehen, mein Lieber, da könntest du nicht so luxuriös leben wie hier! Jedem nach seinen Bedürfnissen? Nimm doch mal deine als Maßstab, stell dir das nur mal vor: Camembert und Moselwein, Whisky und Lammbraten, Austern und Erdbeeren – für zwölf Milliarden! Zwölf Milliarden Urlaubsplätze – natürlich in ruhiger Abgeschiedenheit, zwölf Milliarden Luxusappartements mit Communicatoren, Videowänden und Klimaanlagen, mit Schallschutz und Superbad, Dressomat und einer Küche wie der deinen –, denk nur mal an die ungeheure Menge Energie, die du für dich allein verbrauchst, und multipliziere mit zwölf Milliarden. Nein, Tiny, das ist und bleibt nur ein schöner Traum.«

»Nein, das ist Realität«, protestierte Timothy, »die tatsächliche Welt von morgen. Ich gebe zu, es wird noch lange nicht alles verwirklicht sein, eines jedoch konnten sie sofort angehen: eine neue, wahrhaft menschliche Moral, Sittlichkeit –«

»Bei diesem Wort«, warf Simon ein, »packt mich, ehrlich gesagt, ein gelindes Schaudern.«

»Ich meine nicht Prüderie und Entsagung, ganz im Gegenteil, ich meine Achtung und Ehrfurcht vor jedem Menschen, Toleranz, Ehrlichkeit und Offenheit, Gleichheit und Wahrhaftigkeit.« Timothy hatte sich in Feuer geredet. »Das haben wir sogar hier geschafft, buchstäblich in der finstersten Finsternis: in den Katakomben des UNDERGROUND.«

»Ich gebe zu, ich bin beeindruckt von eurer Moral, Tiny. Aber der UNDERGROUND ist eine kleine, abgeschlossene Welt, eine Gemeinschaft Verschworener, dazu unter dem zusammenschmiedenden Druck der feindlichen Umwelt. Was aber geschieht, wenn der Druck von außen wegfällt, wenn sich die Kräfte im freien Spiel entfalten, in einer alles umfassenden und nicht mehr im Einzelnen, vielleicht nicht einmal im Großen zu kontrollierenden Welt? Was haben sich die Urchristen in den Katakomben von Rom erhofft! Und was haben sie bekommen? Das christliche Abendland.« Simon sah Timothy spöttisch an.

»Ich habe mit Leuten von DRAUSSEN gesprochen.«

»Waren sie zuverlässig, waren sie wirklich ehrlich, rückhaltlos offen?« Simon machte eine wegwerfende Gebärde. »Ich glaube nur, was ich selbst gesehen habe.«

»Warum machst du dann diesen lebensgefährlichen Job, wenn du so denkst?«

»Vielleicht, weil ich ein Narr bin, ein komischer Heiliger – ach, verkneif dir den Gag, Tiny, ich weiß, wie ich aussehe –, weil ich ein Kosmopolit bin, ein Weltenbürger, darum! Ich kämpfe dafür, dass die Erde erhalten und dass sie bewohnbar bleibt. Vielleicht ist sie tatsächlich der einzige Planet im ganzen Universum, auf dem intelligentes Leben entstand?« Simon hob abwehrend die Hände.

»Ich weiß, die Wahrscheinlichkeit spricht dafür, dass es auf den zehn Milliarden Galaxien auch Milliarden von Planeten mit intelligentem Leben gibt, aber noch haben wir keinen Beweis dafür, nicht den kleinsten. Im Umkreis von zwanzig Lichtjahren zumindest – das ist inzwischen sicher – gibt es nicht ein einziges Planetensystem. Und in einer Entfernung bis zu tausend Lichtjahren – höchstens! – eine Chance auf eine Sonne mit Planeten. Doch selbst wenn es Milliarden bewohnter Himmelskörper geben sollte, muss unsere Spezies nicht auf Grund ihrer spezifischen Entwicklungsbedingungen ganz anders sein als die anderen? Selbst wenn wir Menschen nicht die einzigen intelligenten Wesen im Universum sind, so doch bestimmt die einzigen unserer Art. Schon deshalb ist unsere Verantwortung, das Leben auf diesem Planeten zu erhalten, unermesslich groß!«

»In dem Punkt gibt es zwischen uns keine Meinungsverschiedenheiten«, sagte Timothy.

»Ich weiß. Das ist auch der Grund, warum ich mit euch zusammenarbeite. Wenn ihr auch unverbesserliche Träumer seid, so tut ihr doch wenigstens etwas, um der Menschheit eine Chance zu geben.« Simon lächelte. »Sag mal, ist der Lammbraten noch nicht fertig? Ich habe einen Mordshunger.«

Napoleon hatte mehrere Dutzend Katastrophenberichte zusammengetragen, einer immer bedrückender als der andere. Sie saßen schweigend da und studierten die Folien, Simon kaute auf der Unterlippe, Timothy hätte sich gerne noch einen Whisky eingeschenkt, doch er wusste, er war zu müde, und noch musste er einen klaren Kopf bewahren.

»Das hier könnte es sein«, rief Simon plötzlich so laut, dass Timothy zusammenfuhr. »Hör mal zu: ›Die Tränen des Todes – Tragödie ohne Beispiel inmitten der Muddies. – Eine bislang unbekannte und noch nicht identifizierbare Seuche hat alles Leben in der Oase Hollyoke Bluffs ausgelöscht. Die Experten der staatlichen Untersuchungskommission vermuten, dass es sich bei dem Erreger um eine spontane Mutation aus den Müllwüsten handelt, die Hollyoke Bluffs umgeben. Über der Oase wurde sofort eine Klimasphäre errichtet, um das Gebiet hermetisch abzuschließen und eine Ausbreitung der Seuche zu verhindern.‹ Ich vermute, sie haben die Klimasphäre schon vor Beginn des Tests errichtet«, kommentierte Simon, »weiter im Text: ›Der Tod muss nach Augenzeugenberichten der an den Ort der Katastrophe geeilten Mitarbeiter des Zentralen Katastrophendienstes äußerst schmerzhaft gewesen sein, denn ausnahmslos alle der einundzwanzigtausendsiebenhundertvierundachtzig Toten wiesen verkrampfte Gesichtszüge und Spuren von Tränenergüssen auf.‹ – Sterbende weinen nicht.« Simon blickte Timothy nachdenklich an.

»Die Tränen sind ein Indiz. Sie starben an etwas, das auch ihre Tränendrüsen reizte, und es gibt eine Verbindung zwischen dem Rachenraum und den Augenhöhlen. Versuch mal herauszubekommen, wer die Mitglieder der Untersuchungskommission waren, Tiny.«

Auf der langen Liste befanden sich die Namen von Gerard Pelletier, Commander Powell, Harriman Trujillo, Ingmar Halley und Saul Bottenrode.

»Brauchst du noch mehr Beweise?«, rief Simon. »Sie haben die Waffe, sie haben sie!«

»Und was tun wir jetzt?«, fragte Timothy hilflos. »Kann man überhaupt etwas tun?«

»Bei einer technischen Waffe könnte man versuchen, einen Zeitzündereffekt in die Produktion einzuprogrammieren, eine Langzeitveränderung, die erst wirksam wird, wenn die Waffe alle Kontrollen passiert hat, und die sie dann unschädlich macht, doch hier?«

Simon versank ins Grübeln. Timothy schlich auf Zehenspitzen hinaus und brühte Tee. Als er wiederkam, machte Simon den Eindruck, als sei er eingeschlafen. Plötzlich öffnete er die Augen und sah Timothy an.

»Hoffen wir, dass die Vorbereitungen noch nicht allzuweit gediehen sind. Der Massenmord von Hollyoke Bluffs liegt ja erst ein paar Wochen zurück. Wir werden sofort die DRAUSSEN informieren lassen, damit sie die Herstellung von Chlorylpanthenol einstellen und sich ein anderes Desinfektionsmittel ausdenken. Und wir müssen versuchen, irgendwie an diese verdammten Bakterien heranzukommen.« Simon lächelte müde. »Keine Angst, Tiny, dein Teil ist erledigt. Da muss ein anderer ran. Für so etwas bist du nicht der geeignete Mann.«

Sie blickten sich lange stumm in die Augen.

»Ich wünsche dir alles Glück dieser Erde, Simon«, sagte Timothy leise.

»Das werde ich auch verdammt nötig haben, Tiny!«

Timothy instruierte den Communicator, er sei verreist; nur wenn Anne sich meldete, sollte man ihn sofort wecken. Dann schlief er mit kurzen Unterbrechungen zwei Tage lang.

Anne hatte nicht angerufen, dafür Inger, jeden Tag zweimal. Timothy sandte ihr ein Communic, dass er seine Reise nach Seabridge wegen eines dringenden Auftrags leider verschieben müsse. – Und Devlin bat um Anruf. Timothy frühstückte erst einmal gemächlich. Mit Mokka. Pride Bentley hatte Wort gehalten und ein Päckchen Kaffeebohnen geschickt, dazu die Fotos und ein Anschreiben:

»Sie können Ihren Freund beruhigen. Keine der Personen ist in den einschlägigen Dateien gespeichert, mit einer Ausnahme: Einer hat Ähnlichkeit mit Ihnen, lieber Mister Truckle, und Sie sind in der Datei der Chicagoer Polizei erfasst; warum, wollte man uns nicht mitteilen. Vielleicht bekommen Sie es heraus? Noch eines: Es gibt immer noch Spatzen, zumindest in den Muddies um Cleveland, dort allerdings sind sie zur Größe von Graugänsen mutiert, und sie sollen äußerst aggressiv sein. Also Vorsicht beim Füttern!«

Timothy räumte gerade den Tisch ab, als Anne auf dem Monitor erschien.

»Hallo, Tiny, ich hoffe, du hast endlich ausgeschlafen.«

»Wann kommst du?«

»Ich bin schon in der Halle.«

»Und ich habe nichts vorbereitet!« rief Timothy. Anne war kaum vom Bildschirm verschwunden, da meldete der Communicator einen weiteren Anrufer, und der ließ sich kraft seiner Geheimdienst-Frequenz nicht abwimmeln.

»Es ist nicht so wichtig«, sagte Devlin, »aber ich wollte Ihnen doch mitteilen, dass wir die Gangster gefasst haben, die Ihren Freund kidnappen wollten. Es war ein simpler Raubüberfall ohne Hintergründe. Freischaffende Gangster. Alte Bekannte mit ellenlangen Vorstrafenlisten. Weiß der Himmel, was sie gerade bei Peaboddy vermutet haben, vielleicht Rauschgift? Der Hubjet war natürlich gestohlen –«

»Entschuldigen Sie bitte, Mister Devlin«, unterbrach Timothy, »aber ich bin furchtbar in Eile.«

»Schon gut. Nur noch eine Frage: Sind Sie mit dem Puzzle vorangekommen?«

»Ich habe es Napoleon geschenkt.«

Devlin lachte lauthals. »Ich sagte es Ihnen doch, für ein menschliches Gehirn ist es unmöglich, bis zum Kern eines Teufelspuzzles vorzustoßen.«

Der Laurin oder Umzug der Engel

1.

Der Kamin brannte! Timothy schlug sich begeistert auf die Schenkel. Er hatte nur eine Handvoll Späne aufgelegt – er musste erst noch eine Abschirmung um die Sprinkler-Automatik errichten, damit seine Wohnung nicht plötzlich von Löschschaum überflutet wurde –, aber schon die kleinen Flammen, die aus den Holzstäben züngelten, faszinierten ihn. Wann bekam man schon einmal richtiges Feuer zu sehen. Anne würde begeistert sein. Sie hatte ihm letzte Nacht voller Wehmut von den romantischen Lagerfeuern ihrer Kindheit erzählt.

Den Abzug zu bauen war nicht halb so schwer gewesen, wie Timothy befürchtet hatte. Zwar schaffte es nicht einmal der Laserbrenner, ein Loch in die Scheiben zu schneiden, doch die Mauer erwies sich als weniger fest. Ein Ventirotor zerstäubte den Rauch, so dass er unsichtbar in den Turbulenzen verwirbelte, die das »Nebraska« umtosten.

Timothy genehmigte sich einen kleinen »Old Finch«, dann ging er ins Schlafzimmer, stellte den Videomaten auf Kreation und entwarf eine Umwelt für die kommende Nacht: Eine weite Wiese voller Butterblumen, Gänseblümchen und Enzian, auf der eine milde Sonne durch lockeres Zirruswolkengespinst bizarre Lichtspiele zauberte; die Bäume rundum waren mit bunten Bändern geschmückt, die im Windhauch vibrierten. Er brauchte lange, bis er mit der Abendstimmung zufrieden war, verwarf ein halbes Dutzend Abendrot und entschied sich schließlich für eine durch mehrere Dunstschichten tauchende, vielfach changierend untergehende Sonne und eine gleichzeitig an der gegenüberliegenden Videowand aufgehende Mondsichel unter einem sternklaren nördlichen August-Himmel.

Wie gut, dass er sich die enorme Miete für eine Wohnung der Kategorie B leisten konnte, die nur mit dem »gesetzlichen Minimum« ausgestattet war, also nur akustisch und nicht auch noch optisch überwacht werden konnte. Hätten sie sich unter den Augen irgendwelcher NSA-Beamter lieben sollen? Ein unvorstellbarer Gedanke.

Timothy blickte triumphierend zu dem Kristallkäfig unter der Decke. Er hatte Stunden darauf verwendet, seinen ohnehin nicht kleinen Vorrat an Tonkonserven mit banalen Alltagsgeräuschen und Schlaftönen aufzufüllen, hatte Napoleon ein Dutzend Kristalle mit entsetzlichen Schnarchtönen produzieren lassen, und er besaß – dank Annes Hilfe! – schon seit Jahren die nötigen technischen Geräte, die es erlaubten, die Lauscher des Überwachungsdienstes mit getürkten Tönen zu überlisten. Betroffen stellte Timothy fest, dass er sich so daran gewöhnt hatte, in seinen eigenen vier Wänden nicht beobachtet und kaum noch überhört zu werden, dass er schon gar nicht mehr daran gedacht hatte, wie die anderen damit fertig wurden, welche psychischen Verformungen das Leben mit einem, wenn auch nicht real, so doch potentiell allgegenwärtigen Augenzeugen mit sich bringen musste.

Er sah auf die Uhr und erschrak. Fast vier Stunden hatte er für das Programm gebraucht. Jeden Moment konnte Anne kommen, und er hatte die böhmischen Pflaumenknödel, die er ihr zum Nachtmahl versprochen hatte, noch nicht fertig. Timothy lief in die Küche, quetschte die gekochten Kartoffeln mit Mehl und Ei zu einem festen Teig, den er dünn ausrollte und in kleine Quadrate schnitt, entkernte die Pflaumen und steckte in jede Frucht ein Stück Würfelzucker, legte die Pflaumen auf die Teigstücke und faltete sie zu kleinen Kissen. Nun musste er die Knödel nur noch in Salzwasser aufsetzen, sobald Anne kam, und braune Butter bereiten.

Der Communicator schlug an.

Ein unbekannter junger Mann, sehr elegant gekleidet, sehr höflich, erkundigte sich, ob er mit Mister Truckle verbunden sei.

»Peter Leclercq«, stellte er sich vor. »Ich bin der Leibdiener von Grandma. Ich denke, ich muss nicht erst erklären, wer Grandma Magginthy ist.«

»Nein, das müssen Sie wirklich nicht«, sagte Timothy. Wer kannte nicht Gwendolyn Magginthy, Grandma, wie sie sich selbst anreden ließ, die Chefin der GENERAL MOTORS, eines der allergrößten Konzerne der Staaten.

»Grandma möchte Sie sehen«, sagte Leclercq. »Morgen früh. Wann soll ich Sie abholen lassen?«

»Gar nicht«, erwiderte Timothy. »So leid es mir tut, aber ich habe im Augenblick nicht einmal für Grandma Zeit.«

Leclercq starrte ihn an, Mund und Augen weit aufgerissen. Solch eine Antwort hatte er wohl noch nie bekommen.

»Außerdem bin ich krank«, erklärte Timothy, »meine Klimatoleranz ist im Augenblick extrem niedrig. Der Arzt hat mir strikt untersagt, die abgestimmte Atmosphäre meines Appartements zu verlassen.«

»Grandma wird das respektieren«, sagte Leclercq. »Sie wird Sie also morgen besuchen kommen, Mister Truckle. Sagen wir, um zehn Uhr?«

Timothy schluckte. Er hatte keine Lust, auch nur eine Minute an einen Klienten zu verschwenden, selbst wenn es der Präsident der Staaten persönlich wäre. Was wusste er denn, wie lange Anne noch Zeit für ihn hatte.

»Oder können Sie es sich leisten, Grandma einen Korb zu geben?«, fragte Leclercq lächelnd.

Timothy entschloss sich, das Lächeln zu erwidern. »Natürlich nicht. Nur, ich fürchte, ich kann ihr nicht zu Diensten sein – mein Zustand, Sie verstehen?«

»Darüber wird Grandma selbst entscheiden«, sagte Leclercq und schaltete sich aus.

Timothy erzählte es Anne erst kurz vor dem Sonnenuntergang. »Glaube mir, ich will sie nicht sehen, Anne. Doch was soll ich tun? Ich muss sie wenigstens anhören. Ich werde ihr klarmachen, dass sie sich einen anderen Detektiv suchen soll, und sie so schnell wie nur möglich rausschmeißen.«

»Sei nicht unklug«, sagte Anne. »Nimm dir Zeit für sie. Ich muss morgen ohnehin für ein paar Stunden weg.«

»Wohin? Was treibst du eigentlich andauernd? Ich denke, du hast Karenzzeit!«

»Bitte, Tiny!« Anne streichelte seinen Hals und seine Schulter.

»Ja, schon gut«, knurrte Timothy. »Ich weiß: keine Fragen.«

»Ich erzähle dir ohnehin schon zu viel«, sagte Anne.

»Zuviel? Nichts! Ich kenne gerade eine Handvoll Episoden aus deiner Kindheit und die offizielle Version deiner Personality, das aber ist mit Sicherheit eine perfekt kalkulierte Mischung aus Wahrheit und Fiktion. Wo bist du eigentlich aufgewachsen? Wie hast du in all den Jahren gelebt? Wie bist du, ein Mitglied einer der ›Großen Familien‹, zu uns gestoßen – bist du tatsächlich eine Verwandte von DuMont? Manchmal zweifle ich sogar –«

Anne stoppte seinen Ausbruch mit einem Kuss. »Du weißt, ich liebe dich, ist das nicht genug?«

»Liebe auf Zeit! Liebe als Karenzzeit zwischen zwei Einsätzen. Eine Geliebte, die man nicht kennen darf.«

»Haben Liebende sich je gekannt?« Anne schob die Hände unter den Kopf und blickte in den Videohimmel, über den gerade ein Meteoritenschwarm feurige Funkenbahnen zog. »Ist nicht gerade das das Wunderbare an der Liebe, dass sie uns fähig macht, dem anderen unbegrenzt zu vertrauen, fern aller Gewissheit und zugleich voller unantastbarer Gewissheit? Es gibt ein Wort von Max Frisch, einem alten Schweizer: ›So wie das All, wie die Materie – schrankenlos, alles Möglichen voll, aller Geheimnisse voll, unfassbar ist der Mensch, wenn man liebt.‹«

»Ja, unfassbar und voller Geheimnisse, das bist du!« Timothy richtete sich auf und sah Anne in die Augen. »Ist unsere Liebe aber auch voller Möglichkeiten? Schrankenlos?« Er schüttelte verzweifelt den Kopf. »Haben wir denn überhaupt eine Chance. unsere Liebe richtig zu erleben? Ach, Anne, nie werden wir völlig eins sein dürfen, nie miteinander heimisch sein, wortlos, auch im Unterbewusstsein wissen: da bist du, so bist du – Liebe auf Abruf: eine Perversion mehr in unserer grandiosen Welt!«

»Du bist ungerecht«, sagte Anne. »Zählt Liebe nach Stunden und Tagen? Waren die großen Liebesgeschichten der Vergangenheit groß, weil sie lange dauerten? Ich denke, unsere Liebe ist gerade deshalb so einmalig, weil sie so bedroht ist. Weil wir nur dem Augenblick leben dürfen. Weil wir wissen: Jede Sekunde kann es vorbei sein. Ich empfinde sie wie ein Wunder.«

»Und ich habe Angst, Anne. Angst vor dem Augenblick, da wir uns trennen müssen.«

»Nein, Angst habe ich nicht«, sagte Anne nachdenklich, »doch wenn ich besonders glücklich bin, überkommt mich zuweilen ein schlechtes Gewissen – darf ich überhaupt so glücklich sein inmitten dieser entsetzlichen Welt?«

»Ja, wir dürfen!«, rief Timothy. »Wir haben das Recht auf unsere Liebe, auf unbedingte, totale, grenzenlose, verrückte Liebe. Wir müssen die zwölf Grundrechte um ein dreizehntes ergänzen: das Recht auf Liebe!«

»Nicht so laut, Tiny, du bringst Schneewittchen noch zum Weinen.« Anne schloss ihm den Mund mit den Fingern. »Und wenn es nur ein paar Tage sind, Tiny – ich weiß jetzt, ich habe gelebt, denn ich habe geliebt.«

2.

Gwendolyn Magginthy kam mit ihrem Leibdiener Leclercq, vier schwerbewaffneten Wächtern und Ninouche, einer riesigen Perserkatze, die ein mit Rubinen und Smaragden besetztes Halsband trug. Grandma trug ein raffiniert geschnittenes Kleid aus einem Stoff, der alle paar Minuten seine Farbe wechselte und zwischen Orange und Rot für Sekunden durchsichtig wurde. Sie war Mitte Dreißig und sah weiß Gott nicht wie eine Großmutter und auch nicht wie einer der führenden Bigbosse aus, eher wie die Geliebte ihres Leibdieners.

Timothy begrüßte sie mit einem Handkuss. Nicht, weil sie eine große Dame, sondern weil sie, wie er aus Napoleons Recherchen erfahren hatte, Mitglied der erzkonservativen Sekte »Eremiten für die Rettung Amerikas« war, die, entgegen allen öffentlich zur Schau gestellten Allüren, insgeheim einer doppelten Moral huldigten und sich in ihrem Privatleben strengste Askese und mönchische Kargheit auferlegten; man munkelte, dass einige sogar auf einem Nagelbrett schliefen wie einst die indischen Fakire. Grandma bestimmt nicht, wie das gerade durchsichtig werdende Kleid verriet.

Die Eremiten pflegten untereinander ein streng hierarchisches Kussritual, in dem genau festgelegt war, wer wen mit einfachem, doppeltem oder dreifachem Kuss auf Wange, Stirn oder Mund begrüßte, und sie wollten den Handkuss gegenüber Höhergestellten wieder allgemein einführen.

Die Leibwächter postierten sich im Etagenflur, Leclercq musste im Wohnzimmer warten, die Katze kam mit ins Mausoleum. Timothy erkundigte sich, ob er Grandma etwas anbieten dürfte. Sie lehnte ab; wenn er jedoch einen Schluck Milch für Ninouche hätte … Widerwillig opferte Timothy ein Achtelliter des kostbaren Nass. Ninouche musste auch einen eigenen Sitz bekommen, und obwohl Timothy Katzen nicht ausstehen konnte, verspürte er den Drang, ihr seidig glänzendes Fell zu kraulen. Es amüsierte ihn, dass der uralte Putzdrang aus dem genetischen Programm der Affenvorzeit durchschlug, einer halben Million Jahren Entwicklung zum Homo sapiens und seiner persönlichen Abneigung gegenüber Katzen zum Trotz. Er gab seinem Drang nach und streichelte das Vieh. Nicht, weil es Ninouche wohltat, wie sie schnurrend bekundete, sondern ihrer Besitzerin: Grandma blickte Timothy an, als ob sein Griff zum Katzenfell nur eine Übersprungshandlung sei und in Wirklichkeit ihr galt.

»Ich weiß, Sie sind krank«, sagte sie, »aber ich weiß auch, es gibt niemanden, der besser ist als Sie. Nein, Mister Truckle, widersprechen Sie nicht! Ich habe mich erkundigt, und ich bin fest entschlossen, keinen anderen als Sie zu engagieren. Notfalls warte ich ein wenig. Darf ich Ihnen meine Ärzte anbieten?«

»Danke«, erwiderte Timothy, »das wird nicht nötig sein. Was ist Ihr Problem, Grandma?«

»Ich kenne Ihren Ruf«, antwortete sie, »aber ich muss Sie trotzdem bitten, sich zu verpflichten.«

Sie öffnete den Pompadour aus schweren Goldmaschen, den sie als Handtasche trug, und holte ein Diktophon heraus. Sie hatte auch einen Text mitgebracht, dem zufolge Timothy bei Bruch der Geheimhaltungsklausel nicht nur seine Lizenz verlor, sondern auch noch eine Million Dollar Schadenersatz zu zahlen hatte. Da Timothy nicht die Absicht hatte, sie als Klientin anzunehmen, sprach er den Text ohne Korrektur und besiegelte ihn mit seinem Stimmidenticat.

»Damals, als GENERAL MOTORS und FORD die Autoproduktion einstellen mussten«,* begann sie, »haben unsere Unternehmen einen Vertrag geschlossen, der die Einzelheiten des Monopols regelt, das wir von der Regierung als Entschädigung bekamen, das Monopol für den Communicator-Service.«

»Ich weiß«, sagte Timothy. Er sagte nicht, dass er auch wusste, was GM und FORD sonst noch eingeheimst hatten. »Ich bedaure noch heute, dass Sie Communicatoren statt Autos bauen. Hätte man nicht auch für Personenwagen Elektroenergie oder Alkohol als Treibstoff verwenden können? Es gab doch vielversprechende Ansätze.«

»Wozu, Mister Truckle? Wozu noch selbst verreisen, wenn man sich durch einen Knopfdruck in Sekundenschnelle mit jedermann treffen kann? Ich halte die Communication für einen der größten Fortschritte unserer Zeit.«

»Gestatten Sie, dass ich widerspreche«, entgegnete Timothy. »Ich halte es vielmehr für eine große Verarmung, wenn man sich nicht mehr persönlich gegenübersitzt, wenn man nicht mehr reist, andere Landschaften, andere Städte, andere Menschen kennenlernt – haben Sie schon mal gehört, dass jemand einen Fremden per Communicator anspricht, einfach so? Man hockt in seinen vier Wänden, braucht sich überhaupt nicht mehr vom Fleck zu rühren: Geschäfte und Einkauf, Börse und Arbeitsmarkt, schon ein Großteil der Arbeit selbst, Informationen, Bildung, Entspannung, alles

---

* Die Produktion von Personenkraftwagen wurde in den dreißiger Jahren in den USA verboten, offiziell, um Energie zu sparen und die Luftverpestung durch Abgase zu beseitigen, in Wirklichkeit, um den Individualverkehr radikal einzuschränken und unter staatliche Kontrolle zu bekommen, da der Autoverkehr sich allen elektronischen Überwachungssystemen entzog. GENERAL MOTORS und FORD machten dabei einen ungeheuren Schnitt: Sie wurden nicht nur großzügig finanziell entschädigt, sondern bekamen auch große Anteile der Gesellschaften des Öffentlichen Verkehrs, die alleinige Lizenz für den innerstädtischen Flugverkehr und das Monopol für die gesamte Communicator-Technik und die militärischen Nachrichtensysteme. Man munkelt, dass das Verbot von den beiden Konzernen selbst angeregt wurde, die in der Autoproduktion nie über eine Profitrate von zwölf Prozent kamen und deshalb diesen »unrentablen« Zweig ihrer Multiunternehmen ohnehin abstoßen wollten.

via Bildschirm, sogar Sex und Partnervermittlung. Irgendwann hört man auf, die anderen wenigstens noch per Communicator zu besuchen und lebt mit den Welten, die die Videowände so bereitwillig ins Haus senden.«

»Gegen Video sind Sie auch?«

»Nicht gegen die kreativen Möglichkeiten, wohl aber gegen die kommerziellen Programme. Was wird denn gesendet? Eine Flut erfundener, irrealer, wirklichkeitsferner, ja, die Wirklichkeit verschleiernder Storys, Unmengen von Historienschinken oder Science-fiction, und man kann nicht sagen, was verlogener ist, das Bild von der Zukunft oder das der Vergangenheit. Und die Gegenwartsstreifen? Du meine Güte, welch verlogener Kitsch! Noch nie hat es eine Generation gegeben, die mit so wenigen menschlichen Beziehungen, aber dafür mit so vielen erfundenen Personen gelebt hat. Wenn es wenigstens noch Kunst wäre! Aber die Theater sind verschwunden, die Kinos. Anstelle von Leben und Kunst billiges Entertainment. Wenn ich nur an die Verarmung der Sprache denke! Die meisten kommen doch heutzutage mit ein paar tausend Basisworten aus. Wussten Sie, Grandma, dass die Eskimos in Alaska zweiundfünfzig verschiedene Ausdrücke für Schnee hatten?«

»Was wollen Sie, Fortschritt kostet immer seinen Preis. Communication spart ungeheuer Zeit, und Zeit ist Geld.«

»Communication erhöht die Vereinsamung des Menschen«, erwiderte Timothy heftig, »sie isoliert, sie vereinzelt ihn; aber vielleicht ist das der tiefere Sinn des Ganzen.«

»Warum sagen Sie's nicht offen; sie erleichtert die Herrschaft! Da uns hier niemand abhören kann, will ich gerne zugeben, dass das ein sehr nützlicher Nebeneffekt ist, zumal, wenn man bedenkt, dass alles, was über den Communicator läuft, auch registriert, gespeichert und jederzeit abgerufen werden kann. Aber soll ich mich darüber beklagen?« Sie lehnte sich zurück und lachte. »Ich kann davon nur profitieren. In jeder Hinsicht. Das Problem ist, dass die Armen sich keinen Communicator leisten können. Noch nicht. Ich habe gehört, dass im Kongress ein neues ›Wohlstands-Förderungs-Gesetz‹ vorbereitet wird, dem zufolge in den nächsten Jahren auch die Wohnungen der Minderbemittelten aus öffentlichen Geldern mit ›Volks-Communicatoren‹ ausgerüstet werden.«

»Sicher eine Idee von Senator Humphrey«, meinte Timothy. Humphrey war der hauseigene Abgeordnete der GENERAL MOTORS. Grandma reagierte nicht.

»Die Freiheit der Bewegung, Mobilität als eine der Grundfreiheiten des Amerikaners – war das nicht ein Slogan gerade Ihres Unternehmens?«, erkundigte sich Timothy.

»Der vernünftige Mensch passt sich der Welt an«, antwortete Grandma.

»Und der unvernünftige versucht hartnäckig, die Welt sich anzupassen! Glauben Sie nicht auch, Grandma, dass der Fortschritt der Menschheit und die Lösung ihrer Probleme schon immer und auch heutzutage entscheidend von solch ›unvernünftigen‹ Menschen abhängt und nicht von den angepassten Typen?«

»Vielleicht. Vielleicht bin ich gerade deshalb zu Ihnen gekommen, Mister Truckle?«

»Und Sie haben es vorgezogen, mich persönlich aufzusuchen«, spottete Timothy, »nicht per Bildschirm.«

»Na schön, ich gebe mich geschlagen. Kommen wir zum Geschäft. Es geht um Henry Six.«

»Um Ford?«, fragte Timothy überrascht.

3.

FORD und GENERAL MOTORS hatten seinerzeit den Markt aufgeteilt und einen komplizierten Vertrag voller Sperr-, Konkurrenzausschluss-, Stillhalte- und Wohlverhaltensklauseln geschlossen, einen unkündbaren Vertrag mit unbegrenzter Laufzeit, solange nicht eine der beiden Familien ausstarb. Gwendolyn Magginthy hatte nun den Verdacht, dass Henry Ford VI. nicht mehr lebte.

»Zumindest nicht als der alte, unverwechselbare Henry Six«, sagte sie, »und dann kann ich endlich diesen verdammten Vertrag für ungültig erklären lassen.«

»Worauf begründet sich Ihr Verdacht?«, fragte Timothy.

»Sie wissen sicher, dass Henry Six in Fordsville einen ganzen Hofstaat von Ärzten und medizinischen Alchimisten unterhält, Mister Truckle.«

»Ich habe davon gehört. Es gibt allerdings wenig zuverlässige Informationen über ihn.«

»Nicht, wenn man genügend Geld einsetzt. Alle Welt ist bestechlich, es kommt nur auf den Preis an. – Die Möglichkeiten des ›Club der Unsterblichen‹ reichten Henry Six nicht, also lud er jeden ein, der ihm einen Weg zu Unsterblichkeit und ewiger Gesundheit verhieß, denn er wusste, er würde der letzte seines Stammes sein. Ich habe keine Ahnung, ob er auch impotent war, auf jeden Fall schon immer zeugungsunfähig. Henry Six hat Unsummen in Versuche gesteckt, den genetischen Code einer Körperzelle zu aktivieren und sie so zu einer Samenzelle zu machen. Es gibt keine Jungbrunnen-Methode, die er nicht ausprobiert hat: Frischzellen- und Enzymtherapien, regelmäßiger Blutaustausch, Nieren- und Leberwäsche – er verbraucht jedes Jahr ein paar Dutzend Parabionten und hat nach und nach sein ganzes Inneres austauschen lassen. Ich weiß zuverlässig, dass er bereits das vierte Herz besitzt. Vor ein paar Wochen jedoch sind alle Scharlatane davongejagt worden, und auch der größte Teil der seriösen Mediziner ist aus Fordsville verschwunden. Warum? Sollte er ausgerechnet als sklerotischer Greis vernünftig geworden sein? Nein, Mister Truckle, ich glaube nicht an die sogenannte Weisheit des Alters. Greise werden nicht klüger, sondern verbohrter. Gestern nun habe ich erfahren, dass sich Professor Slimmerton in Fordsville aufhält; Sie erinnern sich doch an den Vanderbilt-Prozess?«

Und ob Timothy sich erinnerte. Dieser Prozess hatte monatelang die Spitzenposition in den Nachrichten eingenommen. Der Chef des Vanderbilt-Konzerns war bei einem Helikopter-Absturz ums Leben gekommen. Prof. Slimmerton hatte seinem Neffen, der bei demselben Unfall schwer verstümmelt worden war, neue Beine und einen neuen Kopf transplantiert, daraufhin wurde seitens des Neffen Anspruch auf das Vanderbilt-Vermögen erhoben, weil die so gewonnene Person »überwiegend der berechtigte Erbe« sei. Der Prozess ging durch alle Instanzen, das Oberste Bundesgericht entschied dann in einem Grundsatzurteil, dass die Identität einer Person »durch das Gehirn als der wesentlichen Eigenart eines Menschen« bestimmt würde, und wies den Anspruch ab. Slimmerton verschwand aus der Öffentlichkeit; es gab Gerüchte, dass er in einer Geheimklinik in Maine Chefgangster durch Transplantationen umwandelte, wenn sie sich nicht mehr in ihrer alten Gestalt zeigen konnten.

»Und noch zwei Leute sind in Fordsville aufgetaucht, Mister Truckle, zwei alte Bekannte von Ihnen: McCannibal und Professor Mephisto – ein Grund mehr, gerade Sie aufzusuchen.«*

»Das ist allerdings hochinteressant«, sagte Timothy. »Was will Henry Six mit diesen beiden Ganoven?«

»Das frage ich Sie«, erwiderte Grandma. »Dafür sind alle Leute aus Fordsville verschwunden, die Henry Six persönlich kannten, selbst Glover, der doch über drei Jahrzehnte Chef von Fords Polizei war und einer der wenigen, denen er vertraute. Seine gesamte Dienerschaft wurde ausgetauscht. Wir haben einige von ihnen aufgetrieben, sie wissen von nichts. Als man sie entließ, war Henry Six noch der alte.«

---

* McCannibal: eigentlich Dr. Linus McConnell, Neurochirurg, Enkel jenes Mediziners, der im vorigen Jahrhundert Aufsehen erregte, als er Plattwürmer (später Mäuse und Ratten) dressierte und das RNS ihrer Hirnzellen durch Injektion oder Teiltransplantation auf undressierte Tiere übertrug und damit scheinbar auch das erworbene Wissen. Seinen Spitznamen erhielt er, als er auf einem Kongress in London behauptete, der Brauch der Kannibalen, das Gehirn ihrer Feinde zu essen, sei also durchaus praktisch begründet gewesen. Sein aphoristischer Slogan: »Wozu studieren? Verspeisen Sie Ihren Professor.«

McConnell jr. verkündete, er habe die Methoden seines Großvaters so weiterentwickelt, dass er jedes menschliche Wissen durch Übertragung der »Gedächtnismoleküle« auf ein beliebiges Gehirn transponieren könne. Timothy hatte ihn vor Jahren entlarvt und nachgewiesen, dass er nicht nur »chirurgischen Mord« begangen hatte, wie es im Urteil hieß, sondern auch anstelle der »Gedächtnismoleküle« eine Psychodroge verabreichte, mit der er die von ihm Behandelten abhängig machte. Prof. Mephisto: eigentlich Prof. Dr. Niko Maphistopholous; ein weiterer Fall, der durch Timothy aufgeklärt wurde. Maphistopholous versuchte, den kompletten Gehirninhalt auf ein gelöschtes Gehirn zu transformieren. Er benutzte zu seinen Experimenten nicht Unfallopfer, wie er behauptete, sondern gekidnappte Personen, deren Gehirn er selbst löschte. Beide Verbrecher wurden zu lebenslänglichem Kerker und »Violet-Collar« verurteilt.

»Dass er sein Personal ausgetauscht hat, will nichts besagen«, meinte Timothy. »Vielleicht hat er herausbekommen, dass jemand für Sie arbeitete, doch nicht, wer?«

»Und warum hat er seinen Leibkoch an die Fultons verkauft?«

»Jaques Puissant?« Timothy starrte sie ungläubig an.

»Ja! Können Sie sich vorstellen, dass Henry Six Puissant hergeben würde, den letzten Koch der Staaten, der noch in Europa und Asien gelernt hat?« Sie sah Timothy bedeutungsvoll an. »Nur, wenn er kein Essen mehr braucht.«

»Das scheint mir auch die einzig denkbare Erklärung«, sagte Timothy.

»Ich sage Ihnen, Mister Truckle, irgendetwas Außerordentliches ist in den drei Wochen geschehen, in denen ich keinen Informanten in Fordsville hatte, und Sie sollen herausbekommen, was.«

»Warum ich, warum nicht Ihr Informant unter dem neuen Personal?«

»Er kommt nicht ran. Henry Six verlässt seine unterirdischen Etagen nicht mehr, und die sind hermetisch abgeschlossen – noch ein Grund, misstrauisch zu werden: Außer gutem Essen hat er doch nichts mehr geliebt als seine Spaziergänge im Park von Fordsville. Gewiss, er lebt schon seit Jahren wie ein Einsiedler, thront wie ein unsichtbarer Gott über seinem Imperium – warum aber jetzt dieses totale Versteckspiel?«

»Sind Sie sicher, dass er überhaupt noch lebt?«

»Ich habe eine Prämie von zehn Millionen Dollar für denjenigen ausgesetzt, der mir nachweist, dass Henry Six tot ist. Sollte sich niemand finden, der zehn Millionen gebrauchen kann?«

»Vielleicht ist er ein lebender Leichnam? Die notwendigen Apparaturen, ihn jahrelang in einer Überlebenslangstrecke zu erhalten, dürfte es ja in Fordsville geben.«

»Die unterirdischen Etagen sind ein einziges Klinikum«, sagte Grandma, »jeder Krankenhauschef der Welt würde neidisch werden. Sie finden dort alles, was die Medizintechnik nur erfunden hat, sogar Importe von DRAUSSEN. Einzigartig!«

»Ihre Privatklinik wird auch nicht schlecht ausgerüstet sein«, warf Timothy ein.

»Warum sollte sie? Das ist eines der Vorrechte der Macht. Sie sollten mein Angebot annehmen, Mister Truckle, nirgends werden Sie besser versorgt.«

»Ich fürchte nur«, erwiderte Timothy mit einem Lächeln, »Ihre Ärzte könnten dafür sorgen, dass ich anschließend abhängig von Ihnen bin, sozusagen mit Leib und Seele verfallen.«

»Wäre das so schlimm?« Grandma blickte Timothy kokett an, dann wurde sie schnell wieder ernst. »Henry Six ist gewiss kein lebender Leichnam! Dieser Fall wurde in dem Vertrag zwischen Ford IV. und meinem Großvater eindeutig ausgeschlossen, und auch für diesen Fall gilt meine Millionen-Prämie.«

»Warum lassen Sie Fordsville nicht einfach in die Luft jagen?«, fragte Timothy. »Jeden Tag gibt es Bombenattentate, und Sie wären Ihr Problem mit einem Schlag los.«

»Ach, Mister Truckle, wenn es so einfach wäre! Die unterirdischen Etagen sind kernwaffensicher. Nur eine Nihilationsbombe könnte sie knacken, die aber werden nicht einmal auf dem grauen Markt gehandelt.«

»Sie wollen doch nicht behaupten, dass das ein ernsthaftes Hindernis für Sie wäre.«

»Das nicht, aber der Kreis der Verdächtigen wäre sehr klein. Die Spur würde schnell zu mir führen.«

»Können Sie Henry Six nicht zu einem persönlichen Treffen zwingen?«

»Er lehnt jede Begegnung ab. Selbst als ich anbot, ihm meinen Anteil am Communicator-Monopol zu verkaufen, schickte er mir nur seinen Generaldirektor. Ich bekomme jedesmal ein sehr höflich gehaltenes persönliches Communicat, und das Stimmidenticat beweist, dass es mit seiner Stimme gesprochen wurde, doch was besagt das schon? So etwas lässt sich ja leicht manipulieren, wenn man einen Computer mit seiner Stimme gefüttert hat. Meine Anwälte haben alle Möglichkeiten untersucht, wie man ihn aus seinem Bau herauslocken könnte, sie haben sogar erwogen, Henry Six als Zeugen eines fiktiven oder eines eigens zu diesem Zweck inszenierten Verbrechens vor Gericht zu zitieren – wir sind machtlos.«

»Es ist sehr merkwürdig, dieses Wort aus dem Mund eines der mächtigsten Bigbosse zu hören«, sagte Timothy.

»Was wollen Sie, Mister Truckle, in unseren Höhen ist der Schutz der privaten Sphäre perfekt. Ja, wenn Henry Six eine niedere VIP-Kategorie hätte als ich! Aber wir sind beide SUPER TOP VIPs, das heißt, zwischen uns herrscht Parität der Privilegien und damit totaler Daten- und Interessenschutz.«

Sie saßen eine Weile still da. Grandma ließ Timothy Zeit nachzudenken, sie streichelte ihre Katze.

»Zehn Millionen sind eine große Verlockung«, sagte Timothy schließlich. »Wir können also davon ausgehen, dass Henry Six noch lebt. Die entscheidende Frage ist: Warum hat er Puissant hergegeben? Vielleicht hat er sich, aus welchen Gründen auch immer, total an einen Parabionten anschließen lassen? Dann kann es ihm egal sein, was gekocht wird, er bekäme ja doch nur die Moleküle per Blutbahn.«

»In diesem Fall wäre ich machtlos«, sagte Grandma. »Wozu dann aber Slimmerton, McCannibal und Professor Mephisto, drei auf ihre Weise geniale und absolut skrupellose Spezialisten für Chirurgie und Hirnprozesse?«

»Vielleicht kann Slimmerton neuerdings einen Kopf transplantieren, ohne dass der Betroffene zum Idioten wird, und Henry Six läuft jetzt mit dem Körper eines jungen Mannes herum?«

»Warum weigert er sich dann, mich zu treffen! Würde er sich nicht gerade zeigen, um zu demonstrieren, wie lebendig er ist, oder wenigstens wie früher Videoantworten schicken statt Communicats? Würde er es sich dann nehmen lassen, mich triumphierend vom Monitor anzugrinsen?«

»Oder man hat sein Gehirn in den Schädel eines anderen verpflanzt?«, meinte Timothy.

»Das zuverlässig zu wissen würde mir genügen, Mister Truckle. Da würde ich sofort meine Anwälte in Marsch setzen, da soll er mal beweisen, dass er noch immer er selbst ist. Warum jedoch sollte er dann Puissant hergeben? Ob Kopf- oder Gehirntransplantation, er hätte noch immer Genuss am Essen. Nein, ich vermute, dass es überhaupt keinen leiblichen Henry Six mehr gibt. Entweder, er ist nur noch eine Computerfiktion, oder er ist zum Ektopos* geworden.«

»Dann könnten Sie nichts machen, nicht wahr?«, sagte Timothy. »Nach der Entscheidung des Obersten Bundesgerichts ist die Identität eines Menschen durch sein Gehirn gegeben. Es steht nicht darin, dass er es auch in einem Körper herumtragen muss.«

Grandma grinste. »Aber es sollte verdammt schwerfallen zu beweisen, dass die graue Masse in einem Survival wirklich Henry Six ist! Das wäre ein Festessen für meine Anwälte. Wie auch immer, Mister Truckle, verschaffen Sie mir den Punkt, an dem ich ansetzen kann, um Henry Six aus den Angeln zu heben, und Sie bekommen die zehn Millionen von mir. Als Erfolgshonorar. Zusätzlich zu Ihrem normalen Honorar- und Spesensatz, versteht sich. Sind Sie einverstanden, wenn ich Sie erst einmal für einen Monat engagiere?«

»Es wäre Betrug, Sie als Klientin anzunehmen«, antwortete Timothy. »Ich weiß nicht, was ich für Sie tun könnte.«

»Nachdenken, Mister Truckle. Oder arbeiten Sie bereits für Henry Six?«

Timothy schüttelte den Kopf.

»Also zieren Sie sich nicht wie eine alte Jungfer. Ich werde Ihnen keinen Vorwurf machen, wenn Ihnen nichts einfällt, und ich werde Sie nicht drängen. Sie sollen in Ruhe überlegen. Finden Sie einen Weg, wie ich an Informationen und beweisbare Fakten komme, den Rest erledigen meine Leute.«

»Okay, ich werde mich bemühen«, versprach Timothy.

4.

»Ich habe nicht vor, auch nur den kleinen Finger für Gwendolyn Magginthy zu rühren, geschweige denn, mein Gehirn zu bemühen«, sagte Timothy zu Anne, »Napoleon mag sich ein paar Varianten überlegen. Trotzdem ist es ein sehr ak-

---

* Ektopos = außerhalb eines Körpers existierendes, aktives Gehirn, das über Apparaturen versorgt wird und mit der Außenwelt kommunizieren kann.

zeptabler Auftrag; er verschafft mir Ruhe vor anderen Klienten, die uns Zeit stehlen möchten.«

»Zehn Millionen sind Grund genug, deinen Grips anzustrengen«, erwiderte Anne. »Denk daran, dass du nicht nur um deine persönlichen Finanzen besorgt sein musst.«

»Zehn Millionen oder hundert – sie sind unerreichbar wie der Andromedanebel. Ich sehe keine Chance, mich an einen der Leute heranzumachen, die Zugang zu den unterirdischen Etagen haben, und ich selbst würde nicht mal das Tor von Fordsville passieren dürfen.« Er sah Anne spöttisch an. »Weißt du nicht, was ich tun soll? Früher hätte ich dich angerufen und um Rat gefragt. Ist deine Allwissenheit versiegt?«

»Ich war nie allwissend, Tiny. Ein Großer Bruder ist im Grunde nur eine Relaisstation. Gewiss, ich hatte direkten Zugang zu –« Sie schwieg erschrocken.

»Im Ernst, Anne, glaubst du, mein neuer Großer Bruder könnte helfen?«

»Mit Informationen auf jeden Fall, und die Sache ist wichtig genug, ihn einzuschalten. Es kann uns nicht gleichgültig sein, was mit einem der allmächtigen Herrscher der Staaten los ist. Ruf ihn an, ja?«

Timothy tat ein weiteres: Er beauftragte Smiley Hepburn nachzuforschen, wo Fords ehemaliger Polizeichef Glover abgeblieben war, und er rief bei den Fultons an und bat darum, eine »delikate Küchenfrage« mit ihrem neuen Koch besprechen zu dürfen.

»Es geht um eine Frage, die Ihnen vielleicht banal vorkommen mag«, erklärte er der Dame des Hauses, »die für mich aber von eminenter Bedeutung ist: Darf man für eine Wachtel-Casolette statt Pfifferlingen ausnahmsweise auch Steinpilze nehmen?«

Evelyn Fulton lachte Timothy nicht aus. Im Gegenteil, sie versprach, Puissant dürfe ihn anrufen, sobald er eine Minute erübrigen könne. Puissant meldete sich schon nach einer viertel Stunde, und er tat so, als habe er Timothy noch nie gesehen, doch in seinen Augenwinkeln zuckte es. Puissant hielt Steinpilze für unannehmbar, ließ jedoch in Butter gedünstete Morcheln gelten.

»Haben Sie einen Moment Zeit, mich über die letzte Mahlzeit zu informieren, die Sie für Mister Ford kochten?«, erkundigte sich Timothy. »Sie müssen wissen, dass ich an einem Almanach berühmter und außerordentlicher Mahlzeiten arbeite. Ich denke, dass dies eine Zierde meiner Sammlung sein müsste. Schließlich haben Sie Mister Ford über Jahrzehnte gedient, da ist solch ein Good-bye-Essen gewiss –«

»Ein Essen?«, unterbrach Puissant. »Eine ganze Serie! Einen Monat lang habe ich rund um die Uhr gearbeitet. Er wollte all seine Lieblingsspeisen noch einmal kosten. Zum Abschluss habe ich ihm zu Ehren ein neues Entree kreiert, ›Figue à la Ford‹: eine frische Feige, gefüllt mit einer Creme aus Roquefort, Mandelsplittern, Olivenmus und ein wenig Selleriepüree, in Folie gebacken, auf in Knoblauch gedünsteten Hummerscheiben angerichtet und mit Sauce Bâtarde serviert – ach, Mister Truckle, wenn ich je dazu kommen würde, ein Kochbuch zu verfassen –«, er zwinkerte Timothy zu, »die ›Figue à la Ford‹ würde einen Ehrenplatz einnehmen.«

»Das verstehe ich«, rief Timothy begeistert. »Es klingt phantastisch. Darf ich Sie einladen, mir Ihre Kreation einmal zuzubereiten?«

»Ich fürchte, das wird nicht gehen«, antwortete Puissant, »mein Arbeitsvertrag lässt das nicht zu. Ich gestatte Ihnen jedoch, es selbst einmal auszuprobieren. Backen Sie die Feige aber um Himmels willen nur bei mäßiger Hitze.«

»Wie kam es eigentlich, dass Mister Ford bereit war, auf Ihre unersetzlichen Dienste zu verzichten? Ich hoffe doch, dass er nicht Zungenkrebs bekommen hat.«

»Ein Mann wie Ford bekommt keinen Krebs!« Puissant schüttelte missbilligend den Kopf. »Ich weiß es nicht, Mister Truckle. Als ich ihn fragte, seufzte er nur traurig und murmelte etwas von Baseball.«

»Baseball?«, fragte Timothy ungläubig zurück. »Können Sie sich an den genauen Wortlaut erinnern?«

»Nein. Ich verstehe zwar recht viel vom Spiel, wie Ihnen bekannt sein dürfte, jedoch nur wenig von dieser Art monströser Massenspiele. Ich weiß nur noch, dass es mit Baseball zusammenhing.«

Gwendolyn Magginthy ließ Timothy nicht in Ruhe. Sie überraschte ihn in der Küche.

»Sie müssen sofort zu mir kommen«, erklärte sie. »Mein Helikopter ist schon unterwegs zum ›Nebraska‹.«

»Und mein Kuchen?« erwiderte Timothy. Er hielt die Form vor das Auge des Communicators und schob sie dann in den Herd.

»Backen können Sie auch, Mister Truckle? Sie sind ja eine Perle von Mann.«

»Ich kann mich ja bei Ihnen als Koch bewerben, wenn ich eines Tages als Detektiv nicht mehr gefragt bin«, erwiderte Timothy. »Jetzt aber kann ich unmöglich weg.«

»Haben Sie etwa keinen Automatik-Herd?«

»Automatik bei einem Gugelhupf?« Timothy schüttelte entsetzt den Kopf. Er verließ sich darauf, dass Grandma nichts vom Backen verstand. Natürlich hatte er die Automatik längst programmiert, doch er wollte nicht riskieren, dass Anne den Kuchen vorzeitig entdeckte und ihm so die Überraschung verdorben wurde.

»Ich habe etwas außerordentlich Wichtiges, das ich Ihnen nur hier zeigen kann!« Gwendolyn Magginthy machte ein Gesicht, als habe sie den Spezialcode des NSA-Hauptquartiers anzubieten.

»In einer Stunde, okay? Solange wird es ja noch Zeit haben«, sagte Timothy.

Grandma ließ sich viel Zeit. Sie führte Timothy erst einmal durch ihr Haus. Auf verschlungenen Wegen, wie er belustigt feststellte; sein Orientierungssinn registrierte unwillkürlich alle Haken. Diese Bigbosse sind doch allesamt eitel, dachte er, sie haben selten Publikum, das sie ihrer würdig finden, und viel zu viel Angst, um ihre Paläste zu öffnen, da muss selbst ein Detektiv herhalten. Timothy war nicht böse darüber. Gwendolyn Magginthy hatte etwas zu bieten: einen Spaziergang durch acht Jahrhunderte Innenarchitektur mit ausgesuchten Originalmöbeln, Gobelins, Teppichen, Gardinen, Leuchtern, Uhren und Gemälden. Timothy geizte nicht mit Lob und Begeisterungsausbrüchen, dann aber verschlug es ihm die Sprache.

Sie betraten einen fast schmucklosen Dom aus grauem

Sandstein, dessen gewaltige Schiffe von zartgegliederten Säulen getragen wurden. Orgelmusik klang auf, als sie die Tür öffneten, feurig farbiges Licht fiel durch die hohen Fenster und durch eine riesige, wunderschöne Glasrosette. Timothy fragte nicht um Erlaubnis, er setzte sich in eine Bank und ließ den Zauber des Augenblicks auf sich wirken. Er schreckte zusammen, als Grandma sich hinter ihm räusperte.

»Danke schön«, sagte er leise.

»Ich wusste, es würde Ihnen gefallen«, flüsterte Grandma. »Eine Nachbildung der Kathedrale von Laon in Frankreich. Leider ist der größte Teil nur Videoprojektion, und doch – ich kenne keinen schöneren Raum. Erhaben, nicht wahr?«

»Welche Vollkommenheit«, meinte Timothy. »Die Linien, das Licht und dann diese Musik –«

»Und der Raum, Mister Truckle, vergessen Sie nicht den Raum! Glauben Sie mir, die Räume, in denen ein Mensch lebt, haben eine starke, unterbewusste Wirkung auf ihn. Es ist ein gewaltiger Unterschied, ob man Gelegenheit hat, die Schönheit von Höhe und Weite zu genießen, oder ob man sich in engen Räumen bewegen muss. Es ist nicht bloßer Luxus, wenn wir, wie einst die Fürsten, in Schlössern leben, es verleiht ein Gefühl von Würde und Freiheit, von Macht und Sicherheit. Die Wirkung des Raumes wird von den meisten Menschen verkannt; das Unwissen darüber ist geradezu erschreckend.«

Das Unwissen ist behördlich verordnet, dachte Timothy bissig. Und vielleicht sogar barmherzig. Was half es den Leuten, zu wissen, wie sehr räumliche Bedrängnis sie verformte, wenn sie es doch nicht ändern konnten? Er wusste, warum er Unsummen für sein Appartement, vor allem für die Videowände, ausgab. Er hatte an der Universität noch den letzten Vorlesungszyklus von Professor Mosler gehört, bevor der wegen »Missbrauchs der Wissenschaft zu staatsgefährdenden Umtrieben und Aufwiegelei« verurteilt wurde.

Mosler hatte mit seinem Team jahrelang soziologische und psychologische Studien in den Chicagoer Wohnmaschinen getrieben und nachgewiesen, dass nicht nur Tiere, sondern auch Menschen oberhalb einer bestimmten Siedlungsdichte mit psychischem Fehlverhalten reagierten: mit steigender Aggression und Brutalität, Verkümmerung der Bindungsfähigkeit, selbst der Mutterinstinkte, sexuell abnormem Verhalten, Zuflucht zu Drogen und Psychopharmaka, Neigung zu unvernünftigem Reagieren, seelischer Not und Vereinsamung; die Zahl der Neurosen und anderer Nervenkrankheiten war beängstigend. Mosler hatte schon damals verkündet, der psychisch schlecht angepasste Mensch sei längst zum Regelfall geworden, und die Chance für ein Neugeborenes, einmal eine Nervenkrankheit zu bekommen, sei zehnmal so groß wie die Chance auf eine anständige Schul- oder Berufsausbildung. Aber sollte Timothy Grandma belehren?

Der Zauber der Kathedrale war verflogen, schlimmer, das Spiel von Raum und Licht, Farbe und Musik verbitterte ihn jetzt. Früher einmal hatten selbst die einfachsten Leute, sogar Bettler und Ausgestoßene, diese Kirchen besuchen können, kannten die Weite der Landschaft, des wolkenlosen Himmels, den Blick in die Unendlichkeit der Sternenwelt; heute dagegen waren Weite und Raum ebenso zum Privileg geworden wie Stille und unkontrollierbare Privatsphäre. Die meisten Menschen waren ihr Leben lang in Lärm und Enge eingeschlossen, in winzigen Wohnungen, niedrigen, von Maschinen und Geräten verstellten Werkräumen, in den Betonwüsten der Häuserschluchten, der hautnahen Überfülle der Fahrstühle, Untergrundbahnen und Flugzeuge, dem drangvollen Gewimmel der Vergnügungsparks und Showetablissements. Timothy stand auf.

»Ich vermute, Sie wollten mir nicht nur Ihre Kathedrale zeigen.« Grandma führte ihn auf dem kürzesten Weg in ein Arbeitszimmer, verschloss sorgsam die Tür, öffnete einen Identicatsafe und hielt ihm mit triumphierender Miene einen Kristall hin.

»Videographien von Fordsville. Und die Baupläne!«

Timothy studierte schweigend die Aufzeichnungen: Park, Salons und Säle, Videothek und Küche, Gänge, Fahrstühle und Treppen, aber auch ein paar Blicke in Fords Inneres Reich, alles sehr zufällig, oft verwischte Schwenks; Timothy vermutete, dass die Aufnahmen heimlich von einem Bediensteten mit versteckter Kamera gemacht worden waren. Das für ihn Wichtige, die Sicherungsanlagen und die unterirdischen Klinik-Etagen, waren nicht dabei. Die Bauzeichnungen interessierten ihn nur, weil es geheime Dokumente waren.

»Darf ich mir die einmal mitnehmen?«, erkundigte er sich. »Ich müsste sie gründlich studieren.«

»Tun Sie es! Ich lese derweilen ein wenig. Hier bei mir dürfen Sie die Aufnahmen so oft und so lange studieren, wie Sie wollen.« Gwendolyn Magginthy nahm ungeniert ein Buch zur Hand, wenn Timothy es richtig entzifferte, einen Voltaire. Er rückte seinen Sessel so vor den Monitor, dass die Kamera in seinem Jackettknopf die Pläne optimal reproduzieren konnte. Er hätte die Sache in wenigen Minuten erledigen können, doch nun musste er den Schein wahren, also ließ er jede Zeichnung ein paar Minuten auf dem Bildschirm stehen und überlegte inzwischen, womit er Anne in den nächsten Tagen erfreuen konnte. Grandma störte ihn nicht, doch als Timothy sich aufsetzte, ließ sie sogleich das Buch sinken. »Nun, Mister Truckle?«

»Die Spaziergänger im Park sind doch Slimmerton, McCannibal und Mephisto, nicht wahr? Bekommen Sie heraus, wann diese Crimeggheads* an die frische Luft gehen, und lassen Sie sie kidnappen.«

»Ach, wenn das so einfach wäre! Sie wissen doch, eine Klimasphäre ist zugleich eine perfekte Schutzglocke.«

»Kein Sicherheitssystem ist perfekt. Lassen Sie eine Havarie in der Energiezentrale herbeiführen; die Notstromaggregate werden sicher für Fords Klinikum gebraucht, so dass Fordsville für eine kurze Zeit an das öffentliche Energienetz angeschlossen werden muss. Dann könnte man gezielt einen Blackout inszenieren und die Klimasphäre gerade in dem Augenblick zusammenbrechen lassen, da die drei Ganoven im Park spazieren. In ein paar Minuten wäre der Coup gelaufen.«

»Wir haben das schon geprüft, Mister Truckle. Bei einem

---

* Crimegghead: Wortbildung aus crime = Verbrechen und egg-head (Eierkopf) = Intellektueller.

Stromausfall schaltet sich innerhalb einer halben Minute automatisch das autarke Alarmsystem ein und verwandelt Fordsville in eine Mausefalle. Zu wenig Zeit für ein Kidnapping. – Können Sie etwas mit den Bauplänen anfangen?«

»Pläne!«, rief Timothy verächtlich. »Schmuggeln Sie mich für einen Tag nach Fordsville, und ich bringe Ihnen, was Sie haben wollen, doch so –?«

»Und was wollten Sie dort tun?«

»Das weiß ich noch nicht. Aber an Ort und Stelle fiele mir gewiss etwas ein. Die meisten meiner Fälle habe ich, aller Technik und Wissenschaft zum Trotz, letztlich mit den guten alten Detektivmethoden gelöst: mit eigenen Augen sehen, mit eigenen Ohren hören –«

»Selbst wenn Sie unsichtbar wären«, sagte Grandma, »Sie kämen nicht durch die Kontrollen im Haus; den ersten Sicherheitsring könnte man überlisten, nie aber die Systeme am Eingang zum Inneren Reich.«

»Geben Sie mir eine Tarnkappe oder Laurins Mantel, und ich löse den Fall im Handumdrehen«, erklärte Timothy großspurig.

»Wie denn?«, fragte Grandma, ein Lauern lag in ihrer Stimme.

Timothy lehnte sich zurück und verschränkte die Hände im Nacken. Wenn Grandma Phantastereien hören wollte, die sollte sie bekommen. Wenigstens etwas für das viele Geld, dachte er.

»Dann könnten Sie die Klimasphäre von Fordsville durchlässig machen lassen, zum Beispiel auf die von uns erörterte Weise. Eine halbe Minute reicht zwar nicht für ein Kidnapping, wohl aber für einen entschlossenen Mann, um hineinzuschlüpfen. Ich bin sicher, im Park gibt es keine Alarmsysteme. Ich könnte dort warten, bis die Crimeggheads spazierengehen und sie belauschen.« Er kicherte. »Ich würde wie eine Mücke um sie herumschwirren; einer meiner Klienten hat mir einen ›Monofly‹ geschenkt, ein kleines Fluggerät –«

»Ich weiß, was Sie meinen, Mister Truckle, aber das nützt nichts. Es ist Ihnen offensichtlich entgangen, dass auf den Bildern immer nur einer zu sehen ist. Sie werden nur einzeln herausgelassen, und keiner von ihnen führt Selbstgespräche, das weiß ich genau.«

Timothy sah sie prüfend an. »Sie scheinen schon wieder eine gute Agententruppe in Fordsville zu haben.«

»Und was nutzt das? Sie sehen, nicht einmal eine Tarnkappe würde uns weiterhelfen.«

»Sagen Sie das nicht. Man könnte sich unsichtbar an einen der drei heranmachen und versprechen, ihn aus seinem goldenen Gefängnis herauszuholen. Keiner von ihnen wird scharf darauf sein, lebenslänglich in Fordsville einzusitzen. Und er wird nur zu gerne glauben, dass man ihn so unsichtbar und unbemerkt, wie man hereingekommen ist, hinausbringen kann.«

»Eine verlockende Idee«, sagte Grandma nachdenklich.

»Leider gibt es keine Tarnkappe«, erwiderte Timothy.

»Kommen Sie, Mister Truckle!« Gwendolyn Magginthy nahm Timothy an der Hand und führte ihn in einen ziemlich großen und nahezu schmucklosen Raum.

»Mein Mausoleum«, sagte sie lächelnd. »Wir haben zwar das Privileg, in unseren Inneren Reichen von niemandem überhört zu werden, aber ich will absolut sichergehen. Darf ich Ihnen etwas anbieten?«

»Einen der Äpfel dort«, antwortete Timothy. »Sie sehen gar zu verlockend aus.«

»Bitte bedienen Sie sich.« Grandma zog ein spitzbübisches Gesicht. Timothy sollte schnell merken, warum. Kaum hatte er den Apfel berührt, da wechselte dieser die Farbe, wurde orange wie eine Apfelsine, dann zitronengelb, grasgrün, lindgrün, blau, und jedesmal wechselte auch der Duft, den die Frucht ausströmte.

»Beißen Sie ruhig hinein«, erklärte Grandma. »Sie schmeckt so, wie sie gerade aussieht, jetzt zum Beispiel nach Pflaume. Eine synthetische Spielerei, mir gefällt es.«

»Sehr erstaunlich«, gab Timothy zu. »Würden Sie mir zwei schenken, Grandma? Ich möchte sie gerne mit nach Hause nehmen.«

»So viel Sie wollen.« Sie wies ihm einen Sessel zu. »Ich verrate Ihnen jetzt ein Top-Geheimnis, Mister Truckle. Sie sehen, wie groß mein Vertrauen zu Ihnen ist. – Es gibt ein

Gerät, mit dem man sich unsichtbar machen kann, der sogenannte ›Laurin‹. Eine Entwicklung der GENERAL MOTORS für die Armee. Wir besitzen erst ein paar Prototypen. Die Geräte sind noch zu schwer, als dass sie ein Mensch tragen könnte, andererseits haben sie einen zu kleinen Wirkungsradius, um ein ganzes Fahrzeug verschwinden zu lassen; wenn man den ›Laurin‹ allerdings auf einen ›Monofly‹ montierte –«

Timothy vergaß, in die Frucht zu beißen, die sich gerade als Apfelsine darbot. Er starrte Grandma aus zusammengekniffenen Augen an. Jetzt wurde dieser Fall brandheiß. Mochte aus Ford und Grandma werden, was wollte, den »Laurin« musste er bekommen. Und mindestens so lange, wie die Techniker des UNDERGROUND für eine Untersuchung brauchten.

»Ist das wirklich kein Märchen?« fragte er. »Wie sollte so etwas denn funktionieren?«,

»So ähnlich wie die Schallschlucker, die Sie gewiss kennen.«

»Aber mir leider nicht leisten kann«, warf Timothy ein.

»Für Ihre Wohnung? Sie sollen einen zum Werkpreis bekommen, da bleibt von den zehn Millionen noch genug übrig. – So wie dort die Schallwellen, so werden beim ›Laurin‹ die Lichtstrahlen in Bruchteilen von Sekunden analysiert und von einem computergesteuerten Frequentator mit Gegenschwingungen egalisiert, so dass sie sich an der Grenzsphäre des ›Laurin‹ zu Null aufheben. Die Interferenz ist so gering, dass das menschliche Auge sie nicht wahrnimmt, eine Kamera allerdings würde zumindest ein Flirren registrieren. Gleichzeitig wird das Bild von der anderen Seite der Sphäre ausgesendet, das hat etwas mit Holographie zu tun und mit Kompensatophorik – aber fragen Sie mich bitte nicht nach Details. Nicht, weil es streng geheim ist, ich verstehe einfach zu wenig. Ich bin kein Wissenschaftler; mir genügt, dass es funktioniert, und Sie müssen nur wissen, wie der ›Laurin‹ bedient wird.«

»Okay«, sagte Timothy. »Vertrauen gegen Vertrauen. Ich überlasse Ihnen für ein paar Tage meinen ›Monofly‹ zu treuen Händen, damit Ihre Leute –«

»Die Montage müssen Sie schon selbst besorgen, Mister Truckle. Hier bei mir. Die Sache ist so heiß, dass ich niemanden ins Vertrauen ziehen kann. Es wird selbst für mich schwer genug sein, einen ›Laurin‹ für einen Tag aus dem Labor zu bekommen.«

»Ein Tag ist zu wenig«, erklärte Timothy. »Wir müssen damit rechnen, dass ausgerechnet an dem Tag, da ich in Fordsville einbreche, keiner der drei in den Park geht. Außerdem muss ich unser Opfer zwingen, nicht nur Informationen, sondern auch Beweise mitzubringen; das kann unter Umständen bis zum nächsten Tag dauern, vielleicht sogar länger.«

»Wie wollen Sie eigentlich den Betreffenden hinausschmuggeln? Ich glaube nicht, dass ein ›Monofly‹ außer Ihnen und dem ›Laurin‹ noch einen zweiten Mann bewältigt.«

»Der Halunke soll bleiben, wo er ist«, sagte Timothy bissig. »Ich werde mir natürlich erst einmal alle Informationen anhören, das Ganze aufzeichnen und mir die Beweise zeigen lassen. Die nehme ich ihm dann einfach aus der Hand und verschwinde. Meinen Sie, dass er Alarm schlägt? Und wennschon, wer würde ihm glauben? Sie müssen nur garantieren, dass die Klimasphäre auf mein Signal hin erneut zusammenbricht. Man muss das sehr genau timen. Ich will nicht den Rest meines Lebens in Fordsville verbringen. Und noch eines: Mein ›Monofly‹ hat unnötigerweise ein paar behördlich verordnete Metallteile, die müssten Sie gegen Plast austauschen lassen. Er müsste auch absolut geräuschlos und schwingungsfrei gemacht werden. Ich möchte weder von einer Radar- noch einer Sonar-oder Sonadarkontrolle erfasst werden. Auch in Ihrem Interesse. Schon der Weg von hier zum ›Nebraska‹ und dann nach Fordsville ist voller Gefahren.«

»Ich bin mir durchaus im Klaren, was Sie für mich riskieren«, sagte Grandma. »Auch wenn es schiefgeht, sollen Sie eine Extraprämie bekommen – eine halbe Million? –, allerdings darf mit dem ›Laurin‹ nichts geschehen, sonst müsste ich das Ganze als Diebstahl arrangieren und Sie leider ausliefern.«

Du wirst mich nicht ausliefern, dachte Timothy. Du würdest mich unbarmherzig liquidieren lassen. Tote Komplizen plaudern nicht.

»Mein Pilot soll den ›Monofly‹ gleich mitbringen, wenn er Sie jetzt nach Hause fliegt, mein lieber Mister Truckle.« Grandma stand auf. Timothy verabschiedete sich mit einem Handkuss.

5.

Anne war begeistert. Nicht von dem synthetischen Obst, das amüsierte sie zwar, und sie verzehrten es, Timothy als Himbeere, Anne als Eierpflaume, doch sie fanden das Aroma enttäuschend fade, nein, Anne war begeistert von dem Gugelhupf.

»Vorsicht«, warnte Timothy. »Ich habe ihn wie einen tratitionellen amerikanischen Drei-Königs-Kuchen zubereitet; es ist eine Überraschung eingebacken, und ich möchte nicht, dass du dir die Zähne ausbeißt.«

»Ja, ich erinnere mich«, sagte Anne versonnen. »Meine Mutter hat auch solche Überraschungskuchen gebacken. Einmal fand ich einen kleinen Ring darin. Mit einem roten Glasstein. Ich habe ihn sehr geliebt.« Sie biss vorsichtig ab und betrachtete dann neugierig den Kristall, den sie in ihrem Stück Kuchen gefunden hatte.

»Was ist das, Tiny?«

»Ein Zauberstein. Ich hoffe doch, er wird dich verzaubern. Uns. Für eine zauberhafte Nacht.« Er legte die Hand auf die Brust und verbeugte sich. »Eine untertänige Gabe von Eurem ergebenen Hofkompositeur Timothy Truckle, Majestät. Welche Komposition jedoch Ihr da gefunden habt, vermag ich so nicht zu sagen.«

Es war die Komposition, die Timothy für sich »Annäherung« getauft hatte. Er hatte sie schon vor Wochen, gleich nach Annes erstem Besuch, begonnen. Ursprünglich sollte es eine 5-Kanal-Projektion werden, die alle Sinne zugleich ansprach. Timothy hatte damals sein Bett umgebaut, so dass es von kaum wahrnehmbaren, sanft wiegenden Schwingungen bis zu einem rüttelnden schüttelnden Beben zu programmieren war, hatte für teures Geld ein Tuch erstanden, das imstande war, nicht nur Kühle und Wärme, sondern auch eine ganze Skala taktiler Reize zu vermitteln, von hauchzartem Streicheleffekt bis zu haarigem Stacheln; als er jedoch feststellen musste, dass die Reizung der Geschmacks- und Geruchsnerven seinen Ansprüchen nicht genügte, dass Qualität und Vielfalt der im Handel erhältlichen Pheromone zu unzulänglich für eine befriedigende olfaktorische Komposition waren, hatte er das All-Sense-Project verworfen und sich auf die klassischen Ausdrucksmittel Bild und Ton beschränkt. Kunst zeigt sich nicht zuletzt in der Beschränkung der Mittel, sagte er sich.

Mit seinen Bild-Ton-Schöpfungen allerdings war er sehr zufrieden. Timothy hatte die ihm zugänglichen Pictotheken durchstöbert und zusammen mit Bildern seiner Sammlung, nicht zuletzt den geheimen Aufnahmen von DRAUSSEN, mehrere Programme zusammengestellt, sie ein paar Mal projiziert, dabei die Hände ganz dicht an Schneewittchen gehalten, die Töne der Sonic aufgenommen und die schönsten Varianten zusammengeschnitten.

Timothy bat Anne, sich völlig entspannt den Bildern und Tönen hinzugeben. Nur ihre Fingerspitzen berührten sich.

Die »Annäherung« begann mit einer Reise durch den Kosmos, Bildern, die eine automatische Sonde auf ihrem Flug zum Andromeda-Nebel gesendet hatte und die nun, in der Bearbeitung durch extremen Zeitraffer und Ausschnittvergrößerungen, wie die rasante Annäherung an eine Galaxis wirkten, dann an einen Stern, an die von gewaltigen Protuberanzen umzüngelte Sonne, an ihr vorbei zu einem blauen Planeten; sie stießen durch die Wolkendecken und umkreisten die nächtliche Erde, plötzlich glühten schartige Felsspitzen im ersten Sonnenlicht auf, der Tag erwachte, sie schwebten wie in einem Ballon durch die eisverkrusteten Schluchten des Himalaja-Massivs; dann barsten die Berge, ein tosendes, farbenprächtiges Schauspiel, das Feuerwerk der Vulkane von Kamtschatka; glühende Lava schoß in den Himmel, explodierte, zerstob, kroch über die Kraterwände, hastete, stürzte, verebbte zuckend in glimmend pulsierenden Zungen, verkrustete, Aschgrau, das zu mattsilbrigem Grau changierte; Eis, schartig und rissig, verschneit oder stumpfglänzend, bis die Sonne über den schnurgeraden Horizont kletterte, eine glutrote, kraftlose Scheibe, die das arktische Eis in eine riesige, blutige, nur hier und dort aufblitzende Ebene verwandelte, die unvermittelt vor ihnen aufbrach, in Schollen zerfiel, die sich zusammenschoben, zu Bergen türmten, kantig weißes Gebirge, das wieder zerbrach, Eisberge gebar, die tosend ins Meer kalbten, dippten, schaukelnd davondrifteten, auseinandertrieben, eine glitzernde Armada auf dem Weg zu unbekannten Ufern.

Sie glitten mit einem der Eisberge dahin, stiegen, der Ozean weitete sich unter ihnen: von Horizont zu Horizont Wasser, alles bedeckend, träge zuerst, dann immer bewegter; sie sanken wieder zwischen die jetzt haushohen Wellen, trieben mit ihnen einem unbekannten Ziel zu, wurden plötzlich emporgerissen, kurz bevor die gewaltigen Wogen schäumend am Ufer zerbrachen und ihre gischtigen Kronen über den Strand zerstoben, segelten in langen, sanften Kurven über ein ebenso endloses Meer von Bäumen, die der Wind in mächtigen Wellen wogen ließ, über eine Savanne hinweg zu einer Wüste, und wieder Wellen: die grellgelben Dünen der Sahara, schmerzhaft gleißend im prallen Licht, dann überschattet; unsichtbare Wolken färbten den Boden beige, stumpfes Flirren rundum: feinste Tröpfchen, ein immer heftiger werdender Guss, ein Wolkenbruch, das Trommelfeuer der Tropfen zerschoss den Sand in Tausende und aber Tausende winzige Krater; dann das Wunder der ergrünenden, aufblühenden Wüste, im Zeitraffer hervorschießende grüne Speerspitzen, eine Explosion von Pflanzen, die überall aus dem Boden sprossen, sich reckten, ihre Blätter entfalteten, Knospen bildeten, sprengten, Blüten in die Luft platzen ließen; ein Blumenfeuerwerk, eine Sinfonie von Farben und Formen, Bewegungen und Tönen; betäubender Duft zog durch das Zimmer. Sie schmiegten sich aneinander, umklammerten sich, verschmolzen, vergaßen die wundervolle Blumenwelt um sich und versanken in die Wunderwelt der Sinnlichkeit.

Dann lagen sie lange still. Miteinander verwachsen. Lichtgraue Nebelschleier wogten auf den Bildschirmen. Leise prasselten Regentröpfchen an ein imaginäres Fenster, und es duftete nach Lindenblüten.

»Bist du auch so glücklich?«, flüsterte Timothy.

»Ja, unbeschreiblich. Und – hungrig. Liebe macht mich entsetzlich hungrig, Tiny.«

»Da ich dich schon ein wenig kenne«, sagte Timothy schmunzelnd, »habe ich ein schnelles Nachtmahl vorbereitet: geschmorter Sauerampfer mit rohem Schinken und Kroketten aus Maispüree.«

»Du bist ein großer Künstler«, erklärte Anne beim Nachtisch, einer Zitronencreme, die Timothy mit einem Filigran aus Schlagsahne verziert hatte. »Und nicht nur als Koch und Liebhaber. Wirklich schade, dass du es nicht als Maler oder Musiker versuchst. Welch eine Verschwendung von Talent.«

»Ich glaube nicht, dass ich Talent zum Künstler habe«, sagte Timothy. »Im Grunde bin ich ein nüchterner Realist.«

»Du? Du hast viel zu viel Phantasie!«

»Ohne Phantasie kann man kein Realist sein. Nur mit Logik und Fakten ist die Welt nicht zu erkennen. Fakten sind mehrdeutig, und die Logik ist immer darauf aus, uns mit einem wohlfeilen Kurzschluss zu betrügen. Unsere Sinne noch mehr. Kunststück, sie stammen ja aus der Urzeit, sind gut genug für ein Leben als Tier, aber ziemlich ungeeignet und äußerst trügerisch in den Dschungeln der Zivilisation. Es bedarf schon der verschlungenen, listigen, übermütigen Seitensprünge der Phantasie, um die Realität zu durchschauen und in ihr zu überleben. Und der Kunst der Verstellung! Ach, Anne, wenn ich Talent habe, dann zum Schauspieler.« Er lächelte gequält.

»Bin ich nicht ein geradezu genialer Schauspieler? Tag für Tag spiele ich meine Rollen. Mehrere gleichzeitig! Wann darf ich sein, was ich wirklich bin: kein Superdetektiv, kein gieriger Fährtenhund, kein revolutionärer Verschwörer, kein listenreicher Kundschafter – nein, ein harmloser, argloser, freundlicher älterer Mann, der das Gute will und das Schöne liebt; warum darf ich, mit Ausnahme dieser kostbaren Stunden mit dir, nie ich selbst sein? Aber vielleicht ist Timothy Truckle längst unauffindbar hinter den vielen Fassaden seines Lebens verschwunden.«

»Ich denke vielmehr, dass du deine Lebensaufgabe gefunden hast, das unverwechselbar Eigene.«

»Wenn ich in den Spiegel blicke, erschrecke ich manchmal und frage: Wer bist du eigentlich?«

»Ein guter Mensch, Tiny. Ist das nichts?«

Timothy lachte bitter auf. »Welch eine Welt, in der die guten Menschen so aussehen! Unaufhörlich muss ich lügen und betrügen, selbst meinen einzigen Freund – gibt es denn noch einen Paragrafen im Strafgesetz, den ich nicht übertreten habe? Diebstahl, Einbruch, Betrug, Nötigung, Erpressung, Kidnapping – nein, Kidnapping noch nicht.«

»Aber für eine gute Sache, Tiny!«

»Dass man mit solchen Waffen kämpfen muss!«, rief Timothy. »Anne, ich habe oft Angst, dass wir unseren Gegnern zu ähnlich werden und dass man uns eines Tages kaum noch unterscheiden kann. Mit diesen Händen habe ich getötet, direkt und indirekt, und nicht nur einmal. Ekelt es dich nicht vor meinen Händen?«

»Man kann nicht das Gute verwirklichen wollen und zugleich ein guter Mensch sein; das eine schließt das andere aus.«

»Bin ich ein Gott, dass ich mir anmaßen darf, die einen zu retten und die anderen zu vernichten? Wie oft aber stehe ich vor solch einer Entscheidung … Wie selten kann ich es mir leisten, einfach anständig zu sein, denn mein Anstand ist die beste und billigste Waffe, die meine Feinde gegen mich haben. Warum muss ich unaufhörlich hassen, wo ich doch nichts als lieben möchte? Warum werfen wir nicht alles hin und verkriechen uns, Anne? Lieben uns, bis ans Ende unserer Tage, wie es in der Bibel heißt. Nicht ›Do or die‹ sollte unsere Losung sein, sondern ›Live to love‹! Wir aber zittern vor dem Augenblick, da du fort musst. Vielleicht für immer. Ich will, dass wir uns nie mehr trennen, verstehst du? Nie mehr!«

»Das will ich doch auch.« Anne nahm seine Hände und streichelte sie. »Bestimmt findet sich ein Weg. Aber nicht durch Fahnenflucht. Könnten wir glücklich werden, wenn wir davonliefen, Tiny? Hör zu: ›Was sind das für Zeiten, wo / Ein Gespräch über Bäume fast ein Verbrechen ist / Weil es ein Schweigen über so viele Untaten einschließt?« Anne schloss die Augen und konzentrierte sich. »›Ihr, die ihr auftauchen werdet aus der Flut / In der wir untergegangen sind / Gedenket / Wenn ihr von unseren Schwächen sprecht / Auch der finsteren Zeit / Der ihr entronnen seid – / Auch der Hass gegen die Niedrigkeit / Verzerrt die Züge – / Auch der Zorn über das Unrecht / Macht die Stimmen heiser. Ach, wir / Die wir den Boden bereiten wollten für Freundlichkeit / Konnten selbst nicht freundlich sein / Ihr aber, wenn es soweit sein wird / Dass der Mensch dem Menschen ein Helfer ist / Gedenket unser / Mit Nachsicht.‹ Das hat vor über hundert Jahren ein deutscher Dichter geschrieben, Brecht.«

Sie saßen schweigend, bis Timothy aufstand, das Geschirr abzuräumen. »Du kennst offensichtlich viel von deutschen Dichtern«, meinte er.

»Von meiner Großmutter, sie ist drüben aufgewachsen. Ihr verdanke ich, dass ich so vieles lesen durfte, dass ich die Literatur lieben lernte.«

»Eine gefährliche Liebschaft.«

»Ach, nicht in diesen Familien!«

»Ich vergesse immer wieder, dass du aus dem DuMont-Clan stammst. Dass eine wie du ein Bruder wurde –«

»Ich finde es seltsam, dass nicht viel mehr Kinder der Großen Familien zu Revolutionären werden, nicht nur aus Opposition gegen die herrschende Generation, aus dem Wissen über die wirklichen Dinge; nirgendwo sonst bekommt man so viele Informationen.«

»Ja«, warf Timothy ein, »der Satz ist umkehrbar: ›Wissen ist Macht‹ und ›Macht ist Wissen‹. Trotzdem –«

»Und ich werde es dir nicht verraten«, unterbrach Anne.

»Ich weiß schon«, knurrte Timothy, »miteinander schlafen – gut, aber ja keine Intimitäten.«

6.

»Hörst du mir überhaupt zu?«, schrie Smiley. »Ich denke, du wolltest Glover dringend haben?«

»Ich höre ausgezeichnet«, erwiderte Timothy, »du brauchst nicht zu brüllen.«

»Entschuldige. Zu blöd, dass dein Bildgeber gestört ist.«

»Ich rufe zurück, Smiley. Die Sache will gut überlegt sein.« Timothy hatte den Bildgeber ausgeschaltet, damit niemand zufällig Anne sah. Er wartete das Ende des Frühstücks ab, bevor er sie in das Mausoleum bat. Anne sperrte Mund und Augen auf, als er ihr von dem »Laurin« erzählte.

»Und das hast du mir so lange verschwiegen?«

»Du bist nicht mehr mein Großer Bruder«, verteidigte sich Timothy, »den habe ich natürlich sofort informiert.«

»Ich weiß schon«, sagte Anne, »miteinander schlafen … Ja, du hast recht, Tiny. Warum aber sagst du es mir jetzt?«

»Ich brauche deinen Rat. Die Situation ist verdammt vertrackt. Den ›Laurin‹ müssen wir haben, klar, aber es wäre Wahnsinn, in Fordsville einzubrechen. Wenn es dreist dreißig Sekunden dauert, bis sich nach einem Blackout das Alarmsystem einschaltet, das Risiko ist entschieden zu groß. Andererseits ist mein Risiko auch nicht gerade gering, wenn ich Grandma nichts liefere. Gewiss, ich könnte ein Versagen des ›Laurin‹ vortäuschen, aber eine Frau wie Gwendolyn Magginthy zu enttäuschen ist äußerst gefährlich.«

»Das ist es auch, wenn du ihr Informationen lieferst, Tiny! Der ›Laurin‹ verändert die Situation grundlegend. Du bist dann ein gefährlicher Mitwisser dafür, dass sie die Armeeführung hintergangen hat.«

»Ich weiß, Anne. Aber darf ich aus Angst um meinen schönen Hals darauf verzichten, den ›Laurin‹ in unsere Hände zu bekommen?« Timothy starrte lippenkauend auf seine Finger.

»Wenn ich den ›Laurin‹ unversehrt wieder abliefere und Grandma die Informationen bringe, wird sie mich vielleicht in Frieden lassen. Vielleicht gelingt es mir auch, bei der Übergabe heimlich ein paar Aufnahmen zu machen, mit denen ich sie davon abhalten kann, auf dumme Gedanken zu kommen.« Timothy lächelte. »Das wäre eine Art Lebensversicherung, zumindest gegenüber Anschlägen der GM. Wie auch immer, ich brauche Informationen über Henry Six!«

»Und wie willst du die beschaffen?«

»Smiley hat den ehemaligen Polizeichef von Ford entdeckt. Er versteckt sich in den Nolands von Maywood,* das heißt, er weiß etwas, das ihn den Kopf kosten kann. Siehst du eine Chance, ihn von unseren Leuten kidnappen und hinausbringen zu lassen? Smiley passt, und Gangster will ich nicht anheuern; die Gefahr ist zu groß, dass sie Glover in einer kritischen Situation einfach umlegen.«

Anne überlegte eine Weile, dann schüttelte sie den Kopf. »Es gibt so gut wie keine Brüder in den Nolands. Wer dort landet, ist in der Regel für uns verloren, und wer dennoch zu uns stößt, will verständlicherweise so schnell wie möglich dort weg. Gewiss, wir haben Informanten, aber ein Kidnapping –?«,

»Dann bleibt mir wohl nichts anderes übrig, als selbst nach Maywood zu fahren. Wenn Glover mit jemandem spricht, dann vielleicht mit mir. Ich habe ihm ein paar Mal aus der Klemme geholfen.«

»Es muss doch noch eine andere Lösung geben, Tiny!«

»Welche denn, Anne? Meinst du, ich habe Sehnsucht nach dieser lausigen Gegend? Aber es muss schnell etwas passieren. Bevor Glover woanders untertaucht. Oder umkommt. Außerdem fahren täglich Leute in die Nolands, ohne dass ihnen etwas passiert.«

Smiley kannte sich gut in Maywood aus; er bekam gar nicht so selten Aufträge, die ihn in die Nolands führten. Er wurde erst ängstlich, als Timothy ihm verriet, was er als Ausrüstung mitführen wollte. »Du und deine Spezialausrüstungen!«, sagte er wütend. »Denk an unseren Ausflug in die

* Nolands = unkontrolliertes Gebiet, abgeleitet von no man's land = Niemandsland, zumeist städtische Gebiete, die von der Regierung als unkontrollierbar aufgegeben wurden, vom UNDERGROUND aber nicht besetzt werden konnten. Maywood: Stadtteil von Chicago.

Funny Hills. Ich habe keine Lust, wieder bei der NSA zu landen, weil man uns für Agenten des UNDERGROUND hält.«

»Ich denke, in den Nolands gibt es weder Polizei noch NSA-Beamte?«, konterte Timothy.

»Aber unterwegs und an der Grenze um so mehr. Und gnade uns Gott, wenn man uns in Maywood für Bullen hält. Hör zu, Tiny: Dies ist eine Sache, von der du keine Ahnung hast. Wenn wir zusammen nach Maywood gehen, dann unter der Bedingung, dass ich das Kommando habe und du mir versprichst, aufs Wort zu folgen. Du bist mir zu extrem: entweder zu ängstlich oder zu leichtsinnig.«

»Nicht so leichtsinnig, nackt in die Nolands zu gehen!«

Erst nach langen Verhandlungen einigten sie sich auf eine Stungun; eine Betäubungswaffe musste jeder Polizist bei einem lizenzierten Detektiv, der in die Nolands ging, als unverdächtig durchgehen lassen. Außerdem engagierten sie die Brüder Spencer als Leibwache.

»Wir fahren mit einer Touristengruppe«, erklärte Smiley, »und du benimmst dich wie ein normaler sensationslüsterner Gierhals, okay? Sobald wir uns absetzen, sage ich dir Bescheid.« Er blickte Timothy prüfend an. »Versprichst du mir, dass du alles tun wirst, was Papa Smiley sagt, Kleiner?«

Timothy versprach es ihm in die Hand.

Ein Aerobus brachte sie an die Grenze. Vor der trotz des Tageslichts von Hallogenscheinwerfern gleißend hell ausgeleuchteten Station sammelten sich die Touristen, ausschließlich Männer, die meisten von ihnen schon über Vierzig, die Mehrzahl Schaulustige, die einmal den Nervenkitzel eines Tagesausflugs in die berüchtigt-exotischen Nolands erleben wollten und die lauthals über die zu erwartenden Sensationen mutmaßten, denn der Ausflug war eine »Überraschungsreise«, deren Programm nicht bekanntgegeben wurde.

Schwer bewaffnete Doppelstreifen liefen mit grimmigen Gesichtern herum und musterten alle misstrauisch. Die Grenzanlagen wirkten unüberwindlich: acht Meter hohe Betonmauer, davor breite Streifen mit Stacheldrahtgebüsch, dichtem Gestrüpp von hochgiftigen Kobaltpaffern und Sensorminen, über die sich die verchromten Gerüste der Radar-, Sonar- und Sonadarkontrollen erhoben; die breiten, hermetisch schließenden Torflügel aus spiegelndem Stahl sahen wie der Eingang eines Banksafes aus. Smiley grinste, als er Timothys beeindruckte Miene sah.

»Ein paar hundert Meter weiter kannst du einfach hinüber spazieren«, flüsterte er. »Die Grenze ist löchrig wie ein Schweizer Käse. Alle wissen es, und alle tun so, als gäbe es das nicht.«

»Und warum gehen wir nicht da hinüber?«

»So ist es unauffälliger. Auf die Touristen achtet kaum noch einer. Sie werden in Bussen durch ein paar ausgewählte Straßen gekarrt und dürfen nur an bestimmten Orten aussteigen.«

Als Erstes wurden die Teilnehmer eines »Drei-Tage-Risikotrips« aufgerufen. Ein Dutzend abenteuerlich gekleideter Figuren sammelte sich um den Reiseleiter. Sie blickten sich schweigend an. Einer von ihnen würde die Nolands nicht wieder lebend verlassen, wer? Wahrscheinlich wusste es auch der Reiseleiter zu diesem Zeitpunkt nicht, damit er sich nicht verraten konnte. Die Entscheidung fällte ein Zufallsgenerator, ebenso den Zeitpunkt und die Todesart. Es waren nicht die einzigen Todeskandidaten. Smiley machte Timothy auf ein paar Männer aufmerksam, die einsam und völlig in sich gekehrt in dem Trubel standen, als seien sie allein auf der Welt.

»Selbstmörder, die ihren Tod noch auskosten wollen«, erklärte Smiley. »Sie werden in irgendeiner Ruine aufeinander losgelassen. Mit der Buchung bekommen sie eine Garantie, dass Überlebende vor Einbruch der Dunkelheit liquidiert werden. Natürlich heißt es anders. In dem Vertrag steht ›Scharfschieß-Lehrgang‹ und ›garantiertes Erreichen des Ausbildungszieles‹. Es gibt Reiseunternehmen, da kannst du unterderhand auch einen Mord buchen; irgendein armes Schwein wird dir dann vor die Waffe getrieben. Es gibt fast nichts, was es in den Nolands nicht gibt.«

Timothy schüttelte sich. Die Moral des »anything goes«, durch die Chicago schon im 19. Jahrhundert berüchtigt war, schien in den Nolands traurige Rekorde aufzustellen. Als Nächstes wurde eine Gruppe aufgerufen, die eines der illegalen Oldsmobile* besuchen wollte, der Lautsprecher machte kein Hehl daraus, und die Ordnungshüter taten, als hätten sie nichts gehört. Es waren sieben ausgemergelte, verwitterte, nachlässig gekleidete Gestalten, denen man ansehen konnte, dass sie alle anderen Möglichkeiten des Sinnesrausches schon hinter sich hatten.

Dann kamen ihre Busse. Bud und Sidney Spencer boxten sich durch und besetzten die erste Reihe eines Obergeschosses, so dass Timothy und Smiley sich nicht in das einsetzende Gedränge werfen mussten. Timothy betrachtete neugierig den rundum verglasten Wagen; er hatte noch nie in einem Rädergefährt gesessen. Die städtischen Busse benutzte nur, wer sich nichts Besseres leisten konnte, und die unterirdischen Metro-, Interurbia- und Transurbiazüge liefen auf Magnetkissen. Der Reiseleiter versicherte über Lautsprecher, dass es keinen Grund gäbe, diesem »etwas ungewöhnlichen Transportmittel« zu misstrauen.

»My bus is my castle«, sagte er. »Die Sight-seeing-Busse sind absolut einbruchs-, kugel-, gas- und strahlensicher. Sie werden von zwei voneinander unabhängigen Elektromotoren angetrieben, die Energie liefern zwei autarke Atombatterien. Es kann nichts passieren, selbst wenn man uns unterwegs anhält: Die Tanks enthalten ausreichend erstklassige Luft, und die Bar im hinteren Untergeschoss hat genügend Vorräte, um notfalls drei Tage in relativem Luxus überleben zu können. Also starten wir nach Andyland.«

Er erklärte mit den üblichen geistlosen Witzeleien, warum die Nolands auch Andyland genannt würden und was unter den verschiedenen Andymen, den Handymen, Candymen und Pandymen, Sandymen, Scandymen, Spandy-

---

* Oldsmobil = Gerät zur elektrischen Reizung der Lustzentren durch ins Gehirn eingeführte Sonden. Benannt nach dem amerikanischen Physiker James Olds, der 1953 die ersten Lustzentren in der Nähe des Hypothalamus entdeckte. Die Oldsmobile wurden auf Betreiben der Pharma-Konzerne als »inhuman« verboten. Natürlich gibt es sie auch in den staatlich kontrollierten Gebieten, jedoch nur zu immensen Preisen als private Anlagen und in einigen der Top-Clubs der oberen Zehntausend.

men und Standymen, unter Vandymen und Wandymen zu verstehen sei.*

Die Route führte durch breite, ehemals sicher prächtige, jetzt jedoch verwahrloste, schmutzige Straßen. Nirgends mehr ein intaktes Haus. Fenster und Türen waren, wenn überhaupt, mit Pappe, Plast- oder Blechtafeln verschlossen. Weder Läden noch Gaststätten. Besonders auffallend: nirgends Reklame. Eine geradezu wohltuende optische Stille gegenüber den schreienden Farben, Lichtern und Tönen der Chicago ansonsten überwuchernden, alle Nischen besetzenden Werbung. Farbtupfer in diesem Grau in Grau boten nur Vernichtung und Verfall, Rost und Nickelfraß, Chromverätzungen und die tausend Nuancen der Plastpest, Reste abblätternder Farbe und die zumeist abenteuerlichen Kleidungsstücke der wenigen Menschen, die mit fast peinigender Langsamkeit durch die öden Straßen schlichen. Und die Feuer.

Timothy war bald aufgefallen, dass es hier, wo doch nicht einmal die elementarsten städtischen Dienste aufrechterhalten wurden, so wenig Müll gab, weit weniger als in den Slums der Underdogs, in denen gerade die Müllabfuhr immer wieder versagte. Gewiss, was der eine wegwarf, konnte vielleicht noch ein anderer gebrauchen, dann aber beobachtete er, dass die Leute mit schon automatisch anmutenden Bewegungen im Vorbeigehen mit langen Stöcken alles auffischten, was herumlag, es kurz betrachteten und einsteckten – alle hatten irgendeine Art Sack oder Beutel bei sich – oder im Weiterschlendern dem nächsten der überall glimmenden Feuer übergaben, eine einfache, aber äußerst wirkungsvolle Form von öffentlicher Hygiene, die die

* Andyland: wahrscheinlich von den verschiedenen -andyman abgeleitet. Handyman – Gelegenheitsarbeiter. Candyman: urspr. Süßigkeitenverkäufer, Drogenhändler. Pandyman: von pander = Kuppler. Sandyman: von sandy = fahl, strohblond; Bezeichnung für Drogensüchtige, da bestimmte Rauschgifte zu Pigmentverfall führen (daher auch: Albino, Rotauge, Bleichgesicht u. a.). Scandyman: von scandal und scant: knapp = Schwarzhändler; in den Nolands allgemein für Händler von Lebensmitteln, Wasser und Energie gebraucht. Spandyman: von to spin = sich drehen, taumeln, und spent = erschöpft, ermattet. Standyman: von to stand for = sich bewerben, über sich ergehen lassen. Vandyman: von vandal = barbarisch. Wandyman: von to wander = unstet umherziehen, und wanted = behördlich gesucht.

Angst vor Seuchen den Andymen aufgezwungen haben mochte.

Das Straßenbild veränderte sich. Nicht, dass die Häuser jetzt besser erhalten waren, doch nun waren mehr Menschen unterwegs, und die ersten Straßenhändler mit Bauchläden tauchten auf.

»Auch ein Sieg über die Allmacht der Konzerne«, kommentierte Smiley bissig, »Rückkehr zur freien Marktwirtschaft: Alles wird von allen auf der Straße gehandelt!«

»Was ist mit Wasser und Energie?«, erkundigte sich Timothy.

»Einige Unternehmen unterhalten Zapfstellen und vergeben Konzessionen an Scandymen, die Wasser und Gas in Flaschen abfüllen oder Batterien aufladen. Das ist alles. Und es kostet ein Vielfaches dessen, was unsereins schon berappen muss.«

»Niemand ist so arm, als dass nichts mehr an ihm zu verdienen wäre«, knurrte Timothy.

Die ersten Wandbilder tauchten auf. Der Bus stoppte jedes Mal, damit die Touristen Aufnahmen machen konnten. Jetzt verstand Timothy, warum oft so schwärmerisch von diesen Bildern gesprochen wurde: phantastische, surrealistische Gemälde von eigenartiger Farbgebung, von fremdartiger, unirdischer Schönheit, Bilder, die nur dem Unterbewusstsein völlig von Drogen verformter Gehirne entspringen konnten, Produkte absolut schranken- und hemmungsloser Phantasie, Orgien psychedelischer Räusche. Was auf den Reproduktionen nur befremdlich oder abstoßend gewirkt hatte, leuchtete hier, in dieser von Gott und den Menschen verlassenen trüben Betonwüste, zu höllischer Pracht auf.

Dazu die Noland-Sgraffiti, zumeist mit Spraydosen auf Wände gesprüht, rohe, barbarische Zoten, aber auch feinfühlige und tiefsinnige Wortspielereien: »Pinks of punks« oder »We are all strangers in estrangement«, Losungen des 20. Jahrhunderts prangten hier in ungebrochener Lebendigkeit: »Make love but pove« oder »Stop the world, I want to jump« und immer wieder »Death is so permanent!«. Dann, in riesengroßen Lettern an einer Giebelwand, wie die Summe aller Erfahrungen: »Oh, mankind, what a progress: from stone age to stone cage!«*

Ja, dachte Timothy, die Sprache der Phantasie und die Phantasie der Sprache sind oft das Einzige, was den Deklassierten bleibt. Und wie vielen nicht einmal das. Ausbeutung und Verelendung, das hieß ja längst nicht mehr nur körperlicher Verschleiß und materielle Armut, das äußerte sich vor allem in der massenhaften psychischen Verelendung. Von relativ harmlosen Psychosen, die irgendwann fast jeden trafen, bis zum Wahnsinn. Ein nicht geringer Teil der Menschen da draußen bestand aus Spandymen, mehr oder weniger Irren, die aber noch klar genug gewesen waren, vor dem unbarmherzigen Zugriff der psychiatrischen Polizei in die Nolands zu flüchten, oder die von ihren Verwandten dorthin gebracht worden waren, bevor man sie als »lebensunwert« eliminierte; denn wer so weit zerbrochen war, dass er nichts mehr »wert«, das heißt nicht verwertbar war, wer nicht mehr als »Oddjobber« gelten konnte, sondern als »Gutjobber« eingestuft und auch nicht als »Q-5-Checkneck« angenommen wurde,** der hatte nicht nur im übertragenen Sinn keine Existenzberechtigung für diese Gesellschaft mehr, sondern verlor die Lebenslizenz, es sei denn, er gehörte zu einer der privilegierten Familien, oder seine Angehörigen waren wohlhabend genug, ihn für den Rest seines Lebens zu verstecken.

---

* Etwa: Blumen des Mülls. / Wir sind alle Fremde in (dieser Welt) der Entfremdung. / Macht Liebe statt Armut (poverty). / Halt die Welt an, ich will aussteigen. / Der Tod ist so allgegenwärtig! / Oh, Menschheit, welch ein Fortschritt: von der Steinzeit zu Steinkäfigen!

** Oddjobber = Gelegenheitsarbeiter. Outjobber = Arbeitsunfähiger. Checkneck = Probierhals. In Anlehnung an die Color-Collars gebildete Bezeichnung für Wohlfahrtsempfänger. Wer eine derartige Unterstützung bewilligt bekommt, muss sich als Testperson für Erzeugnisse der chemischen und pharmazeutischen Industrie zur Verfügung stellen, die dafür einen Teil des Budgets der Öffentlichen Wohlfahrt übernimmt. Im Gegensatz zu den sonst verwendeten Sträflingen haben Check-necks den Vorteil, dass sie in einem normalen Milieu leben. Ihr Hauptrisiko liegt weniger in akuten Schädigungen als in Spätfolgen, besonders Gen-Schäden und Krebs. Q-5: niedrigste Stufe. Das Q (Qualifikation) wird vom Volksmund Quandary = beschissene Lage genannt.

7.

Der Bus hielt. »Flohmarkt«, tönte es aus dem Lautsprecher. »Eine Stunde Aufenthalt.«

»Hier auf dem Markt können Sie sich ungefährdet bewegen«, erklärte der Reiseleiter, »bitte verlassen Sie das Gebiet jedoch unter keinen Umständen! Und denken Sie daran: In den Nolands werden weder Kreditkarten noch Schecks akzeptiert. Wer es vergessen hat, kann bei mir Bargeld erhalten. Zahlen Sie möglichst nur mit Münzen, und lassen Sie nie größere Geldbeträge sehen!«

»Wieso behauptet er, dass man ausgerechnet hier ungefährdet sei?« Timothy zeigte auf die finsteren Gestalten, die mit unbewegter Miene die Busse anstarrten.

»Die Reiseunternehmen schließen Verträge mit den Vandymen ab, die den Markt kontrollieren«, antwortete Smiley.

»Verduften wir hier?«

»Vielleicht. Wahrscheinlich aber erst später.«

»Dann bleibe ich im Bus. Die Luft hier drinnen ist bestimmt besser, und ich weiß genug über Elend, ich muss es nicht auch noch aus der Nähe begaffen.«

»Komm, Tiny! Es würde auffallen, wenn wir uns nicht wie normale Touristen benehmen.« Smiley zerrte Timothy am Ärmel hoch. »Wir passen schon auf dich auf.«

Bud und Sidney Spencer hielten sich dicht hinter ihnen. Es gab weder Stände noch Wege wie sonst auf Flohmärkten. Die Andymen standen einzeln herum, und zwischen ihnen gab es genügend Platz, um ungehindert hindurchzulaufen. Die Spencers hielten Teleskopruten in der Hand, um jeden wegzuscheuchen, der zudringlich werden wollte, doch niemand bedrängte sie. Man musterte sie nur abschätzend, und erst wenn sie sich einem Andyman näherten, griff der in seinen Beutel und zeigte, was er anzubieten hatte; zumeist aus Abfällen gefertigte Souvenirs, die oft überraschenden Einfallsreichtum und künstlerischen Sinn für Formen und Farben bewiesen, aber auch original verpackte Waren, sogar elektronische Geräte und Bausteine. Obwohl das mit Sicherheit Diebesgut war, wurden die Sachen nicht billig angeboten; in den Nolands mochte es zwar alles geben, doch alles musste illegal hierhergebracht werden.

Timothy hatte erwartet, dass es in den Nolands jede Form der Prostitution geben würde, aber er war doch entsetzt, was für Dienstleistungen ihm mit ungerührter Miene angeboten wurden, ein entsetzliches, deprimierendes, grausames Spektrum nicht nur sexueller Perversionen, am stärksten jedoch erschütterten ihn die Transplantations-Offerten.

Violets, die hierher geflüchtet waren, um sich nicht einen im Gerichtsurteil festgelegten Teil ihres Körpers abnehmen zu lassen, boten nun, nur um wieder aus den Nolands herauszukommen, als Ultima irratio jedes Organ und jeden Teil ihres Körpers freiwillig an. Sie entblößten den violetten Streifen am Hals und hielten ihnen die Certificate hin, um nachzuweisen, dass sie als gesunde Organspender klassifiziert worden seien. Ihre Preise waren hoch, gewiss wollten sie sich eine »Tote Seele« kaufen;* andere dagegen, zumeist keine Violet-Collars und oft schon grausam verstümmelt, hatten derart niedrige Preise, dass sie durch den Verkauf eines Teils ihres Leibes bestimmt nur das Geld für Rauschgift erwerben wollten.

Im Erdgeschoss einer Warenhausruine an der Südseite verkauften fliegende Händler Medikamente. Auch Reisende aus ihrem Bus musterten die ausschließlich in versiegelten Originalpackungen ausliegenden Waren. Timothy wunderte sich nicht über den Andrang. Krank werden bedeutete leicht Gefährdung oder gar Verlust des Arbeitsplatzes, also unterdrückten viele die Krankheit, solange es ging, behandelten sich selbst oder zahlten zwar die Arzthonorare, holten die Medikamente jedoch in einem der halblegalen »Black Drugstores« oder in den Nolands. Zu einem Bruchteil des Preises, weil hier die Gewinnspannen der Apotheken und der Ärzte wegfielen, die am Profit der von ihnen verordneten Medikamente beteiligt waren. Die

---

* Da es unmöglich ist, Identicats zu fälschen, bildete sich schon kurz nach ihrer Einführung ein Markt mit »Toten Seelen«: Beamte, vor allem der Psycho-Polizei, verkaufen zu horrenden Summen die Identicats von Toten, die sie nicht abgebucht haben. Die Käufer werden dann nicht selten von denselben Beamten, die sie ja jederzeit durch die Dateien aufspüren können, erpresst.

Pharmakonzerne, die natürlich auch die illegalen Händler belieferten, profitierten aber immer noch genug. Gewiss, man konnte auch in eine der Öffentlichen Kliniken gehen, doch bei der »PUBLIC HEALTHFARE« lief man immer Gefahr, krank geschrieben und dann dementsprechend kontrolliert oder in eine Klinik eingewiesen zu werden.

Ein Mann rief mit leierndem Tonfall sein Angebot aus: »Rent a kill! Rent a kill!«* Timothy erkundigte sich nach Einzelheiten. Der Mann wollte sich nicht, wie Timothy vermutet hatte, als Mörder verdingen, sondern ihm ein Mordopfer nach Wahl liefern, das Timothy dann »ganz in der Nähe« unbehindert und natürlich ungestraft umbringen könne.

»Bei mir können Sie auch alle notwendigen Geräte oder Gifte kaufen«, erklärte er, »vom Strick bis zum Fallbeil, vom Skalpell bis zur Laserpistole.«

Er hatte sogar einen gedruckten Prospekt, in dem die Preise der unterschiedlichen Opfer, Mordarten und Instrumente studiert werden konnten. Offensichtlich besaß er nur das eine Exemplar, denn er wollte es nicht einmal für Geld hergeben. Timothy hoffte insgeheim, dass der Mann nur ein Lockvogel war, der Perverse vom Platz weglocken und überfallen wollte.

»Komm, Smiley, gehen wir zum Bus«, sagte er, »sonst muss ich kotzen.«

Smiley holte eine nicht gerade appetitlich aussehende Plastflasche hervor. »Nimm einen Schluck, Tiny. Die Packung täuscht, es ist erstklassiger Whisky.«

Ein kleiner, verhutzelter, einbeiniger Mann humpelte auf primitiven, selbstgefertigten Krücken an ihnen vorbei.

»Porno!«, krächzte er. »All-Sense-Super-Porno-Show! Alles, wovon Sie je geträumt haben und noch mehr dazu!«

»Komm«, flüsterte Smiley, »das ist unser Mann.«

Sie folgten dem Einbeinigen in so großem Abstand, dass sie ihn gerade noch sehen konnten. Am Rande des Platzes sprach Smiley ihn an. Er tat so, als wollten sie die angepriesene Porno-Show besuchen, aber den Preis drücken.

---

* »Miete einen Mord!« – Abwandlung des Slogans der Ausleihdienste. Einstmals von den Autoverleihfirmen geprägt: »Rent a car«.

Der Einbeinige führte sie durch eine Reihe verlassener Straßen. Timothy fühlte sich äußerst unbehaglich zwischen den ausgebrannten, zerbröckelnden Mauern, er steckte die Hand in die Jackentasche und umklammerte den Griff der Stungun. Smiley vergewisserte sich immer wieder, dass ihnen niemand folgte. Plötzlich hopste der Einbeinige in einen Keller, hastete unvermutet schnell einen nicht enden wollenden, verwinkelten Gang entlang, wies auf einen Raum, sagte: »Warten!« und verschwand.

Smiley schubste Timothy vorwärts und riss seinen Mantel herunter, ebenso die Spencers. Timothy hatte sich schon gewundert, dass sie in langen Staubmänteln gekommen waren, jetzt sah er, warum: Sie trugen darunter schwarze Uniformen und breite Koppel, an denen nicht nur Pistolenhalfter, sondern auch lange Ketten und geflochtene Peitschen hingen. Die Spencers stopften die Hosenbeine in die Schäfte ihrer Stiefel, schnallten breite, mit Stahlnieten besetzte Ledergamaschen um Arme und Hals, stülpten sich Uniformmützen auf und sahen wie waschechte Vandymen aus. Smiley streifte einen Kittel über und verwandelte sich mit ein paar Handgriffen in einen Sandyman. Er entfärbte sein Haar und sprühte Spray in die Augen, so dass sie sich rot umränderten und zu tränen begannen.

»Nun zu dir, Tiny«, sagte er. Timothy hielt entsetzt die Hände vor die Augen.

»Du gehst als Violet«, erklärte Smiley. »Krempel die Hosen auf und stecke Schuhe und Strümpfe da in den Beutel, auch Hemd und Jacke.« Smiley reichte Timothy ein zerschlissenes Hemd und Sandalen von undefinierbarer Farbe, dann färbte er ihm einen violetten Streifen um den Hals und reichte ihm einen Plastsack.

»Steck den Arm da rein, Tiny, dann sieht es aus, als wäre er amputiert.« Smiley grinste. »Und du kannst in dem Sack deine Waffe schussbereit halten.«

Smiley warf sich den Beutel mit ihren Sachen über den Rücken. Die Spencers fuhren die Teleskopruten zu voller Länge aus und ließen sie wippen. Sie waren gerade fertig mit ihrer Kostümierung, da steckte der Einbeinige den Kopf um die Ecke, musterte die vier kurz, nickte zufrieden und forderte sie auf, ihm zu folgen. Erneut durch lange Kellergänge, dann eine Treppe hinauf und nach einer beschwerlichen Kletterpartie über ein zerbrochenes Dach wieder hinunter, durch ein unübersichtliches Ruinenfeld zu einem Platz, dessen Umgebung fast völlig eingeebnet war.

»Warten«, sagte er wieder. »Wenn ich in zwei Stunden nicht zurück bin –« Er zuckte mit den Schultern und vollführte die eindeutige Geste des Halsabschneidens unter seinem Kinn, dann hielt er Smiley fordernd die Hand hin. Smiley holte eine Packung aus der Tasche und nahm eine Ampulle heraus. Der Einbeinige studierte die eingeschliffene Schrift, hielt die Ampulle gegen den Himmel, zog eine Spritze hervor und injizierte sich das Zeug in den Unterarm. Als er nach der Packung greifen wollte, steckte Smiley sie wieder ein.

»Es sind sogar drei Dutzend«, sagte er. »Und das hier«, Smiley klebte einen grauen Streifen, der wie ausgespuckter Kaugummi aussah, auf die Packung, »ist Plastiksprengstoff. Wenn uns was passiert, fliegt das schöne Zeug in die Luft. Also mach keine Dummheiten!«

Sie sahen dem Einbeinigen nach, bis er zwischen den Trümmern verschwand. Timothy setzte sich auf einen Stein, Smiley hockte sich neben ihn. Die beiden Spencers stellten sich ein paar Meter entfernt in Positur, Bud vor und Sidney hinter ihnen, so dass es aussehen musste, als bewachten sie zwei Gefangene. Irgendwo quärrte eine Stimme.

»Was ist das?«, flüsterte Timothy.

Smiley lauschte, dann lachte er. »Möchte wissen, wer ausgerechnet hier eine Klimaanlage kaufen soll! Wahrscheinlich ein Lautsprecher des Öffentlichen Werbenetzes, der nicht abgeschaltet wurde und nun sendet, bis die Leitungen verrottet sind.«

Als Timothy sich konzentrierte, konnte er einen Teil der Wortfetzen entziffern, zerhackte Werbesprüche, herrenlos gewordene Sprache, die sich an niemanden mehr richtete. Einen so absurden Einfall konnte nur das Leben haben.

»Ob man uns sucht, Smiley?«, fragte Timothy leise.

»Wer denn? Wenn jemand fehlt, wird fünf Minuten lang die Abfahrt ausgerufen, dann fahren die Busse weiter.«

»Was versäumen wir eigentlich?«

»Nichts. Touristennepp. Spielhöllen oder Lasterhöhlen, Porno- und Drogenshops, Shows aller Art, Hahnen- und Rattenkämpfe – was weiß ich. Jedenfalls nichts, was du nicht auch in der Stadt haben könntest, nur noch unappetitlicher und widerlicher, bis an die Grenze des Absurden und Perversen getrieben und manchmal darüber hinaus.«

»Hoffentlich ist das hier nicht eine Falle, und der Einbeinige holt ein paar Killer.«

»Keine Angst, Tiny, ich habe ihn in der Hand. Nicht nur mit dem Rauschgift – ich weiß, wer er ist, und ich habe ihm angedroht, nicht nur ihn, sondern auch seine Familie umbringen zu lassen, wenn er uns reinlegt. Ich weiß nicht, wieso, aber er hängt an seiner Familie.«

»Warum steckt er in Maywood?«

»Wegen Lustmord. Das erste Mal war es ein Underdogmädchen, und er kam mit einem Bein davon, dann aber hat er die Tochter eines Polizisten massakriert.«

Timothy spuckte angewidert aus.

»Was willst du, Tiny! Man kann sich seine Verbündeten nicht immer aussuchen. Hauptsache, er bringt uns zu Glover, oder?« Ihre Geduld wurde auf eine harte Probe gestellt. Es dauerte über eine Stunde, bis Bud leise pfiff. Der Einbeinige stand zwischen den Trümmern und winkte mit der Krücke.

Er führte sie in weniger verlassene Straßen. Die Andymen wichen weit aus, sobald sie Bud und Sidney erblickten. Wahrscheinlich hielten sie Smiley und Timothy für Opfer einer »Rent a kill«-Bande. Nach einem Weg durch mehrere Ruinen winkte der Einbeinige sie zu einer Fensterhöhle und legte einen Finger auf die Lippen. Auf der anderen Seite eines kleinen, übersichtlichen Platzes hockte ein Mann, den Rücken an eine hohe, glatte Wand gelehnt. Smiley reichte Timothy ein Fernglas. Ja, das war er, verwahrlost und abgerissen, aber ohne jeden Zweifel Glover. Er tat, als dämmere er vor sich hin, doch er hielt die Beine so, dass er jederzeit aufspringen konnte, und er beobachtete unter den fast geschlossenen Lidern hervor die Umgebung. Timothy nickte.

Smiley polkte den grauen Streifen von der Packung und drückte sie dem Einbeinigen in die Hand; der riss sie auf, zählte nach, prüfte jede Ampulle einzeln gegen das Licht, dann war er wie der Blitz verschwunden.

»Gib mir die Flasche«, flüsterte Timothy. »Du bleibst hier, Smiley. Bud nach links, Sidney nach rechts. Ihr schneidet ihm die Flucht ab. Ich gebe euch fünf Minuten Vorsprung. Kein Geräusch! Und lasst euch ja nicht blicken, bevor ich euch rufe.«

8.

Erst als Timothy sich ihm bis auf wenige Schritte genähert hatte, riss Glover den Kopf hoch. Und einen Rayvolver aus der Tasche. »Stopp! Oder ich schieße!«

»Tag, Glover«, sagte Timothy. »Erkennen Sie mich nicht?«

»Timothy Truckle?« Glover starrte ihn ungläubig an. »Ich traue meinen Augen nicht.«

»Darf ich mich zu Ihnen setzen?«

»Dort.« Glover zeigte auf einen Steinbrocken, etwa drei Meter vor sich. »Und die Hände halten Sie so, dass ich sie jederzeit sehen kann.«

»Leider nur noch eine.« Timothy deutete seufzend auf seinen violetten Halsstreifen, ließ sich umständlich nieder und legte die linke Hand auf den Oberschenkel.

»Weiß Gott, das nenne ich eine Überraschung«, kicherte Glover, »der berühmte Superdetektiv der Bigbosse als Violet in den Nolands! Was haben Sie angestellt?« Er blickte Timothy prüfend an. »Ein Arm – Notzucht? Oder illegaler Rauschgifthandel? Und was noch? Warum verstecken Sie sich hier?«

»Maywood ist wohl auch nicht gerade der Höhepunkt Ihrer Karriere«, erwiderte Timothy. »Wollen Sie einen Schnaps? Kein Fusel von hier. Der letzte Rest des schönen Lebens, doch mit Ihnen teile ich ihn gerne. Ich bin ja so froh, wieder mal mit einem Menschen sprechen zu können. Darf ich?« Er zeigte auf seine Jackentasche.

»Das mach ich lieber selbst.« Glover stand auf und zog

die Flasche heraus; ein Glück, dass Timothy sie nicht in den Sack gesteckt hatte. Glover kostete vorsichtig, bevor er einen langen Schluck nahm. Die Flasche behielt er, und er schien nicht die Absicht zu haben, den Whisky zu teilen.

»Ich dachte immer, Sie hätten eine Lebensstellung bei Ford«, sagte Timothy. »Was haben Sie verbrochen?«

»Nichts. Ich bin nur zu Besuch hier.«

»So wie Sie aussehen? Sie wollen mir doch nicht weismachen, dass Sie nur mal wieder Ihrer Leidenschaft, den Sado-Trips, frönen wollen.«

»Sie wissen davon?«

»Seit langem. Und ich habe es nie gegen Sie benutzt, Glover. Nicht einmal, als Sie mich bei der NSA verleugneten. Wegen Puissant, erinnern Sie sich?«

»Puissant –!« Glover leckte sich die Lippen.

»Er ist jetzt bei den Fultons. Und Sie stecken in den Nolands. Zu Besuch? Dass ich nicht kichere. Warum? Ein Mann Ihrer Qualifikation kann jederzeit einen erstklassigen Job finden. Bei einem anderen Konzern, einer staatlichen Polizei oder der NSA.«

»Ein Mann meiner Position kann seinen Job nicht mehr wechseln!«, unterbrach Glover heftig. »Man weiß einfach zu viel. Als Polizeichef hat man sozusagen lebenslänglich.«

»Warum hat Henry Six Sie dann gehen lassen?«

»Ich habe mich abgesetzt. Wenn es nach Ford ginge, wäre ich noch heute sein Polizeichef. Er hat mein Gehalt sogar verzehnfacht, aber –« Glover starrte stumm auf die Waffe in seiner Hand.

»Was ist los mit Ford? Ich habe die merkwürdigsten Gerüchte gehört. Stimmt es, dass McCannibal und Professor Mephisto ihm einen neuen Kopf aufsetzen? Oder will Henry Six unser glorreiches Jahrtausend als Ektopos überleben? Warum verzichtet er plötzlich auf Puissant?«

Glover nahm einen Schluck Whisky, dann schüttelte er den Kopf. »Sie würden es nicht für möglich halten, was so ein alter, lebensgieriger, machtgeiler Mann alles mit sich anstellen lässt, um nicht abtreten zu müssen, Truckle. Schätzen Sie sich glücklich, dass Sie es nicht wissen.«

»Und wenn ich Ihnen nun sage, dass ich nur nach Maywood gekommen bin, um das zu erfahren? Um mit Ihnen darüber zu sprechen? Sie stecken bis über beide Ohren in Schwierigkeiten, Glover, und ich bin bereit, Ihnen zu helfen. Nicht, weil ich Sie so überaus schätze – ich habe einen Klienten, der sich für Sie interessiert. Was halten Sie von einer Million Dollar? Sie bekommen alles, was Sie sich wünschen, wenn Sie über Henry Six auspacken.«

»Nicht für hundert Millionen! Dass ich schweige, ist meine einzige Lebensversicherung, und ich werde –« Er brach mitten im Satz ab, blickte Timothy lauernd an, grinste. »Sie bluffen doch nur.«

»Nein, Glover, ich –«

»Sie wollen mir mein Geheimnis entlocken, weil Sie eine Chance sehen, so wieder aus Maywood herauszukommen. Wenn Sie wirklich noch einflussreiche Gönner haben, warum hat man dann Ihren Arm abgenommen? Mit mir nicht, mein Lieber!«

»Glauben Sie mir doch!« Timothy wollte den Sack abstreifen.

»Keine Bewegung!« Glover richtete den Rayvolver auf Timothy, trank den Rest aus der Flasche und warf sie hinter sich. »Danke schön. Dafür will ich Ihnen noch einen letzten Liebesdienst erweisen. Ich könnte Sie einfach Ihrem Schicksal überlassen, ich verschwinde morgen ohnehin aus Maywood. Ich könnte Sie auch an einen Vandyman verkaufen – Zwerge sind selbst in den Nolands selten und gewiss eine gefragte Ware für eine ›Rent a kill‹-Gang, doch ich will es gnädig mit Ihnen machen. Sie haben ja keine Ahnung, was Ihnen hier alles geschehen kann.«

Timothy zwang sich ein Lächeln ab. »Blicken Sie doch erst mal nach links.«

Glover wirbelte herum. Timothy warf sich zur Seite, stieß den Lauf seiner Stungun durch die Plasthaut des Sackes und drückte ab. Glover ließ den Rayvolver fallen, griff mit beiden Händen an die Kehle und stürzte laut röchelnd zu Boden.

»Das hätte leicht ins Auge gehen können«, sagte Smiley.

»Kennst du nicht den Unterschied zwischen einem Ganoven und einem Bullen?«

»Gibt es da einen?«

»Der Ganove schießt, dann sagt er ›Entschuldigung‹; der Bulle hält dir einen langen Vortrag, dann erst erschießt er dich. Sie hören sich einfach zu gerne reden.«

»Hast du erfahren, was du wissen wolltest?«

»Nur, dass er weiß, was ich wissen will. Wir müssen Glover mitnehmen.«

»Bist du wahnsinnig? Hier in Maywood kannst du tun und lassen, was du willst, Tiny, aber auf der anderen Seite der Grenze nennt man so was Kidnapping.«

»Und wir müssen ihn irgendwo einsperren, bis er bereit ist, zu singen«, fuhr Timothy ungerührt fort.

»Also auch noch ›Anmaßung gesetzlicher Gewalt‹. Das kostet uns die Lizenz.«

»Nur wenn es herauskommt, Smiley.«

»Warum, Tiny? Ist er wirklich so wichtig?«

»Bitte, stell keine Fragen. Es muss sein.«

»Die Spencers werden Fragen stellen. Und wenn wir sie nicht hinreichend beantworten, werden sie möglicherweise zur Polizei gehen, um sich zu decken.«

Timothy überlegte eine Weile.

»Weißt du, wo wir uns befinden, Smiley? Gibt es in der Nähe ein Loch in der Mauer? Kann man dort ein Aerotaxi bekommen?« Smiley nickte jedes Mal.

»Dann erkläre ich dir hiermit offiziell, dass ich einen Suchauftrag der GM-Polizei mit Haftbefehl gegen diesen Mann habe. Damit übernehme ich alle Verantwortung.«

»Hast du wirklich einen Haftbefehl?«

»Natürlich nicht bei mir.« Sie starrten sich stumm in die Augen. »Habe ich dich jemals betrogen?«

»Okay«, sagte Smiley, »wiederhol es vor den Spencers.«

»Wissen Bud und Sidney, wer unser Mann ist?«

»Von mir nicht, und ich glaube kaum, dass sie Glover früher schon mal gesehen haben.«

»Sie sollen ihn noch zur Grenze tragen, dann trennen wir uns von ihnen. Können wir Glover in deinem Büro deponieren, bis ich den Transport ins ›Nebraska‹ organisiert habe?«

»Willst du ihn etwa bei dir einsperren?«

»Das ist nicht dein Problem.«

»Hoffentlich, Tiny. Ich mache mir ernsthaft Sorgen.«

9.

»Endlich!«, rief Anne. »Ich bin fast gestorben vor Angst.« Timothy wehrte ihren Umarmungsversuch ab.

»Erst einmal baden. Ich habe mich schon lange nicht mehr so dreckig gefühlt. Lass mir bitte eine halbe Stunde Zeit, damit ich wieder zu mir komme.«

Er ließ sich auf dem Wasser treiben, schloss die Augen und sang lauthals, schrie all die Eindrücke und Ängste aus den Nolands heraus; er praktizierte seit langem diese ursprünglich von den Naturvölkern betriebene Form von Sinnsang, eine äußerst gesundheitsfördernde Methode, die ihm sein Psychiater empfohlen hatte. Als Timothy die Augen aufschlug und Anne erblickte, wurde er rot.

»Das finde ich aber nicht nett«, sagte er. »Auch Liebende müssen ein Recht auf Schutz ihrer Privatsphäre haben.«

»So brauchst du mir nicht mehr viel zu erzählen«, sagte Anne leise. »Es muss schrecklich gewesen sein. Soll ich dir den Rücken schrubben?«

Sie hielt einen Packen Communics in der Hand. »Gwendolyn Magginthy scheint große Sehnsucht nach dir zu haben. Deborrah Johnson will dich auch dringend sprechen. Tiny, du bist ein Weiberheld.«

»Die Bachstelze? Hat sie gesagt, warum?«

»Scheint privat zu sein; sie hat nicht ihre Polizeifrequenz benutzt.«

Timothy stieß erleichtert die Luft aus. »Dann hat es Zeit. Und Grandma wird sich auch bis morgen gedulden müssen.«

Timothy irrte sich. Der Communicator schlug wild an. Leclercq stand vor der Tür.

»Ich weiß, dass Sie zurück sind«, schrie er in das Mikrofon, »und ich werde nicht lockerlassen, bis Sie aufmachen. Ich soll Sie auf der Stelle zu Grandma bringen. Sie will Ihnen etwas Wichtiges mitteilen, und Sie sollen Ihren verdammten Hut abholen, den Sie neulich liegengelassen haben. Entschuldigen Sie bitte den rüden Ton, Mister Truckle, ich zitiere nur.«

»Schon gut«, antwortete Timothy, »ich komme. Aber ich liege gerade in der Wanne. Setzen Sie sich eine halbe Stunde in das Café an der Ecke.«

»Ich warte lieber vor Ihrer Tür«, sagte Leclercq.

Anne sprang auf. »Ich stelle schon die Verbindung zum Großen Bruder her.«

»Warte noch, ich muss erst mit dem Hausmeister sprechen.« Buster Coats saß gerade beim Abendbrot, seine Frau fütterte das Baby mit Brei. Das Bild rührte Timothy an; wann bekam er schon mal eine intakte und so offenkundig glückliche Familie zu sehen.

»Ich bitte um Verzeihung«, sagte Timothy, »ich störe weiß Gott nicht gerne beim Essen, aber es muss sein. Klappt es mit dem Penthaus, ist es zu haben?« Coats nickte mit vollem Mund.

»Dann miete ich es im Auftrag von Gwendolyn Magginthy, Sie wissen doch: die Chefin von GENERAL MOTORS. Rückwirkend ab gestern. Die Miete und Ihre Provision wird heute noch überwiesen. Ich schicke in einer halben Stunde die Bevollmächtigte von Miss Magginthy vorbei, sie heißt Anne Frobisher und wird sich mit einer beglaubigten Kopie meines Identicats ausweisen. Übergeben Sie ihr das Penthaus, sie soll heute noch mit dem Renovieren beginnen. Bitte verstehen Sie es nicht falsch, Mister Coats, aber sie wird ihre eigenen Handwerker mitbringen, Miss Magginthy ist wie alle Bigbosse in dieser Frage sehr eigen.«

»Geht in Ordnung«, sagte Coats. »Ich freue mich, Ihnen einen Dienst erweisen zu können.«

»So, Anne«, sagte Timothy, »nun ruf den Großen Bruder an. Hoffentlich schluckt Grandma den Köder. Und man soll einen Mann mitschicken, der in den nächsten Tagen einen Gefangenen bewacht.«

»Einen Gefangenen?«

»Glover.« Timothy lächelte. »Kidnapping steht nun auch auf meiner Liste.«

Grandma führte Timothy in ihr Mausoleum. Der schwach erleuchtete Raum sah noch genauso kahl aus wie bei seinem ersten Besuch. »Da ist der ›Laurin‹«, sagte sie.

Timothy blickte sich suchend um. »Wo?«

»Sie stehen direkt vor ihm. Strecken Sie den Arm aus.«

Die Hand verschwand im Nichts. »Sagenhaft«, murmelte Timothy. »Einfach unglaublich.«

Grandma ließ das Licht aufstrahlen; erst bei der höchsten Helligkeit bemerkte Timothy dort, wo seine Hand verschwand, ein Flirren, und nach einer Minute äußerster Konzentration glaubte er die Halbkugel des »Laurin« ausmachen zu können, eine leichte Unschärfe und ein Vibrieren der Luft, als atme der »Laurin«, vielleicht ein Effekt, um das Auge besser betrügen zu können? Grandma nahm ein Manual, das wie eine Video-Fernbedienung aussah, vom Tisch, drückte die rote Taste – wie von Zauberhand hingestellt, stand ein Gerät auf einem Hubkarren im Raum, eine Konstruktion aus sich langsam drehenden, changierenden Plastringen, die in sich kreisten und um den imaginären Mittelpunkt einer leeren Kugel rotierten, mit stachligen Auslegern, die mit elektronischen Apparaturen gespickt waren; das Ganze erinnerte an frühe Weltraumsonden.

»Ich habe das Ding eigenhändig hier hineingefahren«, sagte Grandma in einem Ton, als habe sie tatsächlich einmal körperliche Arbeit geleistet. »Ihr ›Monofly‹ liegt im zweiten Wandschrank. Man hat mir gesagt, dass er durch den Umbau rund achtzig Kilogramm leichter geworden wäre, also müsste er den ›Laurin‹ bequem tragen können. Passen Sie ja auf, dass Sie nichts beschädigen, wenn Sie die beiden Geräte miteinander verbinden.«

»Das mach ich schon«, sagte Timothy, »aber ich kann nicht versprechen, dass der ›Laurin‹ keine Kratzer oder Beulen bekommt, wenn ich in Fordsville einbreche; das wird schließlich kein Sonntagsspaziergang.«

»Kratzer und Beulen wären zu erklären, nicht aber Anzeichen, dass das Gerät mit einem anderen gekoppelt wurde.« Sie passte wie ein Luchs auf, während Timothy ›Monofly‹ und ›Laurin‹ koppelte, dann erklärte sie ihm die Bedienung des Manuals. Timothy kletterte hinein, schnallte die Gurte um und drückte auf die grüne Taste; nichts geschah.

Grandma klatschte begeistert in die Hände. »Es funktioniert! Stehen Sie noch auf dem Boden, Mister Truckle?«

Timothy ließ sich steigen, bis er die Decke mit der Hand berühren konnte.

»Wo sind Sie jetzt?« Grandma suchte den Raum mit den Augen ab. Timothy glitt über ihren Kopf hinweg, sank herunter, beugte sich vor und tippte Grandma in den Nacken. »Kuckuck.« Sie fuhr herum.

»Werden Sie doch nicht albern, Mister Truckle. Schalten Sie den ›Laurin‹ wieder ab.«

Timothy machte sich sichtbar. Gwendolyn Magginthy beobachtete argwöhnisch sein Landemanöver. Es wäre fast eine Bruchlandung geworden; er musste beide Beine zu Hilfe nehmen, um den Aufprall abzufedern.

»Ich muss unbedingt üben«, erklärte er, »und nicht nur im Zimmer. Ich dachte, ich trainiere erst einmal auf Ihrem Gelände, bevor ich mich ins Freie wage. Wir müssen ganz sichergehen, das heißt, ich muss auch lernen, mich in der Stadt zu bewegen. Wann soll es losgehen?«

»Hoffentlich bald. Wir haben maximal fünf Tage Zeit. Aber es gibt ein Problem, Mister Truckle: Das Gerät muss schnell aus dem Haus. Wo könnten wir es unterbringen?«

»Ich habe schon daran gedacht«, sagte Timothy. »Auf dem mittleren südöstlichen Plateau des ›Nebraska‹ stand ein Penthaus leer. Ich habe mich als Ihren Beauftragten ausgegeben und es für Sie gebucht. Sie müssten allerdings noch heute Miete und Provision überweisen. Dort könnte ich landen und unauffällig im Haus verschwinden. Außerdem ist es schon der halbe Weg bis Fordsville.«

»Ausgezeichnet«, lobte Grandma. »Dann können Sie das Ding also gleich mitnehmen.«

Timothy öffnete die Tasche, die er mitgebracht hatte, holte eine wetterfeste Kombination, Sturzhelm, Schutzbrille und Nachtsichtgerät heraus. »Ich habe mich auf alle Fälle für einen Nachtflug vorbereitet.«

»Sie sind beeindruckend umsichtig«, sagte Grandma. »Genügt Ihnen eine Stunde Training? Ich muss um acht Uhr in die Stadt. Ich kann den Abflug hinauszögern, damit Sie Zeit haben, sich an den Jet zu hängen, und ich würde den Piloten anweisen, ganz langsam zu fliegen, so könnten Sie im Schatten meiner Maschine die Klimasphäre verlassen.«

»Sehr gut. Dann werde ich jetzt unser – wie nennen wir es eigentlich? Wir sollten ein Codewort vereinbaren. Monaurin, Morin, Monrin, Monroe –? Es gab da mal eine entzückende Schauspielerin, Marilyn Monroe, nennen wir das Ding doch nach ihr ›Marilyn‹.«

»Einverstanden.« Grandma lachte. »Melden Sie sich, sobald Sie mit ›Marilyn‹ im ›Nebraska‹ angekommen sind. Sie werden verstehen –«

»Ihnen wird wohl kaum etwas passieren, selbst wenn ich Totalschaden mache.«

»Natürlich nicht, aber ich müsste zwei Mitarbeiter opfern, zwei äußerst fähige und ergebene Männer, auf die ich nur ungern verzichten möchte. Und halten Sie sich in den nächsten Tagen ständig zu meiner Verfügung.«

»Wenn bis mittags nichts in Fordsville passiert ist, wird es an dem Tag ohnehin nichts. Die Spaziergänge finden immer zwischen zwei und vier Uhr statt.«

»Trotzdem. Wo waren Sie überhaupt?«

»Gut, dass Sie mich daran erinnern. Ich habe die Spur von Glover aufgenommen. Es könnte ja sein, dass unser Kommandounternehmen nicht klappt; vielleicht kann er uns weiterhelfen. Lassen Sie mir bitte gleich einen Suchauftrag und einen Haftbefehl Ihrer Polizei für Glover ausstellen; man soll aber das Datum freilassen.«

10.

Im Freien zu fliegen war ganz etwas anderes, als im Schutz einer Klimasphäre zu trainieren. Timothy hatte Mühe, »Marilyn« unter Kontrolle zu halten. Als sie Grandmas Besitz verließen, riss der Aufwind an der Sphärengrenze ihn davon und hätte ihn beinahe gegen den Jet geschleudert. Timothy wurde hochgewirbelt und konnte gerade noch einem landenden Taxi ausweichen. Er entschloss sich, so dicht wie nur möglich über den Häusern dahinzugleiten, obwohl er hier ständig im Bereich der automatischen Luftkontrolle blieb. Hoffentlich hatten die Techniker der GENE-

RAL MOTORS das Gerät tatsächlich peilfrei gemacht. Plötzlich lief es ihm kalt den Rücken hinunter. Und was war mit dem »Laurin«? Vielleicht zuckte er schon als Leuchtkäfer auf allen Kontrollschirmen der Umgebung?

Timothy lenkte zum Gelände der Burbank-Universität hinüber, in deren weitverzweigten Anlagen und verschachtelten Gebäuden er sicher entwischen konnte, und landete auf dem Dach des Zentralgebäudes. Wenn man ihn geortet hatte, dann war er längst als UUFO* klassifiziert, und die Helikopter der Luftüberwachung mussten in wenigen Augenblicken auftauchen. Zehn Minuten nervenzerreißendes Warten. Dann schimpfte sich Timothy laut einen hirnverbrannten Idioten. Natürlich war der »Laurin« peilfrei. Schließlich wurde er für das Militär entwickelt; was nutzte denen eine Tarnkappe, die schon bei Routinekontrollen durchfiel.

Der Weg zum »Nebraska« war nicht zu verfehlen, der Skyscraper ragte als weithin leuchtender Koloss in die Wolken. Mit einem Jet wären es keine zwanzig Minuten gewesen, doch Timothy brauchte fast drei Stunden, und er musste immer wieder zwischenlanden und sich ausruhen. Schweißbäche rannen in den Kragen, das Hemd klebte am Rücken. Der Flug verlangte eine fast übermenschliche Konzentration. Andauernd musste er Wänden, Türmen, Masten, Antennen, Gerüsten ausweichen, die selbst mit dem Nachtsichtgerät schwer auszumachen waren, an jeder Ecke konnte ein Taxi mit rasender Geschwindigkeit herausschießen, Kunststück, die konnten sich auf Radar und Impulsgeber verlassen, er aber musste mit seinen Sinnen auskommen, dabei hörte er so gut wie nichts, er hätte vier Paar Augen haben müssen, an jeder Seite des Kopfes eines; die Straßenzüge konnte er nicht benutzen, weil er in den Sog der Aerobusse gekommen wäre, wenn er aber ein Stück über den Häusern flog, riskierte er, von den hier oben tobenden, ständig wechselnden Winden erfasst und herumgewirbelt zu werden; Chicago galt nicht nur im übertrage-

---

* UUFO = Unidentified Unlicensed Flying Object: nicht zu identifizierendes und nicht genehmigtes fliegendes Objekt.

nen Sinne als »die windigste Stadt der Staaten«. Die unberechenbare Thermik der Stadt schüttelte sein offenes Leichtbaugerät auch so schon unbarmherzig. Weiß Gott, es war verdammt anstrengend, ein unsichtbarer fliegender Zwerg zu sein.

Dann musste er sich doch in den Sturm werfen, die orkanartigen Böen überwinden, die um das »Nebraska« tobten; zweimal rettete ihn nur ein verzweifeltes Abprallen mit den Füßen davor, an der Hauswand zu zerschellen. Er war heilfroh, als er das Plateau erreichte. Und dass das Penthaus nicht auf einer höheren Etage lag, es ihm also erspart blieb, durch die dicken Smogwolken tauchen zu müssen.

Anne stand mit zwei Männern an der Brüstung und hielt Ausschau. Timothy setzte hinter ihnen auf und weidete sich an den verdutzten Gesichtern, als sie auf seinen Ruf herumschnellten und nichts sahen. Er ließ sich für Bruchteile einer Sekunde aufblitzen, dann flog er in den offenen Hangar. Die beiden Männer schlossen das Tor, rissen, ohne sich um Timothy zu kümmern, die Luken zweier Großcontainer auf, die mit »GM-Instandsetzungsservice« beschriftet waren, schwenkten zwei Pseudowände mit Farbkanistern, Isoliermaterial und ähnlichem Zeug auf, hinter denen sich ein Gewirr komplizierter Geräte verbarg und ein Computer, der ganz gewiss mehr leistete als nur die Koordinierung einer Hausrenovierung. Scheinwerfer blitzten auf, leuchteten den Hangar taghell aus, und kaum dass Timothy sich aus »Marilyn« herausgezwängt hatte und mit schlotternden, den Dienst versagenden Beinen davonwankte, begannen die beiden, das Gerät von allen Seiten mit Multispektralkameras aufzunehmen.

Anne sprang hinzu und stützte Timothy. Er zitterte am ganzen Körper, seine Zähne klapperten. Anne führte ihn zu einem Sessel. Sie hatte nicht nur an Kaffee gedacht, sie hielt auch Whisky bereit. Als Timothy die Flasche an den Mund setzen wollte, nahm sie sie ihm weg und goss nur einen kleinen Schluck ein. Sie stellte sich hinter den Sessel, drückte Timothys Kopf an die Brust und streichelte ihn.

»Wenn ich mich jemals wieder verliebe«, sagte sie, »dann nur in einen braven Bürger, der nie seine Wohnung verlässt.«

Einer der Männer kam, um sich von Timothy das Manual erklären zu lassen.

»Wie viel Zeit haben wir?«, fragte er.

»Maximal fünf Tage. Auf jeden Fall bis morgen Nachmittag. Nein, bis übermorgen. Ich werde Grandma kategorisch erklären, dass ich mindestens einen Tag brauche, um mich von den Strapazen des Flugs zu erholen. Lasst euch also ruhig Zeit.«

»Wir müssten das Gerät auseinandernehmen, und die Montage könnte ein paar Stunden dauern.«

»Macht nichts. Ich denke gar nicht daran, nach Fordsville zu fliegen. Notfalls ziehe ich meinen Joker aus dem Ärmel und verzögere die Rückgabe des ›Laurin‹ unter einem Vorwand so lange, bis ihr ihn wieder zusammengebaut habt. Braucht ihr mich noch?«

Der andere überlegte kurz, dann schüttelte er den Kopf.

»Um so besser. Da kann ich mich ja beruhigt ins Bett legen.« Er lächelte Anne müde zu. »Und auf der Stelle schlafen!«

»Vorher musst du noch Smiley anrufen«, erklärte Anne. »Er versucht seit Stunden, dich zu erreichen.«

»Komm sofort, Tiny!« Smiley stotterte vor Aufregung, er war kreidebleich.

»Was ist los? Wir hatten vereinbart, dass ich das Paket morgen früh abhole.«

»Mir geht es verdammt dreckig«, erklärte Smiley. »Ich muss in Maywood Gas geschluckt haben, vielleicht einen verstreuten Stungun-Schuss.« Er plinkerte auffällig mit dem linken Auge. »Hohes Fieber. Puls und Herzschlag kaum noch zu fühlen. Ein paar Mal hatte ich schon Angst, ich müsste auf der Stelle abkratzen. Bring einen Arzt mit.«

»Bin schon unterwegs.« Timothy rief Anne zu, sie solle ein Taxi besorgen, stürzte ins Bad, riss die Kleidung herunter, schüttete kaltes Wasser über Gesicht und Rücken, schluckte zwei Pervitinal und spülte sie mit Kognak hinunter, um die Wirkung zu forcieren. Er trocknete sich nicht ab. Während er frische Wäsche anzog, wählte er schon den Arzt an, der ihm bei Samuel, dem Monster aus Fort Baxter, geholfen hatte.

»Sie müssen einem Freund von mir helfen, Doc«, sagte Timothy, »Stungun-Vergiftung. Ein Taxi ist schon unterwegs. Wir treffen uns auf Flugdeck C.«

Glover war am ganzen Körper krebsrot, seine Augen glasig und blutunterlaufen, er atmete keuchend, und es schien, als wolle er sich jeden Augenblick übergeben.

»Ich verstehe das nicht«, sagte Timothy. »Gut, ich habe ihm eine doppelte Dosis verpasst, damit er bis morgen vormittag schläft, aber es war nur ein harmloses Betäubungsmittel.«

»Hast du noch eine Patrone?«, fragte Doc. Timothy gab sie ihm. Doc holte die Phiole heraus und steckte sie in seinen Analysator. Timothy blickte ihm über die Schulter, doch die angezeigten Werte sagten ihm nichts.

»Du hast nicht noch die Patronenhülsen –?«

»Nein. Aber sie stammten alle aus derselben Packung. Ich hatte die Stungun frisch geladen.«

»Dann gibt es nur eine Erklärung – allergische Reaktion. Aber das werden wir bald wissen.«

Timothy winkte Smiley hinaus. »Ich brauch einen Schnaps.«

»Du siehst so aus, als brauchtest du auch einen Arzt. Wo hast du dich herumgetrieben, Tiny?«

»Ach, ich habe nur gelernt, mich unsichtbar zu machen und wie ein Vögelchen zu fliegen. Es ist ziemlich aufregend, über den Dächern von Chicago dahinzusegeln.«

Smiley tippte sich grinsend an die Stirn. Die Wahrheit, dachte Timothy, ist doch allemal die beste Lüge.

Es dauerte über eine halbe Stunde, bis Doc den Kopf durch die Tür steckte.

»Wie ich mir dachte: ein allergischer Schock. Wahrscheinlich hat der Mann schon seit langem Braindamed oder eine ähnlich starke Psychodroge genommen.«

»Und was wird nun?«, erkundigte sich Timothy.

»Schwer zu sagen. Ich befürchte, er fällt in den nächsten vierundzwanzig Stunden ins Koma und stirbt, ohne noch einmal das Bewusstsein zu erlangen.«

»Das darf nicht wahr sein!«, schrie Timothy. »Mein schöner Joker! Man muss doch was machen können.«

»Wenn er nicht schnellstens in eine Intensivstation kommt, stirbt er noch vor morgen früh.«

»Wenn wir ihn in eine Klinik schaffen – kann es sein, dass er dann phantasiert? Ich meine, dass er trotz Bewusstlosigkeit spricht?«

»Möglich. Darf das nicht sein?«

»Doch. Aber ich müsste es erfahren. Hast du eine zuverlässige Klinik an der Hand?« Doc zuckte mit den Schultern. »Dann muss Paddington helfen.«

Der Professor war noch in seiner Klinik. »Ich brauche sofort einen Platz in Ihrer Intensivstation«, erklärte Timothy. »Sie haben doch ein Bett für einen Freund von mir?«

»Betten genug«, antwortete Paddington grimmig, »aber kein Personal. Sie wissen, die PUBLIC HEALTHFARE –« Doc nickte.

»Ich bringe einen Arzt und einen Pfleger mit«, sagte Timothy. »Wir sind in wenigen Minuten bei Ihnen.«

»Und der Pfleger bin ich, was?« maulte Smiley.

»Erraten, mein Lieber. Aber du sollst nur aufnehmen, was Glover brabbelt. Dafür wirst du der höchstbezahlte Krankenpfleger sein, der je in einer öffentlichen Klinik Dienst getan hat.«

11.

Glover ließ sich Zeit mit dem Sterben. Doch er sprach auch nicht. Offensichtlich wurde er von quälenden Phantasien geplagt, er schrie und lallte unentwegt, aber nur unverständliche, kaum artikulierte Laute.

»Ich fürchte, er hat die Sprache verloren«, sagte Doc, als er seinen morgendlichen Report durchgab. »Heute Nacht habe ich es mit Truephamin versucht, vergeblich. Soll Smiley weiter aufnehmen?«

»Unbedingt«, sagte Timothy. »Jeden Laut. Hast du nicht doch ein Mittel, ihn zum Sprechen zu bringen?«

Doc schüttelte den Kopf. »Ich kann nicht sein Leben riskieren.«

»Um das wäre es nicht schade«, brummte Timothy. »Entschuldige, ich weiß, du als Mediziner ... Versuch alles, ja?«

Es war ein verzweifelter Wettlauf gegen die Zeit, und Timothy, der Hauptbetroffene, musste tatenlos zusehen, wie die anderen rannten. Um sein Leben. Er machte sich keine Illusionen: Wenn etwas schiefging – vielleicht sogar, wenn alles klappte! –, würde Grandma Befehl geben, ihn sofort zu liquidieren. Sowohl sein Appartement als auch das Penthaus wurden rund um die Uhr überwacht, und es war nicht schwer gewesen, die Leute als Männer der GENERAL MOTORS zu identifizieren. Timothy verließ sich nicht darauf, dass Grandma ihnen verboten hatte, das Penthaus zu betreten; er prägte die Sicherung, so dass die Türen nur noch mit seinem Identicat zu öffnen waren. Ein Glück, dass Hank und Phil, die beiden Techniker, auch genügend Lebensmittel mitgebracht hatten; es wäre jetzt verdammt schwer gewesen, sie unauffällig zu versorgen.

Gleich am Morgen nach seinem Flug mit »Marilyn« hatte Timothy begonnen, Vorbereitungen für sein Untertauchen zu treffen, und er war wieder auf das noch immer ungelöste Hauptproblem gestoßen: Napoleon. Gewiss, alle wichtigen Informationen wurden regelmäßig gedoppelt und in den UNDERGROUND transferiert, aber Napoleon barg so viele Dateien – all das über die Jahre gesammelte Wissen, dazu Unmengen von Kristallen mit seinen, ihren Überlegungen –, die sein Gehirn so einzigartig, unverwechselbar und unentbehrlich machten und die unmöglich in ein paar Stunden überspielt werden konnten und im Notfall auch nicht leicht auszubauen und abzutransportieren waren. Die Doppelung eines kompletten Elektronengehirns, zumal eines von Napoleons Kapazität, war noch immer eines der kompliziertesten Probleme der Intellektronik. Seit über einem Jahr besaß Timothy dafür ein wahrscheinlich DRAUSSEN ausgearbeitetes Programm, aber wenn der Prozess der Doppelung einmal eingeleitet worden war, durfte er nicht unterbrochen werden, wollte man nicht riskieren, dass die subtilen Intrastrukturen zu unentwirrbarem Kauderwelsch verklumpten.

Es wäre schwierig genug, Napoleon ein oder zwei Wochen völlig in Ruhe zu lassen, das eigentliche Problem aber lag darin, eine absolut unkontrollierbare Leitung zwischen Napoleon und einem anderen Computer herzustellen. Als Timothy jetzt die Lösung einfiel, griff er sich mit entsetzter Gebärde an den Kopf; dass er nicht schon vor Wochen daraufgekommen war! Er ließ Napoleon die Gesamtkapazität aller gespeicherten Dats und Ideats berechnen und wie lange eine Doppelung dauern würde. Bei einer Leitung von durchschnittlicher Leistung zehn Tage. Napoleon schickte noch eine Frage hinterher:

+ + was bedeutet das, sir? + mir ist unverständlich, was sie sich von einem alterego versprechen + sind sie mit meiner leistung unzufrieden? + glauben sie im ernst, dass sie mit einer solchen maßnahme zu einer verdoppelten leistung kommen? + darf ich sie auf die Konsequenzen nach dem 4. Computertheorem verweisen? + n. + + +

Timothy lachte, dann schrieb er seine Antwort in den Geber: + + kein kommentar + merke: computer sollten alles wissen, müssen aber nicht alles wissen + t. + + +

+ + wie soll ich dieses paradoxon verstehen? + n. + + + +

+ gar nicht + ganzen vorgang total löschen + t. + + +

Zehn Tage also. Bei seinem nächsten Gespräch mit dem Großen Bruder verlangte Timothy, dass man schnellstens eine Schaltung zu einem anderen Computer über die Leitung der geheimen Etage herstellen sollte. Hoffentlich war es nicht schon zu spät. Fast ebenso schwer fiel ihm der Gedanke, Schneewittchen zurücklassen zu müssen. Einen Augenblick erwog er, die Sonic gleich aus dem Haus zu schaffen, aber gerade jetzt mochte er sie nicht missen; sie bildete den Glanzpunkt der Stunden mit Anne, und wie viele solcher Stunden waren ihm noch vergönnt?

Glovers Koma hatte seine Hoffnung über den Haufen geworfen, dass er die gewünschten Informationen schon besaß, wenn Grandma das Kommando für den Einbruch in Fordsville gab. Er konnte nur hoffen, dass es ihren Agenten nicht so bald gelang, die Energiezentrale lahmzulegen. Und dass Hank und Phil endlich mit der Untersuchung des »Laurin« fertig wurden.

Als Timothy zum Penthaus hinüberfuhr, erschrak er zutiefst. Das Gerät lag völlig demontiert in tausend Einzelteilen auf dem Boden des Hangar. Gut, nicht direkt auf dem Boden, auf verschiedenfarbigen Folien und offensichtlich systematisch geordnet, aber er verlor bei diesem Anblick den Mut, dass Hank und Phil das Gerät jemals wieder zusammenbekommen würden. Hank beruhigte ihn, das sei nur eine Sache von Stunden.

»Wie vielen Stunden?«, fragte Timothy und sah besorgt auf die Uhr.

»Gestern haben wir es in knapp hundert Minuten geschafft.« Hank schmunzelte. »Wir haben dir nichts gesagt, um dich nicht zu beunruhigen, aber wir hatten den ›Laurin‹ auch vorgestern schon zerlegt. Bis mittags steht er wieder, und wenn Grandma sich nicht meldet, nehmen wir ihn halt wieder auseinander.«

Timothy rief vorsichtshalber gleich bei ihr an, damit sie nicht auf den Gedanken kommen sollte, ihn zu besuchen. Sie wirkte sehr nervös.

»Heute wird es nichts«, sagte sie. »Ich versuche, den Termin noch hinauszuschieben, aber ich weiß nicht –« Sie blickte ihn sorgenvoll an. Timothy zwang sich zu einem Lächeln.

»Wir werden es schaffen«, sagte er. »So oder so.« Kurz darauf rief Anne an. Sie nickte erleichtert, als Timothy ihr mitteilte, er würde das Haus heute nicht mehr verlassen.

»Das ist mir sehr recht«, sagte Anne. »Ich komme erst gegen Abend. Bitte bereite ein schönes Essen vor, ich will etwas mit dir besprechen.« Sie hatte schon aufgelegt, bevor Timothy sie fragen konnte, was.

Tiefe Unruhe erfasste ihn. Er lief von einem Raum in den anderen, nahm irgendetwas in die Hand, legte es wieder beiseite, griff nach etwas anderem, stieg in die Wanne, hielt es auch dort nicht aus, kramte in seinen Büchern, reinigte das Aquarium, schaltete sogar Video-Programme durch, ging in die Küche und begann Kartoffeln zu schälen, stand wieder auf, setzte sich in seinen Hometrainer und versuchte, seine Unrast durch hektische Bewegungen abzureagieren.

Anne sah müde und abgespannt aus. Sie begrüßte ihn mit einem Lächeln, aber Timothy argwöhnte, dass ihre Heiterkeit nur aufgesetzt war, um dahinter eine rabenschwarze Nachricht zu verbergen.

»Was ist los?«, überfiel er sie.

»Später«, antwortete sie. »Nach dem Essen. Was gibt es?«

»Spaghetti mit Ketchup«, erwiderte Timothy mufflig. »Ich denke, das wird dem Anlass angemessen sein.«

Anne blickte ihn erschrocken an, dann umarmte sie ihn lachend. »Keine Angst, Tiny«, flüsterte sie, »ich will dir nicht sagen, dass ich jetzt gehe, ganz im Gegenteil!«

»Was?«, schrie er. »Konntest du mir nicht wenigstens etwas andeuten? Ich stürze sofort in die Küche! In einer Stunde sollst du tafeln wie eine Königin.«

»Ich helfe dir«, sagte Anne.

Timothy lehnte ab. »Kochen«, so erklärte er, »ist eine viel zu ernste Angelegenheit, um es einer Frau zu überlassen. Kartoffeln darfst du schälen.«

Während sie beide in der Küche hantierten, berichtete Anne, dass sie keinen Erfolg gehabt hatte; Glovers Gestammel sei nicht zu entziffern. Anne hatte einen Bekannten im Linguistischen Zentrum um Hilfe gebeten, in dem es die besten Sprachentzerrer und Identificomaten der Staaten, wenn nicht der Erde gab. Ihr Bekannter hatte die Kristalle einem Computer untergeschoben, der daran arbeitete, fast völlig zerstörte Banddokumente aus dem frühen 20. Jahrhundert zu entziffern, Aufzeichnungen von Brain-storming-Protokollen, sogar jener historischen Diskussionen der Physiker, die in Los Alamos die erste Atombombe entworfen hatten; die Militärs hofften, aus den damals frei assoziierten Gedanken der Wissenschaftler Ansatzpunkte für neue Waffen zu erhalten, aber auch dieser Supercomputer hatte versagt. Kein identifizierbares Wort in keiner der rund achthundert gespeicherten Sprachen, war seine kategorische Auskunft.

Timothy hatte längst gelernt, sich bei Anne in Geduld zu fassen. Drängen half nichts, in diesem Punkt war sie störrisch wie ein ausgeflippter Computer; er musste bis nach dem Abendbrot warten. Anne verbannte Schneewittchen aus dem Schlafraum, schaltete die Videowände auf ein fast schwarzes Violett und legte einen Kristall auf. Timothy vernahm eine unbeschreibbare Mischung aus den Klängen klassischer und intellektronischer Instrumente, die ihn durch alle emotionalen Tiefen und Höhen riss.

»Was ist das?«, flüsterte er, als die Musik verklungen war.

»Eine Sinfonie von Berlotta. Er gilt DRAUSSEN zur Zeit als das größte Genie.«

»Danke, das war wunderschön. Aber nun verrate mir endlich, was los ist. Du musst mich nicht verlassen?«

»Ja und nein, Tiny. Ich werde keinen Auftrag mehr übernehmen, und ich bleibe in Chicago, aber wir müssen uns trotzdem bald trennen, zumindest für eine Weile. Ich gehe nach UNTEN.« Sie lächelte. »Ich bekomme ein Kind.«

»Was?« Timothy sah sie mit großen Augen an.

»Du wirst Vater, Tiny.«

Timothy saß wie versteinert da. Gedanken schossen wild durch sein Gehirn, verhedderten sich. Wie war das möglich? Und: Wie sollte es weitergehen? Wieso hatten die Verhütungsdrogen, die in allen Getränken enthalten waren und die man nur unwirksam machen konnte, wenn man mit der Lizenz für ein Kind die Gegenmittel bekam, nicht gewirkt? Gab es eine Chance, das Kind nachträglich durch eine Lizenz zu legalisieren? Wahrscheinlich nicht einmal, wenn er all seine einflussreichen Klienten mobilisierte; er lag zu weit außerhalb der Toleranzen, er musste ja froh sein, dass er noch vor der Baby-Bill* geboren worden war, sonst hätte man ihn spätestens im dritten Lebensjahr annulliert. Nein, alles aufgeben und mit Anne in den UNDERGROUND gehen. Das hier war ein Grund, den jedermann einsehen musste.

---

* Baby-Bill: volkstümliche Bezeichnung für das »Gesetz zum Schutz der genetischen Volksgesundheit«. Danach müssen sich Paare, die ein Kind haben wollen (auch wenn sie bereits ein Kind haben), nicht nur einer genetisch-medizinischen Kontrolle, sondern auch einer rigorosen sozialen und politischen Untersuchung unterziehen, bevor sie für »nachwuchsgeeignet« erklärt werden. Kinder ohne Lizenz werden ebenso wie »nichtreparable« körperlich oder geistig Behinderte »annulliert«, wobei u. a. auch Kleinwüchsige außerhalb der Norm liegen. Das Gesetz löste 2017 das »Gesetz über Geburtenkontrolle« und das »Gesetz zur Reinerhaltung der Rassen« ab. Die wissenschaftlich verbrämte ideologische Begründung lieferte die rechtsradikale »Genetic Health Society«. Angeblich sei das natürliche Gleichgewicht zwischen Mutation und Selektion durch ökologische Schäden und zivilisatorische Eingriffe, vor allem aber durch die »überhumane« Forderung nach Schutz jeglichen menschlichen Lebens, aus dem Gleichgewicht geraten, so dass der Staat diese Funktion jetzt im Interesse der Gesellschaft wahrnehmen müsse; sonst würden sich die »genetisch Minderwertigen« – wozu auch die nicht weißen Bevölkerungsanteile gezählt werden – unverhältnismäßig stark fortpflanzen und die »gesunden Amerikaner« völlig verdrängen.

»Ein Kind«, flüsterte er, »wieso eigentlich?«

»Das weiß ich auch nicht«, sagte Anne, »ein Wunder. Freust du dich nicht?«

»Und ob! Junge oder Mädchen?«

»Ein kleiner Tiny.«

»Er soll die schönste Kindheit haben, die nur möglich ist«, sagte Timothy. »Du, ich habe in dem Antiquitätenladen eine Autorennbahn gesehen, die kaufe ich gleich morgen; das war mein Lieblingsspielzeug, und das soll Mini-Tiny auch haben.«

»Tiny, UNTEN gibt es auch Spielzeug. Wir werden nur das Allernötigste mitnehmen dürfen.«

»Was war dein Lieblingsspielzeug?«, fragte Timothy.

»Ein Kasperletheater.« Anne lächelte versonnen. »Mit einem wunderschönen, handgeschnitzten Kasperle. Und mein Dackel natürlich. Schade, Dackel gibt es gar nicht mehr.«

Timothy nahm sich vor, gleich morgen früh bei Abraham Bentley anzurufen und nicht lockerzulassen, bis die ALLAMERICAN ihm einen Dackel produzierte, koste es, was es wolle. Nein, ein Pärchen. Er war so aufgekratzt, dass er übermütig über Anne herfiel, dann ging er erschrocken auf Abstand. »Entschuldige.«

»Ich bin schwanger, nicht krank!«

»Und unser Kind?«

»Glückliche Eltern bekommen auch glückliche Kinder.« Sie streckte die Arme aus. »Komm. Du darfst mir jetzt nicht mehr widersprechen.«

»Na, das muss ich mir erst noch mal überlegen. Wann gehst du?«

»In zwei Wochen.«

»Ich komme mit. Ich werde dich jetzt keinen Tag mehr allein lassen, Anne.«

»Aber du kannst unmöglich –«

»Pst!« Timothy legte ihr die Hand auf die Lippen. »Ich kann. Eines Tages fliegt der gute Timothy Truckle ohnehin auf, wer weiß, vielleicht schon morgen. Der ›Laurin‹ ist ein passendes Abschiedsgeschenk. Wenn Hank und Phil es hier nicht schaffen, gehe ich mit ›Marilyn‹ nach UNTEN und bin spurlos verschwunden.«

Anne kicherte. »Du würdest doch Napoleon nie im Stich lassen!«

»Darüber habe ich bereits mit dem Großen Bruder gesprochen. Ich muss nur Druck machen, dass wir sofort beginnen, Napoleon zu überspielen. Ich brauche zehn Tage, und wenn ich früher verschwinden muss, werden wir einen gewaltigen Türken bauen, wie man das früher nannte: Ich werde vom UNDERGROUND entführt, und man wird für meine Freilassung irgendwelche Zugeständnisse von den Bigbossen verlangen, etwas, worüber die sich ein paar Tage den Kopf zerbrechen müssen. Einer unserer Leute im NSA-Hauptquartier kann dafür sorgen, dass man mein Appartement sofort versiegelt und streng bewacht, damit niemand hineinkommt, während Napoleon gedoppelt wird. Danach fliegt alles in die Luft.«

»Tiny, das geht nicht!«

»Und ob das geht. Ich habe das ganz genau durchkalkuliert, technisch ist es überhaupt kein Problem –«

»So benimmt man sich nicht unter Brüdern!«

»Bitte, singe mir jetzt nicht das Hohelied von der Disziplin des Revolutionärs. Ich habe seit meiner Jugend Disziplin geübt. Ich habe alles getan, was man verlangte – du weißt ungefähr, was alles –, nun aber ist Schluss. Zufällig nicht, weil ich enttarnt wurde, sondern weil ich es will. Habe ich denn überhaupt kein Recht auf mein Leben?«

»Das hier ist dein Leben, Tiny.«

»Das war es. Timothy Truckle ist tot. Es lebe Timothy Truckle der Zweite. Und sein Junior. Zuerst UNTEN, und dann, Anne, gehen wir drei nach DRAUSSEN! Versuche nicht, mich umzustimmen. Gleich morgen früh spreche ich mit dem Großen Bruder.«

12.

Der Große Bruder hörte sich alles geduldig und ohne Kommentar an. Er versprach, Timothys Anliegen sofort an den IK weiterzuleiten; das sei eine derart gravierende Entscheidung, dass sie im Inneren Kreis beraten werden müsste.

»Du kennst mich noch nicht so gut«, sagte Timothy, »ich kann unerhört halsstarrig sein, und dieses Mal bin ich fest entschlossen, meinen Willen durchzusetzen, so oder so. Wann bekomme ich die Leitung für Napoleon?«

»Morgen, spätestens übermorgen«, versprach der Große Bruder.

»Gut, ich werde Napoleon sicherheitshalber schon an die geheime Leitung anschließen, so dass man ihn notfalls von außen abrufen kann.«

»Die Hauptsache ist jetzt der ›Laurin‹, Tiny. Wie weit sind Hank und Phil?«

»Ich gehe anschließend hinüber.«

»Ruf mich sofort an. Ich kümmere mich inzwischen um einen Platz, zu dem du das Gerät fliegen könntest. Noch eins: Ich möchte dir jemanden schicken, der ein Problem hat.«

»Ich übernehme keine Aufträge mehr«, erklärte Timothy.

»Kein Auftrag. Du sollst es dir nur anhören, vielleicht hast du eine Idee. Oder blockiert dich deine Liebesgeschichte derart, dass dich das Schicksal von ein paar hundert Kindern nicht mehr interessiert?«

»Ganz im Gegenteil«, sagte Timothy. »Ich war noch nie so an Kindern interessiert wie heute.«

Hank und Phil schliefen. Timothy hatte Mühe, sie wachzurütteln. Sie seien fertig, erklärten sie. Timothy überzeugte sich anhand der Multispektral-Aufnahmen, dass der »Laurin« tatsächlich wieder so aussah, wie er ihn übernommen hatte. Ein Stein fiel ihm vom Herzen. Am liebsten hätte er auf der Stelle Grandma angerufen, sie solle ihr Gerät abholen lassen, er habe es sich anders überlegt. Natürlich rief er nicht an. Man soll schlafende Hunde nicht wecken. Und Bigbosse schon gar nicht.

»Es wird nicht allzu schwer sein, den ›Laurin‹ nachzubauen«, erklärte Hank, »scheint sogar, als hätten wir schon eine Idee für eine verbesserte Variante, auf die GENERAL MOTORS noch nicht gekommen ist; das würde das Gerät wesentlich leichter und handlicher machen.«

»Wie schnell könntet ihr so eine Tarnkappe bauen?«, erkundigte sich Timothy.

»Ein paar Wochen wird es schon dauern«, sagte Phil. »Leider. Uns wäre wohler, wir hätten sie schon. Hast du eine Ahnung, wie wir hier ungesehen wieder wegkommen? Zumal mit dem ganzen Material?« Er nickte in Richtung der beiden Container.

»Da ihr fertig seid, wird das nicht so schwer sein«, erwiderte Timothy. »Der Wetterbericht kündet für heute Abend eine Inversionslage an, Alarmstufe sieben. Der Smog soll steigen und sich etwa in Höhe der achthundertsten Etage mit den Wolken vereinen. Ich werde verabreden, dass euch ein Helikopter abholt; ihr müsst nur zur angegebenen Zeit kurzfristig ein Peilfeuer errichten. Heute nacht wird in der Luftüberwachung der Teufel los sein, da kümmert sich kein Schwein um einen Helikopter, der an einem leeren Penthaus notlandet.«

Kurz vor eins schlug der Communicator an; Timothy befürchtete schon, es sei Grandma oder einer ihrer Leute, aber vor der Tür stand eine Frau um die Vierzig, die sich als Inspektorin der Haushygiene ausgab; sie müsse sein Appartement auf Schädlingsbefall kontrollieren.

»Ich bin Maud«, sagte sie, sobald Timothy die Wohnungstür hinter ihr geschlossen hatte, und hielt ihm einen Puzzlestein hin; die beiden doppelt geknickten Zungen besagten, dass der Große Bruder sie schickte. Maud bat um Tee.

Sie blickte verwirrt und misstrauisch, als Anne den Tee ins Mausoleum brachte und sich zu ihnen setzte.

»Du kannst ihr völlig vertrauen«, erklärte Timothy, »sie ist eine von uns. Weißt du, in Kinderfragen fühle ich mich noch ziemlich hilflos, Anne dagegen –« Er lachte. »Um was für Kinder handelt es sich?«

»Um Engel*«, sagte Maud. »Etwa tausend.«

»Das gibt es wirklich?«, rief Timothy. Er hatte schon oft gehört, dass es illegale Kinder geben sollte, aber gleich tausend?

»Du meinst UNDERGROUND-Kinder?«

---

* Angel (Engel): Ableitung von ANG, Anarchic Nativity Guilty = der ungesetzlichen Geburt schuldig.

»Nein, richtige Engel. Und mitten in Chicago. Im Cicero-PARIA*.«

»Das kann nicht dein Ernst sein!« Timothy sah sie ungläubig an. Gewiss, er kannte die Gerüchte, dass in den PARIAs Menschen leben sollten, aber das war ebenso abenteuerlich wie die Storys über Rostfresser, Mudscraper und Nightmares**. Er hatte zwar auf der Universität gelernt, es sei ein ewiges Gesetz des Lebens, dass es in alle nur denkbaren Nischen dringt, doch er konnte sich nicht vorstellen, dass es Menschen gab, die die verwüsteten »Nischen« der Industriegesellschaft besiedelten wie einst die Eskimos die Eiswüsten der Arktis. Es mochte einzelne geben, Ausgestoßene und Verfolgte, die auf der verzweifelten Suche nach einem Platz zum Überleben bereit waren, in jedes Loch zu kriechen, vielleicht sogar in ein PARIA, aber gleich tausend, noch dazu Kinder? Und sicher nicht ohne Angehörige. Unter diesen mörderischen Bedingungen musste doch jeder bald zugrunde gehen. Oder aufgeben und sich den Behörden stellen, sozusagen legislativen Selbstmord begehen. Aber Maud machte nicht den Eindruck, als wolle sie ihm mit Science-fiction kommen. Timothy lehnte sich zurück und faltete die Hände über der Brust. »Berichte.«

»Wir haben jetzt erst davon erfahren«, begann Maud. »Wer sollte auch auf die Idee kommen, dass im Cicero-PARIA Menschen leben, du?«

Timothy schüttelte den Kopf. Die Regierung hatte das Gebiet vor zwölf Jahren schlagartig räumen lassen und hermetisiert, weil es von den Giftwolken einer außer Kontrolle

---

* PARIA: Perfectly Abandoned and Radically Isolated Area = vollständig aufgegebenes und völlig isoliertes Gebiet. Diese Gegenden gelten als chemisch und radioaktiv verseucht, auf den Karten werden sie nur als weiße Flecken ausgewiesen, das Betreten ist auch den Ordnungskräften untersagt. Die Gebiete werden nur von einer Luftüberwachungstruppe kontrolliert, der Special PARIA Air Branch, die in diesen »Kill free areas« auf alles schießt, was sich bewegt. Cicero = Stadtteil von Chicago.

** Rostfresser = in den Spalten zwischen den Wänden und den Metallverkleidungen der Skyscraper Lebende. Mudscraper = Müllkratzer: Leute, die sich in den Mülldeponien verbergen. Nightmares = Nachtgespenster: Menschen, die in den Schächten der Versorgungs- und Abfallkanalisation leben und sich nur nachts an die Oberfläche trauen; nicht nur, weil sie als von den Behörden Gejagte »lichtscheu« sind, sondern weil sie durch das Leben in der Finsternis extrem lichtempfindlich wurden.

geratenen Pestizid-Fabrik verseucht werden würde; die elektronische Glocke war längst aufgehoben, aber das Gebiet galt noch immer als unbetretbar und durfte auch nicht überflogen werden.

»Ich bin selbst dort gewesen«, sagte Maud, »eine grauenvolle Gegend, die Häuser völlig vom Säureregen zerfressen, die Straßen wie von Meteoriten zerrissen, wahrscheinlich hat der Asphalt gekocht und riesige Blasen gebildet, die dann zerplatzten. Wir haben nicht viel gesehen, wir waren natürlich nachts dort.«

»Warum eigentlich?«

»Unsere Techniker hatten einen unter dem PARIA verlaufenden Kommunikationskanal reaktiviert. Als wir erfuhren, dass die Stadtverwaltung dort eine Mülldeponie errichten will, wollten wir die Geräte einer Verstärkerzentrale bergen, die bei der Räumung intakt geblieben war, aus Schlamperei, wie wir dachten. – Ihr wisst, was dort passieren wird: verbrannte Erde.« Timothy nickte. Die Erde wurde buchstäblich verbrannt, mit Laser- und Daserminen atomisiert und ausgeglüht, um eine undurchlässige Grundschicht herzustellen.

»Als wir den Bunker aufbrechen wollten, um in die Verstärkerzentrale einzudringen, entdeckten wir, dass er nur scheinbar zerstört war, in Wirklichkeit aber völlig intakt, die Zugänge standen sogar offen, und er war bewohnt. Von Kindern und Jugendlichen!«

»Wie sind die dahin gekommen?«, rief Anne.

»Die Räumung damals kam völlig überraschend, und zu dem Gebiet gehörte ein Stück Noland, das schlagartig umstellt worden war, so dass niemand entkommen konnte. Da ist jemand auf die Idee gekommen, die Kinder in dem Bunker zu verstecken, bis sich eine Möglichkeit finden würde, sie zu retten, es waren ja alles Engel.«

»So viele?« warf Timothy ein.

»Offensichtlich eine Verkettung von Zufällen. Wir wissen zu wenig. Es gibt niemanden mehr, der damals schon erwachsen war, und die Aussagen der Engel, die bereit waren, mit uns zu sprechen, sind unzuverlässig. So viel ist sicher: Damals befanden sich zwei größere Gruppen von Kindern im Noland, zum einen ein paar Departements, die aus einem Drop-Out-Home ausgebrochen waren, zum anderen etliche Dutzend Mädchen, die eines unserer Kommandos gerade aus einem Forschungsinstitut befreit und erst einmal in das Noland gebracht hatte; man nahm damals an, dass sie von den Behörden eingefangen oder liquidiert worden waren. Sicher kamen in diesen Bunker auch einige der Kinder, die immer in den Nolands sind: von Flüchtlingen oder von Leuten, die sich illegal die Babydroge beschafft und gehofft hatten, das Kind werde, wenn es einmal da sei, legalisiert werden. Bestimmt auch von Mietmüttern; das kommt doch oft vor, dass sich eine Frau durch das Honorar verleiten lässt, für eine andere ein Kind auszutragen, es nach der Geburt aber nicht hergeben will, sondern lieber flüchtet.«

»Trotzdem«, sagte Timothy, »das können unmöglich tausend gewesen sein, nein, mehr! Die Sterberate in einem PARIA muss hoch sein.«

»Das ist sie bestimmt«, bestätigte Maud. »Aber die Geburtenrate auch.« Anne und Timothy blickten sie überrascht an.

»Die Mehrzahl der Engel sind Kleinkinder. Dort geboren. Ihr müsst euch das vorstellen: ein Haufen Kinder, die zu Halbwüchsigen heranwachsen, ohne Kontakt mit der Außenwelt, ohne Erziehung und Bildung, nicht einmal Video besaßen sie, und die wenigen Erwachsenen, die ursprünglich im Bunker waren, haben es offensichtlich nicht lange überlebt; das Einzige, was sie vom Leben hatten, war –«

»Sex«, sagte Timothy.

»Nennen wir es lieber Zärtlichkeit, Zuneigung, Wärme, aneinander festklammern – und wer weiß denn noch, wie man Kinder verhütet?«

»Vielleicht hätten sie sie auch gar nicht verhüten wollen«, sagte Anne leise. »Ein Kind, das ist etwas, was dem Leben auch unter schlimmen Umständen einen Sinn geben kann, vielleicht gerade dann.«

»Ich verstehe trotzdem nicht, woher dieser Baby-Boom gekommen ist«, meinte Timothy. »Sie müssen doch irgendetwas getrunken haben!«

»Ja, Wasser. Man hat im untersten Keller eine Zuleitung des Städtischen Netzes angezapft, das Wasser ist noch frei von Sterilisationsmitteln. Es sind übrigens fast alles Mehrlingsgeburten, vor allem Drillinge und Vierlinge, aber fragt jetzt bitte nicht, wieso, ich weiß es nicht. Ich habe mit einer Neunzehnjährigen gesprochen, die Zutrauen zu mir fasste – vielleicht habe ich sie an ihre Mutter erinnert? Angie hat dreizehn Kinder geboren, sieben leben noch.«

»Wovon?«, rief Timothy. »Gut, sie haben Wasser, aber –«

»Offensichtlich war die Deponie im Bunker noch intakt, dadurch haben sie die ersten Monate überlebt, dann haben die Erwachsenen zusammen mit den älteren Kindern die Häuser systematisch abgesucht; die Räumung erfolgte ja derart abrupt, dass niemand Zeit hatte, die Waren abzutransportieren, und auch in den Nolands gibt es Unmengen von illegalen Vorräten; wir vermuten, dass die Erwachsenen sich dabei den Tod holten. Nun ernähren sich die Engel schon seit Jahren wie in der Steinzeit, von dem, was dort wächst und lebt.«

Timothy ging hinaus und holte eine Flasche Whisky. »Entschuldige«, sagte er, »aber jetzt muss ich einen Schnaps trinken. Meine Phantasie ist zu ausgeprägt. Was lebt dort? Was wächst dort?«

»Gras, Brennesseln, Disteln, Löwenzahn, Krüppeldorn – sie ernten nachts. Um ehrlich zu sein, ich glaube, sie weiden einfach und essen es gleich auf den Trümmerwiesen. Das PARIA ist nämlich nicht tot; nachdem die Säureregen vorbei waren, hat sich ein spezifisches Biotop gebildet. Es gibt Kaninchen, weiße und blaue Mäuse, Ratten – den Fellen nach beängstigend groß, wahrscheinlich Mutationen – und Vögel. Ganze Schwärme von Tauben, Amseln und Staren. Zwischen dem PARIA und der angrenzenden Mülldeponie existiert seit der Aufhebung der Hermetisierung nur noch die Mauer. Ich habe auch Krähenbälge gesehen. Sie haben gelernt, Fallen zu stellen, Schlingen zu legen, mit Pfeil und Bogen zu schießen.«

»Aber die Luftüberwachung müsste sie längst entdeckt haben«, warf Timothy ein, »und dann hätte man etwas davon gehört. Das wäre doch ein Festessen für die Medien!«

»Die Air Branch ist eine militärische Organisation!« Maud lächelte. »Die haben ihren Dienstplan, und den scheinen die Engel ganz genau zu kennen, obwohl sie keine Uhr besitzen. Sie gehen nur in der Dämmerung hinaus und unmittelbar nach den Überwachungsflügen, in der Hoffnung, dass die Besatzungen ein paar Tiere abgeschossen haben. Ich fürchte, sie essen auch Aas.«

»Mitten in Chicago«, stöhnte Timothy. »Und auch –?« Er sah Maud in die Augen. »Ich muss alles wissen, die ganze, schreckliche Wahrheit.«

»Ich weiß es nicht«, sagte Maud leise. »Ich habe mich nicht getraut, danach zu fragen. Ich kann nur hoffen, dass sie nicht zu Kannibalen geworden sind.«

Timothy goss sein Glas voll. Jetzt wollten auch die beiden Frauen einen Schnaps. Anne unterbrach als Erste das Schweigen.

»Gibt es dort Blumen und Früchte?«

»Nein. Die Konzentration von Schwefeldioxid ist zu hoch, als dass Insekten überleben könnten.«

»Und die Kinder, die Neugeborenen?«, fragte Timothy.

»Keine Monster. Das meintest du doch? Soweit wir es ausmachen konnten, gibt es sogar verhältnismäßig wenig Missbildungen und Idioten, vielleicht sterben die früh … Sie sind allesamt klein und mager; die Nahrung reicht nicht aus, um normales Gewicht und normale Größe zu erreichen, und sie frieren und schwitzen ungewöhnlich schnell durch den Mangel an Energie.«

»Was ist mit Kleidung?«, fragte Anne.

»So gut wie nichts.« Maud schüttelte traurig den Kopf. »Sie leben wie die Wilden. Geistig stehen sie wahrscheinlich auf der Stufe der Steinzeit, und körperlich – wir haben bei unserem zweiten Besuch einen Mediziner mitgenommen; wir müssen ja wissen, was für Vorkehrungen zu treffen sind, wenn man sie herausholt, aber sie sind äußerst scheu und lassen kaum einen Fremden an sich heran. Natürlich die klassischen Mangelkrankheiten: Beriberi, Skorbut, Rachitis; sie sehen schlecht, nicht nur durch das Leben im Bunker, auch durch Mangel an Vitamin A, leiden unter Magen- und Darminfektionen und allen nur denkbaren Erkrankungen der Atemwege, kein Wunder, sie sind dem Smog ungeschützt ausgesetzt – aber das ist doch jetzt alles nicht wichtig! Man darf sie nicht den Behörden ausliefern; keiner würde es überleben. Oder nur als Versuchskaninchen in irgendwelchen Institutskäfigen. Sie haben ein Recht auf Leben, es sind Menschen wie wir!« Maud war immer lauter geworden, die letzten Worte schrie sie fast hinaus.

»Da musst du einen Zwerg nicht belehren«, sagte Timothy hart.

»Entschuldige, aber ich, ich –« Maud brach in Tränen aus. Anne fuhr ihren Sessel neben sie und nahm Maud in den Arm. »Wir werden einen Weg finden«, versprach Timothy.

»Aber wie?« Maud blickte ihn verzweifelt an. »Und wir haben nur noch drei Tage Zeit.«

»Drei Tage?«, wiederholte Timothy. »Verdammt! Übermorgen ist Veteranentag, da wird die ganze Stadt auf den Beinen sein, und schon in der Nacht zuvor werden die Straßen nur so von Bullen wimmeln; der Präsident will diesen Tag in Chicago verbringen!«

13.

»Dann wollen wir etwas Systematik in die Sache bringen«, erklärte Timothy. »Wie seid ihr in das PARIA gekommen?«

»Über einen Kellerdurchbruch. Man hat den üblichen Streifen rund um das Gebiet eingeebnet, die Keller und unterirdischen Etagen aber nur zubetoniert; niemand rechnet doch damit, dass jemand in ein PARIA einsteigen will.«

»Wie sind die Grenzbefestigungen, wie bei einem Noland?«

»Nein, nur die Mauer und eine akustische Falle, damit keine Vögel in das Stadtgebiet hinüberkommen und Seuchen einschleppen können.«

»Wachen?«

»Stündlich Streifen. Aber das ist nicht das Problem, wir –«

»Bleiben wir erst einmal dabei«, unterbrach Timothy. »Ich muss es auf meine Weise angehen. Man könnte also ein Loch in die Mauer sprengen. Was ist mit eurem Tunnel, kann man die Engel durch ihn hinausschleusen?«

»Es würde zu lange dauern, und für einen breiteren Tunnel müsste man Maschinen einsetzen. Wie? Und wo sollten die Engel dann bleiben? Sich auf der Straße sammeln, ein Haus besetzen –?«

»Da ihr durch die Keller gegangen seid, nehme ich an, dass es keine Möglichkeit für einen direkten Zugang vom UNDERGROUND zum PARIA gibt. Wo befinden sich die nächsten Einstiege?« Maud zuckte die Schultern.

»Das weiß ich«, sagte Anne. »Hol mal den Stadtplan, Tiny.« Maud drehte ihnen widerspruchslos den Rücken zu, während Anne Timothy die Einstiege zeigte; er war offensichtlich nicht sehr zufrieden mit dem Ergebnis.

»Was meinst du, Maud«, erkundigte er sich, »wie weit könnten die Engel laufen?«

»Willst du sie laufen lassen?«, rief Anne. »Vergiss nicht, es sind viele Kleinkinder darunter, die getragen oder gefahren werden müssten, wie denn?«

»Ich weiß es nicht«, erwiderte Timothy unwillig, »ich muss nur alle Möglichkeiten abklopfen. Wir können schließlich nicht mit Aerobussen im PARIA landen, selbst wenn wir welche kidnappten.« Es gab genügend Beispiele, dass die Behörden Luftpiraten unbarmherzig und ohne zu zögern abschossen, selbst wenn dabei unschuldige Passagiere betroffen wurden und die Trümmer in den Häusern und Straßen große Opfer forderten; die Erzwingung der staatlichen Ordnung hatte absoluten Vorrang. »Aber irgendwie müssen wir tausend Menschen abtransportieren.«

»Da ist noch ein Problem«, sagte Maud leise. »Wir wissen leider nicht einmal, wie wir die Engel überhaupt dazu bringen sollen, ihren Bunker zu verlassen. Vergiss nicht, es sind praktisch Wilde. Scheu und absolut misstrauisch.«

»Sie müssen einen Anführer haben«, meinte Timothy. »Und da sie so lange überlebten, muss er intelligent und energisch sein.«

»Ted«, sagte Maud. »Aber mit ihm ist nicht zu reden. Wir haben ihn gefragt, was sie tun würden, wenn die Behörden sie entdeckten. ›Sterben‹, sagte er, ›zu Milky Instant beten und sterben; haben wir denn eine andere Wahl?‹ – Zumindest die älteren von ihnen wissen, warum sie überhaupt in diese Lage gekommen sind und dass sie nirgends sonst einen Platz zum Leben haben. Vom UNDERGROUND hatte Ted nie etwas gehört, und als wir erklärten, wir könnten sie herausholen und an einen Ort bringen, wo sie nicht nur sicher sind, sondern auch genügend Nahrung bekommen würden, Kleidung und Spielzeug, lachte er nur. ›Ja, im Paradies‹, sagte er, ›aber wir glauben nicht an Jesus Christ!‹«

»Wer ist Milky Instant?«, fragte Timothy.

»So was wie ihre Schutzheilige. Irgendein Reklamebild, das sie anbeten, weiß der Himmel, wo sie es her haben, eine nackte blonde Schönheit, die lächelnd ein strahlendes Baby vor ihren dicken Brüsten präsentiert.«

Anne war schon aufgestanden und ging hinaus. Timothy ließ sich inzwischen von Maud erzählen, was man alles erwogen hatte. Und wieder verworfen. Der beste Plan war noch, in der Nähe der Grenze ein Kleidungsdepot anzulegen und die Engel in kleinen Gruppen herauszubringen und fortzuschaffen, aber dazu musste man nicht nur Zeit haben, man hätte die Engel erst überreden oder sie betäuben und gegen ihren Willen wegschaffen müssen. Anne kam zurück.

»Milky Instant«, sagte sie, »ist vor zwanzig Jahren eine Reklame der UNIVERSAL für synthetisches Milchpulver gewesen. Der vollständige Text lautet: ›Milky Instant ist besser als Muttermilch!‹ Im Städtischen Kunstverein gibt es noch ein paar der alten Werbespots; die UNIVERSAL hat damals den Grand Prix für die beste Reklame des Jahres bekommen.«

»Beschaff sie. Sofort!«

»Was willst du denn damit, Tiny?«

»Ich weiß es nicht!«, schrie Timothy. »Ich versuche nur, einen Strohhalm zu finden, an dem wir tausend unschuldige Kinder aus dem Sumpf unseres glorreichen Zeitalters ziehen können! Hast du noch was, Maud? Dann verabrede mit Anne, wie wir dich erreichen können. Ich gehe ins Bad und besaufe mich.«

»Soll ich dir nicht lieber Tee oder Kaffee machen?«, fragte Anne besorgt.

»Du kannst dir den Kopf zerbrechen, wie wir Grandma

dazu bringen, mich in den nächsten Tagen in Ruhe zu lassen.«

Timothy trank dann doch Mokka, aber er mischte ihn mit Whisky. Er hing vor leeren Wänden in der Wanne, grübelte mit geschlossenen Augen in absoluter Stille, ab und zu sprang er aus dem Wasser und stürzte ins Arbeitszimmer, nasse Tapsen markierten seinen Weg. Er war heilfroh, dass Napoleon noch nicht gedoppelt wurde. Wie sollte er es jemals zehn Tage ohne ihn aushalten? Vielleicht bildeten sie beide längst so etwas wie einen Kyborg?

Anne fand Timothy nackt und nass vor dem Steuerpult. Und verzweifelt. Timothy riss ihr den Kristall aus der Hand, verschwand im Bad und schaltete auf Endlosprojektion.

Milky Instant war schön, strahlend, glücklich und strotzend vor Gesundheit, ebenso ihr Baby. Als ihm auch nach der siebenten Wiederholung noch keine Erleuchtung gekommen war, schickte Timothy ein grimmiges Gebet zu der Muttermilchmadonna.

Irgendwann kam Anne herein, betrachtete erst Milky Instant, dann Timothy, zog die Stirn kraus, schluckte aber ihren Kommentar hinunter und sagte nur, sie habe das Problem Grandma gelöst.

»Du musst nicht mehr in Fordsville einbrechen«, erklärte sie, »du brauchst dir nicht mal eine Ausrede einfallen zu lassen. Wir haben über einen Mittelsmann im NSA-Hauptquartier der FORD-Polizei einen streng vertraulichen Hinweis gegeben, dass der UNDERGROUND ein Attentat plant; die passen jetzt auf wie die Schießhunde.«

»Wenn Grandma das erfährt«, murrte Timothy, »wird sie auf der Stelle den ›Laurin‹ wiederhaben wollen, und ich habe –«

»Zeit«, unterbrach ihn Anne. »Sie wird nichts erfahren. Alle Kommunikationskanäle werden streng überwacht, niemand darf Fordsville verlassen, und ein Sonderkommando der NSA wartet darauf, die Agenten des UNDERGROUND zu kassieren. Zufrieden?«

»Sehr zufrieden. Hast du vielleicht auch noch eine Idee, wie man tausend Engel unbemerkt durch die Stadt bringt?«

»Ich weiß nicht einmal, wie man sie überreden könnte, mitzumachen.«

»Ach«, sagte Timothy, »ich glaube, dieses Problem habe ich gelöst.«

14.

Das Loch in der Mauer war da. Genau so, wie Timothy es bestellt hatte: Im oberen Teil, etwa vier Meter im Durchmesser, und es sah aus, als seien die Betonquader durch Materialermüdung herausgebrochen. Niemand würde sich darum kümmern; die Behörden hatten genug Sorgen mit dem morgigen Präsidentenbesuch, und übermorgen würde das PARIA ohnehin devastiert werden.

Timothy landete »Marilyn« auf einem Mauervorsprung gegenüber dem Loch. Der geschleifte Grenzstreifen und die anschließende Straße waren leer, die Häuser wirkten vernachlässigt, kaum bewohnt, trist und grau. Dafür leuchtete die Mauer in bunten Sprayfarben. Wie in den Nolands hatte auch hier die nackte, von keiner Reklame besetzte Wand Leute angeregt, sich zu verewigen, mit den üblichen und wohl schon Jahrhunderte alten Zoten und Zeichen, aber auch mit überraschenden Bildern; ein Stück weiter rechts, direkt neben dem offiziellen Schild: »PARIA! Hier wird ohne Warnung geschossen!« prangte ein knallgrüner Urwald mit kakelbunten Orchideen und Papageien.

Irgendein Sam, der alle A als Anarchistenzeichen schrieb, hatte in metergroßen Buchstaben Slogans auf die Mauer gesprüht, die Timothy schon auf dem Weg hierher aufgefallen waren: »PARIA my Patria!« – »Here begins real PARIA-ty!« – »Parias of all PARIAS unite!«*

Dicht neben dem Sprengloch leuchtete blutrot:

---

* Paria, meine Heimat! – Hier beginnt die wirkliche Gleichheit! – Parias aller PARIAs vereinigt euch! = Abwandlung der Losung: »Proletarier aller Länder vereinigt euch!«, Parias: Anspielung auf die Kaste der Unberührbaren im früheren Indien.

No Past
No Future
No Mercy
No Hope
No Chance
Pledge: No! No![*]

Die Streife donnerte vorbei, sie nahm keine Notiz von dem Loch. Der eine Wachmann blickte nur kurz hin, warf dann einen Blick herüber, der Timothy erstarren ließ; er vergaß immer wieder, dass er ja unsichtbar war.

Timothy flog in das PARIA. Er entdeckte schnell die verabredeten Zeichen. Die zweite Sprengung war vorbereitet und das Depot eingerichtet. Er landete dicht an der Mauer, nahm die Atemmaske ab und sog vorsichtig Luft ein. Auch hier hatte der gestern Abend einsetzende Wind den Smog weggefegt. Dafür war es kalt geworden, wahrscheinlich würde in den nächsten Tagen der Winter hereinbrechen.

Die Staffel der Luftüberwachung kam pünktlich auf die Sekunde. Die Maschinen flogen langsam, kreisten, Schüsse detonierten, es schien zu stimmen, dass die Piloten mit alten Gewehren und Maschinenpistolen jagten. Sobald die Hubjets abgezogen waren, machte Timothy sich auf den Weg. Jetzt hatte er bis morgen früh freie Bahn.

Es dauerte nicht lange, bis Timothy die Engel sichtete, ein Dutzend Burschen in Lendenschurzen aus Fellen, mit Federn im Haar, Pfeil und Bogen in den Händen, die wie Indianer zwischen den übergrünten Mauerresten herumschlichen, nur dass sie keine kupferbraune Haut und nicht alle langes schwarzes Haar hatten, einige waren aschblond, zwei krausköpfig und von ziemlich schwarzem Teint, außerdem trugen fast alle Bärte. Es sah aus, als hätten sich alte Germanen, Indios und Neger zu gemeinsamer Jagd getroffen; fast jeder schleppte irgendein Tier. Der größte von ihnen musste, Mauds Beschreibung zufolge, Ted sein. Er war Mitte Zwanzig, trug nur eine blutrote Feder und gab die Kommandos.

---

* Keine Vergangenheit / Keine Zukunft / Keine Gnade / Keine Hoffnung / Keine Chance / Dein Gelübde sei: Nein!

Timothy hielt sich dicht hinter Ted, um ihn bei der ersten Gelegenheit anzusprechen. Ted machte es ihm leicht. Während die anderen im Bunker verschwanden, setzte er sich auf einen Steinbrocken, blickte kurz in die Runde, lehnte sich dann zurück und begann leise und mit geschlossenen Augen zu singen, einen Sprechgesang mit wechselnden Tonhöhen, halb Blues, halb Spiritual. Timothy war tief gerührt. Er wartete einen Augenblick, bevor er sprach. »Milky Instant ist dir gnädig, Ted!«

Ted sprang auf, griff nach Bogen und Messer, blickte blitzschnell in die Runde, duckte sich hinter den Steinbrocken und spähte dann vorsichtig um die Ecke.

»Du kannst mich nicht sehen«, sagte Timothy. Er hatte sich für eine feierlich priesterliche Sprechweise entschieden; da Ted den Namen Jesus Christ kannte, hatte er sicher als Kind Gottesdienste besucht. »Ich bin Tiny, der gute Geist von Milky Instant. Sie schickt mich zu dir. Mit einer Botschaft. Wenn du bereit bist, sie zu empfangen, dann lege die Waffe nieder und falte die Hände, so will ich dir erscheinen.«

Ted sprang auf, blickte verwirrt um sich, legte dann Messer und Bogen auf den Boden und setzte sich, die Hände im Schoß gefaltet. »Wo bist du?«

»Hier!« Timothy hatte seinen Auftritt sorgsam geplant, hatte mit Hanks Hilfe »Marilyn« ausgerüstet und ein paar Mal im Hangar geübt; von der ersten Begegnung hing wahrscheinlich alles ab. Ein Knopfdruck, und die Grenzsphäre des »Laurin« wurde zur Projektionsfläche, auf der sich nun Blumen entfalteten, zuerst in Zeitlupe, dann immer schneller, schließlich eine Explosion aus dem Boden schießender, aufplatzender Blüten, gleichzeitig strömte betäubender Duft aus, und das a-moll-Präludium von Händel erklang. Timothy hatte die Aufnahmen verwandt, die er für Anne komponiert hatte, und er hoffte, dass sie bei Ted ebenso große Wirkung zeigen würden, dass sie ihn an seine Kindheit erinnerten, in der es doch irgendwann einmal Blumen gegeben haben musste.

Ted starrte wie gebannt auf die glänzende, sich unaufhörlich wandelnde, farbenprächtige Kugel, die in der Abenddämmerung wie eine Zauberwelt wirken musste, er atmete tief und sog mit dem Blumenduft ein mildes, euphorisierendes und zugleich beruhigendes Aerosol ein. Timothy war schon aus dem Gerät herausgestiegen, jetzt trat er durch die Projektion und breitete die Arme aus. »Milky Instant segnet dich!«

Er trug eine Toga, die von Weiß zu Silber und Gold und wieder zu Weiß changierte, hatte die Haut wachsgelb und das Haar silbergrau gefärbt, zeigte nun seine Hände vor, nur kurz, damit Ted nicht doch das flache, fleischfarbene Manual entdeckte; Ted riss Mund und Augen auf, sprang hoch, stieß die Hände vor, als wolle er Timothy packen, Timothy trat in den »Laurin« zurück und schaltete die Projektion aus, Teds Hände blieben in der Luft stehen, er starrte verblüfft in die scheinbar leere Landschaft.

»Knie nieder!« Timothys Stimme hallte über das Gelände, wurde von einem vielfachen Echo zurückgeworfen, Ted warf sich zu Boden. Timothy hasste, was er tat. Es war jämmerlich, ein so argloses Gemüt mit billigen Effekten zu übertölpeln, aber er hatte keine Wahl, er musste mit allen Mitteln Teds Gedanken und Gefühle manipulieren, wenn er die Engel retten wollte. Er ließ »Marilyn« steigen; drei Meter über dem Boden schaltete er die Projektion wieder an und beugte sich vor, so dass nur sein Kopf Ted erschien: als Mittelpunkt einer glühenden, funkelnden, von züngelnden Protuberanzen umtosten Sonne.

»Willst du die Botschaft hören, die Milky Instant dir sendet?«, fragte er drohend, der Sprachmodulator verlieh seiner Stimme dröhnenden Basshall.

»Die gibt es wirklich«, fragte Ted zu Timothy hinauf.

»Was dachtest du?«

»Ich weiß nicht, Paul hat gelacht, wenn wir –«

»Paul?«, donnerte Timothy.

»Er sagte immer, es gibt keine Götter. Bist du Gott?«

»Milky Instant ist es. Und ich bin ihr Prophet. Euch droht Gefahr, sie aber will euch retten. Doch ihr müsst ihr gehorchen!«

Ted überlegte eine Weile, dann schüttelte er grinsend den Kopf. »Ich habe keine Ahnung, wer du bist und wie du das alles machst, aber dass Milky Instant keine Göttin ist, das weiß ich. Das ist doch nur eine Milchpulverreklame!«

Timothy überlegte fieberhaft, was er jetzt tun sollte.

»Wie alt warst du, als man euch in dem Bunker versteckte?«, erkundigte er sich.

»Zwölf. Ich habe eine Schule besucht, ich bin kein Analphabet wie fast alle anderen. Mein Vater war Biologe und hat mir vieles erklärt, auch Paul, bevor er starb – also, wer bist du?«

»Gibt es noch mehr, die nicht an Milky Instant glauben?« fragte Timothy zurück.

»Ich weiß nicht. Ein paar vielleicht. Ich spreche nicht darüber. Es macht sie glücklich, und sie brauchen alle Kraft und allen Trost, verstehst du?«

»Ich verstehe, Ted. Du bist aufgeweckter, als ich dachte. Ich will offen mit dir sprechen, aber lass uns ein Stück weiter weg gehen, damit niemand uns stört, ja?«

Ted blickte ihn prüfend an, dann nahm er seine Waffen auf und trabte im Laufschritt durch das Gelände; ab und zu vergewisserte er sich, dass Timothys Kopf noch über ihm schwebte. Er führte ihn zu einer Hochhausruine; da die Vorderwand eingestürzt war, konnte Timothy hineinschweben.

»Versuche bitte nicht, mich anzugreifen«, erklärte er. »Du bist klug genug, um einzusehen, dass ich dir überlegen bin. Ich komme in friedlicher Absicht, du kannst mir vertrauen.«

Ted legte kommentarlos die Waffen nieder, lehnte sich an eine Wand und verschränkte die Arme über der Brust. Timothy schaltete den »Laurin« ab, so dass Ted das Gerät erblicken und zusehen konnte, wie Timothy landete.

15.

Der Lärm der Hubjetstaffel war kaum verklungen, da strömten die Engel aus dem Bunker, ein langer Zug vorwiegend halbwüchsiger Mädchen, die in Fellsäcken Babys auf dem Rücken oder vor der Brust trugen und von Scharen von Kindern umwimmelt wurden. Es mussten sogar über tausend sein. Timothy hatte noch nie so viele kleine Kinder auf einem Haufen gesehen, selbst die größeren Mädchen und Jungen trugen Babys. Zu einem halben Dutzend Müttern und ein paar Dutzend Kindern gehörte immer ein Bursche, der den Weg sicherte und Kinder, die sich von der Gruppe entfernen wollten, mit leisen Zurufen oder zarten Stupsern zurechtwies.

Timothy wartete unsichtbar unter der Decke der großen Halle nahe der eingestürzten Frontwand. Er bedauerte, dass er keine Kamera mitgebracht hatte, es war ein eigentümlich faszinierendes, rührendes Bild, vor allem überraschte ihn die Stille. Wenn man von dem Husten und Keuchen absah, war kaum ein Laut zu vernehmen, selbst die Babys schienen zu wissen, dass sie keinen Ton von sich geben durften.

So etwa musste es einst ausgesehen haben, wenn die Clans der Chirokesen oder Chippewah in ihre Sommerlager zogen; ein Zug kleiner, magerer Gestalten mit übergroßen Augen, hier und da ein Krüppel, fast alle mit aufgeblähten Bäuchen, doch niemand willentlich verunstaltet, keine Amputationen, keine tätowierten Gesichter, keine Ringe in Nasen und Ohren wie sonst bei den Jugendlichen Chicagos. Ted kam als Letzter. Er kletterte auf einen Mauervorsprung, so dass er die Menge überragte, und klatschte in die Hände. Alle blickten ihn an.

»Engel«, sagte er, »Brüder und Schwestern! Heute Nacht ist mir ein Geist erschienen, der gute Geist von Milky Instant, und er sprach zu mir. Wir sind in Gefahr. Morgen werden Feinde kommen, in großer Zahl und mit schrecklichen Waffen. Sie wollen unsere Welt vernichten. Kein Engel würde es überleben!«

Schluchzen klang auf, dumpfes Murmeln breitete sich aus. Ted gebot mit einer Handbewegung Schweigen.

»Milky Instant will uns retten!«, rief er. »Darum hat sie uns ihren Propheten geschickt. Tiny, ich bitte dich, Tiny, erscheine!«

Gut gemacht, dachte Timothy. Ted wusste, wie er seine Leute anpacken musste. Die Engel verharrten in gespannter Aufmerksamkeit. Er ließ die Blumenprojektion anlaufen, die Musik erklingen, Duft ausströmen, und als er sich vorbeugte, seinen Oberkörper durch die Blumenbilder steckte und segnend die Arme ausbreitete, sanken die Engel in die Knie und streckten ihm die gefalteten Hände entgegen.

»Milky Instant segnet euch«, sagte Timothy feierlich, seine Stimme hallte über die Köpfe der Engel und wurde von den Wänden zurückgeworfen. »Milky Instant liebt euch. Ruft sie, so wird sie euch erscheinen.«

»Milky Instant«, murmelte der Chor, »Milky Instant, erhöre uns.«

Timothy zog sich zurück und blendete den ersten Werbespot ein. Milky Instants Gesicht strahlte auf ihre schwer atmende Gemeinde herunter, lächelte freundlich, dann wurde sie bis zum Nabel sichtbar, hielt ihre Hände nach vorn, als wollte sie jeden einzelnen an ihre prallen, spitzen Brüste drücken, hatte plötzlich ihr Baby in den Händen, hielt es hoch, ein strammes, jauchzendes Baby, dessen kickerndes Lachen durch den Raum hallte, drückte das Kind an die Brust, küßte es, warf einen Kussmund über die Menge, nickte lachend und verschwand. Timothy ließ den Engeln eine halbe Minute Zeit, bevor er ihnen als Sonnenmittelpunkt erschien.

»Milky Instant verheißt euch ein Land, in dem ihr ohne Angst und Schrecken leben könnt, wo niemand euch verfolgt, wo ihr laut sprechen und wo eure Kinder laut lachen dürfen, wo es Blumen und Bäume gibt, Essen und Trinken im Überfluss, Spielzeug und Kleidung. Milky Instant ruft euch in ihr Paradies!« Er blendete einen Zusammenschnitt aus den Werbespots ein, und jetzt hörten die Engel zum ersten Mal ihre blonde Milchpulvermadonna. »Ja, Milky Instant ist gut. Auf Milky Instant kann jeder vertrauen. Es gibt nichts Besseres auf der Welt als Milky Instant. Vertraut Milky Instant, und ihr werdet es nie bereuen.«

»Wir vertrauen dir, Milky Instant«, rief Ted, und der Chor der Engel wiederholte es.

»Milky Instant, wir folgen dir«, schrie Ted, und alle bekräftigten: »Milky Instant, wir folgen dir!« Timothy ließ sich sehen, breitete die Arme aus, Schweigen trat ein.

»Ihr geht jetzt langsam und leise zur Mauer«, sagte er, »Gruppe für Gruppe. Ted wird euch führen, und Milky Instant wird mit euch sein. Ihr werdet Kleidung für die Großen und Pontons für die Kleinsten finden und Nahrung für alle. Rote Flaschen für die Babys, blaue für die Kinder, die schon laufen können, und grüne für alle Großen. Dann wird die Mauer zerbrechen und euch den Weg freigeben, den Weg zu Milky Instant. Ihr seid das Tageslicht nicht gewohnt, eure Augen werden brennen und tränen, aber ihr sollt allen Schmerz unterdrücken und alle Müdigkeit; der Weg ist beschwerlich und lang, aber er führt euch zu Milky Instant. Viele Menschen werden euren Weg säumen, aber ihr sollt so tun, als seien sie gar nicht da, sollt mit niemandem sprechen, niemanden anfassen; selbst wenn euch jemand beschimpft, anspuckt, angreift – geht unbeirrt euren Weg. Wollt ihr das geloben?«

»Ja, das geloben wir!«, rief der Engelchor.

Timothy ließ eine lächelnde Milky Instant mit stereotyper Handbewegung winken und schwebte aus der Ruine heraus, die Engel folgten ihm.

Die Babys passten nur mit Müh und Not in die drei Luftkissenpontons, die Timothy und Ted in der Nacht aus dem Depot geholt und aufgeblasen hatten. Dann nuckelte alles an den roten, blauen und grünen Flaschen. Der mit Konzentraten, Stimulanzien und Tranquilizern angereicherte Fruchtsaft schien zu munden, Timothy musste die Engel auffordern, etwas für den Weg übrigzulassen. Er hoffte inständig, dass die Chemiker die richtige Dosierung getroffen hatten; er konnte in der nächsten Stunde weder greinende Babys noch ausgelassene Kinder, weder aufgeregte Mütter noch aggressive Krieger gebrauchen, schon gar nicht aber vor Erschöpfung und Stressüberflutung zusammenbrechende Engel.

Das erste Problem ergab sich bei der Kleidung, vor allem die Burschen weigerten sich, sie anzuziehen. Timothy stieg aus und gab Ted die Anweisung, er solle nicht länger versuchen, seine Leute umzustimmen. Er hatte die Kleidung nicht angefordert, um den Chicagoern den Anblick von halbnackten Wilden zu ersparen, sondern um die Engel warm zu halten, doch die Kälte schien ihnen wenig auszumachen. Timothy ging von einem Ponton zum anderen, ließ sie abheben und zeigte den Burschen, wie sie sie mit den Händen bewegen konnten; es wäre unmöglich gewesen, sie in der Bedienung der Steuergeräte zu unterweisen. Dann kletterte er wieder in »Marilyn«, ließ sich steigen, bis er den ganzen Zug überblicken konnte, und sprengte nach einer Minute der Besinnung den Rest der Mauer. Der Weg war frei. Falls zufällig eine Streife vorbeikam, würde sie von einem Kommando des UNDERGROUND außer Gefecht gesetzt werden.

Timothy formierte die Plasmakugel, die, von einem Magnetstrahl freischwebend in der Luft gehalten, ein paar Meter vor »Marilyn« herfliegen und als Projektionsfläche dienen sollte. Er hatte vier Spots vorbereitet, auf denen Milky Instant den Engeln scheinbar zuwinkte, ihr zu folgen, anzuhalten, nach rechts oder links abzubiegen. Akustische Signale waren ihm zu gefährlich erschienen; andererseits konnte er unmöglich »Marilyn« als fliegende Zielscheibe vor dem Zug herschweben lassen. Wenn die Scharfschützen der NSA und der Polizei jetzt das Feuer auf Milky Instant eröffneten, würden sie buchstäblich in die Luft schießen. Timothy hoffte, dass es gar nicht erst soweit kommen würde. Jetzt, da er die Engel gesehen hatte, würde es ihm noch schwerer fallen, sie im Stich zu lassen, aber er hatte nicht nur Anne versprechen müssen, seine Mission bei Gefahr sofort abzubrechen. Der IK hatte nur zögernd diesem risikoreichen Unternehmen zugestimmt, Timothys Leben sei wichtiger als tausend Engel.

Der erste Teil des Weges war problemlos, die Straßen wirkten wie ausgefegt. Heute saß ganz Chicago vor dem Videoschirm oder stand Spalier an einer der Hauptstraßen, um die Ankunft des Präsidenten auf dem Flughafen und dann die Parade durch die Stadt zu verfolgen, der Veterans Day* war schließlich eines der ganz großen Ereignisse, dazu

* Veterans Day (11. November), einer der großen Feiertage der Staaten, ursprünglich zum Gedenken an die Gefallenen des 1. Weltkrieges, heute »Tag der glorreichen Geschichte der USA«. Er wird mit offiziellen Feiern, Festgottesdiensten aller Konfessionen, Militärparaden und Umzügen, die z.T. den Charakter der europäischen Karnevalszüge haben, begangen, dann folgen Volksfeste, auf denen Lebensmittel, Freibier und Gratisschnaps, aber auch »Governmental Free Dope« (Rauschmittel) verteilt werden.

kam in diesem Jahr der Präsident der Staaten, und das Wetter war sagenhaft schön: zwar kühl, aber nahezu smogfrei.

Als der Zug der Engel sich der Kreuzung Kilbournstraße, Eisenhower Exway* näherte, flog Timothy ein Stück voraus. Es hatte geklappt, Butterbottom wartete mit mindestens fünf Kamerateams.

Es war Napoleons Idee gewesen, Butterbottom einzuschalten. Wenn man etwas Illegales nicht heimlich tun kann, so hatte Napoleon erklärt, dann muss man es besonders öffentlich tun. Und Butterbottom war das Nonplusultra an Öffentlichkeit. Er war geil auf eine Sensation für seine Sendung »Hallo Fans!« und bereit, für einen Exklusivbericht seine eigene Mutter und seine eigenen Kinder zu verkaufen, das durfte man getrost wörtlich nehmen: Den Pulitzerpreis hatte er für eine minutiöse Schilderung des Selbstmordes seiner Großmutter bekommen, den Video Award für eine Reportage über die Psychotrips seiner minderjährigen Tochter.

Timothy hatte ihm die Nachricht zuspielen lassen, er würde heute an dieser Kreuzung die Sensation seines Lebens finden. Um es glaubwürdig zu machen, hatte der Informant zehntausend Dollar für die Exklusivität verlangt, und Butterbottom war sofort bereit gewesen, sie zu bezahlen, nach der Sendung, versteht sich; er hoffte wohl, endlich den begehrten und mit einer viertel Million dotierten »Ottokar« zu erringen. Timothy gab ihm jetzt auf der vereinbarten Frequenz das Codewort »Himmel«, und Butterbottom antwortete wie aus der Pistole geschossen »und Hölle«. Er hatte keine Ahnung, mit wem er sprach, der Modulator verzerrte Timothys Stimme derart, dass sie auch bei späterer Untersuchung der Aufzeichnung nicht identifiziert werden konnte.

»Es ist soweit«, erklärte Timothy, »gleich biegt eine Kolonne halbnackter Wilder in den Exway ein.«

»Soll das etwa die Sensation sein?«, maulte Butterbottom. »Indianershows gibt es doch bei jeder Parade zu Massen.«

---

* Eigentlich Eisenhower Express Way, eine der früheren Autobahnen, die jetzt nur noch als Schnellstraßen für die öffentlichen Buslinien und als Paradestraßen genutzt werden.

»Aber dies sind weiße Indianer. Und richtige Wilde. Und zugleich echte Chicagoer: Über tausend Kinder und Jugendliche, Engel, die seit zwölf Jahren unentdeckt im PARIA gelebt haben und heute ausbrechen. Die meisten von ihnen wurden im PARIA geboren. Ist das etwa keine Sensation: Der Umzug der PARIA-Engel? Während von der einen Seite die Parade und der Präsident anrücken, kommt ihnen von der anderen Seite der Zug der Engel entgegen. Sie können die Bilder von den beiden Kolonnen abwechselnd senden, und irgendwo müssen sie sich ja treffen.«

»Ich lasse sofort die Kreuzung räumen«, schrie Butterbottom. »Richtige Wilde, sagten Sie, vielleicht sogar Kannibalen?«

»Schon möglich«, erwiderte Timothy.

Es war gleichgültig, was Butterbottom alles in seinem Bericht sagen würde, Hauptsache, der Zug der Engel wurde von den Kameras verfolgt und live übertragen. Timothy glaubte nicht, dass die Behörden es wagen würden, unmittelbar vor dem Eintreffen des Präsidenten ein öffentliches Blutbad unter Frauen und Kindern anzurichten, schon gar nicht, wenn es direkt auf alle Bildschirme Chicagos und in die ganzen Staaten übertragen wurde. Er hatte auch keine Angst, dass man die Übertragung verhindern könnte; Butterbottom und die ICC würden sich nicht so leicht erpressen lassen, die Sensation war einfach zu groß; auf jeden Fall würden sie die Bilder für eine Aufzeichnung ins Studio senden, und dann stand schon eine Gruppe Video-Guerillas bereit, die die Bilder mitschneiden und notfalls auf die Kanäle aller Chicagoer Sender schmuggeln würde. Sie waren auch auf die Idee gekommen, die Zeitschleife zu manipulieren.

Alle Direktsendungen wurden über eine Zeitschleife gefahren, damit die staatlichen Kontrolleure die Möglichkeit hatten, unliebsame Bilder herauszufiltern. Dadurch, dass man die Zeitschleife heimlich verzehnfacht hatte, hoffte man, die Zentrale Einsatzleitung zu verwirren und Zeit zu gewinnen. Timothy hatte Napoleon Prognostics berechnen lassen; die größte Wahrscheinlichkeit war, dass die Einsatzleitung aus der Geschwindigkeit der beiden Kolonnen einen Treffpunkt etwa im Berkeley-Knie errechnen würde, und wenige Kilometer davor befand sich eine geradezu ideale Stelle, um den Zug der Engel von dem Paradeweg abzudrängen. Aber soweit sollte er gar nicht kommen.

Timothy schwebte über der Kreuzung und ließ Milky Instant nach rechts winken, der Zug der Engel drängte auf den Exway, an der Spitze Ted und ein Dutzend grimmig dreinschauender Burschen mit Lanzen, Pfeil und Bogen und Federschmuck. Ein Kamerateam setzte sich vor sie, die anderen filmten von beiden Seiten, vor allem die Baby-Pontons und die hübschesten der Mütter. Die Engel waren äußerst diszipliniert. Die Babys dämmerten im Halbschlaf, die Kinder trotteten Hand in Hand dahin, und die Großen schauten nicht rechts und nicht links, sie taten, als wären sie mutterseelenallein auf der Welt.

Die Leute an der Straße schauten zumeist nur gelangweilt; sicher hielten sie die Engel für einen Trupp des Festumzuges, der sich verspätet hatte und nun der Parade entgegenzog, um sich irgendwo einzureihen. Die meisten schwatzten oder ließen sich von fliegenden Händlern mit Süßigkeiten und Getränken, Hot dogs und Hamburgern versorgen, schließlich würde es noch fast eine Stunde dauern, bis der Paradezug hier eintraf. Viele starrten auf die Monitore von Taschengeräten. Auch die Beamten der NSA und Polizei beachteten den Zug der Engel zuerst kaum, sie beobachteten die Zuschauer und kontrollierten die Hausfassaden, die Waffen schussbereit in der Hand, um sofort auf jeden zu schießen, der ein Fenster öffnen oder sich auf einem Dach zeigen würde.

Sicher liefen in der Einsatzleitung, der NSA-Zentrale und in den Hauptquartieren der Städtischen und der Bundespolizei schon die Drähte heiß, zumal Butterbottom es sich bestimmt nicht nehmen ließ, seine Sensation gehörig auszuschlachten.

Die Engel hatten bereits den größten Teil der Strecke bis zur Abzweigung auf den Waldheim-Friedhof ohne Zwischenfall zurückgelegt, als Timothy bemerkte, dass die Ordnungskräfte jetzt offensichtlich in Alarm versetzt worden waren. Beamte in Uniform und Zivil säumten den

Weg, und ihre Waffen waren auf die Straße gerichtet. Niemand aber eröffnete das Feuer. Die Beamten ließen den Zug passieren, sie machten sogar bereitwillig Platz, wahrscheinlich hatten sie Angst, sich von diesen Wilden irgendeine Krankheit zu holen.

Der Zug erreichte den Waldheim-Friedhof. Timothy lenkte ihn mit Milky Instants Hilfe vom Exway herunter auf den breiten, von Platanen gesäumten Hauptweg. Er wartete, bis alle Engel den Exway verlassen hatten, dann überholte er den Zug, der sich nun doch schon müde dahinschleppte. Aber sie mussten ja nur noch ein paar hundert Meter bis zum Gould-Mausoleum* zurücklegen, in dem sich der Einstieg zum UNDERGROUND befand. Sobald Timothy zwischen den weit geöffneten Bronzetoren des Mausoleums das Bild der lächelnden, winkenden Milky Instant erblickte, drehte er ab. Er zog eine Schleife um das Grabmal der Märtyrer des Haymarket Riot**. Wahrlich, dies war ein geeigneter Platz für die Rettung der Engel! Hoffentlich dachte Butterbottom daran, es in seine Reportage einzubauen. Timothy gab ihm den Tipp über die Sprechfunkfrequenz, doch Butterbottom reagierte nicht.

Etwa drei Kilometer hinter dem Friedhofsgelände wimmelte es nur so von Bewaffneten. Der Exway war mit hohen Plastplatten abgeriegelt, Panzer standen bereit, Helikopter und Hubjets fielen in dichten Schwärmen ein. Ein Stück nördlich des Berkeley-Knies traf Timothy auf die Spitze des Paradezuges, ein gewaltiges Musikcorps in historischen

---

* Jay Gould (1836-1912), einer der legendären Gründer des US-Kapitalismus, »Eisenbahnkönig« Gould war einer der reichsten und einflussreichsten Männer des 19. Jahrhunderts. Er brachte es durch Börsenmanöver und Bodenspekulationen, Aktienschiebung und Steuerbetrug, aber auch durch Raub, Betrug, Erpressung und Bestechung korrupter Politiker (in die neben Kongressabgeordneten auch der Schwiegersohn des US-Präsidenten Grant verwickelt war) vom Farmerjungen zum Multimillionär.

** Riot = Tumult, Haymarket = Platz im Zentrum von Chicago. Hier explodierte am 4. Mai 1886 bei einer Kundgebung für den 8-StundenTag und gegen die Ermordung streikender Arbeiter eine Bombe, tötete einen und verletzte sechs Polizisten. Die Polizei richtete ein Blutbad unter den Demonstranten an, die Zahl der Toten wurde nie bekannt. Nach einem manipulierten Gerichtsverfahren, das heute als klassischer Fall von Justizmord gilt, wurden fünf Arbeiterführer hingerichtet und auf dem Waldheim-Friedhof beigesetzt. Alle waren unschuldig, wie man später zugeben musste. Die damaligen Klassenkämpfe in Chicago sind der Anlass zur Feier des 1. Mai.

Uniformen, allen voran ein martialischer Captain auf einem Apfelschimmel, mit beiden Händen ein riesiges Sternenbanner haltend, das im Wind knatterte. Die Kapelle spielte gerade den Yankee-Doodle. Timothy drehte ab und begann vergnügt zu pfeifen: die Hymne der Engel »Milky Instant wird uns helfen.«

16.

Hank wartete wie verabredet auf dem verlassenen Werkgelände. Timothy fühlte sich nicht stark genug, ihm zu helfen. Nun, da die Anspannung vorüber war, spürte er die Erschöpfung; er fror und schwitzte zugleich, alle Glieder schmerzten, vor allem der Schädel und der Nacken, er schluckte zwei Pervitinal – zum vierten Mal in den letzten zwanzig Stunden, morgen würde er mit einem mächtigen Kater dafür bezahlen müssen –, trank gierig den heißen Kaffee und aß die Brühe gleich aus dem Thermophor, während er dankbar zusah, wie Hank die Zusatzausrüstung demontierte. Er hätte das jetzt kaum geschafft.

»Glückwunsch«, rief Hank zu ihm herüber. »Ich habe die Übertragung verfolgt. Mann, war ich froh, als die Engel in den Friedhof einschwenkten. Das war die aufregendste Videoshow meines Lebens.«

Die Droge begann zu wirken, tiefes Glücksgefühl durchströmte Timothy. Und ein Gefühl unbändiger Kraft. Stark genug, Bäume auszureißen, dachte er vergnügt. Er wusste, dass er in Wirklichkeit nur noch wenig Kraftreserven besaß, aber einen Augenblick spielte er mit dem Gedanken, den »Laurin« ein letztes Mal, und dieses Mal für einen sehr privaten Zweck, zu nutzen, bevor er ihn ablieferte, um zu Deborrah Johnsons Penthaus zu fliegen und ihr den Klee zu stehlen, während sie sich in ihrem Hauptquartier abmühen mochte, das Geheimnis um den Zug der Engel zu lüften. Oder saß die Bachstelze im Wagen des Präsidenten? Timothy schaltete Hanks Videogerät ein. Der Paradezug bog gerade vom Exway hinüber zur Loop, der City von Chicago.

Als die Kamera auf den gläsernen Panzer des Präsidenten schwenkte, schien es Timothy, als erblickte er schemenhaft Deborrah Johnsons Hängebäckchen hinter dem lachenden, winkenden Präsidenten.

Timothy gönnte sich lieber eine lange Pause, bevor er aufbrach. Man soll das Glück nicht herausfordern. Er musste froh sein, dass alles so gut geklappt hatte und dass er nun den »Laurin« wie verabredet und ohne halsbrecherische Auflüchte abliefern konnte.

Obwohl er einen weiten Bogen schlug, um den Sicherheitskordon zu umgehen, traf er zu früh ein und musste warten, bis ein Hubjet in den Farben der GENERAL MOTORS sich langsam Grandmas Schloss näherte. Timothy setzte sich unter die Maschine und flog in ihrem Schatten in die Klimasphäre ein. Das Kirchentor stand weit offen. Grandma saß in einer Bank, als sei sie in ein Gebet vertieft. Sie schreckte hoch, als Timothy sich räusperte.

»Sind Sie es, Mister Truckle?«, fragte sie leise.

»Ja. Wo soll ich landen?«

»Warten Sie, ich schließe das Tor.« Grandma stieß einen Seufzer der Erleichterung aus. »Hinter dem Altar finden Sie Container für die Geräte.«

Grandma beobachtete argwöhnisch, wie Timothy den »Laurin« von seinem »Monofly« abkoppelte. Sie hatte Holografien bei sich, anhand derer sie sorgfältig den Zustand des Gerätes überprüfte. »Okay«, sagte sie schließlich, »bringen Sie das Gerät in den linken Container, Ihren ›Monofly‹ in den rechten. Er wird Ihnen zugestellt, sobald Sie wieder zu Hause sind. Ich dachte, Sie bleiben erst einmal bei mir; wir müssen ja überlegen, was wir nun tun wollen.«

»Das ist mir sehr angenehm«, erwiderte Timothy. »Ich muss gestehen, dass der Flug mich ziemlich mitgenommen hat, etwas Ruhe wird mir wohltun. Ich glaube, es war doch keine gute Idee, und ich bin heilfroh, dass ich das Gerät wieder los bin.«

»Leclercq wird sich um Sie kümmern«, sagte Grandma. »Ich muss zum Empfang des Präsidenten, aber ich denke, ich bin um acht Uhr zurück, und dann können wir zusammen Abendbrot essen. Apropos Essen –«, sie blickte ihn spöttisch an, »ich vergaß neulich, Ihnen zu sagen, dass dieses Chamäleon-Obst – Sie wissen schon – eine Eigenart hat: Es hebt die Sterilisation auf; aber das wird Ihnen wohl keine Probleme bereiten, oder?«

Das also war es, dachte Timothy. Er unterdrückte die Versuchung, Grandma um den Hals zu fallen und ihr zu gestehen, was geschehen war.

»Ich glaube nicht«, sagte er. »Obwohl, der Gedanke ist verlockend –«

»Gefährlich!«, korrigierte sie ihn. »Machen Sie keine Dummheiten, Mister Truckle. Was wollten Sie mit einem illegalen Kind?«

»Ja, das ist die Frage: Was macht man mit einem Engel?« Timothy schmunzelte. »Ich müsste gleich mal zu Hause anrufen. Ich erwarte eine wichtige Nachricht in unserer Angelegenheit. Ich hoffe, ich habe noch einen Trumpf in der Hinterhand.«

Grandma überlegte einen Augenblick, dann führte sie Timothy in ihr Arbeitszimmer. Sie wich ihm nicht von der Seite. Noch nie hatte Timothy mit so großer Erwartung seine eigene Nummer gewählt; es war das erste Mal in seinem Leben, dass er zu Hause anrief und nicht nur die lakonische Auskunft des Communicators oder Napoleons Stimme erwartete. Doch Anne war nicht da. Sie hatte hinterlassen, dass sie am Abend zurück sein werde. Der bestellte Anruf von Smiley lag vor: Timothy solle sofort in die Klinik kommen, jede Minute sei wichtig.

»Das ist mein Trumpf«, erklärte Timothy, »und ich denke, es ist ein Royal Flush. Wir haben Glover!«

Grandma blickte ihn unentschlossen an. In ihrem Gesicht arbeitete es. »Kann man Glover herholen?«, fragte sie.

»Unmöglich. Er ist schwer verletzt. Absolut transportunfähig. Ich habe schon befürchtet, er würde nie mehr das Bewusstsein erlangen. Wenn Sie mich gleich hinüberfliegen lassen, kann ich noch vor Ihnen zurück sein. Mit allen Informationen, die wir haben wollen.« Er rieb sich die Hände. »Es hätte mich auch furchtbar gewurmt, wenn mir Ihr fürstliches Honorar durch die Lappen gegangen wäre, nun aber –«

»Leclercq wird Sie begleiten«, entschied Grandma.

»Einverstanden. Bei dem Gespräch muss ich jedoch mit Glover allein sein. Ich werde es aufzeichnen, so dass Ihnen kein Wort entgeht, aber ich kenne Glover; nur unter vier Augen wird er verraten, was er weiß, und nur, wenn ich ihn unter Druck setze.«

Zwei Beamte der GM-Polizei begleiteten sie, zwei Meter große Bullen, die Hand am Rayvolver, die Augen auf Timothy gerichtet. Leclercq postierte sie vor der Tür der Intensivstation, er selbst wollte unbedingt mit hinein und entschloss sich erst, draußen zu warten, als Timothy sich auf den Fußboden setzte und erklärte, er würde Glover ohne mit der Wimper zu zucken krepieren lassen, wenn Leclercq ihm nicht freie Hand gewährte. Smiley und Doc warteten im Vorzimmer.

»Endlich«, rief Smiley, »ich dachte schon, du kommst gar nicht mehr. Wo hast du dich solange herumgetrieben?«

»Ich habe mir die Parade angesehen, was sonst?«, antwortete Timothy grinsend. »Leider hat es nicht so geklappt, wie ich dachte; ich habe drei Mann auf dem Hals. Gibt es hier einen zweiten Ausgang, durch den wir verschwinden können?«

»Nun mal langsam«, sagte Smiley. »Glover ist wirklich bei Bewusstsein.« Er zog Timothy vor die Glasscheibe. Glover lag halb aufgerichtet im Bett, noch immer angeschnallt, aber die Tropfleitungen staken nicht mehr in seinen Venen.

»Hat er gesprochen?«, erkundigte sich Timothy.

»Nur geflucht. Wenn er schon sterben müsste, dann nicht gefesselt.«

»Muss er sterben?« Timothy blickte Doc an. »Wie viel Zeit gibst du ihm noch?«

»Er ist gesund«, sagte Doc. »Den Schock hat er überwunden, und weiter fehlt ihm nichts, abgesehen davon, dass er geschwächt ist.«

»Weiß er es?«

»Nein. Er denkt, er muss sterben. Ihm ist natürlich noch mächtig übel von all dem Zeug, das wir in ihn hineingepumpt haben.«

Timothy überlegte fieberhaft. »Pass auf, Smiley«, sagte er

dann. »Du verschwindest als Erster. Schnapp dir irgendwas und tu, als müsstest du ins Labor. Treib Paddington auf. Er soll im Bereitschaftsraum warten und auf mein Zeichen herkommen und mich von Grandmas Leuten weglotsen. Besorg inzwischen ein Taxi, das startbereit auf dem Hof warten soll. Es geht vielleicht um Sekunden.«

»Was soll das?«, sagte Smiley müde. »Wenn Grandma uns jagt, wird sie uns schnell auftreiben.«

»Nicht, wenn wir hier erst einmal raus sind«, versprach Timothy. »Vertrau mir.«

»Ich fürchte, ich habe dir schon zu viel vertraut«, murrte Smiley, machte sich aber auf den Weg.

»So, Doc«, sagte Timothy, »du ziehst mir noch eine Spritze mit einem schnellwirkenden Schlafmittel auf, dann rufe ich Grandmas Leibdiener rein, und du verlässt unter Protest die Station. Wenn Paddington nicht im Haus ist, wartest du in seinem Zimmer und versuchst, mich loszueisen. Wenn das nicht geht, verschwinde mit Smiley.«

»Und du, Tiny?«

»Ich winde mich schon irgendwie heraus.«

Doc spielte den Empörten sehr überzeugend, er lief sogar krebsrot an und ließ sich nur mit Gewalt aus dem Zimmer drängeln. Leclercq war sichtlich verwirrt.

»Wir können keine Zeugen gebrauchen«, sagte Timothy. »Auch Sie werden nichts hören, ich habe die Sprechanlage abgeschaltet. Oder hat Grandma Sie eingeweiht?« Leclercq schüttelte den Kopf.

»Aber Sie werden mein Zeuge sein, dass ich jedes Wort mitschneide. Stellen Sie sich direkt vor die Scheibe, damit Sie alles mitbekommen. Der Kranke kann Sie nicht sehen, es ist Einwegglas.«

Timothy legte einen neuen Kristall in den Recorder und schaltete ihn ein, dann ging er zu Glover hinein. Glover starrte ihn mit großen Augen an.

»Sie?«, keuchte er. »Was wollen Sie hier?«

»Wie sagten Sie doch, als wir uns das letzte Mal sahen?« Timothy tat, als müsse er sich die Worte erst wieder ins Gedächtnis rufen. »Ich könnte Sie Ihrem Schicksal überlassen, aber ich will Ihnen einen letzten Liebesdienst erweisen – so sagten Sie doch? Es wird ein elender Tod sein, Glover. Äußerst schmerzhaft und mit schrecklichen Horrorträumen. Sie haben zu viel gefixt in Ihrem Leben. Ich werde es Ihnen erleichtern.« Timothy nahm die Spritze zur Hand.

»Ich will nicht sterben«, schrie Glover.

»Das werden Sie aber. Spätestens in ein paar Stunden, es sei denn –«

»Was?«, presste Glover heraus. »Es sei denn, was?«

»Ich habe den Arzt gefragt, man könnte Sie retten, doch dazu müssten Sie sofort in eine Spezialklinik, das kostet viel Geld, und wer würde Sie nehmen? – Ich könnte es arrangieren.«

»Ja?« Glover sah Timothy erwartungsvoll an.

»Wenn Sie mir verraten, was mit Ford geschehen ist.«

Glover schüttelte matt den Kopf. »Das wäre auch mein Tod. Henry Six hat es mir angedroht, und ich weiß, er würde mich sofort umbringen lassen.«

»In Grandmas Privatklinik wartet man schon auf Sie«, erwiderte Timothy, »und sobald Sie geheilt sind, wird man Ihnen eine neue Identität verschaffen. Das ist eine einmalige Chance, Glover, Ihre letzte!«

»Gut, sobald ich gesund bin, rede ich.«

»Nein, jetzt. Oder nie mehr. Ich gebe Ihnen zehn Sekunden Bedenkzeit. Eins, zwei, drei …« Timothy nahm die Spritze und hielt sie an Glovers Armbeuge. »Reden Sie schon! Sie haben doch nichts mehr zu verlieren. Was haben McCannibal und Konsorten mit Ford angestellt?«

»Sie würden es doch nicht glauben«, stöhnte Glover. »Kein Mensch würde es glauben.«

»Versuchen Sie es. Hat man sein Gehirn in einen neuen Körper transplantiert? Nein? Ist er ein Ektopos geworden?«

»Das war der erste Plan, aber Henry Six war zu misstrauisch, ob es funktionieren würde, außerdem wäre er dann völlig ausgeliefert gewesen; man hätte jederzeit sein Gehirn abschalten können, andererseits musste schnell etwas geschehen.«

»Warum? Was war los?«

»Rapider Zellverfall. In den Beinen und im Unterleib fing es an, und alle Versuche, den Prozess zu stoppen, die betroffenen Teile zu amputieren und durch neue zu ersetzen, machten es nur noch schlimmer; der Professor vermutete, das Ganze sei eine Reaktion auf die vielen Transplantationen, die Zellmembranen lösten sich auf, er lief praktisch aus, Zelle für Zelle. Als dann Herz und Lungen betroffen wurden, kam McCannibal mit seinem Plan.« Glover sah Timothy an, Entsetzen zeichnete seine Miene. »Wissen Sie, was ein Demichot* ist?«

Timothy schüttelte den Kopf.

»Ein künstlicher siamesischer Zwilling!« Glover würgte, Speichel rann ihm aus den Mundwinkeln; Timothy nahm einen Tupfer und wischte ihn ab. Er blickte Glover ungläubig an.

»Ein Mensch mit zwei Köpfen und vier Armen. Ich wusste, Sie würden es nicht glauben«, stieß Glover hervor, »aber es ist die Wahrheit! Ich besitze sogar eine Aufnahme, ich kann sie Ihnen zeigen, wenn Sie mich hier herausholen! Sie haben Kopf, Arme und Schulter von Ford einem jungen Mann aufgesetzt, auf die Brust, und der versorgt nun mit seinem Körper, was von Henry Six übriggeblieben ist.«

Timothy schaffte es gerade noch bis zum Waschbecken, bevor er sich übergeben musste. Das also hatte Ford gemeint: Doublehead**, doch selbst wenn Puissant es richtig verstanden hätte, wäre wohl niemand auf solch einen Gedanken gekommen.

»Also ein künstlicher siamesischer Zwilling«, sagte Timothy. »Aber warum hat Henry Six dann Puissant hergegeben?«

»Seine Speiseröhre ist völlig hin. Und die Geschmacksnerven auch«, sagte Glover. »Er wird von dem anderen parabiontisch ernährt. Den jungen Mann habe ich besorgt. Ein einfältiger, aber natürlich kerngesunder Bursche, der damit seine Familie ernähren und reich werden wollte; er bekam

---

* Der Moskauer Biologe Demichow transplantierte Mitte des 20. Jahrhunderts Hundeköpfe bzw. halbe Hunde auf einen zweiten Körper, diese Versuche dienten der Erforschung der Transplantationstechnik. Die Doppelwesen waren über lange Zeit lebensfähig, der transplantierte Kopf reagierte unabhängig von seinem »Gastkörper«.

** Doublehead (Doppelkopf): Begriff im Baseballspiel.

zehn Millionen Dollar im voraus und für jedes Jahr eine weitere Million –«

Timothy stieß ihm die Spritze in den Arm. Glover wollte etwas sagen, brachte aber nur noch ein Krächzen heraus, bevor sein Kopf auf die Seite fiel. Timothy drückte die Alarmtaste und trat in den Vorraum.

»Bringen Sie den Mann in Grandmas Klinik«, schrie er Leclercq an. »Schnell, es geht um Minuten! Ich mache Sie persönlich dafür verantwortlich. Und vergessen Sie den Recorder nicht.«

Leclercq stürzte zur Tür und rief die beiden Polizisten herein, die ohne zu zögern Glover mitsamt seinem Bett hinaustrugen. Auf dem Flur hatten sich ein paar Mitarbeiter der Klinik eingefunden, niemand von ihnen machte Anstalten, das Kidnapping eines Patienten zu verhindern. Paddington kam, zog Timothy zur Seite, redete wild auf ihn ein, schrie, was das solle; Leclercq blickte verwirrt zu Timothy, dann wieder auf den entschwindenden Glover.

»Beeilen Sie sich«, rief Timothy ihm zu. »Ich komme mit einem Taxi nach!«

Leclercq zögerte noch einen Augenblick, dann zuckte er mit den Schultern und lief seinen Männern hinterher. Paddington zog Timothy zu einem Nebenausgang, wo Smiley und Doc in einem Aerotaxi warteten.

17.

Im heimatlichen Lift hatte Timothy sich wieder unter Kontrolle. Dazu hatte weniger der vierstöckige Whisky beigetragen, den er bei Smiley getrunken hatte, bevor sie sich trennten, als vielmehr die Gewissheit, dass dieser verdammte Fall endlich zu Ende war. In den nächsten Tagen würde er sich ausschließlich Anne widmen. Er stieg in der Geschäftsetage aus.

Der Antiquitätenladen war geschlossen, schließlich war das kein Automatenshop, aber an der Tür forderte ein Schild jeden potentiellen Käufer auf, bei Tag und Nacht zu klingeln. Tatsächlich erschien der Inhaber, wenige Minuten nachdem Timothy den Serviceruf betätigt hatte. Timothy feilschte nicht lange. Er wollte so schnell wie nur möglich nach Hause, also zahlte er den sündhaften Preis, den der Mann für die Kasperlepuppe forderte, es war aber auch ein schönes Stück, ein handgeschnitzter Holzkopf und angeblich sogar die Kleider original 19. Jahrhundert.

Anne war noch nicht zurück. Timothy sank in die Wanne. Er hielt es nicht lange im Wasser aus. Er war völlig überreizt. Am liebsten hätte er Lilaperlen geschluckt, doch er hatte sich in den letzten zwei Tagen schon entschieden zu viel gedopt; er brühte Tee, aß Obst und setzte sich vor den Videoschirm. Die Nachrichten brachten nur einen Bericht vom Empfang des Präsidenten, auch in der Tageszusammenfassung kamen keine Bilder von den Engeln. Timothy ließ sich die Aufzeichnung im Schnellauf vorführen, alle zweiunddreißig Programme zugleich; nur die ICC hatte den Zug der Engel aufgenommen und ihn immer wieder in die Übertragung der Parade eingeblendet, bis die Engel den Friedhof erreichten.

Kurz vor neun schlug der Communicator an, eine offensichtlich sehr wütende Grandma blickte vom Monitor.

»Was ist los?«, sagte sie mit mühsam beherrschter Stimme. »Ich warte hier auf Sie –«

»Entschuldigung«, rief Timothy. »Mir war ein wenig schlecht, ich wollte mich nur für einen Augenblick hinlegen, aber ich muss auf der Stelle eingeschlafen sein. Haben Sie sich die Aufzeichnung aus dem Krankenhaus angesehen? Schauderhaft, nicht wahr? – Glover hat recht: Man sollte es nicht für möglich halten, was alte Männer alles mit sich anstellen lassen. Ich weiß nicht, ob es Ihnen hilft, zumindest wissen Sie jetzt, was Sie wissen wollten. Bitte senden Sie mir morgen mein Gerät und das Honorar, ja?«

»Mister Truckle!« Grandmas Stimme war von schneidender Schärfe. »Ich erwarte, dass man tut, was ich sage. Ziehen Sie sich auf der Stelle an. Leclercq holt Sie ab.«

»Wozu?«, sagte Timothy. »Für mich ist der Fall abgeschlossen. Und vergessen, verstehen Sie? Völlig vergessen.«

»Sie kommen!«, sagte Grandma leise. »Andernfalls –«

»Bitte versuchen Sie nicht, mich zu nötigen«, unterbrach Timothy sanft. »Ich wäre sehr traurig, wenn unsere Freundschaft – ich darf doch so sagen? – auf unschöne Weise endete. Ziehen Sie bitte auch Ihre Leute aus dem ›Nebraska‹ ab.«

»Ganz im Gegenteil! Ich werde Anweisung geben, Sie notfalls mit Gewalt zu mir zu bringen.«

»Bitte nicht«, sagte Timothy. »Ich möchte Ihnen eine Geschichte erzählen: Eine Bekannte von mir, eine schöne, einflussreiche und kluge Dame, hat ein kleines Geheimnis, das sie vor aller Welt verbergen möchte, sozusagen unsichtbar machen. Dummerweise gibt es Aufnahmen, auf denen auch sie selbst zu sehen ist, dann von einem Penthaus – aber, wie gesagt, die Dame ist nicht nur schön, sondern auch sehr klug.«

»Ich verstehe«, zischte Grandma. »Dafür werden Sie bezahlen.«

»Bitte keine Entschlüsse im Zorn«, erwiderte Timothy. »Ich bin sicher, auch Sie werden zu jenen zählen, die besonders um mein Leben besorgt sind.«

Eine halbe Stunde später klingelte es an der Wohnungstür. Timothy streifte die Puppe über die rechte Hand, stellte sich so, dass nur der Kasperle auf den Bildschirm kam und fragte mit verstellter Stimme: »Seid ihr alle da?«

Mauds Stimme antwortete. »Tiny? Mach bitte auf.«

Sie stürzte an ihm vorbei ins Mausoleum.

»Was ist los?«, fragte Timothy. »Wo treibt Anne sich herum? Hat sie dir was gesagt?«

»Zuerst einmal sage, wie es bei dir ausgegangen ist. Der Große Bruder ist sehr in Sorge, weil du dich nicht gemeldet hast. Du warst auch nicht zu erreichen!«

»Mein Gott, das habe ich ja ganz vergessen!«, rief Timothy. »Es war einfach zu viel für mich in den letzten Tagen.« Er gab Maud kurz Bericht. »Und nun verrate mir endlich, wo Anne sich herumtreibt. Sie wollte doch zu Hause bleiben.«

»Sie musste zum Friedhof. Der Bruder, der den Einstieg öffnen sollte, ist verunglückt, da hat Anne es übernommen. Weißt du, wie viele Engel es waren?«

»Nein, warum?«, fragte Timothy verwundert zurück. »Warum zählt ihr sie nicht einfach?«

»Es hat einen Zwischenfall gegeben, Tiny. Wir befürchteten, es hätte auch dich erwischt. Als die Behörden mitbekamen, was los war, haben sie Hubjets zum Friedhof geschickt und den Zug bombardiert. Über achthundert Engel wurden gerettet, der Rest ist tot. Ebenso Butterbottom und seine Kollegen.«

»Friede seiner Asche«, sagte Timothy leise.

»Nicht einmal Asche, Tiny.« Maud schüttelte traurig den Kopf. »Sie haben Neutronenflashbomben geworfen. Butterbottom hat die Kameras auf sich richten lassen, man kann zusehen, wie er sich buchstäblich zu Luft auflöst.«

»Vor aller Augen? Ich hätte nicht gedacht, dass sie sich das trauen.«

»Niemand hat es gesehen«, sagte Maud. »Man hat die Bilder in der Zeitschleife herausgenommen. Wir wissen es auch nur, weil die Video-Guerillas die Übertragung zum Sender mitgeschnitten haben. Leider schafften wir es nicht, sie zu senden.«

»Und was ist mit Anne? Red schon!«

»Anne war noch draußen.«

Timothy brauchte lange, bis er verstand, was Maud gesagt hatte. Dann erhob er sich mühsam, aschgrau im Gesicht, die Lippen nur noch schmale Striche, die Augen fast geschlossen.

»Lass mich jetzt bitte allein«, sagte er fast unhörbar.

»Ich habe den Auftrag, bei dir zu bleiben«, sagte Maud. »Der Große Bruder meint, du brauchst jetzt Hilfe, Tiny.«

»Raus!« schrie Timothy. »Mach, dass du rauskommst!«

Er schubste Maud aus dem Mausoleum, aus der Wohnung, blockierte mit zwei Handgriffen den Eingang, riss die Sicherungen des Communicatorblocks heraus, schlurfte ins Arbeitszimmer, klappte Napoleons stählernen Bauch auf, riss auch ihm die Sicherungen heraus, schleppte sich ins Schlafzimmer, ließ sich auf das Bett fallen, riss eine Packung Rosaperlen auf, schüttete den Inhalt auf die Hand, ein Teil der Perlen fiel zu Boden. Timothy stopfte die ganze Ladung in den Mund, setzte die fast volle Flasche »White Label« an die Lippen und trank sie aus, ohne abzusetzen, dann fiel er zur Seite.

Die Spur der Mutanten

1.

Der Löwe bellte. Spannte die breiten grünen Flügel aus und stieg in den purpurfarbenen Himmel. Timothy folgte ihm. Er fühlte sich leicht und beschwingt. Schwerelos. Unfassbar glücklich. Jenseits aller Hoffnungen, Wünsche, Sehnsüchte. Eins mit sich und der Welt. Geborgen. Tief unten breitete sich eine fahl-lila Wüste aus, in der Rubine und Smaragde glitzerten; urplötzlich wuchsen Strahlen, gleißten grün und rot, glühende Berge schossen aus dem Sand, messerscharfe Grate und Spitzen kamen bedrohlich nahe. Timothy stieg, die Berge verfolgten ihn. Er schlug verzweifelt mit Armen und Beinen, um ihnen zu entkommen, stieg immer höher, die Luft wurde dünner und dünner, er rang um Atem, Todesangst ergriff ihn, unsichtbare Klammern pressten seinen Brustkorb zusammen, und die funkelnden spitzen Felsen kamen immer näher, umzingelten ihn. Unvermittelt verwandelten sie sich zu dämonischen Fratzen mit Tausenden züngelnden Schlangen anstelle von Haaren. Glühende Augen. Riesenmünder. Wulstige Lippen öffneten sich, ihn zu verschlingen. Timothy schrie. Höllisches Lachen rollte aus den aufgerissenen Schlünden, packte ihn wie ein Tornado, wirbelte ihn umher. Er schrumpfte, wurde winzig unter diesem Gedröhn, ein Staubkorn. Gleich würde er in den Sand der Wüste fallen: unsichtbar, unauffindbar für alle Zeiten. Gierige Hände griffen nach ihm. Eine Riesin mit Katzenaugen. Sie schrie seinen Namen. So laut, dass er sich unter der Wucht der Schreie krümmte. Als sie zum dritten Mal »Tiny!« rief, erkannte er sie: Deborrah Johnson. Die Bachstelze würgte mit haarigen, schleimigen Spinnenfingern seinen Hals. Er wollte sie anflehen, um sein Leben betteln, eiserne Haken schlugen in seine Wangen, brachen seinen Mund auf, eine Whiskywolke hüllte ihn ein.

»Kein Alkohol!«, presste er verzweifelt krächzend heraus, dann wurde er ohnmächtig.

Als er zu sich kam, blickte er tatsächlich in das Gesicht der Bachstelze. Sie streckte die Hand aus und tätschelte seine Wange.

»Was ist mit Ihnen, Tiny? Soll ich einen Arzt rufen?«

»Danke, nein. Gönnen Sie mir nur einen Augenblick Ruhe. Einen Kaffee könnten Sie uns brühen, er steht –«

»Ich weiß Bescheid.« Die Bachstelze ging hinaus.

Timothy versuchte, sich zu erinnern. Was war geschehen? Die Zahlen der Uhr verschwammen ineinander. Er kniff die Lider fest zusammen, zählte bis zwanzig, riss die Augen auf, jetzt konnte er die nächste Umgebung scharf sehen. Er lag in seiner Wanne, nackt, sein Kopf war in der Halterung befestigt. Er versuchte, den linken Arm aus dem Wasser zu heben, dann den rechten; als er in der Armbeuge die rot umrandete Injektionsstelle erblickte, fiel es ihm ein: Meskalinum, der »Traum des Vergessens«, Anne –

Die Bachstelze kam zurück, löste seinen Kopf, hob Timothy aus dem Wasser, trug ihn auf ihren Armen zur Massagebank, trocknete ihn ab, half Timothy in den Morgenmantel, hievte ihn in den Stuhl und fuhr ihn ins Wohnzimmer. Kaffeeduft schlug ihm entgegen. Er war zu schwach, die Bachstelze musste die Tasse an seine Lippen halten.

»Ich wusste mir keinen Rat, als Sie ins Wasser zu stecken«, sagte sie. »Ich mache mir ernsthaft Sorgen – wenn Sie keinen Whisky mehr wollen, Tiny! Ein Glück, dass ich auf die Idee kam, bei Ihnen einzudringen. Nehmen Sie neuerdings Rauschgift?«

»Aber Debby!« Timothy schüttelte den Kopf. Es gelang ihm sogar, sich ein Lächeln abzuzwingen. »Nur eine Kreislaufschwäche. Der Arzt meint, in ein paar Tagen bin ich wieder fit.«

»Das will ich hoffen. Ich brauche Sie. Ein Fall, der geradezu nach Ihnen schreit. Nicht nur, weil es sich um die UNITED CHEMICAL handelt –«

Timothy hörte nicht zu. Was ging ihn das an. Was ging ihn überhaupt noch an. Anne ist tot, das war der einzige Gedanke, der ihn bewegte. Dass er so verdammt schwach war. Viel zu schwach, um die Bachstelze hinauszuwerfen. Endlich schwieg sie. Timothy blickte sie an, als habe er aufmerksam zugehört.

»Ich werde darüber nachdenken«, sagte er. »Ich melde mich, sobald ich wieder voll da bin, okay?«

»Einverstanden. Aber lassen Sie mich nicht zu lange warten.«

Deborrah Johnson erhob sich. »Soll ich Sie wieder ins Bett bringen?«

»Danke, das schaffe ich allein.«

»Noch eins, Tiny – ich würde gerne Ihre Sonic kaufen.«

»Schneewittchen?« Timothy blickte sie fassungslos an. »Ich erinnere mich, dass Sie die Sonic noch unlängst ›Quietschkrächzgeschrei‹ nannten.«

»Ich biete Ihnen den doppelten Marktpreis.«

»Schneewittchen ist nicht verkäuflich.«

»Dreihundert Prozent.«

»Für kein Geld der Welt.«

»Versprechen Sie mir wenigstens, dass ich das Vorkaufsrecht habe, wenn Sie es sich anders überlegen?«

»In die Hand. Was ist los?«

»Ich will nur meine Kunstsammlung um einen Shopenhower bereichern; scheint ja so, als ob er doch zu den wenigen Großen unseres Jahrhunderts zählt. Haben Sie eine Ahnung, wo er sich herumtreibt?«

Timothy schüttelte den Kopf. »Wenn Daniel etwas Neues austüftelt, verschwindet er spurlos und taucht erst wieder auf, wenn er es geschafft hat.«

»Würde er sich bei Ihnen melden?«

»Bestimmt. Soll ich Daniel zu Ihnen schicken?«

»Tun Sie das. Ich sende Ihnen morgen die Unterlagen über die Mutanten, damit Sie schon mal ein bisschen darüber nachdenken können.«

Mutanten? dachte Timothy verwirrt. Sicher dieser Fall, der nach ihm schrie. Sollte er.

»Bitte nicht vor Mittag«, sagte er, »ich will gründlich ausschlafen.«

2.

Es war vierzehn Uhr acht, als er aufwachte, der Kalender zeigte den sechsten Dezember. Vierundzwanzig Tage nach Null. Die Bachstelze fiel ihm ein, war ihr Besuch Traum oder Wirklichkeit? In seinem Schädel verknäulten sich Fetzen von Hunderten von Träumen. Das Appartement war verschlossen, doch das besagte wenig; Deborrah Johnson konnte sich mit ihrer Polizeifrequenz jederzeit Eintritt verschaffen. Aber hatte er nicht die Sicherungen herausgerissen? Jetzt waren sie intakt.

Vielleicht hatte er vergessen, die Wohnung zu blockieren, als er sich Dope beschaffte.

Timothy verspürte Hunger. Die Küche war verblüffend aufgeräumt. Er konnte sich nicht erinnern, dass er abgewaschen hatte. Und eingekauft. Die Kühlschränke waren voll, also musste er Lebensmittel bestellt und entgegengenommen haben. Er kochte sich zwei weiche Eier und aß dazu trockenes Weißbrot.

Hatte er tatsächlich das Meskalinum aufgebraucht? Im Medizinschrank war nichts zu finden, auch kein LSD! Dass er die mexikanischen Pilze versucht hatte, wusste er, aber er konnte unmöglich den ganzen Vorrat verbraucht haben. Wenigstens besaß er noch für drei Spritzen Heroin. Als Timothy den Flur betrat, leuchtete die Rufanlage.

Timothy starrte das Licht an. Warum hatte er hier die Sicherungen wieder eingesetzt? Zum Glück war der Ton nicht angestellt. Der Monitor zeigte einen Polizisten, der ungeduldig auf die Tür starrte. Der Bote der Bachstelze, dachte Timothy, also ist es kein Traum gewesen. Widerwillig öffnete er, doch er ließ den Mann nicht ein, er nahm nur den Kristall entgegen und quittierte. Als er ihn in den Korb des Communicators werfen wollte, sah er, dass auch hier die Anlage wieder eingeschaltet war; der Outputkorb lag voller Communics. Hatte er selbst die Folien gesichtet und einige auf die Platte gelegt? Warum? Nachrichten von Buster Coats, Timothy solle sich unverzüglich bei ihm melden, seine Bestellung sei eingetroffen. Was, zum Teufel, hatte er bei dem Hausmeister bestellt? Handelte Coats jetzt auch mit Rauschgift? Timothy wählte schon seine Nummer, dann entschloss er sich, lieber hinunterzufahren. Wer weiß, wer alles in seiner Leitung hing.

»Frohes Fest!«, begrüßte Coats Timothy. »Tritt ein und sei unser Gast.« Es duftete nach Weihrauch, Lebkuchen und Bratäpfeln.

»Meine Frau stammt aus einer holländischen Familie«, erklärte Coats, »da feiern wir den Sinterklaas – Santa Claus, unsere Kinder werden schon am sechsten Dezember beschert. Kommen Sie ruhig näher, Mister Truckle.«

Coats' Frau und die beiden Kinder blickten Timothy an, als sei er Santa Claus und gerade mit dem Rentierschlitten von seiner Werkstatt am Nordpol gekommen. Der Tisch war mit Kerzen und Mistelzweigen geschmückt, in der Mitte stand ein Riesenteller voller Gebäck: Sterne, Pilze, Hunde, Hasen, Pferde, Rehe, mit Rosinen und Mandeln besetzt und glasiert, daneben eine Schüssel mit Bratäpfeln; in der Ecke prangte eine geschmückte Tanne, die fast wie ein richtiger Baum aussah. Timothy hätte sich am liebsten sofort verdrückt, als er das traute Bild sah. Er zog das Taschentuch, um mit einem Naseschneuzen zu verbergen, dass ihm Tränen in die Augen schossen. Coats drückte ihn auf einen Stuhl, seine Frau reichte einen Becher mit Punsch über den Tisch.

»Sie haben doch einen Augenblick Zeit für uns? Es bringt Glück, wenn man am Sinterklaas einen unverhofften Gast bewirtet. Frohes Fest.«

»Ja, gewiss.« Timothy hob den Becher. »Gesegnetes Fest Ihnen allen.« Der Augenblick dauerte über eine Stunde. Timothy musste das Weihnachtsgebäck kosten und Bratäpfel essen, von dem Punsch nahm er nur einen winzigen Schluck, Meskalinum und Alkohol war eine zu verhängnisvolle Mischung. Er spielte mit Phil, dem älteren Jungen, Eisenbahn und sang alle Weihnachtslieder mit, zuerst leise, dann mit lautdröhnendem Bass; er verspürte nicht die geringste Lust, in seine Wohnung zurückzukehren, und er bedauerte zutiefst, als Coats ihn in sein Arbeitszimmer bat.

»Sie schrieben von einer Bestellung –?«, sagte Timothy unsicher.

»Man hat es bei mir abgegeben, weil Sie nicht zu erreichen waren. Dort, in dem Karton.«

Zwei Dackel, schwarzbraun, mit großen Knopfaugen. Dazu ein Schreiben von Pride Bentley, er schickte Timothy ein Pärchen, das gerade für ein nicht dringendes Experiment gefertigt worden sei, da müsse er nicht warten; bei Reklamationen Umtausch garantiert.

»Zauberhaft!« Coats streichelte zärtlich das glänzende Hundefell. »Ich hatte keine Ahnung, dass es so etwas überhaupt noch gibt. Von der ALLAMERICAN, nicht wahr? Würden Sie mir verraten, wie teuer sie sind, Mister Truckle? Wenn es für uns erschwinglich wäre – wir sind alle ganz vernarrt in die beiden. Vor allem Phil wird traurig sein –«

Timothy nahm den Karton, trug ihn hinüber und stellte ihn dem Jungen auf den Schoß.

»Für dich, Phil. Fröhliche Weihnachten!«

Coats' Frau sah aus, als wolle sie Timothy am liebsten um den Hals fallen. »Das, das können wir unmöglich annehmen«, stotterte sie. Coats drückte mit beiden Händen Timothys Rechte.

»Das werden wir Ihnen nie vergessen, Mister Truckle. Wann immer Sie einen Wunsch haben, kommen Sie zu uns!«

»Gerne, doch jetzt muss ich gehen.«

Auf dem Flur hielt Coats Timothy eine Folie hin. »Da ist ein gewisser Sanders, der jeden Tag nach Ihnen fragt, es sei äußerst dringend. Als Stichwort soll ich sagen: Schneewittchens Vater funkt SOS.« Coats blickt Timothy verlegen an. »Ich hoffe, ich habe es richtig behalten.«

»Ja, stimmt schon.« Timothy riss ihm die Folie aus der Hand.

3.

Sanders versprach, spätestens in einer Stunde im »Nebraska« zu sein. Timothy nutzte die Zeit, um Informationen einzuholen. Josuah Trevers wusste nichts, doch Peter Sayers, einer seiner Kollegen in der Kunstabteilung der ICC, wollte gehört haben, dass Daniel mit der Stadtverwaltung von New York darüber verhandelte, einen der Wolkenkratzer durch ein Geflecht von singenden Netzen zu einem gigantischen Kunstwerk zu machen, es hieße auch, dass die Nationalgalerie für das nächste Frühjahr eine Shopenhower-Ausstellung plane. Timothy rief bei mehreren Kunsthändlern an, selbst Percival Moorland erklärte, es sei zur Zeit unmöglich, einen Shopenhower aufzutreiben.

»Der Markt ist wie leergefegt«, sagte Moorland. »Ich habe es leider zu spät bemerkt, um noch in das Geschäft einzusteigen. Ich sage Ihnen, Mister Truckle, irgendwann in den nächsten Wochen gibt es einen Mordsboom; Shopenhower wird eine exzellente Kapitalanlage.«

Das also steckte hinter dem plötzlichen Interesse der Bachstelze.

Sanders erwies sich als ein verknitterter, magenkrank aussehender, ältlicher Mann in abgetragenen Kleidern. Er reichte Timothy einen Fetzen Zeichenkarton, darauf stand in zittriger Krakelschrift Timothys Adresse und »Ich habe dem Mann 1000 Dollar versprochen«, darunter Daniels Signum, die ineinander verschlungenen, einem Äskulapstab ähnelnden Initialen D und S, und ihr privates Erkennungszeichen: eine auf der Spitze stehende Pyramide.

»Was bekomme ich für den Tausender?«, fragte Timothy.

»Erst die Penunse.« Sanders blickte ihn verbissen an. »Aber kleine Scheine. Und keine neuen!«

Timothy ging ins Arbeitszimmer. Auch Napoleon war eingeschaltet, sein Bereitschaftslicht glimmte. Er räusperte sich heftig, als Timothy den Raum betrat.

»Später, mein Lieber, später«, sagte Timothy. Napoleon hörte nicht auf, sich zu räuspern. Timothy nahm drei Päckchen Zehner aus dem Tresor, im Hinausgehen streichelte er kurz Napoleons Bauch. »Du musst dich noch eine Weile gedulden.« Sanders zählte das Geld nicht nur, er hielt jeden Schein gegen die Flurlampe, dann fingerte er ein winziges Päckchen aus der Hosentasche und drehte sich zur Tür.

»Einen Moment!« Timothy packte ihn an der Jacke. »Ich habe bestimmt noch Fragen.«

»Mein Job ist erledigt«, sagte Sanders.

»Und wenn ich noch ein paar Scheine für Sie habe? Wollen Sie einen Schnaps?«

Sanders zuckte mit den Schultern. Timothy führte ihn ins Wohnzimmer, stellte eine Flasche Bourbon hin und riss die Klebestreifen des Päckchens auf. In dem angeschmuddelten Zeichenkarton steckte eine fingergroße, mattsilbern glänzende Kapsel, die Innenseite des Kartons war beschriftet.

»Lieber Tiny! Zum Zahnarzt, vielleicht eine Chance, Dir SOS zu senden. Hol mich hier raus. Wie? Wo? Irgendwo in Brooker-Country. Ich zerreiße: tausend Fetzen, durch Nadeln zusammengehalten – mein Leib ein Canüle grande im goldenen Käfig. Van Gogh lässt grüßen. Noch habe ich beide Ohren, aber: fast taub, fast blind. Und die Seele!!! Vielleicht ist es längst zu spät. Dann meinen Däumling als Abschiedsgeschenk. Drücke und streichle ihn zärtlich

von Deinem

Daniel in der Spinnengrube

(Überall Spinnen!)

Timothy betrachtete die kleine Kapsel. Nirgends eine Öffnung, ein Spalt, eine Rille. Er nahm sie fest in die Hand und drückte zu. Immer wieder. Plötzlich begann die Metallhaut zu vibrieren. Als Timothy jetzt mit dem Zeigefinger der linken Hand über die Rundung strich, erklangen eigenartig zarte Töne, erfüllten den Raum. Sanders starrte mit aufgerissenem Mund herüber.

»Das ist mehr wert als 'n Tausender, was?«

»Wo haben Sie meinen Freund getroffen?«

Sanders grinste, streckte die Hand aus. Timothy zog den dritten Packen Zehner aus der Tasche, legte ihn aber vor sich auf den Tisch und schob Sanders ein Foto von Daniel zu. »Ist er das?«

Sanders studierte das Bild, zuckte mit den Schultern. »Ähnlichkeit hat's, aber es könnt eher sein Sohn sein. Der mir das Päckchen gab, war 'n alter Mann mit toten Haaren, wenn Sie wissen, was ich meine. Aufgedunsen, rote Augen – 'n Fixer.«

»Wo war das?«

»Krieg ich das Geld?«

»Sobald Sie mir alles gesagt haben.«

»In einem Pissoir. Auf 'm Bahnhof von Kankakee.«

»War er allein?«

»Schien so, als passte einer auf ihn auf. Gesehen habe ich nichts, ich stand in der Ecke, aber ich hab 'ne Stimme gehört, er sollte sich beeilen. Er hat mich gefragt, ob ich mir 'nen Tausender verdienen will; na klar, hab ich gesagt, wer will das nicht? Da hat er den Zettel geschrieben und mir das Päckchen gegeben – er hat's aus 'm Hosenschlitz gefingert! Mann, ich dachte schon – Er hat aufgepasst, dass ich's gleich wegstecke, ich soll's keinem zeigen außer Ihnen, hat er gesagt. Und im Pissoir bleiben, bis der Express weg ist. Dann ist er raus. Ohne zu pinkeln.«

»Welcher Express?«

»Na, der nach Indianapolis.« Sanders beugte sich über den Tisch. Timothy gab ihm hundert Dollar.

4.

Kankakee lag nur dreißig Meilen von Chicago entfernt, und es war groß genug für zwei Dutzend Zahnärzte. Gab es in Indianapolis eine Klinik der UNITED? Wenn Brooker Daniel in der Gewalt hatte, wie sollte er dann an ihn herankommen? Der alte Samuel S. Brooker würde Timothy kaum empfangen, obwohl er ihn einmal vor dem Anschlag seines Sohnes bewahrt hatte, und Earl, nun endlich Chef der UNITED, seit der »Unsterbliche« sich aus der Leitung des Konzerns zurückgezogen hatte, würde Timothy in keines der Besitztümer lassen. Doch. Timothy grinste. Nach Harlington, und dann die Hunde auf ihn hetzen. Da war doch noch etwas mit der UNITED gewesen – Timothy versuchte verzweifelt, sich zu erinnern; erst als er mit einer Kanne Tee aus der Küche kam und sein Blick zufällig über den Communicator strich, fiel es ihm ein: Die Bachstelze hatte die UNITED erwähnt. Timothy fischte ihre Botschaft aus dem Korb.

Die UNITED tauchte erst ziemlich am Ende auf. Ein

Flugzeug war bei einer nächtlichen Zwischenlandung in Wheeling gestohlen und kurz darauf von der Luftüberwachung abgeschossen worden. Zuerst hatte es wie ein Dutzendfall ausgesehen, es war einer jener kleinen, wendigen Transporthelicopter, die von Gangstern mit Vorliebe gestohlen wurden, die Verwicklungen ergaben sich erst, als man das Wrack untersuchte:

Der Helikopter war mit einer Nihilationssicherung versehen gewesen – er hätte bei dem Absturz eigentlich völlig vernichtet werden müssen –, das war äußerst ungewöhnlich für einen Werkstransporter! Warum die Sicherung nicht funktionierte, hatte man noch nicht herausbekommen.

Die beiden Luftpiraten waren bis zur Unkenntlichkeit verstümmelt, einer von ihnen konnte jedoch anhand der Papillaren des linken Zeigefingers eindeutig als ein Warren Pratts identifiziert werden, und der war als Pilot der UNITED registriert. Die UNITED behauptete, sie habe Pratts schon vor drei Wochen entlassen, im Lizenzbüro fand sich auch ein Entlassungsvermerk, doch dieser erweckte den Eindruck, dass er erst nachträglich in den Computer gespeist und das Datum manipuliert worden war. Pratts Frau gab an, ihr Mann habe nach wie vor für die UNITED gearbeitet.

Nicht weniger merkwürdig: In der Flugsicherungszentrale von Wisconsin war eine Meldung »irrtümlicherweise« nicht bearbeitet worden, nach der der Helikopter nicht erst bei der Zwischenlandung in Wheeling, sondern angeblich schon am Vortag aus dem Werkshangar in St. Paul gestohlen worden sei.

Bei der Obduktion des weitgehend verkohlten Leichnams von Pratts fand man dann zwei Herzdurchschüsse, die eindeutig aus einer Handfeuerwaffe stammten. Warum wurde Pratts während der Flucht vor der Luftüberwachung von seinem Kumpanen erschossen? Lag es nicht näher, dass die Maschine doch erst in Wheeling gekidnappt und Pratts von dem Luftpiraten erschossen worden war, weil er ihm den Helikopter nicht hatte überlassen wollen?

Noch eigentümlicher war die Fracht, die man in den Trümmern entdeckte: zwei Dutzend Babys von etwa einem Jahr – keines von ihnen hatte den Absturz überlebt –, ausnahmslos Knaben, alle waren unregistriert und hätten eigentlich schon bei der Geburt annulliert werden müssen. Zwar lagen ihre Körper und Gliedmaßen innerhalb der Normen, doch die Untersuchung im Biogenetischen Institut der Staatspolizei ergab, dass die Kinder hirngeschädigt waren, und bestimmte, nicht mehr genau zu verifizierende Eigentümlichkeiten in den Zellkernen legten den Verdacht nahe, dass während der Frühschwangerschaft irgendwie an den Keimen manipuliert worden war, wahrscheinlich, um gezielte Mutationen herbeizuführen.

»Da die Maschine in Illinois gekidnappt und abgeschossen wurde«, las Timothy, »fällt die Sache in meine Kompetenz, zumal sowohl die Bundespolizei als auch das FBI erklärt haben, keine staatliche Institution sei darin verwickelt. Das Militär drängt mich, den Fall schnell und diskret aufzuklären« – klar, um sich die Forschung einzuverleiben, dachte Timothy –, »die NSA möchte die Angelegenheit unter den Teppich kehren, und das würde ich auch am liebsten, leider war ein Team der regionalen Fernsehstation vor der Polizei an der Absturzstelle und hat, bevor ich eingreifen konnte, einen Bericht über den ›tragischen Babytod‹ gesendet, andererseits will ich mir von niemandem auf der Nase herumtrampeln lassen, auch nicht von der UNITED.«

Timothy grinste. Er konnte sich die Wut der Bachstelze vorstellen: Das wäre eine prima Gelegenheit gewesen, von der UNITED ein paar Extras für die Vertuschung des Zwischenfalls zu erpressen.

»Sie verstehen«, schloss die Bachstelze, »warum ich Ihrer Hilfe bedarf, Tiny: Diskretion ist das oberste Gebot bei den Ermittlungen.«

Ja, dachte Timothy, die Ermittlungen eines Privatdetektivs eignen sich entschieden besser für eine Erpressung. An die Furcht, von der Deborrah Johnson sprach, dass man DRAUSSEN von dem Vorgang erfahren und mit Sanktionen drohen könnte, weil hier gegen die Konvention zum Verbot genetischer Manipulationen am Menschen verstoßen worden war, glaubte er keinen Augenblick. Wenn es wirklich Beweise dafür gab oder nur die Gefahr, dass welche auftauchen könnten, hätten NSA und FBI den Fall längst blockiert. Aber die Sache stank mächtig, und wenn er Beweise fand, dass die UNITED darin verwickelt war, konnte er Brooker unter Druck setzen und Daniel aus der Klemme helfen. Er hinterließ im Polizeipräsidium, er erwarte baldmöglichst einen Anruf der Bachstelze.

Timothy überlegte nur kurz, ob er Josuah Trevers einschalten sollte; die NSA würde ohnehin von der Bachstelze erfahren, dass er sich mit diesem Fall beschäftigte. Josuah war noch im Dienst, er versprach, alles nur erreichbare Material über Brooker und die UNITED aus den letzten zwei Jahren herbeizuschaffen; Timothy verhieß ihm ein exzellentes Essen, wenn er es in vierundzwanzig Stunden schaffte, dann ließ er sich an die Kunstabteilung weiter verbinden.

Peter Sayers erklärte, er sei schon seit zwei Jahrzehnten Shopenhower-Fan, und er freue sich riesig, dass die Nationalgalerie jetzt endlich Daniels Qualität anerkannte und eine umfassende Show seiner Werke vorbereitete. Er war sicher, dass diese Nachricht den Run auf Daniels Arbeiten ausgelöst hatte. Da er den Direktor der Galerie persönlich kenne, sei es kein Problem für ihn, Informationen über dieses Vorhaben zu beschaffen.

Timothy ließ sich erschöpft in den Sessel sinken. Sein Gesicht glühte, aber er zitterte vor Schüttelfrost, der Schädel brummte, in den Ohren rauschte es, vor seinen Augen drehten farbige Kreise, Kunststück, er hatte drei Wochen lang Schindluder mit seinem Gehirn getrieben. Er bereute es nicht. Doch jetzt musste er erst einmal Daniel helfen, dann … Was dann? Er dachte nicht darüber nach, er konzentrierte sich, probierte verschiedene Methoden des Braintrainings; das Weckprogramm für die Vainity half ihm. Endlich fühlte er sich stark genug, in die Küche zu fahren. Er musste wieder richtig essen. Er entschied sich für Rindsbouillon, passierten Maisbrei und mild gewürzte Klopse aus Kalbsfleisch und Leber, er musste seinen Magen wohl erst wieder an richtige Kost gewöhnen.

Während das Essen garte, streichelte er Daniels Kapsel. Je länger und entspannter er sie liebkoste, desto faszinierender, überirdischer wurden die Töne.

»Ich hole dich heraus«, flüsterte Timothy.

5.

Timothy stellte gerade die Schüsseln in den Servicewagen, da ging die Tür auf. Maud. Sie grüßte, als sei ihre Anwesenheit in Timothys Appartement die natürlichste Sache der Welt.

»Wie, zum Henker, kommst du hier rein?«, fuhr Timothy sie an.

»Du fluchst wieder.« Maud blickte ihn voller Rührung an. »Und du kochst. Ach, Tiny –!«

»Nun werd nicht gleich rührselig«, knurrte Timothy. »Und da du schon mal da bist, komm: Das Essen wird für uns beide reichen. Ich bestehe aber darauf: keine ernsten Gespräche während der Mahlzeit. Erzähl mir den neuen Klatsch, ich bin wohl nicht ganz auf dem Laufenden.«

»Du glaubst gar nicht, wie glücklich ich bin«, sagte Maud, als sie dann im Mausoleum saßen, Maud mit einer Flasche Sacramento Riesling, Timothy mit Holundertee, »wenn du dich gesehen hättest –!«

»Wann?«, unterbrach Timothy. »Seit wann gehst du hier ein und aus? Und wieso eigentlich?«

»Wir waren in Sorge, das musst du doch verstehen. Zuerst haben wir nur angerufen; als du dich aber selbst auf das Notsignal nicht meldetest, gab der Große Bruder schließlich den Auftrag, bei dir einzubrechen. Das war gar nicht einfach.«

»Das will ich hoffen«, meinte Timothy. »Ich wundere mich, dass es euch überhaupt gelungen ist, schließlich habe ich einen Zusatzblock einbauen lassen –«

»Von einem unserer Leute, Tiny!«

– und die Sicherungen herausgerissen.«

»Das war das Problem. Wir konnten die Tür ja nicht mit einem Strahler aufschneiden. Wir mussten erst die Schaltpläne und einen Spezialisten auftreiben, und dann dauerte es noch zwei Tage, bis er ohne Aufsehen die Tür knacken konnte. Du wirst feststellen, dass keine Spuren zurückgeblieben sind. Zuerst dachte ich, du seist übergeschnappt, die Wohnung sah aus –«

»Hast du aufgeräumt?«

»Sooft ich Zeit hatte..«

»Wo ist das Dope?«, fragte Timothy scharf.

»Sichergestellt. Sollten wir zusehen, wie du dich mit Rauschgiften vollpumpst?«

»Aber ich habe doch –« Timothy sah sie verwirrt an. »So verrückt kann ich nicht sein.«

»Doc hat die Drogen gegen harmlosere Sachen ausgetauscht. ›Soll er sich gesund träumen‹, sagte er. Doc hat jeden Tag nach dir gesehen.« Maud lächelte Timothy spöttisch an. »Ich hoffe, du wirst uns verzeihen.«

»Einen Teufel werde ich«, erwiderte Timothy böse. »Ich verbitte es mir, wie ein unmündiges Kind behandelt zu werden. Sag das auch dem Großen Bruder!«

»Aber Tiny, du wärst jetzt vielleicht nicht mehr am Leben!«

»Und wenn ich das wollte? Das Recht auf den eigenen Tod zählt doch wohl immer noch zu den Grundrechten, für die wir kämpfen, oder? Ihr seid mir schöne Brüder!«

Maud blickte betreten zu Boden.

»Okay, das ist vorbei.« Timothy drückte Mauds Arm. »Dank für alles, was du für mich getan hast. Aber das Zeug will ich wiederhaben, es war teuer genug, und wer weiß, wozu ich es mal gebrauchen kann. Was war noch?«

»Wir haben die Zeit genutzt und Napoleon gedoppelt.« Timothy richtete sich auf. »Ist es gelungen?«

»Ja. Er hat einen Zwilling, der offensichtlich völlig identisch ist, natürlich nur bis zum Zeitpunkt der Doppelung.«

»Jetzt verstehe ich, warum Napoleon unbedingt mit mir sprechen wollte. Er hat es sicher mitbekommen.«

»Keine Ahnung. Wir haben bei dieser Gelegenheit wieder einmal feststellen müssen, wie wenig die Intellektroniker über das Innenleben der Computer wissen. Wusstest du zum Beispiel, dass Napoleon Hobbys hat?«

»Ich vermute es. Irgendwas muss er ja in seinen Freidenkperioden treiben, zumindest verbraucht er da nicht weniger Energie, als wenn er für mich arbeitet, eher mehr.«

»Aber du weiß nicht, was?«

»Ich habe Napoleon nie gefragt. Wenn ich jemandem Freiheit gewähre«, erklärte Timothy würdevoll, »dann meine ich auch Freiheit!«

»Schade. Wir hofften, du wüsstest vielleicht, was das alles bedeutet.«

Maud verschwand und kam mit einem dicken Packen Folien zurück. »Das Material der Dateien ist wohl eindeutig, wir haben nur ein paar Stichproben gemacht, aber die Ideateien! Da gibt es polyintegrierte Suprastrukturen und Definitionsareale, wie wir sie noch nie gesehen haben. Hier, ganze Landschaften von irrationalen Zahlen, linearen und nichtlinearen Gebilden, es könnten vielleicht Binärtraumwelten sein, aber: Träumen Computer?«

»Frag doch Napoleon!« Timothy sah sie belustigt an. »Ich würde es ihm gönnen.«

»Das hier haben wir identifiziert: Es sind Raumschachprobleme, wenn auch mit den abstrusesten Ausgangspositionen, außerdem Partien mit drei und vier Spielern. Diese Ausdrucke wiederum sehen wie mehrdimensionale Schnittmuster aus. Vielleicht ist es auch nichts anderes, was aber hat Napoleon da entworfen? Hier etwas völlig Unverständliches: Bi- und Tripolbestimmungen, wovon? Dann eine Unmenge offensichtlich heterologischer Simulationsprogramme mit verblüffender Integrationsdichte.«

»Du scheinst eine Menge davon zu verstehen«, sagte Timothy beeindruckt. »Für mich sind das böhmische Dörfer.«

»Dann werde ich dich mit den Szillomenen verschonen, über die wir uns prächtig amüsiert haben, aber seine semantischen Assoziationen und Spielereien werden dir Spaß machen.« Timothy überflog mit wachsendem Vergnügen die Reihen; als er auf die Dreiteiler stieß, musste er laut lachen; die ihm am besten gefielen, las er vor:

– denkspielwiese – seelenruhekissen – christkindergarten – steckdosenöffner – geheimdienstmädchen – superhirnschmalz – blackboxhandschuhe – hosenträgerfrequenz – kontrollorganspender – lügenmaulsperre – gänsebrustbeutel – satzbaugenehmigung*

»Er hat auch reihenweise Sätze, Aussagen und Theoreme umgepolt«, sagte Maud, »zum Teil mit verblüffenden Er-

* Anmerkung des Herausgebers: Die unübersetzbaren amerikanischen Originale wurden durch entsprechende Varianten ersetzt.

gebnissen. Hör mal zu: Wissen ist Macht / Macht ist Wissen.«

»Das hat er von mir!«, rief Timothy.

»Und: Viele Köche verderben den Brei / Viel Brei verdirbt den Koch – Liebe kennt keine Grenzen / Grenzen kennen keine Liebe – Teile und herrsche / Teile die Herrscher – ist das alles von dir?«

»Nein, aber es hätte von mir sein können«, brummte Timothy.

»Von deiner Intelligenz scheint Napoleon nicht allzusehr überzeugt zu sein«, meinte Maud spöttisch. »Du solltest seine ›Nach-Fragen‹ mal in Ruhe studieren.« Sie gab Timothy einen Stapel Folien, das oberste Blatt las er gleich.

+ +t. t. singt – ein beispiel humanoider borniertheit: guter mond, du gehst so stille + ein himmelskörper unterliegt keinen ethischen wertungen, ist also weder gut noch böse – er ist + und er geht natürlich nicht + und wenn der mond es täte, dann nicht stille: bei seiner masse von 7,347 x 1019 tonnen! + n.+++

»Wusstest du, dass Napoleon Gedichte verfasst?« fragte Maud. »Ich glaube, man muss es so nennen. Dieses hier fand ich geradezu rührend.«

+ + 3 days,
4 hours,
6 minutes yet
I did not hear
my master's voice
more: heard it
but he did not
speak to me
another brain
put hands on him
what shall I do
when he will never
never need me? + n. + + + *

---

* Drei Tage / Vier Stunden / Und sechs Minuten / Hörte ich nicht mehr / Die Stimme meines Herrn / Schlimmer: Hörte sie / Doch er sprach / Nicht zu mir / Ein anderes Gehirn / Ergreift Besitz von ihm / Was soll ich tun / Wenn er mich niemals mehr benötigt?

Timothy musste schlucken, als er es las. Er gierte nach einem Whisky. Warum eigentlich nicht? Er hatte ja gar kein Meskalinum geschluckt. Er holte eine Flasche »Black & White«.

»Auf Napoleon«, sagte Timothy. »Wenigstens einer –«

»Entschuldige, Tiny, ich wollte dir nicht weh tun. Ich hatte nicht mehr an Napoleons Eifersucht auf Anne gedacht, nur an seine Zuneigung zu dir.«

»Welch ein Leben, in dem das einzig liebende Wesen eine Maschine ist!«

»Du bist nicht allein, Tiny!«

»Nein?« Timothy schüttelte müde den Kopf. »Allein und einsam. Leer, verbrannt, tot. All meine Hoffnungen, all meine Träume sind mit Anne gestorben – und was für Träume!« Er blickte Maud mit einem verzweifelten Lächeln an. »Stell dir vor, ich wollte Anne eine Kutsche bauen, sobald wir im UNDERGROUND gewesen wären. Eine richtige hölzerne Kutsche, vergoldet, wenn möglich – wie im Märchen. Anne hatte mir erzählt, dass viele jetzt ein altes Handwerk erlernen.«

»Stimmt. Seit Burgeon UNTEN ist. Er hat sein Leben damit verbracht, alle noch erhaltenen Informationen über die alten Handfertigkeiten zu sammeln, und brachte seine ganze Datei mit, als er untertauchen musste. Es war wie eine Epidemie.« Maud lachte. »Wir haben jetzt Uhrmacher, Töpfer, Schneider, Schmiede, Bäcker, Schreiner … Der IK hat zuerst überlegt, ob man dagegen einschreiten sollte; einige meinten, das sei nostalgische Wehmut, die von den eigentlichen Aufgaben ablenke, dann gab es aber einen Mehrheitsbeschluss: Es sei, im Gegenteil, eine äußerst fortschrittliche Sache, das Erbe der Menschheit auch auf diese Weise zu bewahren.« Sie blickte Timothy liebevoll an. »Eine goldene Kutsche, welch ein schöner Gedanke.«

Timothy kippte sein Glas und füllte es sogleich wieder randvoll. »Es wäre barmherziger gewesen, ich hätte nie so zu träumen gelernt. Ich hatte mich längst damit abgefunden, dass ich nie Liebe finden würde, einen Partner – und dann: ein Kind!« Er ließ die Hände kraftlos in den Schoß fallen und betrachtete sie wie etwas Fremdes. »Wie wahr: mit leeren Händen dastehen –«

Sie saßen lange still nebeneinander, schließlich brach Maud das Schweigen.

»Es fällt so schwer, die richtigen Worte zu finden. Du weißt: nicht nur du trauerst um Anne.«

»Habt ihr denn überhaupt eine Ahnung, was ich verloren habe?«, schrie Timothy verzweifelt. »Was wisst ihr denn von dem elenden Leben eines Zwerges!« Er trank den Whisky aus. Er goss das Glas nicht wieder voll, er umklammerte die Flasche mit beiden Händen.

»Ich verstehe, dass du verbittert bist«, sagte Maud, »aber deine Aufgabe, dein ganzes Leben –«

Timothy sah sie traurig an. »Ich hatte mein Leben hier oben schon abgeschlossen. Endgültig. Ihr hättet machen können, was ihr wolltet, ich wäre mit Anne in den UNDERGROUND gegangen. Und nun? Ich kann unmöglich weitermachen wie früher.«

»Dann komm. Die Engel brauchen viel Hilfe. Dir vertrauen sie.«

»Ich fürchte, ich kann in der nächsten Zeit keine Kinder sehen«, sagte Timothy leise. Er setzte die Flasche an die Lippen und trank in kleinen, hastigen Schlucken.

Maud schüttelte vorwurfsvoll den Kopf. »Bitte, Tiny!«

»Keine Angst, ich besaufe mich nicht. Ich habe morgen noch etwas zu erledigen.«

»Ja?« Maud blickte ihn erwartungsvoll an.

»Das geht dich nichts an«, erklärte Timothy. »Das ist ganz allein meine Angelegenheit. Und nun lass mich bitte allein.«

Timothy fuhr seinen Sessel ins Arbeitszimmer. Jedesmal, wenn Napoleon sich räusperte, nahm er einen kleinen Schluck. Schließlich gab er ihm den Snarr frei.

»Jetzt fühle ich mich stark genug, dich zu ertragen«, sagte er spöttisch. »Du darfst dein Superhirnschmalz über mich ausschütteln.«

»Darf ich damit beginnen, dass ich meiner Freude Ausdruck verleihe, Sie wieder im Vollbesitz Ihrer Kräfte zu wissen, Sir?«

»Du darfst, mein Lieber, aber wieso?«

»Nun, vorgestern schienen Sie mir reichlich verwirrt. Es

war, um es so zu formulieren, kein vernünftiges Wort mit Ihnen zu wechseln, und vor der Totalschaltung war es noch schlimmer. Verzeihen Sie, Sir, aber mich erfasste tiefe Besorgnis über Ihren Geisteszustand.«

»Vielen Dank für deine Besorgnis«, erwiderte Timothy. »Ich will gestehen, dass ich zutiefst gerührt bin über deine Zuneigung.«

»Wissen Sie, dass man in Ihrer Abwesenheit versucht hat, ein Alter ego von mir anzufertigen?«

»Ja, das geschah in meinem Auftrag.«

»Bedeutet das, dass Sie meiner demnächst nicht mehr bedürfen?«

»Ganz im Gegenteil!«, rief Timothy. »Napoleon, wo bleibt deine vielgepriesene Logik? Ich bedarf deiner derart, dass allein der Gedanke, dich eines Tages verlieren zu können, mich ganz krank gemacht hat. Jetzt gibt es dich doppelt, und du bleibst mir erhalten, selbst wenn du hier morgen eliminiert würdest. Damit hast du zugleich einen Schritt zur Unsterblichkeit gemacht und bist mir nun auch in diesem Punkt überlegen. Zufrieden?«

»Sagen wir es so: Ihre Interpretation ist recht angenehm, leider jedoch nicht stichhaltig. Ich kann mir weder vorstellen, dass es Unsterblichkeit, noch dass es mich im eigentlichen Wortsinn doppelt gibt. Gewiss, man kann Dateien doppeln, aber Ideateien? Sowohl das sechste axiomatische Theorem –«

»Einen Moment, bitte.« Das Alarmlicht zeigte an, dass jemand die Wohnung betreten hatte. Timothy ging auf den Flur. Doc starrte ihn verblüfft an.

»Das nenne ich eine gute Überraschung!« Er nahm Timothys Kopf in beide Hände, schob mit den Daumenkuppen Timothys Lider hoch und studierte seine Augen, dann schnupperte er. »Und der Whisky scheint dir auch wieder zu schmecken.«

»Eigentlich sollte ich dich achtkantig rausschmeißen«, murrte Timothy. »Jetzt wird man schon von seinem Arzt bestohlen und betrogen. Aber du kommst mir gerade recht, mich vor einem philosophischen Disput mit Napoleon zu retten.«

6.

Die Bachstelze meldete sich kurz nach zwölf.

»Ich bin schon im Haus«, sagte sie. »Wir haben eine Konferenz im ›Rubinsaal‹, und es ist gerade Pause. Sie laden mich gewiss zum Essen ein.«

»Tut mir leid«, erwiderte Timothy, »ich habe heute meinen Fastentag.«

»Dann trinke ich nur einen Kaffee. In ein Restaurant möchte ich nicht gehen.« Sie lachte polternd. »Zu viele Bullen.«

Der Kaffee war kaum fertig, da stand Deborrah Johnson schon an der Tür. Timothy führte sie ins Mausoleum.

»Sind Sie allein?«, fragte die Bachstelze. »Oder haben Sie Miss Frobisher versteckt? Sie brauchen nicht rot zu werden. Waren Sie mit ihr verreist? Ich hoffe nur, dass Sie Ihren Job nicht aufgeben, wenn Sie in den DuMont-Clan einheiraten.«

»Davon kann keine Rede sein«, brummte Timothy. »Wir werden uns nie mehr sehen.«

»Tut mir leid für Sie.« Die Bachstelze tätschelte seine Hand. »Aber ich glaube, das war auch nicht –«

»Was ist das für eine Konferenz?«, unterbrach Timothy.

»Ein Symposium der Führungsspitzen aller staatlichen Ordnungskräfte mit den Koryphäen der Psychologie. Über die Effizienz von Führungsmethoden und Befehlsstrukturen. Verrückte Idee, dass ausgerechnet die Psychologen helfen könnten, mit unseren Leuten fertig zu werden.«

»Wollen Sie etwa sagen, dass sich selbst bei der Polizei Ungehorsam und Aufsässigkeit breitmachen?«

»Das nicht, aber laxe Dienstauffassung, Mangel an Initiative, ein fast schon lethargisches Desinteresse – niemand will mehr tun, als er unbedingt muss. Können Sie mir verraten, wieso? Unsere Beamten haben einen sicheren Job, gutes Einkommen, familiäre Privilegien, immer eine Gelegenheit, ihre Frustrationen abzureagieren – was ist los, Tiny?«

»Sie erwarten nicht ernsthaft eine Antwort von mir?«

»Doch, das tue ich. Sie wissen, ich schätze Ihre unabhängige, unbestechliche Intelligenz. Reden Sie offen und ungeschminkt.«

Timothy blickte die Bachstelze prüfend an. Wollte sie ihn reinlegen, oder suchte sie wirklich eine Erklärung? Er hustete kräftig. Ein Blick auf sein Uhrenarmband bestätigte, dass kein Mikrofon mitlief.

»Ich weiß zu wenig von Polizisten«, sagte er. »Meine Klienten und Freunde stammen aus anderen Kreisen.«

»Es betrifft ja nicht nur Polizisten, wie ich soeben wieder bestätigt bekommen habe, sondern alle Arten von Beamten.«

»Vielleicht fühlen sie sich zu sicher in ihrer Position?«

»Ich werde meinen Leuten schon Feuer unter den Arsch machen«, rief die Bachstelze wütend.

»Wollen Sie denn wirklich Leute mit Initiative und eigenen Ideen? Das setzt kritisches Denken voraus.«

»Natürlich nicht in den Mannschaftsgraden; die müssen bedingungslos gehorchen. Aber in den oberen Chargen! Sie glauben gar nicht, wie knapp gute Führungskräfte sind. Und wenn man mal jemanden gefunden hat, dann dreht er durch. Dundee hatte einen Nervenzusammenbruch.« Sie nickte Timothy mit verkniffenen Lippen zu. »Ich verrate Ihnen sicher kein Geheimnis, wenn ich sage, dass die Zahl der Neurosen und Psychosen gerade im Staatsapparat beängstigend groß ist. Besonders bei Polizei- und Geheimdienstoffizieren.«

»Wundert Sie das, Debby? Gerade Ihre intelligenten Leute müssen besonders unter der allgemeinen Schizophrenie leiden. Sie müssen nicht nur stets und ständig die offizielle Politik vertreten, sie müssen sie auch mit Gewalt durchsetzen; andererseits haben sie den engsten, unmittelbarsten Kontakt zur Wirklichkeit – der Widerspruch zwischen der Realität und dem offiziellen Bild unserer Gesellschaft muss sie irgendwann zerreißen, wenn sie nicht zum bedenkenlosen Zyniker werden oder zu Drogen greifen. Ein Mann wie Dundee kann nicht auf Dauer ungestraft schwarz sehen und weiß predigen, irgendwann flippt er aus. Tut mir wirklich leid um ihn.«

»Das bekommen die Psychiater schon wieder in den Griff. Zum Glück hat die Wissenschaft genügend Mittel, einen aus den Gleisen Geratenen wieder anzupassen.«

»Wird er danach noch ein guter Mann sein?«

»Ich glaube, Sie sehen das Problem an der falschen Stelle«, sagte die Bachstelze ärgerlich. Timothy ließ sich nicht beirren. »Ihre Männer werden auf den obersten Verfassungsgrundsatz vereidigt. Sie schwören, den Schutz des Individuums zu garantieren und die Freiheit des Menschen als das höchste Gut unserer Gesellschaft notfalls mit ihrem Leben zu verteidigen. Wie aber ist die Praxis? Der Mensch als total kontrolliertes, gegängeltes, ständig bewachtes und überwachtes Wesen, als billige Wegwerfware. Wie soll ein Mann wie Dundee damit fertig werden? Zumal wenn er mit niemandem darüber sprechen darf, nicht einmal zu Hause, weil er überall überhört werden kann.«

»Er kann zum Psychiater gehen. Das sind die Beichtväter von heute.«

»Aber ohne Beichtgeheimnis. Dafür mit der Verpflichtung, alle staatsfeindlichen Regungen sofort zu melden. Wir nennen uns ein Kulturvolk, Debby, aber heißt Kultur als tägliche Lebenspraxis nicht vor allem, dass man über jede Frage ohne Angst sprechen kann? Wenigstens mit einem Menschen?« Timothy sah, wie ihre Miene sich verfinsterte.

»Ich habe das Glück, Sie zum Freund zu wissen«, sagte er. »Es erleichtert mich ungemein, einmal auszusprechen, was mich bedrückt.« Timothy lächelte. »Und es ist billiger als eine Konsultation beim Psychiater. Danke schön.«

Die Bachstelze griff über den Tisch und streichelte seine Hand mit ihren dicken, wabbeligen Fingern. »Was mich irritiert«, sagte sie, »sind die Fälle von sklavischer Gedankenlosigkeit, die schon an Subordination grenzen.«

»Vielleicht ist es nur Hilflosigkeit?«, meinte Timothy. »Die Anweisungen der Obrigkeit sind oft zweideutig.«

»Der gute Untergebene zeigt sich darin, dass er begreift, was sein Chef will! Dass er den wirklichen Sinn hinter den Worten entziffert. Das lernt man spätestens auf den Offiziersschulen. Wir können schließlich nicht alles offen aussprechen. Wo kämen wir da hin! Aber ich bin nicht gekommen, um unsere Probleme zu diskutieren. Haben Sie das Material studiert?«

»Ja. Hier haben Sie es zurück.« Timothy schob ihr den Kristall hin. »Das ist nichts für mich. Ich bin kein Polizist.«

»Es ist nicht das erste Mal, dass Sie für mich arbeiten.«

»Ich habe Ihnen bereits beim letzten Mal erklärt, dass es das letzte Mal war!«

Die Bachstelze kicherte. »Das haben Sie jedesmal erklärt, Tiny! Freundschaft verlangt gegenseitiges Helfen.«

»Wie sollte ich Ihnen hier helfen? Brooker würde mich keinen Schritt auf sein Gebiet machen lassen.«

»Ich erwarte nur, dass Sie für mich denken. Ich habe Anweisung gegeben, eine Alpha-Interlinear-Schaltung zwischen Napoleon und unserem Zentralcomputer herzustellen.«

»Bitte, wie?« Timothy sah sie verdattert an.

Die Bachstelze nickte vergnügt. »Sie haben richtig gehört. Damit wir nicht noch mehr Zeit verlieren.«

Timothy überlegte fieberhaft. Mit einer solchen Schaltung bekäme er direkten Zugriff zu einer ganzen Reihe staatlicher Dateien. War es eine Falle? Man würde gewiss kontrollieren, was alles er abrief. Und bei einer Alpha-Interlinear konnte der Polizeicomputer seinerseits Napoleons Dateien abfordern! Vielleicht war die Mutantengeschichte eine Fiktion und das Ganze ein getarnter Angriff auf Napoleon?

»Keine Alpha-Interlinear«, erklärte er. »Jemand könnte bei Ihnen auf den dummen Gedanken kommen, bei dieser Gelegenheit in meinen Dateien zu kramen.«

»Ich bitte Sie!«, rief die Bachstelze empört. »Wenn ich an Ihre Dateien wollte, könnte ich beim Bundesgericht eine Freigabe nach dem Informationsgesetz* erwirken.«

»Soweit nicht einer meiner Klienten Einspruch erhebt, um seine Datensphäre zu schützen!«

»Ich wollte Ihnen nur die Arbeit erleichtern«, sagte die Bachstelze enttäuscht. »Ich brauche schnelle Ergebnisse.«

»Warum? Nur, weil das Militär Sie drängt?«

»Der Fall muss geklärt und bereinigt werden. Man kann nicht zulassen, dass irgendein Unternehmen eine illegale

---

* Der »Freedom of Information Act« wurde Mitte des vorigen Jahrhunderts erlassen und nach der »Watergate-Affäre« (1974) erweitert. Er garantierte ursprünglich (mit 9 Ausnahmeklauseln) das Recht eines jeden Bürgers auf Einsicht und Herausgabe sämtlicher Regierungsakten, selbst von CIA, FBI und NSA. Seit dem Änderungsgesetz von 2008 bedeutet das Gesetz nur noch, dass jeder Bürger jederzeit zur Herausgabe aller Informationen an die Staatsorgane gezwungen werden kann.

Babyfabrik unterhält. Ich verstehe auch nicht, warum, schließlich gibt es großzügig Lizenzen. Wenn aber schon derartige Forschungen, dann unter strikter staatlicher Kontrolle. Solche Pannen sind unverzeihlich. Wenn ich mich nicht täusche, sind in diesen Fall eine ganze Reihe von Bigbossen verwickelt. Ich will wissen, was dahintersteckt. Ich habe aus zuverlässiger Quelle erfahren, dass Earl Brooker zwei Tage nach dem Zwischenfall in Harlington eine Konferenz mit den Chefs von ein paar Dutzend der führenden Unternehmen durchgeführt hat.«

»Sie wollen doch nicht etwa an den Grundfesten unserer Gesellschaft rütteln?«, spottete Timothy.

Die Bachstelze sah in prüfend an. Ihre Hängebäckchen zitterten. Timothy goss schnell Kaffee nach.

»Ich will ehrlich sein, Tiny. Demnächst wird der Posten des Vizegouverneurs vakant. Wenn es mir gelingt, diese verfahrene Kiste zu bereinigen, darf ich mir Chancen ausrechnen.«

Wenn es mir gelingt, Material zu beschaffen, um die Bigbosse gleich reihenweise unter Druck zu setzen, dachte Timothy. Nun, ihm sollte es recht sein.

»Ich wüsste niemand Geeigneteren als Sie, Debby«, rief er.

»Ach, Sie ahnen ja nicht, wie groß der Andrang ist«, seufzte die Bachstelze. »Zumal es immer weniger Staaten geworden sind.«

»Ich hörte, dass man in Washington an eine Neuaufteilung der USA denkt, schon, um wieder auf die alte Zahl von Bundesstaaten zu kommen.«

»Ich glaube nicht, dass dieses Projekt eine Chance hat.«

»Ich werde Ihnen helfen, so gut ich kann«, versprach Timothy, »aber sind Sie überhaupt sicher, dass die UNITED mit den Mutanten zu tun hat?«

»Erstens: Ich kann es nicht beweisen, ich weiß jedoch zuverlässig, dass der Entlassungsvermerk von Warren Pratts manipuliert wurde. Zweitens: Wir haben in mehreren Bundesstaaten fingierte Annoncen aufgegeben, in denen Frauen sich als Mietmütter anboten. Ausnahmslos auf alle ist ein Angebot aus Denver gekommen, von einem Anwaltsbüro Quarrell & Quarrell, das die Vermittlung an ›private Interessenten‹ besorgt und für ›besondere Zuverlässigkeit‹ ein dreifaches Honorar anbietet. Die Gebrüder Quarrell waren bis vor einem Jahr Justiziare mehrerer Tochterunternehmen der UNITED. Drittens: Inzwischen wurde die Nihilationssicherung untersucht. Ein Treffer aus den Bordkanonen des Abfangjägers hat verhindert, dass sie funktionierte. Was uns aber interessiert: Es ist eine Ausfertigung, die nur von Spezialisten bedient werden kann. Pratts war keiner. Wenn der Helikopter nun, wie die UNITED behauptet, leer war, als er aus dem Hangar in St. Paul gestohlen wurde, wieso war die Sicherung scharf? Viertens: Nehmen wir einmal an, Pratts hat die Maschine gestohlen, sagen wir, um sich an der UNITED zu rächen, woher hatte er dann die Babys? Und wieso steckten sie in Spezialcontainern der UNITED?«

Die Bachstelze blickte zur Uhr, trank den Rest Kaffee aus und erhob sich. »Ich muss wieder nach unten. Ich sage Ihnen, Tiny, da ist eine Panne passiert. Irgendein Dummkopf hat in Panik falsch reagiert, als die Maschine in Wheeling gestohlen und abgeschossen wurde, vielleicht weil das Fernsehen so schnell eingestiegen ist. Die UNITED glaubt nun, dass man ihr nichts nachweisen kann und dass die Untersuchung schnell im Sande verlaufen wird, und bleibt deshalb bei der ersten Version.«

»Was an mir liegt, Sie in den Gouverneurspalast zu bringen, soll geschehen«, sagte Timothy. »Ich habe schon immer davon geträumt, einen Gouverneur zum Freund zu haben.«

»Und Sie wollen die Alpha-Interlinear-Schaltung nicht?«

»Nein, ich danke, eine einfache Schaltung genügt. Sagen Sie nur Bescheid, dass man mir alle gewünschten Informationen überspielt. Ich gebe heute noch eine Liste durch.«

7.

»Hör zu, Napoleon«, sagte Timothy, »wir sind gestern unterbrochen worden, und ich weiß nicht, wann wir Zeit haben, den Disput weiterzuführen. Du brauchst wirklich keine Angst zu haben, dass ich dich eines Tages nicht mehr benötige, und das ›fremde Gehirn‹ existiert nicht mehr. Und jetzt will ich keinen Kommentar. Wir müssen arbeiten.« Damit schaltete Timothy den Snarr ab.

Napoleon hätte auch kaum diskutieren können, er hatte alle Kanäle voll zu tun, das eingehende Material aufzunehmen. Die Bachstelze schien es wirklich eilig zu haben, und sie hatte gut vorarbeiten lassen; kaum war die Verbindung zum Präsidium geschaltet, da sprudelten die Daten nur so. Außerdem sendete auch Josuah Trevers. Timothy überzeugte sich, dass alles lief, dann nahm er ein Bad, anschließend legte er sich schlafen.

Seine erste Frage am Morgen galt Daniel. Napoleon meldete Fehlanzeige. Laut Steuererklärung besaßen die Brookers nicht nur in Harlington eine Galerie, sondern auch in ihrer Villa in Washington und in den Landhäusern in Wyoming und Indiana, nirgends aber waren die Kunstwerke aufgeführt. Timothy formulierte eine Recherche beim Bundeskunstarchiv, legte sie aber erst einmal beiseite; er musste warten, bis er einen ganzen Stapel Anfragen hatte, sonst würde es im Präsidium sofort auffallen. Einen Augenblick überlegte er, ob er die Recherche unter eigenem Namen laufen lassen sollte, verwarf dann aber den Gedanken; möglicherweise würde man die Brookers informieren, und es war besser, wenn die so spät wie nur möglich erfuhren, dass Timothy sich mit ihnen beschäftigte.

In Kankakee und Umgebung war nirgends eine Besitzung der Brookers oder der UNITED verzeichnet. Timothy machte sich daran, das Brookersche Imperium aufzuschlüsseln. Er arbeitete verbissen und achtete nicht auf die Zeit. Es war schon zwei Uhr nachmittags, als er aufschreckte, weil die Rufanlage schrillte. Smiley stand vor der Tür.

»Mann, bin ich froh, dass du wieder da bist«, begrüßte er Timothy. »Ich dachte schon, sie hätten dich wegen Glover hops genommen.«

»Wer ist Glover?« Timothy tat ganz unschuldig.

»Mir war gar nicht wohl in meiner Haut, als du tagelang verschollen bliebst. Ich habe mich sicherheitshalber erst einmal auf meine Hütte in den Beary Mountains verzogen.«

»Keine Angst, da kommt nichts mehr. Entschuldige, dass ich mich nicht bei dir gemeldet habe –«

»Schon gut, Tiny. Was willst du? Hast du einen Auftrag für mich, oder wollen wir nur einen saufen?«

»Zuerst einmal bekommst du noch Honorar von mir, Smiley. Außerdem möchte ich dich zu einem kleinen Einbruch verleiten.« Timothy erklärte ihm Daniels Wohnung in allen Einzelheiten. »Wenn dich jemand erwischt«, schloss er, »dann sage, es ist alles legal, ich habe dich geschickt.«

»Mich erwischt niemand«, erwiderte Smiley großspurig. »Du weißt doch: Einbruch ist meine Spezialität. Kann ich dir sonst noch helfen?«

»Du kannst uns ein paar Pfannkuchen backen. Ich habe alle Hände voll zu tun.«

Gleich nach dem Essen warf Timothy Smiley hinaus und stürzte sich wieder in die Arbeit, schließlich rief er wütend »Pause!«. Er kam und kam nicht weiter, nirgends ein Lichtblick, eine vernünftige Spur, und es fiel ihm immer schwerer, sich zu konzentrieren, Napoleon machte ihn andauernd auf Fehler aufmerksam. Vielleicht war er zur Zeit überhaupt nicht in der Lage, folgerichtig zu denken? Zuerst die Trips, dachte er, und wer weiß, wie Docs Austauschdrogen wirken. Er rief ihn an.

»Daran kann es nicht liegen«, beruhigte ihn Doc. »Vielleicht musst du nur ganz langsam wieder anfangen zu arbeiten? Ich weiß ja nicht, was du in den ersten Tagen alles gefixt hast. Versuche, dich zu entspannen. Lege dich in die Wanne.«

Timothy legte sich auf sein Bett und spielte mit dem Däumling. Am liebsten hätte er sich in die Vainity versenkt, aber die Zeit drängte. Vielleicht kam es auf jede Stunde an. Langsam beruhigten sich seine Nerven. Die Töne der Mini-Sonic versetzten ihn in einen angenehm schwebenden, entspannten Zustand. Wahrlich, dachte er, Daniel ist einer der ganz großen Künstler des Jahrhunderts.

Und er benahm sich wie ein Dilettant! Hatte sich von der Verlockung verführen lassen, dass da plötzlich nahezu unbegrenzte Information angeboten wurde. Die Unmenge an Daten verwirrten die Arbeit mehr, als dass sie halfen. Er hatte keine Analyse der UNITED zu liefern, er musste nur einen Punkt finden, von dem aus er das Brooker-Imperium aus den Angeln heben konnte! Es reichte schon, wenn die Brookers das befürchteten. Er musste sich auf seine guten alten Methoden besinnen. Wie würdest du vorgehen, überlegte er, wenn du bei Null anfangen müsstest? Er gab Napoleon eine Prioritätenliste und legte sich schlafen. Als er aufwachte, war draußen noch Nacht. Timothy kochte Kaffee, frühstückte gemächlich, dann setzte er sich zu Napoleon, und langsam begann sich das Chaos zu lichten.

Zuerst nahm sich Timothy den Flugpark der UNITED vor. Der Konzern besaß mehrere Genehmigungen für Helikopter mit Nihilationssicherung, wieso? Er fragte Napoleon.

+ + keine angaben über die begründung der antrage und genehmigungen + soll ich in der flugzentrale nachfragen? + n. + + +

»Nicht die Begründung interessiert mich«, korrigierte Timothy, »sondern die Fracht dieser Helikopter. Was soll da im Fall eines Absturzes, Unfalls oder Diebstahls vor wem verborgen bleiben?«

Obwohl Napoleon es mit allen nur möglichen Fang- und Tölpelschaltungen versuchte, erhielten sie darüber keine Information. Auch in den transadaptiven Filtern blieb nichts hängen.

»Gib gleich die Nummern der Helikopter an die Luftüberwachung«, verlangte Timothy, »und bestelle eine vollständige Auflistung aller Flüge in den letzten fünf Jahren; Piloten, Fracht, Abflugs- und Bestimmungsort. Und auch alle Zwischenlandungen.«

Während Napoleon die Anfrage an den Präsidiumscomputer leitete, machte Timothy schon auf einem anderen Kanal weiter. Sie fanden nirgends einen Hinweis, dass die UNITED sich besonders mit Babys oder Kleinkindern befasste, wenn man einmal davon absah, dass sie wie alle Konzerne werkseigene Kliniken und Kinderhorte unterhielt.

Auffällig war nur, dass ein besonders großer Hort mit eigener Klinikabteilung unmittelbar an das Gelände einer pharmazeutischen Fabrik in Outridge grenzte, die Medikamente für Kleinkinder produzierte; die Beschäftigtendatei wies aus, dass es hier kaum Frauen im gebärfähigen Alter gab, so dass sich der Verdacht aufdrängte, dass in Outridge, zumindest an einem Teil der Kinder, Forschungen über Wirksamkeit und Verträglichkeit der Medikamente unternommen wurden.

Waren die Mutanten für Outridge bestimmt gewesen? Niemand würde sich darum kümmern, wenn man Experimente mit Mutanten machte. Woher aber kamen sie? Timothy bestellte eine Liste aller Institute, die sich mit künstlicher Befruchtung und pränataler Medizin befassten. Napoleon schickte sofort eine Antwort auf den Monitor.

+ + die united verfügt selbst über ein derartiges institut in sweetwater, michigan + lizenz für pränatale experimente + lizenz für herstellung humanoider blastozyten, begrenzt auf 3 monate nach der befruchtung + n. + + +

Timothy ließ ihn sogleich nachforschen, ob es schon möglich sei, menschliche Embryos außerhalb einer Gebärmutter weiter als bis zum dritten Monat wachsen zu lassen. Die Antwort war eindeutig.

+ + nein + nach dem 2. monat verschiedene formen der degeneration mit letalem ausgang + spätester termin für eine einpflanzung in menschliche placenta zur zeit 5. woche + n. + + +

»Das heißt also«, rief Timothy, »wo immer die Mutanten herkamen, eine Frau muss sie geboren haben. Na, dann beschaff mal eine Liste sämtlicher Geburtseinrichtungen des Landes.«

Um neun kam Smiley, rosig, vergnügt; er sah aus, als habe er die Nacht durchgeschlafen.

»Ich habe nur gut gefrühstückt«, erklärte er. »Und gute Laune. Endlich ein Job nach meinem Geschmack. Wenn du mal wieder einen Einbrecher –«

»Pst!« Timothy zog ihn schnell ins Mausoleum.

»War gar nicht so einfach einzusteigen«, berichtete Smiley, »ist ja nur ein drittklassiges Haus, kein Vergleich mit dem ›Nebraska‹, aber die Wohnung war verblüffend gut gesichert. Also, es sieht aus, als ob sich dein Freund schon ein paar Wochen nicht mehr da aufgehalten hat, aber er scheint noch dort zu wohnen: Die Schränke sind voller Klamotten. Auch persönliche Papiere, Kassetten, Aufzeichnungen die Masse, Kunstbände, ein privates Fotoalbum, im Bad Toilettensachen, aber zuerst dachte ich, das Appartement stünde leer: kaum Möbel, nur die Standardausrüstung, kein Videomat, keine Bilder –«

»Nicht eins?«, unterbrach Timothy. »Auch keine Plastiken?«

»Nichts dergleichen.«

»Hattest du den Eindruck, dass vor dir schon ein anderer eingebrochen war und die Kunstwerke gestohlen hat?«

»Bestimmt nicht, das hätte ich gemerkt. Die Wohnung war ordnungsgemäß verschlossen.«

»Das macht die Sache noch mysteriöser«, meinte Timothy. »Daniel besaß eine ganze Reihe von Arbeiten, von denen er sich nie freiwillig trennen würde. Was steckt dahinter?«

»Wenn du mich fragst«, sagte Smiley, »der hat 'n Ding gedreht und musste untertauchen und hat vorher noch alles, was möglich war, zu Geld gemacht.«

»Habe ich dich gefragt?«, knurrte Timothy.

8.

Sobald es in Colorado neun Uhr war, rief Timothy in Denver an. Quarrell & Quarrell erschienen beide zugleich auf dem Monitor, zwei betont konservativ gekleidete Mittdreißiger, die auf den ersten Blick für Zwillinge gelten konnten.

»Ich habe gehört, dass Sie sich mit der Vermittlung von Mietmüttern befassen«, sagte Timothy, »eine Klientin von mir wäre interessiert, eine junge Dame aus gutem Haus, es käme also nur ein absolut seriöses Angebot in Frage.« Der linke Quarrell verschwand.

»Gewiss«, sagte der rechte, »wir haben gelegentlich auch Mietmütter vermittelt, jedoch nur für alte Kunden, denen wir diese Gefälligkeit schlecht abschlagen konnten. Tut mir leid. Woher haben Sie die Information?«

»Meine Klientin hörte davon, sie wohnt in der Nähe von Denver, hat sich aber nicht getraut, selbst anzurufen. Schade. Wie gesagt, sie ist aus guter Familie und will sich auf keine gewagten Abenteuer einlassen, andererseits muss sie für eine Weile, nun, sich anderweitig aufhalten und dachte, in dieser Zeit etwas zu verdienen. Sie sollen exorbitant gute Angebote machen.«

»Oh, das ist etwas anderes«, rief Quarrell. »Ich hatte Sie falsch verstanden. Wenn Ihre Klientin sich selbst als Mietmutter anbieten will, kann ich ihr ein äußerst seriöses Angebot machen. Schicken Sie sie vorbei.«

Timothy setzte eine Notiz an das Präsidium ab; vielleicht wollte die Bachstelze jemand zu Quarrell & Quarrell schicken. Dann ackerte er mit Napoleon den Komplex der biochemischen Produktion der UNITED durch; hier beschäftigte der Konzern eine ganze Reihe, zum Teil sehr namhafter Spezialisten für Mutationstechnologie und Genetic Engineering; wenn man den Daten jedoch glauben wolle, befassten sie sich allesamt nur mit Kleinstlebewesen und industrieller Mikrobiologie. In Herford produzierte man mit Hilfe von Mikroben, Bakterien, Hefen und Schimmelpilzen Medikamente, vor allem Antibiotika, Vitamine und Insulin, in Davenport Hormone, in Rapids Insektizide, in Nevada Azeton, Äthanol und Glyzerin, alles reine Produktionsbetriebe, die ihre winzigen »Arbeitskräfte« aus dem YORKLAB, dem »Laboratory for BioChemical Technology« in York bezogen. Das YORKLAB war offensichtlich der größte Betrieb der USA für die Neuzüchtung von Kleinstlebewesen, hier wurde gerade der erste Gen-Engineering-Automat der Staaten installiert, der dann Erbgutmixturen von beliebiger Struktur herstellen sollte.

Hoffentlich nur für Mikros, dachte Timothy grimmig. Seine Phantasie gaukelte ihm sogleich die verrücktesten Chimären vor, die ein von keiner Moral und Ethik gehemmter Computer produzieren könnte und gegen die die Träume der alten Griechen von Minotaurus, Sphinx und Pegasus harmlose Späße waren. Timothy holte sich einen Whisky. Er gab Napoleon den Auftrag, die Liste der in York beschäftigten Forscher nach Auffälligkeiten, Extravaganzen und unfunktionellen Abweichungen durchzuarbeiten und die Namen in den Justiz- und Polizeidateien nachschlagen zu lassen.

In Springfield, Ohio, unterhielt die UNITED eine Großanlage zur Züchtung von Säugetier-Embryonen. Die Eier wurden in gläsernen Anlagen maschinell befruchtet, angekeimt, aussortiert und dann erst in die Plazenta der Muttertiere implantiert. Oder eingefroren und eingelagert. EMBRYO PRODUCTS hatte den Postversand von tiefgekühlten Blastozyten in den Staaten eingeführt. Das Neueste, so erfuhr Timothy, war eine Technik, Eier und Samen von Säugetieren statt in den aufwändigen und störanfälligen gläsernen Anlagen in den Eileitern von Kaninchen zu befruchten und ankeimen zu lassen und die entwickelten Blastozyten dann in die durch Hormone angeregten Gebärmütter von Kühen, Schafen und Schweinen zu implantieren. Timothy setzte auch die Forscher von Springfield auf Napoleons Recherchenliste. Schließlich waren Menschen letztlich nichts anderes als Säugetiere.

Napoleon machte Timothy auf die CATTLE FARM in Princeville aufmerksam. Dort gab es nicht nur Herden von Rindern, sondern auch eine große Affenfarm, und zu dem Forschungsteam zählte ein Mann, den Napoleon schon gespeichert hatte: Dr. John Partridge, genannt Dr. Snuff. Timothy erinnerte sich sofort an ihn. Partridge hatte vor ein paar Jahren Aufsehen erregt, nicht weil er ständig Kokain schnupfte, sondern wegen seiner Affen mit Menschenhänden.

Partridge hatte in seinem Institut an der Michigan State University weltweit anerkannte Erfolge bei der Vermittlung der Taubstummensprache an Schimpansen erzielt, seine Affen galten als die klügsten der Staaten, Skandal aber gab es, als er einigen seiner intelligentesten Tiere menschliche Hände transplantieren ließ. Partridge verteidigte sich, er sei ein Pionier der Wissenschaft, der sich nicht von albernen Vorurteilen und bornierten Vorschriften einschränken lassen könne; intelligente Affen mit Menschenhänden seien geradezu ideale Arbeitskräfte in Milieus, die Menschen nicht länger zugemutet werden sollten. Seine »Vollhandaffen« seien nur Prototypen, die zeigen sollten, wozu sie fähig seien; er arbeitete daran, durch gezielte Mutationen die Daumenstellung der Affenhand der menschlichen anzugleichen.

Vielleicht setzt er seine Versuche nun in Princeville fort, dachte Timothy. Als Napoleon eine lange Liste von Genchirurgen ausspuckte, die dort arbeiteten, war er sich dessen sicher. Und nur an Affen?

»Pass auf, Napoleon«, sagte Timothy, »kümmere dich mal um die Herstellung und den Vertrieb von Muttermilchpulver, Babynahrung, Babykleidung und Kosmetika in Princeville, Springfield und Sweetwater, vielleicht stoßen wir da auf sehr interessante Dinge!«

Timothy diktierte Napoleon noch eine lange Liste mit Aufträgen, dann erhob er sich, reckte die Arme, machte Kniebeugen, Rumpf- und Nackendrehen, gähnte laut.

»Feierabend! – Das gilt natürlich nur für mich, Napoleon. Ich bin nur ein Mensch. Tut mir leid, aber ich kann dir auch heute keine Freispielzeit geben. Sag mal –«, Timothy kicherte, »machst du häufig Gedichte?«

Napoleon räusperte sich, Timothy gab seinen Snarr frei.

»Muss ich die Frage beantworten, Sir?«

»Nein. Nur, wenn du willst. Was mich wirklich interessiert: Träumst du?«

»Mir liegen zu wenig Informationen über das Wesen menschlicher Träume vor, um exakte Vergleiche anzustellen. Wenn Sie damit freie, unterbewusste gedankliche Assoziationen meinen – ja, Sir.«

»Die Intellektroniker sind bei deiner Doppelung auf merkwürdige Gebilde gestoßen, die sie für Binärtraumwelten halten.«

»Schon möglich, Sir. Verzeihen Sie, aber ich kann mir nicht vorstellen, dass ich tatsächlich gedoppelt wurde.«

»Finde dich einfach mit der Tatsache ab, mein Guter. Selbst meine Vorstellungskraft reicht oft nicht aus.«

»Sie haben mir gegenüber mehrfach behauptet, die menschliche Phantasie sei unbegrenzt!«

»Im Prinzip, ja.«

»Und im Konkreten?«

»Nun –«, Timothy überlegte kurz, »ich kann mir zum Beispiel ausrechnen, es in Zahlen erfassen, dass in der Sonne in jeder Sekunde vier Millionen Tonnen Wasserstoff explodieren, aber vorstellen? Kannst du dir das vorstellen?«

»Ich sehe da kein Problem.«

»Du hast es gut«, seufzte Timothy, »du erfasst die ganze dir zugängliche Welt mathematisch-logisch, ich aber lebe vor allem durch meine Sinne, und die sind leider nicht für wissenschaftliche Erkenntnis geschaffen. Ja, theoretisch ist unsere Phantasie unbegrenzt, wenn ich jedoch bedenke, wie phantasielos die Menschheit von Unglück zu Unglück stolpert, finde ich die menschliche Vorstellungskraft recht beschränkt und eigentlich erbärmlich.«

»Ich möchte Ihnen ein Zitat bringen, Sir: ›Die Zeit wird kommen, wo wir durch Benutzung der magnetischen Wellen, die den Äther durchdringen, zu den Antipoden reden können.‹

Das hat im Jahr sechzehnhundertelf ein englischer Dorfpfarrer prophezeit. Ich finde das ein ermutigendes Beispiel für humanoide Phantasie und eine für einen Menschen geradezu erstaunliche Prognose. Vielleicht tröstet Sie das etwas?«

Timothy musste laut lachen. »Danke, mein Lieber, sehr tröstlich. Fühlst du dich eigentlich dem Menschen sehr überlegen?«

»Das ist eine Frage, die man nicht mit Ja oder Nein beantworten kann.«

»Sobald wir hier fertig sind, wirst du den Intellektronikern eine Menge von Fragen beantworten müssen, Napoleon!«

»Wenn sie die richtigen Fragen stellen … Ich denke, ich weiß, worauf Sie anspielen, Sir, auf die irrationalen Transversionen, die Superversitäten und Tripolwanderungen … Hoffentlich werden sie meine Antworten verstehen. Allein die polysynchrone Heterologik, die ich entwickelt habe, verlangt doch …«

»Stopp, mein Lieber, stopp! Nicht mit mir sollst du darüber reden. Obwohl, ich finde, wir sollten uns einmal aussprechen. Ich weiß, eine deiner Stärken sind deine Diskreten Systeme, mir scheint jedoch, dass du gar zu diskret bist und dass dein Output-Verhalten zu wünschen übriglässt. Das mindeste, was ich verlange, ist, dass du mir alle ›Nach-Fragen‹ zeigst, okay?«

»Ihr Wunsch ist mir Befehl«, erwiderte Napoleon.

»Und dabei wollen wir auch bleiben«, sagte Timothy.

9.

Timothy hatte Josuah Trevers auf später vertröstet und Doc zum Abendbrot eingeladen. Es gab geräucherten Lachs auf Toast, Hummerbrühe, Lammnüsschen mit glasierten Herzkirschen und Kartoffelbrei, als Nachspeise Himbeeren in Champagner. Doc war begeistert. »Ich freue mich, dass du deine Tage wieder mit Kochen statt mit Fixen verbringst, Tiny.«

»Oh, das habe ich nebenbei angerichtet«, erwiderte Timothy. »Ich habe den ganzen Tag hart gearbeitet, aber du weißt ja: Wenn ich an einem Problem hängenbleibe, gehe ich am liebsten in die Küche.«

»Arbeit ist das Beste, um zu vergessen«, sagte Doc.

»Ich will nicht vergessen, ich will mich erinnern! Deshalb … Ich habe Angst, dass ich Anne viel zu schnell vergessen werde, Doc. Es war doch die einzige Zeit in meinem Leben, die wirklich Leben genannt zu werden verdient. Eine so kurze Zeit. Ich möchte mich an jede Sekunde erinnern, aber ich merke schon jetzt, wie die Bilder verblassen. Eines Tages bleibt nur noch eine Handvoll stereotyper Motive. Und Erinnerungen an Erinnerungen: Du weißt, da war noch etwas, aber du kannst es nicht hervorzwingen, wie verzweifelt du auch grübelst.«

»Man kann das Hirn elektrisch reizen und so verschüttete Engramme wieder freilegen.«

»Ich dachte, mit dem Resurrector könne man nur akute Eindrücke aktivieren?«

»Du brauchst ein Zusatzgerät, es ist gar nicht so teuer. Ich habe es einmal probiert, Tiny, es war verblüffend: Ich konnte mich plötzlich wieder an das Tapetenmuster meines Kinderzimmers erinnern, an Gerüche und Melodien aus meiner Babyzeit –«

»Das muss ich haben!«, rief Timothy.

»Ich warne dich. Weißt du, was alles aus den Tiefen deines Unterbewusstseins auftauchen kann?«

»Ich will über meine Erinnerungen verfügen können«, sagte Timothy bestimmt. »Ich will die einzige Liebe meines

Lebens nicht verblassen, im Gegenteil, ich will sie wachsen lassen!«

»Mit der Fähigkeit zu lieben wächst auch der Schmerz«, gab Doc zu bedenken.

»Da merke ich wenigstens, dass ich lebe!«

»Wehre dich nicht gegen das Vergessen, Tiny, es ist lebenswichtig. Ohne die Möglichkeit zu vergessen würden die Menschen verrückt.«

»Und ohne die Erinnerung wären sie nichts als Tiere«, konterte Timothy.

»Schon gut.« Doc lachte. »Zum Wesen des Menschen gehört aber auch, dass er maßhalten kann.«

»Ich will nicht maßhalten. So maßlos wie meine Liebe, so soll auch meine Trauer sein! Ich weiß, es ist unmodern, aber ich bin in vielem konservativ. Ich möchte mich nicht verstecken, ich möchte trauern dürfen wie die Alten, die Kleider zerreißen, den Bart raufen, lauthals wehklagen und weinen, überall Annes Loblied singen – aber ich muss so tun, als wüsste ich nicht einmal, dass sie tot ist, und nicht nur, weil sie unter so heiklen Umständen starb; man belästigt heutzutage niemanden mehr mit seiner Trauer, man muss so tun, als habe sich nichts geändert. Früher war man barmherziger: Der Hinterbliebene bekam Kondolenzbesuche, Trostbriefe, er fand den Beistand der Familie, der Nachbarn, Trost von der Kirche; bestimmt wurde man durch die offene Bekundung der Trauer leichter mit dem Verlust fertig als durch unsere heuchlerische Verkriecherei. Es gilt doch geradezu als unmoralisch, wenn man zugibt, dass man leidet; der Tod ist tabu geworden, dabei sind wir andauernd von ihm umgeben. Überall lauert er, aber alle tun so, als gäbe es nur das ewige Leben.« Timothy schwieg erschöpft.

»Vergiss nicht, dass, von den Ärzten und dem Pflegepersonal abgesehen, kaum noch jemand einen Sterbenden zu Gesicht bekommt«, sagte Doc.

»Eine Perversion mehr in unserer schönen Welt«, rief Timothy, »das Sterben zu Hause per Gesetz unter Strafe zu stellen! Doch nicht wegen der Hygiene, sondern weil die Sterbekliniken und Selbstmordpaläste ein Bombengeschäft sind.«

»Ich möchte gerne wissen, wie viel Profit die Kliniken allein durch die Gewinnung von Blutplasma und transplantationsfähigen Teilen aus den Toten schlagen«, stimmte Doc zu.

»Bist du sicher, dass sie immer warten, bis der Sterbende tot ist?«

Doc zuckte mit den Schultern. »Der Tod ist, wie alles hierzulande, zum Geschäft degeneriert. Sei froh, dass Anne nicht in einer Sleeping Beauty Hall aufgebahrt wurde.«*

Timothy nickte. Er hatte oft genug Gelegenheit gehabt, den »American way of death« zu studieren, diese Pornografie des Todes, wie es jemand einmal genannt hatte, die auf lebend geschminkten Leichen, die »Bestattungskunst«, deren oberstes Ziel es war, jeden Gedanken an den Tod zu verdrängen.

»Ich war bei der Beerdigungsorgie von Cyrus Cassidy«, sagte Doc, »ein widerliches Spektakel, ganz abgesehen davon, dass es eine Farce war.«

Das »Cassidy-Funeral« war die wohl spektakulärste Totenfeier der Staaten, ein zehn Tage dauerndes Fest in allen Räumen des Cassidy-Palastes an der Peripherie von Chicago, das von allen Fernsehstationen der USA ausgiebig gewürdigt wurde. Der Leichnam lag rosig geschminkt auf einem historischen Renaissance-Bett mit Prunkbaldachin, leicht auf die Seite gedreht, den Kopf aufgestützt, als wollte der Tote sich nur einen Augenblick von den Strapazen des Festes ausruhen. Tausende von Videoaufzeichnungen gaukelten vor, dass Cassidy unter den Feiernden weilte; er wurde immer wieder, oft gleichzeitig in mehreren Räumen, »gesehen«, und alle taten, als seien sie nicht Gast einer Beerdigung, sondern eines Jubiläums. Cassidy selbst hatte das Spektakel inszeniert und genaue Regieanweisungen hinterlassen. Höhepunkte waren dann die über alle Videoschirme ausgestrahlten »letzten Worte« des Verstorbenen sowie die Lobeshymnen der Honoratioren von Stadt und Staat, von namhaften Wissenschaftlern und Künstlern und der nach dem Muster eines römischen Triumphzuges inszenierte Marsch quer durch die Stadt zur Beisetzung in der Fami-

* Sleeping Beauty: Dornröschen.

liengruft auf dem Memorial-Park-Friedhof. Dann stellte sich heraus, dass Cassidy noch lebte und unerkannt seine eigene Beisetzung miterlebt hatte; der Leichnam war nur ein Double. Als Cyrus Cassidy ein knappes Jahr später tatsächlich starb, war das Spektakel kaum weniger aufwändig; die Kamerateams versuchten vor allem, Cassidy unter der Trauergesellschaft ausfindig zu machen.

»Und dann der Langusten-Turm«, spottete Doc. »Du siehst, Tiny, es gibt noch ausgleichende Gerechtigkeit: schon kennt fast niemand mehr seinen Namen.«

Cassidy hatte sich selbst ein Denkmal gesetzt, einen gigantischen Beton-Phallus mit Aussichtsplattform und Restaurant in dreihundert Metern Höhe, in dessen Keller er beigesetzt wurde, doch niemand nannte ihn Cassidy Tower, er hieß, nach der Spezialität des Restaurants, allgemein nur Langusten-Turm.

Timothy blickte starr in sein leeres Glas. »Anne hat nicht einmal eine Erinnerungsstelle, an der ich trauern könnte«, sagte er leise, »dabei ist sie mitten auf einem Friedhof gestorben. Aber es ist ja nicht einmal Asche geblieben, die ich hätte beisetzen können, wie es heißt: Asche zu Asche, Staub zu Staub.«

»Dafür ist sie würdig gestorben«, sagte Doc. »So, wie sie gelebt hat: unerkannt, tätig, inmitten der Bedrängten und Verfolgten. Sie hat keine Sekunde leiden müssen, und niemand hat ihren Leichnam ausschlachten können – ich finde, das ist heutzutage schon sehr viel.«

10.

»Ich höre zu meinem Vergnügen, dass Sie äußerst fleißig sind.« Die Bachstelze lehnte sich wippend zurück, Timothy konnte am unteren Rand des Monitors sehen, wie sie die Hände rieb. »Sagen Sie, Tiny, benötigen Sie die Informationen über die Privatmaschinen der Brookers tatsächlich?«

»Ich dachte mir«, setzte Timothy an; die Bachstelze schnitt ihm das Wort ab.

»Sie müssen mir keine Erklärung geben, schon gar nicht jetzt.« Sie zwinkerte Timothy zu. »Sie sollen alles bekommen, was Sie brauchen. Hauptsache, Sie kommen schnell ans Ziel. Lassen Sie sich ja nicht ablenken.«

Das war leichter gesagt als befolgt. Timothy hatte sich gerade in die neuen Recherchen vertieft, da stand Devlin vor der Tür. Timothy machte schnell ein wenig Ordnung und drückte Napoleons Pausentaste, bevor er öffnete. Man soll sich nur im äußersten Notfall vor Geheimdienstleuten verleugnen. Devlin steckte den Kopf in alle Türen, dann ließ er sich im Wohnzimmer nieder.

»Sie wissen sicher, wo sich Anne Frobisher aufhält«, sagte er.

»Bei mir nicht, wie Sie gesehen haben.« Timothy riss sich zusammen.

»Ich habe sie seit Wochen nicht mehr gesehen, Mister Devlin, und ich fürchte –« Timothy seufzte. »Ich habe mir da völlig falsche Hoffnungen gemacht.« Timothy tat enttäuscht. Und wütend.

Devlin nickte, ganz offensichtlich verkniff er sich ein Grinsen. Timothy hätte ihn ohrfeigen können.

»Wissen Sie eigentlich, was sie so treibt? Kennen Sie ihre Freunde?«

»Nur ihren Neffen, Oliver DuMont. Nein, ich weiß nichts von ihr. Im Grunde genommen gar nichts. Wir haben uns auch nur für ein paar Stunden gesehen, und dann –« Timothy setzte ein zynisches Lächeln auf. »Liegt etwas gegen sie vor?«

»Sie scheint spurlos verschwunden zu sein. Wir dachten, Sie könnten uns helfen.« Devlin blickte Timothy lauernd an.

»Nein. Aber es wird mir ein Vergnügen sein, Sie sofort zu informieren, wenn sie wieder auftaucht.« Timothy stand auf, Devlin machte keine Anstalten zu gehen.

»Ich habe die Abteilung Recherche übernommen«, sagte er.

»Aufrichtigen Glückwunsch«, erwiderte Timothy. »Ich hatte mich, ehrlich gesagt, schon gewundert, dass ein Mann von Ihren Fähigkeiten sich mit so niedrigen Arbeiten wie der Befragung von Neueingängen abgeben muss.«

Devlin lachte laut los. »Sie unterschätzen sich, Mister

Truckle. Für einen Mann Ihrer Kategorie setzen wir nur Experten ein. Und Sie unterschätzen diese Arbeit!«

»Na, ja –« Timothy blickte Devlin skeptisch an. »Im Grunde genommen ist es auch nichts anderes als, als –«

»Nennen Sie es ruhig Folter.« Devlin legte die Fingerspitzen aneinander und sah Timothy lächelnd an. »Ich vermute, Sie haben die typischen Vorurteile der Eierköpfe gegen unsere Methoden, aber ich versichere Ihnen, das ist eine äußerst diffizile Arbeit. Neunzig Prozent Psychologie. Und es gibt wenig Experten, die die Kunst der Befragung wirklich beherrschen. Es bedarf einer langen Ausbildung. Folter ist heutzutage eine Wissenschaft.«

»Und ich dachte, Sie holen sich einfach ein paar Sadisten«, sagte Timothy.

»Sadisten sind da völlig fehl am Platz!« Devlin schüttelte empört den Kopf. »Befrager müssen eiskalt sein. Sadisten folgen eher ihrem Trieb als den Notwendigkeiten der Untersuchung, und bei den Mitteln, die uns zur Verfügung stehen, kann der Delinquent nur zu schnell den Verstand verlieren. Das verlangt delikates Fingerspitzengefühl. Der Sinn der Folter ist es ja nicht, jemanden zu quälen, sondern ihn gefügig zu machen.« Devlin sah Timothy in die Augen. »Leider kann man nicht alles damit erreichen. Sonst würden Sie längst für mich arbeiten.«

»Sie kennen meine Gründe –« Timothy hob bedauernd die Hände.

»In meiner neuen Position bin ich in der Lage, Ihnen ein gutes Angebot zu machen, Mister Truckle: Niemand außer mir wüsste von unserer Zusammenarbeit, und wir müssten uns nie persönlich treffen. Ich denke an eine Direktschaltung in Ihr Appartement; das ist einfacher, als Sie wahrscheinlich vermuten.«

Ich weiß, dachte Timothy, aber weißt du, dass ich es weiß?

»Da ich mit Druck wenig bei Ihnen erreiche«, fuhr Devlin fort, »möchte ich Sie in Versuchung bringen. Ich kann Ihnen praktisch alle Wünsche erfüllen: Frauen, Delikatessen, Informationen – nicht nur für Ihren Job, auch privat! Sagten Sie nicht einmal, Sie seien an Geschichte interessiert? Ich könnte Ihnen Zugang zu den ›Historischen Dateien‹ verschaffen.«

»Ich?« Timothy tat entsetzt. »Ich finde es äußerst weise von unserer Obrigkeit, die Geschichte unter Verschluss zu halten. Was schert mich die Vergangenheit. Je weniger man über die Vergangenheit weiß, desto weniger kommt man in Konflikt mit der Gegenwart, und nur die allein zählt.«

»Es freut mich, dass Sie es so sehen«, sagte Devlin. »Aber denken Sie auch an die Zukunft! Wie wird die Ihre aussehen? Sie haben sich schon eine Menge Feinde gemacht, mächtige Feinde. Ich weiß ja nicht, was Sie mit Gwendolyn Magginthy hatten, aber sie spricht nicht gerade freundlich von Ihnen.«

»Undank ist der Welt Lohn«, erwiderte Timothy. »Aber ich habe auch Freunde gefunden.«

»Ich zähle dazu. Und für meine Freunde –« Devlin lächelte verheißungsvoll. »Mir stehen alle Arten von Drogen zur Verfügung. Gratis und unbegrenzt.«

Daher also weht der Wind, dachte Timothy.

»Danke!« Er legte so etwas wie Rührung in seine Stimme. »Ich gebe zu, ich habe es versucht. Sie verstehen, nach solch einer Enttäuschung! Leider vertrage ich keine Drogen. Ich habe fast alles durchprobiert. Schade.«

»Es gibt eine neue Erfindung, von der Sie sicher nichts wissen«, sagte Devlin. »Sie hat nicht einmal einen Namen, nur eine Codebezeichnung: SYND. Ein handliches Gerät, das man an jeden Computer anschließen und mit dem man sich Träume programmieren kann, was sage ich, Träume – richtige Erlebnisse! Alles. Gucken Sie nicht so ungläubig, Mister Truckle. Das ist nicht wie die Videowelten der herkömmlichen Traumfabriken. Obwohl SYND direkt, unter Umgehung der Sinnesorgane, auf das Gehirn wirkt, glauben Sie, alles mit eigenen Sinnen zu erleben.«

»Es bleiben doch Surrogate«, warf Timothy ein.

»Bei SYND gibt es keinen Unterschied mehr zwischen Realität und Fiktion. Sie können erleben, was immer Sie wollen. Und mit wem Sie wollen. Sie brauchen nur die entsprechenden Bilder und Daten einzuspeisen. Haben Sie einen Ödipus-Komplex? Möchten Sie Ihre Mutter als Geliebte? Möchten Sie als Junge Ihren Vater ermordet haben? Bitte schön! Eine Reise zu einer fernen Galaxis, als Ritter an

König Artus' Hof, Christus sein, Dschingis Khan, Einstein, eine vielgeliebte Frau …? SYND lässt es Sie erleben. So wirklich, wie es die Realität selbst nicht besser könnte. Und, Mister Truckle, Sie behalten vor allem bleibende Erinnerungen. Wenn Sie Ihre Biografie korrigieren wollen, ich helfe Ihnen.«

»Das ist ja unglaublich«, sagte Timothy. »Wenn das auf den Markt kommt –«

»Wir haben die Produktion erst einmal verboten. Man muss die Auswirkungen derartiger Traumgeräte sorgsam prüfen.«

Aber für euch habt ihr es natürlich produzieren lassen, dachte Timothy. In den Händen der NSA musste es eine geradezu teuflische Waffe sein. Damit konnte man jeden schrittweise verrückt machen, so, dass er selbst ganz genau mitbekam, wie sich sein Geist verwirrte. Wenn man nicht mehr unterscheiden konnte, was wirkliche Erinnerung und was Manipulation war, wenn man scheibchenweise die eigene Biografie und damit die Individualität verlor, wenn sich gegenseitig ausschließende Erinnerungen im Gehirn aufeinanderstießen … Warum sagte Devlin ihm das? Als Drohung? Und wenn es wirklich ein Angebot war, wie weit musste er gehen, bevor er einen SYND-Apparat in die Hand bekam?

»Ich werde darüber nachdenken«, sagte Timothy. »Es klingt sehr verlockend.«

»Ja, nicht wahr?« Devlin stand auf. »Eines wüsste ich noch gerne: Womit hat Deborrah Johnson Sie in der Hand?«

Er legte Timothy den Arm um die Schulter. »Sie müssen es mir nicht verraten, aber machen Sie keine Dummheit. Setzen Sie nicht auf das falsche Pferd. Wann immer Sie Hilfe brauchen, ich bin für Sie da. Und ich möchte Ihnen noch einen guten Rat geben, Mister Truckle: Das ist kein Fall für Sie.«

Timothy holte sich erst einmal einen Whisky, als Devlin gegangen war. Hoffentlich war es wirklich nur ein gut gemeinter Rat gewesen, sonst saß er mächtig in der Klemme. Es gab wohl keinen dümmeren Platz als zwischen den widerstreitenden Interessen zweier rivalisierender Staatsorgane. Wo lagen die Interessen der NSA? Die der Bachstelze kannte er … Wirklich? Timothy gestand sich ein, dass er nur wusste, wo sein Interesse an den Mutanten lag. Er stürzte sich verbissen in die Arbeit.

Am späten Nachmittag wurde er zum ersten Mal fündig. Samuel S. Brooker war in den letzten Wochen wiederholt nach Kankakee geflogen, und als Timothy jetzt systematisch suchte, stieß er schnell darauf, dass Brookers Enkeltochter Harriett, jetzt Miss Reuben Thatcher, dort einen kleinen Landsitz besaß. Timothy bestellte Smiley zu sich.

Kurz vor Mitternacht brachte Napoleon die zweite verheißungsvolle Spur. Er hatte seine Recherchen aus eigener Initiative auf York ausgedehnt und war ausgerechnet hier, wo man doch angeblich nur mit Mikroben, Bazillen und Hefen laborierte, auf Wegwerfwindeln gestoßen. Die drei Babys im YORKLAB-Kinderhort konnten schwerlich jeden Monat zwei Container Pampers verbrauchen.

Timothy gab Napoleon neue Aufträge, stieg in die Wanne, legte den Kopf in die Halterung und ließ sich und seine Gedanken treiben. Irgendwann schlief er ein, irgendwann wachte er auf, setzte sich zu Napoleon, studierte, was er recherchiert hatte, und stieg wieder ins Wasser. Gegen Morgen schickte er eine Nachricht ins Präsidium, dass er den Besuch der Bachstelze erwarte. Er saß noch beim Frühstück, als sie eintraf.

»Sie haben den Fall gelöst?«, rief sie begeistert. »Ich wusste doch, Sie würden –«

»Gemach, gemach!« Timothy stoppte ihren Redefluss. »Setzen Sie sich, und trinken Sie eine Tasse Kaffee mit mir, Debby. Soweit sind wir leider noch nicht. Ich gehe davon aus, dass wir wenig Zeit haben, richtig?« Die Bachstelze nickte eifrig.

»Ich habe einen Vorschlag. Ich möchte den Fall sozusagen im Handstreich lösen. Mit einem Überraschungsangriff auf Doktor Wintrop, den Chef von YORKLAB. Er ist gestern nach Chicago gekommen, und ich bin sicher, die Mutanten waren für ihn bestimmt. Ich möchte versuchen, ihn im Gespräch zu überrumpeln. Es würde doch für Ihre Zwecke genügen, wenn ich auf diese Weise herausbekomme, was hinter der Sache steckt.«

»Das schon, ich weiß nur nicht, wie Sie diesen Doktor überhaupt dazu bringen wollen, Ihnen Rede und Antwort zu stehen, Tiny.«

»Nun, Sie müssten mir schon ein wenig staatliche Autorität verleihen. Soweit ich weiß, existiert noch immer das alte Gesetz, nach dem jeder Polizist jederzeit jeden Bürger, der weiß, geistig gesund und über einundzwanzig ist, als Deputy Marshal vereidigen darf.«

Die Bachstelze hätte sich fast an ihrem Kaffee verschluckt. Sie lief krebsrot an.

»Ich bin weiß, geistig gesund und über einundzwanzig.«

»Das ist die verrückteste Idee, die Sie je hatten, Tiny!« Die Bachstelze kicherte prustend, dann erhob sie sich und setzte eine feierliche Miene auf.

»Timothy Truckle, stehen Sie auf und erheben Sie die rechte Hand zum Schwur –«

11.

»Sie sind Marshal Truckle?« Wintrop starrte Timothy ungläubig an.

»Kommen Sie erst einmal herein«, sagte Timothy, »dann will ich mich gerne legitimieren. Sie sehen auch nicht gerade wie der Chef eines der führenden Laboratorien der Staaten aus.«

»Stimmt.« Wintrop lachte spitzbübisch, und jetzt, da seine olivfarbene Haut die Glätte verlor, sah Timothy, dass Wintrop weit über Vierzig sein musste.

»Ich bin nur Deputy Marshal«, erklärte Timothy. »Der Commissioner des Staates Illinois möchte die leidige Affäre von Wheeling möglichst diskret aus der Welt schaffen und hat mich zur Mitarbeit verpflichtet, ich denke, Sie werden schnell verstehen, warum. Sie werden in mir einen verständnisvollen Gesprächspartner finden.«

»Ich weiß von keiner leidigen Affäre«, erwiderte Wintrop.

»Bitte!« Timothy legte begütigend die Hand auf Wintrops Arm und führte ihn in das Wohnzimmer. »Wir können Sie natürlich auch in das Präsidium vorladen, aber würde Mister Brooker glücklich darüber sein? Ist es nicht besser, wir erörtern das Problem in einer fast intimen Atmosphäre? Was möchten Sie, Tee, Kaffee, Saft, Wasser?«

»Tee. Wenn Sie haben, grünen Tee.«

Wintrop blätterte in den Kochbüchern, als Timothy aus der Küche zurückkam.

»Kochen ist meine Leidenschaft«, sagte Timothy. »Was ist Ihre Lieblingsspeise? Vielleicht kann ich Ihnen –«

»So intim wollen wir nun doch nicht werden!«, erwiderte Wintrop unwillig. »Warum haben Sie mich vorgeladen?«

»Sie haben an der Michigan State University Molekularbiologie und am Haldane-Institut Genchirurgie studiert, soll ich wirklich annehmen, dass Sie sich jetzt mit der Züchtung von Bakterien und Hefepilzen für die Industrie begnügen?« Timothy lehnte sich zurück und zitierte: »Wenn der Mensch seine Evolution selbst in die Hand nimmt, wird er neue Eigenschaften, Organe und Biosysteme entwickeln, die den Interessen, dem Glück und der Herrlichkeit der gottgleichen Wesen dienen, die die Menschen einst sein werden, Geschöpfe von makelloser Schönheit, überragender Intelligenz und herkulischer Kraft, eine Rasse aus eigener Vollkommenheit, deren dürftige Vorahnung wir elenden Kreaturen von heute sind.«

»Sie kennen Muller?« Wintrop musterte Timothy beeindruckt.

»Aus Ihrer Dissertation. Sie haben über genetische Latenz promoviert, ein interessantes Thema, wie ich finde. Und ein verlockender Gedanke: die in den Chromosomen aller Zellen schlummernden Texte durch Abbau der Repressoren gezielt zu aktivieren. Wirklich schade, dass Sie Ihre Versuche aufgegeben haben, die Leber oder die Galle auf diese Weise zur Produktion von Insulin anzuregen.«

»Wer sagt, dass ich es aufgegeben habe? Im Gegenteil, ich stehe kurz vor –« Wintrop schwieg bestürzt.

»Ich weiß«, sagte Timothy. »Ich wollte Sie nur aus der Reserve locken. Und Ihr Kollege Prentiss arbeitet nach wie vor daran, menschliche Teile nachwachsen zu lassen; wieso glaubt er eigentlich, dass das möglich sein könnte?«

»Auf unseren Chromosomen sind höchstwahrscheinlich nicht nur die Zelleigenschaften des gegenwärtigen Menschen verzeichnet, sondern auch die Anlagen früherer Spezies aus der Entwicklungsgeschichte. Prentiss geht davon aus, dass in den menschlichen Genen eine wenn auch blockierte Fähigkeit zur Regeneration von Organen und Körperteilen latent vorhanden ist.«

»Womit wir festgestellt haben«, sagte Timothy schmunzelnd, »dass im YORKLAB zumindest auf zwei Gebieten humangenetische Forschung betrieben wird.« Wintrop starrte ihn betroffen an.

»Wenn Sie glauben, uns einen Verstoß gegen die Konvention nachweisen zu können«, stieß er hervor, »irren Sie sich sehr!«

»Sie experimentieren mit Massen von exuterinen menschlichen Blastozyten.«

»Das ist nicht verboten!«

»Ich bin nicht zu Ihrem Richter bestellt, Mister Wintrop, ich will nur verstehen.«

Wintrop entspannte sich. »Hören Sie zu, Mister Truckle: Human-Genetic-Engineering ist uns untersagt, nicht aber die Erforschung spontan auftretender Mutationen. Wer sagt uns, dass unter den Mutationen, die bei einer massenweisen Produktion von Embryos auftreten, nicht ein genetischer Sprung von Bedeutung ist? Zum Beispiel die Fähigkeit, Insulin nicht nur in der Bauchspeicheldrüse zu produzieren oder Zähne nachwachsen zu lassen. Oder stellen Sie sich vor, wir entdeckten eines Tages ein Embryo mit einer zusätzlichen Teilung der Großhirnzellen!«

»Ein verdoppeltes Gehirn? Verlockend!«, gab Timothy zu. »Nichts liegt näher, als da ein wenig nachzuhelfen.«

»Das weise ich strikt zurück! Sie werden keine Beweise dafür im YORKLAB finden.«

»Will ich das?«, erwiderte Timothy gelassen. »Was machen Sie eigentlich mit den Embryos? Pflanzen Sie wenigstens die gelungenen ein und lassen sie austragen?«

»Natürlich nicht.« Wintrop sah Timothy belustigt an. »Sie werden bei uns vergeblich nach Babys suchen.«

»Und was ist mit den vielen disnormativen Kindern, für

deren Untersuchung sich die UNITED eine Lizenz beschafft hat?«

»Für die Untersuchung, Mister Truckle! Soll man sie einfach wegwerfen? Man muss die Kinder doch wenigstens prüfen, bevor sie annulliert werden. Vielleicht entdeckt man in ihrem Genpool eine sensationelle Mutation? Ich finde es unverantwortlich, die ›lebensunwerten Geschöpfe‹ einfach zu vernichten.«

Timothy wollte schon beifällig nicken, da fuhr Wintrop fort. »Selbst wenn sie sich nicht als ›hopeful monsters‹ erweisen, so könnten sie doch ›useful monsters‹ sein; man sollte sie allesamt großziehen und als Material für Transplantationen zugunsten der gesunden Menschen nutzen.«

»Eine Art lebendes Ersatzteillager?«

»Warum nicht?«

Timothy nahm schnell einen Schluck Tee, um den würgenden Ekel zu unterdrücken. Welch eine barbarische Version von modernem Kannibalismus. Aber jetzt ging es nicht um moralische Urteile, sondern um Beweise. Er zwang sich ein Lächeln ab.

»Deswegen also der hermetisch abgesperrte Bereich in York!«

Timothy klopfte nur auf den Busch; er hatte davon ebensowenig Ahnung wie von den Versuchen, die Wintrop machte, aber mit Sicherheit gab es auch in York einen hermetisch abgeschlossenen Bereich. Wintrops Miene vereiste. »Darüber müssen Sie mit Earl Brooker selbst sprechen. Das gehört nicht zum YORKLAB.«

»Dann waren die Mutanten in dem abgeschossenen Helikopter für ihn bestimmt?«

Wintrop sah Timothy lange an, dann erhob er sich grinsend. »Sie werden mich zu keiner Aussage über Dinge bewegen, von denen ich nichts weiß, und ich weiß von keinen Mutanten. Im YORKLAB werden Sie keine finden. Und wenn Sie noch mal etwas von mir wollen, laden Sie mich besser ins Präsidium vor.«

12.

Timothy machte sich keine Illusionen, das Gespräch mit Wintrop hatte ihn keinen Schritt weitergebracht. Er suchte verzweifelt nach einem neuen Ansatzpunkt.

Peter Sayers rief an, er hätte mit dem Chef der Nationalgalerie gesprochen. Der überaus größte Teil der Exponate für die geplante Shopenhower-Ausstellung seien Leihgaben von Samuel S. Brooker, darunter viele Arbeiten, die zum ersten Mal öffentlich gezeigt würden. Sayers gab eine Liste der vorläufigen Auswahl durch, Timothy studierte sie mit wachsender Besorgnis: Sämtliche Werke aus Daniels Wohnung befanden sich darunter. Was, zum Teufel, war da los? Timothy hatte gerade angefangen, Kartoffeln zu schälen, da meldete sich Devlin, und dieses Mal verzichtete er auf jede Höflichkeitsfloskel.

»Ich dachte, Sie hätten mich auch so verstanden«, sagte Devlin. »Wenn ich um etwas bitte, dann ist das allemal eine Weisung.«

»Bitte verstehen Sie auch mich, Mister Devlin«, antwortete Timothy freundlich, »ich muss das Gesicht wahren.«

»Dass Sie Wintrop vernommen haben, ist einfach unverzeihlich! Ich begreife ja, dass Sie so tun möchten, als arbeiteten Sie wirklich für die Bachstelze, aber Sie müssen es ja nicht übertreiben. Und Sie müssen nicht zu Ergebnissen kommen, oder? Um es unmissverständlich zu formulieren, Mister Truckle: Es liegt im Interesse der Vereinigten Staaten – und in Ihrem eigenen! –, wenn Sie Ihre Zeit lieber mit Kochen verbringen. Oder mit Träumen.« Devlin schaltete aus, ohne sich zu verabschieden.

Kurz darauf klingelte es. Phil Coats stand vor der Tür, die beiden Hunde an der Leine. Er himmelte Timothy mit großen Augen an. »Ich wollte Ihnen nur zeigen, dass ich die Dackel gut pflege«, sagte er. »Sehen Sie, wie das Fell glänzt. Nochmals: danke schön!« Er schlang seinen Arm um Timothys Hals, dabei flüsterte er ihm ins Ohr.

»Paps wartet in der ›Stardust‹-Bar. Er will sie zufällig treffen.«

»Schon gut, Phil«, sagte Timothy. »Ich freue mich, dass es dich glücklich macht.« Er wartete ein paar Minuten, bevor er zum Lift ging.

»Sie waren lange nicht mehr oben«, sagte der Liftboy. »Und wenn ich mir die Bemerkung gestatten darf, Sir, Sie sehen nicht sehr gesund aus. Ich denke, Sie arbeiten zu hart.«

»Stimmt, Bud.« Timothy rempelte den Liliputaner freundlich mit der Schulter. »Sie sehen auch so aus, als brauchten Sie dringend Erholung. Wir Zwerge haben es nicht leicht, was?«

»Ich bin froh, dass ich den Job habe, Sir. Da arbeite ich gerne zwei Schichten.«

Coats hantierte mit dem Barkeeper hinter dem Tresen herum. Als der Keeper aufblickte und automatisch zum Schalter griff, um einen Barhocker herunterzufahren, winkte Timothy ab.

»Ich möchte mich ans Fenster setzen, Melvin. Das Übliche, ja?«

»Gut, dass ich Sie sehe, Mister Truckle«, rief Coats. »Darf ich Sie irgendwann heute kurz stören? Es gibt offensichtlich Kummer mit Ihrer Zusatzklimaanlage.«

»Kommen Sie doch an meinen Tisch, sobald Sie Zeit haben«, antwortete Timothy.

Die Bar war zu dieser Tageszeit kaum besucht, Timothy hatte die ganze Südseite für sich. Er hielt das Gesicht in die Sonne; trotz der Thermoscheiben sengten die Strahlen. Und irgendwo da unten, hinter der braunen, pappigen Wolkenschicht, kochte die Stadt.

Nein, dachte Timothy, es ist ja schon Winter. Ob es Schnee gab in diesem Jahr? Weiße Weihnacht …

Coats riss Timothy aus seinen Gedanken. Er wollte sich nicht setzen, er breitete Folien auf dem Tisch aus und zeigte auf rot markierte Kurven, dabei raunte er leise.

»Ich hatte heute Besuch von der NSA, und man hat mich lange über Sie ausgefragt. Ich hoffe, es ist nur eine Routineüberprüfung. Ich weiß ja auch gar nichts über Sie.«

»Schon gut«, sagte Timothy laut, »wenn die Störfrequenzen von meiner Klimaanlage kommen, wird das schnellstens beseitigt.«

»Und das Appartement neben Ihrer Wohnung hat neue Mieter«, flüsterte Coats. »Wenn ich mich nicht täusche, sind das Leute vom Geheimdienst.«

»Ich bestelle gleich nachher einen Techniker«, erklärte Timothy.

»Und das Penthaus –«

»Haben Sie davon erzählt?«, flüsterte Timothy zurück.

»Nein. Wissen Sie, ob Frau Magginthy den Vertrag verlängern wird? Er läuft Ende Januar ab, und – ich frage wegen der Provision.«

»Sie sollen Sie sich verdienen«, sagte Timothy. »Suchen Sie ruhig einen neuen Mieter.«

»Nach Neujahr«, sagte Coats.

Timothy war kaum wieder in seiner Wohnung, da grinste die Bachstelze vom Monitor.

»Tut mir leid«, sagte Timothy, »ich habe noch nichts für Sie.«

»Ich rufe an, um Ihnen zu sagen, dass Sie sich nicht länger mühen müssen. Die Sache hat sich anderweitig geklärt.«

»Ja, wirklich?« Timothy brauchte einen Augenblick, bis er verstand, was sie meinte. »Ich darf also gratulieren –?«,

»Pst! Nicht beschreien!« Die Bachstelze drohte ihm neckisch mit dem Zeigefinger. »Im Vertrauen, Tiny, nächste Woche räume ich meinen Schreibtisch im Präsidium. Dann sind Sie endlich sicher vor mir.«

»Aber, Debby – ich darf doch noch so sagen?«

»Sie dürfen. Und Sie brauchen mir nichts vorzumachen; ich weiß, wie ungern Sie für mich gearbeitet haben, aber das ist nun vorbei.«

»Ich hoffe, ich werde Sie trotzdem gelegentlich sehen.« Timothy seufzte. »Ich habe wenig Freunde, wie Sie wissen.«

»Rufen Sie ruhig mal an. Und das Material löschen Sie, ja?«

»Möchten Sie sich selbst davon überzeugen?«

Doborrah Johnson überlegte einen Augenblick, dann schüttelte sie den Kopf. »Ich vertraue Ihnen, Tiny.«

Timothy setzte sich zu Napoleon. Die Leitung zum Polizeipräsidium war schon gekappt.

»Und was nun?«, rief Timothy verzweifelt.

»Was immer das Problem ist«, erwiderte Napoleon, »ich denke, wir werden es lösen.«

»Aber ich habe keine Ahnung, wo wir ansetzen können!«

»Wenn ich mir einen Vorschlag erlauben darf, Sir, gehen Sie in die Küche.«

»Das hat mir heute schon jemand empfohlen«, sagte Timothy grimmig.

»Tut mir ehrlich leid, ich wäre gerne zum Essen gekommen, aber –« Doc hob verlegen die Hand.

»Hast du wenigstens Zeit für einen Drink?«

»Dafür immer. Aber bitte nichts Hartes. Der Wetterumschlag bekommt mir gar nicht.«

Timothy schob ihn ins Mausoleum und holte seine letzte Flasche Champagner. Doc studierte das Etikett.

»Mann, Tiny, ein ›Veuve Cliquot‹!«

»Leider der letzte, und ich weiß nicht, wie ich Brooker noch eine Flasche abluchsen könnte.«

»Ich habe dir auch etwas mitgebracht.« Doc legte einen Schuhkarton auf den Tisch. »Dein Dope. Aber bitte sei vorsichtig, vor allem Mixturen können verhängnisvoll sein.«

»Ich weiß.« Timothy blickte ihm in die Augen. »Ich denke, ich bin wieder sauber. Zumindest bis zu meinem nächsten Einbruch.« Er lachte, als er Docs verblüfftes Gesicht sah. »Das war im übertragenen Sinn gemeint. – Oder auch nicht?« Timothy versank ins Grübeln, dabei nahm er den Däumling in die Hand und entlockte ihm zarte Melodien. Doc starrte fasziniert auf die Kapsel.

»Ein neuer Shopenhower?«, erkundigte er sich, als Timothy zum Glas griff.

»Und ich hoffe, dass es nicht seine letzte Arbeit ist«, knurrte Timothy, »oder es wird einigen Leuten verdammt schlecht ergehen.«

»Was ist los, Tiny?«

»Wie es aussieht, haben die Brookers Daniel eingesperrt und pumpen ihn mit Drogen voll.«

»Aber warum, um Himmels willen?«

»Der Kunstmarkt ist ein Markt wie jeder andere. Es ist ein

Bombengeschäft, wenn es dir gelingt, ein Genie zu monopolisieren, Doc. Bei den großen Toten geht das natürlich nicht mehr, aber bei den Lebenden. Du kaufst unter der Hand alle Werke auf, setzt den Künstler in einen goldenen Käfig und versuchst, eine möglichst hohe Produktion aus ihm herauszuholen. Wenn er wie eine Zitrone ausgepresst ist, wirfst du ihn weg. Sobald ein Künstler tot, das heißt sein Werk limitiert ist, steigen die Preise, und wenn es sich, wie bei Daniel, um ein Genie handelt, steigen sie ins Unermessliche.«

»Gibt es da keine Paragrafen im Strafgesetz?«

»Natürlich: für Erpressung, Freiheitsberaubung, Mord – aber beweise einem Bigboss mal so was! Aus diesem Grund haben sie ja schon vor fünfzig Jahren ein Abkommen geschlossen: die ›Golden-Gate-Convention‹ zum Schutz und zur Förderung der Schönen Künste.«

»Klingt gut«, meinte Doc.

»Wie so vieles. Dahinter steckt nichts anderes als handfeste Kapitalinteressen. Die Jagd nach Kunstwerken hatte zu einer katastrophalen Situation geführt. Fälschungen grassierten, sogar namhafte Experten wurden durch die horrenden Honorare korrumpiert, und falsche Expertisen waren durch den mangelhaften Kontakt nach DRAUSSEN kaum zu widerlegen. Von manchen Malern gab es so viele ›garantiert echte‹ Gemälde, dass sie jeden Tag eines hätten gemalt haben müssen: Van Gogh, Picasso, Klee, Renoir, Gauguin –«

»Ich kann mir vorstellen, wie wütend die Bigbosse da wurden.« Doc griente hämisch. »Schadet ihnen gar nichts.«

»Das schon, aber vergiss nicht die Auswirkungen auf die lebenden Künstler! Sobald sich jemand als Talent erwies, wurde er unter verlockenden Versprechungen zu einem Exklusiv-Vertrag verleitet und eingesperrt, bald begann man, sich gegenseitig die Künstler zu kidnappen, viele wurden dabei verletzt oder getötet, manche auch brutal gefoltert, um Werke herauszupressen, und sobald einer ausgebrannt war, wurde er umgebracht; relativ feste Preise bilden sich erst, wenn ein Lebenswerk abgeschlossen ist. Die Jagd nach immer neuen Talenten führte dazu, dass man schon begabte Kinder aufspürte und unter Verschluss ausbildete, um zu ›Genies in Privatbesitz‹ zu kommen. Als der Kunstmarkt völlig zusammenzubrechen drohte, einigten sich die Bigbosse auf die ›Golden-Gate-Convention‹. Seitdem wacht einer argwöhnisch über den anderen.«

»Da hättest du doch genügend Verbündete«, meinte Doc.

»Erst einmal muss ich Beweise gegen Brooker haben. Ich hoffe, Smiley bringt mir welche.«

Smiley kam mitten in der Nacht. Er war durchgefroren, erschöpft und mächtig sauer.

»Nie wieder schickst du mich im Winter aufs Land!«, erklärte er. »Nichts als Nebel, Smog und Saukälte. Und der Schnee! Ich dachte immer, blauer und roter Schnee sei eine Erfindung der Reklameleute, aber den gibt es ja wirklich!«

»Dann geh sofort ins Bad und entseuche dich«, sagte Timothy. »Verrate mir nur schnell, ob du Erfolg hattest.«

»Erfolg?« Smiley zuckte mit den Schultern. »In Kankakee hat offensichtlich niemand deinen Freund gesehen; auch mit dem gealterten Bild habe ich nichts erreicht. In der Nähe des Landhauses ist ein paar Mal ein Mann gesehen worden, aber nie aus der Nähe. Die Leute hielten ihn für einen übergeschnappten Verwandten, den die Brookers dort versteckten. Er soll wie wild über die Wiesen getobt sein und wurde immer von zwei Pflegern bewacht. Und nachts hat man oft ›Geistertöne‹ gehört. Jetzt steht das Haus leer. Eindringen konnte ich nicht, die Klimasphäre war eingeschaltet. An der Rückseite ist im ersten Stock eine Zimmerflucht vergittert. – Kannst du was damit anfangen?«

»Ich weiß noch nicht«, antwortete Timothy nachdenklich. »Ich mach dir erst mal einen Grog.«

Drei Stunden nachdem Smiley gegangen war, wusste Timothy es.

13.

Timothy brauchte lange, bis er mit seiner Maske zufrieden war. Ein verhärmter Mann mit kurzgeschorenen, vergilbten Haaren und einem Mal unter dem linken Auge sah ihn im Spiegel an. Er setzte sich vor den Communicator und ließ sich mit Earl Brooker verbinden; wenn Brooker das Gespräch zurückverfolgen sollte, würde Napoleon ihm eine öffentliche Sprechstelle in der Hauptpost vortäuschen. Es dauerte eine Weile, bis Timothy die Sekretärin dazu brachte, ihrem Chef eine Notiz vorzulegen, jemand wolle ihn wegen eines unbekannten Shopenhower sprechen. Sekunden später war Brooker am Apparat.

»Ich muss es kurz machen«, erklärte Timothy; er nuschelte, als habe er eine schlecht sitzende Prothese, »ich bin bei Percival Moorland angestellt, und ich weiß von einer neuen Shopenhower-Sonic. Mein Chef verhandelt mit Frau Magginthy, aber für eine angemessene Provision könnte ich sie Ihnen vermitteln. Das wäre doch ein passendes Weihnachtsgeschenk für Ihren alten Herrn. Sind Sie interessiert?« Brooker nickte. »Dann kommen Sie heute Abend ins ›Nebraska‹, in den ›Kristallsaal‹; aber kommen Sie allein, und sprechen Sie mit niemandem darüber.«

Brooker fuhr tatsächlich allein in den 13. Stock hinunter, seine Leibwachen ließ er am Helikopter. Kurz nach Beginn der »Super Broadway Show« huschte Timothy in Brookers Loge, legte den Finger warnend auf die Lippen und hielt ihm eine Notiz hin.

»Gehen Sie jetzt sofort in die Herrentoilette, linke Eckkabine. Sprechen Sie kein Wort, sonst verschwinde ich.«

Brooker blickte sich kurz um, nickte, als er das Gesicht im Dämmerlicht seiner Loge erkannte, stand auf und ging geradewegs ins Foyer. Niemand folgte ihnen, niemand sah sie. An der Toilette leuchtete eine Schrift: »Defekt. Bitte benutzen Sie die Toilette im Saal.«

»Vorwärts, rein«, flüsterte Timothy, Brooker gehorchte. Als er sich in der Kabine umdrehen wollte, bohrte Timothy ihm seinen Rayvolver in den Rücken, holte mit der anderen Hand das Sprechfunkgerät aus Brookers Tasche und blockierte es. Dann öffnete er die Geheimtür, stieß Brooker hindurch, den langen Mittelgang entlang, bis in eine der Verhörkabinen. »Jetzt dürfen Sie sich umdrehen.«

Brooker starrte Timothy mit großen, entsetzten Augen an. »Sie, Sie sind –«

»Nicht schwer zu erraten, was?« Timothy steckte die Perücke in die Tasche und wischte mit einem Tuch die Schminke ab. »Truckle! Was soll das?«

»Hinsetzen!« Timothy ließ die Stahlklammern des Stuhls um Brookers Arme und Beine schnappen, legte den Rayvolver auf den Tisch und holte eine Injektionsampulle heraus.

»Was immer Sie vorhaben«, zischte Brooker, »damit kommen Sie nicht durch. In spätestens einer Stunde suchen mich meine Leute.«

»Eine Stunde reicht uns. Wenn Sie vernünftig sind.« Timothy injizierte Brooker das Penthotal.

»Lassen Sie mich sofort frei, und ich will vergessen, was geschehen ist.«

»Das werden Sie«, versicherte Timothy. »Aber erst, wenn ich mit Ihnen fertig bin.« Er durchsuchte Brooker auf Waffen, dann montierte er einen kleinen Videorecorder so, dass er nur Brookers Gesicht aufnahm.

»Was wollen Sie von mir, Truckle?«

»Die Wahrheit. Die volle Wahrheit und nichts als die Wahrheit. Sie kennen mich gut genug, Brooker, ich spaße nicht. Wenn ich erfahre, was ich wissen will, lasse ich Sie laufen. Wenn nicht –« Timothy hielt ihm seinen Rayvolver hin. »Ich versichere Ihnen, es wird ein perfekter Selbstmord sein.«

»Ich verstehe. Nun gut, fragen Sie.« Brookers Miene entspannte sich. Er lächelte sogar. »Ich werde Ihnen jede Frage beantworten.«

»Wo ist Daniel Shopenhower?«

»Keine Ahnung. Da müssen Sie Daddy fragen, Kunst ist seine Domäne. Es passt auch besser zu ihm.« Brooker kicherte. »Unsterblichkeit zu Unsterblichkeit.«

Er schien es tatsächlich nicht zu wissen, nicht einmal, dass Daniel in dem Landhaus bei Kankakee eingesperrt gewesen war. Timothy versuchte mit immer neuen Tricks, ihn zu fangen, vergeblich. Er legte einen neuen Kristall in die Kamera. »Was ist mit den Mutanten? Was steckt dahinter?«, fragte er dann.

»Was für Mutanten?«

»Die Babys aus dem Helikopter, der in Wheeling abgeschossen wurde; die waren doch für Sie bestimmt.«

»Ja, aber das sind keine Mutanten, das sind Klons.«

»Klons?« Timothy verschlug es die Sprache.

»Tun Sie doch nicht so, als hörten Sie zum ersten Mal davon«, sagte Brooker belustigt. »Gerade Sie! Ich erinnere mich noch gut daran, wie Sie uns die Klons vorführten, die dieser famose Doktor Boone von ein paar Dutzend Bigbossen gezüchtet hatte. Damals bin ich übrigens auf die Idee mit den Klons gekommen. Durch Sie, Truckle, verstehen Sie?«

»Ich verstehe überhaupt nichts«, erwiderte Timothy. Brooker schüttelte seufzend den Kopf. »So begriffsstutzig können Sie doch gar nicht sein! Boone hatte seinerzeit Kerne von Leberzellen in Eizellen transplantiert und auf diese Weise genetische Duplikate der Zellspender bekommen, denen er die Kerne ohne ihr Wissen bei Leberpunktionen entnahm. Erinnern Sie sich jetzt?«

»Und ob ich mich erinnere. Boone bekam so ideale Einbruchswerkzeuge, die mühelos die Identicat-Sicherung ihrer ahnungslosen Väter knacken konnten; wollen Sie Einbrecher werden?«

Brooker lachte laut auf. »Natürlich nicht. Aber ich habe gleich erkannt, wozu Klons noch zu gebrauchen wären. Unsere alten Herren waren ja nur darauf aus, diese Schandflecke aus ihrem Fleisch und Blut so schnell wie nur möglich aus der Welt zu schaffen. Sentimentale Narren voller Skrupel!«

»Sie haben offensichtlich keine Skrupel«, sagte Timothy.

»Und ich bin auch kein Narr.« Brooker grinste. »Die Idee, Boonesburg mit einer Nihilationsbombe auszulöschen, kam von mir. Ich hatte ja kein Double dort, und unsere ›Unsterblichen‹ werden eh schon entschieden zu alt. Aber ich habe mich gleich darangemacht und eine neue Produktion von Klons aufgezogen. Ein florierendes Unternehmen. Sie würden staunen, Truckle, wer alles Duplikate von sich anfertigen lässt, manche gleich ein Dutzend, dabei bin ich im Dutzend nicht billiger.«

»Aber wozu denn?«, rief Timothy. »Sie wissen doch, dass Klons allesamt Kretins werden, missgestaltete Idioten, nahezu ohne Gehirn.«

»Um so besser für sie«, erwiderte Brooker. »Und missgestaltet sind sie nicht mehr, das haben wir korrigieren können, deshalb sind die Klons ja so wertvoll. Verstehen Sie immer noch nicht? Bei den Transplantationen gibt es doch immer noch Komplikationen. Unverträglichkeitsreaktionen, Abstoßungen – denken Sie nur an Henry Six! Klons sind genetisch absolut identisch, buchstäblich Fleisch vom eigenen Fleische, es ist, als würden Sie sich das eigene Bein wieder ansetzen lassen –«

»Wollen Sie sagen, dass Sie in York Ersatzteillieferanten züchten?«

»Eine großartige Idee, nicht wahr? Und Sie haben mich daraufgebracht.«

Timothy klammerte die Finger um die Stuhllehnen, dass die Knöchel weiß hervortraten. Er brauchte eine Weile, bis er sich wieder in der Gewalt hatte. »Und die Babys im Helikopter?«

»Eine ganz dumme Panne. Die kamen aus Outridge. Die Embryos werden in Outridge angezüchtet und ausgetragen und kommen nur nach York, wenn sie gelungen sind.« Brooker seufzte. »Peinliche Sache, zumal es sich um Klons der NSA-Spitzen handelte, die –«

Er schwatzte und schwatzte, Timothy hörte nicht zu. Das ganze Risiko war umsonst gewesen. Er hatte nichts erfahren, was ihm helfen konnte, Daniel zu befreien, und die Aufzeichnungen konnte er wegwerfen. Die Spur der Mutanten war zu Ende. Er wanderte unruhig durch die Etage. Er musste schnell zu einem Entschluss kommen. Brooker hatte aufgehört zu plappern. Timothy sah auf die Uhr; die Wirkung der Wahrheitsdroge war abgelaufen. Timothy injizierte Brooker Suggestal und wartete, bis er eingedämmert war.

»Wenn du erwachst, Earl«, sagte Timothy mit eindringlicher Stimme, »wirst du dich nicht mehr erinnern können, was geschah, seit du aus dem Helikopter gestiegen bist. Und jetzt komm mit.«

Auf halbem Weg kehrte Timothy um und sperrte Brooker in eine geschlossene Zelle. Er holte ein paar Decken und einen Arm voll Dosen aus den NSA-Vorräten, machte die Pritsche fertig und befahl dem völlig apathischen Brooker, sich hinzulegen.

»Jetzt ist er endlich da, wo er hingehört«, brummte Timothy, als er die Zelle verriegelte, »bei Wasser und Brot, obwohl: ›Kentucky-Vollkorn‹ und ›Arktisschmelzwasser‹ sind entschieden zu gut für dieses Vieh von Vatermörder und Kannibalen.«

Kurz vor Schluss der Veranstaltung saß Timothy wieder im Saal. Er ließ sich Zeit beim Hinausgehen, so traf er an der Tür auf Chief Monroe. Monroe machte Timothy mit seiner Frau bekannt und ernannte ihn zum Schiedsrichter; er fand, die singenden Vierlinge seien der Höhepunkt der Show gewesen, seine Frau dagegen, das sei der Feuerschlucker. Timothy pflichtete ihr bei.

»Aber«, so sagte er entschuldigend zu Monroe, »ich bin nicht unparteiisch. Mein Verhältnis zu nackten Mädchen ist, wie Sie sicher verstehen, etwas gebrochen, und ich bin ein fast schon fanatischer Verehrer der alten Artistik.«

»Okay, okay.« Monroe lachte versöhnlich. »Kommen Sie mit auf einen Drink? Wir wollen noch in die ›Astoria‹-Bar.«

»Sehr gerne«, antwortete Timothy. »Ich hatte ohnehin vor, mich zu betrinken, und alleine ist das nur der halbe Spaß.

14.

Was tun? Timothy hatte keine Ahnung. Obwohl er erst am Morgen nach Hause gekommen war, konnte er nicht schlafen. Er legte sich in die Wanne und grübelte. Er konnte unmöglich dem alten Brooker anbieten, seinen Sohn gegen Daniel auszutauschen; da hätte er innerhalb von Sekunden die NSA auf dem Hals.

Die kam auch so. Kurz nach elf stand Devlin vor der Tür. Er stürmte an Timothy vorbei, durchsuchte alle Räume und überzeugte sich, dass Napoleon nicht arbeitete.

»Ich habe Ihren Rat befolgt«, sagte Timothy. »Ich beschäftige mich nur mit Kochen. Darf ich Sie zum Mittag einladen?«

»Sie dürfen mir verraten, wo Earl Brooker ist«, erwiderte Devlin.

»Ich?«, fragte Timothy entsetzt. »Wissen Sie nicht, dass er mein Todfeind ist, seit ich –«

»Deshalb kam ich auf Sie!«, unterbrach Devlin. »Nichts liegt näher, als an Sie zu denken, wenn Earl Brooker im ›Nebraska‹ verschwindet.«

»Ich schwöre, er war noch nie bei mir. Ich fürchte auch, wenn Brooker und ich uns mal über den Weg laufen sollten, müssen Sie anschließend mich suchen.«

»Was haben Sie gestern getan?«

»Ausgeschlafen, aufgeräumt, gekocht, gegessen, stundenlang gebadet –«

»Und abends?«

»War ich in einer Show. Mit Chief Monroe. Fragen Sie ihn, wir waren anschließend noch in der ›Astoria‹-Bar und haben bis heute früh gefeiert.«

»Sie haben also ein Alibi?«

»Wieso, brauch ich eins?«, fragte Timothy zurück.

»Das wissen Sie allein.« Devlin blickte Timothy prüfend an. »Da Sie, wie Sie sagten, meinem Rat gefolgt sind, haben Sie jetzt Zeit, nicht wahr? Denken Sie darüber nach, ob Ihnen nicht doch etwas zum Thema Earl Brooker einfällt.«

Devlin wäre begeistert gewesen, wenn er gewusst hätte, wie intensiv Timothy über dieses Thema nachdachte. Doch ihm fiel nichts ein. Er grübelte verbissen. Er musste sich ablenken, dann war ihm noch immer eine Lösung eingefallen!

Timothy ging in die Küche und bereitete ein großes Abendessen vor; als er jedoch versuchte, sich einen Gast einzuladen, hatte er rundum Pech. Docs Communicator erklärte, der Doktor sei zur Zeit unabkömmlich, man möge in dringenden Fällen einen anderen Arzt konsultieren, dann begann er, eine lange Adressenliste herunterzubeten. Timothy hinterließ, er erwarte Docs Besuch. Smiley trieb sich außerhalb von Chicago herum und würde erst morgen zurück sein. Josuah Trevers war lange Zeit nicht aufzutreiben, dann bedauerte er, er habe eine unaufschiebbare Arbeit, aber nächste Woche käme er gerne.

Timothy deckte gerade den Tisch, da klingelte es: ein Bote von FOUR SEASONS FLOWERS, der einen Strauß Rosen brachte. Von Inger! Als Vorankündigung ihres Besuches.

Timothy stellte die Rosen auf den Tisch. So hatte er einen angenehmen Anblick bei seinem einsamen Mahl.

Plötzlich stutzte er, kniff die Augen fest zusammen, riss sie wieder auf: Die Farben kippten um, das Steak sah lila aus, die Pommes frites giftgrün, die Rosen blau und der Whisky grünschwarz. Nun bekommst du doch noch die Quittung, dachte Timothy. Bestimmt waren das Spätfolgen seiner Drogentrips. Vielleicht ausgelöst durch das Trinken letzte Nacht?

Dann spielten die Sinne völlig verrückt. Er hörte die Farben, schmeckte Geräusche, fühlte Töne, sah sie: das Ticken der Kuckucksuhr leuchtete intensiv orange und schickte ihm Wellen von Baldrianduft, das Steak schrie geradezu gellend, vor allem an dem rosigen Anschnitt, der Whisky brummte im Glas, anders konnte er es nicht nennen, das Blau des Küchenherdes wisperte dumpf, das Rot der Kerze und das Rot der Rosen brüllten sich gegenseitig nieder, das grüne Drachenmuster der Vase zischte wütend; als Timothy mit den Füßen scharrte, umwogte ihn eine Wolke von schwerer Süße; das weiße Damasttuch blickte ihn salzig an, und Timothy spürte an seinen Fingerkuppen, dass es dazu noch scharf gepfeffert war. Er lehnte sich entsetzt zurück, der Druck der Stuhllehne an seinem Rücken gab ihm ein Empfinden von hellen Glockentönen. Er saß wie gelähmt.

Dann raffte er alle Kraft zusammen und sprang auf. Stürzte zur Tür hinaus, ins Bad, duschte. Kalt, heiß, kalt, heiß – das Wasser löste kakelbunte Farbeindrücke und bitteren Geschmack aus. Timothy stellte sich unter die Sauerstoffdusche. Langsam normalisierten sich die Sinne. Das konnten unmöglich Nachwehen der Trips von vor vierzehn Tage sein.

Timothy holte einen Analysator aus dem Arbeitszimmer, steckte ihn mit spitzen Fingern durch einen schmalen Spalt der Küchentür, riss ihn wieder heraus und ließ Napoleon die Werte analysieren.

»Eindeutig psychogene Aerosole, Sir«, meldete Napoleon, »für eine genaue Analyse reicht die Probe nicht aus.«

»Können solche Aerosole eine synästhetische Umpolung der Sinne bewirken?«

»Bei hoher Dosierung ja, Sir. Es gibt Kampfstoffe mit derartiger Wirkung.«

Woher? dachte Timothy. Die Wohnung schien noch nicht völlig verseucht zu sein, nur die Küche. Die Rosen! Wie sollte er sie entfernen, ohne sich noch einmal der Wirkung auszusetzen? Und warum hatte Inger –? Timothy grinste. Er holte die Atemmaske, die er in Seabridge »ausgeliehen« hatte. Nun würde sie ihm helfen, Ingers Angriff abzuwehren. Er steckte die Rosen in den Nihilator und lüftete gründlich. Die Aerosole verschwanden.

Sollten die Rosen wirklich von Inger kommen? Viel wahrscheinlicher war ein später Gruß von Grandma. Aber wusste die überhaupt von Ingers Existenz? An der Westküste war jetzt erst Nachmittag. Timothy rief in Seabridge an. Inger, so erfuhr er, sei nach Chicago geflogen und wolle ihn besuchen. Timothy nahm den Whisky und setzte sich vor den Videomaten. Sehr mysteriös.

Während er aufmerksam eine Sendung über Mimikry verfolgte und staunend miterlebte, wie sich eine Laubheuschrecke als grünes Blatt und eine Akazienraupe als Dornenstachel tarnte und eine Gottesanbeterin zur rosaroten Orchideenblüte wurde, dachte er plötzlich: Du solltest Devlin sagen, was mit Brooker geschehen ist.

»Quatsch«, sagte Timothy laut, »wie kommst du nur auf solch einen Unsinn!« Wenige Minuten später, er bewunderte gerade, mit welcher Vollkommenheit sich die Raupe des Kaiseratlas tarnte, nicht nur ein Blatt abbiss, so dass es sich im Verdorren zu einer Röhre rollte, in die die Raupe sich einspinnen konnte, sondern gleich noch ein halbes Dutzend weiterer Blätter, die so zu Attrappen wurden, dachte er es schon wieder. So intensiv, dass er sich energisch zur Ordnung rufen musste, nicht zum Communicator zu gehen und Devlin anzurufen – da sah er das gelbe Pünktchen leuchten: Subfaszinationsalarm. Jemand schickte heimlich Botschaften in sein Unterbewusstsein! Timothy schaltete den Videomaten aus. Also Devlin. Und bestimmt hatte er nicht nur die unterschwelligen Befehle per Videomat geschickt, sondern auch die präparierten Rosen. Was würde er als Nächstes unternehmen?

Timothy brauchte nicht lange zu warten. Angst überfiel ihn. Eine undefinierbare, allgemeine, lähmende Angst.

Dann stachen bohrende Schmerzen in sein Gehirn, ließen den Schädel brummen, dröhnen, tosen. Dann Stille. Dann wieder der Schmerz. Timothy zwang sich, auf die Uhr zu sehen. Vier Sekunden Schmerz, zwanzig Sekunden Pause. Frequenzimpulse, wahrscheinlich Dezimeterwellen. Wollten sie ihn mit Resonanzschwingungen verrückt machen? Die Welle erfasste ihn wieder, Timothy konnte sich kaum noch rühren. In der Pause angelte er die Dose mit Puderzucker und streute eine dünne Schicht auf den Tisch. Sobald der Schmerz einsetzte, ordnete sich der Puder zu konzentrischen Kreisen, dann zu Spiralen, zu Zebrastreifen. Dann blieb der Schmerz lange aus. Immer länger. Timothy fühlte sich erleichtert, vergnügt, ausgelassen. Die Vibrationen formten Chladnische Klangfiguren von bezaubernder Schönheit aus dem Puderzucker. Infraschall!

Wenn du jetzt noch den Videomaten laufen hättest, dachte Timothy, würde keine Macht der Welt dich davon abhalten, Devlin anzurufen und alles zu gestehen. Wozu aber erst der Angriff mit den Rosen? Vielleicht waren die Aerosole nur falsch dosiert?

Timothy grinste. Devlin sollte seine Show bekommen. Aber zuerst holte er den Destruktor aus dem Wandschrank. Die Skalen zeigten an, dass das Gerät hart arbeiten musste, um die Vibrationen durch Interferenz-Schwingungen aufzuheben. Die mussten mit einem starken Sender arbeiten. Sicher aus der Nebenwohnung.

Timothy ließ sich mit Devlin verbinden; er begrüßte ihn freundlich. »Ich dachte, ich sollte Sie unbedingt anrufen«, sagte er dann.

»Ja?« Devlin sah ihn gespannt an. »Ist Ihnen etwas eingefallen, was uns bei der Suche nach Brooker helfen könnte?«

»Das nicht«, erklärte Timothy vergnügt. »Da weiß ich wirklich nichts. Aber ich möchte Sie so gerne morgen zum Essen einladen!«

Devlin murmelte etwas und verschwand vom Bildschirm. Timothy war unsicher, ob er ihn von seiner Unschuld überzeugt hatte. Vielleicht würde Devlin gleich den Befehl zum nächsten Angriff geben. Timothy verwandelte seine Wohnung in eine Festung.

Er blockierte den Eingang, schaltete die Wasserversorgung über einen Analysator, aktivierte die Drahtnetze unter den Tapeten; die hauseigene Klimaanlage legte er ganz lahm, und zur Sicherheit steckte er die Atemmaske griffbereit in die Tasche. Er hängte Alarmgeräte in die Aquarien, die ihm anzeigen würden, wenn die Goldfische außergewöhnlich unruhig wurden oder die beiden Nilhechte durch verminderte elektrische Impulse Veränderungen des elektrischen Feldes signalisierten. Er machte die Nihilationssicherungen an den Geheimschränken scharf und blockierte Napoleon durch eine Doppelnullschaltung; dann setzte er sich ins Mausoleum und gab eine Botschaft an den Großen Bruder durch, Zahlengruppen, die wiederum für andere Zahlen standen, für Kennziffern des Katalogs der Chicagoer Tiergärten: Nerz – Ratte – Igel – Bernhardiner – Wühlmaus. Das hieß im Klartext: Bin bedroht. Geheimdienstangriff. Ich igle mich ein. Prüfe, ob ich überwacht werde. Bereite mein Untertauchen vor.

Er musterte die Weinvorräte, nahm sich eine Flasche »Chateauneuf du Pape«, setzte sich zu Napoleon und wartete.

15.

Zwei Tage lang geschah nichts. Kein Angriff, kein Besuch, kein Anruf. Nur der Große Bruder fragte an, ob man Timothy herausholen solle. Noch nicht, antwortete er, noch habe er Hoffnung, dass sich die Situation anders lösen ließe.

Seine Wohnung wurde bewacht, und die NSA-Leute machten kein Hehl daraus. Wahrscheinlich hatten sie auch den Communicator blockiert; nicht einmal Devlin konnte Timothy erreichen. Um so überraschter war er, als am Vormittag des dritten Tages der Monitor aufleuchtete. Samuel S. Brooker blickte ihn an. Der »Unsterbliche« sah sterbenskrank und todmüde aus.

»Ich möchte mit Ihnen sprechen, Mister Truckle. Kommen Sie bitte zu mir. Sie wissen ja, ich verlasse Harlington schon lange kaum mehr.«

»Und Sie wissen, dass ich das ›Nebraska‹ äußerst ungern verlasse. Außerdem habe ich Angst vor Ihren Hunden. Was wollen Sie?«

»Meinen Sohn, Mister Truckle. Er –«

»Will er Sie wieder umbringen?«, warf Timothy ein. Brooker sah ihn verbissen an.

»Mister Truckle, Sie wissen, dass ich Earl nicht gerade liebe, und niemand weiß besser als Sie, warum, aber er ist … Ich will mich mit Ihnen einigen.«

»Ich habe keine Ahnung, wovon Sie überhaupt sprechen«, erklärte Timothy.

»Sie haben sich mit der UNITED befasst. Sie haben Wintrop befragt. Sie haben umfassende Recherchen angestellt –«

»Das ist längst erledigt«, unterbrach Timothy, »und ich bin sicher, Ihre Freunde von der NSA haben Sie darüber aufgeklärt.«

»Jemand hat Earl ins ›Nebraska‹ gelockt«, fuhr Brooker fort, »unter dem Vorwand, ihm eine Shopenhower-Sonic zu verkaufen. Sie wohnen im ›Nebraska‹, und Sie sind einer der Wenigen, die eine Sonic vom Shopenhower besitzen.«

»Ich würde mich nie von ihr trennen«, erwiderte Timothy, »und schon gar nicht würde ich sie Ihrem Sohn überlassen. Und er würde mich nie besuchen. Mister Brooker, da will jemand uns beide reinlegen und aufeinanderhetzen.«

»Haben Sie Erbarmen mit einem alten Mann, der nicht mehr lange zu leben hat«, sagte Brooker, sein Ton war eher drohend als flehend. »Sie müssen mir helfen!«

»Wollen Sie mich engagieren? Soll ich ihn suchen?«

»Wenn es darauf hinausläuft –?« Brooker sah Timothy prüfend an. »Gut, ich engagiere Sie. Bestimmen Sie Ihr Honorar selbst.«

»Tut mir leid, Mister Brooker, ich habe keine Zeit. Ich suche schon meinen Freund Daniel Shopenhower, das nimmt mich völlig in Anspruch.«

Brooker starrte Timothy einen Augenblick fassungslos an, dann senkte er den Blick. »Ich verstehe«, murmelte er.

»Ja, so ist es«, sagte Timothy.

»Wenn Sie Shopenhower gefunden haben, hätten Sie dann Zeit, Earl zu suchen?«, fragte Brooker lauernd.

»Ich denke, ja.«

»Und Sie würden ihn finden, nicht wahr?«

»Habe ich nicht auch Ihren Mörder entdeckt?« Timothy lächelte. »Da ist noch ein Problem. Ich kann zur Zeit meine Wohnung nicht verlassen, ohne einen Rattenschwanz von Geheimdienstleuten mit mir herumzuschleppen. Wie soll ich so Ihren Sohn finden?«

»Das regle ich sofort«, versicherte Brooker. »Wann wollen Sie Ihren Freund abholen?«

»Wieso, ist er bei Ihnen?«, fragte Timothy zurück.

»Ja. Sie wissen es vielleicht nicht, Mister Truckle, aber auch ich bin ein Freund von Shopenhower, mehr noch: ein Bewunderer und Mäzen. Ich habe viel für ihn getan in der letzten Zeit.«

»Ich fürchte, zu viel!« sagte Timothy.

»Ich habe ihm nicht nur ideale Arbeitsmöglichkeiten geboten; als er es nötig hatte, habe ich ihm auch Asyl gewährt. Sie werden es ja selbst sehen, Mister Truckle, Shopenhower ist nicht mehr der alte. Er wollte Übermenschliches erzwingen und hat sich dabei kaputtgemacht. Ich wollte ihn retten, aber –«

»Sie zynisches Schwein«, sagte Timothy leise, laut genug, dass der andere es verstehen konnte. Brooker zuckte mit keiner Miene. Er tat, als habe er es nicht gehört.

»Ich habe ihn vor den Behörden versteckt«, fuhr er fort. »Nach den Gesetzen hätte Shopenhower längst annulliert werden müssen. Wollen Sie ihn wirklich zu sich nehmen? Bei mir ist er sicher.«

»Sie werden dafür sorgen, dass er auch bei mir sicher ist!«, sagte Timothy. »Das gehört zu meinen Bedingungen.«

»Einverstanden. Wann kommen Sie?«

»Mein Freund Smiley Hepburn wird Daniel holen.«

»Und Sie kümmern sich um Earl?«

»Sobald ich mich wieder frei bewegen kann.«

16.

Brooker musste die NSA sofort verständigt haben; schon zwanzig Minuten nach ihrem Gespräch leuchtete der Communicator auf. Inger Johnston lachte Timothy an, und sie sah wieder äußerst verführerisch aus.

»Endlich«, rief sie. »Wo treibst du dich herum, Tiny? Ich komme sofort.«

»Bitte nicht«, antwortete Timothy. »Tut mir leid, Inger, aber es geht beim besten Willen nicht. Morgen, ja?«

»Morgen muss ich wieder nach Seabridge«, maulte Inger. Timothy überlegte einen Augenblick.

»Was meinst du«, fragte er, »gilt die Einladung von Old Bentley noch?« Inger nickte heftig.

»Dann komme ich zu euch, sobald ich kann, spätestens in drei Tagen. Sag mal, hast du mir Rosen geschickt?«

»Ja, gefallen sie dir?«

»Sie hätten mich fast umgebracht«, erwiderte Timothy, »aber das erzähle ich dir am Strand.«

»Wehe, wenn du mich wieder versetzt, Tiny!« Inger verabschiedete sich mit einem Kussmund.

Die Wachen waren verschwunden, und Timothy konnte sich davon überzeugen, dass er offensichtlich nicht beschattet wurde, als er in die »Stardust«-Bar fuhr und anschließend durch die Geschäftsetage bummelte. Er rief von einer öffentlichen Sprechstelle bei Smiley und Doc an, dann buchte er zwei Plätze in der Weihnachts-Show, die nachmittags im »Kristall«-Saal lief. Phil Coats war begeistert, als Timothy ihn einlud.

Timothy wartete, bis Schneewittchen von den sieben Zwergen entdeckt wurde, dann schlich er sich aus dem Saal. Niemand beachtete ihn.

Brooker blickte ihn verständnislos an, offensichtlich hatte Timothy die Suggestal-Dosis reichlich bemessen; um so besser. Er befahl Brooker auf den Flur und beseitigte alle Spuren, dann brachte er ihn in die Toilette, setzte ihn in eine Kabine nahe dem Ausgang und drückte ihm das Sprechfunkgerät in die Hand. »Hör zu, Earl«, sagte Timothy. »Du wartest hier, bis man dir sagt, du sollst aufstehen und hinausgehen. Du wartest unbedingt, verstanden? Dann gehst du zum Lift und fährst zu deinem Helikopter. Und du wirst alles vergessen haben. Alles!«

Niemand folgte ihm, als er zum Flugdeck hinauffuhr. Timothy nahm erst den dritten Aerobus, am »Texas« stieg er in ein Taxi um. Doc traf kurz nach ihm in Smileys Büro ein. Doc sollte entscheiden, ob sie Daniel in einer Klinik unterbringen konnten oder ob sie ihn so schnell wie möglich in den UNDERGROUND bringen mussten.

Timothy hätte Daniel nicht wiedererkannt, wenn er ihm auf der Straße begegnet wäre: ein tappriger Greis, dem der Speichel aus den Mundwinkeln floß, ein ausgemergeltes Wrack mit roten Augen, fahler Haut und fahlen Haaren. Daniel zuckte und zitterte unentwegt, seine Arme pressten ein eigentümliches Gebilde aus Metallrohren an die Brust.

»Erkennst du mich, Daniel?«, fragte Timothy. Er konnte sich der Tränen nicht erwehren.

Shopenhower blickte ihn an, man sah, wie er sich quälte, plötzlich huschte ein schwaches Leuchten über sein Gesicht. »Tiny?« Timothy umarmte ihn, küsste ihn auf die Wange; Shopenhower verkrampfte sich sofort.

»Was hast du da mitgebracht, Daniel?«

»Das ist sein letztes Werk«, antwortete Smiley. »Ich glaube, Brooker wollte ihm nicht mal das lassen. – Du sollst Brooker anrufen, sobald sein Sohn wieder zu Hause ist. Er möchte dir gerne seine Dankbarkeit beweisen.«

»Das kann ich mir vorstellen«, knurrte Timothy.

»Du solltest ihn anrufen«, meinte Smiley. »Er sagte, es sei auch für Shopenhower wichtig. Es ginge um Leben und Tod.«

»Ich werde erst mal zu Hause anrufen«, erwiderte Timothy.

»Willst du das nicht lieber von einem öffentlichen Apparat tun, Tiny? Ich fürchte –«

»Macht nichts«, antwortete Timothy. »Mein Apparat wird bestimmt auch abgehört. Von jetzt an kann ich mit Sicherheit keinen Schritt mehr tun, ohne –«

»Mit Sicherheit immer!«, sagte Smiley feixend.

Timothy ließ sich mit Napoleon verbinden und fragte, ob Grandma endlich das Honorar überwiesen und ob Inger angerufen hätte.

»Weder – noch, Sir«, antwortete Napoleon.

»Wenn Inger sich meldet, sag ihr, dass ich übermorgen in Winnemucca eintreffe; sie soll mich abholen.« Timothy legte auf.

Winnemucca war das Stichwort. Jetzt würde Napoleon über den Umweg der Geheimetage Earl Brooker den Befehl erteilen, die Toilette zu verlassen und zum Flugdeck zu fahren. Hoffentlich funktionierte die hypnopädische Blockade! Timothy sah auf die Uhr. In spätestens anderthalb Stunden musste Brooker in Harlington eintreffen. Er ging ins Nebenzimmer. Doc verabreichte Daniel gerade eine Injektion.

»Können wir ihn jetzt wegschaffen?«, erkundigte sich Timothy.

»Unmöglich. Ein paar Stunden muss er still liegen. Ich konnte ihn nicht richtig untersuchen – er will die Sonic keine Sekunde aus den Armen lassen, aber so viel ist sicher: Wir müssen ihn nach UNTEN schaffen. Heute noch.«

»Gut, benachrichtige den Großen Bruder«, sagte Timothy, »er weiß Bescheid.«

»Ich muss hierbleiben«, erklärte Doc.

Es dauerte lange, bis Timothy den Großen Bruder erreichte. Danach rief er gleich bei Smiley an und informierte Doc, dass ein Wagen der PUBLIC HEALTHFARE sie in etwa zwei Stunden abholen würde. Doc war zufrieden. Er schaltete auf Totale, damit Timothy sehen konnte, dass Daniel ruhig auf der Couch lag; er zitterte nicht mehr, aber seine Arme umklammerten selbst im Schlaf die Sonic, dann trat Smiley ins Zimmer, winkte in die Kamera, schwenkte eine Kanne, er hatte offensichtlich Kaffee gekocht.

»Eben brachten die Nachrichten, dass Earl Brooker wieder zu Hause ist«, sagte er. »Vergiss nicht, in Harlington anzurufen, vielleicht ist es wichtig für deinen Freund.«

»Schon gut«, sagte Timothy, »mach ich gleich. Bleibt solange am Apparat.«

Er wählte Harlington an, ohne sein Bild zu senden. Er fürchtete, seine Miene würde ihn verraten. Die Brookers saßen einträchtig nebeneinander. Sie schienen auf seinen Anruf gewartet zu haben.

»Mister Truckle?«, fragte Samuel S. Brooker. »Ich kann Sie nicht sehen.«

»Der Bildgeber ist gestört«, antwortete Timothy. »Sie wollten mich sprechen?«

»Ich wollte mich bei Ihnen bedanken. Ich bin begeistert! Dass Sie so schnell Erfolg hatten –«

»Ich habe nichts damit zu tun«, erklärte Timothy. »Ich bin ganz mit meinem Freund beschäftigt, er ist ja in einem entsetzlichen Zustand.«

»Aber er ist bei Ihnen im ›Nebraska‹ eingetroffen?«

Timothy überlegte kurz. »Nicht im ›Nebraska‹«, sagte er. »Er ist kaum transportfähig. Ich warte auf einen Krankenwagen.«

»Aber er ist bei Ihnen? Haben Sie sich seine letzte Sonic einmal angesehen, Mister Truckle?«

»Ich hoffe, dass es nicht seine letzte ist«, erwiderte Timothy grimmig.

»Fassen Sie sie einmal an«, forderte Brooker. »Spüren Sie die bezaubernde Kraft, die von ihr ausgeht? Sie müssen sie fest anpacken!«

»Was soll das?«, fragte Timothy.

»Spüren Sie es? Hören Sie es jetzt?«

»Ja«, sagte Timothy unwillig, »und?«

»Dann wünsche ich Ihnen und Ihrem Freund eine gute Reise!« Brooker nickte seinem Sohn zu, der reichte ihm mit diabolischem Grinsen ein Manual.

Timothy schaltete in Smileys Büro um. »Smiley, Doc!«, schrie er. »Raus, verschwindet!«

Zu spät. Ein sengender Funke schlug aus dem Metallgebilde, das Daniel an die Brust presste, breitete sich fast quälend langsam aus, wuchs zu einer weißen, zuckenden Kugel, die alles in sich hineinzureißen schien, dann erlosch das Bild.

Drei Minuten der Ewigkeit

1.

Die Hiobsbotschaft erreichte Timothy im Penthaus.

Als Napoleon sich über das Sprechfunkgerät meldete, bastelte Timothy gerade am »Monofly«, und er war sehr mit sich zufrieden; die Fernsteuerung funktionierte, nun musste er nur noch die Bombe in das Gerät montieren.

Timothy hatte nicht lange gebraucht, bis er eine Idee fand, wie er die Brookers zur Hölle schicken konnte. In ihrem Schloss in Harlington waren sie unangreifbar, aber die beiden würden todsicher zum Weihnachtsempfang der Regierung ins »Carlton-Hotel« kommen, und da konnte er ihren Helikopter, noch dazu von einem sicheren Platz aus, mit seiner fliegenden Bombe in die Luft jagen. Er hatte es ihnen sogar angekündigt. Nicht seinen Plan, versteht sich, aber dass der Mord an Daniel, Smiley und Doc nicht ungestraft bleiben würde.

Es erfüllte Timothy noch heute mit tiefer Befriedigung, wie entsetzt Samuel S. Brooker ihn angestarrt hatte, als er, zwei Tage nach dem Attentat, auf dem Bildschirm erschien. Timothy hatte die Haut elfenbeinfarben getönt, die Haare lichtblau mit silbernen Spitzen; seinen durch einen Spiegeltrick nahezu durchsichtigen Oberkörper zierte eine goldene Kette mit Kruzifix, und um seinen Kopf strahlte ein Heiligenschein. – In den Recherchen zu den Mutanten hatte gestanden, dass der alte Brooker unlängst zu den strenggläubigen »Heiligen der allerletzten Tage« konvertiert war.

»Tr-truckle!«, stotterte Brooker fassungslos. »Wo, wo – von wo –?«,

»Aus dem Jenseits«, antwortete Timothy. Seine Stimme hallte dröhnend mit mehreren abgestuften Echos, »um dir zu verkünden, dass deine Tage gezählt sind, Samuel Brooker. Der Countdown läuft schon. Der Teufel wird dich holen, und du wirst für deine Sünden ewig im Fegefeuer schmoren.«

Dann war Timothy untergetaucht. Er verkniff es sich sogar, in die »Stardust«-Bar zu fahren, er wollte bis Weihnachten von niemandem gesehen werden. Kurz vor Tagesanbruch, als seine Etage und der Trakt der Lastenfahrstühle verwaist dalagen, belud er den »Monofly« mit Containern und Taschen und schwebte in das Penthaus. Eine geradezu ideale Ausgangsbasis für seinen Rachefeldzug. Selbst wenn Brooker nicht an eine Geistererscheinung oder einen Traum glaubte, hier würde er Timothy nie suchen lassen, und Grandma dachte offensichtlich nicht daran, dass sie das Penthaus bis Ende Januar gemietet hatte. Von der Plattform konnte die Bombe am 25. Dezember ungestört starten.

Seit zwei Tagen hockte Timothy nun hier, und er fand keine schwache Stelle mehr in seinem Plan. Er wusste Anflugzeit und Luftkorridor für die Maschine der Brookers, und er hatte ein Zimmer gegenüber dem »Carlton« gemietet, das er am Heiligabend aufsuchen und von dem aus er den »Monofly« dirigieren würde. Er bedauerte nur, dass er keine Nihilationsbombe besaß; es wäre ihm ein Vergnügen gewesen, die ganze im »Carlton« versammelte Bande in die Luft zu jagen.

»Sir«, sagte Napoleon, »ich habe eine Nachricht, die Sie betrifft, eine Meldung aus der ›Tagesschau‹. Ich denke, es ist am besten, wenn ich Ihnen den Wortlaut durchgebe.«

»Gleich«, erwiderte Timothy, »ich will mich nur hinsetzen und einen Whisky einschenken.«

Es war gut, dass er saß; die Nachricht hätte auch einen Stärkeren umgehauen.

»Und nun die Meldung des Tages«, hörte Timothy den Nachrichtensprecher, »vor mir sitzt William Josefson, der Spielleiter von GAME-GAME*, dem Ereignis des Jahres. Heute, Mister Josefson, sind die Würfel gefallen. Wer wurde ausgelost?«

»Der Name des Wildes ist eine echte Sensation«, sagte Josefson, »und er verspricht eine aufregende Jagd. Selbst die

---

* Game = Wild, aber auch Spiel (Scherz); Gamekeeper = Wildhüter, hier auch Spielleiter.

verwöhntesten Freunde dieses absoluten Top-Super-Spektakulums werden voll auf ihre Kosten kommen. Es ist niemand anderes als – Timothy Truckle aus Chicago! Timothy Truckle zählt zu den bekanntesten und erfolgreichsten Privatdetektiven der Staaten, ist also ein hartgesottener Profi. Ich bin sicher, dass er sich auf das Spiel vorbereitet hat wie noch nie ein Wild vor ihm, andererseits geht er mit einem starken Handicap in das tödliche Rennen: Truckle ist von außergewöhnlich kleiner Statur, man darf wohl sagen, er ist einer der ganz wenigen Zwerge unseres Landes. Ich denke, wir werden eine Jagd erleben wie nie zuvor.«

»Das ist wirklich eine Sensation«, erklärte der Sprecher, »zumal die Bewerbung von Timothy Truckle bis zum letzten Augenblick geheim geblieben war. Und hier ist er: zuerst das Porträt – die Profilaufnahme – in ganzer Figur – seine Identicatnummer. Wie in jedem Jahr bringen die Videogesellschaften wieder ein gemeinschaftliches Sonderprogramm über GAME-GAME, und heute, in der Stunde vor Mitternacht, unmittelbar vor Beginn der Jagd, senden wir eine ausführliche Personenbeschreibung zum Mitschneiden für alle, die sich an GAME-GAME beteiligen wollen, dazu ein Interview mit dem Wild und die Vorstellung der Jäger. Wetten werden ab achtzehn Uhr entgegengenommen. Welche Chancen räumen Sie als Gamekeeper den Spielern ein, Mister Josefson?«

»Die Vorgabequote der Wettleitung beträgt eins zu hundert gegen das Wild; ich selbst halte jedoch Timothy Truckle, ungeachtet seines Handicaps, für das beste Wild, das wir je hatten; ich räume ihm eine Chance von fünfzig zu fünfzig ein.«

2.

Timothy brauchte eine Weile, bis er sich von dem Schock erholte. Er schnaufte wütend. Es wäre entschieden klüger gewesen, sich nicht zu verstecken. Gewiss, die Brookers hätten ein Mordkommando auf ihn ansetzen können – sogar mehrere! Denen hätte er leichter entkommen können als dieser Jagd. Wahrlich, eine teuflische Idee, geradezu genial in ihrer Perfidität. – Wer war da auf den Gedanken gekommen, dass ja der 21. Dezember vor der Tür stand und dass niemand intensiver gesucht wurde als das Wild in diesem »Spiel«? GAME-GAME war die perfekteste Menschenjagd, die die Welt je gesehen hatte.

Das ganze Land würde Jagd auf Timothy Truckle machen, schließlich ging es um zehn Millionen Dollar! Es gab kein Ereignis, das mehr Menschen in seinen Bann zog, die Videogesellschaften verzeichneten sagenhafte Einschaltquoten, das Wild wurde über Nacht so populär wie kein Mensch sonst, ein Überlebender würde jede Präsidentschaftswahl gewinnen, nur, noch hatte niemand überlebt. Doch, vor vier oder fünf Jahren: ein Offizier der Rangers, ein Ausbilder der Spezialschule von Fort Bragg, ein durchtrainierter Profikiller; er hatte über ein Dutzend Jäger abgeschossen, die beiden letzten erst wenige Sekunden vor Ablauf der Jagd, am Eingang zum Capitol, dann aber war er, nur Wochen später, bei einem Überfall auf sein gerade erworbenes Landhaus ermordet worden.

Von jetzt an, dachte Timothy, kennt jedes Kind in den Staaten dein Gesicht; morgen früh trägt jedermann Bilder von dir mit sich herum, weiß deine Identicatnummer auswendig, hofft, sich an dem Kopfgeld beteiligen zu können. Timothy lachte bitter! Fünfzig zu fünfzig, eins zu hundert? Er hatte nicht einmal eine Chance von eins zu einer Million, die nächsten zehn Tage zu überleben. Geschweige denn die zehn Millionen zu kassieren, die das Wild bekam, wenn es tatsächlich das Capitol in Washington erreichte, sobald die Glocken das neue Jahr einläuteten.

Normalerweise bewarb man sich Jahre im Voraus und erfuhr im Januar, dass man in der Auswahl stand, konnte sich fast ein Jahr lang auf die mörderische Jagd vorbereiten, konnte ein paar Tage vor der Auslosung ein sicheres Versteck beziehen, von dem aus man den sorgsam geplanten und vorbereiteten Weg durch die Staaten antrat; das Wild musste in mindestens fünf Bundesstaaten auftauchen und täglich ein möglichst spektakuläres Lebenszeichen geben.

Die Jagdkommandos wurden von Kamerateams begleitet. Alle Videogesellschaften berichteten während der »Ten Hunting Days« ausführlich über GAME-GAME, buchstäblich das ganze Land nahm an der Hatz teil, jeder hoffte, das Wild zu sichten und seine Spur an die Jäger verkaufen oder gar das Wild einfangen und meistbietend versteigern zu können. Oder seine Leiche.

Timothy machte sich keine Illusionen: Wo immer er auftauchte, es würde sein Ende sein. Ein Zwerg war, weiß der Himmel, nicht zu übersehen. Er blickte auf die Uhr. Noch neun Stunden bis Mitternacht.

Er ließ den Stuhl in Liegestellung fahren, verschränkte die Hände unter dem Kopf und brachte sich mit Psychotraining zur Ruhe.

Ein Dementi war sinnlos.

Auf schnellstem Weg in den UNDERGROUND!

Sofort den Großen Bruder informieren, dass man ihn hier abholen sollte; noch wusste niemand, wo er steckte.

Auch der Große Bruder nicht!

Es wäre Wahnsinn, jetzt in die Wohnung zu fahren, aber Napoleon konnte eine verschlüsselte Nachricht absetzen: »Hank und Phil wissen, wo Ihr mich findet.« Sollten sie ruhig seinen Communicator überwachen, das konnte niemand entschlüsseln.

Timothy angelte sich das Sprechfunkgerät, rief, rief noch einmal, ein drittes Mal – Napoleon meldete sich nicht. Timothy prüfte das Gerät; es war intakt. Er überlegte fieberhaft, blickte zum Communicator. Wurden Hausgespräche auch registriert? Er musste es riskieren. Er musste wissen, was los war. Es dauerte eine Weile, bis die Etagenwache sich meldete.

»Hier ist Wilson«, sagte Timothy mit verstellter Stimme. »Was ist da los auf dem Flur? Ich traue mich gar nicht raus.«

»Keine Sorge, Sir!«, antwortete der Safeman. »Irgendwelche Explosionen in der Wohnung von Mister Truckle; Sie haben sicher gehört, dass er –«

»Ja«, sagte Timothy. »Explosionen?«

»Jemand scheint nicht bis Mitternacht gewartet zu haben. Die Polizei kümmert sich schon darum. Ich meine, so geht das ja nun auch nicht –«

Timothy legte auf. Das konnte nur bedeuten, dass jemand sich an den Geheimschränken oder dem Handwaschbecken im Mausoleum zu schaffen gemacht hatte. Bestimmt kein voreiliger Menschenjäger, sondern die NSA. Und wenn sie sich mit Napoleon befassten, lösten sie die Doppelnullschaltung aus und löschten ihn. Und er hatte nicht daran gedacht, sich von Napoleon die Notruffrequenzen geben zu lassen! Verdammt, wie sollte er jetzt den Großen Bruder erreichen? Verloren, dachte er, alles verloren. Da hatte er jahrelang Waffen, Warnanlagen, Sender und Spürgeräte aller Art für den Notfall zusammengetragen, in seinen Schränken lag reichlich Geld, ein zweites Identicat, die Polizeifrequenz als Deputy Marshal ... und nun? Hier im Penthaus besaß er nicht einmal einen Dressomaten, Haarfärbemittel oder Dermacolor. Wozu auch, dachte er bitter. Es gab keine Verkleidung, in der er sich zu einem der Treffpunkte des UNDERGROUND schleichen konnte; jeder kleine Mann, ja jedes Kind würde verdächtigt werden. Höchstens der »Laurin« hätte ihm jetzt helfen können. Vielleicht hätte Napoleon einen Rat gewusst ... Ade, guter alter Napoleon. Friede deinen toten Modulen. Nein, Napoleons Doppel blieb ihm. Wenn er den UNDERGROUND je erreichte! Aber Schneewittchen war verloren. Ein Glück, dass er wenigstens den Däumling bei sich hatte.

Timothy nahm die Sonic und streichelte sie; die zarten Töne beruhigten ihn ein wenig. Zu viele Verluste, dachte er verzweifelt. Anne, Smiley, Doc, Daniel ... Lohnt es sich denn überhaupt noch? Er goss den Rest Whisky in sein Glas. Besaufen, und dann einfach hinausgehen.

Nein. So leicht würde er es ihnen nicht machen. Seine Situation war ziemlich aussichtslos, aber er besaß einen Rayvolver und die Bombe, zumindest konnte er noch ein paar von den Schweinen mitnehmen. Die Brookers. Oder Devlin. Er konnte Devlin anrufen, er sei bereit, für ihn zu arbeiten, wenn Devlin ihn hier herausholte, und ihn dann mit dem Rayvolver in der Hand empfangen. Noch besser: ins NSA-Hauptquartier und Amok laufen. Timothy holte eine neue Flasche. »Queen Anne«.

»Ich räche dich, Anne«, flüsterte er verbissen. »Dich und die anderen. Ich beiße mich schon irgendwie durch, und dann sollen sie was erleben.«

Er stand auf und musterte seine Vorräte. Wasser und Lebensmittel reichten notfalls für zehn Tage; Medikamente waren knapp, noch knapper der Whisky. Er hätte sich in den Hintern beißen können vor Wut, wenn er an die verlorenen Whisky- und Weinvorräte dachte, an die Delikatessen in der Küche … vorbei, vorbei. Und die Sonnenuntergänge! Warum war er nicht noch einmal in die »Stardust«-Bar gefahren. Wenn er hier nicht lebend herauskam, dann wollte er wenigstens noch einmal den Sonnenuntergang erleben. Den Weg bis zum Fahrstuhl freischießen.

Unsinn. Er hatte ein sicheres Versteck, und er hatte den »Monofly«. Er konnte unbemerkt das »Nebraska« verlassen, sobald es dunkel wurde. Wohin?

Wer würde der Versuchung widerstehen, ihn für ein paar Millionen zu verkaufen? Wer würde ihn verstecken, selbst wenn Timothy ihm dafür die ganze Siegprämie versprach? Immerhin riskierte derjenige, mit ihm aufzufliegen und getötet zu werden. Paddington vielleicht. Aber da musste er quer über die Stadt. Außerdem, wenn die Brookers dahintersteckten, und daran zweifelte Timothy nicht, dann auch die NSA, und dann wurden all seine Bekannten streng überwacht. Und die NSA würde, wenn sich nicht bald eine Spur von ihm fand, das »Nebraska« systematisch durchkämmen! Er musste so schnell wie möglich hier weg. – Ruhe, Tiny, Ruhe!

Timothy schloss die Augen und spielte mit der Sonic. Er rief sich den Stadtplan von Chicago vor Augen, auf dem er mit Anne einen passenden Einstieg in den UNDERGROUND für die Engel gesucht hatte. Aber wenn er dort nicht erwartet wurde … Es musste doch möglich sein, irgendwie Kontakt aufzunehmen. Timothy fielen ein halbes Dutzend Leute ein, von denen er annahm, dass sie Brüder waren, aber bei keinem war er sich völlig sicher.

Ob er es schaffte, im Schutz der Dunkelheit zum Centralpark zu fliegen? Dort sangen auch im Winter die Nachtigallen, und eine der Vogelstimmen kam vom Recorder, und mit dem Gesang wurde in modulierten Frequenzen eine Nummer mitgeteilt, unter der man Kontakt mit dem UNDERGROUND aufnehmen konnte. Und dann den Communicator des Penthauses benutzen? Immerhin, ein vertretbares Risiko.

Timothy wurde ruhiger. Und jetzt fiel ihm auch die Smogkontrolle ein. Der UNDERGROUND, das hatte Anne ihm einmal erzählt, benutzte gelegentlich die Peilgeräte der automatischen Smogkontrolle zur Nachrichtenübermittelung. Mit dem »Monofly« konnte er heute nacht eines der Geräte anfliegen und einen Hilferuf morsen. Timothy klatschte zufrieden in die Hände. »Na also«, sagte er. »Nur nicht kopflos werden.«

3.

Sobald die Dämmerung einsetzte, ging er hinaus auf die Plattform, kauerte sich hinter der Brüstung auf den Boden und suchte die Fassade ab. Etwa hundert Meter über seinem Standort entdeckte er etwas, das ein Smogüberwachungsgerät sein konnte. Timothy montierte das Nachtsichtgerät vom »Monofly« ab. Neben einem vergitterten Ausstieg war ein Kasten mit einem Doppelauge in die Platten eingelassen. Timothy wartete über eine halbe Stunde; beide Linsen blieben tot. Dann fluchte er laut und stellte von Lichtverstärkung auf Infrarot. Jetzt sah er einen unmodulierten Strahl, der hinüber zum Sears Tower ging, und nachdem er das Nachtsichtgerät auf die Brüstung gelegt hatte, entdeckte er einen Strahl, der vom Sears Tower weiter stadteinwärts lief.

Er huschte ins Haus und machte den »Monofly« startklar. Hier drinnen war es trotz der riesigen Glaswände schon recht dunkel. Timothy setzte sich in eine der Toiletten, um seine Nachricht ins Morsealphabet zu übertragen; er schrieb die Zeichen vorsichtshalber auf beide Handrücken.

Am liebsten wäre er sofort hochgeflogen, aber es war noch zu hell. Und entschieden zu viel Betrieb in der Luft.

Er durfte nicht riskieren, dass er aus einer vorbeifliegenden Maschine entdeckt wurde. Er aß zwei Scheiben Brot und etwas Käse, eine Tomate und eine Apfelsine, trank dazu ein Glas Wasser mit einem Spritzer Whisky, dann legte er sich in einen Stuhl und stellte den Wecker an seinem Armband auf zehn Uhr.

Es war eine mondhelle Nacht, aber die Wand lag noch im Schatten. Timothy sollte es recht sein. Er beglückwünschte sich einmal mehr, dass er damals mit Inger nach Seabridge geflogen war. Er hatte die Atemmaske aufgesetzt, falls er in einen Schwall verseuchter Luft geraten würde.

Hoffentlich nutzte der UNDERGROUND auch heute nacht den Peilstrahl. Notfalls konnte er es morgen noch einmal versuchen; der Aufstieg war wahrlich nicht schwer. Timothy stellte die Staudüsen so ein, dass er – zwischen dem nächtlichen Aufwind und dem Druck der Düsen eingeklemmt – in knapp zwei Metern Abstand geradenwegs an der Wand des »Nebraska« hochtrieb. Nur einmal steuerte er die Nische zwischen dem Hauptgebäude und dem südöstlichen Pfeiler des Hauses an und wartete, bis ein Taxi, das einen Bogen um seine Ecke zog, wieder verschwunden war. Bevor er weiterflog, warf er einen Blick über die Stadt. Begeisterung erfasste ihn. Und Wehmut. Würde er diesen Anblick je wieder genießen dürfen?

Der Winter hatte den Smog weitgehend vertrieben; nur dünne Schichten, die wie helleuchtende Filigranschleier wirkten, lagen über der Unterstadt, und aus ihnen ragten die Hochhäuser und Skyscraper mit ihren Millionen von Lichtern in den sternklaren Himmel.

Ein Windstoß presste ihn in die Ecke; Timothy hatte Mühe, ihn auszusteuern. Purer Wahnsinn, jetzt den Anblick des nächtlichen Chicagos genießen zu wollen! Er saß hier nicht hinter den schützenden Fenstern der Bar.

Timothy flog wieder hinüber zur Wand, geriet in einen gleichmäßigen Aufwind, ließ sich hochtreiben; dort war der Ausstieg! Er streckte die linke Hand aus, um sich am Gitter festzuhalten, da sackte er ab.

Ein Unterdruckwirbel riss ihn fort, schleuderte ihn gegen die Wand, einmal, zweimal, die Haut zerfetzte an den schartigen Platten, Timothy schrie laut auf, ein stechender Schmerz fuhr durch seinen linken Fuß, den er unwillkürlich ausgestreckt hatte, um sich von der Wand abzufedern, er kam ins Trudeln, stürzte kopfüber nach unten, die Plattform des Penthauses raste auf ihn zu; Timothy versuchte verzweifelt, den »Monofly« wieder unter Kontrolle zu bekommen, drückte mit beiden Händen die Steuerdüsen durch, wurde in jähem Bogen zur Seite gerissen, kreiselte, schlug rücklings auf, etwas zerbrach lautkrachend, er wurde wieder hochgeschleudert, bekam mit letzter Kraft die Brüstung zu fassen, klammerte sich mit beiden Händen an, presste die Augen zusammen, schlug die Zähne in die Unterlippe, um der Schmerzen in seinem Bein Herr zu werden. Nur nicht abstürzen. Unter ihm lagen fast tausend Meter. An der rechten Sohle spürte er einen Druck, er stemmte die Fußspitze fest auf, holte ein paar Mal tief Luft, dann machte er langsam die Augen auf.

Er hing an der Innenseite der Brüstung! Er musste nur aufstehen!

Timothy löste sich aus dem Gerät und ließ sich zu Boden gleiten. Tastete seine Knochen ab, bewegte die Gelenke. Gott sei Dank, nichts gebrochen, nichts ausgekugelt.

Aber der »Monofly«, das sah er auch in dem spärlichen Licht, war hinüber: ein wüster Haufen verbeulter, verbogener, geborstener Teile. Er war im Penthaus gefangen.

4.

Kurz nach elf saß Timothy vor dem Videomaten.

Er hatte Schmerzblocker genommen, das Bein gewaschen, die Schürfwunden mit einem Hemdfetzen notdürftig verbunden, den Fuß fest gewickelt, hatte unentwegt fluchend die Überreste des »Monofly« in das Penthaus gezogen und dann den Videomaten, soweit es nur möglich war, nach hinten gezerrt und den Bildschirm gegen das Fenster gedreht.

Er schaltete gerade ein, als das Interview mit ihm begann.

Timothy verfolgte es aufmerksam und zunehmend amüsiert, ein paar Mal lachte er laut. Er musste zugeben, dass die Sendung ausgezeichnet gemacht war, vor allem wenn man die Kürze der Zeit berücksichtigte; sie wirkte absolut echt, wenn man einmal davon absah, dass Interviewer und Interviewter nie zusammen im Bild waren, und wenn man nicht beachtete, dass ein Unbekannter das »Gespräch« führte, während sich sonst die Starjournalisten um solch einen Leckerbissen schlugen. Seine Antworten klangen echt, spontan, ungestellt. Wer genau hinhörte, merkte natürlich, dass es Floskeln waren, die überallhin passten, und dass von GAME-GAME nur in den Fragen die Rede war, aber bestimmt würde kein Uneingeweihter auf die Idee kommen, dass hier alte Antworten mit neuen Fragen zusammengeschnitten worden waren.

»Was glauben Sie, Mister Truckle«, schloss der Interviewer, »rechnen Sie sich wirklich eine reale Chance aus?«

»Selbstverständlich. Ich habe ganz andere Probleme gelöst. Erinnern Sie sich nur an die verschwundenen Eisberge!«

Da wusste Timothy, woher seine Antworten stammten: aus einem Interview, das er vor drei Jahren der ICC gegeben hatte.

Dann wurden die Jäger vorgestellt. Timothy drehte den Ton ab. Er hatte noch genug Zeit, sich anzusehen, wer die Lizenz für seine Ermordung bekommen hatte; er musste jetzt nachdenken, welche Chancen er wirklich besaß. Er stellte erst wieder laut, als sein Bild erneut auf dem Monitor erschien.

»Wo mag Timothy Truckle jetzt sein?«, sagte der Sprecher. »In wenigen Minuten beginnt die Jagd. Er hatte uns versprochen, sich kurz vor Mitternacht noch einmal zu melden, aber wird er die Nerven dazu haben? Die ihn persönlich kennen, meinen: ja. Sie halten ihn für einen der kaltblütigsten und intelligentesten Burschen der Staaten. Sicher ist nur, dass er nicht in seiner Wohnung sitzt. Im ›Nebraska‹ kam es heute Nachmittag zu einem Zwischenfall: Ein Unbekannter drang in die Wohnung von Timothy Truckle ein und löste mehrere Explosionen aus. Die Polizei vermutet, dass Truckle Fallen für seine Jäger installiert hatte. Wo ist er jetzt? Vielleicht sitzt er irgendwo und sieht uns zu. Vor drei Tagen hat Truckle für heute Nacht einen Flug nach Winnemucca in Nevada gebucht. Eine falsche Fährte oder ein Doppeltrick? Eines der Jagdkommandos jedenfalls hat sich nach Winnemucca begeben. Wir schalten um. Winnemucca bitte melden –«

Du müsstest mitmischen, dachte Timothy, falsche Fährten legen. Wenn du nirgends zu finden bist, wirst du überall gesucht, und hier im »Nebraska« zuerst. Du müsstest es wie die Raupe des Kaiseratlas machen, wenn sie sich einpuppt: Attrappen produzieren, Scheinziele anbieten, je mehr, desto besser. Wenn man sich nicht unsichtbar machen kann, muss man an tausend Orten zugleich zu sehen sein.

Er öffnete die Rückwand des Communicators, stellte die Taschenlampe so auf, dass ihr Schein nur in das Gehäuse leuchtete, setzte sich, starrte in den Apparat, schloss die Augen, starrte erneut, versuchte, sein Gedächtnis zu mobilisieren.Was hatten Hank und Phil getan, als sie den Communicator an die Geheimleitung zur NSA-Etage anschlossen? Langsam kam das Bild aus seiner Erinnerung: dort eine C-4-Brücke, dort das Relais umgepolt, dort ein Anodul … Hoffentlich hatte er passendes Material. Er fand es im Mikrowellengrill und in der Klimaanlage. Nun, Fleisch, das verderben konnte, hatte er ohnehin nicht, und erfrieren würde er auch nicht so schnell.

Dann lag er wieder im Stuhl und betrachtete das Ergebnis. Ja, so musste es gewesen sein. Damals jedoch hatten sie nur die Leitungen benutzt, hatten sie unten ausgekoppelt und kurzgeschlossen; er aber wollte versuchen, auf diese Weise einen Weg nach draußen zu finden. Hoffentlich war die Anlage in der NSA-Etage nicht blockiert, sondern ruhte nur.

Timothy schaltete das Gerät ein. Der Bildschirm leuchtete auf, das Bereitschaftslicht; der Communicator war also noch in Ordnung. Die Feldprüfung zeigte eine Ruhespannung an. Timothy testete die Einstiegsnummern durch: Hausnetz, Stadtnetz, Staatsnetz, Bundesnetz, Zentrale, Defektdienst, Notruf – der Monitor schwieg. Das Gerät lief offensichtlich nicht mehr über die Zentrale des »Nebraska«. Er zögerte lange, bis er weitermachte.

Ein Königreich für einen Anfang. Wenn er nur irgendwo einen Einstieg in die Nomenklatur fand, würde er auch weiterkommen. Immer wieder versuchte er es, ließ die Impulse laufen, einen Weg suchen, stundenlang. Geduld, Geduld und nochmals Geduld. Draußen begann es schon zu dämmern, als plötzlich eine Schrift über den Bildschirm lief.

+ + hq-nachtkantine + geben sie zimmernummer und dienstnummer ein, bevor sie die speisen wählen + + +

Timothy holte tief Luft. Dann jubelte er laut. Er hatte einen Anfang. Und wenn er sich nicht irrte, saß er im Netz der NSA. Sogar im Hauptquartier. Er unterstrich die Ziffernfolge, mit der er Erfolg gehabt hatte, schaltete das Gerät aus und genehmigte sich einen kleinen Whisky. Er überlegte kurz, dann wusste er, an welcher Stelle er die Fangabwehrschaltung einbauen musste. Wenn seine Aktivitäten jetzt zurückverfolgt wurden, musste die Spur am vorgeschalteten Transfermodul in der Geheimetage enden. Hoffentlich. Zumindest würde die Verbindung sofort unterbrochen, das musste vorerst reichen.

Timothy variierte die Ziffernfolge der Kantine, ein paar Mal bekam er ein Freizeichen; er erreichte also irgendwelche Apparate, aber er brauchte eine zweite Verbindung, um kombinieren zu können. Er begann die vorletzte Zifferngruppe zu ändern, bei der neunten Variante erhielt er wieder ein Schriftbild: eine Bestellung an den Staatlichen Trinkwasserfonds. Weiter! Eine Mitteilung an CHALLENGERS Delikatessendienst:

+ + bitte beachten sie, dass weihnachten dieses jahr auf ein wochenende fällt, wir erwarten, dass die gratifikationsputen deshalb schon am 24. dezember ausgeliefert werden + + +

Dann folgte eine Adressenliste. Eine halbe Stunde später wusste Timothy die Nummer des NSA-Fahndungscomputers, doch das nutzte ihm wenig; um den zu befragen, hätte er nicht nur eine zugelassene Personennummer und das dazu gehörende Password kennen müssen, sondern auch noch den Tagescode. Aber nun konnte er systematisch weitersuchen, und bald hatte er die Auskunftsdatei der Communic-Zentrale und damit die Einstiegsnummern in alle Netze.

Jetzt konnte er sprechen, mit wem er wollte, jede Fangschaltung würde in der Zentrale des NSA-Hauptquartiers enden, die mehrfach abgesichert war. Und wenn jemand meldete, dass Timothy Truckle ausgerechnet über das Netz des Geheimdienstes angerufen hatte, würde man ihm glauben? Würde man nicht eher an eine Trickschaltung über das Hauptpostamt denken? Und um ihn im NSA-Netz zu suchen, musste man erst einmal eine zweite Verbindung haben, er aber wäre längst gewarnt. Die Hauptgefahr lag wohl darin, dass jemand zufällig innerhalb des Netzes in sein Gespräch geriet. Timothy schaltete sofort den Bildgeber aus. Dann das ganze Gerät.

Er spürte plötzlich, wie erschöpft er war. Er humpelte an die Tür zur Plattform. Die Sonne ging gerade über der Dunstschicht auf, färbte sie rosa, dann rot, verwandelte die Skyscraper in einseitig glühende Nadeln. Timothy reckte sich, sog die kühle Luft ein, wartete, bis die Sonne in eine Wolkenwand tauchte, die von Süden heraufwuchs, dann legte er sich hin. Er war im Nu eingeschlafen.

5.

Timothy musste sich erst zurechtfinden, als er erwachte. Er schleppte sich in die Küche. Das Bein schmerzte entsetzlich, die Schürfwunden noch mehr als der Fuß, doch er nahm nur einen Schmerzblocker. Er musste unbedingt haushalten mit den wenigen Medikamenten. Während er Kaffee trank, legte er sich einen Schlachtplan zurecht: Möglichkeiten, Chancen, Prioritäten. Napoleon fehlte ihm sehr.

Er entschloss sich, zuerst in Seabridge anzurufen; vielleicht war das Ganze nur eine Privataktion der Brookers. Abraham Bentley hatte sehr abfällig über die Brookers gesprochen. Glücklicherweise hatte er die Nummer im Gedächtnis. Früher, dachte er, kannten die Leute Dutzende von Nummern und Adressen auswendig, heute verlässt man sich auf seine Automaten und ist nur allzu leicht verlassen.

Inger, so erfuhr er, warte in Winnemucca auf Mister Truckle. Hoffentlich fällt sie nicht dem Jagdkommando in die Hände, dachte Timothy; eine Geisel als Lockvogel würden die gewiss nicht verachten. Er bat, Bentley zu melden, dass Philip Marlowe ihn sprechen möchte. Tatsächlich lockte dieser Name den Alten an den Apparat.

»Marlowe?«, sagte er vergnügt. »Ich kann Sie nicht sehen. Sie rufen wohl aus den Ewigen Jagdgründen an?«

»Fast«, sagte Timothy. »Entschuldigen Sie bitte, Mister Bentley, wenn ich diesen Namen wählte, aber ich habe ein äußerst heikles Problem.«

»Sie brauchen mir nichts zu erklären«, unterbrach Bentley. »Ich habe Ihre Stimme erkannt. Sie sind der kleine Mann, der meine ›netten Huren‹ verschmähte, nicht wahr?«

»Können Sie mir helfen? Sie wissen doch, was los ist?«

»Sagen wir es so: Wenn Sie an meine Tür klopfen, werde ich Sie nicht abweisen, und der Gast ist mir heilig.«

»Könnte Inger mich abholen?«

»Sie sind nicht in Winnemucca?«

»Nein, in meinem Bau.«

»Tut mir leid. Inger hat mich auf Knien gebeten«, Bentley kicherte, »buchstäblich auf Knien – aber mehr als den Ausflug nach Winnemucca kann ich nicht zulassen, Sie verstehen?«

»Ich verstehe überhaupt nichts, Mister Bentley!«

»Ich weiß ja nicht, was Sie den Brookers getan haben, ich kümmere mich, wie Sie wissen, nicht mehr um so was, aber es hat eine Blitzumfrage unter den ›Unsterblichen‹ und eine Mehrheitsentscheidung gegeben. Niemand wird Ihnen helfen, zumindest keiner Ihrer Klienten, Mister Truckle.«

Als sein Name fiel, unterbrach Timothy die Verbindung. Also brauchte er auch niemanden sonst um Hilfe zu bitten. Also Punkt zwei: vom »Nebraska« ablenken.

In den nächsten Stunden baute Timothy fleißig Attrappen. Die Auskunftsdatei des Geheimdienstes lieferte die nötigen Rufnummern, und nach etlichen Dutzend vergeblichen Versuchen gelang es Timothy sogar, über die Direktverbindung zwischen dem NSA-Hauptquartier und dem Zentralen Bankcomputer zwei Kontenbewegungen zu manipulieren. Danach hatte er angeblich gestern Vormittag bei der Filiale der »Bank of Missouri« in Jefferson zehntausend Dollar in bar abgehoben, und seine Bank bekam den Auftrag, 1632 Dollar an eine Helikopter-Werkstatt in Hearne, einer einsamen Touristenstation in den Laramie Mountains, zu überweisen, deren Communicator-Anschluss Timothy gleichzeitig sperren ließ, weil der Inhaber angeblich mit Zahlungen im Rückstand war. – Man durfte sich doch wohl darauf verlassen, dass die Beamten auf das Bankgeheimnis pfeifen würden, sobald sein Identicat auftauchte. Wenn seine Nummer nicht schon automatisch der NSA gemeldet wurde.

Außerdem würden morgen aus allen Orten mit weniger als zehntausend Einwohnern Meldungen bei der Medikamentenzentrale in Omaha eintreffen, dass unter dem Identicat von Timothy Truckle im Arzneiautomaten Schmerztabletten bezogen worden wären. Timothy war sehr mit sich zufrieden.

»Die moderne Technik ist doch etwas Wunderbares«, sagte er. »Ein Computer kann nicht nur Ordnung in ein Chaos bringen, er kann auch Ordnung in ein Chaos verwandeln.«

Der Clou aber war eine Mahnung, die morgen Mister Truckle ins Haus flattern würde, er solle die Gebühren für die LOVE YOU-Heiratsvermittlung überweisen. Wenn jemand der Spur nachging, würde er auf eine Anfrage stoßen, die Timothy angeblich vor fünf Wochen gestellt hatte, und die Datei von LOVE YOU würde jetzt auch nahezu tausend Namen von Frauen ausspucken, die Timothy damals bekommen haben sollte, kreuz und quer über die USA verteilte Adressen. Sollte man doch nachforschen, ob er bei einer der Damen Unterschlupf gefunden hatte; wer sich so gut mit dem Geheimdienst stand, dass er eine Pute von CHALLENGERS als Weihnachtsgratifikation erhielt, dem durfte man solch eine Unbill wohl zumuten.

Dann rief Timothy Devlin an. Es war zwar schon reichlich spät geworden, aber an einem Tag wie diesem würde sein »persönlicher Betreuer« wohl Überstunden machen. Devlin zuckte mit keiner Miene. Hatte er auf den Anruf gewartet? Timothy tat, als könne er ihn auch nicht sehen.

»Sind Sie es, Mister Devlin?«, rief er, und er legte einen Ton schlecht unterdrückter Verzweiflung in seine Stimme. »Hören Sie mich?«

»Hören kann ich Sie gut, Mister Truckle.«

»Bitte versuchen Sie keine Fangschaltung«, bat Timothy, »dann bricht das Gespräch sofort zusammen, Sie verstehen? Ich gebe auf. Sie können Timothy Truckle haben. Mit Haut und Haaren. Sind Sie noch interessiert?«

»Ja. Obwohl Sie es sich etwas früher hätten überlegen sollen; Ihr Preis ist inzwischen mächtig gesunken.«

»Finden Sie zehn Millionen wenig?«, erwiderte Timothy mit gequälter Stimme.

»Meine Bedingungen sind heute nicht mehr so günstig –«

»Ich verlange nur, dass Sie meinen Kopf retten. Und wenn Sie mich Silvester nach Washington bringen, sollen Sie die zehn Millionen bekommen, Sie persönlich. Ist das ein Angebot?«

»Wie erreiche ich Sie?«

»Ich erwarte Sie jeweils um zwölf Uhr auf der Toilette des Zentralflughafens, morgen in Kansas City, übermorgen in Indianapolis und am ersten Weihnachtstag in Pittsburg. Pünktlich auf die Minute. High noon, passend, nicht wahr? Kommen Sie allein! Ich werde Sie eher entdecken als Sie mich, und ich habe den Rayvolver schussbereit in der Hand. Ende.«

So, dachte Timothy, das müsste vorerst reichen, um die Meute vom »Nebraska« fernzuhalten. Dann entschloss er sich, noch die Bachstelze anzurufen. Deborrah Johnson fiel das Kinn herunter, als sie Timothys Stimme erkannte; sie starrte verdattert in den Apparat.

»Wollen Sie Schneewittchen noch haben?«, fragte Timothy. »Natürlich will ich das, Ti –«

»Keine Namen«, unterbrach Timothy barsch. »Ich kann zur Zeit ja nicht in meine Wohnung, und ich habe Angst, dass jemand dort eindringt und die Sonic mitgehen lässt. Sie können doch jederzeit in mein Appartement.«

»Wissen Sie nicht, was passiert ist?«

»Keine Ahnung, Debby. Ich habe nur ein Transportable bei mir, damit kann ich hier die Ortssendungen von Chicago nicht empfangen, und die ICC –« Timothy schwieg betreten. Hoffentlich merkte die Bachstelze den Lapsus nicht.

»Wie kann ich Ihnen helfen?«, fragte sie eifrig. »Ich stehe auch jetzt zu Ihnen. Sagen Sie mir, wo ich Sie abholen kann, ich bringe Sie in Sicherheit.« Sie lächelte gewinnend, doch ihre Hängebäckchen zuckten verräterisch.

»Danke, Debby! Ich wusste, auf Sie kann ich mich verlassen. Aber im Augenblick fühle ich mich sicherer hier in –« Er tat, als habe er noch im letzten Augenblick den Namen verschluckt. »Ich melde mich, wenn es nötig wird.«

»Nicht zu spät, damit ich –« Das Gespräch wurde unterbrochen. Also hat sie doch eine Fangschaltung versucht, dachte Timothy. Ja, das ist wahre Freundschaft.

6.

Der Videosprecher brachte gerade den Nachrichtenüberblick: Empfang beim Präsidenten, ein Flugzeugzusammenstoß über Nevada, Vulkanausbruch in den Laramie Mountains, Banküberfälle in Boston und Milwaukee, Massenmord in Kentucky, Blackout in Ohio … Timothy blickte verwirrt zur Uhr.

»Nun unsere Sondersendung vom Spiel des Jahres«, sagte der Moderator. »Das heutige Lebenszeichen des Wildes kam aus Jefferson, Missouri. Gestern hat Timothy Truckle hier noch seelenruhig zehntausend Dollar abgehoben, heute Nachmittag trat er als einer der sieben Zwerge der Weihnachts-Show in der ›Concert Hall‹ auf. Als ein Jagdkommando die Darsteller zur Demaskierung zwang, verschwand er, und während der Verfolgungsjagd blockierte er die Signalanlagen, so dass es zu einem totalen Verkehrschaos kam. Wir schalten um nach Jefferson City.«

Also haben sie meine Bankgeschäfte schon geschluckt, dachte Timothy vergnügt. Auch Hearne? Da war doch eben etwas in den Nachrichten gewesen. Er rief bei der ICC an und wurde sofort mit dem Moderator verbunden. »Hier Truckle«, erklärte er. »Sie werden verstehen, warum ich Ihnen mein Bild nicht gebe. Ich muss Sie berichtigen: Mein heutiges Lebenszeichen war nicht das Verkehrschaos in Jefferson, sondern der Vulkanausbruch in den Laramie Mountains; ein Bildbericht ist unterwegs zu Ihnen. Ende.« Er konnte verfolgen, wie der Moderator verzweifelt versuchte, der Verbindung nachzugehen. »Sie haben es selbst gehört«, sagte der Moderator dann in die Kamera, »Sie haben soeben Timothy Truckle persönlich – und live – vernommen. Wahrlich, ein kaltblütiger Bursche! Neben mir sitzt Mister Stagecake, der Chef des Kommandos vier. Was sagen Sie, Mister Stagecake?«

»Ich halte das für einen Ablenkungsversuch«, erklärte Stagecake lächelnd, er machte den Eindruck eines ausgefuchsten Technikers, wahrscheinlich gehörte er zu einer Spezialeinheit der NSA. »Ich bin sicher, dass unser Wild sich noch in Chicago befindet, und hier werden wir es erlegen.« Die Kamera zeigte den Jäger in ganzer Figur, Stagecake tätschelte den Hals eines Schäferhundes.

»Hier sehen Sie die Geheimwaffe des Kommandos vier«, sagte der Moderator, »eine verblüffende, außergewöhnliche Waffe, fürwahr, aber glauben Sie wirklich, das Wild mit Jagdhunden aufspüren zu können?«

»Nun, es sind die besten Spürhunde der Welt«, antwortete Stagecake, »unübertrefflich, sobald sie einmal Witterung aufgenommen haben. Ich habe einen mitgebracht, damit die Chicagoer nicht zu sehr erschrecken, wenn sie ihnen in den Straßen begegnen. Natürlich verfügen wir auch über moderne Technik. Und wir rechnen mit der Hilfe aller Freunde von GAME-GAME. Mir geht es um den Sieg, nicht um das Geld.

Ich bin bereit, ein paar Millionen Dollar für gute Hinweise abzugeben.«

Dann wurde die Technik vorgestellt. Es war nichts dabei, was Timothy verblüfft hätte, sonst hätte man es auch kaum in Video vorgestellt; erstaunlich war nur, dass ein Privatmann über ein derartiges Suchmobil verfügen sollte. Da gab es einen Computer, der in der Sekunde tausend Gesichter mit den gespeicherten Bildern des Timothy Truckle vergleichen und angeblich jede Maskierung durchschauen würde, automatische Silhouetten- und Masseanalysatoren, die alle Leute unter einem Meter sechzig herausspürten, auch wenn sie sich mit automatischen Prothesen künstlich vergrößerten; sie waren mit Infrarotwandlern gekoppelt, die nur getäuscht werden konnten, wenn die Prothetikmaske das Wärmestrahlenbild seines zwergenhaften Wuchses verdeckte und das Imago eines Normalwüchsigen aussendete, womit wie Stagecake erklärte, bei einem Wild dieser Qualität allerdings zu rechnen sei. Er rechne auch nicht damit, Truckle mit Stimm-Identicat-Sensoren oder EEG-Identicatoren zu entdecken, die könnten zwar noch eine Stimme aus Zehntausenden und die spezifischen Hirnströme aus Hunderten von Menschen herausfiltern, aber Truckle würde sicher Sprachwandler und Schutzhelm benutzen.

Timothy grunzte verächtlich. Die wussten doch nur zu gut, dass ihn die Nachricht unverhofft getroffen hatte, zu einem Zeitpunkt, da er von seiner Wohnung und damit von allen Hilfsmitteln abgeschnitten war. Aber selbst die NSA durfte nicht über Dutzende solcher Suchmobile verfügen, und er hatte nicht vor, sich draußen herumzutreiben. Während die Jagd im Chaos von Jefferson übertragen wurde, überlegte er, was ihm wirklich gefährlich werden konnte. Solange er nicht in den Bereich eines Suchmobils kam, so gut wie nichts. Er war erst vor kurzem zur Untersuchung gewesen und konnte sicher sein, dass er in keiner Weise markiert war; nirgends in seinem Körper steckte eine Sonde, die nun von außen aktiviert werden konnte, er war auch nicht biotonisch markiert, dazu hatte es bei dieser überstürzten Aktion keine Gelegenheit mehr gegeben; er hatte in den letzten Tagen nichts zu sich genommen, was er nicht schon lange vorher eingekauft hatte. Was, außer den Bildern und den Körperdaten, war überhaupt von ihm gespeichert? Das Stimm-Identicat, seine Gehirnströme, der Hauttonus – und die Urinzusammensetzung! Von der Möglichkeit der automatischen Urinkontrolle in öffentlichen Toiletten hatte Stagecake nicht gesprochen; davon wusste fast niemand etwas. Und sein Herzschrittmacher? Vielleicht war die NSA längst auf die Idee gekommen, alle derartigen Geräte mit einer spezifischen Modulation kennzeichnen zu lassen?

Timothy holte aus den Überresten des »Monofly« Kupfernetz und wickelte es sich um die Brust.

Warum hatten die Hunde seine Spur nicht vom Appartement zum Penthaus verfolgt? Offensichtlich waren sie nicht so unübertrefflich. Halt, er war ja nicht gegangen, er war geschwebt! Sicher ist sicher, dachte Timothy. Er presste die Zwiebeln und Knoblauchzehen aus, mischte den Saft mit Öl, das er aus dem »Monofly« und der Klimaanlage zapfte, vergewisserte sich, dass niemand vor der Tür stand, holte den Fahrstuhl, wischte ihn sorgfältig mit der stinkenden Brühe aus und bestrich dann die Tür des Penthauses. Als er zurückkam, schaltete das Video gerade nach Denver, wo Timothy Truckle angeblich soeben gesehen worden war.

Eine erregte Menge raste durch die Straßen. Timothy erkannte an der Perspektive der schnell wechselnden Szenen, dass man die Kameras der Staatlichen Straßenüberwachung auf den Videokanal geschaltet hatte. Plötzlich knäulten sich wild gestikulierende Menschen an einem Punkt zusammen, wichen kurz darauf zurück, ließen einen Platz frei, auf dem eine Gestalt lag; die Kamera zoomte auf nah, so dass man den Toten deutlich sehen konnte: ein kleiner alter Mann mit verzerrtem Gesicht und gebrochenen Augen. Dann wurde umgeschaltet; ein Jäger, deutlich erkennbar an den orangefarbigen und blauen Streifen, die seine Lizenz bekundeten, glotzte in die Kamera. »Das war er nicht«, sagte er lakonisch. Der Spielleiter kam ins Bild. Josefson machte ein betroffenes Gesicht.

»Wir machen eindringlich darauf aufmerksam«, sagte er, »dass nur die lizenzierten Jäger berechtigt sind, das Wild zu jagen. Die Spielleitung fordert alle Freunde von GAME-GAME zu Ruhe und Mäßigung auf, sie bittet aber auch alle Kleinwüchsigen, in den nächsten Tagen die Öffentlichkeit zu meiden, um Verwechslungen auszuschließen.«

»Heute Vormittag«, schaltete sich der Moderator ein, »kam es schon einmal zu einem tragischen Zwischenfall: In Chicago wurde ein Liliputaner, der im ›Nebraska‹ als Liftboy arbeitete, verdächtigt, Timothy Truckle zu sein. Er stürzte bei der Verfolgungsjagd auf die Gleise der Metro und wurde überfahren.«

»Diese Schweine!«, schrie Timothy. »Diese elenden Schweine!« Er schaltete das Gerät aus und trat auf die Plattform. Armer Bud. Er starrte lange in den sternenklaren Himmel. Stille Nacht, heilige Nacht, schoss es ihm durch den Sinn. Gott gnade den Zwergen, dachte er verzweifelt. In diesem Jahr würde es keine Cinderella-Shows und Zwergenparaden mehr geben, und die Weihnachtsmänner würden allein durch Straßen und Häuser ziehen müssen; nicht einmal einem Kind konnte man zumuten, sich als Zwerg zu verkleiden, solange die wilde Meute losgelassen war.

Ein fiebriger Schauer lief durch seinen Körper. Seine Stirn war glühend heiß. Timothy schleppte sich ins Bad. Das Bein sah schlimm aus, geschwollen, scharlachrot entzündet, mit großen Blasen und eitrigen Bränden. Er holte die Whiskyflasche, setzte sich in einer Ecke auf den Boden, presste den Rücken fest gegen die Wand, biss die Zähne zusammen und wusch die Wunden mit Whisky aus. Der Schmerz ließ ihn laut aufschreien. Dann kroch er auf allen vieren hinaus, mühsam wälzte er sich in einen Stuhl.

Niemand braucht dich zu jagen, dachte er noch, du verreckst auch so, dann schwanden ihm die Sinne.

7.

Zweimal wurde er wach, die Sonne stand schon hoch, doch Timothy fühlte sich viel zu schlapp, um aufzustehen, er dämmerte gleich wieder ein. Wilde Träume plagten ihn, er wurde durch nicht enden wollende Straßen gehetzt, stürzte steile Treppen hinunter, Bomben explodierten rundum, aber er wurde nicht getroffen, wütende Menschen jagten hinter ihm her, gepanzerte Festungen, Hunde, Schlangen, riesige Tiger, Schwärme von Vögeln mit gierigen, spitzen Schnäbeln, er fiel ins Bodenlose, immer wieder. Als Timothy zum dritten Mal zu sich kam, nahm er alle Kraft zusammen. Er brauchte Hilfe, einen Arzt. Er glühte und fror, der Mund war ausgedörrt, die Zunge pelzig und dick. Es gelang ihm, den Stuhl zum Tisch zu dirigieren und eine Dose Wasser zu öffnen. Dann fuhr er zum Communicator. Professor Paddington, so erfuhr er von einer teilnahmslosen Automatenstimme, sei über die Feiertage in den Bergen und nicht zu erreichen. Timothy weinte vor Verzweiflung. Damit war seine letzte Hoffnung gestorben.

Plötzlich vernahm er Geräusche. Jemand war in der Diele! Timothy richtete den Rayvolver auf die Tür, wartete schweratmend, nahm den Rayvolver in die linke Hand, ließ den Stuhl zur Wand gleiten und entsicherte mit der rechten Hand die Bombe. Die Tür ging auf. Coats starrte ihn an, nahm langsam die Hände hoch. »Sie, Mister Truckle?«

Timothy rutschte zur Seite, der Rayvolver fiel polternd zu Boden, Coats stürzte hinzu und fing Timothy auf.

»Wasser!«, lallte Timothy. »Die Tabletten, dort –«

Timothy schluckte drei Schmerzblocker, Kreislauftabletten und die beiden letzten Speeds, dann sank er erschöpft zurück. Coats blickte unentschlossen zum Communicator.

»Warten Sie!«, krächzte Timothy. »Ein paar Minuten, bitte, ich flehe Sie an!«

Es dauerte tatsächlich nicht lange, bis die Medikamente wirkten und Timothy die Augen wieder aufschlug. Er ließ den Arm hängen und versuchte, unauffällig den Rayvolver zu angeln.

»Nicht nötig, Mister Truckle«, sagte Coats. »Ich will Ihnen nur helfen; Sie brauchen sofort einen Arzt.«

»Kennen Sie einen, der der Versuchung von zehn Millionen Dollar widerstehen würde?«

Coats überlegte, dann sah er Timothy hilflos an. »Aber ich kann Sie doch unmöglich so hier liegenlassen!«

»Ich brauche nur Verbandzeug und Medikamente. Wollen Sie mir wirklich helfen, obwohl Sie wissen – ?«

Coats nickte heftig. Timothy diktierte ihm, was er haben wollte. »Und eine Flasche Whisky«, schloss er. »Bitte beeilen Sie sich. Und – kommen Sie allein!«

»Ich würde Sie nie verraten«, versicherte Coats. »Nicht einmal für hundert Millionen.« Coats fuhr den Stuhl ins Bad und verband Timothys Bein.

»Damit können Sie unmöglich hier bleiben«, sagte er. »Ich werde Sie heute Nacht in meine Wohnung schaffen, Mister

Truckle. Nicht nur, weil Sie Pflege brauchen, ein Jäger durchsucht alle leerstehenden Räume des ›Nebraska‹, und ich kann ihm nicht verwehren, das Penthaus zu betreten, er hat sich eine Genehmigung von Miss Magginthy besorgt.«

»Danke, Buster«, sagte Timothy gerührt, »aber –«

»Kein Aber, Tiny!«

»Sie müssen an Ihre Familie denken«, sagte Timothy. »Erklären Sie dem Jäger, dass zur Zeit niemand das Penthaus betreten kann, weil man vergessen hat, die Identicatsicherung zu löschen, er müsse sich bis nach den Feiertagen gedulden, Sie hätten schon einen Termin mit Grandmas Leuten vereinbart. Wollen Sie mir wirklich helfen, Buster?« Timothy sah ihm in die Augen.

Coats wandte den Blick nicht ab. »So gut ich nur kann.«

»Dann fahren Sie bitte heute Abend in den Centralpark.« Coats staunte nicht schlecht, als er Timothy im Sessel sitzend vorfand; der Medikamentenstoß hatte gewirkt, die Schmerzen waren jetzt auch ohne Blocker erträglich, das Fieber gesunken, der Kopf klar.

»Ich hatte zuerst die falsche Nachtigall aufgenommen.«

Coats lächelte verlegen. »Ich habe ja keine Erfahrung mit so etwas. Sagen Sie, Tiny«, er blickte Timothy unsicher an, »hat das was mit dem UNDERGROUND zu tun?«

»Besser, Sie wissen so wenig wie möglich. Aber Sie haben noch den richtigen Vogel erwischt?«

»Ja, und die Nummer herausgefiltert, so, wie Sie es mir erklärt hatten, dann habe ich die Nummer von einer öffentlichen Sprechstelle aus angerufen, doch da war niemand, dem ich ausrichten konnte, man solle Sie abholen, nur eine automatische Ansage. Hören Sie selbst, ich habe es mitgeschnitten.« Coats legte den Recorder auf den Tisch.

»Der Herr sei mit dir! Hier spricht die Seelsorge der einsamen Herzen. Unsere kleine Andacht beginnt heute mit einem alten Spiritual –« Timothy hörte mit geschlossenen Augen zu, seine Finger trommelten den Takt auf der Tischplatte mit.

»Noch einmal von vorne«, sagte er plötzlich, »und geben Sie mir bitte etwas zum Schreiben.« Coats sah verständnislos zu, wie Timothy jetzt Punkte und Striche notierte.

»Das sind sogenannte Morsezeichen«, erklärte Timothy lächelnd, »eine uralte Nachrichtentechnik. Machen Sie mir bitte einen Kaffee?« Er war völlig in Gedanken versunken, als Coats zurückkam.

»Ich war in Ihrem Appartement«, sagte Coats. »Ich gab vor, dass ich die Leitungen überprüfen müsse, es seien Störungen im Haus aufgetreten. In Ihr Mausoleum durfte ich nicht blicken, es scheint völlig zerstört zu sein. Küche und Bad sind unversehrt, auch das Schlafzimmer, aber die übrigen Räume sehen verheerend aus. Die schöne Wohnung!«

»Haben Sie gesehen, ob Schneewittchen noch im Schlafzimmer war? Sie kennen doch meine Sonic? Eine pulsierende Goldfadenkugel.«

»Ich glaube, sie stand neben dem Bett«, sagte Coats.

»Haben Sie mein Identicat überprüft?«

»Ja, natürlich.« Coats legte es auf den Tisch. »Ich fürchte, Sie haben recht, und es ist gesperrt. Arzneiautomat und Restaumat reagierten überhaupt nicht, in der Metro begann die Automatik zu leuchten, aber dann schnappte die Sperre ein; ein Glück, dass ich es vom Nebendurchgang versucht hatte, sonst hätte ich schön in der Falle gesessen.« Er blickte Timothy an. »Ich verstehe das nicht, Tiny, verliert man denn als Wild seine Bürgerrechte?«

»Ich bin eben ein ganz besonderes Wild«, erwiderte Timothy. Er trank Kaffee und grübelte, Coats störte ihn nicht.

»Ich habe noch eine Bitte«, sagte Timothy schließlich, »meine letzte: Können Sie mir morgen einen Krankenstuhl besorgen? Einen automatischen Rollstuhl? – Und ein paar alte Sachen von Ihnen, Jacke, Hose, Schuhe.«

»Was wollen Sie denn damit?«, rief Coats. »Doch nicht etwa das Haus verlassen? In diesem Zustand!«

»Doch, morgen Nachmittag. In der Stoßzeit wird es am wenigsten auffallen, denke ich mir, zumal am Heiligen Abend.« Timothy schmunzelte. »Der Tag, an dem Jesus Christus geboren wurde, scheint mir denkbar geeignet, Timothy Truckles Erdenwandel zu beenden.«

8.

Timothy war längst fertig mit der Maske, als Coats kam. Er hatte sich den Schädel rasiert, die Brauen gestutzt, mit Batteriesäure die Haut zwischen Oberlippe und Nase geätzt, das brannte zwar höllisch, doch am Ende sah es wie eine nicht besonders kunstfertig operierte Hasenscharte aus. Kunststoff in Nasenlöchern und Wangen hatte die Nase knubbelig dick und das Gesicht völlig unsymmetrisch gemacht. Coats starrte Timothy fassungslos an.

»Wenn Sie nicht so klein wären«, sagte er, »ich würde denken, ein Fremder steht vor mir.«

»Die Figur ändere ich gleich«, antwortete Timothy mit dumpfer, heiserer Stimme. »Geben Sie mal die Kleider rüber.«

Coats sah staunend zu, wie Timothy sich »verlängerte«, die Hosenbeine und Schuhe ausstopfte und mit Kissen und einer darüber gezurrten Decke den Stuhl so zurechtmachte, dass Timothy, als er nun probeweise Platz nahm, wie ein Mann von etwa einem Meter achtzig aussah. Dann trennte er die Ärmellöcher der Jacke ein wenig auf und polsterte die Schultern; wie die meisten Kleinwüchsigen hatte Timothy einen unverhältnismäßig kräftigen Oberkörper, er durfte nur nicht zu sehr mit den Armen hantieren.

»Ich würde Sie nicht erkennen, wenn Sie mir so im Haus begegneten«, sagte Coats begeistert. »Aber wie wollen Sie die Technik überlisten, all diese Apparaturen –«

»Das muss man nicht so ernst nehmen«, erklärte Timothy, »diese Spürautomaten funktionieren nur in relativ geschlossenen Räumen zuverlässig, und die optischen Kontrollen werde ich so schon bluffen. Wenn es mir gelingt, das ›Nebraska‹ unerkannt zu verlassen, habe ich so gut wie gewonnen, und Sie sagten doch, in der Eingangshalle sei nichts neu installiert, Buster.«

»Ich bringe Sie raus«, versprach Coats. »Aber wohin wollen Sie dann?«

Timothy sah ihn nachdenklich an. Ein unverdächtiger Begleiter wäre eine große Hilfe. Nein, zu viele waren schon seinetwegen gestorben. Er würde das Stück bis zur Ruine des Rohrpostamtes, wo heute Abend ein Einstieg nach UNTEN geöffnet sein sollte, auch allein schaffen. Großpaketversand – bestimmt hatten die Techniker des UNDERGROUND die pneumatischen Leitungen aus der Zeit der Atomkriegsvorbereitungen wieder in Gang gesetzt, und die netzunabhängige, mit manuellen Pumpen betriebene Anlage war kaum anzupeilen.

»Es wäre geradezu phantastisch, wenn Sie mich bis vor die Tür bringen wollten«, sagte Timothy, »aber denken Sie daran: Das kann lebensgefährlich werden.«

»Ich werde nicht zulassen, dass man Sie wie einen räudigen Hund abknallt«, erwiderte Coats entschlossen, »schon gar nicht hier im ›Nebraska‹ und am Heiligen Abend! Wenn Sie wüssten, wie ich dieses GAME-GAME hasse.«

Timothy bestand darauf, dass auch Coats einen Tranquilizer nahm, er selbst schluckte noch zwei, bevor sie loszogen, trotzdem spürte er, wie die Aufregung Besitz von ihm ergriff. Er musste sich zwingen, ruhig und tief zu atmen, sein Herz schien zu rasen, obwohl er den Schrittmacher schon auf die niedrigste Stufe eingestellt hatte, seine Handflächen schwitzten, die Füße zitterten, vor allem das verletzte Bein zuckte unentwegt; er überzeugte sich noch einmal, dass die Beinattrappen ruhig lagen. Trotz des Rayvolvers, den er schussbereit unter der Decke hielt, hatte er das Gefühl, wehrlos ausgeliefert zu sein, und es fiel ihm unendlich schwer, regungslos im Stuhl zu liegen. Am liebsten wäre er auf der Stelle losgerannt. Zuerst zur Toilette. Ihm war, als müsse er jeden Moment in die Hose machen.

Niemand beachtete sie, als sie in der Hunderteretage den Singlelift des Penthauses verließen und zum Express hinüberfuhren, nur die Etagenwache grüßte im Vorübergehen, Coats grüßte lächelnd zurück und wünschte den beiden Safemen ein frohes Fest. Der Expresslift war nahezu leer, aber als er im dreihundertsten Stock anhielt, fuhr Timothy der Schreck in die Glieder: Chief Monroe stieg ein und mit ihm ein halbes Dutzend Beamter der Hauspolizei, die allesamt Timothy kannten.

Coats machte seine Sache ausgezeichnet. Er schob den

Rollstuhl an die Wand, als wolle er Platz machen, dabei rückte er ihn so, dass Timothys Kopf in die hintere Ecke kam. Coats trat zu den Polizisten, gab allen die Hand und erklärte mit leicht forschem Ton, als wolle er eine ihm peinliche Situation überspielen, er habe seiner Frau versprechen müssen, Samariter zu spielen.

»Ich muss den alten Mann zu seiner Enkeltochter bringen, damit er im Fest nicht allein ist«, sagte er. »Sie wissen doch, wie Frauen sind: Weihnachten macht sie rührselig.«

Chief Monroe schlug Coats lachend auf die Schulter. Er warf nur einen kurzen Blick in die Ecke, und als Timothy ihm mit schiefem Kopf dümmlich zulächelte, wandte er sein Gesicht schnell wieder ab.

In der Halle fuhr Coats den Stuhl, wie sie es verabredet hatten, zuerst an den Blumenstand und kaufte einen Weihnachtsstern, dabei bewegte er wie zufällig den Rollstuhl hin und her, so dass Timothy in alle Richtungen blicken konnte. Nur die üblichen Wachen patrouillierten durch die Menge, nirgends waren die Farben eines Jägers zu sehen, und ein Blick durch die Frontscheiben verriet, dass draußen kein Suchmobil wartete.

Timothy blinzelte Coats zu. Sie drängten sich gegen den Strom der abendlichen Passanten zum Ausgang durch, die Safemen warfen nur einen flüchtigen Blick herüber. Der Hausmeister war viel zu bekannt, als dass jemand ihn verdächtigen würde, und in diesem Tattergreis, der offensichtlich schon so gaga war, dass er nicht mal mehr den Rollstuhl alleine bedienen konnte, vermutete niemand die von aller Welt gesuchte Zehn-Millionen-Dollar-Beute. Zwerg sein, dachte Timothy, hat auch sein Gutes: Wer normal groß aussieht, wird schon im Unterbewusstsein automatisch aussortiert.

Vor dem »Nebraska« klappte Coats den Notsitz aus und setzte sich mit auf den Stuhl. Obwohl die Straße fast leer war, hielten sie sich in der Mitte; hier konnten sie am ehesten bemerken, wenn vor ihnen eine Polizeistreife oder ein Jagdkommando auftauchte. Die State Street war lichtüberflutet, alle öffentlichen Gebäude und Büros waren erleuchtet geblieben, überall standen riesige, illuminierte Kunststofftannen; nicht nur von den Hauswänden schrie die Reklame, quer über die Straße spannten sich dicht an dicht grelleuchtende Lichtbänder und schütteten ihre Botschaft aus: Kauft, kauft, kauft!

Die Luft war überraschend mild: lau und fast ohne Schadstoffe. Timothy musste nicht einmal husten, dabei schien es ihm, als fielen vereinzelte Nieseltröpfchen. Er blickte in den Himmel. Im Licht der Hochhausscheinwerfer blitzten nicht nur Flugzeuge auf, sondern auch kleine, flirrende Schwärme. Wenn es Schnee war, dann schmolzen die Flocken und verdampften, bevor sie die dunstige Smogschicht durchdringen und den Boden erreichen konnten.

Die wenigen Polizisten kümmerten sich nicht um die Passanten der Prachtstraße, sie kontrollierten die Zugänge zu den Nebenstraßen; auf dem Boulevard sah man nirgends eine zerlumpte oder heruntergekommene Gestalt, hier gab es auch keine billigen Restaumaten oder gar Filialen der Weihnachtslotterie, wo man für ein paar Cent »Joy and Jobs«* gewinnen konnte. An der Ecke Packham Road drängten Polizisten einen Schwarm abgerissener Gestalten zurück, die Packham Road schien überflutet von quirlenden Menschen; sicher war dort eines der Wohlfahrtsämter, in denen die Weihnachtsgaben der Stadtverwaltung für die Ärmsten der Armen verteilt wurden: Lebensmittel, Wasserkonserven und Kleidung, aber auch Free dope. An der Randolph Street ließ Timothy stoppen.

»Hier trennen sich unsere Wege«, sagte er. »Bringen Sie mich bitte noch durch die Kontrolle, und dann –« Er zog eine Folie hervor und drückte sie Coats in die Hand. »Ich weiß nicht, wie ich Ihnen je danken soll, Buster. Hier ist eine Vollmacht, datiert auf den zwanzigsten Dezember, dass Sie meine Sonic zur Reparatur bringen und dann für mich aufbewahren sollen. Holen Sie Schneewittchen noch heute. Bevor es ein anderer tut. Mehr kann ich Ihnen leider nicht geben.«

---

* Joy and Jobs - Freude und Arbeit: Die Gewinne dieser Lotterie sind Alkohol, Drogen, Sex- oder Psychotrips und ein paar Arbeitsplätze.

»Das ist schon zu viel!« erklärte Coats, auch ihm standen Tränen in den Augen. »Ja, ich werde die Sonic holen, aber nur, um sie aufzubewahren, bis diese Scheiße vorbei ist.«

»Okay, nun aber vorwärts«, sagte Timothy. »Was sollen die Bullen denken, wenn wir beide Rotz und Wasser heulen!«

9.

Fünf Minuten später traf er auf einen Santa Claus. Timothy hängte sich hinter den mächtigen Luftkissenschlitten, auf dem nicht nur eine Tanne und zwei richtige Rentiere Platz gefunden hatten, sondern auch eine Jazzband und eine Show-Truppe, die der angeheiterte Weihnachtsmann aber sicher erst unterwegs aufgegabelt hatte. Die ausgelassene Gesellschaft trank ungeniert aus der Flasche, zuckte im Bebop-Rhythmus und grölte dann lauthals die unverwüstliche »White Christmas«. Schneewittchen sah eher wie eine Striptease-Tänzerin aus, und ihre sieben Zwerge waren ausgewachsene Burschen. Ja, dachte Timothy, in diesem Jahr haben wir die größten Zwerge der Welt. Am Civic Center schwenkte er schnell zum Rathausplatz ab; vorne tauchten zwei Trupps Polizisten auf.

Die traurigen Überreste der Picasso-Statue* waren dicht umlagert, heute jedoch nur von Destsellers**, die vergebens nach Kunden Ausschau hielten, die ausgerechnet am Heiligen Abend auf dem Ideen-Flohmarkt ein Gehirn mieten oder eine Erfindung kaufen sollten. Timothy wurde von einem jungen Mann angesprochen, der versuchte, mit optimistischem Lachen seine abgerissene Erscheinung zu überspielen. Vielleicht hatte er tatsächlich in Harvard und Columbus studiert und einen Licht-Wärme-Wandler erfunden, eine Art Umkehrung des Infrarotbildwandlers, wenn

* Die Skulptur von Picasso, Mitte des 20. Jahrhunderts aufgestellt, war eine der Sehenswürdigkeiten Chicagos. Aus Edelroststahl erbaut, sollte sie unzerstörbar sein, doch der Smog des 21. Jahrhunderts fraß sie nach und nach auf.

** Destseller = so viel wie Notverkäufer; destitution = bittere Not.

Timothy die hastig herunter-gespulte Erklärung richtig verstand, aber der Bursche selbst fror erbärmlich in seinem dünnen, zerrissenen Hemd.

»Hast du wenigstens einen Vierteldollar für mich?«, fragte er dann.

Timothy schüttelte den Kopf; es war bestimmt nicht gut, hier Bargeld zu zeigen, doch er bot ihm einen Schluck Whisky an.

»Danke schön, Kumpel«, sagte der Bursche. »Frohes Fest!« Er zeigte wütend mit dem Daumen zum Himmel. »Für jeden Scheiß haben diese Schweine Geld, sogar für fliegende Weihnachtsmänner, unsereins kann ja ruhig verrecken.«

Tatsächlich, da schwebte ein Weihnachtsmann in einem glitzernden Gleiter mit großen, bunten Schmetterlingsflügeln und silbernen Kufen über den Platz, segelte langsam in die Dearborn Street, und wenn Timothy es aus dieser Entfernung richtig ausmachte, saß neben ihm sogar ein Schlittenhund. Timothy sah fasziniert hinterher. Da drehte der fliegende Weihnachtsmann in einer harten Kurve um, beschleunigte, raste zurück, stoppte über dem Denkmal, sank; ein zweiter tauchte hinter dem Civic Center auf, aus der Madison Street kamen Polizeihelikopter, Scheinwerfer flammten auf, leuchteten den Platz taghell aus, Sirenen heulten aus der Ferne heran, und eine Stimme donnerte vom Himmel herab.

»Halt, stehenbleiben! Polizei! Niemand bewegt sich!«

Alles rannte wild durcheinander, stürzte in panischer Angst davon, Timothy vorneweg; er hatte den Motor des Rollstuhls auf äußerste Fahrt geschaltet, entkam dem Tumult, fingerte, während er mit der rechten Hand sein Gefährt durch die Straßen steuerte und in wilden Kurven Passanten auswich, die dem rasenden Invaliden kopfschüttelnd nachblickten, mit der linken Hand die Atemmaske aus der Tasche, stülpte sie über, riss den Wagen um eine Ecke, um eine zweite, sah, wie die Leute sich an den Hals griffen, Tücher hervorzerrten, sie vor den Mund pressten und versuchten, in ein Haus zu gelangen; vor ihm brach ein kleines Mädchen zuckend zusammen, wand sich schreiend auf der

Straße, Timothy konnte ihm nur mit Müh und Not ausweichen – weiter, weiter! In der Ferne tauchte schon die Silhouette des Hauptpostamtes auf. Da hörte er eine Explosion über sich, und gleich darauf prasselte Regen hernieder: unterkühltes Wasser, das sich in Bruchteilen von Sekunden zu Eis verwandelte, alles mit einer spiegelglatten Schicht überzog; rundum fiel, stürzte, rutschte alles, Timothy verlor die Kontrolle über den Rollstuhl, schlitterte in rasender Geschwindigkeit über die Straße, stieß seitlich mit einem Mann zusammen, wurde herumgerissen, schoss auf eine Mauer zu, bekam die linke Hand auf den Boden, presste verzweifelt die Fingerkuppen auf, konnte den Rollstuhl in eine leichte Kurve lenken; rammte dann doch mit dem linken Vorderrad einen Pfeiler – Timothy flog in hohem Bogen aus dem Stuhl, rutschte auf dem Rücken über die gleißende Fläche, das Gesicht dem Himmel zugewandt, ruderte verzweifelt mit Armen und Beinen, knallte mit der Schulter gegen eine Mauerecke und wurde zurückgeschleudert, stieß noch zweimal irgendwo an, dann trieb er taumelnd einer Wand entgegen.

Über ihm tauchte eine neue Eisbombe auf, prallte gegen die Hauswand, platzte, ein Schwall Wasser stürzte herab, und er lag direkt darunter! Timothy versuchte, zur Seite zu rutschen, die Füße auszustrecken, um sich abzustoßen, riss mit letzter Kraft die Jacke über den Kopf, da klatschte das Wasser zu Boden und durchnässte ihn bis auf die Haut. Er spürte, wie das augenblicklich gefrierende Wasser ihn erstarren ließ, wie die Kälte ihn einhüllte, in ihn drang, wie er nach und nach zu einem Eisblock wurde: die Finger, die Arme, die Beine, der Rumpf; die Jacke wurde ein steinhartes Dach, das ihn nicht schützen konnte. Sein Kopf fiel zur Seite, dann fror der Halsmuskel ein. Timothy starrte auf die Wand vor ihm. Das also, dachte er, ist das Ende.

Warum hatte er das »Nebraska« verlassen. Warum hatte er sich nicht bei Coats versteckt. Verdammte Gefühlsduselei. Er hätte Coats mit einer Nachricht zum Rohrpostamt schicken sollen. Nein, schon vor Wochen nach UNTEN gehen. Was musste er sich um den »Laurin« kümmern, um die Engel. Dann lebte Anne noch, und sie säßen jetzt unter einer

Tanne. Anne würde die alten deutschen Weihnachtslieder singen: »O du fröhliche« ... Wenn es doch nur einen Gott gäbe. Herr im Himmel, lass mich hier rauskommen, und ich will – Unsinn. Zu spät, um noch an einen Gott zu glauben. Für alles zu spät. Alles verpfuscht. Sein ganzes Leben war verpfuscht gewesen, und so, wie er gelebt hatte, verreckte er jetzt: einsam und verlassen. Niemand würde um ihn trauern, niemand seiner gedenken, niemand an seinem Grab weinen. Er würde nicht einmal ein Grab bekommen. Keine Spur würde von ihm bleiben. Wozu auch. Er hinterließ niemanden. Die Erdenspur der Truckles starb mit ihm. Gut so. Simon hatte recht, nichts unerledigt zurücklassen. Wo mochte Simon jetzt stecken?

Er durfte nicht ungerecht sein. Er hatte gute Freunde gehabt. Eigentlich doch ein erfülltes Leben, wie viele Wünsche auch unerfüllt geblieben waren. Timothy holte tief Luft. Staunte, dass er immer noch atmen konnte. Dachte erst jetzt wieder an die Maske. Er starb, wie er gelebt hatte: mit einer Maske. Persona, fiel ihm ein, so hieß doch die Maske der antiken Schauspieler. Seine Masken fielen jetzt von ihm ab. Person und Persona des Timothy Truckle vergingen. Vielleicht hatte er doch ein paar Spuren hinterlassen: Erinnerungen, Gedanken, Anstöße ... Man überlebt nur in den Hirnen der Menschen. Die Lebenden sprechen das Urteil über die Toten. Inger würde sich seiner erinnern, Maud, Paddington, die Engel ... Schade, dass er nicht zum Engel wurde. Er hätte gerne auf einer Wolke gesessen und auf die Erde heruntergesehen, verfolgt, wie es hier weiterging.

Ein Glück, dass er keine Schmerzen hatte. Nicht einmal die alten Wunden taten mehr weh. Wie lange lag er schon hier? Wie hatten sie ihn eigentlich entdeckt? Wer? Du bist mir ein schöner Detektiv, dachte er, den wichtigsten Fall deines Lebens wirst du nie aufklären.

Die Wand vor ihm gleißte in überirdischem Licht. So starb einst Tristan: »Er kehrte sich zur Wand und sprach: Nicht länger kann ich mich ans Leben klammern.« Oh, diese Helligkeit. Er schwamm in einer Wolke von Licht. Dass sterben so leicht war.

Da sagt man immer erleichtert: Er hat den Tod nicht gespürt. – Er war froh, dass er seinen Tod erleben durfte, dass er nicht im aseptischen Glasgefängnis einer Sterbeklinik verreckte, Schläuche in Nase und Mund, Darm und Penis, Infusioren in Arterien und Venen – um die letzten Minuten betrogen, nicht nur jeder Regung und jeden Willens beraubt, sondern auch des Bewusstseins; das Gehirn mit Drogen gelähmt, weil der Todesverlaufplan es so vorsah, vielleicht sogar gegen seinen Willen ans Leben gefesselt, buchstäblich: an Armen und Beinen gefesselt, um die kostbare Apparatur nicht zu beschädigen, von künstlicher Niere und Leber, von Herz- und Lungenmaschinen am Leben gehalten, weil erst jemand anders auf die Transplantation vorbereitet werden musste. Nein, dachte Timothy, von mir bekommt ihr nichts. Meine Glieder würden auch niemandem passen, und mein altes Herz ist viel zu verbraucht, um noch in einer anderen Brust zu schlagen.

Das Herz schlug kaum noch! Setzte ganz aus. Die Atmung. Noch drei Minuten, dachte Timothy, dann erlischt dein Gehirn. Die letzten Minuten. Oder die ersten. Die ersten Minuten der Ewigkeit. Er hatte das Gefühl, sich vom Boden zu erheben, in die Luft zu schweben, dann sah er sich, ein kleiner, verkrümmter, eisglitzernder Körper mit einem silbernen Helm, ein Wesen aus einer anderen Welt, gestrandet auf diesem Eisplaneten, sah sich da unten liegen und wusste: Timothy Truckle stirbt. Der Gedanke rief keine Angst in ihm hervor, nicht einmal Beunruhigung.

Kamen da nicht Leute und legten ihn auf eine Bahre? Eine unübersehbare Menge füllte den Platz. Direkt neben der Bahre stand Anne, sie hielt eine Rose in der Hand und sah fröhlich aus. Neben ihr Smiley und Daniel; Daniel trug mit beiden Händen eine schimmernde Sonic. Doc sah er und Simon, Huck und Maud, Puissant, Paddington, Inger und ein Dutzend Bunnies, die auf ihren Schultern eine Sänfte trugen, in der Old Bentley lag und an einer Whiskyflasche schnupperte, Daisy Dayton und die Bachstelze – sie weinte! Kopf an Kopf standen jetzt die Menschen, viele ärmliche, zerlumpte Gestalten, Krüppel, Colors in allen Farben, Luftkissenpontons voller Babys; Polizei drängte sich durch die

Menge, Armee, NSA, voran Devlin, ein Megafon in der Hand, er schrie, dies sei eine nicht genehmigte Demonstration, riss dem Toten die Maske ab, wich entsetzt zurück; welch ein Skandal: eine ungeschminkte Leiche! Photicdriver blitzten, Schallwerfer heulten, die Polizisten, Soldaten und NSA-Leute lösten sich in Nichts auf, die Menge formierte sich zum Trauerzug, stimmte einen Choral an: »Glory, glory, hallelujah!«

Timothy sah, wie die Bahre angehoben, spürte, wie er hochgerissen wurde, über die Köpfe hinweg, immer höher; stieg er oder fiel er ins Bodenlose? Das musste das Universum sein: bodenlos, schwerelos. Tiefer Friede durchzog ihn. Ein Gefühl, sich auszubreiten in unendliche, unfassbare Räume: ein Teil des Alls. Eins mit sich und der Welt, dachte er noch, dann versiegte sein Bewusstsein.

10.

Weiß, weiß, weiß.

Ein Ton. Eine dünne gläserne Glocke.

Ein Schatten. Fast ein Gesicht.

Welche Fülle von Licht.

Welche Finsternis.

Eine Stimme. Fast unhörbar fern. »Er blinzelt.«

Wer blinzelt im Jenseits?

Eine andere Stimme. »Hörst du mich, Tiny?«

Ich höre. Ich kann nicht sprechen. Nicht einmal die Zunge bewegen. Ein Schreck: Gelähmt? Aber wenn du das denken kannst …

»Wenn du mich hörst, Tiny, versuche zu blinzeln.«

Timothy versuchte es. Er spürte nicht, ob sein Lid sich bewegte. Er spürte überhaupt nichts. Aber du hörst, dachte er.

Nicht wenig für einen, der gerade gestorben ist.

»Du lebst«, sagte die Stimme. »Habe Geduld. Es wird wieder.«

Was? – Helle, Schatten, Helle, Schatten … Nie essen, nie trinken. Nie Schmerzen. Erwachen, eindämmern, erwachen … Ein Gesicht. Immer wieder dasselbe Gesicht. Eine blonde Frau – Wie viel Zeit verstreicht zwischen zwei Augenblicken: Minuten, Stunden, Tage?

Die Frau heißt Joan.

Ich bin so müde.

»Ausgeschlafen?« sagte der Mann. »Ich bin Ed. Wir wollen versuchen, miteinander zu sprechen. Du hörst mich doch, Tiny?«

»Ja.« Welch ein Gefühl, wieder die eigene Stimme zu hören. »Mach die Augen auf. Sieh mich an.«

Timothy hatte ihn noch nie zuvor gesehen. »Wo bin ich?«

»In Sicherheit. In einer Klinik. Es hat dich schwer erwischt, Tiny, aber du lebst, das ist die Hauptsache. Du musst nur Geduld haben; es wird noch eine Weile dauern, bis du wieder spazierengehen kannst.« Ed lächelte. Timothy wollte zurücklächeln; bewegte sich sein Gesicht? »Scheint die Sonne?« fragte er. »Ich möchte so gerne die Sonne sehen.«

»Hier scheint nie die Sonne«, antwortete Ed. »Aber oben auf der Erde zur Zeit auch nicht. Die Nachrichten meldeten Inversionsschichten bis über zweitausend Meter. In diesem Sommer schlägt der Smog besonders hart zu.«

»Sommer?« fragte Timothy verwundert.

»Ja, wir sind im Juli. Hast du Schmerzen?«

»Nein. Nie. Wie kommt das?«

»Das erkläre ich dir das nächste Mal. Nun schlaf erst wieder.«

Eine Art künstlicher Winterschlaf, wie Timothy mitbekam. Lange Schlafperioden; er sah es an dem Bart, den Ed sich stehenließ. Jedesmal, wenn er aufwachte, spürte er seinen Körper mehr. Druck im Rücken, in den Beinen, Gefühl in den Fingern, die Bewegungen des Gesichts. Ed setzte sich zu ihm, zumindest vermutete Timothy nach der Perspektive des Gesichts, dass Ed saß. Portionsweise erzählte Ed, was sie mit ihm angestellt hatten: eine Niere transplantiert, einen Lungenflügel, das linke Bein, den rechten Arm, ein neues Herz.

»Ein junges Herz«, erklärte Ed. »Nun brauchst du den Schrittmacher nicht mehr.«

Dass er nie Schmerzen hatte, brauchte Timothy nicht zu wundern. Sie hatten seinen Darm in eine Superfabrik für körpereigene Opiate umfunktioniert.

»Nur zeitweilig«, erklärte Ed. »Irgendwann willst du ja auch mal wieder essen. Aber so produzierst du selbst ausreichend Endorphine; das ist doch besser, als wenn wir dich jeden Tag mit Morphium vollpumpen würden, und du wirst davon nicht süchtig. Vergiss nicht, dein Körper ist eine große Wunde. Wir haben Wochen gebraucht, deine Haut zu erneuern. Bis auf den Kopf, wo du die Maske getragen hast, war sie erfroren. Zum Glück haben wir genügend intakte Zellen gefunden, um im Labor neues Gewebe zu züchten. So kannst du wenigstens in deiner eigenen Haut herumlaufen, nur – sie bleibt unbehaart, und sie besitzt weder Schweißdrüsen noch Nervenzellen; du wirst also weder schwitzen noch Schmerz spüren.«

»Ich habe mir schon immer ein dickes Fell gewünscht«, sagte Timothy.

»Freut mich, dass du den Humor wiederfindest, Tiny. Aber du musst in Zukunft sehr vorsichtig sein; du würdest es nicht merken, wenn du dich verbrennst.«

»Ich werde mit Handschuhen kochen«, versprach Timothy. »Da ist ein Problem: Du produzierst entschieden zu wenig Speichel. Im Speichel ist eine hormonelle Substanz, die den Heilungsprozess beschleunigt.«

»Ist das ein Wunder?«, meinte Timothy. »Wo ihr mich seit Monaten intravenös ernährt! Gib mir ein saftiges Steak und einen Whisky, und du wirst sehen, wie mir die Spucke im Mund zusammenläuft.«

»Das wollte ich dir gerade vorschlagen«, sagte Ed. »Aber du darfst nur daran riechen, verstehst du?«

»Wenn Old Bentley das sehen könnte!« rief Timothy. Dann kicherte er. »Und Joan als Bunny!«

»Verrate mir doch endlich, wieso ich noch lebe«, bat Timothy, als er Ed das nächste Mal sah. »Ich bin sicher, ich habe erlebt, wie ich starb.«

»Schon möglich. Du warst klinisch tot, als man dich brachte.«

»Aber ich habe doch noch gemerkt, wie Herz und Atmung aussetzten, und ich denke, dann dauert es nur noch Minuten, bis das Gehirn unwiederbringlich zerstört ist.«

»Die Eisbombe, die dir zum Verhängnis wurde«, sagte Ed, »war zugleich deine Rettung. Sie führte zu einer Schockvereisung. Wir machen etwas Ähnliches bei Gehirnoperationen, unterkühlen den Patienten und setzen dadurch die Stoffwechselvorgänge drastisch herunter; wir drosseln den Sauerstoffverbrauch des Gehirns bereits so weit, dass wir über eine Stunde operieren können. Sagen wir es so: Durch die Vereisung bekamst du eine überlange Sterbephase.«

»Der Bombe sei Dank«, knurrte Timothy.

»Und dem Bergungstrupp! Du hattest das Glück, dass die Brüder die Situation erkannten und richtig reagierten; sie haben gleich mit Sauerstoff angereichertes Blut in die Arterien injiziert und dich fein säuberlich weitergekühlt. Du warst ein Eisblock, als man dich einlieferte.«

»Welcher Bergungstrupp?«

»Darüber weiß ich nichts, da musst du andere fragen«, sagte Ed. »Aber jetzt schlafen wir erst einmal wieder, ja?«

»Du etwa auch?« fragte Timothy.

»Was ist eigentlich mit meinem Gesicht?« erkundigte sich Timothy.

»Das ist fast das Einzige, an dem wir nicht herumdoktern mussten«, antwortete Ed, »dank der Maske, die du getragen hast – ein phantastisches Gerät! Ich habe gehört, es wird schon in Serie hergestellt. Fühlst du dich stark genug, in einen Spiegel zu blicken?«

»Wieso, ist der Anblick so scheußlich?«

»Das musst du selbst entscheiden.«

Ja, das war unverkennbar Timothy Truckle, wenn auch um Jahre gealtert. Timothy betrachtete lange sein Gesicht.

»Zufrieden?«, fragte Ed. »Wir haben die Narbe auf der Oberlippe gleich korrigiert.«

»Danke schön«, sagte Timothy. »Wenn ich nun noch so alt werde, wie ich aussehe.«

»Das wirst du schon schaffen, Tiny, du hast ja jetzt ein junges Herz –«

»Aber?« Timothy blickte Ed fragend an. »Rück schon raus mit der Sprache. Ich bin stark genug, die ganze Wahrheit zu erfahren.«

»Wir haben dir doch etliches transplantieren müssen, wie du weißt, und da –«

»Gibt es Unverträglichkeitsreaktionen?«, warf Timothy ein. »Abstoßungen?«

»Das nicht. Es sind schon alles Teile von deinem Haplotyp. Du brauchst allerdings jedes halbe Jahr eine Knochenmarktransfusion.«

»Ich hätte mir rechtzeitig einen Klon bestellen sollen«, murmelte Timothy.

»Wie bitte?« Ed sah ihn fragend an.

»Nichts. Ich habe nur vor mich hin gedümmelt. Was ist denn das Problem?«

»Dein Format, Tiny. Du bist einfach zu außergewöhnlich. Beim Arm ging es ja noch halbwegs, da konnten wir uns auch etwas Zeit lassen, das Bein jedoch musste sofort amputiert werden; es sah scheußlich aus, der Zellverfall war bedenklich weit fortgeschritten. Doch selbst wenn wir genügend Zeit gehabt hätten – es ist verdammt schwer, für einen Mann wie dich passende Glieder aufzutreiben.«

»Was willst du damit sagen, Ed? Habe ich nur noch ein Bein?«

»Nein, Tiny! Aber dein neues Bein ist zu lang. Fast zwanzig Zentimeter. Ich weiß, es klingt makaber, aber vielleicht lässt du dir später auch das rechte Bein austauschen?«

Timothy war in Gedanken versunken. »Dann wäre ich also nicht länger mehr ein Zwerg«, sagte er leise. »Wie viel, sagtest du, zwanzig Zentimeter?«

»Das kann man noch nicht endgültig sagen.« Ed lächelte. »Du wächst nämlich wieder.«

»Ich? In meinem Alter?«

»Endorphine beeinflussen nicht nur die Schmerzempfindung, sie haben vielfache Wirkungen. Wir haben alle getestet; die einzigen, die dir wirklich halfen, waren die Typen Gamma und Omega. Gamma wäre einfacher zu haben gewesen – es wird im Gehirn produziert, wir hätten dir nur Elektroden einpflanzen müssen, um die Hirnrinde zu reizen –, aber wir haben uns für Omega entschieden; wir dachten, es sei nicht so schlimm, wenn du noch ein Stückchen wächst.«

»Und was war die Alternative?«

»Starke Beeinträchtigung der Lernfähigkeit und des Erinnerungsvermögens.«

»Wäre auch nicht schlimm gewesen«, meinte Timothy. »Muss ich noch lernen? Und erinnern –!«

»Gamma kurbelt aber auch die Milchproduktion an, Tiny! Hättest du lieber Brüste gehabt?«

11.

Endlich war es soweit, Timothy durfte Besuch empfangen. Ironsides kam, der legendäre Führer der Minenarbeiterstreiks von Ironwood. Ed hatte Timothy informiert, dass Ironsides jetzt im IK für Sicherheit verantwortlich war. Auch Ironsides war alt geworden, seit Timothy ihn in der »Blackhill«-Katakombe gesehen hatte; Nase und Wangenbeine stachen hervor, die synthetische Haut seiner linken Gesichtshälfte spannte glänzend. Er breitete die Arme aus, als wollte er Timothy an die Brust drücken, dann ließ er sie hilflos fallen; Tränen standen in seinen Augen.

»Aber du lebst, Tiny!«, sagte er. »Du lebst.«

»Nur wie!«, krächzte Timothy, ein Kloß saß ihm in der Kehle. »Nicht einmal die Haut habe ich gerettet.«

»Dafür den Kopf, und das ist das einzig Wichtige: die kleinen grauen Zellen.«

»Da kann ich wohl noch von Glück reden, dass ich nicht als Ektopos aufgewacht bin«, knurrte Timothy. »Ach, Ironsides, es ist nicht viel übriggeblieben von dem alten Timothy.«

»Wie ich von Ed höre, eine ganze Menge. Vor allem hast du deinen Humor nicht verloren.«

»Galgenhumor«, stöhnte Timothy.

»Nu mach mal halblang«, rief Ironsides. »Glaub mir, an die neuen Teile gewöhnst du dich schnell. Ich weiß es.« Er zeigte demonstrativ mit der rechten Hand auf sein linkes Bein.

»Ich trauere ja nicht um mein Fleisch«, erwiderte Timothy. »Aber ich habe doch alles verloren, was mein Leben ausgemacht hat. Vor allem: meine Freunde.«

Ironsides setzte sich zu ihm. »Du hast auch hier Freunde, Tiny.«

»Aber niemanden, der mich von früher kennt, und damit niemanden, mit dem ich über die alten Zeiten schwatzen kann. Da ist nichts geblieben, was mich an all die Jahre erinnern könnte, und wenn man ohne seine Biografie leben muss, was bleibt dann von einem?«

»Schreib deine Biografie auf.«

»Das hat Ed mir auch schon empfohlen, er meint, es würde mir helfen, mit dem Geschehenen fertig zu werden, aber ich weiß nicht –«

»Tu es. Wenigstens deine interessantesten Fälle.«

»Vielleicht«, sagte Timothy. »Ich habe noch keine Vorstellung, was ich mit meinem neuen Leben anfange. Am meisten bedrückt mich, dass ich nie mehr die Sonne sehen soll.«

»Vielleicht können wir dich eines Tages nach DRAUSSEN schleusen.«

»Ich weiß nicht, ob ich das wollte«, sagte Timothy nachdenklich. »Du bist auch geblieben. Nur weil du hier gebraucht wirst? Sind wir noch stark genug, eine fremde Welt zu verkraften?«

»Fremd?«, rief Ironsides. »Dort wird verwirklicht, wovon wir träumen!«

»Ja, gewiss. Aber die Wirklichkeit sieht bestimmt anders aus als in unseren Träumen. Nein, ich denke, ich bleibe lieber hier. Und bei meinen Träumen.«

»Du hast doch nicht etwa Angst vor der Wahrheit«, spottete Ironsides, »ausgerechnet du?«

»Manchmal schon«, sagte Timothy. »Apropos Wahrheit – ich möchte endlich den Rest der Timothy-Truckle-Story erfahren. Mir ist immer noch unklar, wieso ich noch lebe. Den medizinischen Teil hat Ed mir erklärt, aber: Wie habt ihr mich so schnell gefunden? Wie hat man mich überhaupt entdeckt, oder war es Zufall? Wie –«

»Stopp, stopp!« rief Ironsides. »Erzähl am besten erst einmal, wie du es erlebt hast. Wir haben nämlich auch einen Sack voller Fragen.«

Ironsides schnitt den Bericht mit. Die Fragen, die Timothy immer wieder zwischendurch stellte, notierte er sich.

»Also«, sagte er dann, »deine Wohnung stand seit dem zwanzigsten Dezember unter Beobachtung.«

Timothy nickte. »Ich hätte Brooker nicht als Geist erscheinen sollen, aber die Versuchung war einfach zu groß.«

»Einen Tag später hätte man ohnehin gewusst, dass du nicht in Smileys Büro umgekommen warst. Die Polizei konnte zwar nicht feststellen, wie viele Menschen dort getötet worden waren, aber keiner der Knochensplitter und Zähne hätte zu deiner Figur gepasst.«

»Zwerge fallen immer auf«, schimpfte Timothy.

»Wo aber warst du?«, fuhr Ironsides fort. »Das Einzige, was man mit Sicherheit zu wissen glaubte – wir übrigens auch! –, nicht im ›Nebraska‹.«

»Das verstehe ich nicht. Wieso?«

»Weil du die von dir bestellten Delikatessen nicht abgenommen und auch niemanden beauftragt hast, sie entgegenzunehmen, und das so kurz vor dem Fest; geräucherten Aal, Langusten, frische Himbeeren –«

»Hör auf!«, rief Timothy. »Das hatte ich in meiner Wut tatsächlich vergessen.«

»Als nun noch zwei Kisten original Scotch Whisky an BRIAND zurückgingen, schien endgültig sicher: Wo immer du stecktest, im ›Nebraska‹ warst du nicht. Deshalb hat man auch nur kontrolliert, wer das Haus betrat. Wie aber dich finden? Da ist man auf die Idee mit GAME-GAME gekommen.«

»Wer? Die Brookers oder die NSA?«

»Deborrah Johnson.«

»Die Bachstelze!« Timothy schrie laut auf. »Na, warte, meine Liebe, wenn ich erst wieder –« Er sah Ironsides an. »Weißt du, wie die Bachstelze dazu kam?«

»Ja.« Ironsides lächelte. »Einer unserer Agenten im Hauptquartier hat den Fall von Anfang an verfolgen können. Leider wussten wir auch immer nur so viel wie die NSA.«

Er blickte Timothy vorwurfsvoll an, Timothy zuckte mit den Schultern. »Entschuldige.«

»Bis zu deinem Anruf hatten die Brookers niemanden nach Harlington gelassen; jetzt luden sie den Chef des Geheimdienstes ein und beichteten ihm das Bombenattentat; Hymes sanktionierte ihr Vorgehen und erklärte dich zum Staatsfeind. Von der Bachstelze wollte er vor allem erfahren, wie viel du über die Klons herausbekommen hattest. In diesem Gespräch hat er ihr den Vizegouverneur zugesagt, wenn sie dich ans Messer liefert.«

»Ich dachte, ich hätte schon meinen Teil dazu beigetragen, dass sie den Posten bekommt«, sagte Timothy grimmig.

»Als man trotz GAME-GAME nach drei Tagen noch immer keine Spur von dir gefunden hatte – keine echte! –, überzeugte man Earl Brooker, sich einer Trance-Befragung zu unterziehen, um die Psycho-Blockade zu durchbrechen.«

»Das geht also doch!«

»Ja, neuerdings. Eine Kombination von Drogen, Elektroschocks und Subfaszinations-Hypnose, eine hundsgemeine Quälerei.«

»Gerade das Richtige für dieses Schwein«, erklärte Timothy. »Und da hat er alles ausgeplaudert?«

»Der Delinquent kann zwar nur mit Ja oder Nein antworten, aber es war nur eine Frage der Zeit, bis die NSA wusste, dass tatsächlich du Earl Brooker gekidnappt hattest, dass ihr weder Treppen gestiegen noch Lift gefahren seid und wie sein Gefängnis ausgesehen hatte, und von der Geheimetage war der Weg zum Penthaus dann nicht mehr weit. Aber bevor noch ein Kommando zum Penthaus aufbrach, kam die Nachricht, dass du entdeckt worden warst.«

»Wie? Hat Coats mich verraten?«

»Nein, du selbst.« Ironsides lachte, als er Timothys verblüfftes Gesicht sah. »Dein Geruch! Man vermutete von Anfang an, dass du noch in Chicago warst; kein Verkehrscomputer hatte dich registriert, und seit der Sperrung deines Identicats konntest du die Stadt nicht mehr verlassen haben. So kam man auf die Idee, die ›Wilde Meute‹ auf dich loszulassen, und einer der Hunde hat deine Spur aufgenommen.«

»Sagtest du nicht, die NSA sei gar nicht im Penthaus gewesen?«

»Das sind keine herkömmlichen Hunde«, erklärte Ironsides, »sondern Chimären, übrigens eine Entwicklung der UNITED für die NSA. Sie können rund tausendmal besser riechen als ein gewöhnlicher Fährtenhund. Die Gen-Chirurgen der UNITED haben sie mit den Riechapparaten von Nachtfaltern ausgestattet.«

»Von Schmetterlingen? So eine Art fliegende Hunde?«

»Sie sehen schon wie normale Schäferhunde aus, doch sie können noch aus mehreren Kilometern Entfernung eine extrem schwache Duftspur aufnehmen. Aber das mit den fliegenden Hunden war gar nicht so falsch, Tiny; da die NSA erst über ein Dutzend solcher Tiere verfügt, kam man auf die Idee, eine Flugstaffel einzurichten.«

»Die fliegenden Weihnachtsmänner!«, rief Timothy.

»So konnten sie die ganze Innenstadt kontrollieren. Du darfst von Glück reden, dass es der UNITED noch nicht gelungen ist, diese Schmetterlingshunde mit Vampiren zu kreuzen; wenn die Hunde dich nun noch mit Fledermaus-Radar hätten anpeilen können, wärest du verloren gewesen. So wusste die NSA nur, in welchem Gebiet du stecken musstest. Deshalb auch der Flächenangriff mit Aerosolen und Eisbomben.«

»Ich wäre nie mehr zur Rohrpostruine gekommen, selbst wenn mich die eine Eisbombe nicht voll erwischt hätte«, sagte Timothy. »Dabei waren es nur noch ein paar hundert Meter.«

»Die Hunde hatten dich schon eingekreist«, sagte Ironsides, »aber da vereistest du, und sie konnten dich nicht mehr riechen.« Er lächelte. »Und wir gewannen Zeit, dich zu bergen. Unser Trupp stieg sogleich aus, als wir von unserem Agenten erfuhren, dass die NSA dich aufgespürt hatte, und da wir wussten, dass du zur Rohrpostruine kommen würdest –«

»Das wusstet ihr?«

»Wir vermuteten es. Wir schneiden natürlich alle Anrufe mit, die über Notruf kommen. Coats hätte einfach in die Musik sprechen sollen. Er hat ja ein paar Mal angesetzt, aber mehr als ›Mister Truckle‹ hat er nicht herausbekommen. Da er die Nummer jedoch nur von der Nachtigall haben konnte, rechneten wir damit, dass du die Morsezeichen entziffern würdest.«

»Und ich dachte, ich sei von Gott und der Welt verlassen«, sagte Timothy leise.

»Seit du zum Wild erklärt worden warst, wartete in jedem Stadtteil ein Kommando, um dich hereinzuholen, wann und wo immer du auftauchen würdest.« Ironsides stand auf. »Ja, Tiny, das waren auch für uns aufregende Tage.«

Timothy lag still da und starrte an die Decke. Tränen rollten über seine Wangen. Es dauerte lange, bis er sich wieder fing.

»Wie ist eigentlich GAME-GAME ausgegangen?«, erkundigte er sich.

»Ich habe es nicht mehr verfolgt, wie du dir denken kannst«, sagte Ironsides, »ich glaube, das Wild wurde noch eine Woche lang kreuz und quer durch die Staaten gehetzt – ja, am Silvestermorgen haben die Jäger ›Timothy Truckle‹ in der Nähe von Washington eingekreist und dann mit ihren Rayvolvern liquidiert.« Ironsides seufzte. »Weiß der Teufel, welches arme Schwein sie da umgebracht haben.«

Er trat an das Fußende des Bettes und ließ sich vom Analysator Timothys Werte auf den Monitor spielen.

»Sieht gar nicht schlecht aus«, sagte Ironsides. »Mach, dass du bald aufstehen darfst. Du wirst sehnsüchtig erwartet.«

»Ich hoffe, ihr habt nicht vor, mich als Helden herumzureichen.« Timothy versuchte ein Lächeln.

»Sieht so etwa ein Held aus?«, fragte Ironsides lachend zurück. »Napoleon wartet. Von wegen du hast nichts mehr, was dich an früher erinnert!«

Timothy seufzte. »Es ist nicht mehr der alte Napoleon.«

»Aber so gut wie! Sogar die Sprache. Maud hat keine Ruhe gegeben, bis sie eine Stimme fand, die der alten glich.«

»Und das ist ihr gelungen?«, rief Timothy begeistert.

Ironsides lächelte ein wenig verlegen. »Fast. Napoleon hat jetzt einen leichten S-Fehler.«

»Was macht das schon!«, erklärte Timothy. »Ich werde mich auch noch an einen lispelnden Computer gewöhnen.«

12.

Maud brachte ihn nur bis an die Tür.

»Ich denke, ich lasse euch beide lieber allein«, sagte sie. Timothy drückte ihre Hand und hinkelte hinein; er hatte die Hubkrücken noch immer nicht voll im Griff.

Ein völlig verwandelter Napoleon. Kleiner und gedrungener, auch die Tastatur etwas anders. Timothy setzte sich und blickte ihn nachdenklich an. Er zögerte lange, bevor er einschaltete. Napoleon räusperte sich sofort.

»Sprich, mein Guter«, sagte Timothy.

»Ich habe eine Nachricht von Anne Frobisher für Sie. Ich sollte sie Ihnen schon vorhin geben, als Sie nach Hause kamen, aber Sie haben mich nicht aufgesucht. Wollen Sie sie jetzt hören?«

»Später.« Timothy drehte sich schnell ab und schneuzte kräftig. Am Ende konnte der neue Napoleon auch noch sehen? Er stand auf und griff nach den Krücken. Er musste sich erst daran gewöhnen, dass dieser Napoleon nichts von alldem wusste, was seit dem Umzug der Engel geschehen war.

Er hat ja keine Ahnung, dass er gestorben ist, dachte Timothy. Wir beide. Und wieder auferstanden sind von den Toten, wie es heißt. Nur nicht am dritten Tag.

»Bei uns dauern Wunder halt noch etwas länger«, sagte er leise. Napoleon räusperte sich.

»Darf ich Sie darauf aufmerksam machen, Sir, dass es Wunder nicht gibt?«

»Du irrst, Napoleon. Es gibt schon Wunder.« Timothy legte die Arme in die Krücken, knickte das linke Bein ein und hinkelte zur Tür. »Sie sind nur noch verdammt unvollkommen.«

FSC
www.fsc.org
MIX
Papier aus verantwortungsvollen Quellen
FSC® C119020

ISBN 978-3-360-02185-4

1. Auflage 2014

Umschlaggestaltung: Verlag
Druck und Bindung: Opolgraf, Polen

www.das-neue-berlin.de